규칙으로 배우는
임베디드 시스템

개정 2판

KB191693

규칙으로 배우는 임베디드 시스템:

회로 설계 및 PCB 설계 규칙 개정 2판

초판 발행일   2022년 11월 18일
개정 2판 발행일   2024년 10월 23일

지은이   장선웅
펴낸이   손형국
펴낸곳   (주)북랩
편집인   선일영   편집   김은수, 배진용, 김현아, 김다빈, 김부경
디자인   이현수, 김민하, 임진형, 안유경   제작   박기성, 구성우, 이창영, 배상진
마케팅   김회란, 박진관
출판등록   2004. 12. 1(제2012-000051호)
주소   서울특별시 금천구 가산디지털 1로 168, 우림라이온스밸리 B동 B111호, B113~115호
홈페이지   www.book.co.kr
전화번호   (02)2026-5777   팩스   (02)3159-9637

ISBN   979-11-7224-355-5 93000 (종이책)   979-11-7224-356-2 95000 (전자책)

(주)북랩 성공출판의 파트너

북랩 홈페이지와 패밀리 사이트에서 다양한 출판 솔루션을 만나 보세요!

홈페이지 book.co.kr   •   **블로그** blog.naver.com/essaybook   •   **출판문의** text@book.co.kr

작가 연락처 문의 ▸ ask.book.co.kr

작가 연락처는 개인정보이므로 북랩에서 알려드릴 수 없습니다.

전기 / 전자 시스템 개발 전문가 길잡이

개정 2판

Embedded System

규칙으로 배우는 임베디드 시스템

회로 설계 및 PCB 설계 규칙

장선웅 지음

북랩

규칙으로 배우는 임베디드 시스템

『회로 설계 및 PCB 설계 규칙』

시스템 이론, 전자 회로 소자, EMI/EMC, 전자 회로 설계, PCB 설계의 기초를 이 한 권으로

저자의 말

"이 책은 전기/전자 하드웨어 시스템 개발에 필요한 전반적인 이론과 개발 단계를 한 권의 책에 담는 것을 목표로 했습니다."

근래에는 아두이노나 라즈베리파이와 같은 공개 플랫폼으로 기능을 충분히 쉽게 구현할 수 있기 때문에, 혹자들은 전자 시스템 개발이 쉽다고 합니다.

하지만, 기능 구현뿐 아니라, 높은 성능, 안정성, 노이즈에 강건한 시스템 개발은 결코 쉬운 일이 아닙니다. 이런 강인한 시스템을 개발하기 위해서는 많은 이론들과 그 이론들에 근거한 개발 노하우가 필요합니다.

학교에서 오랫동안 전자 시스템에 대한 기본적인 이론들을 배웠지만, 막상 실무에서는 사용하지 못하는 엔지니어들을 많이 봤습니다. 이런 현상은 개별적으로 배운 이론들이 시스템 개발에서 어떻게 사용되는지에 대한 전반적인 내용을 모르기 때문이라고 생각합니다. 이런 전반적인 내용을 모르는 상태에서는 개발 경력이 길어지더라도 진행해왔던 업무들에 대한 지식이 온전히 자신의 실력으로 쌓이는 것이 쉽지 않습니다.

이런 이유로, 이 책에서는 전반적인 기초 이론들을 다시 정리하여 보고, 그 이론들을 사용하는 방법에 대해 담고 싶었습니다. 물론, 각 단원의 이론은 두터운 책 한권이 넘어갈 정도로 방대하겠지만, 저자의 경험과 함께 전기/전자 시스템 실무에서 꼭 알아야 하는 내용들로 담으려 했습니다.

"이 책은 시스템 개발의 규칙을 만들기 위한 이론과 방법에 대해 다룹니다."

이 책에서는 이미 수많은 엔지니어들의 경험에 의해 만들어진 많은 시스템 개발 규칙들도 소개합니다. 이를 경험규칙(Rule Of Thumb)이라 합니다.

이런 규칙들이 어떤 이유로 어떻게 나오게 되었는지 알아야 자신의 시스템에 맞도록 규칙을 수정할 수 있으므로, 자신의 것으로 해석하여 적용하는 능력 배양을 목표로 합니다.

이렇게 시스템 개발의 규칙을 만들어 체계적인 개발한다면 시행착오를 줄이고, 개발 기간을 단축할 수 있습니다.

"하드웨어 엔지니어와 소프트웨어 엔지니어가 함께 알아야 시너지가 발생합니다."

전기/전자 시스템 개발에 있어 엔지니어들이 공통된 이론을 알고 있어야 서로 아이디어를 공유하고 제안하며, 새로운 기술로 도약할 수 있는 시너지를 발휘할 수 있습니다.

이런 이유로 소프트웨어 엔지니어도 하드웨어에 대한 지식이 있어야 하고, 그 목적으로 하드웨어 개발의 기본적인 이론들을 담고 싶었습니다.

"이 책이 전기/전자 시스템 개발 전문가로 가는 길잡이 역할을 할 수 있을 것입니다."

전기/전자 시스템에도 수많은 분야가 존재합니다. 이 책을 읽는다고 모든 분야의 전문가가 될 수는 없습니다. 다만, 이 책에서 소개하는 기본 이론들은 해당 분야의 전문가로 빠르게 될 수 있는 길잡이 역할을 할 수 있으리라 생각합니다.

"이 책의 기본 이론을 알고 난 후 반드시 "기초 실습 편"을 따라 해보시기 바랍니다."
이 책을 읽는 좋은 방법은 소설책 읽듯이 반복하여 읽어 기초 이론들과 시스템 개발 규칙과의 연관관계에 대해 이해하는 것입니다.
또한, 초보 엔지니어분들은 https://blog.naver.com/sohnet/ 네이버 블로그에 공개되어 있는 "기초 실습 편"의 회로 설계/PCB 설계를 실습해야 자신의 것으로 익힐 수 있습니다. 물론, 기초 실습 편에 적용된 것들이 모든 환경에서 완벽하다고는 할 수 없지만, 이 책에서 습득한 이론들이 어떻게 적용되는지, 어떤 면을 고려하여 설계해야 하는지를 살펴본다면 분명 도움이 될 것이라고 생각합니다.

이 책은 개인적으로 엔지니어 삶의 새로운 시작의 의미를 가지고 집필하였습니다. 이 책을 읽으시는 엔지니어 분들께서도 시스템을 바라보는 시각이 넓어져 더 많은 기술적 발전을 하시는데 도움이 되기를 바랍니다.

감사합니다.

- 저자. 장선웅 (sohnet@naver.com) -

목 차

I. 시스템(SYSTEM) 이론

 전기/전자 시스템 개발에 있어 전기/전자 소자, 회로 이론 등 직접적인 관계가 있는 이론들도 중요하지만, 이번 장에서 보는 시간 영역과 주파수 영역의 상관관계, 전달함수의 의미와 모델링, 시스템의 해석 방법 등도 시스템 개발의 근간이 되는 이론이다.
 이 시스템 이론은 전기/전자 시스템뿐 아니라, 제어 공학, DSP(Digital Signal Processing, 디지털 신호 처리) 영역 등 수많은 공학 영역의 기본 이론이므로 꼭 이해를 해야 하는 학문으로, 어떻게 보면 이 책에서 가장 중요한 이론이라 할 수 있다.

 이 시스템 이론이 전기/전자 시스템의 선형 회로에 적용되는 예를 통해 시스템을 해석하는 방법에 알아본다.

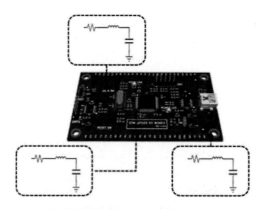

◆ 전기/전자 시스템에는 수많은 RLC 성분이 존재
Figure I-1 전기/전자 시스템의 RLC 성분

 전기/전자 시스템에는 위의 그림과 같이 수많은 RLC 성분들이 존재하게 되는데, 이 선형 RLC 성분들의 공진 주파수와 공진점들은 시스템의 성능 및 EMI/EMC 성능에 큰 영향을 미치게 되므로 RLC 선형 회로 해석의 이해는 중요하다.
 또한, 이들 RLC 선형 성분들은 주파수 신호에 반응하는 특성들이므로, 시간 영역뿐 아니라 주파수 영역에서의 해석의 이해가 필요하며, 이에 대한 기본 이론들을 알아보도록 한다.

 여기에서 보게 될 RC, RL, RLC 회로들은 이상적인 조건 즉, 소스의 출력 임피던스는 0Ω, 부하의 입력 임피던스는 ∞로 놓고 해석하기로 한다. 이 입력/출력 임피던스에 대해서는 이후 다루게 될 것이다.

1. 전기/전자 기초

모든 시스템은 동작하기 위해서는 어떠한 형태의 에너지든지 반드시 필요로 한다.
전기/전자 시스템에서는 전위차를 의미하는 「전압」과 그에 따른 전하의 움직임인 「전류」와의 곱인 「전력」을 소비하며 동작하게 된다. 이렇게 시스템을 구동 시키기 위해 전력을 공급하는 원천을 「전원(Power Source)」이라 한다.

이번 장에서는 주 에너지원인 전기의 특성과 이를 구성하는 전류, 전위차(전압)의 개념을 알아보도록 하며, 회로 어디에나 존재할 수 있는 물리적 특성인 저항/커패시턴스/인덕턴스 성분의 개념에 대해 이해하는 것을 목표로 한다.

1.1. 전압과 전류

전기/전자 시스템의 전압, 전류, 전력의 개념에 대해서 살펴보도록 하자.

1.1.1. 전하(Electric Charge)와 전하량 (Q)

전압과 전류를 보기 전에 전하와 전하량의 의미에 대해서 살펴본다.

전하(Electric Charge)

전하(q)는 물체가 띠고 있는 전기적인 성질 또는 특성을 말하며, 양전하(+)와 음전하(-)로 구분한다. 가장 작은 단위인 원자는 양성자와 전자로 구성되는데 양성자는 양전하의 성질을 가지고, 전자는 음전하의 성질을 가진다.

전기력(Electric Force)

 자석의 힘인 자기력과 같이, 극성이 같은 전하들은 미는 힘(척력), 극성이 다른 양전하와 음전하는 당기는 힘(인력)이 존재하게 된다.
 결국엔 상호 간에 존재하는 이 인력과 척력에 의해 음전하가 움직이며 일을 하게 되는 것이다.

Figure I-2 전기력

 전하 q_1 과 q_2 사이의 밀고 당기는 힘 F 의 크기는 서로 떨어진 전하의 거리 r 에 대해 쿨롱의 법칙(Coulomb's law)에 의해 아래와 같이 정의된다.

$$F(N) = k\frac{q_1 q_2}{r^2} : r = \text{떨어진 거리}$$

 여기에서 q_1, q_2 는 전하의 크기, k 는 쿨롱 상수라 하며 $\frac{1}{4\pi\varepsilon_0}$의 값을 가지는데, ε_0는 진공 상태에서의 유전율을 의미하며, $\frac{1}{4\pi\varepsilon_0}$ = $8.987 \times 10^9 \, N \, m^2/C^2$ 의 값을 가진다.
 이렇게 전하 사이에 생성되는 힘을 전기력(Electric Force)이라 하고, 위 수식과 같이 전기력은 떨어진 거리의 제곱에 반비례하게 된다.

전기장(Electric Field, E)

 위의 전기력에서 본 것과 같이 하나의 점전하에 의해 밀고 당기는 전기력의 힘이 미치는 공간 범위를 가지게 되는데, 이 공간 범위를 전기장 또는 전계라 한다. 이와 같이 미치는 전기력의 힘을 양전하에서 음전하 방향으로 표시한 선을 전기력선이라 하고, 이 전기력선들은 서로 겹치지 않는다는 성질을 가진다.

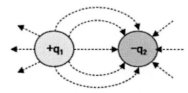

Figure I-3 전기장과 전기력선

전기장의 크기는 단위 양전하($q_1 = 1$)에 미치는 전기력을 의미하는 것으로 아래와 같이 정의된다.

$$E(N/C) \;=\; k\frac{q_2}{r^2}$$

이는 전하 q_2 가 만들어 내는 전기장 E 를 의미하며, 당연히 거리가 가까울수록 세기는 더 커진다. 전기력 수식과 비교해 보면, 전기장 E 에서 전하 q 에 미치는 전기력 힘 F(N)으로는 아래와 같이 표현할 수 있다.

$$F(N) \;=\; q \times E$$

전하량 (Q, Quantity of Electric Charge)

전하량은 대전된 물체가 가진 전하의 양을 말하는 것으로, 표기는 보통 Q 를 사용하고, 단위로 쿨롱(C) 단위를 사용한다.

1C(쿨롱)은 양성자 또는 전자 6.242×10^{18} 개의 전하의 묶음을 의미하는데, 이는 양성자는 1.602×10^{-19} C, 전자는 -1.602×10^{-19} C 과 같으며, 이를 기본 전하라 한다. 양성자, 전자는 더 나눌 수 없는 작은 존재 이므로, 물체의 전하량은 기본 전하의 정수배로 존재한다.

또한, 전하량은 생성되거나 소멸되지 않고 항상 보존되는데, 이를 전하의 보존 법칙이라 하며, 고립된 시스템에서 전하의 총합은 변하지 않는다.

1.1.2. 전압과 전류

앞에서 물체가 지닌 전하와 전기장에 대해서 살펴보았다. 이 전하가 움직여야 일을 하게 되며, 전력이 된다.

아래는 전압과 전류를 설명할 때 가장 많이 비유되는 물탱크에 대한 그림이다.

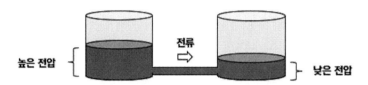

Figure I-4 전압과 전류의 물탱크 비유

중력에 의해 물의 양이 많은 곳(에너지가 높은 곳)에서 적은 곳(에너지가 낮은 곳)으로 통로를 따라 물이 흐르는데, 전기에서는 전기적 위치 에너지인 전위가 높은 곳에서 전위가 낮은 곳으로 전류가 흘러감을 의미한다. 전류가 흐르는 통로는 저항을 의미하며, 통로가 넓으면 물이 많이 흐르는 것처럼 저항이 낮으면 전류가 많이 흐르게 된다. 이는 다음 장에서 옴의 법칙 편에서 알아볼 것이다.

가. 전기적 위치 에너지(Electric Potential Energy)

전기적 위치 에너지(전기 포텐셜 에너지)를 보기 전에 익숙한 중력장에서의 위치 에너지를 먼저 살펴보자.

중력장에서 물체의 위치 에너지는 [Mg × h]로 질량 M 과 중력 가속도 g 의 곱이 힘이 되며, 중력 방향의 반대 방향으로 거리 h 만큼 움직이는데 필요한 일(Work)로 정의된다. 즉, 일의 정의인 [일 = 힘×거리] 즉, 힘 Mg 에 의해 h 만큼 이동시킬 때의 에너지의 변화를 의미한다.

이렇듯 일은 에너지의 변화를 의미하므로, 이만큼의 일을 할 수 있는 잠재적인 에너지를 가지고 있다하여 포텐셜(Potential) 에너지라 한다.

마찬가지로 전기적 위치 에너지(전기적 포텐셜 에너지)는 전하 Q 로 인해 만들어지는 전기장 E 내에서 전하 q 를 전하 Q 로부터 거리 r 만큼 이동시키는데 필요한 에너지로 정의될 수 있으며, 전기장 E 와 전기력 F 와의 관계는 [F = q × E]이므로, 일 [W = qE × r]이 되어 전기 포텐셜 에너지 U 는 아래와 같이 정의될 수 있다.

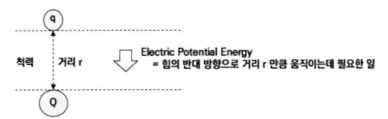

Figure I-5 전기 포텐셜 에너지

$$U(N \cdot m, Joul) = qE \times r = k\frac{Qq}{r}$$

즉, 전하 Q 로부터 만들어지는 전기장 E 내에서 거리 r 만큼 떨어진 점전하 q 는 위와 같은 전기적 위치 에너지를 가진다.

나. 전위 (Electric Potential)

전위(Electric Potential, 전기 포텐셜)는 전하 Q 가 만들어내는 전기장 E 내에서 위치에 따라 전기적 위치 에너지의 높고 낮음을 표현하기 위한 단위로, 단위 양전하 1C 을 무한대의 위치로부터 전하 Q 에서 r 거리 위치로 이동시키는데 필요한 일로 정의된다.

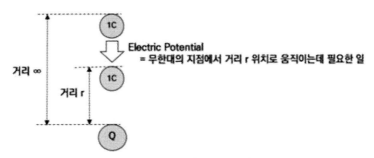

Figure I-6 전기 포텐셜

$$V(Joul/C) = \Delta U = k\frac{Q}{r} - k\frac{Q}{\infty} = k\frac{Q}{r}$$

이처럼 전위는 전기장 내에서 단위 양전하 1C 이 가지는 전기적 위치 에너지와 동일하다.

전위(Electric Potential)의 단위는 V(볼트, Volt)를 사용하는데, 1V 는 단위 전하 1C 당 한 일을 의미하는 Joul/C 를 말한다. 모든 곳에는 전하가 존재하므로, 전위도 존재한다고 할 수 있다.

전위의 비교

전기적 위치 에너지의 높고 낮음을 이해하기 위해서 아래 그림을 보자.

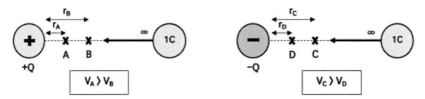

Figure I-7 전위의 비교

위의 그림에서 각 지점 A, B, C, D 의 전위 크기를 표현하기 위하여, 위의 전위의 수식을 이용하면 $V_A = k\frac{Q}{r_A} > V_B = k\frac{Q}{r_B}$이고, $V_C = k\frac{-Q}{r_C} > V_D = k\frac{-Q}{r_D}$로 이해할 수 있다. 아래와 같이 개념적으로 이해를 하는 것도 좋다.

위의 왼쪽 그림의 전위 V_A 와 V_B 에 대해 단위 양전하 1C 를 이동해 오는데 A 지점의 척력 이 더 커서 더 많은 힘이 들어가야 하므로 일의 양, 즉 전위는 더 커지게 된다. 따라서, 전위 는 $V_A > V_B$로 V_A 의 전위가 더 높다고 할 수 있다.

다. 전압(Voltage)

전압(Voltage)은 두 지점 간의 전위의 차를 의미한다. E 또는 V 로 표기하고, 단위는 V(볼트, Volt)를 사용한다.

위의 전위에서 본 그림에서 지점 A 와 지점 B 에 대해 지점 B 를 기준으로 한 지점 A 의 전 압, 즉 전위차는 $V_A - V_B$ 가 되며, 이를 V_{AB} 로 표기한다.

앞에서 본 것처럼 $V_A > V_B$로 V_A 의 전위가 더 높다면 전압 V_{AB} 는 양의 전압을 가지게 되는 데, 이는 반대로 말하면 양의 전압을 가진다는 의미는 전위가 기준 전위보다 높다는 의미가 된다.

반대로 전위 A 를 기준 전위로 한다면, V_{BA} 로 표기하며 $V_B - V_A$ 를 의미한다.

따라서, V_{AB} 와 V_{BA} 표기는 아래와 같이 반대의 부호를 가진다.

$$V_{BA} = -V_{AB}$$

이처럼 전압(Voltage)은 어떤 위치의 전위를 기준으로 특정 위치의 전위 차이가 얼마인가를 의미한다.

여기서 기준 전위와의 전위차라는 것이 중요하다. 전기/전자 시스템에서는 그라운드(Ground)라는 기준 전위를 두고, 이 기준 전위에서 회로 내 특정 위치의 전위차를 전압으로 사용하는데, V_A 와 같은 표현은 시스템 내 그라운드 전위를 기준으로 하는 표현이다.

아래 그림을 보자.

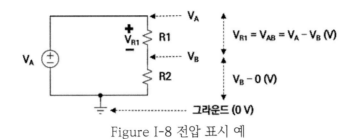

Figure I-8 전압 표시 예

위의 그림과 같이 그라운드 0V 를 기준으로 R2 소자 양단에 걸리는 전압은 V_B 가 된다. 여기에 R1 소자 양단에 걸리는 전압 V_{R1} 은 V_B 를 기준으로 할 때의 전압이므로 $V_A - V_B$ 가 V_{R1} 이 되는 것이다.

이런 전압에 대한 표기법은 이 책 전반에 걸쳐 사용될 것이다.

여기서 기준 전위인 그라운드를 보통 0V 로 표현하지만, 시스템 내의 기준이 되는 개념 상의 0V 전위를 의미하며, 실제 절대 전위가 0V 인 것은 아니다.

따라서, 연결이 되지 않고 분리된 다른 시스템의 그라운드가 똑같이 0V 로 표현될 지라도 실제로는 동일한 전위인 것은 아니다.

라. 전류 (Electric Current)

모든 물체의 에너지가 높은 상태에서 낮은 상태로 가려는 자연적인 경향과 같이 전하도 전기적 포텐셜(위치 에너지)이 높은 상태에서 낮아지려는 방향으로 움직이게 된다. 이것은 결국 같은 기준 전위 조건에서 전압이 높은 곳에서 낮은 곳으로 흐른다고 표현할 수 있다.

이렇듯 전하가 움직이는 조건에는 전위차가 있어야 하며, 이 흐르는 전하를 전류(Current)라 한다.

 전류의 방향은 일반적으로 에너지의 흐름을 표현하기 위해 전위가 높은 곳에서 낮은 곳으로 즉, 전압이 높은 곳에서 낮은 곳으로 표시한다. 전류가 마이너스이면 반대 방향임을 의미한다.

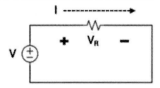

Figure I-9 전위와 전류의 방향 표시

 실제로는 양전하가 아니라 더 가벼운 전자가 이동하므로 방향이 반대이어야 하지만, 개념적으로는 동일하므로 양전하가 움직인다고 가정하고 전류의 방향을 이해하는 것이 해석에 유리하다.
 전류(Current) 양의 정의는 전하의 단위 시간(1 초) 당 이동량 또는 단위 시간 당 전하량 Q 의 변화량이다. 이는 아래와 같이 수식으로 표현할 수 있다.

$$I(A, C/s) = \frac{dQ}{dt}$$

 전류는 기호 I 또는 i 로 표기하고, 단위는 A(암페어)를 사용하며, 1A 는 1C 의 전하량이 1 초 동안 흐를 때의 물리양을 의미한다.

전류 흐름의 특성

 모든 물체에는 음전하의 흐름이 원활하게 하는 정도의 물리량인 도전율(전도도)이 있다. 도전율이 낮은 물체를 통해서는 전류의 흐름이 어려운데, 이렇게 전류의 흐름을 방해하는 요소라 하여 전기 저항이라 한다. 이에 대해서는 저항 편에서 살펴보도록 한다.

 예를 들어, 공기는 도전율이 매우 낮기 때문에 전류가 흐르기 어려우며, 이 공기 중에서 음전하가 이동하기 위해서는 수 KV 이상의 매우 큰 전압이 필요하므로, 일반적으로 공기는 저항이 매우 높아 전류가 흐르지 않는다고 한다.
 반면, 구리는 매우 높은 도전율을 가지고 있어 전하의 흐름, 즉 전류의 흐름을 원활하게 하기 때문에 저항이 작다고 하며 전선의 재료로 많이 사용된다. 이렇게 전류가 흐를 수 있는 물질을 도(전)체라 한다.

전류는 + 양전하에서 − 음전하로 이동하며, 이동을 위해서는 도전율이 높은 구리와 같은 도체로 연결이 되어야 한다는 점과 전하의 보존 법칙을 생각하며, 아래 전류에 대한 규칙을 알아두도록 한다. 이는 앞으로 볼 회로에서 중요한 개념이므로 반드시 이해해야 한다.

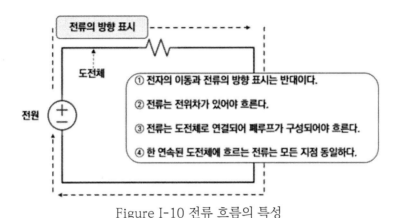

Figure I-10 전류 흐름의 특성

위의 그림과 같이 전류는 전위가 높은 곳에서 낮은 곳 즉, 전압이 높은 곳에서 낮은 곳으로 흐르며, 반드시 도전체로 폐루프가 구성되어야 흐를 수 있고, 이 전류가 흐르는 단일 경로 모든 곳에서의 전류량은 같다.

1.1.3. 전기/전자 시스템의 구성과 전력

아래 그림은 전기/전자 시스템의 기본 구성으로 크게 전원과 부하로 나눌 수 있다. 이후 계속해서 사용될 용어들이므로, 여기에서 간단히 의미를 이해하도록 한다.

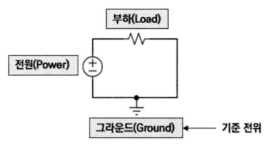

Figure I-11 전기/전자 시스템의 구성

전기/전자 시스템에서 전기 에너지를 공급받아 소모하는 부분을 부하(Load)라 하며, 이 부하에 필요한 전기 에너지인 전압과 전류를 공급하는 원천을 전원(Power)이라 한다.
그라운드는 시스템의 기준 전위를 의미하며, 이 그라운드로부터의 전위차가 시스템 각 부의 전압이 된다.

예를 들어, 휴대용 선풍기같은 경우 전기 에너지를 동력 에너지로 소비하는 모터가 부하이고, 모터에 전기 에너지를 공급하는 베터리를 전원이라 할 수 있다. 다른 측면에서 아답터로 이 베터리를 충전하는 기능에 대해 본다면, 전기 에너지를 축적하는 베터리가 부하가 되고, 이 부하인 베터리에 전기 에너지를 공급하는 아답터를 전원이라 할 수 있다.

전력(Power)

앞에서 전위차인 전압과 이로 인해 전하의 이동이 생기는데 이를 전류라 했다. 이 이동으로 발생된 일의 양을 전력이라 한다.

전력(Power)은 단위 시간 당 전달되는 전기 에너지를 의미하며, 단위는 W(와트, Watt)를 사용하고 이는 Joul/sec 와 같다.
전압 V = Joul/C (단위 전하 당 한 일)이고, 전류 I 는 C/s(단위 시간에 흐른 전하량)이므로, 전압과 전류를 곱하면 단위 시간 당 한 일인 전력 Joul/sec 가 된다.

전력의 표기는 보통 P 또는 W 로 하며, 1W 는 1V 의 전압에서 1A 의 전류가 흐르는 에너지를 의미한다.

$$P(W) \ = \ V \times I$$

전기/전자 시스템은 전압과 전류의 곱인 이 전력 에너지를 소비하며 동작하게 된다. 전력이 초 당 하는 일이라 한다면, 보통 전자기기에 표시되는 전력량은 1 시간 동안 소비된 전력을 의미하며 Wh(와트 아워) 단위를 사용한다.

1.2. 저항, 커패시턴스, 인덕턴스

전기/전자 시스템에서 저항(R), 커패시턴스(C), 인덕턴스(L)는 항상 언급되는 용어로, 이 3 가지 특성들은 전류가 흐르는 곳이라면, 현실 세계에서는 어디에나 공존한다. 다만, 어떤 특성이 더 큰 지의 여부만 있을 뿐이다.

회로 설계에서 사용하게 될 저항, 커패시터(콘덴서), 인덕터들의 소자들도 이 3 가지 특성인 저항(R), 커패시턴스(C), 인덕턴스(L)들을 모두 포함하지만, 저항 소자의 경우를 예로 들면 저항 성분이 압도적으로 크게 만들어서 커패시턴스, 인덕턴스는 무시할 수 있는 소자인 것이다. 커패시턴스의 특성을 가진 커패시터, 인덕턴스의 특성을 가진 인덕터(코일) 소자 또한 마찬가지라는 것을 이해해야 한다.
이 특성들은 부품 소자뿐만 아니라, 회로 내 어느 곳에나 존재할 수 있는 특성이기 때문에 저항 성분, 커패시턴스 성분, 인덕턴스 성분 자체의 성질을 아는 것은 매우 중요하다.

1.2.1. 저항 (Resistance)

저항 성분은 모든 물체에 존재하는 특성으로 전류의 흐름을 방해(Resist)하는 성질을 의미하며, 저항 성분을 가지도록 만든 소자를 저항 소자(Resistor)라고 한다. 또한, 저항은 전기 에너지로 열을 발생시키는 일을 하기 때문에, 전력을 소비하는 성분이라 한다.

표기 기호는 R 을 사용하고, 물리량의 단위는 Ω 이며, 옴(Ohm)으로 읽는다. 1Ω 은 저항 양단 전압 1V 를 걸었을 때, 1A 의 전류가 흐르도록 제한하는 물리적인 양을 말한다.

물체에 대한 저항의 물리적 용량 크기는 아래와 같은 수식으로 구해진다.

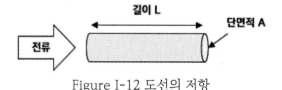

Figure I-12 도선의 저항

$$R = \varphi \times \frac{L}{A} : \varphi(\text{로}) - \text{물질의 고유 저항}(\Omega \cdot m)$$

도체의 길이 L 이 길어질수록 저항(Resistance) 용량은 증가하고, 도체의 단면적 A 가 넓어질 수록(도선이 두꺼워질수록) 저항의 값은 감소한다.
또한, 고유 저항은 앞서 본 전류가 잘 흐르는 정도를 나타내는 특성값인 도전율(전도도)의 역수이기 때문에, 도전율이 작은 물질은 저항이 크다.

가. 옴의 법칙 (Ohm's Law)

저항과 전압, 전류와의 관계를 나타내는 법칙으로 수도 없이 들어봤을 정도로 전기/전자 시스템의 가장 기본이 되는 이론이라 할 수 있다.

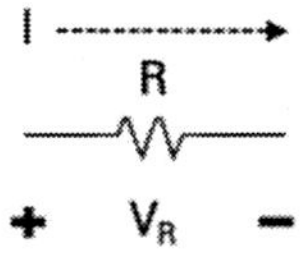

Figure I-13 저항 기호

옴의 법칙(Ohm's Law)은 저항 양단에 걸리는 전압은 그 저항을 흐르는 전류에 비례한다는 법칙으로 아래와 같다.

$$V_R = I \times R \ \ \text{또는} \ I = \frac{V_R}{R}$$

V_R = 저항 양단 전압, I = 전류, R = 저항

나. 소비 전력

전류와 전압의 곱인 전력 수식에 옴의 법칙을 적용하면 아래와 같이 표현할 수 있다.

$$P = V_R \times I = I^2 R = \frac{V_R^2}{R} \ \ (\text{W, Watt})$$

이 저항은 전기 에너지를 공급받아 에너지를 열 에너지로 변환하여 소모시키는 특성을 가지는데, 이 소모되는 전력은 저항에 흐르는 전류의 제곱에 비례된다.

즉, 저항에 흐르는 전류가 많아질수록 전력의 소모가 커지며, 저항에서 발생하는 열은 많아진다. 전자 시스템의 대부분 열의 발생 원인은 저항 성분에서의 전력 소비가 열 에너지로 변환되어 생기는 것이다.

다. 저항의 연결

소자의 직렬 연결은 두 소자에 흐르는 전류가 같고, 병렬 연결은 두 소자의 양단에 걸리는 전압이 같은 연결을 의미한다.

> **직렬 연결**

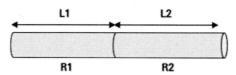

Figure I-14 저항의 직렬 연결

저항의 직렬 연결은 그림과 같이 도선의 길이가 더 길어진 것과 같기 때문에, 아래와 같이 합성 저항이 계산된다.

$$R_{Total} = R_1 + R_2$$

따라서, 저항의 직렬 연결에서의 합성 저항은 직렬 연결된 저항이 많을수록 또는 도체의 길이가 길어질수록 커지게 된다.

이는 전류의 흐름 특성에서 본 것과 같이 한 도선에 흐르는 전류의 양은 같기 때문에, 옴의 법칙으로 $V_{Total} = R_1 \times I + R_2 \times I = R_{Total} \times I$ 이므로, $R_{Total} = R_1 + R_2$ 가 된다.

> **병렬 연결**

병렬 연결은 그림과 같이 단면적이 더 넓어진 것과 같고, 아래와 같이 합성 저항이 계산된다.

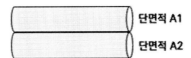

Figure I-15 저항의 병렬 연결

$$\frac{1}{R_{Total}} = \frac{1}{R1} + \frac{1}{R2} \rightarrow R_{Total} = \frac{R1 \times R2}{R1 + R2}$$

따라서, 저항의 병렬 연결에서의 병렬 연결된 저항이 많아 질수록 또는 도체의 두께가 두꺼울수록 합성 저항은 작아지게 된다.

병렬 연결에서 저항 양단에 걸리는 전압은 같기 때문에 옴의 법칙으로 아래와 같이 증명 가능하다.

$I_1 = \frac{V}{R_1}$, $I_2 = \frac{V}{R_2}$ 이고, $I_{Total} = I_1 + I_2 = \frac{V}{R_1} + \frac{V}{R_2} = \frac{V}{R_{Total}}$ 이므로, $\frac{1}{R_{Total}} = \frac{1}{R_1} + \frac{1}{R_2}$이 된다는 것을 알 수 있다.

라. 옴의 법칙을 이용한 회로 해석 예

아래 그림에서 옴의 법칙을 이용하여 V_{R1} 과 V_{R2} 를 구해보도록 하자.

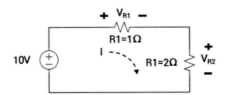

Figure I-16 저항에 의한 분압

먼저 분기가 없는 동일 선에 흐르는 전류 I 는 모두 동일하므로, 이 전류를 구해보도록 하자. R1 과 R2 는 저항의 직렬 연결이므로, 합성 저항은 아래와 같다.

$$R_{Total} = R1 + R2 = 3\Omega$$

이 직렬 합성 저항의 양단에 걸리는 전압은 10V 이기 때문에, 전류는 옴의 법칙에 의해 아래와 같다.

$$I = \frac{V}{R_{Total}} = \frac{10V}{3\Omega} \approx 3.33A$$

따라서, 저항 R2 의 양단 전압은 옴의 법칙에 의해 아래와 같다.

$$V_{R2} = 3.33A \times 2\Omega = 6.66V$$

저항 R1 의 양단 전압 V_{R1} 은 동일한 방법으로 계산하면 3.33V 가 되어, 이 2 개의 저항은 전압원 10V 를 용량에 비례하여 서로 나누어 갖는다.

이렇게 전압을 나누어 갖는 것을 분압이라 하며, 위와 같은 직렬 연결에서 $V_{R2} = \frac{R2}{R1+R2}V_{IN}$ 의 관계를 가진다.

1.2.2. 커패시턴스(Capacitance, 정전용량)

커패시턴스는 정전용량이라 부르며, 대전을 통해 전하를 저장할 수 있는 능력에 대한 물리량을 말한다.

앞에서 본 저항은 전기 에너지를 열로 소비했지만, 커패시턴스는 에너지의 소비가 아니라 도전판 사이에 전기장의 형태로 에너지를 저장하는 특성을 가지는데, 이런 커패시턴스 성질을 지니도록 만든 소자를 커패시터(Capacitor)라고 하며, 에너지 저장 소자라고 한다.

표기 기호는 C 를 사용하고, 단위는 F(Farad, 패럿)을 사용하며, 1F 은 1V 의 전압을 가했을 때 1Q(쿨롱)의 전하량을 축적할 수 있는 능력을 의미한다.

거리 d 만큼 떨어진 단면적 A 인 두 개의 평행판 사이의 커패시턴스는 아래와 같은 수식으로 구해진다.

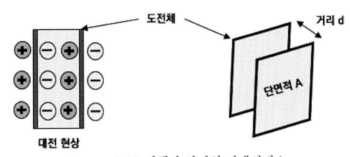

Figure I-17 평행판 사이의 커패시턴스

$$C \ (F) = \varepsilon \times \frac{A}{d} \quad : \varepsilon(입실론)\text{-유전율}$$

이 수식에 의하면 마주 본 도전판의 넓이 $A(m^2)$가 넓을수록, 도전판 사이의 거리 d(m)가 가까워질수록, 두 도전체 사이의 물질이 유전율이 높을수록 커패시턴스(정전용량) C 는 커지게 되어 더 많은 전하를 저장할 수 있다.

앞서 저항에서 본 도전율은 물질이 전류를 얼마나 잘 흘릴 수 있는지에 대한 물리량이라면, 여기에서의 유전율(permittivity) ε(F/m)은 물질이 전기장을 얼마나 잘 전달하는지를 나타내는 물리적 성질을 의미한다.

가. 커패시턴스의 기본 수식

아래 커패시턴스의 수식들은 중요한 것들이므로, 꼭 숙지하도록 한다.

> ### 전하량(Q)과 커패시턴스 C 와의 관계

커패시터에 저장된 전하량 Q 는 커패시턴스 C 와 양단 간에 걸리는 전압 V 에 비례하며, 단위는 C(쿨롱)을 사용한다.

$$Q = C \times V$$

즉, 커패시터 양단에 전압 V 를 인가하면 커패시턴스 C 와의 곱만큼의 전하량이 저장된다. 이를 충전(Charging)이라 한다.

이렇게 충전된 커패시터 양단에 전력을 소비하는 부하를 연결하면 저장된 전하량은 부하를 통해 소비된다. 이를 방전(Discharge)이라 한다.

> ### 커패시턴스와 전류

Figure I-18 커패시턴스의 전압/전류

전류는 단위 시간 당 흐르는 전하량 즉 $I = \dfrac{dQ}{dt}$ 이므로, 위의 전하량과 커패시턴스 관계 수식 $Q = C \times V$ 에서 양변을 시간 t 로 미분하면, 커패시터에 흐르는 전류가 된다. 아래와 같이 정의되며, 이 책 전반에서 언급되는 중요한 수식이다.

$$I(t) = C\frac{dV_c(t)}{dt}$$

커패시턴스 양단 전압의 시간 당 변화량 ΔV_c 가 클수록 커패시터를 관통하는 전류가 커지고, 직류(DC)와 같이 전압 $V_c(t)$의 변화량이 없다면 커패시터를 관통하는 전류는 없다.

즉, DC 는 차단하고 AC 는 통과시키는 특성을 가지는데, 시간 당 전압의 변화가 큰 고주파의 신호일수록 전류는 커패시터를 잘 통과하게 된다는 의미이다.

저장되는 전기장 에너지

저항은 전기 에너지를 열로 소비하지만, 커패시턴스는 전기 에너지를 소비하지 않고 전기장 에너지로 저장하기 때문에, 커패시터(콘덴서)를 에너지 저장 소자라 한다. 커패시턴스에 저장되는 에너지 E 는 아래와 같이 커패시턴스 양단 간의 전압의 제곱에 비례한다.

$$E \text{ (J, Joul)} = \frac{1}{2}CV_c^2$$

나. 커패시턴스의 연결

소자의 직렬 연결은 두 소자에 흐르는 전류가 같고, 병렬 연결은 두 소자의 양단에 걸리는 전압이 같은 연결을 의미한다.

직렬 연결

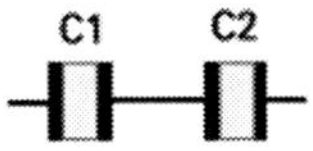

Figure I-19 커패시턴스의 직렬 연결

직렬 연결은 두 평행판 사이의 거리가 더 멀어진 것과 같으며, 아래와 같이 계산된다.

$$\frac{1}{C_{Total}} = \frac{1}{C1} + \frac{1}{C2} \rightarrow C_{Total} = \frac{C1 \times C2}{C1 + C2}$$

따라서, 커패시턴스가 직렬로 연결되면 합성 커패시턴스는 작아지게 된다.

Q = C × V 로부터 증명이 가능한데, 직렬 연결에서는 하나의 도선에 흐르는 전류(전하)는 같기 때문에, C1 과 C2 는 동일한 전하량 Q 를 가지게 된다. 이는 C1 의 오른쪽 판의 전자와 C2 의 왼쪽 판의 양자의 양이 같다고 생각하면 이해하기 쉽다.

따라서, $Q = C1 \times V1 = C2 \times V2$ 이고, $V_{Total} = V1 + V2$ 이므로, $V_{Total} = Q\left(\frac{1}{C1} + \frac{1}{C2}\right) = Q\left(\frac{1}{C_{Total}}\right)$ 과 같이 구해질 수 있다.

> **병렬 연결**

Figure I-20 커패시턴스의 병렬 연결

병렬 연결은 단면적이 넓어진 것과 같으며, 아래와 같이 계산된다.

$$C_{total} = C1 + C2$$

따라서, 커패시턴스의 병렬 합성 커패시턴스는 커지게 된다.

C1, C2 의 양단 전압이 같기 때문에, 아래와 같이 증명할 수 있다.
$V = \frac{Q1}{C1} = \frac{Q2}{C2} = \frac{Q_{Total}}{C_{Total}} \rightarrow Q1 = \frac{Q_{Total} \times C1}{C_{Total}}, Q2 = \frac{Q_{Total} \times C2}{C_{Total}}$ 이고, $Q_{Total} = Q1 + Q2$ 이므로, 두 식을 정리하면 위와 같이 된다는 것을 알 수 있다.

1.2.3. 인덕턴스 (Inductance, 유도용량)

인덕턴스는 자기장과 관계되므로 이에 대한 기초적인 배경 이론을 먼저 살펴보고, 인덕턴스의 성질에 대해 알아보도록 한다.

가. 기초 자기장 이론

앞서 보았던 전기장에서와 같이 자석에서 발생되는 자기도 두 자극 사이에 생기는 밀고 당기는 힘인 자기력, 자기력이 미치는 공간인 자기장(Magnetic Field), 자기장을 N 극에서 S 극 방향으로 선으로 표시한 자기력선 등이 있고, 이들 전기장과 자기장을 합쳐 전자기장이라 한다.

여기서는 자기장과 전기/전자의 전류와의 관계를 살펴보도록 한다.

암페어의 법칙과 자기장(Magnetic Field)

암페어 법칙은 도선에 전류가 흐르면 항상 자기장이 발생한다는 법칙으로, 자기력선은 전류 방향을 중심으로 오른 나사 방향으로 동심원을 이루며 생기게 된다. 이를 암페어의 오른 나사 법칙이라 한다.

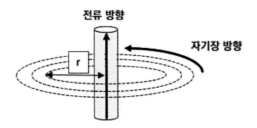

Figure I-21 전류와 자기장

직선 도선의 자기력에 대한 수식은 아래와 같이 자기력(H)은 떨어진 거리(r)에 반비례하고, 흐르는 전류(I)의 크기에 비례한다.

$$H(A/m) = \frac{1}{2\pi r} \times I$$

즉, 흐르는 전류가 클수록 더 큰 자기장이 발생하고, 가까운 거리일수록 자기장의 영향을 많이 받는다.

자속(Magnetic Flux) B 와 투자율(Permeability)

자속 B 는 자기력선에 직각인 일정 면적 S(m²)의 면을 통과하는 자기력선의 수로 정의하며, 자기장의 세기를 표현한다. 자성 물질에서 자기장과는 투자율 μ(뮤)와 함께 다음의 관계를 가진다.

$$B(Wb, 웨버) = \mu H$$

투자율 μ는 물질이 얼마나 자화가 잘 되는가 즉, 자기장을 얼마나 잘 전달시킬 수 있는가의 정도를 나타내는 물리량이다.

위의 수식에서와 같이 자속 B 는 자기장 H 와 비례 관계에 있어 자기장이 크면 자속이 크다고 할 수 있다.

자속 밀도(Magnetic Flux Density)는 단위 면적을 통과하는 자속의 양을 의미하는 것으로 자속을 면적으로 나눈 값이며 단위는 T(테슬라, Wb/m²)를 사용하고, 마찬가지로 자기장의 세기를 표현하는데 사용된다.

페러데이 법칙과 유도 기전력(Induced EMF)

위에서 본 암페어의 법칙에 의하면 도선에 전류가 흐르기만 하면 자기장이 발생된다고 했고, 이는 반대로 자기장에 의한 전류의 관계로도 생각해 볼 수 있다.

페러데이 법칙은 도체 주변에 자기장만 있다고 전류가 흐르는 것이 아니라, 자기장(자속)의 변화가 있어야만 유도 기전력이 생성되어 유도 전류가 흐른다는 법칙이다. 이를 전자기 유도라 한다.

$$\varepsilon(V) = -N\frac{d\Phi}{dt}$$

ε 유도 기전력, Φ 자속, N : 코일 감은 수(턴수)

위의 수식과 같이 유도 기전력은 시간 당 자속의 변화가 빠를수록 큰 전압이 형성되고, 감은 수 N 이 1 인 도체 루프에서 자속 Φ가 1 초 동안 1Wb(웨버)변할 때 1V 의 기전력이 유도된다.

자속이 전자석과 같이 전류에 의해 생성되었다면 흐르는 전류 I 와 비례 관계를 가진다.

$$\Phi \propto I$$

따라서, 흐르는 전류의 양이 클수록 자속도 커지며, 전류의 변화가 클수록 자속의 변화도 커지고 더 큰 유도 기전력이 형성된다.

☞ 트랜스포머의 동작 원리

아래 그림은 유도 기전력의 전형적인 사용 예인 AC 전압을 변경해 주는 변압기(트렌스포머)이다.

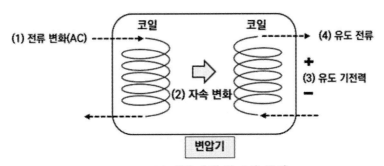

Figure I-22 변압기의 구조와 동작

변압기는 코어에 두 개의 코일을 감은 구조를 가지는데 동작 원리는 아래와 같다.

(1) 1 차 코일로 입력되는 교류 전류(AC)의 변화는 암페어의 법칙에 의해 전류의 양에 비례하여 자속의 변화를 만들어 낸다. 따라서, 자속의 변화를 만들기 위해서는 반드시 교류 AC 여야 한다.

(2) 이 자속의 변화는 2 차 코일에 자속의 변화를 만들어 내게 되고, 페러데이 법칙에 의하면 자속의 변화로 인해 2 차 코일에는 유도 기전력이 생성된다.

(3) 이 유도 기전력은 2 차 코일에 유도 전류를 흐르게 한다. 유도 기전력의 크기는 [2 차 코일의 감은 수/1 차 코일의 감은 수]와 입력 AC 전압에 비례하기 때문에, 코일의 감은 수를 조절하면 원하는 전압으로 만들 수 있다.

이 변압기에 대해서는 인덕터 편에서 다시 살펴보게 될 것이다.

이처럼 도선의 직접적인 연결이 없이도 도선에 자속의 변화가 생기면 기전력이 유도되고, 이는 전류를 만들어 낼 수 있는데, 이런 응용은 무선 충전기에도 적용되어 사용되고 있다.

나. 인덕턴스(Inductance)

인덕턴스(Inductance)는 전류의 변화량에 저항하는 물리량으로 정의할 수 있으며, L 로 표기한다.

이 인덕턴스 L 은 앞에서 본 페러데이 법칙에서 자속 Φ 를 전류 I 와의 관계로 표현하기 위한 물리량으로 코일의 감은 수 N 과 함께 아래와 같은 관계로 정의된다.

$$N\Phi = LI$$

즉, L 은 전류 I 에 대해 생성되는 자기장의 크기비를 의미한다. 따라서, 인덕턴스 L 의 양이 크다면 같은 전류에 대해 더 큰 자기장을 생성한다.

또한, 위 식을 시간 t 에 대해 미분하면 아래와 같이 페러데이 법칙의 유도 기전력과 같다.

$$\varepsilon = -N\frac{d\Phi}{dt} = -L\frac{dI}{dt}$$

따라서, 인덕턴스(Inductance)는 전류의 변화에 의해 유도 기전력을 발생시키는 정도의 물리량과 같은 말이며, 유도용량이라고 한다.

이는 도선에 전류가 흐르면 자기장이 생성되는데, 도선에 교류가 흐르게 되면 자기장의 변화가 발생한다. 이 자기장의 변화는 전류가 변화하는 반대 방향으로 자기 자신에 기전력을 유도하여 결과적으로 전류의 변화를 막는 성질로 작용하게 된다. 이 유도 기전력을 역기전력이라 하고, 인덕턴스에서 빠질 수 없는 성질이다. 위 수식의 - 부호는 유도된 기전력이 항상 자기장의 변화를 방해하는 방향으로 작용한다는 의미인데, 이를 렌츠의 법칙이라 한다.

인덕턴스의 단위는 H(핸리)를 사용하며, 1H(핸리)는 1 초 당 1A 의 전류 변화에 의해 1V 의 기전력을 발생시키는 물리적인 양을 말한다.

다. 인덕턴스의 수식

여기에서는 위에서 본 인덕턴스에 대한 수식을 조금 더 살펴보도록 한다.

유도 기전력의 크기

 위에서 본 것과 같이 인덕턴스와 유도 기전력은 페러데이 법칙에서 유도된 수식으로, 코일에 대한 유도 기전력 $V_L(t)$는 인덕턴스 L 과 다음과 같은 관계를 가지며, 이 책 전반에서 언급될 만큼 중요한 수식이다.

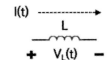

Figure I-23 인덕턴스 기호

$$V_L(t) \ = \ -L\frac{dI(t)}{dt}$$

 인덕턴스에 흐르는 전류의 시간 당 변화량이 클수록 즉, 신호의 주파수가 높을 수록 더 큰 기전력이 생겨 전류의 흐름을 방해하고, 전류의 변화가 없는 직류 DC 의 경우 기전력이 생기지 않아 전류가 잘 흐를 수 있음을 의미한다. 이처럼 인덕턴스는 직류 DC 에는 영향이 없고, 주파수가 있는 신호에서만 작용한다.
 이 유도되는 기전력에 대해서는 전기/전자 기초 특성에서 조금 더 자세히 살펴보도록 할 것이다.

인덕턴스 저장 에너지

 전기장의 형태로 전기 에너지를 저장하는 커패시턴스와 마찬가지로, 인덕턴스는 전기 에너지를 소비하지 않고 자기장의 형태로 에너지를 저장한다.

 인덕턴스에 저장되는 에너지 E 는 아래와 같다.

$$E \ = \ \frac{1}{2}LI^2 \ (J, Joul)$$

라. 인덕턴스의 연결

상호 간에 자기 결합이 없는 경우 저항 연결과 같이 직렬인 경우 인덕턴스는 커지며, 병렬의 경우 인덕턴스는 줄어든다.

직렬 연결

인덕턴스 L_1 과 L_2 의 직렬 연결에서의 합성 인덕턴스는 아래와 같이 증가한다.

$$L_{Total} = L_1 + L_2$$

이는 직렬 도선에 흐르는 전류는 같으므로, 아래와 같이 증명될 수 있다.

$$V(t) = L_1 \frac{dI(t)}{dt} + L_2 \frac{dI(t)}{dt} = (L_1 + L_2) \frac{dI(t)}{dt} = L_{Total} \frac{dI(t)}{dt}$$

병렬 연결

인덕턴스 L_1 과 L_2 의 병렬 연결에서의 합성 인덕턴스는 아래와 같다.

$$\frac{1}{L_{Total}} = \frac{1}{L_1} + \frac{1}{L_2} \rightarrow L_{Total} = \frac{L_1 \times L_2}{L_1 + L_2}$$

위 수식과 같이 병렬 연결의 경우 인덕턴스의 합성 용량은 작아진다.

지금까지 이 장에서 살펴본 저항, 커패시턴스, 인덕턴스는 전기가 있는 곳이라면 항상 존재하는 기본적인 특성이기 때문에, 이 책 전반에서 언급될 것이므로 충분한 이해를 해 두도록 한다.

1.3. 키르히호프 법칙

 전기 회로 해석에서 가장 기본이 되는 법칙에는 앞서 살펴본 옴의 법칙 외에 키르히호프 법칙이 있다. 이번 장에서는 키르히호프 법칙에 대해 살펴보도록 한다.

1 법칙 : 키르히호프 전류 법칙 (Kirchhoff's Current Law, KCL)

 KCL 이라 약자로 부르는 키르히호프 전류 법칙은 회로 내 한 노드(연결점)로 흘러 들어가는 전류의 합은 흘러 나가는 전류의 합과 같다는 법칙을 말한다. 따라서, 한 노드에서의 전류 벡터의 합은 0 이다.

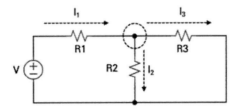

Figure I-24 노드의 입/출력 전류

 위 회로에서 원의 노드에서는 전류가 I_1, I_2, I_3 의 3 가지 벡터 방향으로 정의했다. 이 전류들은 KCL 에 의하여 들어가는 전류와 나가는 전류의 벡터합은 같으므로, 아래를 만족한다.

$$I_1 = I_2 + I_3 \rightarrow I_1 - I_2 - I_3 = 0$$

 KCL 에서 전류의 벡터합이므로 전류의 방향 정의와 부호의 연산에 신경을 써야 한다.

2 법칙 : 키르히호프 전압 법칙 (Kirchhoff's Voltage Law, KVL)

 KVL 약자로 부르는 키르히호프 전압 법칙은 회로 내 어떤 폐경로에 전류를 회전하며 구한 전압의 합은 0 이다는 이론이다. 전류가 흐르는 폐경로(닫힌 경로)를 메쉬(Mesh)라고 하며, 회로 내 여러 개의 폐경로로 나누어 해석하는 것을 메쉬 해석법이라 한다.

이때 전류 루프의 방향과 전압의 극성 표시가 중요하며, 아래와 같이 전류가 루프의 방향으로 소자로 들어가는 방향을 +로 정의하고 나가는 쪽을 −로 규칙을 정하여, 이에 따라 루프와 만나는 전압 극성에 따른 전압 값들의 합이 0 이 된다.

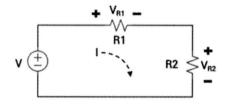

Figure I-25 전류의 방향에 따른 전압 극성 표시

즉, 위 회로와 같이 전류 방향의 루프를 만들고, 각 전압의 극성을 정했다면, 아래와 같이 전류가 진입하는 극성의 전압의 합은 0 이다. 메쉬를 따라 돌며 이 메쉬와 만나는 전압의 극성으로 표시하면 된다.

$$-V + V_{R1} + V_{R2} \ = \ 0$$

위의 회로는 직렬 저항의 합성 저항을 구해서 옴의 법칙으로 전류를 구할 수도 있겠지만, KVL 로 전류를 구해 보면 아래와 같다.

옴의 법칙에 의해 $V_{R1} = I \times R_1$, $V_{R2} = I \times R_2$ 이므로 위 식에 대입하여 정리하면 아래와 같다.

$$-V + I \times R_1 + I \times R_2 \ = \ 0$$

$$\therefore I \ = \ \frac{V}{R_1 + R_2}$$

키르히호프 법칙을 이용한 회로 해석 예

아래 회로에서 전압 V_{R3} 을 구하기 위하여 저항 R2, R3 의 병렬 합성 저항을 구하여 옴의 법칙으로 계산하는 것이 더 간단할 수도 있지만, 여기에서는 키르히호프 법칙을 이용해서 R3 에 걸리는 전압인 V_{R3} 를 계산해 보도록 한다.

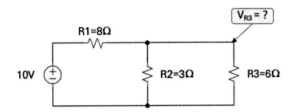

　V_{R3} 를 구하기 위해서는 먼저 저항 R3 에 흐르는 전류 I 를 계산한 후 옴의 법칙으로 $V_{R3} = I \times R_3$로 구할 수 있다.

　위의 회로 구성은 폐경로가 2 개로 구성되며, 아래와 같이 키르히호프 법칙과 **메쉬** 해석법으로 아래와 같이 해석할 수 있다.

① 폐회로가 2 개 이므로, 전류 루프가 2 개 필요하며 이에 따라 각 전압과 극성을 정의한다.

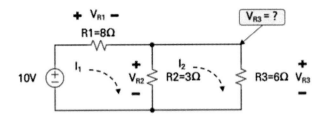

　　여기서는 위 그림과 같이 전류의 방향과 전압의 극성을 정의하였다.

② 각각의 **루프**에 대해 KVL 을 구한다.

　　이때 조심해야 할 점은 저항 R2 에 흐르는 전류의 크기와 방향이다. 저항 R2 에는 전류 I_1 과 I_2 가 함께 흐르도록 정의되었는데, 전류의 방향이 반대이므로 이들의 차로 정의되어야 하며, 전류의 방향은 +에서 -로 정했으므로, 전압의 방향과 맞추어 차를 구해야 한다.

　　따라서, R2 에 흐르는 전류는 $I_1 - I_2$ 가 되어야 위의 회로에서 정의한 V_{R2} 의 극성과 일치한다.

　　I_1 루프에 대한 KVL

$$-V + V_{R1} + V_{R2} \ = \ 0$$

$$\rightarrow -V + R1 \times I_1 + R2 \times (I_1 - I_2) \ = \ 0 \ - ①$$

　　I_2 루프에 대한 KVL

$$-V_{R2} + V_{R3} = 0 \rightarrow -R2 \times (I_1 - I_2) + R3 \times I_2 = 0$$

$$\rightarrow I_2 = \frac{R2 \times I_1}{R2 + R3} = \frac{I_1}{3} - ②$$

③ 연립방정식을 푼다

위의 ②의 I_2 를 ①의 I_2 에 대입하여 방정식을 풀면 아래와 같다.

$$-10V + 8\Omega \times I_1 + 3\Omega \times (I_1 - \frac{I_1}{3}) = 0$$

$$\therefore I_1 = 1A, I_2 = \frac{1}{3}A$$

따라서, V_{R3} 는 아래와 같다.

$$\therefore V_{R3} = R3 \times I_2 = 6\Omega \times \frac{1}{3}A = 2V$$

지금까지 전기의 구성 요소인 전압, 전류와 물질의 기본 전기 특성인 저항, 커패시턴스, 인덕턴스와 전기의 기본 법칙인 옴의 법칙과 키르히호프 법칙을 살펴보았다.
다음 장부터는 이들을 기반으로 시스템 이론을 살펴보며, 전기 회로 동작에 대해 조금 더 이해해 보도록 할 것이다.

2. 시스템과 신호의 종류

시스템(SYTSTEM)이란 원하는 목적 또는 기능을 수행하기 위한 일련의 기계/전기/전자/화학 등으로 구현된 하드웨어와 소프트웨어 집합으로 정의된다.

입력과 출력

이런 시스템은 원하는 목적을 수행하기 위해 시스템에서 처리해야 할 입력(Input)과 시스템에서 처리된 결과인 출력(Output)을 가지는데, 이 입/출력은 목적에 따라 신호가 될 수도 있고 데이터가 될 수도 있으며 다른 형태의 무엇이든 될 수 있다. 시스템의 해석은 이런 입력과 출력의 정의부터 시작한다.

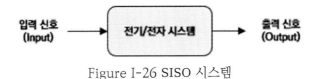

Figure I-26 SISO 시스템

전기/전자 시스템에서는 입력 신호를 주는 주체를 소스(Source) 또는 드라이버(Driver), 출력 신호를 받는 주체를 부하(Load) 또는 리시버(Receiver)라 한다. 이에 대해서는 추후 살펴볼 것이다.

이번 장에서는 이런 시스템 해석을 위한 시스템과 신호의 종류에 대해 살펴본다.

2.1. 선형 시스템

시스템의 목적에 의한 종류는 명령에 따른 추종을 목적으로 하는 제어 시스템, 데이터 취득과 분석/해석을 목적으로 하는 계측 시스템, 특정 신호의 노이즈 제거 또는 특정 주파수 대역 신호의 차단/통과를 목적으로 하는 필터 시스템, 신호를 분해하여 분석/해석하고 분류하는 인식 시스템 등 목적에 따라 여러 시스템 종류로 나뉜다.

이번 장에서는 이런 시스템의 목적에 의한 분류가 아닌, 시스템 해석에 있어서 가장 중요한 LTI 시스템의 특성에 대해 알아보도록 한다.

2.1.1. LTI(선형 시불변) 시스템

시간적으로 변하지 않고, 입력에 대해 선형적인 출력을 하는 선형 시스템을 LTI 시스템, 선형 시불변 시스템이라 한다.

가. 선형 시스템(Linear System)

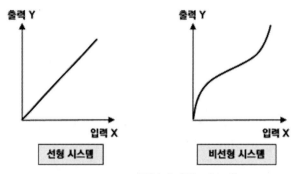

Figure I-27 선형/비선형 시스템

선형 시스템(Linear System)은 입력에 대한 출력이 선형적인 특성을 갖는 시스템을 의미하고, 그렇지 않는 시스템은 비선형 시스템(Non-Linear System)이라 한다.

선형적인 출력 특성은 입력의 변화량에 대한 출력의 변화량이 일정한 비율로 발생하는 것을 의미하는데, 예를 들어, 입력 전압이 0V 일 때 출력 전압이 0V, 입력 전압이 1V 일 때 출력 전압이 10V 나왔다면 y = 10x 와 같이 직선 방정식의 특성을 가지며, 입력 전압이 0.5V 일 때는 5V 의 출력 전압이 나오는 시스템이다.

나. 선형 시불변 시스템(LTI 시스템)

위와 같은 선형 시스템이라 해도, 이 시스템이 시간에 따라 시스템 특성이 선형이었다가 비선형이었다가 한다면, 시스템의 특성이 변하는 모든 경우 각각에 대한 해석을 한다는 것은 거의 불가능할 수 있다.

따라서, 시간에 변함없이 항상 선형성(Linearity)을 유지하는 시스템이어야 시스템에 대해 수학적 해석을 할 수 있는데, 이런 시스템을 선형 시불변 시스템, LTI 시스템(Linear Time Invariant System)이라 한다.

또한, 시스템은 인과 시스템(Causal system)과 비인과 시스템(Non-causal system)으로 구분될 수 있다. 인과 시스템은 현재 출력이 현재 입력과 과거의 입력에만 의존하는 시스템인데, 신호 $x(t)$에 대해 시간 $t < 0$ 일 때는 0 의 값을 가지며, $t \geq 0$ 일 때만 유효값을 가진다. 비인과 시스템은 현재 출력이 현재 입력, 과거 입력, 미래 입력에 의존할 수 있는 시스템이다.

전기/전자 회로, 기계 시스템 등 대부분의 물리적 시스템들은 인과 시스템이므로, 이 책에서는 시스템을 LTI 인과 시스템이라 가정하고 해석하기로 한다.

다. 선형 시스템의 중첩의 원리

선형 시스템은 아래와 같은 조건을 만족하는 시스템을 말하며, 이 조건을 중첩의 원리(Superposition Principle)라 한다.

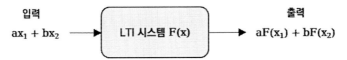

Figure I-28 선형 시스템의 중첩의 원리

비례성

입력 x 에 대해 출력 F(x)를 가지는 시스템에서 입력 x 에 어떤 수를 곱해서 입력하면, 출력 또한 그 수에 비례해서 나오는 성질인 비례성(Homogeneity)을 만족한다.

$$F(ax) = aF(x)$$

가산성

입력 x 에 대해 F(x)의 출력을 가지는 시스템에 입력 x_1 에 x_2 를 더해서 입력했을 때, 출력은 x_1 에 대한 출력 $F(x_1)$과 x_2 에 대한 출력 $F(x_2)$를 더한 $[F(x_1) + F(x_2)]$ 값이 나오는 성질인 가산성(Additivity)을 만족한다.

$$F(x_1+x_2) = F(x_1)+F(x_2)$$

결국, 중첩의 원리는 아래와 같이 표현할 수 있다.

$$F(ax_1 + bx_2) = aF(x_1) + bF(x_2)$$

라. 선형 시스템의 정현파 응답

Figure I-29 LTI 정현파 응답

선형 시스템에서 또 하나 주목해야 할 점은 위의 그림과 같이 입력에 어떤 주파수 성분이 들어가면, 출력은 선형성에 의해 입력의 기본 주파수 성분은 바뀌지 않고, 크기(Amplitude)와 위상(Phase, φ)만 변하는 출력 특성을 가지게 된다.

이런 선형 시스템의 정현파 특성으로 인해 시스템을 주파수 영역에서 얼마나 편리하게 해석을 할 수 있는지 앞으로 보게 될 것이다.

2.2. 전기 특성의 선형성

앞서 살펴본 선형 시스템은 서로 다른 입력에 대해 각각의 입력에 대한 출력들을 더한 것이 최종 출력이 된다는 가산성(Additivity)과 입력에 어떤 이득값을 곱했을 때 출력도 같은 이득 값을 곱한 결과가 된다는 비례성(Homogeneity)을 만족하는 시스템을 말한다.

2.2.1. 선형 특성

전기/전자 시스템에서 저항, 커패시턴스, 인덕턴스는 전기/전자 시스템의 모든 곳에 존재하 는 특성이고 아래와 같이 선형 특성을 가지므로 R, L, C 수동 소자를 선형 소자라 하고, 입력 된 전압 또는 전류에 대해 선형적인 출력을 하는 회로를 선형 회로라 한다.

이렇듯 선형 회로는 일반적으로 R, L, C 수동 소자로 구성된 회로를 의미하는데, 반도체 소 자와 함께 구성되어 있더라도 선형적인 관계를 가지고 있는 구간에서는 선형 회로로 근사해 서 해석하기도 한다.

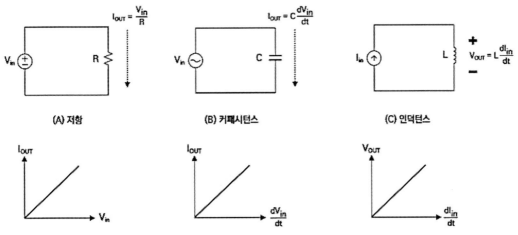

Figure I-30 저항, 커패시턴스, 인덕턴스의 선형성

이런 선형성을 가지는 R, L, C 특성들을 이 책 전반에 걸쳐 살펴보게 될 것 것이다.

2.2.2. 선형 회로의 회로 해석 이론

앞에서 본 옴의 법칙과 키르히호프 법칙을 이용한 회로 해석은 가장 기본이 되는 이론들이다.

하지만, 회로에 많은 수의 저항들이 직/병렬되어 있고, 다수의 전압원이 있는 회로와 같은 경우 이들 만으로 계산하기가 굉장히 복잡할 때가 있다.

이런 경우 선형 회로에서 유용하게 사용할 수 있는 방법이 중첩의 원리와 테브난 등가 회로다. 이에 대해 살펴보도록 한다.

가. 중첩의 원리

전기/전자 시스템의 중첩의 원리는 앞에서 살펴본 선형 시스템 원리가 선형 회로에 적용된 이론이다. 이 원리를 이용하면, 선형 회로에서 여러 입력 신호 즉, 다수의 전원 입력에 대한 해석이 쉬워진다.

> ### 선형 회로에서의 복수의 전원에 대한 해석 규칙

선형 회로에서 복수의 전원 각각의 입력에 대해 원하는 위치의 전압 또는 전류를 구하여 모두 합하면 최종 출력이 된다.

이때 선형 전기 시스템에서는 각각의 개별 전원의 응답을 구하기 위하여 아래와 같은 규칙이 필요하다.

    (1) 자신이 아닌 다른 전류원은 개방(Open)시킨다.
    (2) 자신이 아닌 다른 전압원은 단락(Short)시킨다.

물론, 이 규칙은 R, L, C 수동 소자들로 구성된 선형 회로에 국한되지만, IC 들로 구성된 비선형 회로라고 해도 입력에 출력이 선형인 구간에 적용하여 해석하기도 한다.

> ### 중첩의 원리를 이용한 회로 해석의 예

아래 그림의 R3 에 걸리는 노드 전압을 구해 보도록 하자.

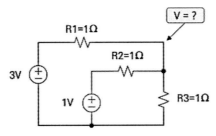

Figure I-31 다중 전압원

① 3V 입력 전압에 대한 전압 계산

중첩의 원리를 이용하여 3V 전압원에 대한 노드 전압을 구해 보면, 1V 전압원은 단락 (Short)시켜야 하므로, R2//R3 의 1Ω 두 개가 병렬이 되어 0.5Ω 이 되고, 3V 에 연결된 R1 1Ω 과 분압된다. 따라서, 아래와 같이 1V 가 된다.

$$V_{3v} \ = \ \frac{0.5\Omega}{1\Omega + 0.5\Omega} \times 3V \ = \ 1V$$

② 1V 입력 전압에 대한 전압 계산

마찬가지로 1V 전압원에 대해 구해 보면, 3V 전압원은 단락시켜야 하므로, R1//R3 의 1Ω 두 개가 병렬이 되어 0.5Ω 이 되어, 아래와 같이 0.33V 이다.

$$V_{1v} \ = \ \frac{0.5\Omega}{1\Omega + 0.5\Omega} \times 1V \ = \ 0.33V$$

③ 각 전원에 대한 전압값을 더하면 된다.

입력 전압 3V 와 1V 에 대해 구해진 노드의 출력 전압을 모두 더하면, 아래와 같이 1.33V 가 된다.

$$V_{NODE} \ = \ V_{3v} + V_{1v} \ = \ 1V + 0.33V \ = \ 1.33V$$

나. 테브난의 등가 회로

테브난(Thevenin)의 정리는 다수의 전압원, 전류원, 저항으로 구성된 복잡한 회로를 하나의 등가 전압원(V_{th})과 하나의 등가 저항(R_{th})으로 등가 회로 표현이 가능하다는 이론이다.

등가 회로(Equivalent Circuit)는 복잡한 회로를 회로의 특성이 같은 간단한 회로로 표현한 회로를 의미한다.

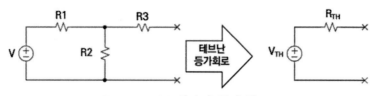

Figure I-32 테브난 등가 회로

즉, 테브난의 등가 회로는 위 그림의 왼쪽과 같이 복잡한 회로를 오른쪽 그림과 같이 하나의 테브난 전압(V_{th})와 하나의 테브난 저항(R_{th})의 등가 회로로 단순화함으로써 해석을 쉽게 할 수 있는 방법을 제공한다.

중첩의 원리와 마찬가지로, 선형 회로에서만 적용이 가능하다.

테브난의 정리 해석 규칙

① 테브난 전압 V_{th} 구하기

구하고자 하는 측정 부하를 개방(Open)시키고, 그 위치의 전압을 구한다.

② 테브난 저항 R_{th} 구하기

전류원은 개방(Open)시키고, 전압원은 단락(Short)시켜 모든 전원을 제거하고, 측정 부하에서 바라본 합성 저항을 구한다.

테브난의 정리를 이용한 회로 해석의 예

아래 회로의 V_{R4} 를 구해 보도록 하자. 물론, 옴의 법칙, KCL, KVL 으로도 구할 수 있는 회로이지만, 회로가 더 복잡해지면 구하기 어려워질 수 있다.

테브난의 정리로 얼마나 단순하게 표시할 수 있고, 간단하게 해석되는지 확인하도록 한다.

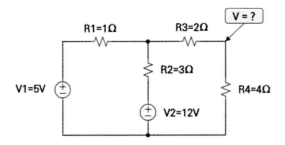

① 측정 부하 R4 를 제거하고, 테브난 전압 V_{th} 구하기

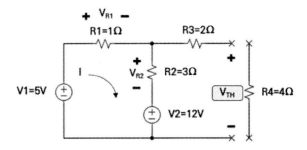

여기서 저항 R3 는 한 쪽이 개방되어 있어 전류가 흐르지 않으므로 무시해도 된다. KVL 을 적용하여 전류를 구한 후 V_{R2} 를 구하면, $V_{th} = V_2 + V_{R2}$ 가 된다.

$$-V_1 + V_{R1} + V_{R2} + V_2 = -V_1 + I \times R_1 + I \times R_2 + V_2$$
$$= -5V + 1\Omega \times I + 3\Omega \times I + 12V = 0$$
$$\rightarrow I = -\frac{7}{4}A$$

$$\therefore V_{th} = 12V - \frac{7}{4}A \times 3\Omega = \frac{27}{4}V$$

② 모든 전원을 제거하고 측정하려는 부하에서 본 합성 저항인 테브난 저항 R_{th} 구하기

  V_1 과 V_2 는 전압원이므로 단락(Short)시키고, R_{th} 를 구한다.

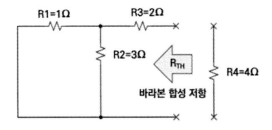

R1 과 R2 는 서로 병렬 연결이기 때문에 R1, R2 의 합성 저항은 아래와 같다.

$$R_{P12} = \frac{R1 \times R2}{R1 + R2} = \frac{3}{4}\,\Omega$$

이 합성 저항 R_{P12} 는 R3 과 직렬 연결이므로 R_{th} 는 아래와 같이 구해진다.

$$R_{th} = R_{P12} + R3 = \frac{3}{4}\,\Omega + 2\Omega = \frac{11}{4}\,\Omega$$

③ 최종적으로 테브난 등가 회로는 아래와 같이 정의되고, 측정 저항 R4 에 분압되는 전압을 구하면 된다.

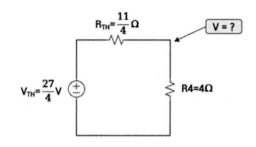

$$\therefore V_{R4} = \frac{R4}{R_{th} + R4}V_{th} = \frac{4\Omega}{\frac{11}{4}\Omega + 4\Omega} \times \frac{27}{4}V = 4V$$

2.3. 신호의 종류

신호(Signal)란 송신자가 수신자에게 어떤 의미 있는 유용한 정보를 전달하기 위한 전달 매체이다. 어떤 몸짓 등의 행위, 소리, 빛 등 정보를 전달할 수 있는 어떤 것이라도 전달 매체가 될 수 있다. 예를 들어, 전기/전자 시스템에서 전달 매체는 전압, 전류, 전자기장 등이 된다.

2.3.1. 신호의 종류

시스템은 결국 신호들의 처리를 통해 원하는 목적을 달성하게 되는데, 여기서는 시스템의 특성을 해석하기 위하여 사용되는 대표적인 신호들의 종류와 특성에 대해서 알아보도록 한다. 이 신호들은 시스템에 입력 신호로 주어 출력 응답을 확인함으로써 시스템의 특성을 해석할 수 있게 하는 중요 신호들이다. 각각의 신호들의 사용에 대해서는 이후 살펴보도록 할 것이다.

가. 주기 신호 vs 비주기 신호

신호는 일정 시간 간격으로 파형이 반복되는 주기 신호(Periodic Signal)와 반복성이 없는 비주기 신호(Aperiodic Signal)로 구분할 수 있다.

일정 시간 간격 즉, 일정한 주기로 똑같은 값을 가지는 주기 신호의 수학적 표현은 아래와 같다.

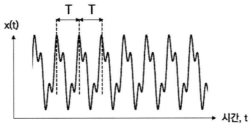

Figure I-33 주기 신호

$$x_c(t) = x_c(t+T) = x_c(t+2T)...$$

이렇게 같은 값을 가지는 일정한 시간 T(초)를 주기 시간이라 하고, 1 초에 동일한 신호가 몇 번 반복되는가를 나타내는 것을 주파수(Frequency)라 하며 Hz(헤르쯔) 단위를 사용한다.
주기 시간 T 와 주파수 f 는 아래와 같은 관계를 가진다.

$$f = \frac{1}{T} \text{ (Hz, Cycles/sec)}$$

만일, f = 10Hz 의 신호라 하면 T = 0.1 초 동안 발생한 진동 신호가 0.1 초 주기마다 동일하게 발생되니, 1 초에 10 번의 동일한 진동 신호가 발생된다는 것을 의미한다.
대표적인 주기 신호로는 sin, cos 정현파를 들 수 있다.

나. 단위 임펄스 신호 (Unit Impulse Signal)

단위 임펄스 신호의 정의는 시간 t = 0 에서 면적이 1 이 되는 함수를 말한다.
단위 임펄스 신호는 아래와 같이 정의된다.

$$\delta(t) = \begin{cases} 0, & t \neq 0 \\ \infty, & t = 0 \end{cases}$$

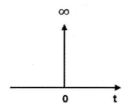

Figure I-34 단위 임펄스 신호

면적이 1 로 정의되는 임펄스 신호는 수학적 수식으로 아래와 같다.

$$\int_{-\infty}^{\infty} \delta(t) \, dt = 1$$

시간 t = 1 에서 임펄스 신호가 있으려면, δ(t − 1)과 같이 t = 1 일 때 δ(0)이 될 수 있도록 만들면 된다. 이를 시간 이동(Time Shift)라 한다.

임펄스 함수 δ(t) (Delta, 델타)는 t = 0 에서 너비가 0 이기 때문에, 크기는 무한대가 된다. 이런 신호를 실제로 구현하는 것은 불가능하지만, 임펄스 신호에 대한 시스템의 응답은 시스템 특성을 분석하는 중요한 수학적 신호가 된다.

특히, 시간 영역에서 입력 신호와 임펄스 응답의 곱을 적분함으로써 시스템의 출력 응답을 해석할 수 있는데, 이를 컨볼루션(Convolution)이라 하며 이후에 살펴볼 것이다.

아래에서 보게 될 단위 계단 신호와는 아래와 같은 관계를 가진다.

$$\delta(t) = \frac{du(t)}{dt}$$

다. 단위 계단 신호 (Unit Step Signal)

단위 계단 신호는 시간 t < 0 에서 0 이며, 시간 t > 0 에서 신호의 크기가 1 이 되는 계단 모양의 신호를 말한다. 단위 계단 신호는 아래와 같이 정의된다.

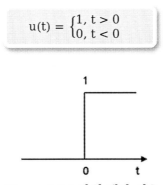

$$u(t) = \begin{cases} 1, t > 0 \\ 0, t < 0 \end{cases}$$

Figure I-35 단위 계단 신호

만약, 단위 계단 신호 u(t − 2) 라면, u(0) 부터 1 이 되기 때문에, 시간 t < 2 에서의 값은 0 이고 시간 t 가 2 부터 1 로 된다.

또한, 크기가 A 인 계단 입력이라면 Au(t)와 같이 단위 계단 신호에 A 를 곱한 것으로 표현할 수 있다.

이런 단위 계단 신호는 ON/OFF 스위칭 동작의 수학적 해석에 사용되므로 매우 유용한 함수이다. 또한, 푸리에 변환에서 살펴보겠지만, 계단 신호 자체에 수많은 고주파 성분을 포함하고 있으므로, 이를 입력 신호로 준다면 다양한 주파수 성분에 대한 시스템의 출력 응답을 확인해 볼 수 있다.

이런 이유로 시스템의 응답 특성을 시간 영역에서 분석할 때 계단 신호를 입력 신호로 많이 사용하는데, 이에 대한 응답을 계단 응답(Step Response)이라 한다.

추후 시간 영역에서의 응답에서 자세히 살펴보도록 한다.

라. 정현파 신호 (Sinusoidal Signal)

정현파 신호는 사인파라고도 하며, 기본 주파수 성분만 있을 뿐 고조파(Higher Harmonic Wave) 성분이 없기 때문에 교류(AC) 파형의 기본적인 형태로 쓰이며 sin, cos 의 수학적 함수로 표현하는 대표적인 주기 신호다.

특히, 주파수 영역의 해석은 이 정현파 입/출력 응답에 대한 특성 해석이므로 정현파 신호에 대해 사용되는 용어들을 알고 있어야 한다.

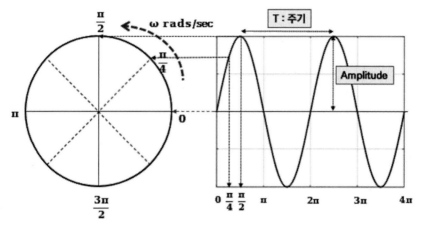

Figure I-36 정현파

아래와 같이 정현파를 표현할 수 있으며, 이의 특성을 알아본다.

$$x(t) = A \sin(\omega t + \phi)$$

크기(Amplitude)

크기 A 는 정현파 신호의 피크(Peak) 즉, 최대 크기를 의미한다. 반면, Peak to Peak 는 양의 피크와 음의 피크 간의 크기를 의미하므로 2A 가 된다.

주파수(Frequency)와 주기(Period)

주파수(Frequency)는 주기 함수에서 같은 주기의 파형이 1 초에 몇 번 반복되는지 나타내며, f 로 표기하고 Hz 단위를 사용한다. 또는, 1 초에 반복되는 숫자를 의미하므로 Cycles/sec 단위로 사용하기도 한다.

예를 들어, 1000Hz 정현파라면 1 초에 1000 번의 정현파 파형이 반복됨을 의미하고, 한 번의 파형에 대한 시간은 1ms 가 됨을 의미한다.

주파수와 반복되는 파형의 주기 시간 T(초) 관계는 아래와 같다.

$$f = \frac{1}{T} \ (Hz)$$

sin 함수는 2π 의 주기를 가지므로, 정현파는 주파수와 시간의 관계로 $sin(2\pi ft)$로 표기하는데, 이는 시간 t 가 주기 시간 T 즉, $\frac{1}{f}$ 초가 될 때마다 $2\pi ft$ 가 2π 의 배수가 되며 파형이 반복되는 것을 의미한다.

각주파수 ω(오메가)

각주파수(Radian Frequency) ω(오메가)는 위의 그림과 같이 시간 영역의 정현파를 원 상에 투영하였을 때 1 초에 원을 몇 라디안(radian) 회전하는가를 의미하는 것으로, 주파수 f 와의 관계는 아래와 같다.

$$\omega = 2\pi f \ (radian/sec)$$

이 각주파수는 신호 분석 시 유용하게 사용되는 단위로 주파수 f 를 가지는 정현파를 아래와 같이 간단히 표현할 수 있다.

$$sin(2\pi ft) = sin(\omega t)$$

위상(Phase)

위상(Phase)을 의미하는 ϕ (파이)는 신호가 기준 신호 대비 얼마나 앞서거나 지연되어 나오는지를 의미한다.

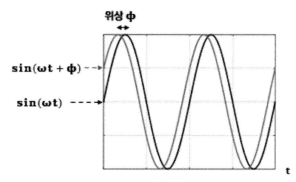

Figure I-37 위상(Phase)

즉, $\sin(\omega t + \phi)$는 $\sin(\omega t)$가 기준 신호가 되어 $\phi = 0$이면 동일 위상, $\phi > 0$이면 앞선(Lead) 위상, $\phi < 0$이면 지연(Lag) 위상이 된다.

$\sin(2\pi ft + \phi)$와 같은 시간 함수에서 위상 ϕ (rad)에 대한 시간 t_{phase} 는 $\sin$ 함수가 한 주기 $T = \frac{1}{f}$ 초 동안 2π 회전하므로 아래와 같이 표현할 수 있다.

$$t_{phase}(\sec) = \frac{T}{2\pi} \times \phi$$

예를 들어, 주파수 f = 1Hz 즉 주기 T 가 1 초인 정현파에서 $\frac{\pi}{2}$의 위상 지연을 가진다면, 0.25 초의 신호의 지연이 발생함을 의미하는 것이다.

대부분의 시스템에서는 입력 신호 대비 출력 신호가 늦게 출력되는데, 이를 위상 지연 또는 Phase Delay 라 한다.

이 부분에 대해서는 보드선도 편에서 살펴볼 것이다.

마. 정현파 신호의 복소수 표현

정현파 신호들의 연산은 신호의 복소수 표현으로 간단해질 수 있다.

페이저(Phasor) 표현

정현파 $x(t) = A\cos(\omega t + \phi)$에 대한 복소수 표현은 아래와 같이, 오일러의 공식(Euler's formula) $e^{j\theta} = \cos(\theta) + j\sin(\theta)$을 이용하여 실수 부분만 취한 식으로 표현한다.

$$A\cos(\omega t + \phi) = \text{Re}\{Ae^{j(\omega t + \phi)}\} = \text{Re}\{A(\cos(\omega t + \phi) + j\sin(\omega t + \phi))\}$$

반면, sin 함수는 허수 부분만 취한 $\sin(\omega t + \phi) = \text{Im}\{Ae^{j(\omega t+\phi)}\}$으로 표현할 수 있다. Re 는 실수부만 취하는 연산자, Im 은 허수부만 취하는 연산자이다.

여기에서 시간에 따른 변화인 주파수 정보를 빼고, 정현파의 크기와 위상만 복소수로 표현하는 방식을 페이저(Phasor) 표현 방식이라 하며, 페이져 X 는 아래와 같이 복소수로 표현된다.

$$X = Ae^{j\phi} = A\big(\cos(\phi) + j\sin(\phi)\big) = a + jb$$

앞서 살펴본 선형 시스템은 주파수 ω 인 정현파 입력 X 에 대해 출력 Y 는 기본 주파수 ω 성분은 변하지 않고 크기와 위상만 변하기 때문에, 이런 주파수 정보는 제외하고 크기와 위상 연산만 하는 정현파의 페이저 복소수는 선형 시스템의 주파수 영역 연산에서 연산을 간소화할 수 있는 큰 장점을 가진다.

이후 보게 되겠지만, 선형 시스템은 입/출력이 동일한 ω 주파수 성분을 가지므로, $Y(\omega) = X(\omega) \times H(\omega)$와 같이 크기와 위상 정보인 ω 주파수 성분들의 곱셈으로 시스템의 주파수 응답을 해석할 수 있다.

페이저의 표현 방식

이런 정현파의 크기와 위상 정보인 페이저 복소수는 직교좌표 형식, 복소지수 형식, 극 형식으로 표현할 수 있다.

☞ 직교좌표 형식

복소수를 $A = a + jb$의 형태로 표현하는 방식으로, a 는 실수부 Re(A), b 는 허수부 Im(A)로 표현한다. 기하학적 표시를 하기 위한 직각 좌표계에서 X 축은 실수(Real), Y 축은 허수(Imaginary)인 복소 평면(Complex Plane)에 표현할 수 있다.

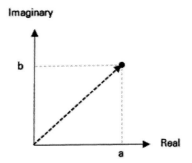

Figure I-38 직교 좌표 형식

이런 직교 좌표 형식은 복소수 신호의 덧셈과 뺄셈 연산에 유리한데, 만일, $z_1 = a_1 + jb_1$이고 $z_2 = a_2 + jb_2$라면, $z_1 + z_2 = (a_1 + a_2) + j(b_1 + jb_2)$가 된다.

☞ 복소지수 형식 (Polar Form)

위의 직교좌표 형식은 삼각함수 형식으로 $a + jb = \sqrt{a^2 + b^2} \times \left(\frac{a}{\sqrt{a^2+b^2}} + j\frac{b}{\sqrt{a^2+b^2}} \right) = A(\cos\phi + j\sin\phi)$로 표현할 수 있다.

이 삼각 함수 형식은 아래와 같이 오일러 공식 $e^{j\phi} = \cos(\phi) + j\sin(\phi)$를 통해 복소지수 형식으로 표현될 수 있다.

$$a + jb = A(\cos\phi + j\sin\phi) = Ae^{j\phi}$$

$$\{ A = \sqrt{a^2 + b^2} , \phi = \tan^{-1}\frac{b}{a} \}$$

여기에서 A(Amplitude)는 정현파 신호의 크기, ϕ는 위상이다.

이는 극좌표 형식(Polar form)으로 복소수의 크기와 위상을 아래와 같이 표현할 수 있다.

$$a + jb = A\angle\phi$$

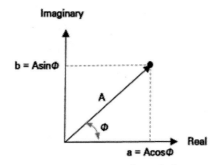

Figure I-39 극좌표 형식

특히, 복소지수 형식 $Ae^{j\phi}$은 앞으로 주파수 영역 해석의 연산에서 계속 사용하게 될 복소수의 곱셈과 나눗셈 연산을 간단하게 한다.

예를 들어, $z_1 = r_1 e^{j\phi_1}$이고, $z_2 = r_2 e^{j\phi_2}$ 라면, 복소 곱셈과 나눗셈은 각각 아래와 같이 간단하게 연산될 수 있기 때문에, 이 형태가 앞으로 자주 보게 될 형태이다.

$$z_1 \times z_2 = (r_1 r_2)e^{j(\phi_1 + \phi_2)}$$

$$\frac{z_1}{z_2} = (\frac{r_1}{r_2})e^{j(\phi_1-\phi_2)}$$

복소수와 정현파 위상

이런 복소수 표현과 정현파 위상과의 관계에 대해서 알아보자.

☞ 허수 j 의 곱셈의 의미

신호에 허수 j 를 곱하는 것은 아래와 같이 복소 평면에서 시계 반대 방향으로 90° 즉, +90° 회전의 의미를 가진다.

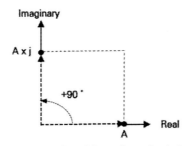

Figure I-40 허수 j 의 곱과 위상

반대로, 허수 j 로 나누는 것은 -j 를 곱하는 것과 같고, 이는 시계 방향으로 -90°의 회전을 의미한다.

이 시계 반대 방향으로의 회전은 신호의 위상에서 90° 앞서게 만드는 것을 의미하며, 반대로 시계 방향으로의 회전은 위상에서 90° 뒤진다는 것을 의미한다.

☞ 두 복소수 A, B 의 위상 비교

동일한 주파수 ω 에 대한 A, B 두 복소수의 위상을 비교할 때, 위상은 복소 평면에서 시계 반대 방향이 위상이 앞서는 것이 된다 했으므로, 아래 그림과 같은 경우 $\phi_B > \phi_A$이므로 신호 B 가 신호 A 보다 $\phi_B - \phi_A$ 만큼 위상이 앞선다는 것을 알 수 있다.

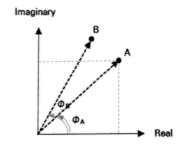

Figure I-41 두 복소수의 위상 차이

2.3.2. 전기/전자 시스템의 신호

앞의 기본이 되는 신호가 전기 시스템에서는 어떤 형태로 보이는지 알아보도록 한다.

가. 직류(DC) 와 교류(AC)

전기의 전류는 직류(DC, Direct Current)와 교류(AC, Alternating Current)로 나눌 수 있는데, 직류(DC)는 일정한 방향으로 시간에 따른 변동 없이 고정적으로 흐르는 전류를 말하며, 평균값과 실효값이 같다.

교류(AC)는 전류의 세기와 방향이 달라지는 전류를 말한다. 고정된 전류가 아닌 신호는 모두 교류(AC)라고 할 수도 있다.
특히, 우리가 생활에 사용하는 상용 220VAC 라 말하는 것이 대표적인 교류(AC) 신호로 50Hz 또는 60Hz 의 주파수를 가지는 정현파의 형태를 가진다. 이런 교류 신호는 트랜스포머 등으로 쉽게 변압이 가능하고, 효율적인 장거리 전송에 유리하다는 장점이 있다.

> RMS(Root Mean Square, 실효값)

전기 시스템이 전력을 소비하여 어떤 원하는 일을 수행하는 시스템이란 것을 생각하면, 직류 DC 를 입력 받는 시스템과 교류 AC 를 입력 받아 동작하는 시스템 사이의 비교를 할 수 있는 기준이 필요하다.

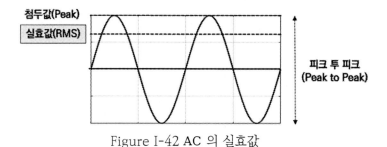

Figure I-42 AC 의 실효값

쉽게 생각할 수 있는 방법이 교류 AC 의 평균을 취하는 방식이지만, 정현파 교류(AC)같은 경우에는 평균값이 0 이기 때문에 특성치로 사용할 수 없다.

따라서, AC 의 경우 특성치로 제곱을 취해 평균을 취하는 계산하는 RMS(실효값)로 사용한다.

이 RMS(실효값)는 동일한 전압 크기의 직류(DC)를 저항에 인가했을 때 동일한 전력을 소비하는 전압을 의미한다. 즉, 직류를 인가해 발생한 에너지는 동일한 RMS 크기의 AC 교류를 인가해 발생한 에너지와 같다.

RMS 는 교류 한 주기 T 에 대해 아래와 같이 정의된다.

$$V_{RMS} = \sqrt{\frac{1}{T}\int_0^T V^2 dt}$$

정현파 AC 의 RMS 계산 예

피크 전압 V_{PEAK} 를 가지는 정현파 전압 $V = V_{PEAK}\cos(\omega t)$ 인 교류 전원에 대해 RMS 를 구해 보자.

$$V_{RMS} = \sqrt{\frac{1}{2\pi}\int_0^{2\pi}(V_{PEAK}\cos(\omega t))^2 dt} = \sqrt{\frac{V_{PEAK}^2}{2\pi}\int_0^{2\pi}\frac{1}{2}(1+\cos(2\omega t))dt}$$

$$= \sqrt{\frac{V_{PEAK}^2}{4\pi}\left[t+\frac{1}{2\omega}\sin(2\omega t)\right]_0^{2\pi}} = \frac{V_{PEAK}}{\sqrt{2}}$$

이 결과로 알 수 있듯이 정현파의 AC 신호는 RMS 값과 피크 전압인 V_{PEAK} 사이에 아래와 같은 관계를 가진다.

$$V_{RMS} = \frac{V_{PEAK}}{\sqrt{2}}$$

상용 전원 220VAC 는 RMS 전압을 의미하기 때문에 피크 전압은 $220VAC \times \sqrt{2} \approx 311V$ 정도가 된다.

나. 디지털 신호와 아날로그 신호

전기/전자 시스템을 구성하는 신호는 크게 디지털 신호와 아날로그 신호로 나눌 수 있다.

앞의 직류/교류와 비슷한 의미이지만, 일반적으로 직류/교류는 특정한 정보를 포함하지 않고 전력을 공급하는 에너지원으로 사용되는 용어이고, 디지털/아날로그 신호는 신호가 특정한 정보를 포함하여 처리에 사용될 때 사용한다.

> **디지털 신호(Digital Signal)**

디지털 신호란 Digit(숫자)를 표현한 신호라는 의미로 가령 1 바이트(Byte) 정수 10 즉, HEX 표현 0x0A 는 비트 00001010 으로 표현되고 이 각 비트 하나 하나가 디지털 신호로 표현된다.

뿐만 아니라, 스위치의 눌림, 떨어짐 상태 또는 LED 의 ON, OFF 와 같이 "0"과 "1" 두가지 상태만 있는 신호를 디지털 신호라 한다. DC 신호를 ON/OFF 하여 생성하기도 하고, 신호 구간이 직류이기 때문에 이는 직류 DC 로 간주한다.

이 디지털 신호는 전압과 전류로 구성될 수 있는데, 정보 전달을 위한 디지털 신호 전달은 일반적으로 전압 전달 방식이며 아래와 같은 약속을 가진다.

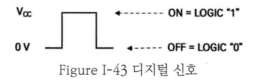

Figure I-43 디지털 신호

위와 같이 신호가 V_{cc} 전압이면 로직 "1" (ON, HIGH)로 인식하고, 0V(그라운드) 전압이면 로직 "0" (OFF, LOW)으로 인식한다. 이를 비트(Bit)라 한다.

V_{DD}, V_{CC} 전압 표기를 많이 보게 될텐데, 디지털 시스템에 제공되는 전압원으로 로직 1, 0 으로 판단하기 위한 기준 전압이 된다.

보통 TTL LEVEL 이란 표현을 많이 사용하는데, 이는 로직 "0"은 0V, 로직 "1"은 전압원 V_{cc} 전압인 입/출력 전압 레벨로 보통 3.3VDC 또는 5VDC 를 사용한다.

전자 시스템은 이런 0, 1 의 묶음 조합으로 바이트, 워드 등의 숫자로 디지털화하여 시스템 간에 정보를 교류하며 특정 임무를 수행하게 된다.

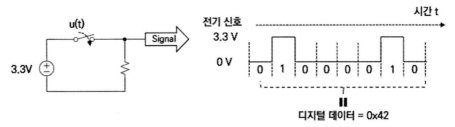

Figure I-44 디지털 신호 예

 가령 위의 그림과 같이 8 비트의 묶음인 1 바이트 데이터 0x42 를 직렬로 표현하고 싶다
면, 스위치를 누르면 3.3V 가 인가되어 비트 '1', 스위치를 떼면 비트 '0'으로 표현된다.
 이런 스위치는 MOSFET 과 같은 스위치 소자를 사용하여 구현되며, 이는 하드웨어 소자
의 디지털 I/O 구성에 사용되는 CMOS/TTL 편에서 살펴보게 될 것이다. 이렇게 ON/OFF
데이터로 처리하는 시스템을 디지털 시스템이라 한다.

 위의 디지털 신호를 보면 앞서 본 계단 입력 신호(Step Signal)과 닮아 있는 것을 볼 수 있
고 이는 후에 보게 될 구형파 또는 펄스 신호와 비슷하며, 이런 이유로 이후에 살펴볼 계단
응답과 펄스 신호의 주파수 특성 해석은 전기/전자 시스템의 신호에서도 매우 중요하다.

아날로그 신호(Analog Signal)

아날로그 신호는 ON/OFF 비트만으로 나타낼 수 없는 신호를 의미한다.

 예를 들어, 0°C 일 때 1.2V 의 전압를 생성하고, 100°C 일 때 2.5V 의 전압를 생성하는
온도 센서의 경우를 생각해보면, 20°C, 30°C 에서의 전압에 대해서도 표현이 필요하므로
0V/3.3V 와 같은 전압만으로 표현할 수 없다.
 이렇게 전압 또는 전류가 고정적이지 않고 변하는 신호를 처리하는 시스템을 아날로그 시
스템이라 하며, 이는 다른 의미로 직류가 아닌 AC 신호인 아날로그 신호를 처리하는 시스
템이라 표현할 수 있다.
 이 아날로그 신호는 ADC 등의 방식을 통해 디지털 데이터로 만들어 디지털 시스템에서 처
리하게 된다.

3. 신호의 주파수 성분 분해

이번 장에서는 신호를 정현파들로 분해하는 수학적 도구에 대해 살펴보도록 한다.

이런 신호의 분해는 정보의 분석 및 해석을 더욱 쉽게 한다. 예를 들어 음성 신호 분해의 경우 한 음성이 어떤 주파수의 정현파들로 구성되어 있는가를 해석하여, 음성 인식, 음성 구분 등의 분야에 활용될 수 있다.

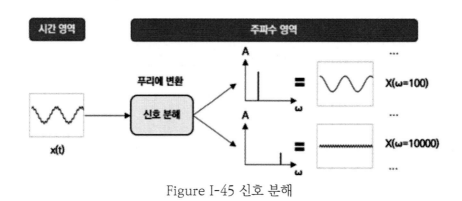

Figure I-45 신호 분해

위 그림과 같이 임의의 신호에 포함된 각 정현파들을 주파수별로 분해하는 이론은 푸리에 급수와 푸리에 변환이다.

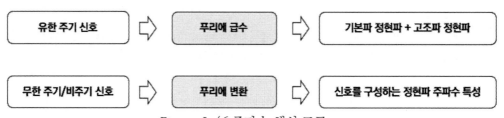

Figure I-46 주파수 해석 도구

푸리에 급수(Fourier Series)는 주기 신호에 대해서 정의되며, 푸리에 변환(Fourier Transform)은 주기/비주기의 모든 신호에 대해 구성하고 있는 다양한 주파수의 정현파들로 분해할 수 있는 수학적 방법을 제공한다.

이번 장에서는 시간 영역과 주파수 영역에 대한 충분한 이해와 푸리에 급수 → 푸리에 변환 → 라플라스 변환 → 전달함수로 이어지는 일련의 이론 흐름에 대한 이해를 목표로 한다.

변환 연산의 선형성

이 장에서 보게 될 푸리에 급수, 푸리에 변환 연산들은 모두 아래와 같이 선형성을 가진다. 다음 장에서 보게 될 라플라스 변환도 마찬가지로 선형성을 가진다.

$$F\{ax(t) + by(t)\} = aF\{x(t)\} + bF\{y(t)\}$$

즉, 복합 신호의 변환은 각 신호들을 변환하여 더한 결과와 동일하다. 예를 들어, $y(t) = 10t + 2e^{-t}$ 를 라플라스 변환하려면, $\mathcal{L}\{y(t)\} = 10\mathcal{L}\{t\} + 2\mathcal{L}\{e^{-t}\}$와 같이 따로 변환하여 더하면 된다.

이러한 변환의 선형성에 대해서 별도의 언급은 아니하겠지만, 이는 매우 중요한 특성으로, 복잡한 시스템과 신호의 분석 및 설계를 크게 단순화할 수 있다.

3.1. 시간 영역과 주파수 영역

시간 영역(Time Domain)에서의 신호를 보고 주파수 영역(Frequency Domain)에서의 해석이 필요한 이유에 대해 이해해 보도록 한다.

시간 영역(Time Domain)에서의 신호 분석이란 시간을 변수로 시간에 따라 변하는 파형을 관찰하고 분석하는 것으로 예를 들어, 전기/전자 시스템의 전압 파형을 들 수 있다.
아래 그래프는 $x(t) = \cos(2\pi 10t - \frac{\pi}{3}) + 0.1\cos(2\pi 100t + \frac{\pi}{4})$ 에 대한 시간 그래프이다.

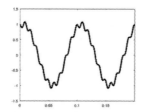

Figure I-47 시간 영역의 신호

당연히 파형의 수식을 알고 있으니, 위 파형 그래프는 크기 1 의 10Hz 정현파와 크기 0.1 의 100Hz 정현파의 합으로 구성된 신호임을 알 수 있다. 이렇게 시간의 흐름에 따른 신호의 파형을 해석하는 것을 시간 영역 해석이라 한다.
하지만, 실제 측정된 신호의 수식을 알지 못하는 경우가 대부분이며, 이렇게 수식을 알지 못하는 신호의 경우 위의 파형을 어떻게 설명할 것인가? 시간 영역에서의 해석은 이처럼 해석이 모호한 경우가 있다.

이에 반해 주파수 영역(Frequency Domain)에서의 신호 분석이란 시간 변수 대신 주파수를 변수로 신호가 어떤 주파수 성분을 가지고 있는지 분석하는 방식으로, 위 시간 영역의 신호를 아래와 같이 각각의 주파수 성분으로 분리함으로써 해석이 용이해진다.

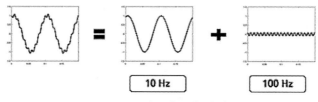

Figure I-48 신호의 분해

이렇게 분해된 정현파 신호는 아래 그림과 같이 주파수에 따른 크기와 위상을 막대 그래프로 표현할 수 있다.

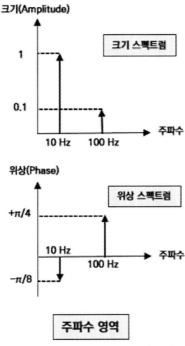

Figure I-49 주파수 스펙트럼

위의 그래프처럼 10Hz 와 100Hz 에 막대 그래프로 표시하여 신호가 1 크기의 -π/8 의 위
상을 가지는 10Hz 정현파와 0.1 크기의 π/4 의 위상을 가지는 100Hz 의 정현파로 구성되
어 있다는 것을 손쉽게 알아볼 수 있다.

☞ 주파수 성분(Frequency Components)

주파수 성분은 신호가 포함하고 있는 주파수를 가진 정현파들의 집합을 의미한다. 신호
x(t)에 포함된 주파수 성분은 이후 보게 될 푸리에 변환을 통해 각각의 주파수 ω 를 가진
정현파들로 분해할 수 있으며, X(ω)와 같이 표현한다.

이 X(ω)는 신호 x(t)에 포함된 ω 주파수의 정현파의 크기와 위상 정보를 가지는 복소수
형태이다.

☞ 주파수 스펙트럼(Spectrum)

스펙트럼(Spectrum)이란 주파수 성분의 특성인 크기와 위상을 주파수 순서대로 배열
해 놓은 그래프이다. 위 그래프와 같이 신호를 구성하고 있는 주파수별 정현파의 신호 크
기에 대한 그래프를 크기 스펙트럼(Amplitude Spectrum) 또는 진폭 스펙트럼이라 하
고, 주파수별 위상에 대한 그래프를 위상 스펙트럼이라 한다. 이 둘을 합쳐 주파수 스펙
트럼(Frequency Spectrum)이라 한다.

실제 시스템의 분석 및 해석에서 실제 눈으로 보이는 시간 영역의 신호 파형을 보고 분석/해석하는 것에 익숙해져 있지만, 주파수 영역과 함께 했을 때 더 많은 것을 볼 수 있다
특히, 이렇게 신호를 각각의 주파수로 분해한다는 것은 시스템 해석에 있어서 LTI 시스템에서의 중첩의 원리에 의해 분해된 정현파 신호 각각에 대한 응답을 구한 후 더해주면 복합신호에 대한 응답을 계산할 수 있어 해석을 단순화할 수 있다는 측면에서 매우 중요하다.

이번 장에서는 신호를 주파수로 분해하는 방법들에 대해 각각 살펴보도록 할 것이며, 이 시간 영역과 주파수 영역 간의 관계를 이해하는 것을 목표로 한다.

3.2. 푸리에 급수

 푸리에 급수 (Fourier Series, 푸리에 시리즈)는 19 세기 프랑스의 수학자 장 밥티스트 조제프 푸리에에 의해 개발된 이론으로 "모든 주기 신호는 기본 주파수(Fundamental Frequency)의 정현파와 그의 정수배의 주파수인 정현파들의 합으로 구성된다" 라는 이론이다. 즉, 모든 주기적인 함수는 삼각 함수(사인과 코사인)의 무한 급수로 표현될 수 있다.

 신호의 기본 주파수 ω_0 의 정수배 주파수를 가지는 정현파들을 고조파(Higher Harmonic Wave)라고 하며, 하모닉(Harmonic) 주파수 또는 하모닉 성분이라고도 한다. 높은 주파수를 의미하는 고주파(High Frequency Wave)와 이름이 비슷해서 혼동될 수 있지만, 전혀 다른 의미의 용어이다.

 푸리에 급수는 주기 신호에 한정된다는 제약이 있는 반면, 다음 장에서 보게 될 푸리에 변환은 주기/비주기 신호 모두에 대해 분해 가능하기 때문에, 주파수를 분해한다고 하면 푸리에 변환을 의미하는 경우가 많다.
 이 푸리에 변환 역시 푸리에 급수에서 나온 이론이므로 푸리에 급수 먼저 살펴보도록 한다.

3.2.1. 푸리에 급수(CTFS)

 연속 주기 신호인 시간 함수 x(t) 신호를 푸리에 급수(Fourier Series, Continuous Fourier Series, CTFS)로 표현하면 아래와 같이 코사인과 사인 함수의 합으로 표현된다.

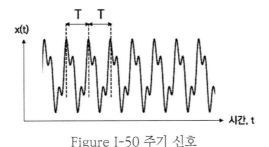

Figure I-50 주기 신호

$$x(t) \ = \ a_0 + \sum_{k=1}^{\infty} (a_k \cos(k\omega_0 t) + b_k \sin(k\omega_0 t))$$

위 푸리에 급수 수식에서 k 는 정수이며, $\omega_0 = \frac{2\pi}{T}$ 는 신호가 가지고 있는 주기에 대한 기본 주파수(Fundamental Frequency) 이고, a_0 는 신호의 주기(T)에 대한 평균을 의미하는 것으로 주파수가 0 인 DC 오프셋을 의미한다.

a_k 와 b_k 는 푸리에 계수라 하며, 아래와 같이 정의되어 x(t) 신호를 구성하고 있는 정수 k 번째 즉, 주파수 $k \times \omega_0$ 고조파들의 크기를 의미한다.

$$a_0 = \frac{1}{T}\int_0^T x(t)\,dt$$

$$a_k = \frac{2}{T}\int_0^T x(t)\cos(k\omega_0 t)\,dt$$

$$b_k = \frac{2}{T}\int_0^T x(t)\sin(k\omega_0 t)\,dt$$

가. 푸리에 급수로 보는 구형파(Square wave)

양의 구형파는 신호의 한 주기 내에서 HIGH 구간 시간과 LOW 구간 시간이 같은 즉, 듀티(Duty)가 50%인 펄스 신호를 의미하는데, 예를 들어 전기/전자 시스템의 클럭 파형 등 자주 언급되는 신호 파형이므로 이에 대해 알아보도록 한다.

Figure I-51 구형파

위 구형파는 평균을 빼면, f(x) = -f(-x)인 신호가 되는데, 이런 신호를 기함수(Odd Function)라 하며, 기함수는 푸리에 급수로 풀이하면 cos 항은 없고 sin 항인 b_k 만 남게 된다. 반대로 우함수(Even Function) 즉, f(x) = f(-x)일 경우 cos 항인 a_k 만 남게 된다는 것을 염두해 두고 아래 풀이 과정을 보도록 하자.

우선 DC 평균을 의미하는 푸리에 계수 a_0 는 아래와 같이 구해질 수 있다.

$$a_0 = \frac{1}{T}\int_0^T x(t)\,dt = \frac{1}{T}\int_0^{\frac{T}{2}} A\,dt + \frac{1}{T}\int_{\frac{T}{2}}^T 0\,dt = \frac{A}{2}$$

기함수에서의 a_k 는 0 이 나오게 되는데 아래와 같다. $[\frac{T}{2} \sim T]$ 구간은 위 구형파 그림과 같이 0 이므로 생략하고, $\omega_0 = \frac{2\pi}{T}$ 이므로 이를 대입하여 풀어보도록 한다.

$$a_k = \frac{2}{T}\int_0^T x(t)\cos(k\omega_0 t)\,dt = \frac{2}{T}\int_0^{\frac{T}{2}} A\cos\left(k\frac{2\pi}{T}t\right)dt = \frac{A}{k\pi}\sin\left(k\frac{2\pi}{T}t\right)\Big|_0^{\frac{T}{2}} = 0$$

b_k 는 아래와 같이 구해질 수 있다.

$$b_k = \frac{2}{T}\int_0^T x(t)\sin(k\omega_0 t)\,dt = \frac{2}{T}\int_0^{\frac{T}{2}} A\sin\left(k\frac{2\pi}{T}t\right)dt = -\frac{A}{k\pi}\cos\left(k\frac{2\pi}{T}t\right)\Big|_0^{\frac{T}{2}}$$
$$= -\frac{A}{k\pi}\left(\cos(k\pi) - \cos(0)\right)$$

결국, b_k 는 아래와 같이 홀수의 고조파 성분들만 남게 된다.

$$b_k = \begin{cases} 0 & : k = \text{even} \\ \dfrac{2A}{k\pi} & : k = \text{odd} \end{cases}$$

즉, 양의 구형파는 아래와 같이 평균값 $\frac{A}{2}$ 인 DC 항이 있는 형태가 되며, 1, 3, 5... 홀수 고조파들의 합으로 구성된다.

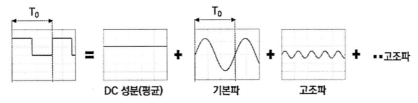

Figure I-52 구형파의 푸리에 급수

결국, 위의 구형파는 아래와 같이 홀수의 고조파들의 합으로 구성됨을 알 수 있다.

$$x(t) = \frac{A}{2} + \frac{2A}{\pi}\left(\sin(\omega_0 t) + \frac{1}{3}\sin(3\omega_0 t) + \frac{1}{5}\sin(5\omega_0 t) + \cdots\right)$$

$$\omega_0 = \frac{2\pi}{T}, A = \text{Amplitude}$$

이 구형파 신호와 비슷한 듀티비가 50%가 아닌 펄스(Pulse) 파형이라면 짝수 고조파들도 포함되므로, 홀수 고조파들의 합으로만 이해하지 말고, 주기 신호는 기본 주기의 정현파와 기본 주기의 정수배 주파수인 고조파 정현파들의 합이라는 개념으로 이해하도록 한다.

위 구형파의 주파수 특성을 주파수 스펙트럼으로 표시하면 아래와 같이 표시할 수 있다.

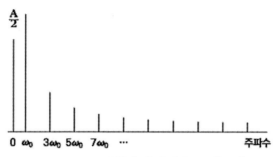

Figure I-53 구형파의 주파수 스펙트럼

기본 주파수 성분의 크기가 가장 크고, 고주파로 갈수록 고조파 신호들의 크기는 작아지는 경향을 가지는데, ω_0 에서는 $2A/\pi$, ω_{10} 에서 근사하면 $2A/10\pi$가 되므로, 데시벨 단위로 $20\log_{10}(1/10)=-20dB/decade$ 의 기울기를 가진다.

아래는 DC 항과 기본 주파수 정현파에 고조파 정현파들을 3 고조파까지 더한 파형, 15 고조파까지 더한 파형, 1501 고조파까지 더한 파형을 표시한 그림이다.

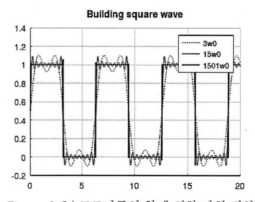

Figure I-54 고조파들의 합에 의한 파형 변화

이렇게 구형파 신호를 구성하고 있는 더 높은 주파수의 고조파(=고주파 하모닉) 정현파들까지 더해질수록 구형파 신호에 근접해가는 것을 볼 수 있으며, 무한대 고조파까지 계속 더하면 구형파와 완전히 동일한 파형이 된다. 즉, 정확한 구형파가 되기 위해서는 푸리에 급수에 의해 구해진 정확한 크기의 모든 고조파들의 합이 필요하다.
또한, 위 결과에서 고주파의 고조파들이 더해질수록 파형의 상승 시간이 빨라지고 있음에 주목한다. 이후 저주파 통과 필터를 통과하면 왜 파형의 상승이 느려지는가에 대해서 살펴볼 것이다.

3.3. 푸리에 변환

 앞서 살펴본 푸리에 급수(시리즈)는 주기 함수만에 대한 정의이지만, 실제 신호들은 주기 함수가 아닌 경우가 많다.

 푸리에 급수는 주기 함수에 대해서 정의된 반면, 푸리에 변환(Fourier Transform, Continuous Fourier Transform, CTFT)은 비주기 신호도 무한대의 주기 시간을 가진 주기 신호로 간주 가능하다는 개념으로, 푸리에 급수의 x(t) 수식에서 주기 T 를 무한대로 확장하여 비주기 함수에 대해서도 변환 가능하도록 제시된 이론이다.

 따라서, 아래 그림과 같이 시간 영역과 주파수 영역 간의 변환은 푸리에 변환과 역 푸리에 변환으로 가능하다.

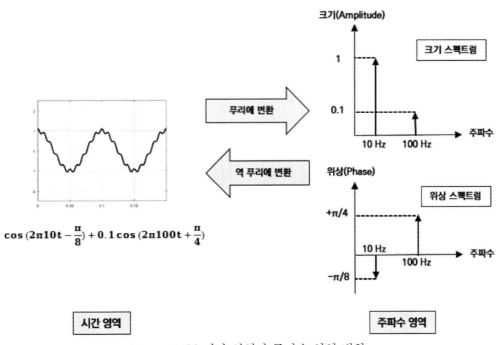

$$\cos\left(2\pi 10t - \frac{\pi}{8}\right) + 0.1\cos\left(2\pi 100t + \frac{\pi}{4}\right)$$

Figure I-55 시간 영역과 주파수 영역 변환

푸리에 변환 수식

시간 함수 x(t)에 대한 푸리에 변환은 X(ω)로 표기하며, 아래와 같이 정의된다.

$$X(\omega) \ = \ \int_{-\infty}^{\infty} x(t)e^{-j\omega t}dt$$

이 X(ω)는 신호 x(t)에 포함된 ω 의 주파수 성분의 특성 즉, 정현파에 대한 크기와 위상 정보를 가지는 복소수의 형태이다.

만약, 신호 x(t)가 주파수 f 인 정현파 성분을 포함하는지 알아보기 위하여 푸리에 변환한 결과가 X(2πf) = a + jb 의 복소수 형식으로 되었다면, 신호에 포함된 주파수 f 인 정현파 신호의 크기(Amplitude)와 위상(Phase)은 아래와 같다.

$$크기(Amplitude) \ = \ |X(2\pi f)| \ = \ \sqrt{a^2 + b^2}$$

$$위상(Phase) \ = \ \angle(X(2\pi f) \ = \ \tan^{-1}\frac{b}{a}$$

주파수 스펙트럼은 이런 방식으로 주파수를 0Hz 부터 증가시켜 가며 푸리에 변환으로 계산된 주파수 특성 X(ω)를 각각의 주파수 위치에 해당 정현파의 크기와 위상을 막대로 그린 그래프이다.

푸리에 변환 주파수 특성 X(ω)를 반대로 시간 함수 x(t)로 재구성하는 변환이 역 푸리에 변환(Inverse Fourier Transform)이며, 아래와 같이 정의된다.

$$x(t) \ = \ \frac{1}{2\pi}\int_{-\infty}^{\infty} X(\omega)e^{j\omega t}d\omega$$

푸리에 변환 예제

아래와 같은 간단한 지수 함수에 대해 푸리에 변환을 해보도록 하자.

$$x(t) \ = \ e^{-t} \quad (t > 0)$$

푸리에 변환 수식에 넣어 계산하면 아래와 같다.

$$X(\omega) = \int_0^\infty e^{-t}e^{-j\omega t}dt = \int_0^\infty e^{(-1-j\omega)t}dt = \frac{-1}{1+j\omega}e^{(-1-j\omega)t}\Big|_0^\infty = \frac{1}{1+j\omega}$$

결국, e^{-t}에 포함된 정현파들의 크기와 위상은 아래와 같다.

$$|X(\omega)| = \left|\frac{1}{1+j\omega}\right| = \frac{1}{\sqrt{1^2+\omega^2}} \qquad \arg(X(\omega)) = -\arctan\left(\frac{\omega}{1}\right)$$

아래는 주파수 ω 를 0 부터 증가시키며 구한 $X(\omega)$에 대한 크기와 위상 스펙트럼이다.

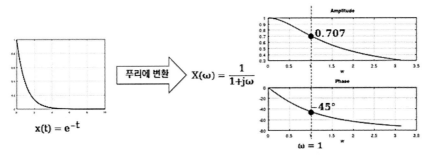

Figure I-56 e^{-t} 푸리에 변환에 의한 주파수 스펙트럼

이 지수 함수에 포함된 $\omega = 1$ 주파수 성분인 정현파의 크기를 알고 싶다면 아래와 같이 하면 된다.

$$|X(\omega = 1)| = \left|\frac{1}{1+j1}\right| = \frac{1}{\sqrt{1^2+1^2}} = \frac{1}{\sqrt{2}} \approx 0.707$$

4. 시스템의 출력 해석

앞에서 말해왔듯이 시스템 해석은 시스템에 입력을 주었을 때, 출력 응답이 어떻게 나올 것인가를 예측하는 일이라 할 수 있다. 이의 수학적 해석을 위해서는 중첩의 원리를 만족하는 LTI 선형 시스템으로 가정한다.

이번 장에서는 시스템의 출력 응답을 계산하는 수학적 방식에 대해 살펴보게 되며, 주파수 영역에서 해석하는 것이 얼마나 큰 장점이 있는지에 대해 이해할 수 있을 것이다.

4.1. 시간 영역의 컨볼루션

시간 영역에서 임의의 입력 신호 x(t)에 대해 시스템의 출력 응답 y(t)가 어떻게 나올 것인가를 알기 위해서는 과거의 입력값이 현재값에 미치는 영향이 있기 때문에, 시스템을 단순히 함수 f(x)로 정의하여 현재 입력 x 에 대해 출력 y = f(x)와 같이 한 순간의 출력값만을 알 수는 없다.

이런 시간 영역에서의 시스템 출력 응답은 시스템의 임펄스 응답과 입력 신호를 컨볼루션(Convolution)이라는 연산을 통해 계산해야 한다.

> ### 시스템의 임펄스 응답(Impulse Response)

컨볼루션 연산은 시스템의 임펄스 응답을 사용하여 연산되므로, 이 임펄스 응답에 대해 먼저 알아보도록 한다.

Figure I-57 임펄스 응답

임펄스 응답 h(t)는 과거 현재에 상관없이 특정 시간에만 값을 갖는 단위 임펄스 신호 δ(t)(델타)를 시스템에 입력으로 주어 나온 출력 응답을 말한다.

4.1.1. 컨볼루션

LTI 시스템에서 컨볼루션은 시간 영역에서 입력에 대한 시스템 출력 응답의 해석을 의미한다.

가. 입력 신호 x(t)와 임펄스 신호

입력 신호 $x(t)$에 임펄스 신호 $\delta(t-\tau)$를 곱한 경우를 생각해 보자.

$x(t) \times \delta(t-\tau)$는 임펄스 신호가 $t = \tau$ 에서만 값을 가지게 되므로, $x(\tau) \times \delta(t-\tau)$와 동일한 값이 되며 아래와 같이 표현할 수 있다.

$$x(t) \times \delta(t-\tau) \ = \ x(\tau) \times \delta(t-\tau)$$

이 식의 양변을 시간 t 에 대해 적분해 보면 아래와 같다.

$$\int_{-\infty}^{\infty} x(t) \times \delta(t-\tau) \ dt \ = \ \int_{-\infty}^{\infty} x(\tau) \times \delta(t-\tau) \, dt$$

결국 위 수식에서 $x(\tau)$는 상수이고 임펄스 신호 $\delta(t-\tau)$의 무한대 적분은 임펄스 정의에 의해 1 이므로, 아래와 같이 정리된다.

$$\int_{-\infty}^{\infty} x(t) \times \delta(t-\tau) \ dt \ = \ x(\tau) \int_{-\infty}^{\infty} \delta(t-\tau) \, dt \ = \ x(\tau)$$

위 수식에서 τ 대신 t 로 두고, t 대신 τ 로 바꾸어도 동일하므로 결국 $x(t)$를 일반화시키면 임펄스 신호 δ 는 우함수이기 때문에 아래와 같이 표현할 수 있다.

$$x(t) \ = \ \int_{-\infty}^{\infty} x(\tau) \times \delta(\tau-t) \ d\tau \ = \ \int_{-\infty}^{\infty} x(\tau) \times \delta(t-\tau) \ d\tau$$

나. LTI 시스템의 출력 응답 y(t)

입력 $x(t)$에 대한 출력 응답 $y(t)$를 해석하기 위하여, 위에서 표현한 임펄스 신호 δ 와 입력 신호 $x(t)$에 대한 관계로 임펄스 응답 $h(t)$는 LTI 시스템에서 중첩의 원리의 가산성과 비례성에 의해 아래 그림과 같이 표현할 수 있다.

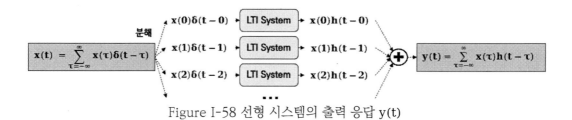

Figure I-58 선형 시스템의 출력 응답 y(t)

즉, LTI 시스템에서 입력 신호를 분해하여 각각의 출력 응답을 구해 모두 더하여 최종 출력 응답을 구하는 것이다.

다. 컨볼루션(Convolution)

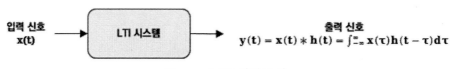

Figure I-59 컨볼루션

컨볼루션(Convolution) "*"의 수학적 정의는 하나의 함수를 역전시켜 이동하면서 다른 함수와의 곱을 적분하여 새로운 함수를 만들어 내는 연산자로 정의되는데, 출력 y(t)는 아래와 같이 컨볼루션 수식으로 정의된다.

$$y(t) = x(t) * h(t) = \int_{-\infty}^{\infty} x(\tau)h(t-\tau)d\tau \text{ or } \int_{-\infty}^{\infty} x(t-\tau)h(\tau)d\tau$$

y : 출력, x : 입력, h : 임펄스 응답

LTI 시스템 출력 응답 해석에서 컨볼루션(Convolution)이라는 연산자는 위와 같이 입력 신호 x(t)와 임펄스 응답 h(t)의 컨볼루션 연산을 통해 출력 응답 신호 y(t)를 계산하는 것으로 정의한다. 앞에서 구한 출력 응답 y(t)와 동일함을 볼 수 있다.

라. [컨볼루션 예제] 전기/전자 시스템의 RC 저주파 통과 필터

앞에서 본 임펄스 응답과 컨볼루션을 전기/전자 시스템에서 선형 회로인 RC 저주파 통과 필터에 적용하여 보도록 한다.

RC 저주파 통과 필터의 임펄스 응답

여기에서는 단위 계단 신호의 응답을 구한 후 이를 미분하여 아래 RC 저주파 통과 필터의 임펄스 응답을 구해 보자.

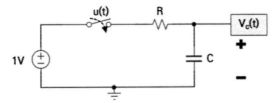

Figure I-60 RC 필터의 계단 응답 회로

초기 조건 $V_c(0) = 0$ 인 조건에서 스위치를 닫았을 때, 즉 단위 계단 응답인 $V_c(t)$는 아래와 같이 키르히호프 법칙으로 구할 수 있다.

$$V_c(t) = 1V - R \times C \frac{dV_c(t)}{dt}$$

위의 미분 방정식을 풀면 아래와 같이 단위 계단 응답이 나온다.

$$V_c(t) \ = \ 1 - e^{-\frac{t}{RC}} \quad : t \geq 0$$

직접 계산하는 방법에 대해서는 라플라스 변환 편에서 살펴볼 것이다.

LTI 시스템에서 임펄스 응답은 단위 계단 응답에 대한 미분이므로, 이를 시간 t 에 대해 미분하면 아래와 같이 RC 저주파 통과 필터에 대한 임펄스 응답이 구해진다.

$$h(t) \ = \ \frac{dV_c(t)}{dt} \ = \ \frac{1}{RC} e^{-\frac{t}{RC}} \quad : t \geq 0$$

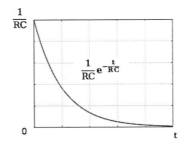

Figure I-61 RC 필터의 임펄스 응답

> ## RC 저주파 통과 필터의 컨볼루션

앞에서 구한 RC 필터의 임펄스 응답을 구할 때 이미 계단 응답을 구했었지만, 단위 계단 신호가 계산과 이해가 쉬우니, 입력 신호 u(t)와 임펄스 응답으로 컨볼루션하여 출력 응답 y(t)를 구해 보도록 하자.

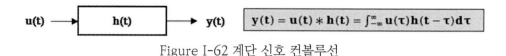

Figure I-62 계단 신호 컨볼루션

단위 계단 신호 u(t) 이므로 0 부터 적분하는 형식인 아래와 같이 표현 가능하다.

$$y(t) = u(t) * h(t) = \int_{-\infty}^{\infty} u(\tau)h(t-\tau)d\tau = \int_{0}^{\infty} 1 \times h(t-\tau)d\tau$$

앞에서 구한 RC 필터의 임펄스 응답을 대입하는데, 임펄스 응답의 조건이 t ≥ 0 이었으므로, 아래 수식의 지수에서 t − τ ≥ 0 이어야 값이 존재한다. 따라서, t 까지 적분하면 아래와 같다.

$$y(t) = \int_{0}^{t} 1 \times \frac{1}{RC} e^{-\frac{t-\tau}{RC}} d\tau = e^{-\frac{t}{RC}} \left| e^{\frac{\tau}{RC}} \right|_{0}^{t} = 1 - e^{-\frac{t}{RC}} \quad : t \geq 0$$

결국 이 LTI 시스템에서 계단 신호의 입력에 대한 컨볼루션 결과는 아래와 같은 계단 응답을 보인다.

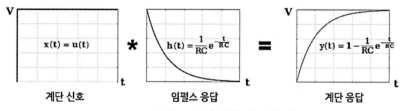

Figure I-63 RC 필터의 계단 응답

이처럼 시간 영역에서 시스템의 출력 응답을 해석하기 위해서는 임펄스 응답을 구해야 할 뿐 아니라, 이 임펄스 응답과 입력 신호와의 컨볼루션이라는 복잡한 적분 계산을 해야 한다. 특히, 여러 개의 시스템이 연결되어 있으면 수학적 연산은 거의 불가능할 정도로 복잡해질 수도 있다.

하지만, 다음 장에서 보게 될 주파수 영역에서의 시스템 출력 응답 해석은 단순 산술 연산으로 계산할 수 있으므로, 수학적 연산이 얼마나 간단하게 될 수 있는지 이해가 될 것이다.

4.2. 주파수 영역 해석의 푸리에 변환

주파수 영역에서 출력 응답에 대한 수학적 계산은 입력 신호 x(t)의 푸리에 변환 X(ω)와 임펄스 응답 h(t)의 푸리에 변환 H(ω)의 단순 곱으로 표시됨으로써 산술 연산만으로 시스템을 해석할 수 있게 하는 강력한 도구가 된다.

Figure I-64 주파수 응답

즉, 위의 그림과 같이 시간 영역의 컨볼루션 y(t) = x(t) * h(t)이었던 출력의 계산은 주파수 영역에서는 Y(ω) = X(ω) × H(ω)로 주파수 특성의 단순 곱이 된다.

☞ 주파수 응답(Frequency Response)

주파수 응답(Frequency Response)이란 시스템에 다양한 주파수의 정현파를 입력했을 때의 출력되는 응답의 비를 의미한다.

즉, 주파수 응답은 주파수 ω 인 정현파 X(ω)를 시스템에 입력했을 때 나오는 출력 Y(ω)의 비인 $H(\omega) = \frac{Y(\omega)}{X(\omega)}$를 말하는데, 주파수 응답 특성은 크기 응답 $\left|\frac{Y(\omega)}{X(\omega)}\right|$과 위상 응답 $\angle\left(\frac{Y(j\omega)}{X(j\omega)}\right)$으로 구분된다.

주파수 응답은 위와 같이 입력과 출력의 푸리에 변환을 통해 알 수 있다.

이 주파수 응답에 대해서는 이후 전달함수와 보드선도 등 책 전반에서 계속 다루게 될 만큼 시스템 해석에서 매우 중요한 역할을 한다.

컨볼루션의 푸리에 변환

시간 영역의 컨볼루션 연산이 주파수 영역에서 단순 곱의 형태가 된다는 것은 아래와 같이 컨볼루션 연산을 푸리에 변환해보면 알 수 있다.

컨볼루션의 수식은 $y(t) = x(t) * h(t) = \int_{-\infty}^{\infty} x(\tau)h(t-\tau)d\tau$ 이고, 푸리에 변환 수식은 $Y(\omega) = \int_{-\infty}^{\infty} y(t)e^{-j\omega t}dt$이므로, 결국, 출력 Y(ω)에 대한 수식은 아래와 같이 된다.

$$Y(\omega) \ = \ \int_{-\infty}^{\infty}(\int_{-\infty}^{\infty}x(\tau)h(t-\tau)d\tau)\ e^{-j\omega t}\,dt \ = \ \int_{-\infty}^{\infty}x(\tau)(\int_{-\infty}^{\infty}h(t-\tau)\ e^{-j\omega t}\,dt)d\tau$$

위에서 $t-\tau \rightarrow u$ 로 두고, $dt \rightarrow du$ 로 치환하면 아래와 같다.

$$Y(\omega) \ = \ \int_{-\infty}^{\infty}x(\tau)\left(\int_{-\infty}^{\infty}h(u)\ e^{-j\omega(u+\tau)}\,du\right)d\tau \ = \ \int_{-\infty}^{\infty}x(\tau)\ e^{-j\omega\tau}d\tau \int_{-\infty}^{\infty}h(u)\ e^{-j\omega u}\,du$$

결국, 시간 영역의 $y(t) = x(t) * h(t)$ 컨볼루션에 대한 주파수 영역의 푸리에 변환은 아래와 같이 입력 신호의 푸리에 변환과 임펄스 응답의 푸리에 변환의 단순 곱셈의 결과로 나오게 된다.

$$Y(\omega) \ = \ X(\omega) \times H(\omega)$$

아래 그림은 주파수 영역에서 시간 영역을 해석하는 방법에 대한 것이다.

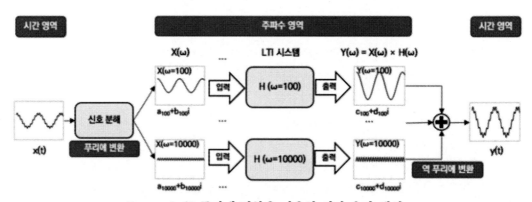

Figure I-65 푸리에 변환을 이용한 시간 응답 해석

 푸리에 변환을 통한 시간 영역의 해석은 위의 그림과 같이 시간 함수 x(t)를 푸리에 변환을 통해 주파수 성분 X(ω) 신호로 분해하고, 각각의 ω 주파수 성분들을 LTI 시스템의 임펄스 응답의 푸리에 변환 H(ω)와 단순히 곱하면, 해당 ω 주파수 성분의 출력 Y(ω)들을 계산할 수 있다.
 이 출력되는 Y(ω)들을 역 푸리에 변환 $y(t) \ = \ \frac{1}{2\pi}\int_{-\infty}^{\infty}Y(\omega)e^{j\omega t}d\omega$ 을 통하여 모두 더하는 과정을 거치면 시간 응답 y(t)를 구할 수 있게 되는 것이다.

 복잡한 시스템의 경우 시간 영역의 해석을 적분이 포함된 복잡한 컨볼루션 연산으로 하는 것은 어려운 일이지만, 주파수 영역에서의 해석은 단순 산술 연산만으로도 시스템 해석을 할 수 있어 편리하게 한다.

푸리에 변환의 시스템 해석 제약

연속 신호 f(t)에 대한 푸리에 변환 $F(\omega) = \int_{-\infty}^{\infty} f(t)e^{-j\omega t}dt$가 존재하기 위해서는 디리클레 조건이라는 수렴 조건을 만족해야 한다.
이 조건은 신호 f(t)의 한 주기 안에 극대, 극소점이 유한하고, 불연속점의 수는 유한해야 한다는 것과 $\int_{-\infty}^{\infty} |f(t)|dt$ 의 적분값이 유한해야 한다는 것이다.

이런 이유로 푸리에 변환할 수 없는 파형 형태들이 있는데, 아래와 같은 발산하는 파형이 그 예이다.

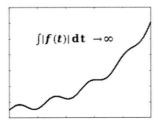

Figure I-66 푸리에 변환이 없는 발산 신호 예

물론, 시간을 한정하여 푸리에 변환으로 주파수 특성을 해석하는 방법도 있지만, 푸리에 변환의 이런 한계는 시스템 해석에서 제약이 된다.
하지만, 다음 장에서 보게 될 라플라스 변환은 감쇠항을 도입하여 변환 가능하게 하여, 다양한 시스템을 해석할 수 있도록 해준다.

4.3. 라플라스 변환

 앞에서 본 시간 영역에서 푸리에 변환을 통한 시스템 해석의 제약은 푸리에 변환에 감쇠 신호를 추가한 변환인 라플라스 변환을 사용한 시스템 해석으로 산술 연산만으로 시간 영역과 주파수 영역의 해석을 함으로써 해결될 수 있다.
 이번 장에서 라플라스 변환에 대해 알아보고, 주파수 영역인 푸리에 변환과의 상관관계에 대해서 살펴본다.

4.3.1. 라플라스 변환(Laplace Transform) 정의

 라플라스 변환은 라플라스 변수 s 를 $s = \sigma + j\omega$ 로 정의하여 시간 영역에서 라플라스 영역(s-domain)으로 변환을 한다. 여기서 실수부인 σ(시그마)는 신호 감쇠, 복소수 jω는 주파수에 관계된다.
 이 라플라스 변환은 미분/적분을 산술 연산만으로 처리할 수 있어 쉽게 풀 수 있고, 시스템 출력 응답 해석을 위한 시간 영역의 컨볼루션 연산 또한 푸리에 변환과 마찬가지로 산술 연산만으로 연산 가능하므로, 시스템 해석에서 무척 강력하고 편리한 수학적 도구이다.
 특히, 다음 장에서 보게 될 입력과 출력의 관계 함수인 전달함수는 앞에서 본 푸리에 변환의 한계때문에 푸리에 변환 형식이 아닌 이 라플라스 변환 형식으로 표현되므로 매우 중요하다 할 수 있다.

 라플라스 영역으로의 양방향 라플라스 변환은 아래와 같이 정의되며, f(t)의 라플라스 변환 기호는 F(s)로 표현한다.

$$\mathcal{L}(f(t)) \ = \ F(s) \ = \ \int_{-\infty}^{\infty} f(t)e^{-st}dt \ = \ \int_{-\infty}^{\infty} f(t)e^{-(\sigma+j\omega)t}dt$$

 양방향 라플라스 변환의 경우 t < 0 인 구간도 포함하는데, LTI 인과 시스템에서 t < 0 의 모든 구간을 0 으로 하면 신호 해석이 간단해지므로 단방향 라플라스 변환이 사용된다. 앞으로 라플라스 변환이라 하면, 아래의 단방향 라플라스 변환임을 의미한다.

$$\mathcal{L}(f(t)) \ = \ F(s) \ = \ \int_{0}^{\infty} f(t)e^{-st}dt \ = \ \int_{0}^{\infty} f(t)e^{-(\sigma+j\omega)t}dt$$

 반대로 라플라스 영역에서 시간 영역으로의 역 라플라스 변환(Inverse Laplace Transform)은 아래와 같이 정의된다.

$$\mathcal{L}^{-1}(F(s)) \;=\; f(t) \;=\; \frac{1}{2\pi j}\int_{\sigma-j\infty}^{\sigma+j\infty} F(s)e^{st}ds$$

가. 라플라스 변환의 기본 성질

라플라스 변환의 기본 성질은 아래와 같은 것들이 있다.

성 질	f(t)	F(s)	비 고
선형성	$a_1 f_1(t) + a_2 f_2(t)$	$a_1 F_1(s) + a_2 F_2(s)$	
미분	$\dfrac{df(t)}{dt}$	$sF(s) - f(0)$	·라플라스 변환에 s 를 곱한다. ·미분기는 s 이다.
	$\dfrac{d^n f(t)}{d^n t}$	$s^n F(s) - s^{n-1} f(0)$ $- s^{n-2} f'(0) \dots - f^{n-1}(0)$	
적분	$\int f(t)dt$	$\dfrac{F(s)}{s}$	·s 로 나누어 주면 된다. ·적분기는 1/s 이다.
시간 이동(지연)	$f(t - t_0)$	$e^{-st_0}F(s)$	
주파수 이동	$e^{s_0 t}f(t)$	$F(s - s_0)$	
시간 스케일링	$f(at)$	$\dfrac{1}{a}F\left(\dfrac{s}{a}\right)$	
컨볼루션	$f(t) * g(t)$	$F(s) \times G(s)$	·시간 영역의 컨볼루션 연산은 라플라스 영역에서는 단순 곱 이 된다.
초기값 정리	$f(0^+)$	$\displaystyle\lim_{s\to\infty} sF(s)$	
최종값 정리	$\displaystyle\lim_{t\to\infty} f(t)$	$\displaystyle\lim_{s\to 0} sF(s)$	

위의 표에서 보듯이 미분은 f(t)의 라플라스 변환 F(s)에 s 를 곱한 형태가 되며, 적분은 F(s)를 s 로 나눈 형태가 되어 복잡한 미/적분 계산에 대해서 산술 연산만으로 계산을 가능하게 한다.

최종값 정리는 시간 함수 f(t)의 시간 t 가 무한대로 진행 즉, 정상상태에서의 값을 알기 위하여 라플라스 함수 F(s)를 시간 함수 f(t)로 역 변환하지 않고도 계산할 수 있게 한다. 조건은 sF(s)의 분모가 0 이 되는 근 s 가 모두 음의 실수를 가져야 하고, 허수근은 한 개까지만 사용 가능하다.

위의 표에서 색으로 표시된 기본 특성들은 반드시 외워 두도록 한다.

나. 라플라스 변환표와 예제

라플라스 변환/역 라플라스 변환 수식을 직접 손으로 계산하기에는 복잡하기 때문에, t ≥ 0 일 때 미리 계산된 라플라스 변환표를 참조하여 변환한다. 여기서는 자주 접하게 되는 간단한 변환식들만 보도록 한다.

f(t)	F(s)	ROC
상수 K	K	All s
단위 임펄스 함수 $\delta(t)$	1	All s
단위 계단 함수 $u(t)$	$\dfrac{1}{s}$	Re(s) > 0
t	$\dfrac{1}{s^2}$	Re(s) > -0
e^{-at}	$\dfrac{1}{s+a}$	Re(s) > -a
$\sin(\omega t)$	$\dfrac{\omega}{s^2+\omega^2}$	Re(s) > 0
$\cos(\omega t)$	$\dfrac{s}{s^2+\omega^2}$	Re(s) > 0

위의 표에서 색으로 표시한 변환 수식들은 가장 간단하고 중요한 것들이므로 반드시 외워 두 도록 한다. 복잡한 수식은 MATLAB 또는 OCTAVE 같은 소프트웨어를 사용하여 쉽게 구해 볼 수 있다.

라플라스 변환 예제

시간 함수 $f(t) = e^{-t}$ (t ≥ 0)에 대한 라플라스 변환을 구해보자.

$$\mathcal{L}(f(t)) = F(s) = \int_0^\infty e^{-t}e^{-st}dt = \int_0^\infty e^{(-1-s)t}dt = \frac{-1}{1+s}e^{(-1-s)t}\Big|_0^\infty = \frac{1}{s+1}$$

앞서 푸리에 변환 예제에서 풀었던 것을 기억해 보면, 위의 라플라스 변환 결과에 s = jω 를 대입한 식과 e^{-t} 를 푸리에 변환한 식이 동일한 것을 알 수 있다.

여기에서 $e^{(-1-s)\infty}$가 0 이라는 조건이 필요한데, 이를 만족하려면 Re(s) > -1 조건이어 야 하며, 이 조건을 만족하는 s 영역을 ROC 영역이라 한다.

삼각함수 라플라스 변환 예제

삼각함수 $f(t) = \sin(\omega t)$에 대한 라플라스 변환을 구해 보자. t ≥ 0 이고, 초기값은 0 으로 둔다.

$$\mathcal{L}(f(t)) = \int_0^\infty \sin(\omega t) e^{-st} dt$$

이를 삼각함수 형태로 두고 적분을 하는 것은 복잡하므로, 오일러 공식을 이용하여 지수 형태로 만들어 계산한다. sin 함수의 지수 형태는 아래와 같다.

$$\sin\phi = \frac{e^{j\phi} - e^{-j\phi}}{2j}$$

이것을 넣어 정리하면 아래와 같다.

$$\mathcal{L}(f(t)) = \int_0^\infty \frac{e^{j\omega t} - e^{-j\omega t}}{2j} e^{-st} dt = \frac{1}{2j}\int_0^\infty e^{(j\omega - s)t} - e^{(-j\omega - s)t} dt$$
$$= \frac{1}{2j}\left(\frac{1}{s - j\omega} - \frac{1}{s + j\omega}\right) = \frac{\omega}{s^2 + \omega^2}$$

마찬가지로 $e^{(-s)\infty}$가 0 이려면, $Re(s) > 0$ 조건이 필요하며, 라플라스 변환표에서 확인해 보면 동일한 것을 볼 수 있다.

라플라스 변환을 이용한 미분 방정식 예제

라플라스 변환은 미분, 적분 방정식을 산술 연산으로 하여 쉽게 할 수 있는 강력한 도구라고 했다. 이에 대한 예로 초기 조건 $f(0) = 0$ 인 아래 미분 방정식을 풀어보자. 이는 앞서 컨볼루션 편에서 본 RC 회로의 미분 방정식과 형태가 같다.

$$\frac{df(t)}{dt} + f(t) = u(t)$$

단위 계단 신호 u(t)의 라플라스 변환은 라플라스 변환표에서 $1/s$ 이고, 미분은 s 를 곱한 형태이므로, 위의 미분 방정식은 라플라스 변환 형식으로 아래와 같이 표현할 수 있다.

$$sF(s) - f(0) + F(s) = \frac{1}{s}$$

초기값 f(0)는 0 이라 했으니, 이를 F(s)에 대해 정리하면 아래와 같다.

$$F(s) = \frac{1}{s}\left(\frac{1}{s+1}\right)$$

이 라플라스 변환 함수 F(s)를 시간 함수 f(t)로 변환하기 위하여 헤비사이드 부분분수 분해를 하면 아래와 같다.

$$F(s) = \frac{1}{s}\left(\frac{1}{s+1}\right) = \frac{a}{s} + \frac{b}{s+1}$$

$$a \;=\; \frac{1}{s}\left(\frac{1}{s+1}\right)\times s\bigg|_{s=0} \;=\; 1$$

$$b \;=\; \frac{1}{s}\left(\frac{1}{s+1}\right)\times (s+1)\bigg|_{s=-1} \;=\; -1$$

$$\therefore F(s) \;=\; \frac{1}{s}\left(\frac{1}{s+1}\right) \;=\; \frac{1}{s}-\frac{1}{s+1}$$

이 분해된 $F(s)$에 대해 시간 함수로 변환하려면 역 라플라스 변환을 해야 하며, 이를 위해 라플라스 변환표에서 찾아서 대입해 보면 아래와 같이 됨을 알 수 있다.

$$\therefore f(t) \;=\; 1-e^{-t}\,, \qquad t \geq 0$$

이처럼 라플라스 변환을 이용하면 복잡한 미분 방정식, 적분 방정식도 산술 연산으로 쉽게 계산할 수 있다.

4.3.2. 라플라스 변환과 푸리에 변환 관계

라플라스 변환과 푸리에 변환과의 관계를 통해 라플라스 변환의 주파수 영역 해석에 대해 이해해 보도록 한다.

양방향 라플라스 변환식은 아래와 같고,

$$\mathcal{L}(f(t)) \;=\; F(s) \;=\; \int_{-\infty}^{\infty} f(t)e^{-st}dt \;=\; \int_{-\infty}^{\infty} (f(t)e^{-\sigma t})e^{-j\omega t}dt$$

주파수 영역에서 보았던 푸리에 변환의 수식은 아래와 같다.

$$F(\omega) \;=\; \int_{-\infty}^{\infty} f(t)e^{-j\omega t}dt$$

두식을 비교해 보면, 라플라스 변환은 $f(t)e^{-\sigma t}$의 푸리에 변환을 의미한다.

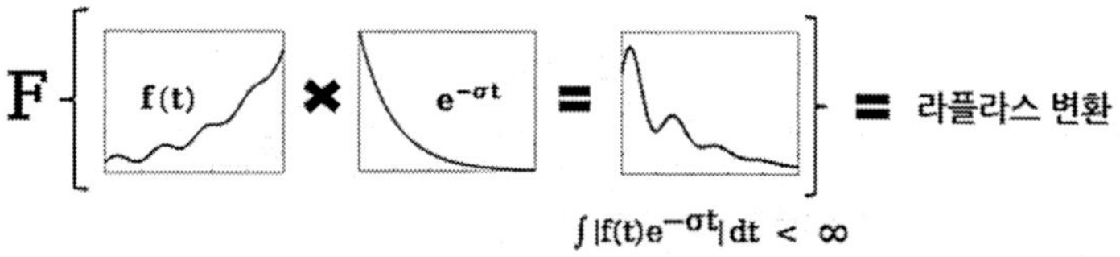

$$\int |f(t)e^{-\sigma t}|dt < \infty$$

Figure I-67 라플라스 변환과 푸리에 변환 관계

앞서 본 푸리에 변환은 위의 그림과 같은 발산하는 f(t) 파형은 변환할 수 없는 반면, 라플라스 변환은 이 f(t)에 감쇠항 $e^{-\sigma t}$를 곱함으로써 유한하게 만든 함수 $f(t)e^{-\sigma t}$ 를 푸리에 변환 가능하게 하고, 이 푸리에 변환은 라플라스 변환과 동일하다.

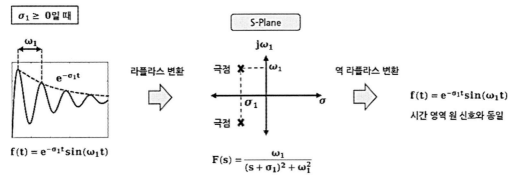

Figure I-68 라플라스 변환의 감쇠 신호 해석

또한, 푸리에 변환은 감쇠 신호의 해석에 어려움이 있지만, 푸리에 변환에 감쇠 항목인 $e^{-\sigma t}$를 추가된 형태인 라플라스 변환은 위의 그림과 같이 시간 영역에서의 감쇠도 해석할 수 있는 수학적 도구이다.

이 라플라스 변환은 복소 평면이 아니라 라플라스 변수 s 에 대하여 σ 실수부와 jω 허수 주파수 축을 가진 S-Plane 이라는 평면에 극점/영점을 배치하여 해석을 편리하게 한다.

이에 대해서는 이후 전달함수의 극점/영점에서 살펴볼 것이다.

가. 라플라스 변환의 주파수 영역 해석

위에서 본 것과 같이 라플라스 변환 수식에서 라플라스 변수의 감쇠에 관련된 실수부인 σ = 0 으로 두면 푸리에 변환식과 동일식이 되어 주파수 영역의 해석이 가능하다.

즉, 라플라스 변환식에서 라플라스 변수 s = σ +jω 대신 σ 를 0 으로 둔 s = jω 를 대입하면 푸리에 변환과 동일식으로 정상상태에서의 주파수 특성을 얻을 수 있다.

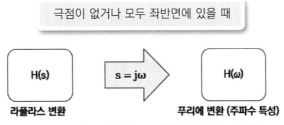

Figure I-69 라플라스 변환의 주파수 특성

이 방식의 조건은 ROC(Region Of Convergence) 수렴 영역이 허수축을 포함해야 하는데, 이 책에서 다루는 전기/전자 회로에서는 모두 만족한다. 여기에서 극점은 라플라스 변환 분모 측을 0 이 되게 만들어 라플라스 변환식을 무한대로 만드는 s 를 의미한다.

허수축을 포함하지 않는 계단 신호

ROC 가 허수 축을 포함하지 않는 예로 계단 신호가 있다.

$$u(t) = \begin{cases} 1, \ t > 0 \\ 0, \ t < 0 \end{cases}$$

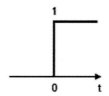

Figure I-70 단위 계단 신호

라플라스 변환표에 보면, 계단 응답 $u(t)$의 라플라스 변환은 $\frac{1}{s}$ 로 정의된다. ROC 는 Re(s) > 0 이기 때문에, ROC 영역이 허수축을 포함하지 않는다. 즉, 푸리에 변환이 $\frac{1}{j\omega}$ 이 아니다.

계단 응답의 주파수 특성을 보는 것은 충분한 의미가 있으므로, 여기에서 계단 응답의 푸리에 변환에 대해 살펴보자. 위의 계단 응답 신호를 아래와 같이 한쪽으로 감쇠하는 신호로 근사하여 정의해 볼 수 있다.

$$u(t) \approx g(t) = \begin{cases} e^{-j\alpha t}, t \geq 0 \\ 0, \ t < 0 \end{cases}$$

α가 0 으로 근접하는 양의 실수라면, 수렴하게 되어 푸리에 변환이 존재하게 된다.

$$F(\omega) = \frac{1}{\alpha + j\omega} = \frac{\alpha}{\alpha^2 + \omega^2} - \frac{-j\omega}{\alpha^2 + \omega^2}$$

$\alpha \rightarrow 0$ 이므로, 아래와 같이 정리될 수 있다.

$$F(\omega) = \frac{\alpha}{\alpha^2 + \omega^2} - \frac{-j\omega}{\alpha^2 + \omega^2} = \pi\delta(\omega) + \frac{1}{j\omega}$$

계단 응답의 크기 스펙트럼은 ω 를 0 부터 증가시키며 구해보면, 전대역 주파수에 걸쳐 아래와 같이 나옴을 알 수 있다.

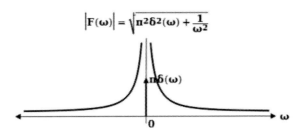

$$|\mathbf{F}(\omega)| = \sqrt{\mathbf{n}^2 \delta^2(\omega) + \frac{1}{\omega^2}}$$

Figure I-71 계단 신호의 주파수 스펙트럼

위 크기 스펙트럼에서 보듯이 계단 신호의 변화 에지에는 수많은 고주파 성분이 포함되어 있다. 이렇게 여러 주파수 성분이 포함되어 있는 계단 신호를 시스템의 입력 신호로 주어 시스템의 응답을 분석하게 되면, 수많은 주파수 성분에 대한 시스템의 응답 특성을 동시에 확인할 수 있게 된다.

이런 이유때문에, 계단 신호는 시간 영역에서의 시스템 응답 특성을 알아보는 용도로 사용되는 대표적인 입력 신호이며, 그 응답을 계단 응답(Step Response)이라 한다.

5. 전달함수

전달함수(Transfer Function)는 선형 시불변 시스템(Linear Time-invariant System, LTI System)의 입력과 출력 사이의 관계를 수학적으로 표현한 함수이다.

앞서 살펴보았던 변환들이 연속 신호(Signal)에 포함된 주파수 성분 등의 특성을 분석할 수 있는 도구들이었다면, 전달함수는 이 변환들을 이용한 입력 신호 특성과 출력 신호 특성의 관계를 표현한다.

예를 들어, 연속 신호에 대한 라플라스 변환의 경우 시간 함수 $f(t) = e^{-t}$ 의 라플라스 변환식은 $F(s) = \frac{1}{s+1}$ 이고, 이를 통해 신호의 감쇠 특성과 $s = j\omega$ 를 대입함으로써 신호에 포함된 주파수 성분들에 대해서 분석할 수 있었다. 이 도구는 입력 신호 또는 출력 신호 자체를 분석하는 등에 사용될 수 있다.

하지만, 똑같은 형태의 $H(s) = \frac{1}{s+1}$ 라플라스 변환식이라고 해도 이 라플라스 식이 시스템의 전달함수라 하면, 이는 연속 신호 $f(t) = e^{-t}$ 에 대한 특성을 의미하는 것이 아니다.
라플라스 전달함수는 $\frac{Y(s)}{X(s)} = \frac{1}{s+1}$ 로 표현되는데, 여기에서 X(s)는 입력 신호에 대한 라플라스 변환이고, Y(s)는 출력 신호에 대한 라플라스 변환을 의미한다.
이처럼 전달함수는 시스템 입력에 대해 어떤 출력이 나올 것인지에 대한 정보를 제공함으로써 시스템의 동적 특성을 분석할 수 있다. 또한, $s = j\omega$ 를 대입한 주파수 응답 역시 신호의 주파수 성분을 의미하는 것이 아니라, ω 주파수를 시스템에 입력했을 때, 어떤 크기와 위상을 가진 ω 출력이 나올 것인가에 대한 정보를 나타낸다.

이런 의미를 가진 전달함수를 통해 시간 영역과 주파수 영역에서의 시스템 특성을 분석하고 설계할 수 있다.

이 장에서는 라플라스 전달함수 개념과 주파수 응답과의 관계에 대한 이해를 해보도록 한다.

5.1. 라플라스 전달함수

LTI 시스템의 출력을 계산하기 위해서 입력 신호 x(t)와 시스템 임펄스 응답 h(t)의 컨볼루션 연산 y(t) = x(t) * h(t)가 필요하지만, 라플라스 변환에서는 푸리에 변환과 마찬가지로 단순 산술 연산만으로 가능하다.

시간 영역의 컨볼루션 $y(t) = x(t) * h(t) = \int_{-\infty}^{\infty} x(\tau)h(t-\tau)d\tau$를 라플라스 변환해보면 아래와 같다.

라플라스 변환 수식은 $\mathcal{L}(y(t)) = Y(s) = \int_{-\infty}^{\infty} y(t)e^{-st}dt$이므로, 출력 Y(s)에 대한 수식은 아래와 같이 된다.

$$\mathcal{L}(y(t)) = \int_{-\infty}^{\infty}(\int_{-\infty}^{\infty} x(\tau)h(t-\tau)d\tau) e^{-st} dt = \int_{-\infty}^{\infty} x(\tau)(\int_{-\infty}^{\infty} h(t-\tau) e^{-st} dt)d\tau$$

위에서 $t - \tau \rightarrow u$ 로 두고, $dt \rightarrow du$ 로 치환하면 아래와 같다.

$$Y(s) = \int_{-\infty}^{\infty} x(\tau)\left(\int_{-\infty}^{\infty} h(u) e^{-s(u+\tau)} du\right)d\tau = \int_{-\infty}^{\infty} x(\tau) e^{-s\tau}d\tau \int_{-\infty}^{\infty} h(u) e^{-su} du$$

결국, 시간 영역의 y(t) = x(t) * h(t) 컨볼루션에 대한 라플라스 변환은 아래와 같이 입력 신호의 라플라스 변환과 임펄스 응답의 라플라스 변환의 단순 곱셈의 결과로 나오게 된다.

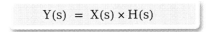

$$Y(s) = X(s) \times H(s)$$

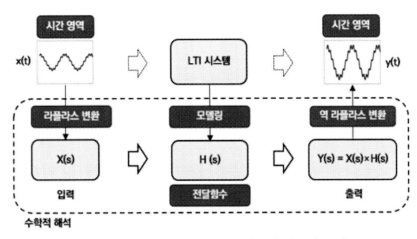

Figure I-72 LTI 시스템의 전달함수와 시스템 응답

위 그림처럼 입력 신호 x(t)의 라플라스 변환 X(s)와 임펄스 응답 h(t)의 라플라스 변환 H(s)를 단순히 곱함으로써 출력 y(t)에 대한 라플라스 변환 Y(s)를 구할 수 있다.
이 출력 Y(s)를 역 라플라스 변환하면 시간 함수 y(t)를 얻을 수 있다.

출력 Y(s) = X(s) × H(s)는 위에서 전달함수가 $\frac{Y(s)}{X(s)}$라 했으므로, 결국 전달함수는 임펄스 응답 h(t)의 라플라스 변환인 H(s)와 동일하다.

$$H(s) = \mathcal{L}(h(t))$$

정리하면, 라플라스 전달함수(Transfer Function)는 시스템의 모든 초기 조건이 0 인 선형시불변 시스템(LTI 시스템)에서 입력 신호의 라플라스 변환 X(s)와 출력 신호의 라플라스 변환 Y(s)의 비인 함수 또는 시스템 임펄스 응답 h(t)의 라플라스 변환 H(s)로 정의할 수 있다.

$$H(s) = \frac{Output(s)}{Input(s)} = \frac{Y(s)}{X(s)}$$

라플라스 전달함수는 전기/전자 회로, 동역학, 열역학 등의 학문을 이용하여 시스템의 수학적 풀이 과정을 통해 구해질 수 있으며, 시스템을 모델링(Modeling)한다는 것은 시스템을 수학적 수식의 전달함수로 나타내는 것을 말한다.

라플라스 전달함수와 주파수 응답

앞서 봤듯이 주파수 응답(Frequency Response)이란 출력 y(t)와 입력 x(t)의 ω 주파수 성분의 비인 $\frac{Y(\omega)}{X(\omega)}$로 시스템이 다양한 주파수에서 어떻게 반응하는지를 나타내는 특성을 말한다.

라플라스 변환 편에서 살펴보았듯이 ROC 조건을 만족할 때, 라플라스 변수 s 를 s = jω 로 치환하면, 푸리에 변환과 동일식이 되므로, 전달함수 H(s) = $\frac{Y(s)}{X(s)}$ 를 통해 시스템에 대한 정상 상태의 주파수 응답을 구할 수 있다.

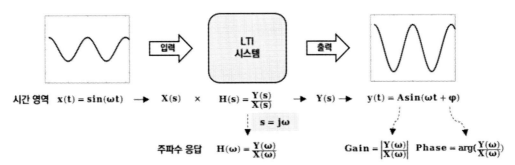

Figure I-73 전달함수의 주파수 응답

전달함수 H(s)에서 라플라스 변수 s 를 jω 로 치환한 주파수 응답은 아래와 같이 표현된다.

$$H(s) = \frac{Y(s)}{X(s)} \rightarrow s = j\omega \rightarrow H(\omega) = \frac{Y(\omega)}{X(\omega)}$$

☞ 이득(Gain)과 위상(Phase)

주파수 응답은 ω 주파수 정현파 입력과 이에 대한 응답인 ω 주파수 정현파 출력의 비를 의미하는데, 크기비를 이득(Gain)이라 하며, 입력 신호에 대한 출력 신호의 지연 정도를 위상(Phase)이라 한다.

$$\bullet \text{이득(Gain)} = \left|\frac{Y(\omega)}{X(\omega)}\right| \quad \bullet \text{위상(Phase)} = \arg\left(\frac{Y(\omega)}{X(\omega)}\right)$$

일반적으로 시스템에서 입력 신호보다 출력 신호가 지연되어 나오기 때문에 위상 지연 (Phase Delay)이라 한다.

이렇게 주파수 응답(Frequency Response)은 단순히 임의의 신호에 포함된 주파수 성분의 크기와 위상을 의미하는 것이 아니라, 시스템의 입력과 출력의 관계를 나타내는 것이다. 예를 들어, 출력/입력 크기의 비인 이득(Gain)이 10Hz 에서 2 라면, 10Hz 의 정현파를 시스템에 입력하면 2 배 크기의 10Hz 정현파 성분을 포함한 신호가 출력된다는 것을 알 수 있는 것이다.

이에 대한 자세한 것은 보드선도에서 보도록 한다.

5.1.1. 수동 RC 저주파 통과 필터의 전달함수와 응답

아래의 회로는 수동 소자 저항 R, 커패시터 C 만 사용한 수동 RC 저주파 통과 필터이다.

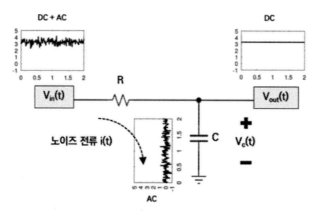

Figure I-74 RC 저주파 통과 필터

위 그림과 같이 RC 저주파 통과 필터의 사용으로 DC + AC 를 가진 신호의 AC 노이즈는 커패시터로 흐르고, 출력에는 깨끗한 DC 만 전달된다.

이 RC 저주파 통과 필터는 컨볼루션 편에서 이미 살펴보았지만, 전기/전자 시스템에서는 매우 중요한 RC 저주파 1 차 필터에 대한 전달함수를 구해 보고, 전달함수와 모델링에 대한 기본적인 이해를 통해 RC 저주파 통과 필터에 대한 기본적인 이해를 해본다.

임펄스 응답의 라플라스 변환

전달함수는 시스템 임펄스 응답 h(t)의 라플라스 변환 H(s)라고 했다.
모델링을 통해 구해지는 전달함수가 실제 임펄스 응답 함수의 라플라스 변환과 동일한지 확인해 보는 목적으로 임펄스 응답에 대한 라플라스 변환을 해보도록 한다.
앞서 컨볼루션 편에서 RC 저주파 통과 필터에 대한 임펄스 응답의 시간 함수 h(t)를 아래와 같이 구한 바 있다.

$$h(t) \ = \ \frac{1}{RC}e^{-\frac{t}{RC}} \quad : t \geq 0$$

이 임펄스 응답 함수를 라플라스 변환을 하면 아래와 같다.

$$H(s) = \mathcal{L}(h(t)) = \int_0^\infty \frac{1}{RC} e^{-\frac{t}{RC}} e^{-st} dt = \int_0^\infty \frac{1}{RC} e^{-\left(\frac{1}{RC}+s\right)t} dt$$

$$= \frac{1}{RC} \times \left(\frac{-1}{\frac{1}{RC}+s}\right)\left(e^{-\left(\frac{1}{RC}+s\right)t}\Big|_0^\infty\right) = \frac{1}{RCs+1}$$

이 결과를 아래 모델링을 통해 나온 전달함수와 비교해 보도록 한다.

전달함수 모델링

위 RC 회로를 모델링하여 전달함수를 구해 보도록 한다.

전달함수는 출력(s)/입력(s)이므로, 이 필터의 전달함수는 $H(s) = \frac{\text{출력 전압 } V_{out}(s)}{\text{입력 전압 } V_{in}(s)}$ 의 형태가 된다. 커패시터 C 의 임피던스에 대한 라플라스 변환은 $\frac{1}{sC}$ 이다. 이를 이용하여 모든 초기 조건이 0 이라는 가정으로 저항과 함께 계산한 전류는 옴의 법칙에 의해 아래와 같이 구해진다.

$$I(s) = \frac{V_{in}(s)}{R+\frac{1}{sC}}$$

전류 I(s)에 대한 출력 전압 V_out(s)은 (커패시터 임피던스 × 전류)가 되어 아래와 같이 된다.

$$V_{out}(s) = I(s) \times \frac{1}{sC} = \frac{V_{in}(s)}{R+\frac{1}{sC}} \times \frac{1}{sC} = \frac{V_{in}(s)}{RCs+1}$$

이를 전달함수 H(s)의 형태로 표현하면 최종적으로 아래와 같다.

$$\therefore H(s) = \frac{V_{out}(s)}{V_{in}(s)} = \frac{1}{RCs+1}$$

이렇듯 전달함수는 임펄스 응답의 라플라스 변환과 동일한 것을 볼 수 있고, 시간 함수에 대한 미분 방정식의 풀이 없이도 라플라스 변환을 이용하면 쉽게 전달함수를 구할 수 있다. 이렇게 전달함수를 구하는 과정을 모델링(Modeling)이라 한다.

이 전달함수는 분모의 차수가 1 차이므로 1 차 시스템이라 하며, 시정수는 RC(초) 가 되고, 차단 주파수 $\omega = \frac{1}{RC}$ 이다. 이에 대해서는 시스템 응답 특성 편과 1 차 표준 시스템 편에서 자세히 알아보도록 할 것이다.

계단 입력 시간 응답 (Step Response)

위 전달함수에서 입력에 스위치를 이용하여 V_{in} 에 0V→E(V)를 인가했을 때의 출력을 시간 함수로 표현해 보자.

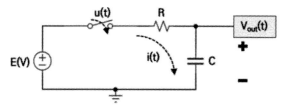

Figure I-75 RC 필터 스위치 입력

스위치를 이용했기 때문에, 0 인 상태에서 1 인 상태로 입력을 줄 수 있는 단위 계단 입력 u(t)를 주면 된다.

라플라스 변환폼에서 보면 $\mathcal{L}(u(t)) = U(s) = \frac{1}{s}$이므로, $v_{in}(t) = Eu(t) \rightarrow V_{in}(s) = EU(s) = \frac{E}{s}$ 와 같다

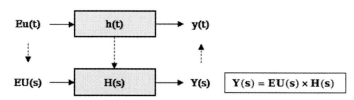

Figure I-76 전달함수를 통한 출력 해석

$$V_{out}(s) = V_{in}(s) \times H(s) = \frac{E}{s} \times \frac{1}{RCs + 1} = \frac{E}{s} - \frac{E \times RC}{RCs + 1} = \frac{E}{s} - \frac{E}{s + \frac{1}{RC}}$$

이 식을 역 라플라스 변환을 위하여 라플라스 변환표를 참조하면 아래와 같다.

단위 계단 함수 $u(t)$	$\frac{1}{s}$
e^{-at}	$\frac{1}{s+a}$

따라서, 위의 계단 응답 $V_{out}(s)$에 대한 역 라플라스 변환인 시간 함수 $v_{out}(t)$는 아래와 같이 나오게 된다.

$$v_{out}(t) = E \times \left(1 - e^{-\frac{1}{RC}t}\right) : t \geq 0$$

시간 t 가 무한대로 가면 최종적으로 E 전압(V)이 됨을 볼 수 있다. 이에 대한 자세한 해석은 1 차 시스템 편에서 살펴보게 될 것이다.

이렇게 라플라스 전달함수를 이용하면 시간 함수의 복잡한 컨볼루션 연산없이 출력을 해석할 수 있으며, 이는 복잡한 시스템에서 더욱 빛을 발한다.

주파수 응답 (Frequency Response)

위 전달함수 $H(s) = \frac{1}{RCs+1}$에서 주파수 $\omega_c = \frac{1}{RC}$ (rad/sec)에서의 주파수 응답을 구해보자. 수동 소자의 용량 R 과 C 는 모두 양수이기 때문에, 극점이 좌반면에 있어 ROC 조건을 만족하므로, 주파수 응답은 라플라스 변수 s 를 jω 로 치환하여 계산할 수 있다.

$$H(\omega) = \frac{1}{RC \times j\omega + 1}$$

따라서, 주파수 $\omega_c = \frac{1}{RC}$ (rad/sec)에서의 주파수 응답은 아래와 같다.

$$H(\omega_c) = \frac{1}{RC \times j\omega_c + 1} = \frac{1}{RC \times j\frac{1}{RC} + 1} = 0.5 - 0.5j$$

이 ω_c 주파수 응답의 이득은 아래와같다.

$$|H(\omega_c)| = |0.5 - 0.5j| = \sqrt{0.5^2 + (-0.5)^2} = 0.707$$

위상은 아래와 같다.

$$\arg\big(H(\omega_c)\big) = \arg(0.5 - 0.5j) = \tan^{-1}\frac{-0.5}{0.5} = -45°$$

따라서, $\sin(\omega_c t)$의 신호를 입력하면, $0.707\sin(\omega_c t - 45°)$ 의 정현파가 출력될 것임을 알 수 있다.

5.1.2. 영점(Zero)과 극점(Pole)

라플라스 전달함수의 형태는 아래와 같이 분자(Numerator), 분모(Denominator)의 분수 형식으로 표현할 수 있다.

$$H(s) \ = \ \frac{N(s)}{D(s)}$$

전달함수의 분자 N(s) = 0 이 되는 s 의 값을 영점(Zero)이라 하고, 분모 D(s) = 0 이 되는 s 의 값을 극점(Pole)이라 한다. 여기에서 분모 D(s) = 0 방정식은 시스템의 특성을 반영하기 때문에, 특성 방정식이라 한다.
이렇게 방정식의 근인 영점과 극점은 실수 또는 켤레 복소수 쌍이 된다.

가. 극/영점에 따른 시스템 응답 특성

라플라스 전달함수의 영점과 극점의 위치는 시스템의 시간 영역 특성을 결정짓는 주요 요소로 시스템을 시간 영역에서 해석할 때 시간 함수의 미분 방정식을 푸는 것보다 라플라스 전달함수의 영점과 극점을 통해 해석하는 것이 더 빠르고 간편하게 해석할 수 있다.

N(s) = 0 의 분자 다항식의 s 근인 영점은 극점처럼 시스템의 특성에 결정적인 영향을 주진 않고, 극점과 함께 강제 응답과 고유 응답의 크기에 영향을 준다.

> **극점의 위치에 따른 계단 응답 특성**

반면, 극점의 위치는 시스템의 특성과 안정성(Stability)을 결정하는 매우 중요한 요소이며. 전달함수의 극점들이 모두 좌반면(음의 실수)에 있어야 안정된 시스템이다.
극점이 좌반면에 있어야 안정된 시스템(Stable System)이라는 의미는 앞서 봤던 RC 저주파 통과 필터의 전달함수와 시간 함수를 통해 간단히 이해해 볼 수 있다.

$$H(s) = \frac{1}{RCs + 1} \rightarrow h(t) = (1 - e^{-\frac{1}{RC}t})$$

이 시스템에서 극점은 $-\frac{1}{RC}$ 이 되는데, 이 값이 양수라면, 시간 영역에서의 시간 함수는 무한대로 발산하게 되어 불안정한 시스템(Unstable System)이 된다.

 이처럼 LTI 인과 시스템에서 안정된 시스템이 되려면 전달함수의 극점은 반드시 음수라서 S-평면의 좌반면에 있어야 한다. 반면, 영점의 위치는 과도 응답에 영향을 주지만, 안정성에는 영향을 주지 않는다.

 아래는 극점의 위치에 따른 계단 응답 특성이며, x 표시는 극점 $s = \sigma + j\omega$의 위치를 S-평면(도메인)에 표시한 것으로, 극점이 과도 응답에 미치는 영향을 살펴볼 수 있다.
 아래 수식과 같은 2 차 시스템의 예로 극점 $s = \sigma_1 + j\omega_d$에서 실수 σ_1 은 신호 감쇠, 허수 ω_d는 진동 주파수로 이해할 수 있다.

$$y(t) = e^{\sigma_1 t}(A\cos\omega_d t + B\sin\omega_d t)$$

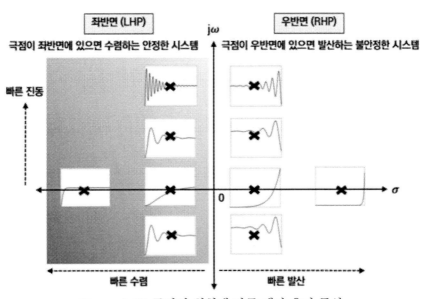

Figure I-77 극점의 위치에 따른 계단 응답 특성

 위의 수식과 그림에서 보듯이 극점의 실수 σ 부분이 음으로 더 작아질수록 과도 응답이 더 빠르게 감쇠되어 응답이 빠르고, 극점에 허수 ω가 존재하게 되면 허수의 크기가 커질수록 더 높은 주파수 성분을 가지고 진동하게 된다.

 또한, 전달함수의 극점이 우반면에 있을 때 출력되는 신호는 무한대로 발산하게 되어 불안정 시스템이 된다.

5.2. 보드선도

앞에서 푸리에 변환을 이용하여 구한 신호를 구성하는 정현파들의 주파수 성분 특성을 그래프로 그린 주파수 스펙트럼을 살펴보았었다.

보드선도(보드선도, Bode Plot)는 단순히 신호의 주파수 성분 특성에 대한 그래프가 아니라, 주파수 응답(Frequency Response)인 시스템의 입력에 정현파 신호를 주었을 때 출력으로 나오는 정현파의 크기 변화와 지연 정도를 알 수 있는 크기 응답인 이득(Gain)과 위상(Phase) 응답을 각각 분리해서 그린 그래프이며, 주파수 응답 곡선의 한 종류이다.
즉, 보드선도는 출력과 입력의 비인 전달함수 H(s)의 주파수 특성 그래프를 말한다.

경우에 따라 크기 응답을 주파수 응답이라 하여 위상 응답과 구분하기도 하지만, 이 책에서는 구분하지 않고 크기 응답, 위상 응답을 주파수 응답이라 하기로 한다.
이 보드선도는 전달함수 H(s)에서 라플라스 변수 s 를 s = jω 로 두어 H(ω) 주파수 특성을 구해 그려질 수도 있고, 실제 시스템에 정현파를 주어 출력된 신호와의 관계로도 그려질 수도 있다.

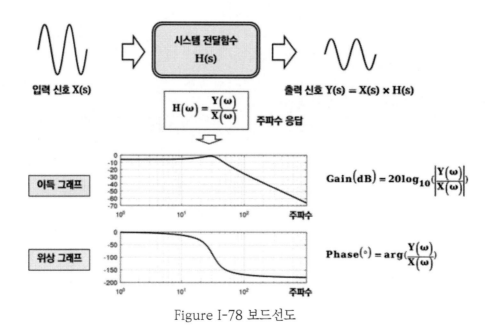

Figure I-78 보드선도

입력 X(s)와 출력 Y(s)의 관계인 전달함수는 아래와 같다.

$$H(s) \ = \ \frac{Y(s)}{X(s)}$$

앞서 라플라스 변환에서 보았듯이 전달함수의 라플라스 변수 s 대신 jω 로 치환함으로써 푸리에 변환과 동일식이 되어 정상상태에서의 주파수 응답을 얻을 수 있으며, 전달함수의 주파수 응답은 아래와 같이 표현할 수 있다.

$$H(\omega) = \frac{Y(\omega)}{X(\omega)} = \left|\frac{Y(\omega)}{X(\omega)}\right| \angle \arg\left(\frac{Y(\omega)}{X(\omega)}\right)$$

주파수 응답 특성 H(ω)는 이득(Gain)과 위상(Phase)을 표현하는 복소수의 형태인데, 이렇게 전달함수의 주파수 특성 H(ω)에서 주파수 ω 를 0 부터 ∞까지 변화시켜가며 계산한 주파수 응답 특성의 크기와 위상을 주파수별로 각각 그려 놓은 그래프가 보드선도가 된다.

LTI 시스템에서 이 주파수 영역의 보드선도 그래프를 봄으로써 시스템에 입력하는 정현파에 대해 어떤 크기와 위상 지연을 가지는 정현파 출력이 나올 것인가를 알 수 있다.

5.2.1. 보드선도의 구조

보드선도는 아래와 같이 이득(Gain) 곡선과 위상(Phase) 곡선으로 구분되어 그려진다.

아래 그림은 차단 주파수 50rad/sec 인 1 차 저주파 통과 필터(Low Pass Filter, LPF)의 보드선도인데, 이를 참조하여 보드선도가 의미하는 바를 이해하도록 해보자.

$$H(s) = \frac{50}{s+50}$$

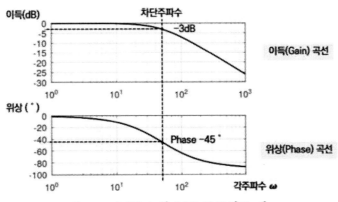

Figure I-79 1 차 LPF 보드선도 예

위 라플라스 전달함수는 극점 -50 이 좌반면에 있어 ROC 조건을 만족하므로, s 대신 jω 를 대입하여 주파수 응답을 구할 수 있다.

$$H(\omega) \ = \ \frac{50}{j\omega + 50}$$

여기에서 ω = 0 인 DC 이득은 1 배 즉 0dB 가 되는데, 전달함수에서 s = 0 을 바로 대입해도 구할 수 있다.
ω = 50rad/sec 에서의 이득과 위상은 아래와 같다.

$$H(j\omega) \ = \ \frac{Y(j\omega)}{X(j\omega)} \ = \ \left| \frac{50}{j50 + 50} \right| \angle \arg \left(\frac{50}{j50 + 50} \right) \ = \ \frac{1}{\sqrt{2}} \angle - 45°$$

즉, 이 저주파 통과 필터는 주파수 50rad/sec 의 정현파 신호 입력에 대한 정현파 응답(출력) 이득은 $\frac{1}{\sqrt{2}}$배 즉, -3dB 이고, 위상 지연은 -45°이므로 시간 영역에서는 50rad/sec 주파수의 정현파 신호를 시스템에 주면 응답은 아래와 같이 45°의 지연을 가지는 0.707 배의 신호가 출력된다.

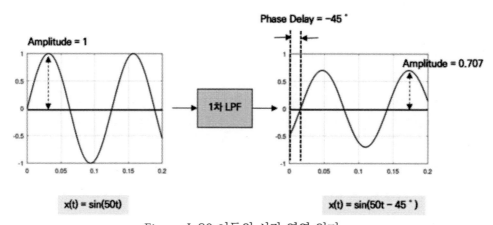

Figure I-80 이득의 시간 영역 의미

이렇게 보드선도만 보고도 정현파 입력에 대해 시간 영역에서 어떻게 출력이 될지 해석할 수 있다.

가. 주파수 X 축 단위

주파수 축의 단위는 일반적으로 신호 해석에서 저주파의 신호가 중요하고 고주파로 갈수록 그 중요성이 낮아지게 된다.

이런 이유로 넓은 주파수 스펙트럼을 봄과 동시에 중요 주파수 대역인 저주파는 세밀히 볼 수 있는 로그 스케일(Log Scale)을 사용한다.

로그 스케일 상의 단위는 Decade 를 사용하는데 10 의 비율을 의미한다.

$$\text{Decade} \ = \ \log_{10} \omega$$

또한, 앞으로 시스템의 감쇠 기울기를 -20dB/decade, -40dB/decade 와 같이 직선의 기울기로 표현하는 것을 많이 들어볼 수 있는데, 로그 스케일 상에서는 감쇠 기울기를 직선의 기울기로 표현할 수 있어 해석을 용이하게 한다.

$$10^0 \quad 10^1 \quad 10^2 \quad 10^3 \quad 10^4 \quad 10^5$$

Decade 는 10 의 단위로, $10^0 \rightarrow 10^1$, $10^1 \rightarrow 10^2$, $10^2 \rightarrow 10^3$ 의 구간처럼, 10, 100, 1000 의 구간을 의미하므로, -20dB/decade 라 하면, $10^0 \rightarrow 10^1$ 사이에서도 -20dB 기울기를 가지고, $10^3 \rightarrow 10^4$ 구간에서도 -20dB 기울기로 동일하다는 의미가 된다.

나. 이득(Gain)

이득(Gain, 게인)은 다양한 주파수의 정현파 입력 크기에 대한 정현파 출력의 크기비를 의미하고, 아래와 같이 해당 주파수에서의 주파수 응답 복소수의 크기를 의미한다.

$$\text{Gain} \ = \ |H(\omega)| \ = \ \left| \frac{Y(\omega)}{X(\omega)} \right|$$

이득에 따라 입력 신호 대비 얼마나 큰 또는 작은 출력 신호가 나올지 예상할 수 있으며, 주파수 응답 $H(\omega) = a + jb$라면, 이득 크기는 $\text{Gain} = |H(\omega)| = \sqrt{a^2 + b^2}$이 된다.

dB(데시벨) 단위로 표현

이득(Gain)은 보통 dB 단위로 표현하며 아래와 같이 정의된다.

$$\text{Gain(dB)} = 20\log_{10}\left|\frac{Y(\omega)}{X(\omega)}\right|$$

반대로 실수 이득으로의 전환은 아래와 같다.

$$\left|\frac{Y(\omega)}{X(\omega)}\right| = 10^{\text{Gain(dB)}/20}$$

예를 들어, 위에서 본 차단 주파수에서의 -3dB 의 의미는 아래와 같이 입력 신호 크기 대비 출력 신호의 크기가 0.707 배임을 의미한다.

$$\left|\frac{Y(\omega)}{X(\omega)}\right| = 10^{-3\text{dB}/20} \cong 0.707$$

즉, 차단 주파수와 동일한 ω 주파수를 가지는 1 크기의 정현파를 시스템에 입력하면 0.707 크기의 정현파가 출력된다.

dB 표현의 장점

이득을 dB 로 표현함으로써 아래와 같은 장점들을 가지며, 이는 보드선도 그래프만 보고도 직관적으로 바로 계산 가능하게 한다.

☞ dB 표현은 곱하기/나누기 이득 연산을 덧셈/뺄셈으로 쉽게 할 수 있게 한다.

위와 같은 직렬 연결 시스템을 보자. 직렬 연결이므로 전달함수 H(s)는 아래와 같다.

$$H(s) = \frac{Y(s)}{X(s)} = G_1(s) \times G_2(s)$$

DC 이득은 주파수가 0 인 DC 신호를 주었을 때의 출력과 입력의 비를 의미하고, 이는 주파수가 0 이므로 s = jω = 0 을 두어 구해볼 수 있다.

$G_1(s)$의 DC 이득은 s 대신 0 을 넣어보면 1.413 이고, $G_2(s)$의 DC 이득은 0.708 이다.

이 이득(Gain)을 곱하면 1.413 × 0.708 = 1 로 전체 시스템 이득은 1 이 되는데, 소수점 연산으로 바로 값을 계산하기 쉽지 않다.

하지만, dB 로 표현하면 $G_1(s)$ = 3dB, $G_2(s)$ = -3dB 이며, 더하기 만으로 3dB - 3dB = 0dB, 즉 이득이 1 로 입력한 대로 출력의 크기가 나옴을 알 수 있다.

$$Gain(dB) = 20\log_{10}(|G_1(\omega)| \times |G_2(\omega)|)$$
$$= 20\log_{10}(|G_1(\omega)|) + 20\log_{10}(|G_2(\omega)|) = dB_1 + dB_2$$

만일, 나누기 형태라면 dB 크기에 대한 나누기는 아래와 같이 뺄셈으로 처리 가능하다.

$$Gain(dB) = 20\log_{10}\left(\frac{|G_1(\omega)|}{|G_2(\omega)|}\right)$$
$$= 20\log_{10}(|G_1(\omega)|) - 20\log_{10}(|G_2(\omega)|) = dB_1 - dB_2$$

☞ 이득(Gain) 크기의 dB 표현은 시스템을 해석하기 쉽게 한다.

1 차 저주파 통과 필터의 이득은 차단 주파수부터 -20dB/decade 의 직선 기울기로 감쇠되며, 2 차 저주파 통과 필터의 이득은 차단 주파수부터 -40dB/decade 의 기울기로 감쇠되는데 이처럼 이득 감쇠를 직선 기울기로 표현함으로써 해석이 쉬워진다.

이런 이유로 주파수축은 로그 스케일로 그리고, 이득 크기는 dB 로 표현한다.

다. 위상(Phase)

위상(Phase) 곡선은 정현파 입력 신호와 출력 응답 신호의 위상 차이를 그래프로 표현한 것이다. 즉, 입력 정현파 신호 대비 출력 정현파 신호가 얼마나 느리게 또는 빨리 나오는 가를 표현한다.

보통은 출력 신호가 입력 신호 대비 느리게 출력되므로, 위상 지연(Phase Delay)이며, 각도(Degree)로 표시한다.

$$Phase(°) = \angle arg\left(\frac{Y(\omega)}{X(\omega)}\right)$$

마이너스 "-" 각도는 출력 신호가 지연(지상, Lag)됨을 의미하고, 플러스 "+" 각도는 출력 신호의 앞섬(진상, Lead)을 의미한다.
만일, 주파수 응답 H(ω)가 복소수 a + bi 라면, 위상은 $tan^{-1}\frac{b}{a}$ 로 구할 수 있다.

위상 지연의 시간 영역에서의 의미

보드선도의 주파수 10Hz 에서 위상이 -45°를 갖는다면, 그 의미는 10Hz 정현파를 입력을 주었을 때의 출력은 입력 신호 대비 위상 -45°의 지연을 가지고 출력된다는 의미이다. 이는 해당 주파수에서의 한 주기를 360°로 두어 아래와 같이 계산해 볼 수 있다.

$$시간 지연 = \frac{Phase\ Delay}{360°} \times T$$

10Hz 의 한 주기 T 는 1/10 초 (0.1 초) 이므로, 아래와 같이 45°의 위상 지연을 시간으로 환산할 수 있다.

$$시간 지연 = \frac{Phase\ Delay}{360°} \times T = \frac{-45°}{360°} \times 0.1sec = -0.0125sec$$

즉, 아래 그림과 같이 입력 신호 대비 출력 신호가 12.5ms 의 신호 지연이 생긴다는 말이 된다.

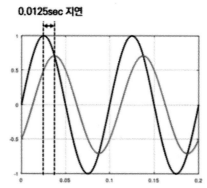

Figure I-81 위상 지연의 시간 영역 의미

보드선도 위상의 연산

전달함수 $G_1(s)$와 $G_2(s)$의 곱에 대한 위상은 $\angle(G_1(\omega)\ G_2(\omega))$와 같이 표현할 수 있고, 이렇게 곱하기로 되어 있는 전달함수의 위상은 $G_1(s)$, $G_2(s)$ 각각의 위상을 더해주면 된다. $G_1(\omega)$의 크기가 r_1 위상이 θ_1이고, $G_2(\omega)$의 크기가 r_2 위상이 θ_2라 해보자. 이를 각각 지수 형태로 표현하면 아래와 같다.

$$G_1(\omega)\ =\ r_1 e^{j\theta_1},\, G_2(\omega)\ =\ r_2 e^{j\theta_2}$$

직렬 연결에서의 전달함수의 곱하기에 대한 위상은 아래와 같이 $\theta_1 + \theta_2$ 덧셈으로 연산된다.

$$G_1(\omega) \times G_2(\omega)\ =\ r_1 e^{j\theta_1} \times r_2 e^{j\theta_2}\ =\ r_1 r_2 e^{j(\theta_1+\theta_2)}\ =\ r_1 r_2 \angle(\theta_1 + \theta_2)$$

$$\text{Phase}(°)\ =\ \angle\arg\left(\frac{Y(\omega)}{X(\omega)}\right) = \angle\arg\big(G_1(\omega) \times G_2(\omega)\big) = \theta_1 + \theta_2$$

반면, 나누기는 아래와 같이 $\theta_1 - \theta_2$로 위상은 뺄셈이 된다.

$$\frac{G_1(\omega)}{G_2(\omega)}\ =\ \frac{r_1 e^{j\theta_1}}{r_2 e^{j\theta_2}}\ =\ \frac{r_1}{r_2} e^{j(\theta_1-\theta_2)}\ =\ \frac{r_1}{r_2}\angle(\theta_1 - \theta_2)$$

$$\text{Phase}(°)\ =\ \angle\arg\left(\frac{Y(\omega)}{X(\omega)}\right) = \angle\arg\left(\frac{G_1(\omega)}{G_2(\omega)}\right) = \theta_1 - \theta_2$$

이런 dB 이득과 위상의 연산은 이후 보게 될 보드선도 그리기에서 유용히 사용된다.

5.2.2. 라플라스 전달함수와 보드선도

라플라스 변환 편에서 라플라스 변수 $s = \sigma + j\omega$ 에서 $\sigma = 0$ 으로 두면 푸리에 변환과 동일한 식이 됨을 보았고, 따라서 라플라스 전달함수에 $s = j\omega$ 를 대입하면 시스템의 주파수 응답을 얻을 수 있다는 것을 보았었다.

여기서는 전달함수에 $s = j\omega$ 를 대입하여 실제로 보드선도를 손으로 그리는 방법과 보드선도를 그리는 몇 가지 규칙들을 살펴볼 것이다.
물론, MATLAB/OCTAVE 와 같은 도구들을 사용하면 전달함수의 보드선도를 쉽게 그려볼 수 있지만, 간단한 몇 가지 그리는 법을 외워 두면 시스템을 해석하는데 편리하다.

앞에서 본 주파수 응답의 곱하기, 나누기 연산에서 dB 이득(Gain)과 위상(Phase) 연산은 더하기, 빼기 연산이었던 것을 기억하면서 아래를 보도록 한다.

가. 1 차 실수 극점 전달함수의 보드선도 그리기

실수 극점을 가진 아래와 같은 ω_c 차단 주파수를 가지는 저주파 통과 필터(LPF)의 전달함수를 실제 $s = j\omega$ 를 대입하여 보드선도를 그려 보면서 보드선도의 의미를 이해하도록 하자.

$$H(s) = \frac{\omega_c}{s + \omega_c}$$

$s = j\omega$ 에 대입하면 아래와 같은 주파수 특성을 가지게 된다. 이때, 이 조건을 만족하려면 ROC 영역이 허수축을 포함해야 하므로, ω_c 는 양수이어야 한다.

$$H(\omega) = \frac{\omega_c}{j\omega + \omega_c}$$

아래와 같은 순서대로 보드선도를 그려 볼 수 있다.

> ① $\omega = 0$ 인 경우 ($\omega \ll \omega_c$)

주파수가 0 이므로 DC 이득을 의미하고, $s = j\omega = 0$ 을 대입한 것과 같다.

$$H(\omega) = \frac{\omega_c}{j0 + \omega_c} = 1$$

- Gain (dB) $= 20\log_{10}|H(\omega)|\ dB\ =\ 20\log_{10}(1)\ =\ 0dB$
- Phase (degree) $=\ \angle H(\omega)\ =\ \tan^{-1}(\frac{0}{1})\ =\ 0°$

즉, 전압의 경우 DC 전압을 인가하면, 입력된 DC 전압이 그대로 출력되는 시스템이다.

> ② $\omega = \omega_c$ 인 경우

$$H(\omega)\ =\ \frac{\omega_c}{j\omega_c + \omega_c}\ =\ \frac{1}{j+1}$$

- Gain (dB) $=\ 20\log_{10}|H(\omega)|\,dB\ =\ 20\log_{10}\left(\left|\frac{1}{j+1}\right|\right)\ =\ 20\log_{10}\left(\frac{1}{\sqrt{2}}\right)$

$$=\ -20\log_{10}\left(\sqrt{2}\right)\ =\ -3dB$$

- Phase (degree) $=\ \angle H(\omega)$

$$=\ \tan^{-1}(\frac{1}{j+1})\ =\ \tan^{-1}\left(\frac{1}{0}\right) - \tan^{-1}(j+1)\ =\ 0° - 45°\ =\ -45°$$

이득이 -3dB 이므로, 이 주파수가 저주파 통과 필터의 차단 주파수가 된다.

> ③ $\omega \rightarrow \infty$ 인 경우 $(\omega >> \omega_c)$

$$H(\omega)\ =\ \frac{\omega_c}{j\omega + \omega_c}\ =\ \frac{1}{j\frac{\omega}{\omega_c} + 1}$$

- Gain (dB) $=\ 20\log_{10}|H(\omega)|\,dB\ =\ 20\log_{10}(1) - 20\log_{10}\left(\sqrt{1^2 + \left(\frac{\omega}{\omega_c}\right)^2}\right)$

  $1 \ll \frac{\omega}{\omega_c}$ 이므로 아래와 같이 근사할 수 있다.

  $\rightarrow 20\log_{10}|H(\omega)|\,dB \approx -20\log_{10}\left(\frac{\omega}{\omega_c}\right)$

이득(Gain)은 $\omega = 10\omega_c$ 에서 -20dB, $\omega = 100\omega_c$ 에서 -40dB 를 가지므로, -20dB/decade 의 기울기를 가지고 감쇠한다.

- Phase (degree) $=\ \angle H(\omega)\ =\ -\tan^{-1}\left(\frac{\omega}{\omega_c}\right)$

  $\omega = \infty :\ -\tan^{-1}(\infty) = -90°$로 수렴하며, -45°/decade 의 기울기를 가진다.

위와 같은 결과대로 선을 연결하면 아래와 같이 그려진다. 위상은 $0.1\omega_c$ 부터 -45°/decade 기울기로 $10\omega_c$ 까지 감쇠하고, -90°에 수렴하도록 그리면 된다.

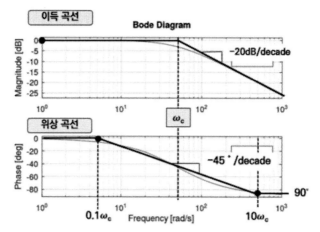

Figure I-82 1 차 저주파 통과 필터 시스템의 보드선도

위의 보드선도에서 보듯이 1 차 저주파 통과 필터(LPF, Low Pass Filter)에서 출력 신호의 지연은 $0.1\omega_c$ 부터 생기게 된다.

나. 보드선도 기본 그리기 규칙

전달함수들의 간단한 보드선도 그리기 규칙을 알아 두면, 위에서 본 것과 같이 하나씩 따져가며 그리지 않더라도, 전달함수만 보고도 보드선도가 대략 어떻게 그려질지 알 수 있고, 이는 시스템을 해석하는 효율에 도움을 준다.

기본 규칙

① 복잡한 전달함수 분해

라플라스 전달함수에서 곱하기로 표현된 것들은 각각의 주파수 응답에 대한 dB 이득과 위상을 더해서 최종 출력을 구할 수 있다. 따라서, 전달함수를 분리하여 기본형으로 보드선도를 그린 후 그래프 자체를 더하거나 빼서 쉽게 보드선도를 그릴 수 있다.

$$G(\omega) = G_1(\omega) \times G_2(\omega) = r_1 r_2 e^{j(\theta_1 + \theta_2)} = r_1 r_2 \angle(\theta_1 + \theta_2) = (dB_1 + dB_2)\angle(\theta_1 + \theta_2)$$

$$\frac{G_1(\omega)}{G_2(\omega)} = \frac{r_1 e^{j\theta_1}}{r_2 e^{j\theta_2}} = \frac{r_1}{r_2} e^{j(\theta_1 - \theta_2)} = \frac{r_1}{r_2} \angle(\theta_1 - \theta_2) = (dB_1 - dB_2)\angle(\theta_1 - \theta_2)$$

② s와 $\frac{1}{s}$의 형태는 x 축 대칭

s와 $\frac{1}{s}$과 같이 분수의 대칭 형태로 들어간 전달함수는 아래와 같이 주파수축인 x 에 대칭이다.

$\frac{1}{s}$ 의 dB 로 표현된 이득은 아래와 같이 구해질 수 있으므로, s와 x 축에 대칭이다.

$$20\log_{10}\left|\frac{1}{s}\right| = 20\log_{10}|1| - 20\log_{10}|s| = -20\log_{10}|s|$$

$\frac{1}{s}$ 의 위상은 아래와 같이 구해질 수 있으므로, s와 x 축에 대칭이다.

$$\angle\left(\frac{1}{s}\right) = \angle(1) - \angle(s) = 0° - \angle(s) = -\angle(s)$$

기본 형태의 전달함수의 보드선도 그리기 순서

아래는 기본 형태의 전달함수들에 대해 보드선도를 그리는 순서에 대한 표이다.

전달함수	순서	보드선도
상수 **K**	① GAIN 창에 상수에 대한 dB 를 구하여 수평선으로 그린다. ② PHASE 창에 상수가 양수이면 0°로, 음수이면 −180°의 수평선을 그린다.	
미분기 **s**	① GAIN 창에 ω = 1 에서 0dB 점을 통과하는 20dB/decade 의 기울기의 직선을 그린다. ② PHASE 창에 90°의 수평선을 그린다.	

적분기 $\dfrac{1}{s}$	미분기의 X 축에 대한 대칭을 그리면 된다. ① GAIN 창에 ω = 1 에서 0dB 점을 통과하는 −20dB/decade 의 기울기의 직선을 그린다. ② PHASE 창에 −90°의 수평선을 그린다.	
실수 극점 $\dfrac{1}{s+a}$	위에서 본 손으로 그리기를 참조한다. ① 이득창에 s = 0 을 대입하여 DC GAIN 을 dB 로 구하여 ω = 0 부터 ω = a 까지 수평선을 그린다. ② ω = a 에서부터 −20dB/decade 기울기의 직선을 그린다. ③ PHASE 창에 0°부터 ω = 0.1a 까지 0° 수평선을 그린다. ④ PHASE 창에 0.1a 부터 ω = 10a 까지 −45°/decade 기울기의 직선을 그린다. ⑤ PHASE 창에 ω = 10a 부터 −90° 수평선을 그린다.	
실수영점 $s+a$	실수 극점의 x 축 대칭이다. ① 이득창에 s = 0 을 대입하여 DC GAIN 을 dB 로 구하여 ω = 0 부터 ω = a 까지 수평선을 그린다. ② ω = a 에서부터 +20dB/decade 기울기의 직선을 그린다. ③ PHASE 창에 0°부터 ω = 0.1a 까지 0° 수평선을 그린다. ④ PHASE 창에 0.1a 부터 ω = 10a 까지 +45°/decade 기울기의 직선을 그린다. ⑤ PHASE 창에 ω = 10a 부터 +90° 수평선을 그린다.	

다. 보드선도 합성 예

위 기본 그리기 규칙에 없는 아래 전달함수를 그려보자.

$$H(s) = \frac{s}{s + 100}$$

이를 규칙에 있는 기본 전달함수들로 아래와 같이 분해할 수 있다.

$$H(s) \ = \ s \times \frac{1}{s+100}$$

따라서, s에 대한 보드선도를 그리고, $\frac{1}{s+100}$에 대한 보드선도를 그린 후 각각의 보드선도를 이득은 dB 단위로 더해주고, 위상도 더해주면 아래와 같이 그릴 수 있다.

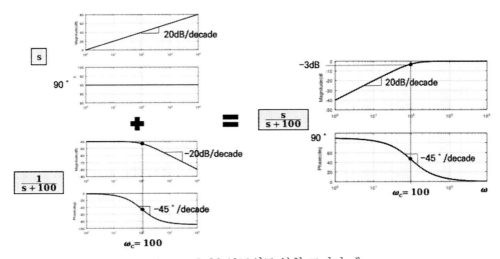

Figure I-83 보드선도 분할 그리기 예

구해지는 전달함수에 대해 이런 연습을 계속 하다 보면, 복잡한 전달함수도 소프트웨어를 사용하지 않고도 어느 정도 어떤 주파수 특성을 가질지 예상할 수 있다.

5.3. 전기/전자 시스템의 임피던스

전기/전자 시스템의 임피던스는 AC/DC 의 전류의 흐름을 방해하는 특성으로 정의된다. 앞에서 시스템 이론들에 대해 살펴본 것은 결국 전기/전자 시스템의 임피던스의 의미와 시스템에서의 해석에 대해 알아보기 위함이다.

커패시턴스의 $i(t) = C\frac{dv(t)}{dt}$와 인덕턴스 $v(t) = L\frac{di(t)}{dt}$의 수식을 살펴보면 시간 변화에 따른 전압/전류의 변화량과 관련이 되고, 이는 다른 말로 입력 신호의 주파수와 관계되는 것을 알 수 있으며, 이를 전달함수와 주파수 응답을 통해 살펴보도록 한다.

5.3.1. 커패시턴스와 인덕턴스의 리액턴스

임피던스를 보기 전에 주파수에 반응하는 커패시턴스와 인덕턴스의 리액턴스에 대해 살펴보도록 한다.

리액턴스는 시간에 따라 변하는 AC 전류의 흐름을 막는 저항 성분을 의미하며, X 로 표기하는데, 저항 성분 Ω 이므로 옴의 법칙을 적용할 수 있다.

이런 해석에 시간 영역의 커패시턴스 $i(t) = C\frac{dv(t)}{dt}$, 인덕턴스 $v(t) = L\frac{di(t)}{dt}$ 들의 시간 함수를 이용할 수도 있겠지만, 다른 소자들과 복합적인 회로의 경우 어려운 미분 방정식을 구해야 하는 어려움이 있다.

이를 초기 조건이 0 이라는 조건인 라플라스 전달함수를 구하면 쉽게 주파수 응답을 해석할 수 있다.

가. 커패시턴스의 리액턴스(Reactance)

커패시턴스 편에서 커패시턴스는 DC 는 막고 AC 는 흐르게 한다고 했는데, AC 를 얼마나 잘 흐르게 하는가에 대한 특성값으로 이해할 수 있다.

커패시턴스에서의 리액턴스는 용량성 리액턴스라 하며, 교류에서 저항과 같이 전력을 소비하며 전류를 제한하는 것이 아니라, 전기장 에너지를 저장/방전하며 전류를 제한한다.

> 커패시턴스의 리액턴스

전기/전자 회로 해석에서 라플라스 전달함수를 많이 사용하므로 여기서도 라플라스 형식으로 사용할 것이다. 커패시터의 $i(t) = C\frac{dv(t)}{dt}$ 수식을 라플라스 변환하여 전달함수를 구해 보자.

미분에 대한 라플라스 변환은 s 를 곱해주면 된다.

Figure I-84 커패시턴스의 라플라스 변환

$$i(t) = C\frac{dv(t)}{dt} \ (A) \rightarrow I(s) = C \times sV(s)$$

옴의 법칙을 생각해 보면, 커패시턴스의 교류에 대한 저항 성분인 리액턴스에 대한 라플라스 전달함수 $X_C(s)$는 아래와 같다.

$$X_C(s) = \frac{V(s)}{I(s)} = \frac{1}{sC}$$

이 라플라스 형식의 리액턴스 해석은 회로 해석을 쉽게 하는 강력한 도구가 되므로 외워 두어야 한다.

커패시턴스의 주파수 응답

라플라스 변수 s 대신 jω 를 대입함으로써 정상상태의 주파수 응답을 얻을 수 있으며, 아래와 같이 복소수 형태로 나타낼 수 있다.

$$X_C(\omega) = \frac{V(\omega)}{I(\omega)} = \frac{1}{j\omega C}$$

☞ 크기

$$|X_C| = \frac{1}{\omega C}$$

커패시턴스에 인가되는 정현파 신호의 주파수 ω 가 커짐에 따라 리액턴스의 크기는 작아지게 되므로, 옴의 법칙 $I = V/X_C$에서 커패시턴스를 관통해 흐르는 전류가 커짐을 알 수 있다.

즉, 커패시턴스에 인가되는 ω 가 높은 고주파 신호일수록 커패시턴스를 잘 통과한다.

☞ 위상 (Phase)

$$V(\omega) = -\frac{j}{\omega C}I(\omega)$$

이므로, $I(\omega)$에 허수 $-j$ 를 곱한 것, 즉 아래와 같은 복소평면에서의 회전을 의미한다.

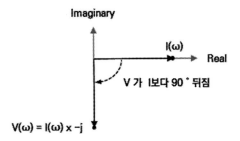

Figure I-85 커패시턴스의 전압/전류 위상차

위와 같이 커패시터 양단의 전압 V 의 위상이 커패시터를 관통하는 전류 I 의 위상보다 90° 뒤쳐진다. 이는 반대로 전류 I 가 전압 V 보다 위상이 앞선다고 해서 진상(Lead) 전류라 한다.

나. 인덕턴스의 리액턴스

인덕턴스의 리액턴스는 유도성 리액턴스라 하며, 저항과 달리 전력 소모없이 자기장으로 에너지를 저장하며 전류의 흐름을 방해한다.

Figure I-86 인덕턴스의 라플라스 변환

인덕턴스의 기전력은 $v_L(t) = L\frac{di(t)}{dt}$이므로, 이를 통해 리액턴스를 유도해 보도록 한다.

인덕턴스의 리액턴스

수식 $v_L(t) = L\frac{di(t)}{dt}$ 에서 미분에 대한 라플라스 변환은 s 를 곱해주면 되므로 라플라스 변환하여 전달함수를 구하면 아래와 같다.

$$V_L(s) = L \times sI(s)$$

결국 인덕턴스의 리액턴스 전달함수 $X_L(s)$는 옴의 법칙에 의해 아래와 같다.

$$X_L(s) = \frac{V_L(s)}{I(s)} = sL$$

인덕턴스의 주파수 응답

라플라스 변수 s 대신 $j\omega$ 를 대입함으로써 정상상태의 주파수 응답을 구할 수 있으며, 복소수의 형태로 아래와 같이 리액턴스를 나타낼 수 있다.

$$X_L(\omega) = \frac{V_L(\omega)}{I(\omega)} = j\omega L$$

커패시턴스와 마찬가지로 신호의 주파수에 따라 리액턴스의 크기가 변하게 된다.

☞ 크기

$$|X_L| = \omega L$$

인덕턴스의 리액턴스 크기는 입력되는 신호의 주파수 ω 가 높아짐에 따라 커져 전류의 흐름을 방해한다.
즉, 인덕턴스는 주파수 ω 가 높은 신호일수록 리액턴스가 높아져 전류의 흐름을 방해하게 되고, ω 가 0 인 직류 DC 에 대해서는 리액턴스가 0Ω 이 되며, 아무런 영향을 주지 않고 전류가 잘 흐르게 된다.

☞ 위상 (Phase)

$$X_L(\omega) \ = \ \frac{V(\omega)}{I(\omega)} \ = \ j\omega L \ \rightarrow \ V(\omega) \ = \ j\omega L I(\omega)$$

이므로, $I(\omega)$에 j 를 곱해준 것으로 즉, 아래와 같이 반시계 방향으로 회전을 하게 된다.

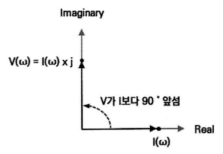

Figure I-87 인덕턴스의 전압/전류 위상차

따라서, 전압 V 의 위상이 전류 I 의 위상보다 90° 앞서게 되며, 지연된 전류라 하여 지상(Lag) 전류라 한다.

5.3.2. 임피던스

리액턴스와 임피던스는 이 책 전반에 걸쳐 나오는 중요한 용어이므로, 개념에 대해서 이해를 하고 있어야 한다.

가. 리액턴스(Reactance)

앞서 커패시턴스와 인덕턴스에서 살펴본 바와 같이 리액턴스는 주파수에 따라 변하는 교류 AC 의 흐름을 막는 저항 성분의 크기를 의미하며, 단위는 저항과 마찬가지로 Ω(Ohm)을 사용한다. 커패시턴스는 용량 리액턴스 X_C, 인덕턴스는 유도 리액턴스 X_L 이라 한다.
저항과 다른 점은 저항은 전력의 소모를 의미하지만, 리액턴스는 에너지를 저장할 뿐 전력 소비는 없다는 점이다.

여기서 인가되는 신호의 주파수에 따라 리액턴스의 값이 변한다는 것이 중요하며, 위상이 있으므로 복소수의 형태로 표현된다.
저항은 주파수에 관계없이 항상 동일한 값을 가지므로, 리액턴스에 포함되지 않는다.

나. 임피던스(Impedance)

임피던스는 저항과 리액턴스를 포함한 전류의 흐름을 방해하는 성분을 의미하며, Z 로 표현하고, 단위는 저항과 같이 Ω(Ohm)을 사용한다.
또는 교류의 주파수에 따라 변하는 저항 성분이라고 표현할 수 있으며, 저항 성분이 없는 이상적인 커패시터와 인덕터 소자에서는 리액턴스와 임피던스가 같다고 할 수 있다.
리액턴스가 AC 에 대한 저항 성분이라면, 임피던스는 저항을 포함하기 때문에 AC/DC 에 대한 저항 성분으로 표현할 수 있으며, 리액턴스와 마찬가지로 위상을 표현할 수 있는 복소수의 형태를 취한다.
라플라스 변환 형식으로 아래와 같이 표현할 수 있다.

$$Z(s) = R + X_C(s) + X_L(s) = R + \frac{1}{sC} + sL$$

저항 성분은 어디에나 존재하게 되므로, 보통은 리액턴스 용어보다는 포괄된 의미의 임피던스 용어를 많이 사용한다.

저항 R, 용량 리액턴스 X_C 와 유도 리액턴스 X_L 이 혼재된 회로의 합성 임피던스를 계산할 때는 리액턴스가 위상이 있는 복소수의 형태이므로 벡터로 연산해야 한다.

다. R-L 직렬 회로의 합성 임피던스 계산 예

RL 직렬 회로의 임피던스를 계산해보며 이해해 보도록 하자. 리액턴스는 스칼라 연산이 아니라, 반드시 복소수 벡터 연산 또는 라플라스 전달함수 형태로 계산되어야 한다.

저항 R = 1Ω, 인덕터 L = 1H 이고, 전압 V = 60Hz, 전압 크기 1V 의 정현파일 때 합성 임피던스를 구해 전류 i 가 어떻게 나올 것인지 보도록 하자.

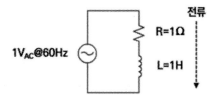

Figure I-88 RL 회로의 임피던스 계산 예

앞서 계속 봤듯이 위 시스템의 전달함수는 옴의 법칙을 이용하여 아래와 같이 구해진다. 직렬 연결이므로, 합성 임피던스 Z(s)는 아래와 같다.

$$Z(s) \ = \ R + X_L(s) \ = \ R + sL$$

따라서, 전류 I(s)는 아래와 같이 된다.

$$I(s) \ = \ \frac{V(s)}{Z(s)} \ = \ \frac{V(s)}{R + sL}$$

이 전달함수에서 출력 시간 함수 i(t)의 응답 확인은 아래와 같은 방법들로 구해볼 수 있다.

☞ 방법 1. 역 라플라스 변환을 통한 시간 함수로 응답 확인

I(s)를 역라플라스 변환을 통해 i(t)를 구할 수 있다.
입력 전압 V(s)는 v(t) = sin (2 × π × 60 × t) 이므로 라플라스 변환 테이블을 이용하면 아래와 같다.

$$V(s) \ = \ \frac{2 \times \pi \times 60}{s^2 + (2 \times \pi \times 60)^2}$$

따라서, 전류 I(s)는 아래와 같이 구해진다.

$$I(s) \ = \ \frac{2 \times \pi \times 60}{s^2 + (2 \times \pi \times 60)^2} \times \frac{1}{R + sL}$$

I(s)에 대한 역 라플라스 변환한 시간 함수 i(t)는 아래와 같다.

$$i(t) \ = \ 0.0026526 \sin(wt - 90°) + 0.0026526e^{-t}$$

$0.0026526e^{-t}$는 전달함수가 초기조건이 0 이기 때문에, 과도시간에 대한 항으로 시간 t 가 길어져 정상상태로 진입하면 사라지는 항이다.

☞ 방법 2. 전달함수에 s = jω 를 대입하여 정상상태의 주파수 응답 확인

 위와 같이 역 라플라스 변환을 하는 방법은 매우 복잡하기 때문에 MATLAB 과 같은 소프트웨어를 이용하여 구하는 경우가 대부분이다.
 이 시스템은 선형 시스템인 것을 알고 있기 때문에, 정현파를 입력으로 주었을 때 똑같은 주파수의 정현파가 출력될 것임을 알 수 있다.
 따라서, 앞에서 구한 전달함수에 s = jω 를 대입하여 정상상태에서의 주파수 응답을 구할 수 있으므로, 방법 1 보다 훨씬 간단하게 구할 수 있다.

$$H(s) = \frac{I(s)}{V(s)} = \frac{1}{R + sL} = \frac{1}{1 + s} \to H(\omega) = \frac{1}{1 + j\omega} : \ \omega = 2\pi f = 376.99 \text{rad/sec}$$

$$Gain \ = \ \frac{\sqrt{(1)^2}}{\sqrt{1^2 + (376.99)^2}} \ = \ 0.00265$$

$$Phase \ Delay \ = \ atan\left(\frac{0}{1}\right) - atan\left(\frac{376.99}{1}\right) \ = \ -90°$$

이득은 0.00265 이고 위상 지연은 -90°이므로, sin(ωt) (V)전압을 인가했을 때, 전류의 시간 응답 i(t) = 0.00265 sin(ωt − 90°) (A)가 된다.

즉, 60Hz 1V 정현파 전압를 입력으로 주었을 경우에 대한 전류의 결과는 아래와 같다.

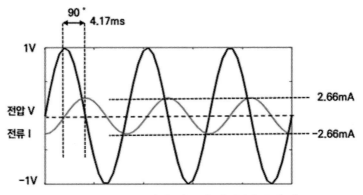

Figure I-89 RL 직렬 회로의 전압/전류 응답

위상은 전압이 전류보다 90° 앞서게 된다. 이는 시간으로 따지면, 60Hz 1 주기를 360°
로 계산하면 되므로 아래와 같이 전압이 4.17ms 앞서게 된다.

$$\text{Delay time} = \frac{1}{60\text{Hz}} \times \frac{90°}{360°} = 4.17\text{ms}$$

☞ 주파수 특성

RL 직렬 임피던스의 라플라스 전달함수 Z(s) = R +sL 이 되며, 이에 대한 보드선도를
그려 보면 아래와 같다.

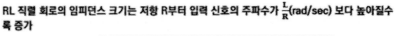

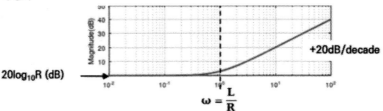

Figure I-90 RL 임피던스 주파수 특성

DC 에서의 임피던스는 저항 R 만 존재하고, 주파수 ω 가 높아질수록 인덕턴스의 리액
턴스 영향으로 임피던스가 상승하는 것을 볼 수 있다. 따라서, 고주파 신호일수록 통과되
는 전류는 작아진다.

라. RC 회로 임피던스 계산 예

아래 RC 회로에 크기 1V 1KHz 의 정현파를 인가했을 때, 출력 V_{out} 에서 몇 V 크기의 정현파가 출력될지 알아보자.

앞에서 본 RL 회로에서 전달함수를 구한 것과 다르게 바로 복소수 리액턴스를 이용하여 정상상태 주파수 응답을 구해보도록 한다.

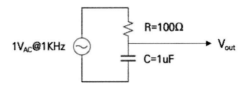

Figure I-91 RC 회로의 임피던스 계산 예

저항 R 과 커패시턴스의 리액턴스에 의한 전압은 옴의 법칙에 의해 아래와 같이 된다.

$$V_{out} \ = \ \frac{X_C}{100 + X_C} \times V_{in}$$

커패시턴스의 라플라스 리액턴스인 $X_C(s) \ = \ \frac{1}{sC}$ 대신 복소수 리액턴스인 $X_C \ = \ \frac{1}{j\omega C}$ 을 바로 넣어 정상상태 출력을 얻어 보면 아래와 같다.

$$V_{out} \ = \ \frac{\frac{1}{j\omega C}}{100 + \frac{1}{j\omega C}} \times V_{in}$$

V_{IN} 은 크기 1V, 1KHz 정현파 $\omega = 2\pi f = 6283.2 \text{rad/sec}$, C 는 1uF 이므로 이들을 대입하여 절대값과 위상을 구하면 아래와 같다.

$$A \ = \ \frac{\sqrt{\left(\frac{1}{\omega C}\right)^2}}{\sqrt{100^2 + \left(\frac{1}{\omega C}\right)^2}} \ \approx \ 0.85$$

$$\text{Phase Delay} \ = \ \text{atan}\left(-\frac{1}{\omega C}\right) - \text{atan}\left(-\frac{\frac{1}{\omega C}}{100}\right) \ \approx \ -31°$$

따라서, 정상상태의 시간 응답 $i(t) = 0.85 \sin(wt \ - 31°)$가 된다.

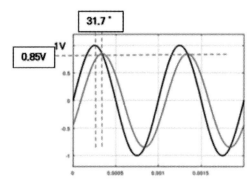

Figure I-92 RC 회로의 전압 응답

이렇게 커패시턴스와 인덕턴스가 있는 임피던스 연산은 전달함수를 구하여 s = jω 로 치환
하여 주파수 응답을 구하거나, 바로 복소수 리액턴스를 이용하여 벡터 연산을 해야 한다.

☞ 주파수 특성

위의 회로의 RC 직렬 임피던스는 아래와 같다.

$$Z(s) \;=\; R + \frac{1}{sC} \;=\; \frac{RCs + 1}{sC}$$

이에 대한 보드선도를 그려 보면 아래와 같다. 보드선도 편에서 본 것과 같이 RCs +1 과
1/sC 로 분해하여 보드선도를 그린 후 더해주면 된다.

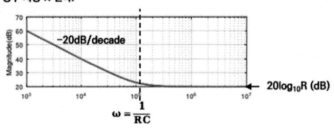

Figure I-93 RC 임피던스 주파수 특성

DC 에서의 임피던스는 커패시턴스의 리액턴스에 의해 무한대가 되어 전류의 흐름을 막
고, 입력 신호의 주파수 ω 가 높아질수록 커패시턴스의 리액턴스는 0 으로 가며 저항 R
로 인해 V_{in}/R 의 전류가 흐르게 된다.

6. 시스템의 응답 특성 항목

 시간 영역에서 시스템의 특성을 판단하기 위하여는 계단 응답을 보고, 이 응답이 성능이 좋은지 또는 부족한지 등을 판단할 수 있는 어떤 기준들이 필요하다. 마찬가지로, 주파수 영역에서도 보드선도를 보고, 시스템의 성능을 유추하고 안정성을 확인할 수 있는 그래프의 어떤 판단 기준들이 필요하다.

 이번 장에서는 시스템 해석에 있어 시간 영역과 주파수 영역에서 중요하게 여겨지는 특성 항목과 용어에 대해 살펴보도록 한다.

6.1. 시간 영역의 응답 특성 항목

 시간 영역(Time Domain) 해석이라 함은 시스템의 동적 특성을 파악하기 위해 시스템이 입력에 대해 시간에 따라 어떻게 반응하는지를 관찰하면서 분석하는 방법으로, 예를 들어 시간과 관련된 신호 파형으로 시스템을 해석하는 것을 의미한다.
 또는 앞에서 살펴본 바와 같이 시간 영역의 출력 파형과 관련된 전달함수의 영점과 극점의 위치를 분석하여 시스템을 해석하는 것을 의미하기도 한다.

 시간 영역에서의 시스템 응답 특성을 알아보기 위하여 보통은 다양한 고주파 성분이 포함된 계단 신호(Step Signal)를 입력 신호로 사용하는데, 이에 대한 출력을 계단 응답(Step Response)이라 한다.

 여기서는 시간 영역에서의 계단 응답 파형의 특성을 판단할 수 있는 항목들에 대해서 알아보도록 한다.

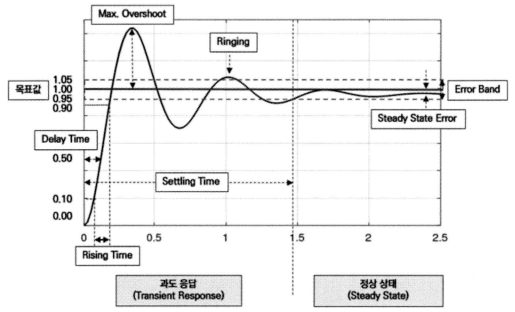

Figure I-94 계단 응답의 특성 항목

입력에 대한 시스템의 완전 응답은 아래와 같이 정의된다.

완전 응답 = 과도 응답 + 정상상태 응답

 계단 응답에서 계단 입력 신호를 받고 응답이 안정되기 전 응답 구간을 과도 응답(Transient Response) 구간이라 하며, 시간이 지남에 따라 결국 과도 응답은 감쇠하며 사라지고 안정된 응답만 남게 되는데, 이 안정된 상태의 응답 구간을 정상상태(Steady State) 응답 구간이라 한다.
 어느 순간부터를 정상상태로 할 것인가는 시스템의 성질에 따라 움직임의 폭이 얼마 이하일 때 정상상태로 하겠다는 규격을 정하면 된다. 가령, ±1%, ±2%, ±5% 등 오차를 어디까지 허용할 것인가를 정하면 되는데, 이를 오차 대역(Error Band) 또는 허용 오차(Error Tolerance)라 한다.

 시간 영역에서의 시스템의 특성 항목은 보통 상승 시간(Rising Time), 안정화 시간(정착 시간, Settling Time)과 오버슈트(Overshoot), 정상상태 오차(Steady State Error)가 주요 특성치 항목으로 쓰인다.

과도 응답 (Transient Response)

과도 응답은 입력 신호를 받은 후 응답이 움직이기 시작하여 안정 상태인 정상상태로 진입하기까지의 구간을 의미하며, 특성치로는 아래와 같은 것들이 있다.

☞ 지연 시간(Delay Time, t_d)

지연 시간은 입력 신호를 받은 후 정상상태의 50%지점까지 도달하는 데 걸리는 시간을 말한다.

☞ 상승 시간(Rising Time, tr)

상승 시간은 과도 응답 구간에서 정상 응답 구간으로 진입할 때, 초기값과 정상상태의 값 사이의 10% 지점부터 90%까지 진행하는데 걸리는 시간을 의미하는 시스템의 동적 특성으로 시스템이 얼마나 빨리 반응하는지에 대한 반응 속도 특성으로 많이 사용된다.

이외에 하강 시간(Falling Time) 특성도 있는데, 일반적으로 상승 시간과 하강 시간은 동일 개념으로 사용된다.

☞ 최대 오버슈트(Maximum Overshoot, M_p)

오버슈트는 상승 신호에서 안정화된 정상상태의 값을 넘어선 봉우리를 말하며 이 값 중 가장 큰 값을 최대 오버슈트라 한다. 반대로 하강 신호에서 정상상태 값을 지나 아래로 봉우리가 생기는 것을 언더슈트(Undershoot)라 한다.

최대 오버슈트는 보통 아래와 같이 퍼센트(%) 오버슈트 $\%M_p$ 로 표시하여 사용하는 경우가 많다. 최종 정상상태 값은 Y_S, 최대값은 Y_{Max} 라고 한다면 퍼센트 오버슈트는 아래와 같이 표현할 수 있다.

$$\%M_P(\%) = \frac{Y_{Max} - Y_S}{Y_S} \times 100 \ (\%)$$

최대 오버슈트는 시스템의 안정성과도 관련이 있으며, 시간 영역에서 안정성을 확인할 수 있는 방법 중 하나이다.

☞ 링잉(Ringing, 진동)

링잉은 오버슈트를 지나 진동을 일으키는 파형을 말한다. 보통은 공진의 영향으로 일정한 주파수로 진동하며, 안정된 시스템에서는 감쇠(댐핑) 요인으로 인해 신호가 감쇠하며 진동하는데, 대부분 이런 의도치 않은 진동은 시스템 동작에 좋지 않은 영향을 미친다.

정상상태 응답 (Steady State Response)

정상상태는 과도 응답이 끝난 후 허용 오차 안에서 유지되는 안정화된 상태의 응답을 말한다. 이 상태의 특성 항목은 아래와 같이 정착 시간과 정상상태 오차를 들 수 있다.

☞ 정착 시간(Settling Time, t_s)

정착 시간은 신호 입력 시간부터 응답이 허용 오차 안으로 들어가서 안정화될 때까지의 시간을 말하며, 시간 응답의 성능을 확인할 때 빼놓을 수 없는 중요한 특성 항목이다.

☞ 정상상태 오차 (Steady State Error, E_s)

응답이 허용 오차 내로 안정된 상태를 가진 후에도 시스템의 제조 편차, 낮은 해상도 (Resolution), 부적절한 이득(Gain) 등 다양한 원인으로 인해 목표값과 실제 응답값 사이에 오차가 발생할 수 있다.

정상상태 오차는 앞서 설명한 것처럼 과도 응답이 사라진 후 시간이 지나 정상상태로 진입한 후 실제 출력 응답값과 목표값 사이의 오차를 말한다.

명령 목표치를 R, 최종 정상상태 값은 Ys 라 한다면 정상상태 오차 Es 는 아래와 같이 표현할 수 있다.

$$E_S = R - Y_S$$

6.2. 주파수 영역의 특성 항목

이번 장에서는 주파수 영역(Frequency Domain)에서 사용되는 특성 항목들에 대해 살펴본다.

앞의 시간 영역(Time Domain) 해석이 시간을 변수로 사용해 시스템의 동적 특성을 확인하는 방법이라면, 주파수 영역(Frequency Domain) 해석은 입력 신호와 출력 신호를 주파수 성분으로 변환한 입/출력의 관계, 즉 주파수 응답을 통해 시스템의 특성을 분석하는 방법이다.

아래는 2 차 시스템의 보드선도의 예로, 주파수가 높아질수록 이득이 작아지는 시스템이다. 보드선도는 단순히 신호에 대한 주파수 특성이 아니라, 정현파 신호 입력에 대한 시스템 출력 간의 관계 즉 주파수 응답을 표시한 주파수 응답 그래프임을 상기하며 아래 내용들을 보도록 한다.

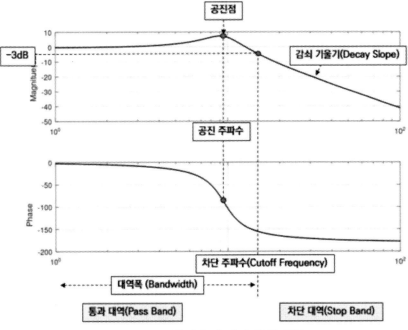

Figure I-95 주파수 응답의 특성 항목

DC 이득(DC Gain)

DC(Direct Current)는 전기/전자에서 사용하는 용어로 전류의 변화가 없는 신호를 의미한다. 일반적으로 전기/전자 신호가 아니더라도 변화가 없는 신호를 DC 라고 표현한다.

따라서, DC 이득은 주파수가 0Hz 즉, DC 신호를 입력했을 때 출력되는 증폭도를 의미하는 것으로, 정적 이득(Static Gain)이라고도 한다.

ROC 조건을 만족하는 전달함수에서 라플라스 변수 $s = j\omega$ 를 두어 주파수 응답을 볼 수 있는데, $\omega = 0$ 즉, $s = 0$ 으로 두면 DC 이득을 구할 수 있다.

위의 보드선도에서는 DC 이득이 0dB 즉 1 배이므로, DC 신호를 입력하면 크기가 그대로인 신호가 출력된다.

차단 주파수 (Cutoff Frequency) −3dB

앞서 dB(데시벨)의 신호 단위에 대한 정의에 대해 살펴보았었는데, 다시 전기/전자 시스템에 대해 살펴보면 아래와 같이 정의된다.

$$dB = 10\log_{10}\left(\frac{\text{Power}_{\text{Out}}}{\text{Power}_{\text{In}}}\right) = 10\log_{10}\left(\frac{\frac{V_{\text{out}}^2}{R}}{\frac{V_{\text{In}}^2}{R}}\right) = 20\log_{10}(\frac{V_{\text{out}}}{V_{\text{In}}})$$

따라서, -3dB 는 아래와 같은 의미를 가진다.

$$10\log_{10}\left(\frac{\text{Power}_{\text{Out}}}{\text{Power}_{\text{In}}}\right) = -3dB \rightarrow \frac{\text{Power}_{\text{Out}}}{\text{Power}_{\text{In}}} = 10^{\frac{-3}{10}} = \frac{1}{2}$$

위와 같이 입력된 전력에 대해서는 1/2 의 전력을 출력한다.

$$20\log_{10}\left(\frac{V_{\text{out}}}{V_{\text{In}}}\right) = -3dB \rightarrow \frac{V_{\text{out}}}{V_{\text{In}}} = 10^{\frac{-3}{20}} = \frac{1}{\sqrt{2}} \cong 0.707$$

위와 같이 입력된 전압 신호에 대해서는 0.707 배의 신호를 출력한다.

차단 주파수(Cutoff Frequency)는 이처럼 입력 전압의 0.707 배의 출력, 입력 전력의 1/2 출력 전력이 되는 주파수를 말하며, 주파수 특성을 해석하는 기준점이 된다.

☞ 대역폭 (Bandwidth)

대역폭(Bandwidth)은 이득 -3dB 이상인 영역의 주파수 대역을 의미한다.

$$Bandwidth \geq -3dB$$

이 대역폭은 시스템이 -3dB 이상의 신호들을 처리할 수 있다는 의미로 사용되고, 시스템에서 반응하여 처리할 수 있는 유효한 주파수 대역을 의미한다.

시스템마다 실제 처리할 수 있는 신호의 크기는 다를지라도 차단 주파수와 마찬가지로 기준점에 관련된 의미가 된다.

따라서, 전달함수의 극점/영점 편에서 보았던 것과 같이 대역폭이 넓다는 의미는 넓은 주파수 대역의 신호들을 처리할 수 있다는 의미가 되어 응답 속도가 빠름을 의미한다.

☞ 필터의 차단 주파수(Cutoff Frequency)의 의미

앞서 차단 주파수에서는 $\frac{1}{\sqrt{2}}$ 즉, 0.707 배의 이득을 가짐을 보았다.

이 차단 주파수가 실제 어떤 신호도 통과시키지 못한다는 어감의 용어이지만, 신호를 실제 완전 차단하는 것은 아니다. 위의 대역폭이 이 차단 주파수까지의 주파수를 의미하는 것도 마찬가지이다.

아래와 같은 예를 들어 생각해 보자.

차단 주파수 ω_c 를 가지는 저주파 통과 필터(LPF)에서 1V 크기의 ω_c 와 같은 주파수인 노이즈 신호는 0.707V 로 감쇠된다. 이 감쇠된 0.707V 의 노이즈 전압이 실제 시스템에서 무시될 수 있는가의 문제이다.

즉, 0.5V 이하하는 LOW, 0.5V 이상은 HIGH 로 인식하는 시스템이라면, 0.7V 의 노이즈는 신호가 실제 LOW 라 하더라도 노이즈에 의해 HIGH 로 오인식되어 신호가 차단되었다고 보기 힘들 것이다.

따라서, 차단 주파수(Cutoff Frequency)는 실제 신호를 완전 차단하는 의미가 아니라 신호의 감쇠를 시작하는 기준 주파수로 보면 된다.

차단 주파수 ω_c 이후 주파수에서 1 차 시스템은 -20dB/decade, 2 차 시스템은 -40dB/decade 의 일정한 기울기를 가지고 이득이 감쇠하여 신호를 감쇠시키므로, 이 기준점은 충분한 의미가 있다.

실제, 차단의 의미로 사용되는 용어는 저지(Stop)란 용어를 사용한다.

감쇠 기울기 (Roll Off Slope)

감쇠 기울기(Roll Off Slope)는 차단 주파수 이후 주파수가 증가함에 따라 이득(Gain)이 얼마의 기울기로 감쇠하는지를 나타내며, 이득이 감쇠한다는 의미는 입력된 신호의 크기가 얼마나 작게 출력되는지의 의미이다.

이득(Gain)의 경우 차단 주파수 이후 1 차 시스템은 -20dB/decade, 2 차 시스템은 -40dB/decade 의 기울기로 감쇠한다.
저주파 통과 필터와 같이 저주파 신호만 필요하다면, 감쇠 기울기가 더 급격한 쪽이 이상적인 필터에 근사하며, 고주파에서 더 많이 감쇠될 것이므로 노이즈의 차단 성능이 좋다.

위상(Phase)은 1 차 시스템은 -45°/decade, 2 차 시스템은 -90°/decade 의 기울기를 가지고 지연된다.

공진 주파수 (Resonant Frequency)

공진은 물체가 가지는 자유 진동수에 똑같은 주파수를 가진 힘을 전달할 때 출력이 증폭되면서 커지는 현상을 말한다.
공진 주파수(Resonant Frequency)는 DC 이득 이후 이득(Gain)이 가장 큰 주파수를 의미하며, 이 공진 주파수와 동일한 주파수의 입력 또는 노이즈가 인가되면 최대 진동을 하게 되는 공진을 하게 되고 심할 경우 시스템이 파손될 수도 있다.

전기/전자 회로에서는 임피던스가 가장 작아 가장 큰 이득을 갖는 주파수를 말하는 것으로 2 차 이상의 시스템에서 나타나는데, 대표적인 공진은 인덕턴스와 커패시턴스에 의한 LC 공진이 있다. 이런 공진은 계단 입력의 경우 공진 주파수에서의 이득이 커져 오버슈트 및 링잉의 원인이 된다.

6.3. 구형파로 보는 시간과 주파수 영역의 관계

주파수 영역의 보드선도를 보고 시간 영역에서 어떤 영향이 있을지 예측 가능하기 위해서는 여기에서 볼 해석을 이해하고 있어야 한다.

이에 구형파를 예로 들어 주파수 영역의 보드선도와 시간 영역의 응답에 대해 실제 수식을 통한 계산보다는 개념적인 이해를 해보도록 하자.

푸리에 급수(시리즈) 편에서 양의 구형파는 아래와 같은 주파수 성분들을 포함하고 있으며, 이 홀수의 정확한 크기의 모든 고조파 정현파들이 더해져야 완전한 구형파가 된다는 것을 보았다.

$$f(t) = \frac{A}{2} + \frac{2A}{\pi}\left(\sin(\omega_0 t) + \frac{1}{3}\sin(3\omega_0 t) + \frac{1}{5}\sin(5\omega_0 t) + \cdots\right), \omega_0 = \frac{2\pi}{T}, A$$
$$= \text{Amplitude}$$

아래 그림은 구형파의 주파수 성분을 주파수 스펙트럼으로 표시한 것이다.

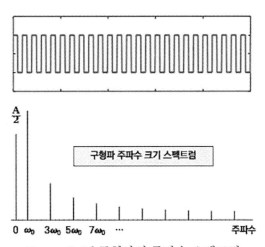

Figure I-96 구형파의 주파수 스펙트럼

이 구형파를 LTI 시스템에 입력 신호로 주었을 때, LTI 시스템의 보드선도를 보면서 어떤 출력 신호가 나올지 유추해 보도록 하자.

대역폭(Bandwidth)의 감소는 상승 지연을 만든다.

 반대로 얘기하면, 대역폭(Bandwidth)이 넓어지면 상승이 빨라진다. 구형파는 홀수 고조파 정현파들의 각각의 크기가 모여서 수직의 파형을 만들게 되는데, 이 고조파 중 고주파 영역의 신호의 크기가 줄어들게 되면, 그만큼 반응이 늦어진다.

 아래 1 차 저주파 통과 필터(LPF)의 보드선도를 보자.

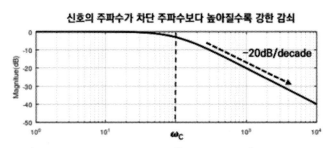

Figure I-97 1 차 LPF 보드선도

 1 차 저주파 통과 필터는 고주파로 갈수로 신호를 -20dB/decade 의 기울기로 감쇠시킨다. 전달함수의 직렬 연결에서 이득의 곱은 dB 스케일에서는 덧셈을 하면 된다.

 아래는 구형파의 신호를 저주파 통과 필터에 입력 신호로 주어 통과시킨 예이다.

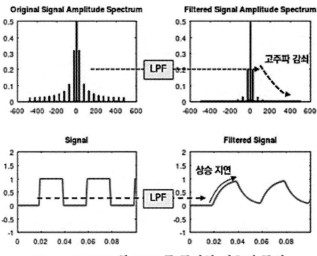

Figure I-98 1 차 LPF 를 통과한 신호의 특성

 위의 결과에서 볼 수 있듯이 LPF 의 차단 주파수가 낮아져 더 많은 고주파 감쇠율을 가질수록 노이즈의 제거 효과는 커지지만, 유효 신호인 고조파 역시 감쇠되어 신호의 상승 시간 또한 느려지게 된다.

고주파의 고조파가 더해질수록 상승 시간이 빨라진다는 것은 푸리에 급수 편에서 본 바 있다.

> **이득의 크기와 위상의 급격한 변화는 오버슈트와 진동을 만든다.**

구형파는 구성하고 있는 홀수의 정현파에 대해 주파수마다 각각의 크기를 결정하는 계수가 있다. 이 크기들은 일률적으로 고주파로 갈수록 작아지게 되는데, 이 값들이 위의 저주파 통과 필터와 같이 기울기가 줄어드는 경향을 유지하며 부드럽게 줄어들게 되면 링잉이 없이 신호의 지연으로만 나타난다.

하지만, 특정 고조파의 갑작스러운 크기의 변화는 오버슈트나 링잉(진동)의 원인이 된다. 이런 갑작스러운 이득의 변화는 보통 공진점에서 일어난다.

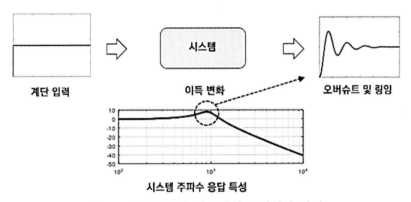

Figure I-99 2 차 시스템의 공진점과 링잉

위 그림은 공진점의 크기가 약 9dB 정도 되는 2 차 시스템의 보드선도다. 이처럼 특정 주파수에서 이득(Gain)이 커진다는 것은 구형파의 고주파로 갈수록 크기가 줄어드는 경향을 불균일하게 만들게 되고, 이는 그 주파수에서의 링잉(진동)을 유발한다.

위의 공진점이 있는 2 차 시스템에 구형파를 입력한 출력 응답에 대한 아래 그림을 보자.

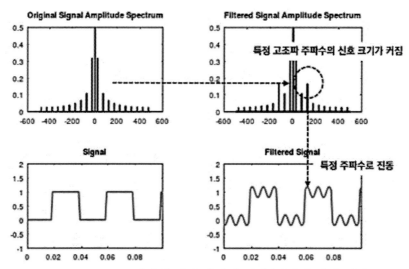

Figure I-100 공진점에 의한 링잉의 주파수/시간 영역 해석

이해를 위해서 예를 들자면, $x(t) = \frac{A}{2} + \frac{2A}{\pi}(\sin(\omega_0 t) + \frac{1}{3}\sin(3\omega_0 t)..)$이어야 할 구형파 신호가 $y(t) = \frac{A}{2} + \frac{2A}{\pi}(\sin(\omega_0 t) + \frac{4}{3}\sin(3\omega_0 t)..)$와 같이 $3\omega_0$ 고조파의 크기가 변화한다고 생각할 수 있다. 즉, $y(t) = $ 구형파 $+ \frac{2A}{\pi}(\sin(3\omega_0 t))$와 같이 생각해 볼 수 있다는 뜻이다.

이처럼 특정 주파수에서 신호를 구성하는 특정 고조파 정현파의 크기의 갑작스러운 변화(작아지는 것도 마찬가지)는 진동(링잉)으로 나타난다.

7. 라플라스 전달함수의 표준 형식

일반적으로 플랜트의 모델링을 통해 얻어지는 전달함수는 라플라스 전달함수의 형태를 가진
다.

이런 라플라스 전달함수의 분모 최고차 항 차수를 시스템의 차수라 하며, 자주 사용되는 차
수로 1 차 시스템과 2 차 시스템의 표준 형식(Standard Form)이 있다.

이 전달함수의 표준 형식들에는 응답 특성을 해석할 때 유용하게 사용되는 시간 영역과 주파
수 영역의 증명된 많은 수식들이 있기 때문에, 모델링된 전달함수를 이 표준 형식들로 맞추면
시스템을 쉽고 편리하게 해석할 수 있다.

만일 모델링된 전달함수가 2 차 이상 고차 시스템이라면, 우세 극점만으로 1 차 시스템 또는
2 차 시스템으로 근사하여 해석하거나, 시뮬레이션을 통해 해석할 수 있다.

1 차 시스템과 2 차 시스템의 표준 형식은 앞으로 계속해서 언급될 정도로 중요하니 어떤 특
성들이 있는지 알아 두어야 한다.

이 장에서는 라플라스 전달함수의 표준 형식들에 대해서 살펴보도록 한다.

7.1. 1 차 표준 시스템

1 차 시스템은 전달함수의 분모의 차수가 1 차인 시스템을 의미한다. 라플라스 전달함수의 1 차 저주파 통과 필터의 표준 형식을 살펴보고, 전기/전자 시스템에서의 1 차 선형 시스템을 살펴보도록 한다.

7.1.1. 1 차 시스템 형식

1 차 저주파 통과 필터의 라플라스 전달함수는 아래와 같다.

$$H(s) \ = \ \frac{\omega_c}{s + \omega_c} = \frac{1}{\frac{1}{\omega_c}s + 1} = \frac{1}{\tau s + 1}$$

$$\omega_c = 2\pi f_c : \ f_c = \text{차단 주파수(Cutoff Frequency)}$$
$$\tau(\text{타우, tau}) = \frac{1}{\omega_c} : \ \text{시정수(time constant)}$$

1 차 시스템의 특성치를 나타내는 항목으로는 주파수 영역에서 이득이 -3dB 즉 0.707 배되는 주파수 영역의 차단 주파수 ω_c(rad/sec) 와 시간 영역에서 계단 신호 입력에 대해 정착된 값의 63.2%까지 도달되는 시간인 시간 영역의 시정수 τ(초) 가 있다.

또한, 전달함수에서는 s = 0 을 대입해 보면 DC 이득을 얻을 수 있는데, 위 표준 전달함수의 경우 DC 이득은 1 로 사용한다.
때문에, 이득이 1 이 아닌 시스템의 경우 위 표준 형식을 유지하면서, 아래와 같이 임의의 이득 K 를 곱하는 형식으로 전달함수를 표현하면 해석이 쉬워진다.

$$H(s) \ = \ K\frac{\omega_c}{s + \omega_c} = K\frac{1}{\tau s + 1}$$

가. 시간 영역의 시정수 (Time Constant)

1 차 표준 전달함수 형식에 대한 단위 계단 응답의 시간 함수는 앞서 많이 다루었듯이 아래와 같다.

$$y(t) = 1 - e^{-\frac{1}{\tau}t}$$

시정수(Time Constant)

시정수(Time Constant)는 1 차 시스템의 시간 영역 특성을 알 수 있는 주요 특성치로 계단 신호를 입력으로 주었을 때 출력 $y(t)$가 정상상태 값의 63.2%에 도달하는 시간(초)을 의미한다. 이는 위 시간 함수의 지수항의 승수를 -1 로 만들어 e^{-1} = 0.368 이 되는 시간 t(sec)이며, τ(타우)로 표기한다.

반대로, 단위 계단 응답의 1 에서 0 으로 하강할 때, 1 → 0.368 에 도달하는 시간 즉, 36.8%에 도달하는 시간을 의미한다.

아래는 ω_c = 100rad/sec 즉, 시정수 τ = 0.01sec 인 1 차 시스템에 대한 계단 응답(Step Response)이다.

$$H(s) = \frac{100}{s + 100}$$

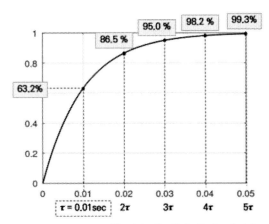

Figure I-101 1 차 시스템 계단 응답 시정수

시정수 1 타우(τ)는 정상상태 값의 63.2%까지 신호가 도달되는 시간인 0.01sec 이 되고, 2τ 는 85.6%까지 진행되는 시간, 5τ 는 99.3%가 된다.

일반적으로 5τ 정도의 시정수 시간을 정상상태(Steady State)라고 하며, RC 회로의 경우에는 완충되었다고 표현한다. 10τ는 99.99% 지점에 도달 시간이다.

항목	수식
정착 시간 (Settling Time) (99%)(sec)	$5\tau = 5\dfrac{1}{\omega_c}$

나. 주파수 영역의 특성

아래는 1 차 표준 시스템의 보드선도이며, 1 차 시스템의 주파수 응답 특성치는 아래와 같은 것들이 있다.

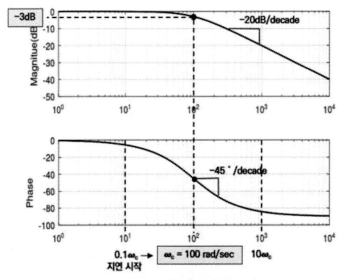

Figure I-102 1 차 시스템 보드선도

차단 주파수

1 차 시스템의 차단 각주파수는 시정수의 역수이다

$$\omega_c(\text{rad/sec}) \ = \ \frac{1}{\tau}$$

차단 주파수(Cutoff Frequency)가 낮아지면 시정수(Tau)의 시간이 길어지게 되어 신호의 지연이 생긴다. 이를 대역폭이 좁다 라고 한다. 반대로 차단 주파수가 높아지면, 응답이 빨라져 시정수(Tau)의 시간이 짧아지지만, 노이즈 제거의 효과는 떨어진다.

1 차 시스템 전달함수의 극점의 위치와 계단 응답과의 상관관계는 앞서 전달함수의 극점/영점 편에서 살펴본 바 있고, 다음 장에서 RC 저주파 통과 필터를 통해 다시 한번 살펴보도록 한다.

이득 감쇠

1 차 시스템의 이득 감쇠는 차단 주파수 이후 -20dB/decade 의 기울기로 감쇠한다. 따라서, 차단 주파수보다 높은 노이즈 신호일수록 저주파 통과 필터는 더 높은 이득 감쇠를 가지며, 고주파 노이즈를 작게 통과시킨다.

위상 지연

1 차 시스템의 위상 지연(Phase Delay)은 $0.1\omega_c$ 부터 $10\omega_c$ 까지 발생되며, -45°/decade 의 기울기로 최종 -90°가 된다.

따라서, 이런 $0.1\omega_c$ 부터 발생되는 응답 지연이 시스템 특성에 영향을 미치는지 살펴야 한다.

7.1.2. 전기/전자 시스템 수동 RC 저주파 통과 필터

1 차 RC 시스템에 대해서는 전달함수 편에서 이미 살펴보았었다. 이 익숙한 전달함수를 통해 전반적인 동작에 대한 정리를 해보도록 한다.

가. RC 저주파 통과 필터의 전달함수

아래 그림과 같이 RC 저주파 통과 필터의 사용으로 DC + AC 를 가진 신호의 AC 노이즈는 커패시터로 흐르고, 출력에는 깨끗한 DC 만 전달되는데, 이런 동작에 대해 이해해 본다.

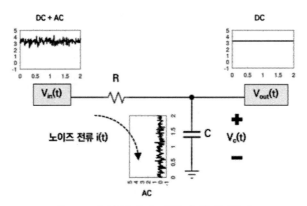

Figure I-103 RC 저주파 통과 필터

위 회로의 전달함수는 전달함수 편에서 구했듯이 아래와 같다.

$$H(s) = \frac{V_{out}(s)}{V_{in}(s)} = \frac{1}{RCs + 1}$$

1 차 표준 형식과 비교해보면 아래와 같다.

$$\omega_c = \frac{1}{RC} \ [rad/s], \ \tau(타우, tau) = RC \ [초]$$

나. 시간 영역 해석

시간 영역 해석은 일반적으로 계단 신호 입력에 대한 계단 응답을 의미하는 경우가 많다.

ㄱ. 계단 입력 시간 응답 (Step Response)

전달함수 편에서 위의 전달함수에서 입력에 스위치를 이용하여 V_{in} 에 0V→E 전압(V)을 인가했을 때의 출력을 시간 함수로 표현하는 것을 보았었다.

스위치를 이용했기 때문에, 0 인 상태에서 1 인 상태로 입력을 줄 수 있는 단위 계단(스텝) 입력 u(t)를 주면 되고, 라플라스 변환폼에서 보면 $v_{in}(t) = Eu(t) \rightarrow V_{in}(s) = \frac{E}{s}$ 와 같으므로, 출력은 아래와 같다.

$$V_{out}(s) = V_{in}(s) \times H(s) = \frac{E}{s} \times \frac{1}{RCs+1} = \frac{E}{s} - \frac{E \times RC}{RCs+1} = \frac{E}{s} - \frac{E}{s + \frac{1}{RC}}$$

이 식을 역 라플라스 변환을 위하여 라플라스 변환표를 참조하면 아래와 같은 시간 함수를 얻을 수 있다.

$$v_{out}(t) = E \times \left(1 - e^{-\frac{1}{RC}t}\right) : t \geq 0$$

시간 t 가 무한대로 가면 최종적으로 E 전압(V)이 되며, 아래와 같은 계단 응답을 가진다.

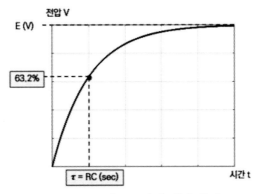

Figure I-104 RC 필터 계단 응답

위의 단위 계단 응답의 시간 응답 함수에서 t = τ 로 두면 $E(1 - e^{-1}) = 0.632 \times E$ 가 나오게 되는데, 이 τ 시간을 시정수라 한다.

즉, 정착된 값의 63.2%까지 충전되는 시간(초)인 RC 시정수 = RC 초(sec)가 된다. RC 회로에서는 이 RC 시정수에 의해 상승 시간의 지연이 생기게 되며 이를 RC 지연이라 하고, 이 상승 지연은 R 또는 C 가 커질수록 길어진다.

☞ 라플라스 최종치 정리를 이용한 최종값

　시간 함수를 구하지 않고도, 라플라스 최종치 정리를 이용하여 최종값이 어떻게 되는지 쉽게 예측할 수 있다. (조건은 LTI 시스템이어야 하고, 극점의 실수가 모두 음수여야 한다)

$$\lim_{s \to 0} sV_{out}(s) \;=\; \lim_{s \to 0} s \times \frac{E}{s} \times \frac{1}{RCs+1} \;=\; E(V)$$

　시간이 지나 최종에는 결국 E 전압(V)이 된다는 것을 알 수 있고, 이를 정상상태(Steady State)라 한다.

ㄴ. 극점의 위치와 응답

　1 차 시스템의 계단 응답 $v_{out}(t) \;=\; E \times (1 - e^{\sigma t})$ 에서 보듯이 극점 $s = \sigma + j\omega$ 에 대해 $e^{\sigma t}$와 같은 지수 형식을 가지고 감쇠한다.

　이 전달함수의 극점 $s = -\frac{1}{RC}$ 의 위치에 대해 위의 시간 함수 식과 비교하면, 극점의 실수가 음수측(좌반면)으로 작아질수록 $e^{\sigma t}$의 감쇠가 빨리 진행되며, 최종값 전압 E 에 빨리 수렴한다.

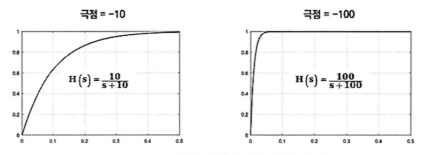

Figure I-105 극점 위치에 따른 계단 응답

이는 아래에서 보게 될 대역폭이 넓어짐을 의미한다.

다. 주파수 영역 해석

1 차 시스템의 저주파 통과 필터의 표준 형식 $H(s) = \frac{\omega_c}{s + \omega_c}$ 과 비교해 보면, 차단 주파수 (Cutoff Frequency) $\frac{1}{RC}$ [rad/s]를 가진 저주파 통과 필터임을 알 수 있다.

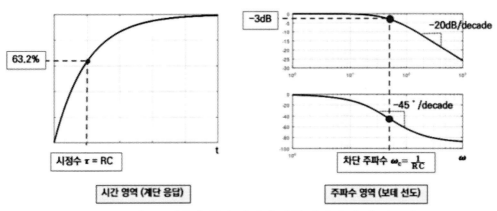

Figure I-106 RC 저주파 통과 필터의 단위 계단 응답 및 보드선도

주파수 영역에서 RC 필터의 차단 주파수인 극점은 -1/RC 이 되는데, 극점이 음의 실수측으로 작아질수록 이 차단 주파수가 높아진다.

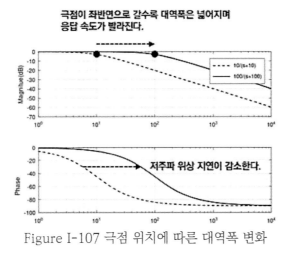

Figure I-107 극점 위치에 따른 대역폭 변화

대역폭(Bandwidth)은 시스템이 처리할 수 있는 주파수의 범위를 의미하고 보통은 차단 주파수까지를 통과 대역으로 간주한다. 따라서, 극점이 좌반면으로 작아진다는 것은 대역폭이 넓어졌다고 표현할 수 있고, 대역폭이 넓어질수록 응답은 빨라진다.

주파수 영역에서는 수많은 고조파(정수배 주파수)의 합성인 펄스 신호가 RC 저주파 통과 필터(LPF) 특성으로 인하여 고주파의 고조파들이 감쇠가 되면서 시간 지연이 일어나는 현상이라는 것을 살펴봤었다. 이처럼 시간 영역, 주파수 영역에서 동일한 현상을 해석할 수 있다.

7.2. 2 차 표준 시스템

라플라스 2 차 시스템의 전달함수 표준 형식(Standard Form)은 아래와 같다.

$$H(s) = \frac{\omega_n^2}{s^2 + 2\zeta\omega_n s + \omega_n^2}$$

ζ(제타, zeta) : 감쇠비(Damping Ratio)
ω_n : 고유 진동수 (Natural Frequency)

고유 진동수

고유 진동수(Natural Frequency) ω_n 은 물체가 자유롭게 진동할 때 가지는 고유의 주파수를 의미하는데, 시스템의 물리적 특성에 의해 결정되며 양의 값을 가진다.

감쇠비(댐핑비)

댐핑(Damping)이란 불필요한 진동, 충격을 흡수하는 힘이라 정의되고, 마찰, 제동, 저항 등의 예가 있다.
댐핑비(Damping Ratio) 또는 감쇠비 ζ(제타)는 시스템이 진동, 충격을 흡수하는 기준 비율을 의미하는 것으로, 감쇠비 ζ 가 1 인 시스템을 임계댐핑 시스템이라 하여 진동이 없는 시스템의 경계이다.
감쇠비 ζ 가 1 보다 작으면 댐핑이 작아 진동이 일어나며, 1 보다 크면 유효 신호도 감쇠되어 진동도 없지만 응답도 느려진다.
이렇게 감쇠비 ζ 에 의하여 시스템의 특성치를 나누게 되는 기준이 되므로, 감쇠비를 주의 깊게 봐야 한다.

이 장에서는 시간 영역과 주파수 영역에서의 감쇠비 ζ 에 의한 시스템의 구분과 그 특성에 대해 살펴보도록 한다.

7.2.1. 2 차 표준 시스템 특성

2 차 표준 시스템은 아래와 같은 특성들을 가진다.

가. 시간 영역에서의 감쇠비 ζ 에 따른 시스템 구분

2 차 표준 전달함수의 극점은 근의 공식에 의하여 아래와 같다.

$$s_1, s_2 = \frac{-2\zeta\omega_n \pm \sqrt{(2\zeta\omega_n)^2 - 4\omega_n}}{2} = -\zeta\omega_n \pm \omega_n\sqrt{\zeta^2 - 1}$$

 시간 영역에서 근의 루트 안의 조건은 감쇠비 ζ 에 따라 극점이 실근, 중근, 허근으로 나뉘게 되고, 이는 시간 함수로 변환했을 때 각각 다른 응답 특성을 가진다.
 특히, 극점에 주파수를 의미하는 허수가 있는지 없는지에 따라 링잉이 있는 시스템인가 아닌가가 구분된다. 이는 전달함수의 극점/영점 편에서 살펴본 바 있다.

 이 조건을 가지고 시간 영역에서 시스템은 과제동(Over damped), 임계제동(Critical damped), 부족제동(Under damped) 시스템으로 나누어지게 된다.

 아래는 감쇠비 ζ 에 따른 계단 응답의 그래프이다.

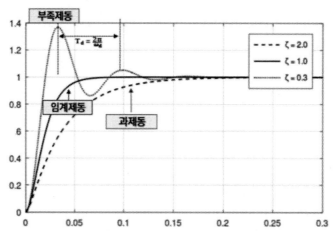

Figure I-108 감쇠비에 따른 2 차 시스템 계단 응답

위 계단 응답에서 보듯이 감쇠비 ζ 가 작아질수록 오버슈트(Overshoot)와 진동(Ringing)의 크기가 커짐을 볼 수 있다. 하지만, 상승 시간 즉 응답은 빨라진다.

과제동(Over damped) 시스템

감쇠비 ζ > 1

과제동 시스템은 감쇠비 ζ(제타) > 1 인 경우를 말하는 것으로 극점 s_1, s_2 는 모두 실근이 되어 s = σ + jω 에서 주파수를 의미하는 허수가 없어 감쇠항만 남아 링잉(진동)이 없다.

이를 확인하기 위하여 2 차 표준 시스템의 계단 응답 시간 함수를 보면 조건은 감쇠비 ζ > 1 일 때 아래와 같다.

$$y(t) = 1 - Ke^{-(\zeta\omega_n - \omega_n\sqrt{\zeta^2-1})t} - (1-K)e^{-(\zeta\omega_n + \omega_n\sqrt{\zeta^2-1})t}$$

여기서 $K = \dfrac{\zeta}{\sqrt{\zeta^2-1}}$ 이며, 계단 응답 $y(t) \approx 1 - Ke^{-(\zeta\omega_n - \omega_n\sqrt{\zeta^2-1})t}$로 근사하기도 한다.

이와 같이 출력 응답 수식에 주파수 성분이 없이 지수 감쇠만 나타나므로, 특성은 1 차 시스템과 비슷하고, 링잉이 없다.

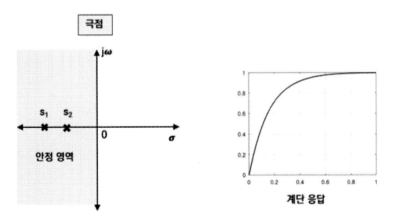

Figure I-109 과제동 시스템의 극점 위치와 계단 응답

이 과제동 시스템은 감쇠비 ζ > 1 이므로, $\omega_n\zeta > \omega_n\sqrt{\zeta^2-1}$의 조건을 만족하며, 극점 s_1, s_2 는 음의 실수가 되어 좌반면(LHP)에 있는 항시 안정된 시스템이지만, 응답이 느리다는 단점이 있다.

임계제동(Critical damped) 시스템

감쇠비 ζ = 1

임계제동 시스템은 감쇠비 ζ(제타) = 1 인 시스템을 말하는 것으로 극점 s_1, s_2 는 실수 중근이 되어 마찬가지로 $s = \sigma + j\omega$ 에서 주파수를 의미하는 허수가 없이 감쇠항만 남아 링잉(진동)이 없다.
ζ 가 1 보다 조금이라도 작아지면, 허수가 생성되어 링잉이 발생되므로, ζ = 1 이 임계 조건이 되며, 이 조건의 시스템을 임계 시스템이라 한다.

이를 확인하기 위하여 2 차 표준 시스템의 계단 응답 시간 함수를 보면 조건은 감쇠비 ζ = 1 일 때 아래와 같다.

$$y(t) = 1 - e^{-\omega_n t}(1 + \omega_n t)$$

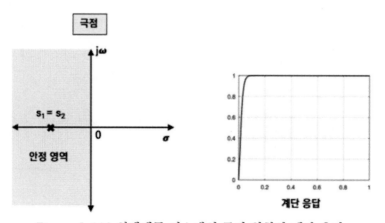

Figure I-110 임계제동 시스템의 극점 위치와 계단 응답

과제동 시스템과 마찬가지로, 임계제동 시스템은 극점이 모두 음의 실수가 되므로 항시 안정된 시스템이다.
또한, 위 계단 응답에서 보이듯이 링잉이 없는 경계 지점으로 응답 속도 또한 과제동 시스템보다 빨라 시스템 설계에서는 감쇠비 ζ = 1 을 목표로 하는 경우가 많다.

부족제동(Under damped) 시스템

감쇠비 ζ < 1

부족제동 시스템은 감쇠비 ζ(제타) < 1 인 시스템을 말하는 것으로 극점 s_1, s_2 는 아래와 같이 허수가 존재하여 응답에 주파수 성분이 들어가게 된다.

$$s_1, s_2 \ = \ -\zeta\omega_n \pm j\omega_n\sqrt{1 - \zeta^2} \ = \ -\sigma \pm j\omega_d$$

아래 그림처럼 극점은 켤레 복소수가 되고, 이 극점의 위치를 보면 진동하는 주파수와 감쇠비를 손쉽게 알 수 있다.

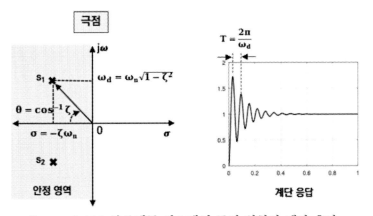

Figure I-111 부족제동 시스템의 극점 위치와 계단 응답

이를 확인하기 위하여 2 차 표준 시스템의 계단 응답 시간 함수를 보면 조건은 감쇠비 ζ < 1 일 때 아래와 같다.

$$y(t) \ = \ 1 - \frac{e^{-\omega_n\zeta t}}{\sqrt{1 - \zeta^2}}\sin(\omega_d t + \phi) : \phi \ = \ \tan^{-1}(\frac{\sqrt{1 - \zeta^2}}{\zeta})$$

위 수식에서 보듯이 신호는 sin 항이 영향을 주어 $\omega_d = \omega_n\sqrt{1 - \zeta^2}$의 주파수로 진동(Ringing)을 하며 감쇠를 하게 됨을 알 수 있다.

ω_d 는 시스템의 댐핑에 의한 감쇠로 나타나는 공진 주파수를 의미하는데, 시간 영역의 계단 응답에서 링잉은 $\frac{2\pi}{\omega_d}$ 초 주기로 진동하게 된다. 이 ω_d 주파수를 감쇠 공진 주파수 (Damped Resonant Frequency)라 한다.

☞ 부족제동 시스템의 시간 응답 관련 수식

아래 부족제동 시스템에서 시간 응답과 고유 주파수 ω_n, 감쇠비 ζ 와 관련된 수식을 소개한다.

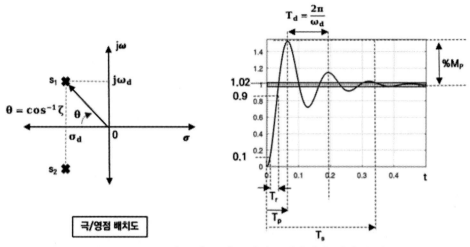

Figure I-112 부족제동 시스템의 극/영점과 계단 응답

항목	수식
감쇠 공진 주파수 (Damped Resonant Frequency) (진동 주파수)	$\omega_d = \omega_n\sqrt{1-\zeta^2}$
피크(Peak) 도달 시간	$T_p \approx \dfrac{\pi}{\omega_d}$
상승 시간 (Rising Time)	$T_r = \dfrac{2.16\zeta + 0.6}{\omega_d}$
정착 시간 (Settling Time) (2%)	$T_s \approx \dfrac{4.0}{\zeta\omega_n}$
퍼센트 오버슈트 (Percent Overshoot)	$\%M_p(\%) = e^{-\frac{\pi\zeta}{\sqrt{1-\zeta^2}}} \times 100$

감쇠비 ζ 가 감소하면 상승 시간은 짧아지지만, 오버슈트와 링잉이 커지며 정착 시간이 길어진다는 것을 알 수 있다.

나. 주파수 영역에서의 감쇠비 ζ 에 따른 구분

 시간 영역에서는 감쇠비 ζ(제타)에 따라 극점을 실근, 중근, 허근으로 구분하여 과제동(Over damped), 임계제동(Critical damped), 부족제동(Under damped) 시스템으로 구분하였다.

> 공진점의 형성 여부

> 감쇠비 ζ < 0.707

 주파수 영역에서는 공진점의 형성 여부로 구분하며, 감쇠비 ζ ≥ 0.707 조건이면 공진점 형성이 없고, 감쇠비 ζ < 0.707 조건이면 공진점이 형성된다.
 이 공진점의 영향에 대해서는 앞서 구형파로 살펴보았듯이, 공진 주파수에서의 이득(Gain)의 갑작스러운 변화로 인해 진동(Ringing)을 일으킬 수 있는 요소임을 알고 있다. 즉, 공진점의 형성이 없다는 의미는 링잉이 없다는 의미가 된다.

 앞서 시간 영역에서의 시스템 구분에서 감쇠비 ζ 가 1.0 인 임계영역을 사용함으로써 오버슈트 및 링잉이 없는 시스템을 설계할수도 있지만, 오버슈트는 약간 있을 수 있지만 링잉이 없는 조건으로 조금 더 빠른 응답 속도를 원할 경우 감쇠비 ζ ≥ 0.707 조건을 목표로 설계한다.
 아래는 감쇠비 ζ 와 공진점, 오버슈트의 관계로 감쇠비 ζ 가 작아질수록 공진점의 크기는 커지며, 이에 따라 오버슈트와 진동은 심해진다.

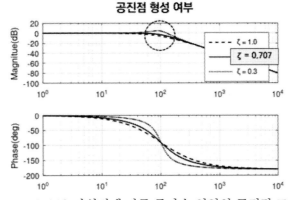

Figure I-113 감쇠비에 따른 주파수 영역의 공진점 크기

위의 그림에서 ζ = 0.707 의 주파수 영역 보드선도에서는 공진점의 형성이 없고, 아래 계단 응답에서 볼 수 있듯이 시간 영역에서는 약간의 오버슈트는 있지만 링잉이 없이 상승 시간은 충분히 빠름을 알 수 있다.

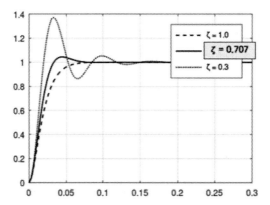

Figure I-114 감쇠비에 따른 시간 영역의 계단 응답

☞ 부족제동 시스템의 주파수 응답 관련 수식

아래 ζ ≤ 0.707 에서 주파수 응답에 대한 고유 주파수 ω_n, 감쇠비 ζ 와 관련된 수식을 소개한다. 감쇠비 ζ 가 감소하면, 공진점의 Peak 크기가 커지고, 위상 여유가 줄어들게 되어 오버슈트 및 링잉이 커지게 된다.

위상 여유(마진)는 시스템의 안정성에 관련된 것으로 다음 장에서 살펴보게 된다.

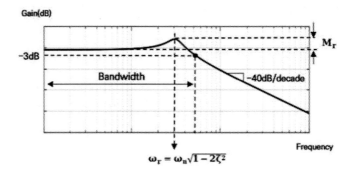

항목	수식
공진점 크기 (Resonant Peak)	$M_r = \dfrac{1}{2\zeta\sqrt{1-\zeta^2}}$
공진 주파수 (Resonant Frequency)	$\omega_r = \omega_n\sqrt{1-2\zeta^2}$
대역폭 (Bandwidth)	$\omega_b = \omega_n\sqrt{1-2\zeta^2+\sqrt{(1-2\zeta^2)^2+1}}$

위상 여유 (Phase Margin)	$PM = \tan^{-1} \dfrac{2\zeta}{\sqrt{-2\zeta^2 + \sqrt{4\zeta^4 + 1}}}$

☞ **부족제동 시스템의 공진 주파수**

앞에서 살펴본 부족제동 시스템에서의 각 공진 주파수들은 계단 응답과 보드선도에서 아래와 같다.

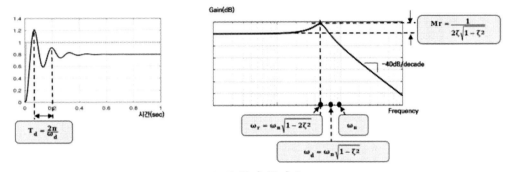

Figure I-115 공진 주파수

ω_n 은 시스템의 고유 진동 주파수(Natural Resonant Frequency)이다.

ω_d 는 감쇠 공진 주파수(Damped Resonant Frequency)로 시스템의 댐핑에 의한 감쇠로 나타나는 공진 주파수이며, 시간 영역에서 계단 응답의 링잉 주기로 나타난다.

ω_r 은 공진 주파수(Resonant Frequency)로 보드선도에서 이득이 가장 큰 점으로 나타나며, 이 점을 공진점이라 한다.

7.2.1. 전기/전자 시스템에서의 LC 공진

전기/전자 시스템의 선형 회로에서 R, L, C, RL, RC 등의 회로는 1 차 시스템이 된다.

하지만, 커패시턴스 C 와 인덕턴스 L 이 함께 있는 회로는 2 차 이상의 시스템이 되므로, 감쇠비를 고려해야 한다. 이는 커패시턴스와 인덕턴스에 의한 공진의 영향이다.

이 공진 작용은 특정 주파수의 신호를 크게 하거나, 차단하는 등의 특성을 이용하여 LC 필터로도 사용되지만, 신호의 링잉 노이즈를 발생시키는 주범이다. 이에 대해서는 노이즈 편에서 RLC 회로와 함께 링잉 해석에 대해 자세히 살펴볼 것이다.

이번 장에서는 인덕턴스와 커패시턴스에 의한 기본적인 공진 작용에 대해 이해해보도록 한다.

가. LC 공진의 시나리오 해석

커패시턴스는 전기 에너지를 저장하는 특성, 인덕턴스는 자기 에너지를 저장하는 특성으로 이상적인 경우 에너지 손실이 없는 특성들이다.
아래와 같이 LC 회로에서 충전되어 있는 커패시터와 방전되어 있는 L 을 순간적으로 연결했을 때를 생각해 보자.

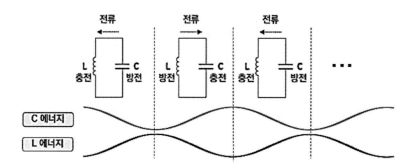

Figure I-116 LC 에너지 흐름에 의한 공진

커패시터에 저장되어 있는 전기 에너지는 인덕터로 방전을 시작하면서 전류가 흐르게 되며, 인덕터는 전류를 자기 에너지로 저장한다.

커패시터가 완전히 방전된 후에는 인덕터에 저장된 자기 에너지가 전류로 변하며 방전을 시작하며, 커패시터가 충전하게 된다. 이 과정을 반복하면서 인덕터와 커패시터 사이의 에너지의 손실이 없다면 아래와 같이 무한하게 링잉(공진)하는 상태를 가지게 된다.

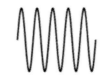

Figure I-117 이상적인 LC 공진

나. LC 회로의 전달함수와 공진 주파수

추후 살펴보겠지만, 전기/전자 시스템의 링잉으로 인한 노이즈는 EMI/EMC 성능 열화의 주 원인이 되는데, 대부분의 경우 커패시턴스와 인덕턴스의 공진으로 발생된다.

LC 회로에 입력 V_{IN} 을 주었을 때 커패시터에 걸리는 전압 V_C 를 라플라스 변환을 이용하여 전달함수를 구해 보면 아래와 같다.

$$V_C(s) \; = \; \frac{V_{IN}(s)}{s^2LC + 1}$$

위 전달함수의 극점은 $\pm j/\sqrt{LC}$로 라플라스 평면의 허수축에 위치하여 감쇠가 없는 진동을 하는 시스템이다.
라플라스 변수 s 대신 $j\omega$ 를 대입하여 보면 아래와 같이 주파수 ω 에 대한 응답을 가지게 된다.

$$V_C(\omega) \; = \; \frac{V_{IN}(\omega)}{-\omega^2LC + 1}$$

LC 회로에서 이득이 가장 커지는 주파수 ω 는 $-\omega^2LC + 1$이 0 이 되는 지점으로 아래와 같다.

$$\omega \; = \; \frac{1}{\sqrt{LC}} \; (\text{rad/sec})$$

또는 $f \; = \; \frac{1}{2\pi\sqrt{LC}}$ (Hz) 가 되며, 이 주파수를 LC 공진 주파수라 한다.

이는 결국 임피던스가 가장 작아 이득이 가장 큰 지점으로 LC 공진 주파수 ω 는 외워 두는 것이 좋다.

다. RLC 회로의 해석

사실 위와 같이 이상적인 LC 회로는 현실 세계에는 없다고 볼 수 있다. 이는 현실 세계의 어느 곳에나 에너지의 손실을 일으키는 저항이 있기 때문인데, 이로 인해 아래와 같이 감쇠하면서 공진하게 되고, 이것이 링잉 노이즈가 된다.

Figure I-118 감쇠가 있는 공진

이런 이유로 노이즈 편에서는 RLC 회로를 통해 해석을 해보도록 할 것이다.

8. 시스템의 안정성

시스템 설계와 구현에서 가장 중요한 요소는 성능(Performance)과 안정성(Stability)이다.

성능은 앞서 시간 영역의 응답 특성에서 보았던 얼마나 응답이 빠른 가를 나타내는 상승 시간(Rising Time), 얼마나 빨리 안정화되는가를 나타내는 안정화 시간(정착 시간, Settling Time), 정상상태에서의 목표와 오차를 나타내는 정상상태 오차(Steady State Error), 시스템이 얼마나 선형(Linearity)한지 등의 항목들을 성능의 기준으로 삼는다.

반면, 안정성(Stability)은 노후화 또는 사용환경의 변화에 의한 시스템의 특성 변화 또는 외란에도 시스템이 발진/발산하지 않고 수렴하는 강인(Robust)하고 안정된(Stable) 시스템인가를 의미한다.
이들에 대한 규격 항목들은 제어기 설계의 요구사항 편에서 다시 다루도록 할 것이다.

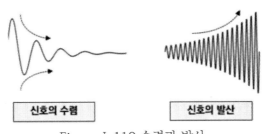

| 신호의 수렴 | 신호의 발산 |

Figure I-119 수렴과 발산

안정된 시스템의 조건은 BIBO(Bounded Input Bounded Output), 즉 제한된 입력을 주었을 때 항상 제한된 출력이 나오는 조건을 만족해야 한다.
만약, 시스템이 제한된 입력에 대하여 출력의 크기가 계속 커지는 발산을 하는 경우라면 불안정한 시스템(Unstable System)이라 하며, 시스템이 망가지거나, 안전사고 등의 문제를 발생시킬 수 있다.

안정성과 성능은 상충 관계(Trade-Off 관계), 즉 한 쪽이 좋아지면 다른 한 쪽이 나빠지는 관계이기 때문에 최선의 타협점을 찾아 최적의 성능과 안정성을 가지는 시스템으로 설계해야 한다.

8.1. 시스템 안정성 판단

이번 장에서는 안정성 확인 방법과 주파수 영역에서의 안정성 확인 방법, 마지막으로 2 차 시스템에서 시간 영역의 계단 응답과 주파수 영역에서의 안정성의 관계에 대해서 살펴보도록 한다.

8.1.1. 시간 영역에서의 안정성

LTI 인과 시스템에서 라플라스 전달함수의 모든 극점(Pole)이 음의 실수 영역, 즉 복소 평면 의 좌반면(LHP, Left Half Plane)에 있어야 시스템이 안정하다는 것을 보았었다. 이것을 시 간 영역에서 확인할 수 있는 절대적 안정성이라 한다.

이런 절대적 안정성을 알 수 있는 방법 중 근궤적 방법(루트-로커스, Root-Locus)은 시스템 변수의 값을 바꾸어 가면서 폐루프 시스템의 극점 위치 변화를 그래프로 그리는 방법으로, 시 스템의 변동에도 극점이 좌반면(LHP)에 있는지 확인할 수 있는 방법이다.

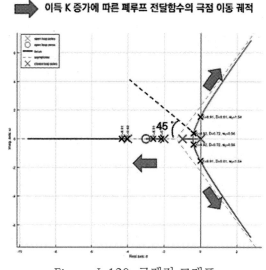

Figure I-120 근궤적 그래프

위 근궤적 그래프에서 보이듯이 이득 K 가 증가함에 따라, 폐루프(Closed Loop) 전달함 수의 극점이 우반면으로 이동하게 되며 불안정하게 된다.

8.1.2. 주파수 영역에서의 안정성

앞에서 본 시간 영역에서 전달함수의 극점의 위치를 통한 안정성 확인은 정확히 모델링된 전달함수가 필요하다는 문제뿐 아니라, 시스템의 안정/불안정에 대한 결과는 알 수 있지만, 시스템이 얼마나 안정한 지에 대한 정량적 수치를 얻기는 어렵다.

하지만, 주파수 영역의 위상 여유(Phase Margin)와 이득 여유(Gain Margin)는 폐루프(Closed Loop) 시스템이 얼마나 안정한가를 수치적으로 확인할 수 있으며, 이를 상대적 안정성이라 한다.

이런 주파수 영역의 위상 여유와 이득 여유는 주파수 응답 곡선인 나이퀴스트 선도 또는 보드선도를 통해 안정성을 판단할 수 있다. 이 중 앞서 계속 다루었던 익숙한 보드선도로 이득 여유와 위상 여유를 통한 안정성 판단에 대해 이해를 해보도록 한다.

가. 루프 전달함수와 안정성

아래 폐루프(Closed Loop) 시스템의 전달함수를 보고 위상 여유와 이득 여유의 의미에 대해서 이해해 보도록 하자.

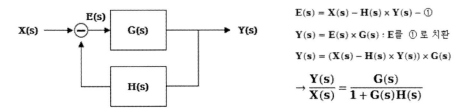

$$E(s) = X(s) - H(s) \times Y(s) - \textcircled{1}$$
$$Y(s) = E(s) \times G(s) : E를 \textcircled{1} 로 치환$$
$$Y(s) = (X(s) - H(s) \times Y(s)) \times G(s)$$
$$\rightarrow \frac{Y(s)}{X(s)} = \frac{G(s)}{1 + G(s)H(s)}$$

Figure I-121 피드백 시스템의 전달함수

위의 폐루프(Closed Loop) 전달함수에서 분모항인 1 + G(s)H(s)가 0 이 되어 이득이 무한대가 되면 출력 응답이 무한대가 되어 시스템이 불안정해질 것이다. 즉, 아래와 같은 조건이면 불안정한 상태이다.

$$1 + G(s)H(s) \ = \ 0$$

이것은 아래와 같이 표현 가능하다.

$$G(s)H(s) = -1$$

여기서 -1 이라는 실수점은 아래 그림과 같이 크기는 1 즉 0dB, 위상은 -180°인 지점 ($0dB\angle - 180°$)을 의미한다.

$$0dB\angle - 180°$$

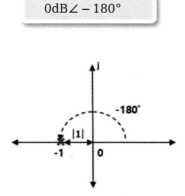

Figure I-122 (-1, 0j) 좌표의 의미

주파수 영역에서의 안정성 판단은 G(s)H(s)의 주파수 응답이 이 $0dB\angle - 180°$ 지점에서 얼마나 떨어져 있는지 확인하는 것으로 얼마나 안정한 시스템인지 확인하는 상대적 안정성을 판별할 수 있다. 이 G(s)H(s)를 루프 전달함수(Loop Transfer Function)라 한다.

나. 위상 여유(Phase Margin)와 이득 여유(Gain Margin)

아래는 2 차 폐루프 시스템의 루프 전달함수 G(s)H(s)에 대한 보드선도의 예로, 0dB, -180° 의 조건이 시스템이 불안정해지는 지점임을 생각하면서, 위상 여유와 이득 여유의 의미에 대해서 살펴보도록 한다.

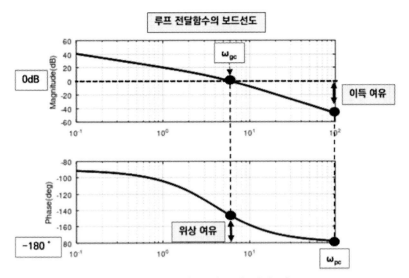

Figure I-123 이득 여유와 위상 여유

위상 여유 (Phase Margin, PM)

위상 여유(Phase Margin)는 루프 전달함수의 이득(Gain)이 0dB 인 주파수에서의 위상
지연(Phase Delay)이 -180° 지점에서 얼마나 떨어져 있는지에 대한 여유를 의미한다.

$$PM(°) \ = \ \varphi - (-180°)$$

위의 보드선도에서의 위상 여유는 PM $=$ $-145°$ $-$ $(-180°)$ $=$ $35°$ 이다.

이득 여유 (Gain Margin, GM)

이득 여유(Gain Margin)는 루프 전달함수의 위상(Phase)이 -180°인 주파수에서의 이득
(Gain)이 0dB 에서 얼마나 떨어져 있는지에 대한 여유를 말한다.

$$GM(dB) \ = \ 0 - (G)$$

위의 보드선도에서의 이득 여유는 GM $=$ $0 - (-40dB)$ $=$ $40dB$ 이다.

다. 안정성(Stability)의 기준 규칙

 시스템의 제조 공정 오차, 환경적 요인 또는 외부 요인으로 인해 시간이 지남에 따라 시스템의 특성이 변할 수 있음을 생각해 충분한 여유를 가진 위상 여유와 이득 여유를 가지는 시스템으로 설계를 해야 안정된 시스템을 유지할 수 있다.

> ### 시스템의 특성 변화와 안정성 변화

 아래는 시스템의 이득 K 가 상수 10 배 증가했을 때의 루프 전달함수에 대한 보드선도다.

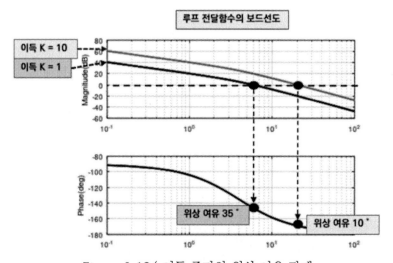

Figure I-124 이득 증가와 위상 여유 관계

 보드선도 그리기에서 보았듯이 상수배이기 때문에 위상은 동일하고, 이득 그래프만 위쪽으로 이동했다. 그래프의 특성 변화를 보면 전체적인 이득이 증가되고, 그에 따라 이득 교차 주파수가 높아지게 된다.

 이때 안정성에 관련된 위상 여유에 주목해 보면, 이득이 작은 K = 1 의 경우 35° 위상 여유에서 이득이 큰 K = 10 일때 위상 여유는 10°로 불안정한 지점으로 더 가까워졌음을 볼수 있다. 시간 영역에서 극점의 절대적 안정성에서 보았듯이 이득이 커지면 안정성이 저하된다는 사실이 동일하다.

> ### 안정성을 위한 여유 규칙

 이처럼 시스템의 이득 변동은 안정성에 영향을 주기 때문에, 충분한 위상 여유와 이득 여유를 가지게 설계하여 이런 시스템의 변화에 따른 시스템 이득 변동에도 안정성을 유지할 수 있게 해야 한다.

 하지만, 안정성과 성능은 상충 관계로 안정성 여유를 너무 많이 주게 되면, 성능이 저하되는 문제가 있다. 즉, 위 보드선도에서와 같이 안정성을 높이기 위하여 시스템 이득 K 를 낮추면 이득 교차 주파수가 낮아지게 되는데, 이는 비례관계에 있는 대역폭의 감소를 의미한다. 이렇게 대역폭이 줄어들면 시스템의 반응이 느려지게 된다. 반대로 시스템 이득 K 를 높이면 대역폭은 커지지만 안정성이 줄어드는 것을 볼 수 있다.

 이런 안정된 시스템을 만들기 위하여 위상 여유와 이득 여유를 얼마까지 두어 설계하면 될 것인가라는 기준을 만들어야 하는데, 각자의 시스템에 따라 다를 수 있지만, 보통은 아래와 같이 최소로 지켜져야 하는 위상 여유와 이득 여유를 사용한다.

$$PM > 30°, GM > 6dB$$

 엔지니어들의 경험에 의한 경험규칙(Rule Of Thumb)에 의해 최소로 지켜야하는 위상 여유는 30° 이상, 이득 여유는 6dB 이상이다. 하지만, 실제 실무에서는 시스템의 이득과 위상이 함께 변하기 때문에 위상 여유 40° 이상, 이득 여유 12dB 이상을 많이 사용하고, 응답 속도 성능이 크게 중요하지 않은 시스템의 경우 위상 여유 60° 이상 또는 더 크게 사용하기도 한다.

 주어진 안정성 여유로 설계했더라도, 실제 개발된 시스템이 안정한 지에 대한 수많은 테스트가 필요하고, 테스트 결과가 불안정하다면 그에 맞추어 제어기 재설계 및 안정된 기준을 자신의 시스템에 맞도록 수정해 나가야 한다.

8.1.3. 위상 여유와 계단 응답 특성의 관계

보드선도는 정확한 전달함수를 모델링하여 전달함수로 그리는 방법과 이후 제어기 설계 편에서 다루게 될 실제 시스템에 신호를 인가하여 나오는 출력으로 주파수 응답을 구하는 방법이 있다.

하지만, 이런 방법들로 시스템의 주파수 응답을 얻어 보드선도를 그리는 것이 어려울 때가 많다.

이런 경우, 아래와 같이 시간 영역에서의 계단 응답에 대한 오버슈트와 링잉을 측정하여 분석함으로써, 감쇠비 ζ 와 위상 여유와의 관계, 감쇠비 ζ 와 오버슈트와의 연관관계를 통해 근사적인 방법으로 안정성을 추정하는 방법도 많이 사용된다.

아래 수식들은 폐루프(Closed Loop) 시스템의 전달함수가 2 차 시스템이거나 2 차 이상의 시스템이라도 우세 극점에 의한 간소화 등의 방법을 사용하여 2 차 시스템으로 근사 가능할 때 사용할 수 있지만, 대부분의 시스템에서 안정성과 시간 영역 응답 관계의 전반적인 경향은 비슷하다.

여기에서는 이런 위상 여유와의 관계를 통해 위상 여유가 부족할 때 나오는 시스템의 시간 영역 응답을 이해하도록 한다.

이런 이해는 시스템의 시간 영역에서의 출력 응답을 보고 안정한 시스템인지 아닌지 어느정도 판단 가능하게 한다.

위상 여유(Phase Margin, PM) 와 감쇠비 ζ 와의 관계

2 차 표준 시스템에서 본 것과 같이 폐루프(Closed Loop) 전달함수의 감쇠비 ζ 가 0.707 이하에서 위상 여유 $PM = \tan^{-1}\dfrac{2\zeta}{\sqrt{-2\zeta^2+\sqrt{4\zeta^4+1}}}$ 의 관계를 가진다.

이 수식으로 PM(Phase Margin)이 60° 이하에서는 아래와 같이 근사한 PM = 100 × ζ 직선 방정식으로 서로의 관계를 근사값으로 사용할 수 있다.

$$PM(°) = 100 \times \zeta$$

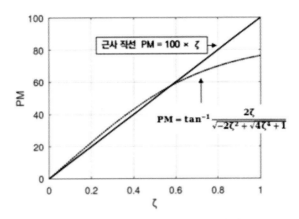

Figure I-125 위상 여유와 감쇠비

감쇠비가 1 보다 큰 과제동/임계제동 시스템은 항시 안정한 시스템이므로, 감쇠비가 1 보다 작은 부족제동에 대해 살펴보면 되며, 감쇠비 $\zeta = 0.707$ 에서는 약 65°의 위상 여유를 가진다.

이 폐루프(Closed Loop) 전달함수의 감쇠비 ζ 는 주파수 영역의 공진점의 크기와도 관계가 되는데, 보통 공진점의 크기가 3.5dB 가 넘어가면 불안정하다고 판단한다.

계단 응답의 퍼센트 오버슈트와 PM 과의 관계

마찬가지로 폐루프(Closed Loop) 시스템이 2 차 부족제동 시스템인 경우 계단 응답의 퍼센트 오버슈트와 폐루프 전달함수의 감쇠비 ζ 는 $\%M_p(\%) = e^{-\frac{\pi\zeta}{\sqrt{1-\zeta^2}}} \times 100$의 관계에 있으며, 앞에서 감쇠비 ζ 는 PM(위상 여유, Phase Margin)과 $PM = \tan^{-1}\frac{2\zeta}{\sqrt{-2\zeta^2+\sqrt{4\zeta^4+1}}}$ 와 같은 관련이 있음을 보았다.

따라서, 2 차 시스템의 안정성 판단에 대해 계단 응답의 퍼센트 오버슈트 $\%M_P$ 와 감쇠비 ζ, PM 의 관계로 근사적으로 판단할 수 있다.

아래는 이 수식들에 의한 감쇠비, 위상 여유, 오버슈트와의 상관관계에 대한 표이며, 감쇠비 ζ 는 0.1 이하에서는 오차가 있을 수 있으므로 확인이 필요하다.

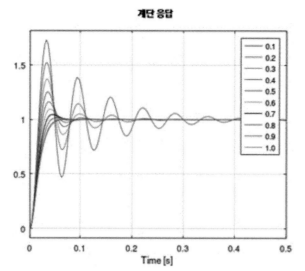

ζ	PM	오버슛
0.1	11.4°	73%
0.2	22.6°	53%
0.3	33.3°	37%
0.365	40.0°	30%
0.4	43.1°	25%
0.5	51.8°	16%
0.6	59.2°	10%
0.7	65.2°	5%
0.8	69.9°	1.5%
0.9	73.5°	0.2%
1.0	안정	0%

Figure I-126 계단 응답으로 보는 감쇠비, 위상 여유, 오버슈트와의 상관관계

예를 들어 시스템 설계에서 위상 여유 PM(Phase Margin) 40° 이상의 안정성을 원한다면, 이에 해당하는 계단 응답에서의 오버슈트는 위의 표에서 30% 이다. 즉, 계단 응답의 오버슈트가 30%가 넘어가는 시스템이라면 불안정한 시스템으로 해석할 수 있다.

이런 경우에는 회로의 이득을 감소시키거나, 댐핑을 증가시켜 오버슈트를 30% 이하로 되도록 시스템을 수정해야 할 것이다.

특히, 시간 영역에서 이 30% 이하의 오버슈트 제한은 여러 시스템에서 유용히 사용되는 경험규칙이므로, 최악의 경우에도 30% 이하의 오버슈트가 나올 수 있도록 설계한다.

위의 표를 보며 해석할 수 있는 시스템의 경향은 감쇠비(댐핑비) ζ 가 작을수록 위상 여유 (PM, Phase Margin)는 줄어들어 안정성이 저하되고, 주파수 영역에서는 공진점의 크기가 커지며, 시간 영역에서는 오버슈트와 링잉이 증가한다. 이런 불안정한 시스템을 댐핑이 부족한 시스템이라 한다.

따라서, 시간 영역에서는 계단 응답에서의 오버슈트와 링잉 크기로 시스템의 안정성을 판단할 수 있다.

하지만, 실제 시간 영역의 계단 응답에 오버슈트 또는 링잉이 없다고 시스템이 절대적으로 안정한 것은 아니다. 실제, 오버슈트와 링잉이 없더라도 위상 여유가 부족해 외부의 외란에 의해 발진하는 경우도 있으므로, 이런 방법은 주파수 영역에서의 안정성 판단이 불가능할 때, 시간 영역에서 사용할 수 있는 안정성을 근사 추정하는 방법 중 하나라는 것을 이해하도록 한다.

II. 전기/전자 기초 이론

앞서 전기 시스템의 기본 성질인 저항, 커패시턴스, 인덕턴스의 특성에 대해 살펴보았다. 이런 특성들로 만들어진 저항, 커패시터, 인덕터 소자들과 그 밖의 소자들을 사용하여 실제 회로를 설계하고 전기/전자 시스템을 구현하게 된다.

이 장에서는 회로 설계에 사용되는 전기/전자 소자들에 대해서 살펴보도록 할 것인데, 안정적인 회로를 설계하기 위해서는 적합한 전기/전자 소자를 선택하여야 하기 때문에 전기/전자 소자들의 용도/종류/특성을 정확히 알아야 한다.

이들 소자들의 특성을 알기 위해서는 제조사가 제공하는 소자의 특성이 담긴 문서인 데이터시트(Datasheet)를 참조해야 하는데, 이 데이터시트의 내용을 이해할 수 있는 능력을 배양하기 위해서도 각 소자들의 일반적인 동작 및 특성에 대한 이해는 필요하다.

1. 전기/전자 소자 기초 특성

이번 장에서는 가장 기본적이지만 중요한 전기/전자 소자들의 종류와 각각의 기능 및 특성에 대해서 살펴보도록 한다.

1.1. 전기/전자 소자의 구분

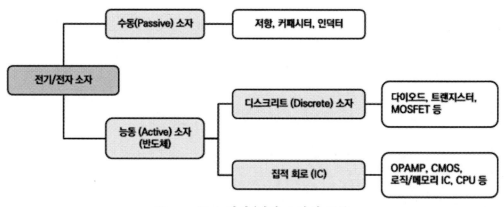

Figure II-1 전기/전자 소자의 구분

전기/전자 소자는 크게 수동 소자와 능동 소자로 구분할 수 있다.

수동 소자 (Passive Element)

수동(Passive) 소자는 전원이 없어도 동작할 수 있는 독립적인 소자 또는 전기 에너지의 입력에 대해 에너지를 소모하거나 전달, 저장하는 동작과 같이 수동적인 역할만 하는 소자를 말한다.

이런 수동 소자로는 저항, 커패시터, 인덕터가 있으며, 선형적인 특성을 가진다.

능동 소자 (Active Element)

이에 반해 능동(Active) 소자는 동작을 위해서는 전원의 입력이 꼭 필요하며, 이렇게 전원 입력을 받아 입력 신호를 증폭 또는 변환하여 출력할 수 있는 소자를 말한다.
능동 소자에는 다이오드, 트랜지스터, OPAMP, CMOS, 메모리 소자 등을 들 수 있으며, 비선형적 특성을 가진다.

이 능동 소자들은 반도체를 사용하여 만들어 지는데, 반도체 소자는 개별(디스크리트, Discrete) 소자와 집적 회로(IC, Integrated Circuit)로 나눌 수 있다.

디스크리트 소자는 단독으로 특정한 소자의 기능을 수행할 수 있는 소자를 의미하며, 다이오드, 트랜지스터, MOSFET 이 여기에 포함된다.

집적 회로(IC, Integrated Circuit)는 다수의 디스크리트 소자들과 수동 소자들을 조합하여 만든 회로를 하나의 패키지 안에 설계한 소자를 말하며, OPAMP, CMOS, 로직/메모리 IC, CPU, MCU 등이 있다.

이 전기/전자 소자의 구분 순서대로 각 소자들의 기능과 특성에 대해서 살펴보도록 할 것이다.

1.2. 전기/전자 소자 기초 특성의 이해

이 장에서는 전기/전자 소자들이 공통적으로 가지고 있는 특성에 대해 알아본다.

1.2.1. 전기 특성 심화

전기/전자 소자들에 대해 알아보기 전에 앞 장에서 살펴보았던 전기/전자 회로의 기본 특성인 커패시턴스와 인덕턴스에 대해 좀 더 알아보고, 전기/전자 회로 설계에서 중요한 입/출력 임피던스에 대해 살펴본다.

가. 커패시턴스(Capacitance, 정전용량)의 종류

커패시턴스(Capacitance)는 두 도체 사이에서 생성되어 전하를 저장할 수 있는 능력을 의미한다.

커패시터 소자와 같이 의도된 커패시턴스는 두 도전판에 수직으로 생성되는 커패시턴스를 의미한다. 이렇게 주 목적으로 생성된 커패시턴스를 주(Main) 커패시턴스로 부르기도 한다.

하지만, 이런 의도된 커패시턴스 외에도, 회로 구성 및 배치에 의해 발생할 수 있는 회로 설계 및 PCB 설계에서 고려해야 할 특별한 형태의 커패시턴스들이 있다. 이런 의도치 않은 커패시턴스들은 전기/전자 회로의 동작에 예기치 못한 영향을 미치게 된다.

> 프린징 커패시턴스 (Fringing Capacitance)

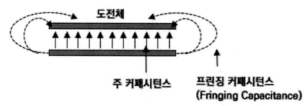

Figure II-2 프린징 커패시턴스

프린징 커패시턴스는 위의 그림에서 보는 것처럼 도전판 사이의 직선면의 커패시턴스가 아닌 옆면 및 뒷면의 방향으로 전기장이 분포하여 추가적으로 형성되는 커패시턴스를 말한다.

부유용량 (Stray Capacitance)

부유용량은 선로에서 많이 사용되는 용어로, 각 통신선, 전선, 패턴 등의 선들끼리 또는 선과 그라운드 사이에 형성되는 커패시턴스를 말한다. 이는 특정 용도를 위해 PCB 설계 시 의도해서 만들어 졌을 수도 있고, 의도치 않게 생길 수도 있다. 이 부유용량으로 인한 RC 지연으로 인해 통신 속도에 제약을 받게 되고, 커플링을 통해 노이즈가 유입되기도 한다.

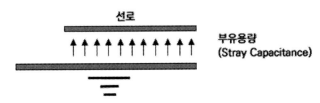

Figure II-3 부유용량

기생 커패시턴스(Parasitic Capacitance)

회로 요소와 주변 도체 간에 의도치 않게 생성되어 기생하고 있는 커패시턴스라 하여 기생 커패시턴스라 한다. 기생 커패시턴스는 회로의 어디에나 존재하지만, 영향이 없을 만큼 작을 경우에는 무시하고 설계한다.

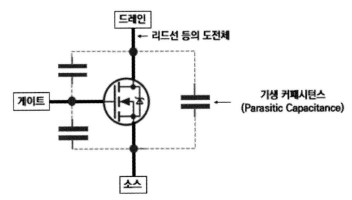

Figure II-4 N MOSFET 의 기생 커패시턴스 예

위의 그림은 N MOSFET 이라는 소자로 기생 커패시턴스 용어를 가장 많이 쓴다고 생각해 예로 들었다. 회로에서 드레인, 게이트, 소스의 도전성 단자만 있었으면 하지만, 각각의 도전체인 단자들 상호 간에는 커패시턴스가 형성되고 이는 스위칭 속도에 제약을 준다. 이렇게 기생 커패시턴스는 회로의 성능과 안정성에 영향을 줄 수 있기 때문에, 회로와 PCB 설계 시 관리 대상이 된다.

나. 자기 인덕턴스와 상호 인덕턴스

인덕턴스(Inductance)는 도선에 흐르는 전류가 변할 때 자기장을 생성하고, 이 자기장이 유도 기전력을 생성해 전류의 흐름에 영향을 미치는 현상을 의미한다.

이런 인덕턴스는 발생된 유도 기전력이 어디에 영향을 주는가에 따라 자기 인덕턴스(Self-Inductance)와 상호 인덕턴스(Mutual Inductance)로 나눌 수 있다.

자기 인덕턴스(Self Inductance)

자기 인덕턴스(Self Inductance)는 전류가 흐르는 도선 자체에게 유도 기전력이 발생하여 렌츠의 법칙에 의해 자속의 변화를 막는 방향 즉, 전류의 변화를 막는 방향으로 유도 기전력을 발생시킨다.

이렇게 전류 변화의 반대 방향으로 기전력을 발생시킨다 하여 역기전력(Counter Electromotive Force, Back Electromotive Force, BEMF)이라 한다.

자기 인덕턴스에 의해 유도된 전압의 크기는 아래 수식으로 표현된다.

$$V_L = -L\frac{dI}{dt}$$

이 역기전력의 방향은 자속의 변화 또는 전류의 변화를 방해하는 방향으로 생성되며 아래와 같이 생성된다.

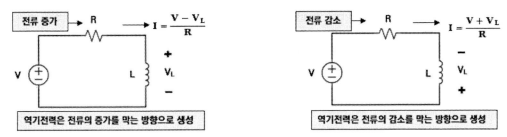

Figure II-5 역기전력의 방향

인덕턴스의 성질을 가지는 인덕터 소자는 이런 역기전력의 생성으로 전류를 흐르던 방향으로 계속 흐르게 하려는 성질과 전류의 변화를 막으려는 성질을 가진다.

상호 인덕턴스(Mutual Inductance)

상호 인덕턴스(Mutual Inductance)는 앞서 인덕턴스 편에서 본 트랜스포머(변압기)의 2차 권선에 유도 기전력을 발생시키는 것과 같이 다른 도선에 영향을 미치는 유도 현상을 가지는 인덕턴스를 의미한다. 서로 영향을 주는 상호 인덕턴스는 보통 인덕턴스 표기 L 대신 M 으로 표현한다.
도선 1 에서의 전류 I_1 의 변화가 상호 인덕턴스에 의해 다른 도선에 유도되는 전압 V_2 의 크기는 아래 수식과 같다.

$$V_2 = -M\frac{dI_1}{dt}$$

이런 상호 인덕턴스를 두 코일의 인덕턴스 용량 L_1, L_2 의 자기장 결합이라 하며, 상호 인덕턴스 용량 M 은 아래와 같이 결합 계수 k 로 표현된다.

$$M = k\sqrt{L_1 L_2}$$

이 상호 인덕턴스에 의한 유도 특성은 인덕턴스 편에서 본 트랜스포머(변압기)처럼 긍정적인 기능도 있지만, 다른 도선에 영향을 주어 노이즈로 작용되는 악영향도 생기는데, 이는 노이즈 편에서 자세히 살펴보도록 할 것이다.

다. 입력/출력 임피던스

전기/전자 시스템은 아래 그림과 같이 자신의 회로에 입력 신호를 주는 소스(Source)와 시스템의 출력 신호를 받는 부하(Load)로 분리할 수 있으며, 이들은 서로 전기적 영향을 주는 관계로 상호작용을 고려하여 설계를 해야 한다.

여기에서는 입/출력 임피던스의 개념을 이해하도록 한다.

Figure II-6 소스와 부하

소스의 출력 임피던스는 시스템의 입력 임피던스와 연관되고, 시스템의 출력 임피던스는 부하의 입력 임피던스와 연관된다.

이런 임피던스 간의 영향을 최소로 하기 위한 회로 설계의 기본 규칙은 시스템의 「출력 임피던스는 작게(0), 입력 임피던스는 크게(∞)」 이다.

전기/전자 시스템에서 입/출력 임피던스의 영향을 예를 보면서 알아보도록 한다.

> ### 출력 임피던스(Output Impedance)

출력 임피던스 (Output Impedance)는 출력 쪽에 직렬로 연결된 임피던스를 의미하며, 단위는 Ω 이다.

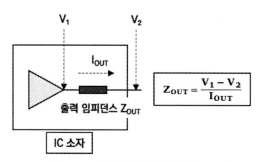

Figure II-7 출력 임피던스

출력 임피던스는 출력되는 전류 I_{OUT} 에 의한 소자 내부에서의 전압 강하를 일으키는 저항 성분으로 볼 수 있다.

이 출력 임피던스는 신호를 받는 쪽의 부하에 영향을 주게 되는 요소가 되는데, 시스템의
성능이 바뀔 수도 있고, 부하의 입력 임피던스로 인해 전압이 분압이 되어 의도치 않은 신
호가 전달될 수도 있다.

이제는 친숙한 1 차 RC 저주파 필터를 예로, 출력 임피던스 Z_{OUT} 에 저항 성분만 있다고
가정한다.

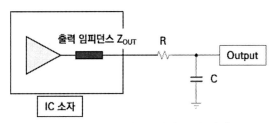

Figure II-8 출력 임피던스의 영향

수동 소자인 R, C 의 용량을 조절하여 차단 주파수 $\frac{1}{2\pi RC}$를 가진 RC 저주파 필터를 설계
하였다고 하자.

하지만, 소스의 출력 임피던스 Z_{OUT} 이 저항 R 과 직렬 연결의 형태로 되어 있으므로, 차
단 주파수는 $\frac{1}{2\pi(R+Z_{OUT})C}$과 같이 바뀌게 되어 의도치 않은 영향을 주게 된다.

따라서, 출력 임피던스가 신호를 받는 부하에 영향을 주지 않으려면, 0Ω 이거나 아주 작은
값이어야 한다.

입력 임피던스(Input Impedance)

입력 임피던스(Input Impedance)는 신호를 받는 부하의 입력 쪽에 존재하는 임피던스로
그라운드로 연결된 병렬의 형태로 표시되며, 단위는 Ω 이다.

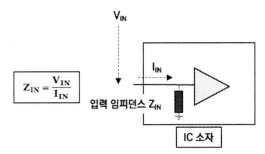

Figure II-9 입력 임피던스

입력 임피던스는 입력되는 전류 I_{IN} 과 입력 전압 V_{IN} 과 관계되는 저항 성분으로 볼 수 있다.

이 입력 임피던스는 출력 임피던스와 마찬가지로 신호의 입력에 영향을 주게 되는 요소이다. 아래와 같이 신호를 주고받는 예를 살펴보자.

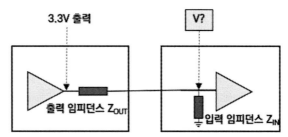

Figure II-10 입력 임피던스의 영향

소스는 3.3V 의 출력을 주었을 때, 부하(Load) 소자가 3.3V 의 입력을 받기를 기대한 회로이다.

하지만, 소스의 출력 임피던스가 10Ω 이고 부하의 입력 임피던스가 10Ω 이라면, 부하 입력 단의 전압 V 는 아래와 같이 3.3V 가 아니라, 분압이 되어 1.65V 가 되어 예상했던 전압이 아니다.

$$V = \frac{Z_{IN}}{Z_{OUT} + Z_{IN}} \times V_{OUT} = \frac{10\Omega}{10\Omega + 10\Omega} \times 3.3V = 1.65V$$

이런 임피던스의 영향을 받지 않으려면, 입력 임피던스가 굉장히 크면 된다. 만약 입력 임피던스가 $1K\Omega$ 이라면, 3.27V, $1M\Omega$ 이라면 3.3V 에 아주 근사하게 된다.

이처럼 입/출력 임피던스의 영향은 회로 설계에서 매우 중요하기 때문에, 신호의 임피던스 영향이 중요한 회로에서는 큰 입력 임피던스와 작은 출력 임피던스를 가진 버퍼(Buffer)를 회로 사이에 사용하여 임피던스 분리 설계를 하기도 한다.

입/출력 임피던스의 영향에 대한 회로 설계의 경험규칙(Rule Of Thumb)은 소스의 출력 임피던스 대비 10 배 이상의 입력 임피던스를 가져야 한다. 반대로는 부하의 입력 임피던스 대비 1/10 배 이하의 출력 임피던스를 가지도록 설계하여 90% 이상의 신호 전달율을 유지하는 것이다.

이에 대한 것은 회로 설계 규칙 편에서 다시 살펴보도록 한다.

1.2.2. 전기/전자 소자의 기본 특성

 전기/전자 소자들의 각각의 특성을 알아보기 전에 소자들이 공통적으로 가지고 있는 기초 특성을 이해해 보도록 한다.

전기/전자 소자들은 패키지(Package)라 하는 절연된 외관 포장 물질과 외부로의 연결선으로 구성된다.

 소자들의 내부 회로는 외부 충격으로 부터의 보호와 불순물에 의한 오염을 방지하고, 소자 내부 회로와 외부와의 전기적 절연을 목적으로 플라스틱과 같은 절연 물질로 소자 내부 회로를 코팅하는데 이를 패키지(Package)라 하며, 일종의 전기 소자의 케이스로 봐도 좋다.

 아래는 탄소피막 저항의 구조이다. 탄소피막이 저항의 역할을 하는 부분이며, 이 탄소피막과 외부와의 절연을 위하여 코팅이 된 형태이다.

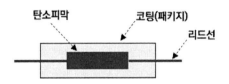

Figure II-11 저항의 패키지

 이때 소자 내부 회로와 케이스 외부 회로를 전기적으로 연결하기 위하여 도전성 선을 연결하는데 이를 리드선(Lead Wire)이라 한다. 이 리드선의 저항, 기생 인덕턴스가 문제가 되는 경우가 많으므로, 리드선이 길면 인덕턴스가 커진다는 것은 염두해 두어야 한다.
 외부와의 전기적 연결을 위한 리드선(연결선)은 소자의 장착 방식에 의해 크게 스루홀(Through Hole) 타입과 SMD 타입으로 나뉘어 진다.

 이 소자 패키지의 모양은 PCB 설계에서만 고려된다고 생각할 수 있겠지만, 패키지가 크면 내부 열을 방출할 수 있는 면적이 커져 높은 방열 능력으로 열이 덜 나게 되고, 정격 용량이 커지는 등 특성 차이가 있어 회로 설계 시 부품의 선정 단계에서도 충분히 고려되어야 한다.

모든 소자에는 정격(Rated) 전압과 정격 전류가 있다.

저항과 같은 소자는 전류 전력을 소비하여 열로 소비한다. 이렇게 발생되는 열이 매우 높게 된다면 소자 내부의 와이어, 패키지(포장재) 등이 손상되어 더 이상의 기능을 하지 못하게 된다. 또한, 높은 전압은 전기가 도통되면 안되는 절연체를 파괴함으로써 의도치 않은 전류가 흐르게 하여 소자를 파손하는데, 이를 절연 파괴라 한다.

이와 같은 이유로 소자가 정상 동작할 수 있는 전압/전류 범위는 어디까지 인가, 어느 한계까지 사용할 수 있는 가의 정격이 정해져 있다.

☞ 정격 허용 전압/전류

정격 전류(Rated Current), 정격 전압(Rated Voltage) 등의 정격의 의미는 이 정격 전압 또는 정격 전류, 정격 전력 이내에서 소자가 연속적으로 동작할 때 이상없는 정상 동작을 보증하는 범위이다. 이 범위를 넘어서게 되면 소자가 오동작 또는 파손될 수 있기 때문에, 모든 소자는 정격 전압 또는 전류 내에서 사용되도록 설계되어야 한다.

☞ 최대(Maximum) 전압/전류

소자가 파괴되지 않는 한도의 인가될 수 있는 최대 입력의 크기를 나타내는 것으로 정상 동작을 보장하지는 않는다.

보통 최대 전압은 소자의 내부 절연이 파괴되지 않는 한계, 최대 전류/전력은 소자에서 소모되는 전력에 의한 열 발생에 대해 견딜 수 있는 한계를 의미한다.

따라서, 최대 허용 전압 또는 전류 이상이 인가되면 소자가 파괴되거나 회로 자체가 파손될 수 있다.

모든 소자에는 사용 가능한 온도에 대한 정격이 있다.

전자 장치에 사용되는 소자의 정상 동작 조건에는 소자가 사용될 수 있는 정격 온도 (Operating Temperature) 항목도 있다.

전기/전자 시스템 제품이 갖추어야 할 온도 규격은 상업용(Commercial)은 0°C~+70°C, 산업용(Industrial)은 -40°C ~ +85°C, 군사용(Military)은 -55 °C~+125°C 의 온도에서 동작이 보증되어야 한다.

따라서, 해당 시스템의 사용환경에 맞는 정격 온도를 가진 적절한 소자를 선택해야 하며, 소자의 사용 온도를 넘어서지 않도록 설계해야 한다.

또한, 온도에 따라 소자들의 특성, 용량값이 조금씩 달라진다는 것을 알고 이에 대응되는 설계를 해야 한다. 예를 들어 저항의 경우 온도가 상승하면, 보통 저항 용량이 상승된다. 이들은 소자의 데이터시트에 명기되므로, 회로 설계 시 데이터시트를 꼼꼼히 살펴보는 것은 필수 사항이다.

모든 소자는 오차가 존재한다.

제조 공정 오차 또는 소재의 특성 오차로 인해 모든 소자에는 오차가 존재한다.

저항의 예를 들면 하나의 큰 저항판을 작게 잘라서 저항 용량을 맞추어 저항 소자들이 제조되는데, 잘라내는 공정상 약간의 오차는 존재할 수밖에 없으며 이런 이유로 오차 ±5%, ±10% 등 이 정도의 오차는 허용하고 출고하겠다는 허용 오차(Tolerance)가 존재한다. 즉, 저항 100Ω 이 ±10%의 오차율을 가진다면, 실제 회로의 저항은 90Ω ~ 110Ω 사이의 어떤 값이라도 될 수도 있다.

당연히 제조사에서는 소자가 허용 오차를 넘어서면 생산된 저항은 불량 처리되어 판매하지 못하게 되니, 허용 오차가 작을수록 제조 수율이 더 낮아지며 가격은 더 비싸지게 된다.

불량 처리하지 않고 오차를 보정하여 판매하기 위하여 아래와 같이 트리밍 (소자들의 오차를 보정하는 작업)이라는 공정을 추가하기도 하니 오차율이 낮은 소자가 가격이 더 비싼 것은 충분히 이해 가능하다.

아래는 오차가 있는 저항에 대해 저항 물질을 깎아서 단면적을 작게 하여 저항을 오차만큼 용량을 키우는 작업인 트리밍(Trimming)의 개념도이다.

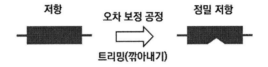

Figure II-12 저항의 트리밍 공정

회로 설계에서는 이 소자들의 오차 또한 고려하여 설계하여야 한다.

저항, 커패시터(콘덴서), 인덕터 등 소자들은 모든 용량이 종류별로 생산되지는 않는다.

전기/전자 소자의 제조사들은 실제 시장에서 많이 사용되는 용량의 소자들만 생산한다. 따라서, 생산되는 소자들의 용량값을 알고 있는 것이 좋으며, 이에 대해 이 책에서는 SMD 타입의 수동 소자들에 대해 살펴보도록 할 것이다.

예를 들어, 회로 설계에서 계산상으로 저항 10.1KΩ 으로 설계하였다면, 10.1KΩ 용량의 저항은 시장에 존재하지 않을 확률이 크다. 이럴 경우 회로의 성능에 큰 영향이 없는 경우라면 생산되고 있는 근처의 용량 10KΩ 으로 바꾸어 설계하거나, 10.1KΩ 저항이 꼭 필요하다면 기존에 생산되고 있는 용량의 저항 10KΩ 과 100Ω 의 직렬 조합으로 값을 맞추어 설계할 수 있다.

모든 소자에는 의도치 않은 기생 성분들이 공존한다.

모든 소자, 회로에는 의도치 않은 기생 저항, 기생 커패시턴스, 기생 인덕턴스가 항시 존재한다.

보통은 이 기생 성분들이 아주 작아 문제가 되지 않지만, 고속의 신호에서는 특히 주파수에 영향을 받는 커패시턴스, 인덕턴스의 성분으로 인해 문제가 될 수도 있다. 이 부분은 소자들의 특성을 보면서 확인하게 될 것이다.

소자들은 패키지에 따른 타입이 구분된다.

패키지 타입에는 크게 DIP 타입과 SMD 타입으로 나눌 수 있는데, PCB 설계에서 소자들의 모양과 납땜 영역의 모양/크기 정보를 가지는 풋프린트(Footprint)와 관련된 내용으로 대략적이나마 알아 두면 소자 선택에 많은 도움이 된다.

☞ DIP 타입(스루홀 타입)

DIP(Dual In-Line Package) 타입은 소자를 PCB 에 장착할 때, 구멍을 뚫어 장착하는 스루홀 (Through Hole) 타입을 의미한다. 양쪽으로 리드선이 있어 DIP 타입이라 하며, 한쪽만 있는 경우 SIP(Single In-Line Package)라 부른다.

Figure II-13 DIP 타입

앞에서 본 저항 패키지와 같이 리드선이 나와 있는 경우 리드 타입이라고도 한다. DIP 의 경우 핀 간격(피치)은 2.54mm(0.1 인치)인 경우가 많다.

같은 종류의 소자라면 DIP 타입이 아래 SMD 타입 대비 패키지가 크기 때문에 열 방출이 쉬워 정격이 높아지며 대전력을 다룰 수 있다는 장점이 있지만, 일반적으로 DIP 타입은 SMD 타입보다 패키지가 크기 때문에 면적을 많이 차지하면서 무겁고, 리드선이 길어 리드선에서 생기는 저항 성분과 인덕턴스 성분으로 인해 고주파의 신호 처리에 취약하다는 단점이 있다.

☞ SMD(표면 장착 소자, Surface Mount Device) 타입

SMD(표면 장착 소자, Surface Mount Device) 타입은 소자의 장착을 위해 DIP 타입처럼 구멍을 뚫는 것이 아니라 PCB 표면의 패드(PAD)라는 납 영역에 납땜으로 부착할 수 있는 형태의 패키지를 의미한다.

Figure II-14 SMD 타입

패키지는 절연/방열에 대한 성능도 중요하지만, 회로가 소형화로 집적화되고 있는 요즘은 얼마나 작게 만들 수 있는지도 주안점이 된다. 또한, IC 를 작게 만들수록 웨이퍼(큰 반도체판) 1 개당 만들어 질 수 있는 IC 의 수량이 많아져 IC 제조사들의 수익에 크게 기여된다.

SMD 타입의 패키지 종류는 크게 아래와 같은 것들이 있다. 패키지의 종류/이름들을 세세히 알 필요는 없지만 대략적인 모양을 알아 두고, 실제 사용하고자 하는 소자의 데이터 시트를 참조해야 한다.

패키지 타입	모 양	설 명
SOT (Small Outline Transistor)		그림은 트랜지스터 같은 3 핀 소자에 쓰이는 3 핀 SOT-23 패키지이며, 이 밖에 5 핀, 6 핀의 SOT-23-5, SOT-23-6 타입도 있다.
SOP (Small Outline Package)		패키지 양 쪽에 리드가 나온 형태로 대표적인 패키지이다. 핀 간격은 일반적으로 1.27mm 이며, 패키지 높이에 따라, TSOP(Thin SOP, 0.5mm), SSOP(Shrink SOP, 0.65mm), TSSOP(Thin Shrink SOP, 0.65mm) 등의 파생 패키지가 있다
QFP (Quad Flat Package)		패키지 4 면에 L 자 형태의 리드가 나와있는 형태로, 패지지 두께에 따라, TQFP(Think QFP), LQFP(Low QFP) 등의 파생 패키지가 있다.
QFN (Quad Flat No Lead Package)		QFP 처럼 4 면에 리드가 나와있지만, 리드가 패키지의 안쪽 방향으로 J 모양으로 구부려져 있는 형태이기 때문에 QFP 에 비해 공간을 적게 차지한다는 장점이 있다

BGA (Ball Grid Array)		패드가 IC 의 밑면에 작은 볼이 배열의 형태로 나열되어 있는 패키지를 말한다. IC 의 패키지 크기가 줄어들며, 실장 영역이 적어져 고밀도의 시스템에 사용된다. 　하지만, 일반 수납땜으로는 장착이 어렵고 디버깅이 어렵다는 단점이 있다.

2. 전기/전자 기초 소자

이 장에서는 실제 회로 설계에 사용되는 소자들인 수동 소자 저항 R, 커패시터 C, 인덕터 L 과 디스크리트 반도체 소자인 다이오드, 트랜지스터, MOSFET 을 살펴보고, 집적 회로(IC) 소자인 OPAMP, CMOS, LOGIC IC 에 대해 데이터시트와 함께 전기적 특성들과 사용 용도를 살펴보도록 한다.

2.1. 저항 소자

저항 소자(Resistor)는 저항 성분(Resistance) 특성을 가진 수동 소자로 회로에서 R 로 표기되고, 단위는 Ω(옴, Ohm)을 사용한다.
기본 기능은 저항 성분의 특성과 같이 전류를 제한하는 용도로 사용되며, 전력을 소모하여 열을 발생시킨다.

저항 공식

저항에 대한 공식은 이미 살펴보았으므로, 정리만 하도록 한다.

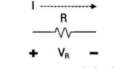

Figure II-15 저항 기호

☞ 옴의 법칙

$$I = \frac{V_R}{R}$$

☞ 소비 전력

$$P = V_R I = I^2 R \text{ (W)}$$

여기에서 I 는 저항을 흐르는 전류(A)이고 V_R 는 저항 양단에 걸리는 전압(V)을 의미한다.

저항의 고주파 모델

저항 소자는 저항 성분(Resistance)에 집중한 소자이긴 하지만, 실제는 이 저항 성분만 있는 것이 아니라 아래 그림과 같이 기생 커패시턴스와 기생 인덕턴스가 공존하는데, 크기가 작아 보통의 경우 무시되지만 수백 MHz 이상의 고주파에서는 신호에 영향을 미칠 수 있다.

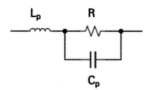

Figure II-16 저항의 고주파 모델

저항 소자의 인덕턴스 성분은 많은 부분이 소자의 리드선에서 발생되므로, 고주파 회로에서는 리드선이 긴 리드 타입보다는 SMD 타입을 많이 사용한다.

예를 들면, SMD 타입의 직렬 인덕턴스 L_P 는 1 ~ 2nH, 병렬 커패시턴스 C_P 는 0.2 ~ 0.4pF 정도인 반면, 리드 타입은 10nH ~ 20nH, 0.2pF ~ 2pF 정도를 가지게 되어 리드 타입이 고주파에서 기생 성분들의 영향을 더 많이 받게 될 것임을 알 수 있다.

2.1.1. 저항 소자의 전기적 특성 및 선정

회로 설계를 통하여 저항의 용량이 계산되었다면, 소자의 선택에 소자의 크기/타입, 소자 용량, 허용 오차, 정격 전력(전류), 최대 전압, 동작 온도 범위를 고려하여 선정하여야 한다.
디지털 회로 설계에서 SMD 타입의 저항을 주로 사용할 것이므로, 여기에 초점을 맞추어 살펴보도록 한다.
아래는 저항 소자를 선정함에 있어 고려해야 할 항목들에 대한 표이다.

	체크 리스트	비고
가	종류 및 패키지 타입	SMD 또는 리드 타입과 저항의 종류 선택
나	저항 용량	제조되고 있는 용량인가?
다	허용 오차	회로에 저항의 허용 오차가 영향을 미치지 않는가?
라	정격 전력	정격 전력에 충분한 여유가 있는가? 허용 전력에 따른 SMD 패키지 크기 결정
마	최대 허용 전압	예상되는 최대 전압이 최대 허용 전압 안에 있는가?
바	사용환경 온도	사용환경 온도가 허용 온도 내에 있는가? 온도 상승에 따른 용량의 변화가 성능에 영향이 없는가? 온도 상승에 따른 최대 허용 전력의 감소가 영향이 없는가?

가. 저항의 종류 및 패키지 타입 결정

아래와 같은 저항의 종류들이 있으며, 회로의 사용 전력, 필요한 고주파 특성 등에 따라 저항의 소자 종류를 결정해야 한다.

> SMD (Surface Mount Device) 타입

표면 장착용 저항기로 구리-니켈 합금 등의 저항체를 사용하여 만들어지며, 리드선이 짧아 인턱턴스가 작기 때문에 고주파 신호에 유리하며, 작은 크기로 시스템의 소형화에 유리하여 디지털 회로에서 가장 많이 사용되는 타입이다.

103

하지만, 정격 전력이 다소 낮은 단점이 있다. 정격 전력은 SMD 패키지의 크기에 따라 다른데, 당연히 패키지가 클수록 열 방출이 쉬워 고전력이 가능하다.

디지털 회로에서 SMD 타입의 저항기가 가장 많이 사용되기 때문에, 이 SMD 타입에 대해 아래에서 계속 살펴보도록 할 것이다.

탄소피막 (Carbon Film) 저항

탄소피막 저항은 리드 타입의 저항체 중 가격이 싸기 때문에, 일반적인 용도로 많이 사용되는 저항 소자로, 탄소계 저항 물질을 사용하고 세라믹에 저항체를 필름 형태로 감아서 만들기 때문에 이름에 필름이 들어간다.

탄소피막 저항의 정격 전력은 1/16W, 1/8W, 1/4W, 1/2W 등이 있으며, SMD 에 비해 정격 전력이 높지만, 온도 특성 및 고주파 특성은 다소 좋지 않아 일반적인 성능의 용도로 사용된다.

일반 리드 저항은 색띠 코드(Color Code)로 저항의 용량, 오차율을 표현하는데, 일반 저항은 4 개의 띠로, 정밀 저항은 5 또는 6 개의 띠로 표현한다.

예를 들어 위의 저항 소자 그림의 띠 색깔이 머리부터 빨강, 빨강, 검정, 금색, 갈색띠를 가지고 있다면, 이 색깔만 보고도 22Ω 1% 오차율임을 알 수 있다. 여기서는 색띠로 용량을 판독하는 방법에 대해서는 다루지 않지만, 한번쯤 찾아보는 것도 좋다.

금속 피막(Metal Film) 저항

니켈-크롬 등의 합금 금속을 사용한 리드 타입 저항기로, 온도 특성과 저항의 정밀도가 높고 고주파 특성이 좋다.

이런 이유로 가격은 비싸지만, 저항 정밀도가 중요한 필터 회로, 정밀도를 요하는 아날로그 회로 등에 사용된다. 정격 전력은 1/8W, 1/4W, 1W 등이 있다.

산화 금속 피막(Metal Oxide Film) 저항

금속 산화물을 사용하며, 1W ~ 수 W 급의 중전력에 대응 가능하고, 탄소 피막이나 금속 피막은 150°C 정도가 최대 온도인 반면, 200°C 정도의 온도에서도 사용 가능하다는 장점이 있다.

하지만, 금속 피막 저항에 비해 정밀도나 고주파 특성은 좋지 않다.

스너버 회로 등 정밀도가 필요하지 않고 비교적 높은 전력이 필요한 곳에 사용된다.

기타

5W 이상의 대전력이 필요한 곳에 사용되는 저항기로 금속선을 감아서 만든 권선형 저항기가 있으며, 시멘트 저항기가 여기에 속한다.

이 밖에 동일한 값을 가진 저항들을 묶어서 한 패키지에 만든 어레이 저항(Array Resistor) 또는 저항 네트워크와 저항 용량을 가변할 수 있는 가변 저항기도 있다.

나. 저항 소자 용량

저항의 선택에 있어 용량은 되도록 시장에 있는 용량으로 설계하도록 한다. 모든 용량 값이 생산되는 것이 아니기 때문에, 꼭 필요한 저항 용량이라면 존재하는 저항 용량을 직렬/병렬 조합하여 만들어야 한다.

하지만, 정밀성이 없어도 되는 경우 시장에 생산되고 있는 용량값 중에서 계산된 용량값 근처의 저항 용량을 선정하는 것이 좋다. 예를 들어 일반 표시용 LED 의 경우 조금 더 밝으나, 어두우나 별로 상관이 없을 것이다.

SMD 저항 코드 읽는 법

```
103
```

Figure II-17 SMD 저항 용량 코드

SMD 타입의 저항은 저항 용량을 코드로 표기하는데, 저항 코드로 3-Digit 코드와 4-Digit 코드가 있다.

① 3 Digit 코드

숫자 3 자리로 표시되며, 앞의 2 자리는 숫자를 뒤의 한 자리는 10 의 승수를 나타낸다.

$$103 \text{ 코드} = 10 \times 10^3 = 10000 = 10K\Omega$$

② 4 Digit 코드

숫자 4 자리로 표시되며, 앞의 3 자리는 숫자를 뒤의 한 자리는 10 의 승수를 나타낸다.

$$1002 \text{ 코드} = 100 \times 10^2 = 10000 = 10K\Omega$$

③ R 은 소수점을 나타낸다.

$$3R3 \text{ 코드} = 3.3\Omega$$
$$0R1 \text{ 코드} = 0.1\Omega$$

SMD 저항 용량 표

아래는 시장에 생산되는 SMD 타입의 허용 오차 ±5% 0603 크기의 저항 용량 표이며, 회로 설계 시 참조하여 용량을 선택하도록 한다.

× 1	× 10	× 100	× 1K	× 10K	× 100K	× 1M
0.0Ω						
1.0Ω	10Ω	100Ω	1.0KΩ	10KΩ	100KΩ	1.0MΩ
1.1Ω	11Ω	110Ω	1.1KΩ	11KΩ	110KΩ	1.1MΩ
1.2Ω	12Ω	120Ω	1.2KΩ	12KΩ	120KΩ	1.2MΩ
1.3Ω	13Ω	130Ω	1.3KΩ	13KΩ	130KΩ	1.3MΩ
1.5Ω	15Ω	150Ω	1.5KΩ	15KΩ	150KΩ	1.5MΩ
1.6Ω	16Ω	160Ω	1.6KΩ	16KΩ	160KΩ	1.6MΩ
1.8Ω	18Ω	180Ω	1.8KΩ	18KΩ	180KΩ	1.8MΩ
2.0Ω	20Ω	200Ω	2.0KΩ	20KΩ	200KΩ	2.0MΩ
2.2Ω	22Ω	220Ω	2.2KΩ	22KΩ	220KΩ	2.2MΩ
2.4Ω	24Ω	240Ω	2.4KΩ	24KΩ	240KΩ	2.4MΩ
2.7Ω	27Ω	270Ω	2.7KΩ	27KΩ	270KΩ	2.7MΩ
3.0Ω	30Ω	300Ω	3.0KΩ	30KΩ	300KΩ	3.0MΩ
3.3Ω	33Ω	330Ω	3.3KΩ	33KΩ	330KΩ	3.3MΩ
3.6Ω	36Ω	360Ω	3.6KΩ	36KΩ	360KΩ	3.6MΩ
3.9Ω	39Ω	390Ω	3.9KΩ	39KΩ	390KΩ	3.9MΩ
4.3Ω	43Ω	430Ω	4.3KΩ	43KΩ	430KΩ	4.3MΩ

4.7Ω	47Ω	470Ω	4.7KΩ	47KΩ	470KΩ	4.7MΩ
5.1Ω	51Ω	510Ω	5.1KΩ	51KΩ	510KΩ	5.1MΩ
5.6Ω	56Ω	560Ω	5.6KΩ	56KΩ	560KΩ	5.6MΩ
6.2Ω	62Ω	620Ω	6.2KΩ	62KΩ	620KΩ	6.2MΩ
6.8Ω	68Ω	680Ω	6.8KΩ	68KΩ	680KΩ	6.8MΩ
7.5Ω	75Ω	750Ω	7.5KΩ	75KΩ	750KΩ	7.5MΩ
8.2Ω	82Ω	820Ω	8.2KΩ	82KΩ	820KΩ	8.2MΩ
9.1Ω	91Ω	910Ω	9.1KΩ	91KΩ	910KΩ	9.1MΩ

허용 오차(Error Tolerance)

허용 오차는 기준 온도에서 저항이 가질 수 있는 오차를 말한다.

일반적인 용도로는 J 급 ±5% 허용 오차율를 많이 사용하고, 정밀도가 높은 회로는 F 급 ±1% 이하의 오차율이 낮은 저항을 사용한다. 만약, ±5% 허용 오차율 100Ω 저항이라면, 95Ω ~ 105Ω 사이의 임의의 저항 용량이 된다는 의미이다.

이 오차값이 회로의 성능에 영향을 주는지 확인한 후 허용 오차가 작아질수록 가격이 상승한다는 점을 염두해서 회로에 적절한 허용 오차를 결정해야 한다.

K 급	±10%
J 급	±5%
G 급	±2%
F 급	±1%
D 급	±0.5%
C 급	±0.25%

☞ 저항 온도 계수에 의한 오차

정밀한 시스템에서는 허용 오차뿐만 아니라 온도에 따라 변하는 저항 용량도 고려해 두어야 한다. 저항 온도 계수는 저항의 온도 변화에 대한 저항 용량 변화의 비율을 나타내는 것으로 단위는 ppm/°C (백만분의 변화율)으로 나타내며, 기준 온도(T_{REF})에서 기준 저항 R_{REF} 일 때 T 온도에서의 저항 용량 R 은 아래와 같은 수식을 가진다.

$$R = R_{REF} \times (1 + 저항온도계수(ppm/°C) \times \frac{T - T_{REF}}{1,000,000})$$

만약, 100ppm/°C 의 저항 온도 계수를 가지는 저항이 20°C 기준 온도에서 기준 저항 100Ω 인 경우, 100°C 에서의 저항 용량은 100.8Ω 이 된다. 보통 SMD 저항의 경우 ± 100 ~ 500ppm/°C 정도를 가진다.

다. 정격 전력 (Rated Power, W)

　정격 전력 이하의 전력이 저항에서 연속 소비될 때 동작이 보증되는 전력 범위이므로, 저항 소자에서 소비되는 전력이 정격 전력 이하로 사용되도록 설계해야 한다.
　저항에서 소비되는 전력 P 는 앞에서 본 것과 같이 저항을 관통하는 전류의 제곱에 저항을 곱한 것이 된다.

$$P \; = \; V \times I \; = \; I^2 \times R \; (W, Watt)$$

　정격 전력은 저항에서의 소모 전력이 열로 변환되고, 이 온도의 상승을 저항 소자가 견딜 수 있는지에 대한 규격이다. 따라서, 저항의 패키지가 클수록 방열 성능이 좋아 정격 전력은 커지게 되므로, SMD 보다 리드 타입의 저항 소자가 허용 전력이 크다.

> ### 저항 정격 전력 감소 그래프 (Power Derating Graph)

　시스템이 사용하는 주위 온도에 따라, 정격 전력을 고려해야 한다. 정격 전력은 사용하는 주변 온도에도 관련이 있고, 많은 저항들이 보통 상업용 전자장치의 사용 가능 온도인 주위 온도 70°C 에서도 정격 전력에 대해 동작하도록 만들어 지지만, 주위 온도가 70°C 가 넘어가면 정격 전력이 낮아지게 된다.
　이런 온도에 따른 정격 전력에 대한 그래프를 표시한 Power Derating Graph 를 제공하는 곳도 있다.

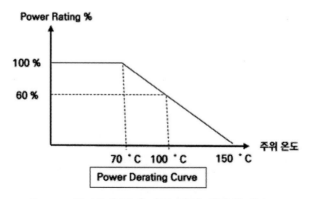

Figure II-18 온도에 따른 정격 전력의 감소

위는 Power Derating 그래프의 예로, 주위 온도가 100˚C 인 경우 정격 전력이 60%까지 떨어지는 것을 볼 수 있으므로, 고온에서 사용되는 회로의 경우에는 앞서 본 온도에 따른 저항 용량의 변화뿐 아니라 정격 전력의 감소도 고려하여 충분한 마진을 가지는 부품을 선정해야 한다.

> ## SMD 패키지 크기에 따른 정격 전력(Rated Power)

SMD 저항의 패키지 크기는 회로의 집적도에 따른 여유 공간과도 관계가 되지만, 패키지 크기와 정격 전력과의 관계를 더 중요하게 살펴보아야 한다.

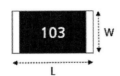

Figure II-19 SMD 저항 크기

SMD 저항은 패키지 크기에 따라 허용할 수 있는 전력의 양도 달라지며, 당연히 크기가 클수록 더 높은 허용 전력을 가지게 되므로, 회로 내 저항에서 소비되는 전력의 양에 따라 패키지 크기를 선택하여야 한다.

SMD 타입의 패키지 크기를 표시하는데 인치 단위인지 밀리미터 단위인지에 따라 인치 코드(Imperial)와 밀리미터(Metric) 코드가 있다. 이 책에서는 더 친근한 밀리미터(Metric) 코드를 사용할 것이다.

예를 들어 인치 코드 0603 패키지의 경우 크기가 L = 0.06 인치, W 는 0.03 인치라는 말이 되며, 이는 밀리미터 코드로 1608 즉 1.6mm × 0.8mm 와 동일 크기의 패키지 코드이다.

아래는 각 SMD 패키지 코드에 따른 허용 전력에 대한 표다.

인치 코드 (Imperial)	밀리미터 코드(Metric)	실제크기	사용 전압	허용 전력 (W)
0201	0603	0.6mm x 0.3mm	25V	1/20 (0.05)
0402	1005	1.0mm x 0.5mm	50V	1/16 (0.062)
0603	1608	1.6mm x 0.8mm	75V	1/10 (0.1)
0805	2012	2.0mm x 1.25mm	150V	1/8 (0.125)
1206	3216	3.2mm x 1.6mm	200V	1/4 (0.25)
1210	3225	3.2mm x 2.5mm	200V	1/2 (0.5)
1812	4532	4.5mm x 3.2mm	200V	3/4 (0.75)
2010	5025	5.0mm x 2.5mm	200V	3/4 (0.75)

| 2512 | 6332 | 6.35mm x 3.2mm | 200V | 1 |

이런 SMD 패키지 코드는 SMD 커패시터, 인덕터도 동일한 코드를 가진다.

라. 최대 허용 전압/전류 (Maximum Voltage)

저항에 인가될 수 있는 연속적이지 않은 최대 전압/전류를 의미하는 것으로 이 전압/전류 이상이 인가된다면 소자는 파손된다. 만약, 최대 허용 전압의 마진이 부족하다면, 저항을 직렬로 여러 개 사용하여 각 저항에 걸리는 전압을 낮추는 것도 방법이 될 수 있다.

아래는 각 SMD 패키지 코드에 따른 허용 전류에 대한 표다.

인치 코드 (Imperial)	밀리미터 코드 (Metric)	최대 전압	최대 전류
0201	0603	50V	1A
0402	1005	100V	1A
0603	1608	150V	1A
0805	2012	300V	2A
1206	3216	400V	2A
1210	3225	400V	3A
1812	4532	400V	3A
2010	5025	400V	3A
2512	6332	400V	3A

저항 0Ω 의 경우는 전력 소비가 없어야 하지만, 보통은 리드선 등의 영향으로 $25m\Omega$ 정도의 저항 성분을 가지게 되므로, 이를 고려하여 밀리미터 코드 1608 까지는 1A, 이상은 2A 정도를 허용 전류로 보고 설계한다.

> ### 순시 최대 허용 전력

저항의 최대 허용 전력은 보통 1 초 이상의 전력의 인가에 대한 규격이지만, 순시 최대 허용 전력은 순간적인 높은 전압/전류의 서지 노이즈 입력에 대해 저항이 견딜 수 있는지에 대한 규격을 말한다.

순시 최대 허용 전력에 대한 저항을 선정하는 가장 좋은 방법은 제조사들이 제공하는 규격을 참조하는 것이지만, 데이터시트에 정보를 제공하지 않는 경우도 많다.

하지만, ESD/서지 등 짧은 고전압에 대응하는 회로를 만들기 위하여 어느 정도의 규칙은 필요한데, 아래는 SMD 저항 제조사들이 제공하는 일반적인 특성을 정리한 것이다.

Single Pulse 시간	최대 허용 전력 배율
1 초	1 배
0.1 초	2 배
0.01 초	5.5 배
0.001 초	12 배
0.0001 초	25 배
0.00001 초	50 배
기타	50 배를 최대로 간주한다.

이는 순시성 10us 펄스폭의 펄스가 한번 들어올 경우 최대 허용 전력의 약 50 배를 견딜 수 있다는 의미이다.

탄소피막 저항의 경우 위의 1ms 싱글 펄스에 대해 최대 전력의 약 30 배 정도, 10us 에서는 200 배 이상이 될 정도로 우수하다. 금속피막 저항은 연속인 10us 펄스에 대해서도 정격 전력 2W 인 경우 1KW 까지 견딜 정도로 성능이 훨씬 우수하다.

마. 제품 동작 온도

일반적인 저항은 상업용(Commercial) 온도 규격인 0°C ~ +70°C 는 충분히 대응되지만, 더 넓은 범위의 온도에서 동작되어야 하는 시스템을 개발할 경우, 저항의 사용 가능 온도 범위를 검토해야 한다.

또한, 동작 온도에 따른 저항의 용량 변화율(저항 온도 계수)과 정격 전력의 감소율에 대해서도 고려하여 적절한 소자를 선정하여 설계를 해야 한다.

2.1.2. 저항 소자의 용도

저항의 기본 기능은 전류를 제한/조절/소모하여 특정 기능을 수행한다. 이 저항 소자는 무척 많은 곳에 여러 다양한 용도로 사용되며, 여기에서 대표적인 몇 가지 사용 용도에 대해 살펴본다.

전류 제한 저항

모든 전기/전자 소자에는 사용 가능한 정격 전압과 전류, 최대 전압과 전류 규격이 있기 때문에 소자의 보호를 위하여 소자로 입력되는 전류를 제한해야 할 필요성이 있는데 이런 경우에 저항이 사용된다.

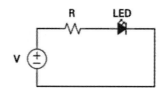

Figure II-20 LED 전류 제한

대표적인 예가 발광소자인 LED 다이오드에 대한 전류 제한이다. LED 다이오드는 전류를 입력받아 빛을 생성하는 소자로, LED 다이오드의 정격 전류보다 높은 전류가 인가되면 과도한 열이 발생하여 파손된다. 따라서, 이 정격 전류보다 낮은 전류로 공급해야 하는데 저항 R 을 통해 전류를 제한한다.

옴의 법칙 $I = \frac{V}{R}$ 에 의해 저항 R 이 커질수록 LED 에 흐르는 전류의 양은 작아지며, 밝기는 어두워진다.

풀다운(PULL DOWN) / 풀업(PULL UP) 용도

OPEN 컬렉터, OPEN 드레인 출력과 같이 의도적으로 플로팅(Floating)하여 출력하는 경우가 있다. 이에 대해서는 후에 알아보도록 할 것인데, 풀업 또는 풀다운 저항은 이처럼 전위가 정해지지 않는 곳의 기본(Default) 전압을 유지시켜 주기 위한 용도로 사용된다.

아래 그림과 같이 풀다운 저항은 저항을 신호선과 그라운드 사이에 장착하여 기본 전압을
LOW 로 만들어 주는 것을 말하고, 풀업 저항은 신호선과 전원 사이에 연결하여 기본 전압을
HIGH 로 만들어 주는 용도를 말한다.

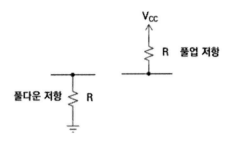

Figure II-21 풀다운/풀업 저항

이때, 풀다운/풀업 저항의 용량을 너무 작은 값을 사용하면 $P = I^2R$ 로 전력 소비가 심해지
며, 용량을 너무 크게 사용할 경우 R 과 부유 용량 등의 커패시턴스 C 와의 RC 시정수에 의
한 신호 지연이 발생될 수 있고, 누설 전류로 인하여 원치 않는 전압이 인가될 수 있다.

이런 이유로 값은 보통 1KΩ ~ 47KΩ 정도 사용하며, 자세한 것은 회로 설계 규칙 편에서 보
도록 한다.

전압 분배에 의한 강압

가끔 여러가지 이유로 전압을 분압해서 사용해야 할 경우가 생긴다. 예를 들어, 최대 3V 의
전압 신호 입력을 받는 시스템에 5V 의 전압을 입력받아야 할 경우가 있겠다. 이런 경우 아래
와 같이 저항의 분압에 의해 출력 값을 조정할 수 있다.

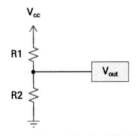

Figure II-22 저항에 의한 분압

$$V_{out} = \frac{R2}{R1 + R2} \times V_{cc}$$

 이 분압된 전압값이 유지되기 위해서는, V_{out} 에 연결되는 부하 회로는 입력 임피던스가 무척 커서 전류가 거의 흐르지 않아야 한다. 아래와 같이 부하의 입력 임피던스가 R3 인 경우를 생각해 보자.

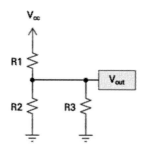

Figure II-23 부하의 입력 임피던스 R3 의 영향

R2 와 R3 가 병렬로 합성 저항 R_P = R2//R3 = $\frac{R_2 \times R_3}{R_2 + R_3}$이므로, 최종 출력 전압은 아래와 같이 계산될 수 있고, R2 에 걸리는 출력 전압은 위에서 원했던 값이 아니게 된다.

$$V_{OUT} = \frac{R_P}{R1 + R_P} \times V_{CC}$$

 이런 이유로 부하의 입력 임피던스가 무척 큰 상황이 아닌 회로에서 저항을 통한 분압은 사용되지 않지만, 꼭 사용해야 할 경우 높은 입력 임피던스와 낮은 출력 임피던스를 가지는 버퍼 회로를 장착하여 검출 신호에 영향이 없도록 한다.

전류 측정용 션트(SHUNT) 저항

 아날로그 신호를 디지털 데이터로 만들어 주는 ADC 는 전압을 측정하는 소자이기 때문에, 전류 측정을 위해서는 전류를 전압으로 바꿔 측정해야 한다. 이런 용도로 사용되는 저항을 션트 저항이라 한다.

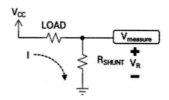

Figure II-24 션트 저항

전류 I 가 흘러 션트 저항 양단에 걸리는 V_R 을 측정하면 옴의 법칙에 의해 전류값으로 변환 가능하며, 이런 용도로는 허용 오차가 낮은 저항을 사용하여야 정밀도가 높아진다.

이때 션트 저항으로 인한 전압 강하에 대해서도 고려가 되어야 하며, 회로에 영향을 주지 않는 낮은 전압 강하를 위해 낮은 용량의 저항이 사용된다.

2.1.3. 저항의 합성 예

아래의 저항 연결 회로에서 r1 에 흐르는 전류 I 를 구하기 위하여, 전체 합성 저항을 구해 보도록 하자.

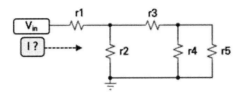

Figure II-25 합성 저항

직렬 회로는 연결 통로에 흐르는 전류가 동일한 가의 여부로 확인할 수 있고, 병렬 회로는 연결 양단의 전압이 동일한 가의 여부로 확인할 수 있으므로, 이를 기반으로 등가 회로로 구분하며 최종 합성 저항을 구하는 순서를 보도록 한다.

① r4 와 r5 의 합성 저항

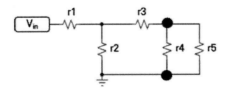

서로 붙어 있어 r4 와 r5 의 양단 전압이 같으므로 병렬 연결이다. 병렬 연결은 r4 // r5 와 같이 표현하고, 합성 저항을 Ra 로 두기로 한다.

$$Ra = \frac{r4 \times r5}{r4 + r5}$$

② r3 과 Ra 의 합성 저항

합성 저항 Ra 와 나머지 저항의 연결은 아래와 같이 표현할 수 있다.

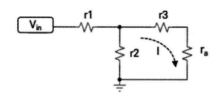

저항 r3 과 저항 Ra 연결에 흐르는 전류는 동일하므로 직렬 연결이고 이의 합성 저항을 Rb 로 두도록 한다.

$$Rb \ = \ r3 + Ra \ = \ r3 + \frac{r4 \times r5}{r4 + r5}$$

③ r2 와 Rb 의 합성 저항

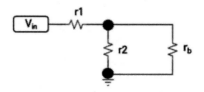

r2 와 Rb 연결의 양단 전압은 같으므로 병렬 연결이며, 이를 Rc 로 정의하면 결국 아래와 같다.

$$Rc \ = \ \frac{r2 \times Rb}{r2 + Rb}$$

④ r1 과 Rc 의 최종 합성 저항

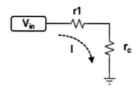

저항 r1, Rc 가 직렬 연결이므로, 최종 합성 저항은 r1 + Rc 가 된다.
이를 정리하면 최종 합성 저항 R_{Total} 은 아래와 같다.

$$R_{Total} = r1 + Rc = r1 + \frac{r2 \times (r3 + \frac{r4 \times r5}{r4 + r5})}{r2 + (r3 + \frac{r4 \times r5}{r4 + r5})}$$

⑤ 전류 계산

전류 I 는 합성 저항 R_{Total} 과 옴의 법칙에 의해 아래와 같이 구할 수 있다.

$$I = \frac{V_{IN}}{R_{Total}}$$

저항 r1 에는 이 전류 I 가 흐르게 되므로, r1 에서 소비되는 전력은 $P(W) = I^2 \times r1$ 이 된다.

r1 소자를 선정하려면, 정격 전력이 이 P(W)보다 높은 저항을 선정해야 하며, 최소 1.3 배 이상의 마진을 두어 선정한다.

SMD 저항으로 사용하고자 한다면, 앞에서 보았던 SMD 패키지에 따른 정격 전력표를 참조하여 패키지 크기를 결정하면 된다.

2.2. 커패시터(콘덴서)

  콘덴서, 커패시터(Capacitor)라고 불리는 소자는 커패시턴스(Capacitance) 특성을 가진 수
동 소자다. 커패시턴스의 성질과 같이 전하를 저장하는 역할을 하는 소자인데, 회로에서 C 로
표기되고 단위는 F(Farad, 패럿)을 사용한다.

  이번 장에서는 커패시터의 전반적인 특성에 대해 살펴보도록 하며, 이 커패시터는 회로 설계
에서 매우 중요한 소자이므로 회로 설계 규칙 편에서 다시 자세히 다루게 될 것이다.

  커패시터는 아래와 같이 두 개의 도전체 사이에 유전율이 높은 절연체를 삽입하여 커패시턴
스 특성을 최대로 갖는 구조로 만들어 진다.

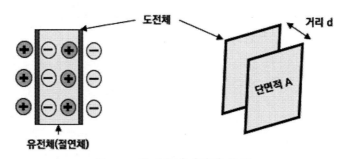

Figure II-26 커패시터 구조

$$C = \varepsilon \times \frac{A}{d}$$

ε 유전율(F/m), A 면적(m^2), d 거리(m)

  커패시턴스 용량은 마주하는 도전체의 단면적 A 에 비례하고, 떨어진 거리 d 에 반비례한다.
즉, 도전체의 넓이가 넓고 간격이 좁을수록 전하를 저장할 수 있는 능력이 커지므로, 커패시
터 용량을 크게 만들려면 커패시터 소자의 크기는 커지게 된다.
또는, 유전율이 높은 유전체(절연체)를 삽입하는 방식도 커패시턴스를 크게 할 수 있다.

커패시턴스 공식

  아래는 커패시턴스에서 보았던 공식들을 정리한 내용이다.

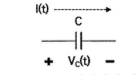

Figure II-27 커패시터 기호

☞ 커패시터의 전하량

커패시터에 충전되는 전하량 Q 는 아래와 같다.

$$Q = C \times V_C$$

☞ 커패시터의 전류

위의 전하량 수식을 시간 t 에 대해서 미분하면 아래와 같이, 커패시터를 관통하는 전류 I(t)는 커패시터 양단에 걸리는 전압 $V_c(t)$의 변화율에 비례한다.

$$I(t) = C \times \frac{dV_c(t)}{dt}$$

☞ 커패시터 저장 에너지와 임피던스

에너지	$E = \frac{1}{2}CV_C^2$ (Joul)
임피던스(라플라스)	$X(s) = \frac{1}{sC}$
임피던스(주파수 응답)	$X(\omega) = \frac{1}{j\omega C}$

2.2.1. 커패시터의 고주파 모델

아래 등가 회로와 같이 실제 커패시터 소자 역시 기생하는 저항 ESR 과 인덕턴스 ESL 이 공존한다. 아래는 커패시턴스의 고주파 모델이다.

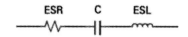

Figure II-28 커패시터 고주파 등가 회로

다른 소자들 보다 주파수 특성이 중요한 소자인 커패시터에서는 이들 기생 ESR 과 ESL 은 민감하게 바라봐야 한다.

ESR 과 ESL 에 의한 주파수 특성은 저주파 회로에서는 많이 고려하지 않지만, 고주파 회로에서는 큰 영향을 미치는데 이에 대해서는 아래 자기 공진 주파수(SRF)에서 살펴보도록 한다.

가. ESR (등가 직렬 저항, Equivalent Series Resistance)

커패시터가 가지는 커패시턴스 성분 이외에 외부 단자의 리드선 등에 의해 생기는 저항 성분을 의미한다. ESR 은 다음과 같은 현상의 주범이 된다.

☞ 전력 손실

이상적인 커패시터에서는 모든 전기 에너지를 전기장 에너지로 저장하고 전력 손실이 없어야 하지만, 실제는 이 ESR 저항 성분으로 인하여 전력 소모가 일어나며, 커패시터 내부에 열을 발생시키고 수명을 단축시킨다.

☞ 충/방전 지연 발생

저항 ESR 과 커패시턴스 C 의 조합으로 인해 RC 지연이 발생되며, 커패시터의 충/방전 지연을 유발한다.

☞ 고주파에서 임피던스 제한

커패시턴스 C 는 인가되는 신호의 주파수가 높아질수록 임피던스가 $\frac{1}{j\omega C}$ 로 낮아지므로 고주파 전류를 통과시켜야 하지만, 이 ESR 로 인해 임피던스의 감쇠가 제한된다.

이런 이유로 ESR 이 크면 주파수 특성이 좋지 않다고 한다. 아래 주파수 특성에서 자세히 보게 될 것이다.

나. ESL (등가 직렬 인덕턴스, Equivalent Series Inductance)

기생 인덕턴스인 ESL 역시 소자의 리드선 등에 의해 생성되는데, 이 ESL 인덕턴스로 인하여 커패시턴스와 인덕턴스의 공진이 생기게 된다.

저주파수에서는 커패시턴스의 특성이 강하지만, 고주파수로 갈수록 인덕턴스의 영향이 커지게 되어 커패시터의 고주파 주파수 특성에 영향을 미치게 된다. 아래 자기 공진 주파수와 직접적인 관계가 있다.

다. 자기 공진 주파수(Self Resonant Frequency, SRF)

커패시터의 ESR 과 ESL 이 미치는 주파수 특성을 살펴보도록 한다.

커패시터의 임피던스의 크기 $\frac{1}{\omega C}$ 을 생각해 보면, 이상적인 커패시턴스는 주파수가 높아질수록 임피던스가 계속해서 낮아져야 한다.

하지만, 실제 커패시터의 임피던스는 아래 그림과 같이 고주파에서는 ESL 인덕턴스의 영향이 커지며, 이상적인 커패시터와 다른 주파수 특성을 가지게 된다.

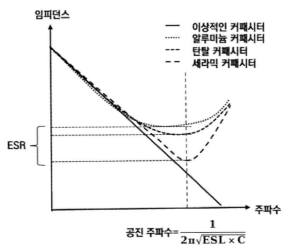

Figure II-29 커패시터 종류에 따른 공진 주파수 비교

이렇게 커패시턴스의 동작에서 ESL 인덕턴스의 영향으로 반대로 임피던스가 증가하기 시작하는 지점의 주파수를 자기 공진 주파수(Self Resonant Frequency, SRF)라 하고, ESL 과 커패시턴스 C 에 의해 자기 공진 주파수 SRF 는 $\frac{1}{2\pi\sqrt{ESL \times C}}$ Hz가 된다.

위 그림은 동일한 공진 주파수일 때, ESR 에 따른 커패시터의 주파수 응답을 보인 그래프로, 공진 주파수 이상에서는 ESL 에 의해 임피던스가 점점 증가하는 것이 보인다.

ESR 의 주파수 응답 영향

당연히도 이상적인 커패시터의 특성으로 동작을 하도록 하기 위해서는 회로의 주파수보다 SRF 공진 주파수가 더 높은 소자를 선정하도록 하여 커패시턴스 영역에서 동작되도록 해야 하며, 위 그림에서 보듯이 ESR 이 작을수록 이상적인 커패시터 특성과 비슷해지는 것을 볼 수 있다.

이 커패시터의 ESR 에 따른 주파수 특성은 RC 저주파 통과 필터를 보면 명확하다. 아래 오른쪽 그림의 r 은 ESR 을 의미한다.

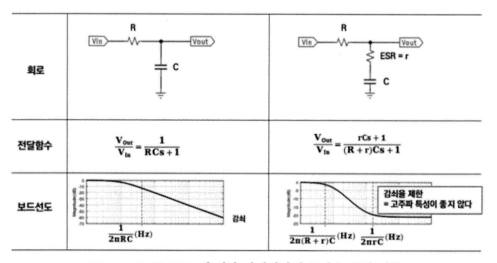

Figure II-30 ESR 에 의한 커패시터의 주파수 특성 저하

위의 왼쪽 그림과 같이 이상적인 저주파 통과 필터는 고주파로 갈수록 감쇠율이 커져, 고주파 노이즈는 완전 제거해야 한다.

하지만, 위의 오른쪽 그림에서 보듯 ESR 의 영향으로 감쇠 이득이 한정되며 ESR 의 크기가 커질 수록 감쇠율이 한정되기 시작하는 주파수는 더 낮아지게 되어 노이즈의 감쇠 성능은 약해진다.

즉, 고주파 노이즈의 바이패스를 생각해 본다면, 고주파에서의 임피던스의 상승은 고주파 노이즈의 바이패스 성능 저하를 의미한다.

이처럼 ESL 이 낮아 공진 주파수가 높아 질수록, ESR 이 낮아 감쇠율이 유지될수록 이상적인 커패시터의 특성과 비슷해지며, 이를 주파수 특성이 좋다고 한다.

알루미늄 커패시터는 5.0 ~ 30.0Ω, 탄탈 커패시터는 1.0 ~ 3.0Ω, 세라믹 커패시터은 0.02Ω 이하의 ESR 을 가지는데, 세라믹 커패시터가 가장 작은 것을 볼 수 있고 이와 더불어 ESL 이 낮기 때문에 고주파에서도 이상적인 커패시터와 비슷하게 특성을 유지하므로 주파수 특성이 우수하다 라고 한다.

2.2.2. 커패시터의 종류

커패시터는 종류별로 ESR, ESL 특성이 달라 주파수 특성이 다르고, 최대 용량, 정격 전압 또한 다르기 때문에 사용하는 용도가 달라질 수 있다.

종류	모양 (예)	최대 사용 전압 (예)	용량 (예)	극성	사용 (예)
알루미늄 전해 커패시터 (Electrolytic Capacitor)		500V	47~ 10000uF	있음	·전원 안정용(평활 회로)
탄탈 커패시터 (Tantal Capacitor)		50V	~1000uF		·전원 안정용 ·디커플링, 커플링 회로
(MLCC)세라믹 커패시터		3KV	~100uF	없음	·바이패스 ·고압

가. 알루미늄 전해 커패시터

알루미늄 전해 커패시터는 산화 알루미늄이 도전체로 사용되며, 절연체로 액체인 전해액을 투입한 종이로 분리된 구조를 갖는다.

☞ 대용량

다른 커패시터에 비해 높은 용량을 가지며 소자의 크기 또한 크다.

이 대용량의 특성을 가진 전해 커패시터는 특히 수천 uF 이상의 대용량이 필요한 AC-DC 전원의 정류 평활 회로에 많이 사용된다.

☞ 유극성

　알루미늄 전해 커패시터 소자는 전압 극성이 있어 +극에 연결되는 전압이 −극에 연결되는 전압보다 반드시 높아야 한다.

　리드 타입의 극성이 있는 커패시터는 보통 −극에 색 표시가 되며, −극의 리드선이 +극의 리드선보다 짧게 만들어져 반대 극성으로 장착하는 것을 방지한다.
　이럼에도 불구하고 극성이 있는 커패시터의 극성을 반대로 연결할 경우 과전류가 흘러 내부 수분이 수증기로 변해 부피가 증가하다가 결국 터질 수 있으므로 조심해야 한다.

☞ 사용 수명 및 용량 감소

　전해 커패시터는 사용 온도에 따른 수명이 민감하며, 6000 시간@125°C 와 같이 온도에 따른 사용 수명이 데이터시트(Datasheet)에 명기되어 있으며, 노후될수록 전해 커패시터의 전해액이 흘러나올 수 있어 수명 단축이 될 수 있다.
　또한, 시간이 지날수록 커패시턴스 용량이 70%까지 감소되므로 소자 선정에 있어 1.3배 이상의 용량 여유는 필수이다.

☞ 좋지 않은 주파수 특성

　전해 커패시터는 높은 ESR 과 ESL 로 주파수 특성이 좋지 않아, 보통은 구동 주파수가 수 KHz 이하의 대용량 커패시턴스가 필요한 곳인 평활 회로 같은 곳에 사용된다.

나. 탄탈 (전해) 커패시터

탄탈 커패시터는 탄탈 금속을 도전체로 사용하며, 고체 전해액을 사용한 구조를 가진다. 고체 전해액이기 때문에 알루미늄 전해 커패시터와 같이 전해액이 누수 되는 현상은 없다.

☞ 비교적 대용량

　탄탈 커패시터는 알루미늄 전해 커패시터의 용량보다는 작지만, 다른 커패시터보다 비교적 대용량이기 때문에 전원 안정화 용도로도 많이 사용된다.

☞ 알루미늄 커패시터보다 주파수 특성과 온도 특성이 좋다.

ESR, ESL 이 알루미늄 전해 커패시터보다 작아 주파수 특성이 좋고 사용 온도 범위가 넓다.

☞ 유극성

알루미늄 전해 커패시터와 마찬가지로 반드시 극성에 맞게 연결하여야 한다. 반대로 연결할 경우 손상이 된다.

☞ 파손될 경우 단락(Short)

탄탈 커패시터의 사용에서 가장 조심해야 할 부분으로, 탄탈 커패시터는 과전압 등의 전기적 충격으로 인해 파손이 될 경우 단락이 되기 쉽다.

이런 현상으로 탄탈 커패시터가 파손되면 과전류가 흐르며 주위 다른 소자들에 까지 영향을 미쳐 파손시킬 수 있으며, 심할 경우 화재로 이어질 수 있다.

이런 이유로 탄탈 커패시터는 반드시 사용하려는 전압의 2 ~ 3 배 이상 큰 정격 전압을 가진 소자를 사용하도록 하며, 전원이 인가되는 입력부의 평활 용도로 사용할 때는 반드시 과전압/과전류 보호 회로를 두도록 한다.

다. 세라믹 커패시터와 MLCC(적층 세라믹) 커패시터

세라믹 커패시터는 니켈 금속의 도전체와 세라믹의 유전체로 구성된다.

이 세라믹 커패시터 중 가장 많이 사용되는 커패시터로는 크기를 줄이고 용량을 늘리는 목적으로 다층으로 구성한 형태의 MLCC(Multi Layer Ceramic Capacitor, 적층 세라믹) 커패시터가 있다.

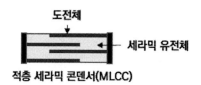

Figure II-31 MLCC 커패시터의 구조

이 MLCC 커패시터는 가장 많이 사용되는 커패시터이므로 아래 기본 특성들 이외에 회로 설계 시 고려해야 특성들은 회로 설계 규칙 편에서 자세히 다루게 될 것이다.

☞ 좋은 고주파수 특성

ESR 과 ESL 낮아 우수한 고주파 특성을 보이며, 정밀성이 그다지 필요없는 바이패스용 등의 고주파 회로에 많이 사용된다.

☞ 높은 사용 온도

온도 특성이 좋아 높은 온도에서도 사용할 수 있다.

☞ 무극성

극성이 없기 때문에 어느 쪽으로 연결해도 상관이 없다.

☞ 작은 용량과 큰 오차율

비교적 용량이 작아 대용량이 필요한 평활 회로와 같은 곳에 사용할 수 없고, 오차율이 크기 때문에 정밀 회로에 쓰기에는 무리가 있다.

☞ 고주파 진동 소음

적층한 구조의 MLCC 세라믹 커패시터는 지속적인 고주파수의 전압을 흘리면 수축과 팽창을 반복하며 PCB 기판에 진동을 유발하여 소음이 발생할 수 있다. 이를 전압을 인가하면 길이 또는 부피가 변하는 효과인 역 피에조 효과에 의한 소음이라 한다.

특히, 고주파의 ON/OFF 스위칭이 발생되는 스위칭 전원 소자에 연결된 경우 소음 현상이 종종 발생되며, 이런 경우 탄탈 커패시터로 변경하면 효과를 볼 수 있다.

☞ 파손될 경우 단락(Short)

MLCC 커패시터도 탄탈 커패시터와 마찬가지로 충격에 의해 파손될 경우 단락 되는 양상을 보이므로, 내압에 충분한 마진을 가질 수 있도록 한다.

라. 마이카(Mica) 커패시터

고주파 특성과 온도 특성이 우수하고, 정밀하여 필터 회로 등에 사용되지만, 가격이 비싸다는 단점이 있다.

마. 마일러(Mylar) 커패시터

폴리에스테르 필름을 유전체로 사용하기 때문에, 폴리에스테르 필름 커패시터라고도 한다.

전극에 극성이 없으며, 오차율이 높다. 이 마일러 커패시터는 다른 커패시터들과 다르게 고장 시 개방(Open)의 특성을 가지므로 안전하기 때문에, 고압의 서지/ESD 보호를 위한 AC 전원부의 X/Y 안전 커패시터로 많이 사용된다.

이 X/Y 안전 커패시터에 대해서는 회로 설계 규칙 편의 상용 전원 회로에서 자세히 살펴볼 것이다.

2.2.3. 커패시터 소자의 전기적 특성 및 선정

SMD 타입의 MLCC 커패시터가 많이 사용되므로 여기에 초점을 맞춘다. 아래는 커패시터 소자를 선정함에 있어 고려해야 할 항목들에 대한 표이다.

	체크 리스트	비고
가	종류 및 타입 결정	SMD 또는 리드 타입과 커패시터의 종류를 선택
나	커패시터 용량	제조되고 있는 시장에 있는 용량인가?
다	허용 오차	회로에 커패시터의 허용 오차가 영향을 미치지 않는가?
라	정격 허용 전압(내압)	정격 허용 전압(내압)에 여유가 있는가?
마	서지 전압	예상되는 최대 전압이 서지 전압 안에 있는가?
바	사용환경 온도	사용환경 온도가 허용 온도 내에 있는가? 온도 상승에 따른 오차가 영향이 없는가?
사	누설 전류	DC 누설 전류(Leakage Current)가 회로에 영향을 주는가?
아	리플 전류	회로에서 발생되는 리플을 커패시터가 감당할 수 있는가?

가. 종류 및 소자 타입 결정

앞에서 본 커패시터의 종류에 따라 고주파 특성, 사용 용도 등을 고려하여 커패시터의 종류를 결정하도록 한다.

예를 들어, 저주파 평활 회로 등의 전원 안정용은 대용량의 알루미늄 커패시터, 탄탈 커패시터를 고려하고, 디커플링 커패시터는 MLCC 커패시터를, 필터 용도는 정밀도에 따라 MLCC 또는 마이카 커패시터의 사용을 고려할 수 있다.

나. 커패시터 소자 용량

소자 용량은 되도록 제조되고 있는 용량으로 설계하도록 한다.

> SMD 커패시터 용량 코드 읽는 법

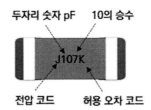

Figure II-32 SMD 커패시터 용량 코드

① 정격 전압 코드

코드	G	L	J	A	C	E	V	H
정격 전압(DC)	4 V	5.5 V	6.3 V	1 V	1.6V	2.5V	3.5V	5 V

1J 의 경우는 $6.3V \times 10^1 = 63VDC$, 2C 의 경우는 $1.6V \times 10^2 = 160\ VDC$ 가 정격 전압이 된다.

② 용량

앞의 두 자리 숫자가 pF 이 되며, 뒤의 한 자리가 10 의 승수가 된다. 즉 위의 코드 107은 아래와 같이 100uF 이다.

$$10pF \times 10^7 = 10 \times 10^{-12} \times 10^7\ F = 10 \times 10^{-5}\ F = 100uF$$

③ 허용 오차 코드

코드	D	F	H	J	K	M	Z
허용 오차	±1%	±2%	±3%	±5%	±10%	±20%	-20%, 80%

SMD 커패시터 용량 테이블

아래는 SMD EIA 표준 세라믹 용량 테이블이니, 회로 설계할 때 설계 용량이 있는지 확인하는 용도로 사용하면 된다.

x 1	x 10	x 100	x 1K	x 10K	x 100K	x 1M	x 10M
1.0 pF	10 pF	100 pF	1.0 nF	10 nF	100 nF	1.0 uF	10 uF
1.2 pF	12 pF	120 pF	1.2 nF	12 nF	120 nF	1.2 uF	12 uF
1.5 pF	15 pF	150 pF	1.5 nF	15 nF	150 nF	1.5 uF	15 uF

1.8 pF	18 pF	180 pF	1.8 nF	18 nF	180 nF	1.8 uF	18 uF
2.2 pF	22 pF	220 pF	2.2 nF	22 nF	220 nF	2.2 uF	22 uF
2.7 pF	27 pF	270 pF	2.7 nF	27 nF	270 nF	2.7 uF	27 uF
3.3 pF	33 pF	330 pF	3.3 nF	33 nF	330 nF	3.3 uF	33 uF
3.9 pF	39 pF	390 pF	3.9 nF	39 nF	390 nF	3.9 uF	39 uF
4.7 pF	47 pF	470 pF	4.7 nF	47 nF	470 nF	4.7 uF	47 uF
5.6 pF	56 pF	560 pF	5.6 nF	56 nF	560 nF	5.6 uF	56 uF
6.6 pF	66 pF	660 pF	6.6 nF	66 nF	660 nF	6.6 uF	66 uF

다. 허용 오차 (Error Tolerance)

허용 오차는 커패시터 용량에 대한 오차율를 의미한다. 오차가 낮을수록 가격이 비싸지므로, 회로에 적당한 허용 오차의 소자를 사용하도록 한다.

보통은 J(5%), K(10%) 타입을 많이 사용하지만, 주변 소자인 커패시터의 용량에 따라 클럭의 주파수가 바뀌는 오실레이터 클럭(Clock) 회로와 같이 커패시턴스 용량에 민감한 회로는 허용 오차가 낮은 D(1%) 타입을 사용한다.

라. 정격 전압(내압, 내전압) (Rated Voltage, V)

내압은 커패시터의 양단에 연속적으로 가해도 정상 동작할 수 있는 전압의 정격 전압을 의미하며, 커패시터의 선정에서 안전에 대해 매우 중요한 요소로 충분한 여유를 두도록 한다.

커패시터에 저장할 수 있는 전하량은 Q_{Max} 로 고정되어 있고,

$$\text{최대 전하량 } Q_{Max} = C \times \text{정격 전압}$$

이므로, 정격 전압 이상의 전압이 인가되었을 때 커패시터는 더 이상 전하를 충전하지 못하는 포화 상태가 되어 정격 전압 이상으로 올라가지 못한다.

따라서, 인가 전압과 커패시터의 최대 전압과의 전위차가 발생되어 과전류가 흘러 파손된다. 물론, 정격 전압은 커패시터의 ESR 에 의한 열의 발생에 대해 견딜 수 있는 정도이기도 한다. 디지털 회로에 사용하는 경우 최소 1.6 배 이상, 전원단에 사용하는 경우 2 ~ 3 배 이상의 충분한 여유를 두도록 한다. 이 여유에 대해서는 회로 설계 규칙 편에서 자세히 살펴볼 것이다.

마. 제품 동작 온도

커패시터의 정격 사용 가능한 온도 범위를 확인해야 하고, 또한 온도에 따라 변하는 특성 즉, 동작 온도에 따른 커패시턴스의 변화율(온도 계수)에 대해서 고려가 되어야 한다.

특히, 전해 커패시터는 온도에 따른 사용 수명에 영향을 받고, 데이터시트에 명기되므로 반드시 확인되어야 한다.

☞ 커패시터 온도 계수에 의한 오차

저항과 마찬가지로 온도 변화에 대한 수치 변화의 비율을 나타내는 ppm/°C (백만분의 변화율)으로 나타내며, 기준 온도 T_{REF} 에서 기준용량 C_{REF} 일 때 T 온도에서의 커패시터 용량은 아래와 같은 수식을 가진다.

$$C = C_{REF} \pm 온도계수(ppm/°C) \times \frac{T - T_{REF}}{1,000,000}$$

바. 누설 전류 (DC Leakage Current)

커패시터에 직류 DC 를 인가하면, 이론적으로는 무한대의 임피던스가 되어 전류가 완전 차단되어야 하지만, 실제 유전체를 통과하여 흐르는 작은 전류가 있다. 이를 누설 전류(Leakage Current)라 한다. 이 누설 전류는 1uA 이하로 매우 작아서 보통의 디지털 회로에서는 무시한다.

사. 정격 허용 리플 전류 (Ripple Current, ARMS)

리플 전류는 전류가 물결 모양으로 흔들리는 노이즈 전류를 말하는 것으로, 이 말은 커패시터의 충/방전이 계속적으로 발생된다는 것을 의미한다.

리플 전류의 실효값(RMS)을 기준으로 하며, 정격 리플 전류 안에 있도록 설계해야 한다. 특히, 전해 커패시터에서는 내부 저항 ESR 에 의해 리플 전류 [2] 비율로 전력 소비가 되며 열이 발생해 수명과 직결되므로, Rated Ripple Current 스펙 안에 들어오는지 확인해야 한다.

데이터시트에는 특정 주파수에서의 최대 전류만 표기되는 경우가 많으므로, 제공되는 그래프를 보고 주파수와 함께 확인하도록 한다.

정격 허용 리플 전류에 대해서는 회로 설계 규칙의 안전 편에서 자세히 다루게 될 것이다.

2.2.4. 커패시터 소자의 용도

커패시터의 사용 용도는 커패시터의 기본 기능인 전하의 충전과 방전 동작의 응용이다. 아래는 이 성질을 이용하는 커패시터의 대표적인 사용 용도이다.

가. DC 전원 안정화 용도와 평활 회로

커패시터의 중요 용도 중 하나는 DC 입력 전원의 안정화 기능이다.

아래 정류 회로의 평활 회로를 보게 되는데, 정류 신호를 큰 노이즈의 리플이라 보고 이를 제거하여 안정된 DC 전원을 만드는 역할이라 봐도 좋다.

예로 AC 신호를 DC 로 만들기 위한 한 방법에는 정류 회로가 있다. 정류 회로 중 반파 정류 회로는 AC 신호의 양(+)의 전압만 통과시키도록 하는 회로를 의미하는데, 이렇게 통과된 반파의 전압을 평탄한 직류로 만들어 주는 회로를 평활 회로(Smoothing Circuit)라 한다.

아래 반파 정류 회로에서 커패시터는 교류 전압의 상승에서 충전하였다가, 교류 전압이 하강할 때 방전을 하며 전류를 보상해주어 출력 전압을 평탄하게 만드는 역할을 한다.

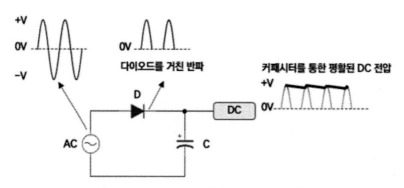

Figure II-33 반파 정류 회로와 평활 커패시터

이처럼 전원의 입구에서 DC 전압의 안정화를 위해서는 커패시터에 충전되어 있는 전하를 방전하면서 전류을 보완해 주는 역할을 해야 하므로, 기본적으로 많은 전하를 저장할 수 있어야 하기 때문에, 큰 용량의 알루미늄 전해 커패시터나 탄탈 커패시터를 사용한다.

나. 바이패스(Bypass) 커패시터

바이패스는 비켜가다 라는 뜻을 가지는데, 고주파 노이즈를 시스템으로 인입시키지 않도록
하기 위한 기능을 의미한다.

커패시터의 임피던스가 고주파 신호일수록 $\frac{1}{\omega C}$로 낮아진다는 특성을 이용하여 아래 그림과
같이 그라운드와 병렬로 연결하여 고주파 노이즈를 그라운드로 우회하도록 하는 용도의 커패
시터를 말한다.

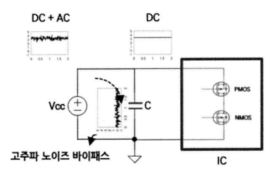

Figure II-34 바이패스 커패시터

이 바이패스 커패시터의 기능은 회로 설계에서 노이즈 대책으로 없어서는 안될 정도로 많이
사용되며, 고주파 노이즈에 대응해야 하므로 고주파 특성이 좋은 커패시터인 MLCC 세라믹
커패시터가 주로 사용된다.

노이즈에 대한 얘기가 나올 때 바이패스라는 말을 수도 없이 듣게 될 것이므로, 노이즈를 그
라운드로 우회시킨다는 의미를 기억해 두는 것이 좋다.

다. 전류 백업 용도 / 디커플링 커패시터

보통은 IC 의 전원 핀 바로 옆에 장착하는 커패시터를 말하며, 어떤 용도를 강조하는가에 따
라 아래와 같이 전류 백업, 디커플링 커패시터와 같은 용어로 불리지만 결국은 같은 위치의
커패시터를 의미한다.

> 전류 백업(Backup)

IC 들은 내부 디지털 회로의 스위칭 동작이 일어나는 순간 IC 소모 전류가 갑자기 증가될
수 있는데(CMOS 편 참조), 전원 출력에서 IC 전원 핀까지의 저항에 의해 또는 전원 소자
의 전류 변동에 대한 응답이 늦기 때문에 순간적인 전압 강하가 발생된다.

이를 보완하기 위해 IC 전원 핀에 가까이 커패시터를 장착하여, 순간적인 IC 전류 소모에 대해 커패시터에 축적된 전하의 방전으로 전류를 보완하여 전압 안정화를 꾀할 수 있다. 이렇게 전류 백업 역할을 해주기 때문에 백업 커패시터라 부른다.

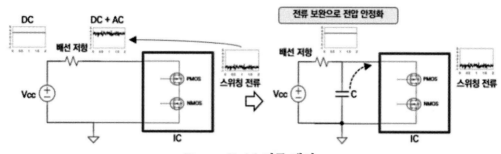

Figure II-35 전류 백업

이때 지연없이 전류를 백업해주기 위해 커패시터와 전원 핀 사이에는 저항 용량이 무척 작아야 하므로, 전원핀에 최대한 가깝게 장착하고, 커패시터는 ESR 저항이 무척 낮고 고주파 특성이 좋은 MLCC 세라믹 커패시터가 주로 사용된다.

디커플링(Decoupling) 커패시터

디커플링은 AC 의 신호를 분리하다 라는 의미를 가진다. 즉, DC 신호는 통과시키고, AC 신호는 그라운드로 바이패스시키므로 바이패스 커패시터와 동일선 상에 둘 수 있다.
주전원에서 들어오는 고주파 AC 노이즈의 분리도 있지만, 반대로 IC 에서 발생되는 고주파 AC 노이즈가 주전원으로 나가지 못하도록 한다.

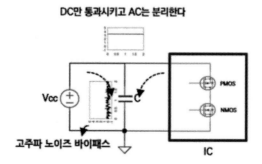

Figure II-36 디커플링 커패시터

앞에서 본 IC 의 순간적인 전류의 소모로 인한 전압 강하도 결국은 고주파 노이즈이므로, 보통은 IC 의 전원 Vcc 핀 바로 옆에 장착하여 전류 백업, 전원 안정화, 노이즈 제거 등의 역할을 하는 커패시터를 바이패스 커패시터 또는 디커플링 커패시터라 부른다.

라. 필터(Filter)

필터는 불필요한 정보인 노이즈를 제거하고 필요로 하는 신호만 얻는 장치라 정의된다.

커패시터는 고주파에서 임피던스가 낮아지며 전류가 잘 흐르기 때문에, 이 특성을 이용하여 필터에 사용되며 수동(Passive) 필터인 RC 저주파 필터, RC 고주파 필터, LC 필터, 능동 (Active) 필터 등에 이르기까지 모든 필터 종류에 사용된다.

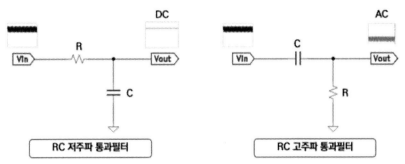

Figure II-37 필터에서의 커패시터 사용 예

마. 커플링(Coupling) 회로

위 그림의 RC 고주파 통과필터와 같이 DC 를 막고 AC 를 통과시키는 역할을 커플링 (Coupling)이라 한다. 즉, 고주파 신호에서는 낮은 임피던스가 되어 전류를 잘 통과시키고, 저주파 신호는 높은 임피던스가 되어 전류를 막는 커패시터의 성질을 이용한다.

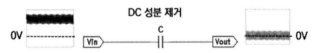

Figure II-38 커플링커패시터의 DC 차단

위의 그림과 같이 DC 는 막기 때문에, 신호의 DC 오프셋을 제거하는 용도로 많이 사용되고, 고주파만 통과시키기 때문에 고주파 필터로 불리기도 한다.

바. 디바운싱 역할 (Debounce, 채터링 방지)

디바운스는 신호가 바운스하는 즉 진동하는 것을 방지하는 용도를 말한다.

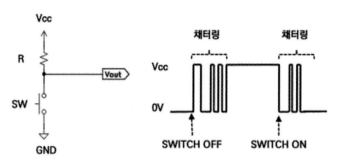

Figure II-39 채터링

기계 접점 스위치를 손으로 눌러 켜고 끌 때 기계 접점이 순간적으로 붙었다 떨어졌다 하며
신호가 흔들리게 되는데, 이는 신호를 받아들이는 입장에서는 반복적인 ON/OFF 로 잘못 인
식하여 오동작을 할 수 있다. 이를 채터링(Chattering) 현상이라 한다.
커패시터는 저항과 함께 사용되어 RC 저주파 통과 필터로 이 채터링 현상을 막는 역할을 한
다.

사. RC 스너버(Snubber)

스너버(Snubber)란 순간적인 과도한 전기적 충격인 서지(Surge)를 흡수/제거하여 기기를
보호하는 장치를 말한다.
예를 들면, 기계 접점인 릴레이(Relay)의 경우 ON/OFF 하게 되면, 스위치가 접촉하는 시점
의 높은 접촉 저항으로 인해 불꽃(스파크)이 발생하여 접점이 손상되거나 전자 소자의 손상을
유발할 수 있다. 이런 순간적인 전기 충격을 흡수하는 역할을 한다.

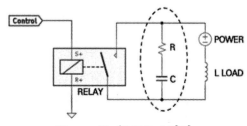

Figure II-40 RC 스너버

보통 RC 스너버가 많이 사용되며, 위의 그림과 같은 형태를 가진다.

아. EMC 필터용 커패시터 (안전 커패시터)

X 커패시터, Y 커패시터로 불리는 감전 및 회로 보호에 대한 안전용으로 사용되는 커패시터를 안전 커패시터라 한다. 이에 대해서는 회로 설계 규칙 편에서 자세히 보도록 한다.

2.2.5. RC 고주파 통과 필터 회로 예제

RC 저주파 통과 회로는 앞서 자주 살펴보았으니, 여기서는 RC 고주파 통과 회로에 대해, 이상적인 조건인 V_{in} 소스의 출력 임피던스는 0Ω, V_{out} 부하의 입력 임피던스는 무한대로 간주하고 해석해 보도록 한다.

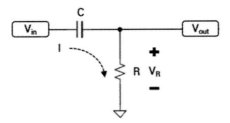

Figure II-41 RC 고주파 통과 필터

전달함수 $\frac{출력\ 전압}{입력\ 전압}$ 즉, $\frac{V_C}{V_{in}}$ 를 구해 보도록 한다.

위 RC 회로의 임피던스 Z(s)는 저항과 커패시터가 직렬 연결이므로 아래와 같다.

$$Z(s) = R + \frac{1}{sC} = \frac{RCs + 1}{sC}$$

옴의 법칙에 의해 전류 I(s)는 아래와 같다.

$$I(s) = \frac{V_{in}(s)}{Z(s)} = \frac{Cs}{RCs + 1} V_{in}(s)$$

마찬가지로 옴의 법칙에 의해 저항 양단 전압 $V_R(s)$는 아래와 같이 구해진다.

$$V_R(s) = V_{out}(s) = I(s) \times R = \frac{RCs}{RCs + 1} V_{in}(s) \rightarrow H(s) = \frac{V_{out}(s)}{V_{in}(s)} = \frac{RCs}{RCs + 1}$$

가. 시간 영역 분석

RC 회로의 계단 응답 Eu(t)에 대한 시간 함수를 구해보면 아래와 같다.

$$V_{out}(s) = H(s) \times \frac{E}{s} = \frac{RC}{RCs+1} \times E$$

이를 역 라플라스 변환하면 아래와 같이 구해진다

$$V_{out}(t) = E(e^{-\frac{1}{RC}t})$$

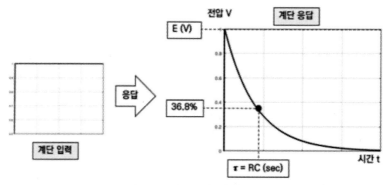

Figure II-42 고주파 통과 필터의 계단 응답

36.8%까지 방전되는 시간(초)인 RC 시정수 = RC 초(sec)가 된다.

나. 주파수 영역 분석

앞에서 구한 전달함수의 보드선도를 그려보면 아래와 같다.

$$H(s) = \frac{RCs}{RCs+1} = s \times \frac{RC}{RCs+1}$$

이므로, s 에 대한 보드선도를 그리고, $\frac{RC}{RCs+1}$에 대한 보드선도를 그려서 더해주면 아래와 같다.

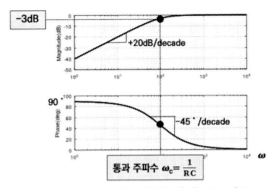

Figure II-43 고주파 통과 필터 보드선도

위와 같이 통과 주파수 $\omega_c = \frac{1}{RC}$ [rad/s] → $f_c = \frac{1}{2\pi RC}$ [Hz]를 가진 고주파 통과 필터임을 알 수 있다.

DC 즉 $\omega = 0$ 에서의 이득은 $-\infty$dB 로 이득이 0 이 되어 출력되지 않고(통과되지 않고), 각 주파수 $\frac{1}{RC}$ [rad/s] 인 정현파를 입력으로 주었을 때, 0.707 배 크기의 정현파가 출력으로 나오게 되며, 그보다 높은 주파수의 입력 신호는 통과되어 출력될 것을 알 수 있다.

2.3. 인덕터

 인덕터(Inductor) 소자는 자심(코어)이라 불리는 투자율이 높은 물체에 도선을 코일의 형태로 감음으로써 생성되는 자기장을 크게 하여 인덕턴스(Inductance) 특성을 강화한 수동 소자다. 인덕턴스 편에서 보았듯 코어에 감은 코일의 수가 많아 질수록 인덕턴스의 크기가 커진다.
 표기 기호는 L 을 사용하고, 단위는 H(헨리)를 사용하며, 1H(헨리)는 초 당 1A 의 전류 변화에 의해 1V 의 기전력을 발생시키는 물리적인 양을 말한다

 인덕턴스의 특성을 갖는 인덕터 소자들은 아래의 그림과 같이 전류의 흐름에 의해 생긴 작은 자기장의 합으로 더 큰 자기장을 형성하기 위해 코일의 형태를 취한다. 그래서, 인덕터와 코일을 동일선 상에 두고 같은 용어를 함께 사용한다.

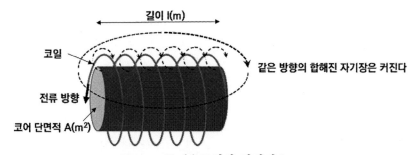

Figure II-44 코일과 인덕턴스

또한, 투자율(Permeability, 자기 전도도)이 좋은 도체에 도선을 감음으로써 전류에 의해 생성되는 자기장의 흐름을 원활하게 하여, 더 큰 자기력을 형성한다. 이 중심 도체를 코어라 하며, 이런 구조를 솔레노이드 코일이라 한다.
코어에 감은 코일에 대한 인덕턴스 L 의 용량에 대한 수식은 아래와 같다.

$$L = \mu \times N^2 \times \frac{A}{l} \text{ (H)}$$

μ(뮤): 코어의 투자율, N: 감은 수, l: 코일을 감은 부분의 길이, A: 코어 단면적

코일을 감은 수가 많고, 코어의 단면적이 클수록 또한 코일을 감은 길이가 짧아 조밀할수록 인덕턴스는 커지게 된다.

Figure II-45 인덕터 구조와 기호

인덕턴스 공식

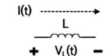

Figure II-46 인덕터의 기호

☞ 인덕터의 코일 전압

아래와 같이 인덕터의 양단에 걸리는 전압 $V_L(t)$는 코일을 관통하는 전류 $I(t)$의 변화량에 비례한다.

$$V_L(t) = -L\frac{dI(t)}{dt}$$

☞ 인덕터 저장 에너지와 임피던스

에너지	$E = \frac{1}{2}LI^2$ (J, Joul)
임피던스(라플라스)	$X_L(s) = \dfrac{V(s)}{I(s)} = sL$
임피던스(주파수 응답)	$X_L(\omega) = j\omega L$

인덕턴스는 전류의 변화와 반대 방향으로 기전력을 발생시킴으로써 전류의 변화를 막는 역할을 하므로 전류 안정화의 역할을 한다. 즉, 주파수가 높은 노이즈 신호가 들어오면 인덕터

의 임피던스가 높아져 고주파 노이즈 전류의 흐름을 방해하는 역할을 하기 때문에 필터로 많이 사용된다.

이 인덕터도 자기장 에너지로 저장하기 때문에, 커패시터와 마찬가지로 전력 손실이 없는 에너지 저장 소자이지만, 실제는 코일도 도선이기 때문에 자체 저항 성분이 있으며, 이 저항으로 인해 전력이 소모되고 열이 발생된다.

2.3.1. 인덕터의 종류

인덕터의 구조는 자기장을 강화하기 위한 목적으로 코어에 코일을 감은 형태라는 것을 생각하면서, 인덕터의 종류에 대해 살펴보도록 한다.

가. 코어의 종류에 따른 분류

아래와 같이 코일만 감은 형태가 있고, 페라이트나 규소강판 등의 자심(코어)에 코일을 감아 만든 형태가 있다.

> **Air Core 인덕터**

코어없이 코일의 형태로 감아 놓은 인덕터를 말한다. 코어가 없이 투자율이 낮은 공기가 매체이기 때문에, 같은 턴수의 코어가 있는 인덕터 대비 비교적 용량이 작다.

하지만, 고주파에서도 페라이트 코어와 같은 코어에 의한 전력 손실이 없기 때문에 보통 수백 MHz 이상 고주파수의 RF 등에 사용된다.

> **페라이트 코어 인덕터**

어떤 특정 인덕터 종류를 의미하는 것이 아니라, 투자율이 높고 저항이 큰 페라이트 소재의 코어에 코일을 감은 인덕터들을 말한다.

페라이트 코어는 투자율이 높기 때문에 자기장의 생성이 커지게 되어 인덕턴스의 용량 증대를 꾀할 수 있다. 또한, 낮은 와전류(Eddy Current) 생성으로 와전류에 의한 전력 손실이 비교적 작다.

이런 이유로 중고주파 RF, 스위칭 회로, 필터 등에 이르기까지 넓은 분야에 많이 사용되는 형태의 인덕터이다.

나. 역할 또는 모양에 따른 분류

인덕터를 역할 또는 모양에 따라 분류하면 아래와 같은 종류들이 있으며, 해당 용도에 맞는 인덕터를 선택하여 설계할 수 있다.

> **파워 인덕터**

주로 전원 회로에 많이 쓰이는 인덕터를 의미하며, 수십 A 까지도 견딜 수 있도록 코일의 굵기가 일반적인 인덕터보다 굵게 만들어 진다.

위의 오른쪽 인덕터는 코일을 케이스로 차폐(Shield)를 시킨 표면 실장 인덕터로, 자기 결합에 의한 전자파 방사를 막을 목적으로 사용된다.

> **원환체(Toroid) 인덕터**

파워 인덕터의 종류로 페라이트 코어에 링의 형태로 감은 인덕터를 말한다. 원모양으로 감아 있어 같은 코일 감은 수 대비 높은 자기장을 형성하기에 높은 인덕턴스를 가진다. 전원용, 스위칭용, 필터용 등 다양하게 사용된다.

> **Axial 인덕터**

얇은 페라이트 코어에 감은 형태이며 리드 타입의 저항처럼 외부를 코팅해서 만든 것으로 모양도 리드 타입의 저항과 비슷하다. 일반 회로에 많이 사용되는 인덕터로, 위 그림과 같이 띠 색깔로 용량을 알 수 있다.

다층 칩 인덕터 (Multilayer Chip Inductor)

커패시터의 MLCC 처럼 다층으로 구성하여 만든 칩 인덕터이다.

다. 비드 (Bead)

페라이트 소재의 코어에 코일을 감은 형태가 일반 인덕터와 같지만, 비드는 고주파에서 저항으로 작용하며 고주파 노이즈를 이 저항 성분에 의해 열 에너지로 소비하여 제거하는 목적으로 주로 사용된다.

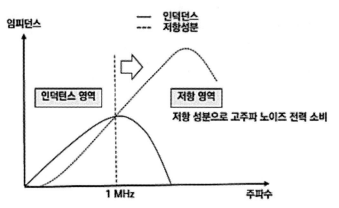

Figure II-47 비드의 인덕턴스/저항 주파수 특성

위 그림은 비드의 주파수 특성 그래프의 예로 1MHz 이상의 주파수에서 인덕턴스 성분보다는 저항 성분이 주를 이루며 노이즈 전력을 소모한다.

고주파의 신호에 인덕터를 사용하게 되면, 코일에 저장된 자기 에너지로 인하여 진동이 일어
나며 나오는 소음 노이즈가 있을 수 있지만, 비드는 노이즈를 열 에너지로 소비해 버리기 때
문에 그런 현상은 없다.

이런 비드는 크기 대비 흘릴 수 있는 전류량이 크기 때문에 EMI 개선 등 노이즈 제거에 많이
사용되지만, 인덕턴스가 부정확하기 때문에 정밀한 인덕턴스 활용 회로에는 사용하기 부적합
하다.

라. 트랜스포머 (변압기, Transformer)

두 개의 코일을 코어의 양쪽에 감아 전자기 유도 현상을 이용하여 변압한다는 것을 인덕턴스
편에서 보았다.

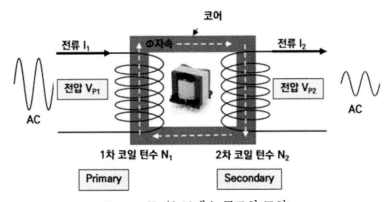

Figure II-48 트랜스 구조와 모양

AC 입력에 의해 1 차 코일에서 전류의 변화로 자속의 변화를 만들어 내며, 이 자속은 코어를
통해서 2 차 코일로 더 잘 전달된다. 2 차 코일에는 페러데이 법칙에 의해 자속의 변화에 따
라 유도 기전력이 생성되므로, 전류의 변화가 일어나는 교류에만 적용할 수 있다.

이렇게 트랜스(포머)는 교류 전압을 변압시킬 때 사용되며 1 차 코일과 2 차 코일의 턴수(코
일을 감은 수) 비율에 따라 변압되는 교류 전압의 크기가 정해진다.

V_{p1}, V_{p2} 는 1 차측과 2 차측의 Peak 전압, N_1, N_2 는 1 차측 과 2 차측 코일의 감은 수로 아
래와 같은 관계를 가진다.

$$\frac{V_{P2}}{V_{P1}} = \frac{N_2}{N_1}$$

전력 손실이 없다고 한다면, 1 차측에서의 전력이 2 차측으로 동일하게 전달된다.

$$V_{P1} \times I_{P1} \ = \ V_{P2} \times I_{P2}$$

마. 릴레이 (Relay)

릴레이는 고전력, 고전압의 신호를 ON/OFF 하기 위해 사용되는 기계 접점 스위치 소자로, 코일의 자기장(전자석)을 이용한 스위치이다.

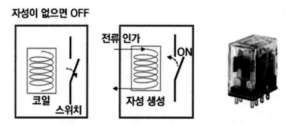

Figure II-49 릴레이 구조와 모양

위의 그림과 같이 전류가 흐르면 코일이 전자석이 되어 스위치를 당기게 되고 접점이 붙게 되는 원리를 이용한다. 반대로 전류가 없으면, 스프링에 의해 OFF 상태로 돌아간다.

릴레이와 같은 인덕턴스 부하의 ON/OFF 스위칭 제어에서 가장 조심해야 할 것은 인덕턴스 부하의 ON/OFF 시 갑작스러운 전류 변화에 의해 발생되는 $L\frac{di}{dt}$ 크기의 큰 역기전력 전압이다.

이 큰 역기전력 전압에 의해 주변 소자가 파손될 수 있기 때문에, 역기전력 제거 회로는 필수 사항인데 이에 대해서는 다이오드 편에서 보도록 한다.

2.3.2. 인덕터 소자의 전기적 특성 및 선정

아래는 인덕터 소자를 선정함에 있어 고려해야 할 항목에 대한 표이다.

	체크 리스트	비고
가	종류 및 타입 결정	인덕터의 종류를 선택
나	인덕터 용량	제조되고 있는 시장에 있는 용량인가?
다	허용 오차	회로에 인덕터의 허용 오차가 영향을 미치지 않는가?
라	정격 허용 전류(포화 전류)	정격 허용 전류에 충분한 여유가 있는가?
마	DC 저항	코일의 저항에 의한 소모 전력 또는 전압 강하가 문제없는가?
바	자기 공진 주파수 확인	사용하려는 주파수 대역에서 인덕턴스의 역할을 하는가?
사	사용환경 온도	사용환경 온도가 허용 온도 내에 있는가?

가. 인덕터 소자 타입 결정

해당 분야에 맞는 인덕터를 선정하도록 한다. 예를 들어, 스위칭 전원에는 파워 인덕터를, 고주파 노이즈를 제거할 목적으로는 비드를 많이 사용한다.

나. 인덕터의 용량

SMD 타입의 비드, 인덕터와 같은 타입은 되도록 시장에 있는 용량으로 선정하도록 한다. 아래는 SMD 타입의 인덕터에 대한 용량 표이다.

많이 사용되는 용량 기준			x 1	x 10	x 100	x 1K
1 nH	10 nH	100 nH	1.0 uH	10 uH	100 uH	1.0 mH
			1.1 uH	11 uH	110 uH	1.1 mH
1.2 nH	12 nH	120 nH	1.2 uH	12 uH	120 uH	1.2 mH
			1.3 uH	13 uH	130 uH	1.3 mH
1.5 nH		150 nH	1.5 uH	15 uH	150 uH	1.5 mH
			1.6 uH	16 uH	160 uH	1.6 mH
	18 nH	180 nH	1.8 uH	18 uH	180 uH	1.8 mH
			2.0 uH	20 uH	200 uH	2.0 mH
2.2 nH		220 nH	2.2 uH	22 uH	220 uH	2.2 mH

			2.4 uH	24 uH	240 uH	2.4 mH
	27 nH	270 nH	2.7 uH	27 uH	270 uH	2.7 mH
			3.0 uH	30 uH	300 uH	3.0 mH
		330 nH	3.3 uH	33 uH	330 uH	3.3 mH
			3.6 uH	36 uH	360 uH	3.6 mH
3.9 nH			3.9 uH	39 uH	390 uH	3.9 mH
			4.3 uH	43 uH	430 uH	4.3 mH
		470 nH	4.7 uH	47 uH	470 uH	4.7 mH
			5.1 uH	51 uH	510 uH	5.1 mH
5.6 nH	56 nH	560 nH	5.6 uH	56 uH	560 uH	5.6 mH
			6.2 uH	62 uH	620 uH	6.2 mH
	68 nH	680 nH	6.8 uH	68 uH	680 uH	6.8 mH
			7.5 uH	75 uH	750 uH	7.5 mH
8.2 nH	82 nH	820 nH	8.2 uH	82 uH	820 uH	8.2 mH
			8.7 uH	87 uH	870 uH	8.7 mH
			9.1 uH	91 uH	910 uH	9.1 mH

하지만, 트랜스포머, 코일 등 인덕터는 실제 원하는 용량이 없는 경우가 많기 때문에, 사용하고자 하는 용량이 시장에 없다면 코일과 코어의 설계를 통해서 원하는 용량의 인덕턴스에 맞도록 코어에 코일을 감아 직접 만들 수도 있고, 전문업체에 의뢰해서 만들 수도 있다.

다. 허용 오차 (Error Tolerance)

다음과 같은 허용 오차 코드가 있다.

코드	F	G	H	J	K	L	M	V	N
오차	±1%	±2%	±3%	±5%	±10%	±15%	±20%	±25%	±30%

라. 정격 전류 (Rated Current)

인덕터 선정에서 중요한 요소 중 하나가 정격 전류의 선정인데, 연속적으로 사용할 수 있는 허용된 전류 한계로 자기 포화의 여부와 코일 저항 성분의 전력 소비로 인한 온도 상승에 견딜 수 있는 전류 한계치로 허용 전류를 고려하도록 한다.
반드시 이 정격 전류 안에서 사용되어야 하며, 아래 자기 포화와 관련하여 충분한 정격 마진을 가지도록 한다.

자기 포화(Saturation)와 허용 전류

 인덕턴스의 자기장 편에서 보았듯이 전류가 증가하면 자기장의 크기가 커지지만, 전류가 커진다고 자기장이 무한대로 커지는 것은 아니다. 전류가 증가하더라도 자기장은 더 이상 커지지 않게 되는데 이를 자기 포화라 한다.
 이에 대한 관계를 나타낸 그래프로 아래와 같은 자기 포화 곡선(BH 커브 또는 BI 커브)이 있다.

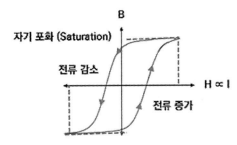

Figure II-50 BH 커브 (B- 자기장, H-자속밀도 : 전류에 비례)

 인덕터는 자기 포화된 이후에는 코일의 저항 성분만 동작을 하고 인덕턴스 성분은 동작하지 않게 되므로, 만약 인덕턴스를 이용하여 노이즈 제거, 효율 증가 등을 꾀했다면 이때부터는 이런 효과는 전혀 얻지 못하게 되고, 저항 성분으로 인한 전력 소비만 일어난다. 이런 이유로 사용 용도에 따라 주변 회로 소자가 파손될 수 있다.
 인덕터의 정격 전류는 자기 포화되지 않고 사용할 수 있는 최대 전류를 의미하는데, 보통 정격 전류는 사용하는 최대 전류의 최소 1.6 배 이상을 선택하도록 한다.
 이런 자기 포화는 포화 전류에서 갑자기 일어나는 것이 아니라, 전류가 증가함에 따라 인덕턴스가 서서히 감소하다가 포화 전류에서 자기 포화가 되므로, 만약, 전체 전류 범위에 대해 균일한 인덕턴스를 유지하고 싶다면, 3 배 이상의 정격 전류를 가진 인덕터를 사용하도록 한다.

온도와 허용 전류

 인덕터의 정격 전류는 코일의 저항 성분에서 전력을 소비하여 발생되는 발열에 대해 인덕터가 견딜 수 있는 허용 전류의 의미도 가진다.

마. DC 저항 (DC Resistance, DCR)

인덕터 코일도 도선이기 때문에 자체 저항 성분이 있고, 이로 인해 전류에 의한 전압 강하가 발생된다. 이 저항 용량이 높을수록 특히 전원 회로에 사용될 경우 전압 강하가 일어나고, 저항 성분으로 인해 소모된 전력은 열로 소비되므로 온도 상승 및 효율이 낮아진다.

따라서, DC 저항이 낮은 인덕터를 선택하는 것도 하나의 요소이다.

바. 자기 공진 주파수

자기 공진 주파수는 인덕턴스와 내부 기생 커패시턴스와의 공진 주파수를 말한다. 이 주파수 이후부터는 커패시턴스의 영향이 가중되므로, 고주파의 용도로 사용할 시 이 주파수를 인덕터의 한계 주파수로 보고 설계를 진행하도록 한다.

사. 제품 동작 온도

인덕터의 인덕턴스 자체는 온도 변화에 크게 변동이 없지만, 저항 성분은 변동이 있으므로 인덕터의 데이터시트를 참조하여 사용하고자 하는 온도에서 성능에 영향은 없는지 확인한 후 사용하도록 한다.

‖ 2.3.3. LR 직렬 회로 예

RL 직렬 회로의 전달함수에 대해서는 임피던스 편에서 구해 봤었고 이는 L 을 부하로 생각할 수 있다. 여기서는 직렬 L 과 부하 R 의 회로에 대해 살펴보자.

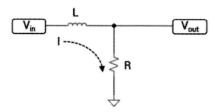

Figure Ⅱ-51 LR 직렬 회로

입력 전압 $V_{IN}(s)$와 전류 $I(s)$의 전달함수는 아래와 같다.

$$H_I(s) \;=\; \frac{I(s)}{V_{IN}(s)} \;=\; \frac{1}{sL + R}$$

$V_{OUT}(s) \;=\; I(s) \times R = \frac{V_{IN}(s)}{sL+R} \times R$ 이므로, 입력 전압 $V_{IN}(s)$와 $V_{OUT}(s)$의 전달함수는 아래와 같다.

$$H_V(s) \;=\; \frac{V_{OUT}(s)}{V_{IN}(s)} \;=\; \frac{R}{sL + R}$$

전달함수 형태를 보면 1 차 저주파 통과 필터 특성을 가지며, DC 이득은 1 로 그대로 출력되지만, 입력 전압 V_{in} 이 고주파 신호일수록 이득이 작아져 감쇠가 발생함을 이해할 수 있다.

각각의 전달함수에 대한 보드선도를 그려보면 아래와 같다.

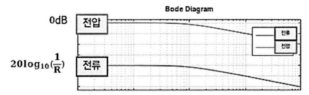

Figure II-52 LR 회로의 전압과 전류 보드선도

예측했듯이 고주파로 갈수록 감쇠되어 출력되는 저주파 통과 필터의 형태를 가진다.
위의 보드선도와 같이 고주파 전류와 전압을 감쇠하기 때문에, 직렬 코일의 기능을 갑작스러운 전류 변동의 억제 효과가 있는 필터로 얘기한다.

하지만, 실제 인덕터를 사용한 설계는 커패시터와 함께 공진점을 만들기 때문에 위의 예처럼 간단하게 사용할 수 있는 것은 아니다.
실제 커패시터 소자가 없더라도 높은 인덕턴스를 가진 인덕터나 신호의 주파수가 매우 높은 회로의 경우에는 기생 커패시턴스와의 상호 작용으로 공진을 만들 수 있기 때문에 신경을 써야 한다.

L 과 C 가 함께 있기 때문에 2 차 이상의 시스템이 될 것임을 알 수 있고, 2 차 이상의 시스템에서는 감쇠비를 공진이 없는 임계 댐핑 상태로 설계하여, 적당한 성능을 유지하면서도 과도한 오버슈트 및 링잉이 발생하여 시스템이 파손되는 일이 없도록 해야 하기 때문이다.
이 부분은 노이즈 편에서 RLC 직렬 회로를 해석하면서 살펴보게 될 것이다.

2.4. 다이오드

 지금까지 R, L, C 수동 소자들에 대해서 알아보았으며, 이제부터는 반도체 소자들에 대해서 알아보도록 한다.
 반도체(Semi conductor) 물질은 전기가 통하는 도체와 전기가 통하지 않는 부도체의 중간 정도의 물질이며, 전압/빛 등의 특정 조건으로 전기의 흐름을 제어할 수 있는 반도체 물질의 특성을 이용하여 만든 소자들을 반도체 소자라 한다.

2.4.1. P 형 반도체와 N 형 반도체

 앞으로 보게 될 반도체 소자들의 동작 원리를 이해할 수 있도록 P 형 반도체와 N 형 반도체에 대해 간단하게 살펴본다.
 순수(진성)반도체는 전하의 수와 정공(Hole)의 수가 같아 모두 결합을 이루고 있어 전류가 잘 흐르지 못하는 상태로 부도체에 가깝다.

 P(Positive)형 반도체는 전하를 운반할 수 있는 정공(Hole)이 많아 지도록 실리콘(Si) 또는 게르마늄(Ge)같은 순수 반도체에 붕소 등의 불순물을 투입해서 만든 반도체를 말하며, 이렇게 순수 반도체에 불순물을 첨가하는 과정을 도핑(Doping)이라 한다. 정공(Hole)은 전하가 들어갈 수 있도록 비어 있는 구멍으로 전하는 이 구멍을 메우며 이동된다.

 N(Negative)형 반도체는 자유전자의 수가 많아지도록 실리콘(Si) 또는 게르마늄(Ge)같은 순수 반도체에 인, 비소 등의 불순물을 투입해서 만든 반도체를 말한다.

 이 둘은 독립적으로 사용되지 않고, 서로 붙여서 사용하여 전압 등 특정 조건의 제어로 N 형 반도체의 자유전자가 P 형 반도체의 정공으로 이동하며 전류를 흐르게 하는 응용으로 사용된다. 이렇게 서로 붙이는 것을 접합(Junction)이라 한다.
 다이오드, 트랜지스터, MOSFET 등의 반도체 소자들은 이런 P/N 접합의 조합으로 만들어진다.

2.4.2. 다이오드 (Diode) PN 접합

다이오드는 P 형 반도체와 N 형 반도체를 접합하여 만든 반도체, 즉 P/N 접합 반도체 소자로 한쪽 방향으로만 전류가 흐를 수 있도록 하는 성질을 가진 디스크리트 능동 소자다.

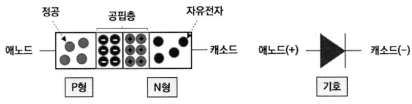

Figure II-53 다이오드 구조 및 기호

PN 접합을 하며, 연결된 각각의 단자를 애노드(Anode), 캐소드(Cathode)라 한다.
PN 접합을 한 후 공핍층(Depletion Region)이라는 에너지 장벽이 형성이 되는데, N 형 반도체의 전하가 P 형 반도체로 이동하기 위해서는 이 에너지 장벽을 넘을 수 있는 에너지가 필요하다.

가. 순방향 바이어스

바이어스(Bias)란 회로가 동작할 수 있도록 어떤 기준 전압이나 전류를 인가하는 것을 말한다. 다이오드에서 말하는 순방향 바이어스는 P 형 반도체(애노드)쪽의 전압을 N 형 반도체(캐소드)쪽에 걸리는 전압보다 높게 주어 전류가 흐를 수 있도록 하는 의미로 사용된다.

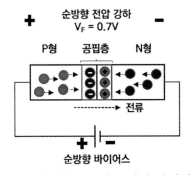

Figure II-54 다이오드의 순방향 바이어스

순방향 바이어스로 인가하면, 공핍층이 좁아지게 되어 N 형 반도체쪽의 전하가 P 형 반도체쪽의 정공으로 이동하면서 전류가 흐르게 된다.

이때, 순방향 전압(V_F, Forward Voltage)이라는 전위 장벽이 대표값 0.7V 정도 생성되는데, 순방향 바이어스 전압은 이 전위 장벽 V_F 전압 0.7V 이상보다 높아야 전하가 이동하며 전류가 흐르기 시작한다. 이때 흐르는 전류를 순방향 전류라 한다.

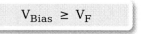

$$V_{Bias} \geq V_F$$

반대로 순방향 바이어스 전압이 V_F 전압 0.7V 보다 낮다면 전류는 흐르지 않는다.

나. 역방향 바이어스

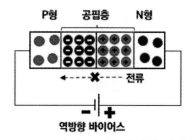

Figure II-55 다이오드의 역방향 바이어스

역방향 바이어스는 반대로 P 형 반도체(애노드)쪽의 전압을 N 형 반도체(캐소드)쪽의 전압보다 낮게 인가하는 것을 말하며, 이때 공핍층이 넓어지면서 전하의 이동을 막아 전류의 흐름을 차단한다.

2.4.3. 전기적 특성(Electrical Characteristic)

이번 장에서는 회로 설계 시 고려되어야 할 다이오드의 전기적 특성에 대해 살펴보도록 한다.

가. VI 특성 곡선 (Voltage-Current Curve)

VI 특성 곡선은 다이오드의 전압과 전류의 상관관계를 나타낸 곡선 그래프이며, 전압축의 + 방향은 순방향 바이어스 방향을 의미한다.

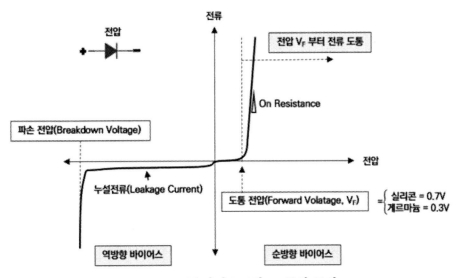

Figure II-56 다이오드의 VI 특성 곡선

다이오드의 동작 영역은 순방향(Forward) 바이어스 영역, 역방향(Reverse) 바이어스 영역, 항복(Reverse Breakdown) 영역으로 나눌 수 있다.

> **순방향 전압 (Forward Voltage, V_F)**

순방향 전압은 애노드(P 형) 전압을 캐소드(N 형) 전압보다 높게 줄 때 전류가 흐르기 시작하는 전압을 말하며, V_F 로 표시한다. 다이오드는 이 순방향 전압 V_F 보다 애노드 전압이 캐소드 전압보다 높아야 전류가 흐른다.

Figure II-57 다이오드의 순방향 전압

전류가 흐를 때, 다이오드 양단은 이 순방향 전압 V_F 만큼의 전압 강하가 발생하게 되는데, 다이오드 순방향 전압은 보통 대표값 0.7V 로 놓고 약식 설계/해석하는 경우가 많다.
실제 다이오드 소자에서는 게르마늄(Ge)으로 만들어진 다이오드는 0.2V ~ 0.5V 정도, 실리콘(Si)으로 만들어진 다이오드는 0.7V ~ 1.3V 정도의 순방향 전압을 가지므로 사용하려는 다이오드의 데이터시트를 참조해야 한다.

역방향 전압(Reverse Voltage)

다이오드에 역방향 바이어스를 인가했을 때, 전류의 흐름을 막는 구간을 말한다.

항복 영역 (Breakdown)

다이오드에 인가되는 역방향 전압이 커지면 어느 순간 전류의 흐름을 더 이상 막지 못하고, 역방향으로 큰 전류가 흐르면서 소자가 파손된다. 이 한계 전압을 항복 전압이라 한다.

나. 다이오드의 선택과 전기적 특성

아래는 다이오드 선정 시 고려해야 할 중요 항목에 대한 표이다.

	체크 리스트	비고
가	항복 전압(V_R)	최대 인가될 수 있는 예측되는 역방향 전압은 몇 V 인가?
나	순방향 정격 전류(I_F)	다이오드에 최대 흐르는 전류에 여유가 있는가?
다	순방향 전압(V_F)	순방향 전압에 의한 전압 강하가 회로 성능에 영향을 주지는 않는가?
라	역방향 누설 전류(I_R)	역방향 바이어스 시 누설 전류로 인한 회로의 영향은 없는가?
마	정션 커패시턴스	커패시턴스에 의한 반응 지연은 허용 가능한가?
바	온도 저항(R_{TH})	손실 전력으로 인한 온도 상승이 정격 온도 내에 들어오는가?
사	역회복 시간(T_{RR})	회로의 특성상 역회복 시간이 짧은 다이오드가 필요한가?

다이오드 중 정류용과 범용으로 많이 사용되는 파트 번호 1N4004 의 데이터시트의 내용을 보면서 전기적 특성을 이해한다. 아래는 HORNBY 전자의 1N4001, 1N4002, 1N4004 데이터시트에서 발췌한 것이다.

파트명 명명법을 지키지 않는 소자도 있지만, 보통 1N 으로 시작하면 다이오드를 2N 으로 시작하면 트랜지스터를 의미한다.

		Symbols	M1	M2	M3	M4	M5	M6	M7	Units
①	Maximum Recurrent Peak Reverse Voltage	V_{RRM}	50	100	200	400	600	800	1000	Volts
	Maximum RMS Voltage	V_{RMS}	35	70	140	280	420	560	700	Volts
	Maximum DC Blocking Voltage	V_{DC}	50	100	200	400	600	800	1000	Volts
②	Maximum Average Forward Rectified Current at T_L=75℃	$I_{(AV)}$				1.0				Amp
③	Peak Forward Surge Current, 8.3ms single half-sine-wave superimposed on rated load (JEDEC method)	I_{FSM}				30				Amp
④	Maximum Forward Voltage at 1.0A	V_F				1.1				Volts
⑤	Maximum Reverse Current　　　at T_A=25℃ at Rated DC Blocking Voltage　　　T_A=125℃	I_R				5.0 100				μAmp
⑥	Typical Junction Capacitance (Note 1)	C_J				12				pF
⑦	Typical Thermal Resistance (Note 2)	$R_{\theta JA}$				28				℃/W
⑧	Maximum Reverse Recovery Time (Note 3)	T_{RR}				2.5				μS
	Operating Junction Temperature Range	T_J				-55 to +150				℃
	Storage Temperature Range	T_{stg}				-55 to +150				℃

최대 순방향/역방향 전압 V_R

역방향 전압은 항복 전압(Breakdown) 전압을 말하는 것으로, 1N4004 데이터시트의 M4 를 보면 DC 블록킹 전압은 400V 까지임을 볼 수 있고, 이 최대 역방향 전압 이상의 전압이 다이오드에 역방향으로 인가되면 소자가 파손되므로, 이 전압 이상으로 역방향 전압이 인가되면 안된다.

순방향 전압 역시 순방향으로 인가될 수 있는 최대 전압을 의미한다.

순방향 허용 전류

순방향 허용 전류((Maximum Average Forward Rectified Current, I_{AV})는 연속적으로 동작시켜도 정상 동작하는 순방향 전류의 최대치를 의미하며, 1N4004 는 1.0A 이다.

최대 서지 전류

최대 서지 전류(Peak Forward Surge Current, I_{FSM})는 짧은 시간 동안 견딜 수 있는 최대 전류를 말하는 것으로, 위의 데이터시트에서는 8.3ms 의 반파 사인파를 주었을 때 30A 까지 견딜 수 있게 되어 있다. 전원 등의 서지가 직접 인가될 수 있는 곳에 사용되는 다이오드라면, 예상되는 서지 전류에 견딜 수 있는지 확인해야 한다.

순방향 전압 V_F

다이오드에 생성되는 에너지 층을 말하며, 이 전압보다 높은 순방향 바이어스 전압이 인가되어야 도통되어 전류가 흐른다. 또한, 다이오드에 전류가 흐를 때 이 V_F 만큼 전압 강하가 발생된다.

1N4004 데이터시트에 V_F 는 1.1V@1A 로 되어 있고 대표치 0.7V 보다 다소 높음을 볼 수 있다. 이 순방향 전압은 보통 순방향 전류가 증가할수록 높아지므로, 정격 전류가 1A 임을 감안하면 최대값일 것으로 예상할 수 있다.

이 전압은 다이오드로 인한 전력 손실 $P = I_F \times V_F$ 에 관련되며, 순방향 전압이 높을수록 전력 손실이 커지며 더 많은 열이 발생하게 된다.

역방향 누설 전류 I_R

다이오드에 역방향 바이어스가 걸렸을 때 전류가 완전 차단되어야 하지만, 실제는 완전 차단하지 못하고 5.0uA ~ 50uA 정도의 역방향 누설 전류 (Reverse Leakage Current, I_R)가 흐르게 된다.

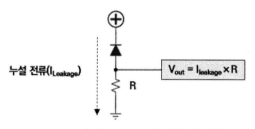

Figure II-58 다이오드 누설 전류의 영향

위의 그림과 같이 출력이 0V 가 되어야 할 회로에 다이오드의 누설 전류에 의해 $I_{Leakage} \times R$ 만큼의 전압이 생성된다. 이런 누설 전류에 의한 전압이 회로 기능에 영향이 없는지 확인이 필요하며 특히, 누설 전류가 큰 쇼트키 다이오드의 경우 신중하게 검토하도록 한다.

정션 커패시턴스(Junction Capacitance)

PN 접합의 정션부에 생기는 기생 커패시턴스로, 이 기생 커패시턴스가 높을 수록 다이오드의 ON/OFF 스위칭 속도가 느려진다.

온도 저항(Thermal Resistance, R_{TH})

Junction(접합) 온도는 PN 접합에서 접합부의 온도를 말하며, 위의 데이터시트에서 사용 온도는 -55˚C ~ +150˚C 까지 구동 가능하다.

열에 대해서는 계속 언급되었던 것과 같이 손실 전력이 다이오드 저항 성분으로 인하여 열로 소비되는데, 이때 소자가 견딜 수 있는 열의 한계를 말하고, 이는 소자의 정격 전류 등이 결정되는데 결정적인 역할을 한다.

온도 저항은 소자에서 1W 의 전력을 소비 시 상승하는 온도를 말하는 것으로, 1N4004 는 28 ˚C /W 이므로, 다이오드에서 소비되는 전력 1W 당 28˚C 가 상승된다.

사실 온도 저항은 외부에 열을 방열할 수 있는 요소인 패드의 크기, 패드 주변의 구리의 양, 패드 주변의 비아 배치 등의 주변 요소들에 의하여 영향을 받기 때문에, 데이터시트에는 제조사가 특정 조건에서 측정된 값이 기입된다.

HORNBY 전자의 1N4004 데이터시트 기준은 각 6.0mm^2 의 패드를 사용했을 때의 기준이다.

다이오드에 1A 의 전류가 흐를 때 소비 전력에 따른 온도 상승을 예측해 보자.

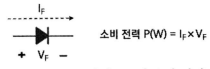

Figure II-59 다이오드의 소비 전력

다이오드 소자에서 소비되는 전력은 소자 양단에 걸리는 전방향 전압 V_F와 소자를 관통하는 전류와의 곱의 관계로 아래와 같다.

$$P(W) = V_F \times I_F$$

1A 가 흐를 때 다이오드 1N4004 에서 소비되는 전력을 구해 보면, V_F 는 최대 1.1V 이므로 최대 1.1W 가 다이오드에서 소비된다. 이렇게 회로 동작에 어떠한 긍정적 기여도 하지 않고 사라지는 전력을 손실 전력이라 한다.

이 손실 전력으로 인해 온도는 아래와 같이 30.8˚C 가 상승하게 된다.

$$상승온도(˚C) = P \times R_{th} = 1.1W \times 28˚C/W = 30.8˚C$$

여기에, 주위 온도를 25 °C 라 한다면, 55.8 °C 정도 될 것을 예측할 수 있고 정격 사용 온도 안에서 충분히 사용 가능함을 알 수 있다.

> **역회복 시간(Reverse Recovery Time, T_{RR})**

다이오드는 순방향으로 전류가 흐르다가 어느 순간 역방향 바이어스로 전환을 하면, 바로 전류를 차단시키지 못하고 일정 시간 역방향으로 전류를 도통시켜 단락(Short)된 것과 같이 동작한다. 시간이 지나 역방향 전류(I_{RR})까지 도달하여 완전 차단되는데 까지의 시간을 역회복 시간(Reverse Recovery Time)이라 한다.

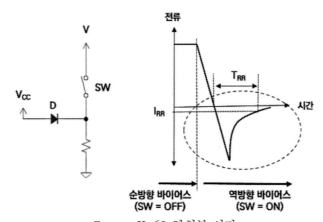

Figure II-60 역회복 시간

이 역회복 시간은 다이오드가 ON/OFF 반복되는 스위칭 동작 또는 역기전력 제거용으로 사용될 때는 순간적인 단락이 빈번하게 일어나므로, 효율이 안 좋아 지거나 심한 경우 소자가 파손될 수 있다. 따라서, 이런 용도에는 이 역회복 시간(T_{RR})을 수 ns ~ 수십 ns 로 짧게 만든 Fast Recovery Diode 같은 다이오드 타입을 사용한다.

위의 범용 다이오드인 1N4004 인 경우 2.5us 로 비교적 긴 것을 볼 수 있다.

2.4.4. 다이오드의 종류

다이오드 기호와 리드 타입/SMD 타입의 소자 모양은 아래와 같고, 캐소드의 방향을 나타내는 막대 표시가 있는데 이를 "캐소드 밴드"라 하며, 이를 참고하여 장착 시 다이오드의 방향이 역삽입되지 않도록 신경 써야 한다.

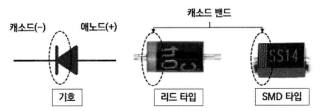

Figure II-61 다이오드 기호 및 모양

범용 다이오드 (Normal Diode)

일반적으로 항복 전압과 정격 전류가 높아 역방향의 전류를 차단하는 일반적인 용도, 정류회로 등에 많이 사용된다. 하지만, 전방향 전압(V_F)이 비교적 크고, 역회복 시간(T_{RR})이 길어 스위칭 타입으로의 사용은 부적합하다.

범용 다이오드에는 대표적으로 1N4004 타입이 있다.

스위칭 다이오드 (Switching Diode)

역회복 시간이 범용 다이오드보다 빠르고, 정션(Junction) 커패시턴스가 매우 작아 빠른 스위칭 용도로 사용되는 다이오드를 말한다. 하지만, 정격 전류, 열 저항 등의 성능이 열악해 높은 전류가 필요한 시스템의 스위칭 용도로는 잘 사용되지 않는다.

스위칭 다이오드에는 1N4148 등이 있다.

쇼트키 다이오드 (Schottky Diode)

PN 접합이 아니라, 금속과 반도체를 사용한 다이오드로 역회복 속도가 빠르고, 순방향 전압이 0.2 ~ 0.6V 정도로 작아 손실 전력이 적고 효율이 좋다. 또한, 정격 전류도 높은 편이다. 이 때문에 효율이 중요한 DC/DC 컨버터나 AC/DC 컨버터 등의 전원 회로의 2 차측의 다이오드는 보통 쇼트키 다이오드를 사용한다. 쇼트키 다이오드에는 1N5818 (SMD SS14) 등이 있다.

 하지만, 조심해야 할 점이 있는데, 역방향 전압이 인가되었을 때 비교적 큰 역방향 누설 전류가 있어 이에 의한 열 발생이다. 역방향 전압이 걸렸을 때 이 전압 크기와 비례해서 역방향 누설 전류가 증가되는데, 온도가 증가할수록 누설 전류도 증가한다. 이 누설 전류 때문에 더 많은 열이 발생되고, 이 열은 누설 전류를 더 크게 만드는 작용을 반복하다 소자가 파손된다. 이런 현상을 열폭주 현상이라 한다.

 따라서, 긴 시간 역방향 전압이 인가될 수 있는 곳에 쇼트키 다이오드를 사용할 때는 신중하게 검토해야 하며, 역방향 전압이 낮기 때문에 AC 전원의 정류 회로 같은 곳에는 사용하기 부적합하다.

고속 역회복 다이오드 (Fast Recovery Diode, FR Diode)

 FR 다이오드는 순방향 전압 V_F 는 비교적 높지만, 역회복 시간이 100ns ~ 500ns 로 비교적 빠르고, 정격 전류도 높은 편이라 순방향 전압 V_F 가 비교적 중요하지 않은, 코일 스위칭 제어 등에서 발생되는 역기전력 감쇠용인 Flywheel Diode 용으로 많이 사용된다.
 고속 역회복 다이오드에는 FR14 등이 있다.

특수 용도 다이오드

 아래는 앞에서 본 다이오드의 역방향 전류의 차단의 역할이 아닌 특수 용도로 사용되는 다이오드들이다.

☞ 정전압 다이오드 (제너 다이오드)

 제너 다이오드는 역방향으로 전압을 인가 시 특정 전압으로 클리핑하도록 만들어진 다이오드로, 일정 전압을 맞추는 용도로 사용된다.
 아래 그림은 제너 전압(클리핑 전압)이 8V 인 경우의 예로 역방향으로 인가된 12V 는 이 8V 의 전압으로 클리핑된다.

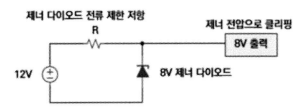

Figure II-62 제너 다이오드의 클리핑 동작

이렇게 제너 다이오드의 역방향 항복 전압을 이용할 때, 제너 다이오드의 정격 전류에 대한 보호를 위한 전류 제한 저항 R 이 반드시 필요하다. 이에 대해서는 회로 설계 규칙 편의 디지털 보호 회로에서 자세히 살펴보도록 한다.

☞ LED (발광 다이오드, Light Emitting Diode)

LED 는 전류를 공급하면 빛을 내는 소자로 다이오드와 같이 전방향 전압 V_F 특성을 가진다. LED 소자에도 정격 전류가 있어 저항을 통해 전류 제한을 해야 하며, 역전압이 매우 낮으므로 역전압에 대해서는 특히 주의를 기울여야 한다.

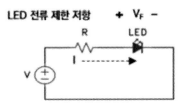

Figure II-63 LED 구동회로

위의 LED 의 전방향 전압을 V_F 라 하면 흐르는 전류는 KVL 을 이용하면 아래와 같이 계산될 수 있다.

$$I = \frac{V - V_F}{R}$$

이 흐르는 전류 I 는 LED 의 정격 전류보다 낮게 제한되도록 전류 제한 저항 R 의 용량을 선정하여야 한다. 보통 표시용 LED 는 10mA 정도의 전류로 제한하지만, 사용하는 LED 의 데이터시트를 확인하여 적절한 저항 R 의 용량을 선정하도록 한다.

2.4.5. 다이오드의 용도

다이오드의 사용은 순방향 바이어스를 인가하면 전류가 통과되고, 역방향 바이어스가 인가되면 전류의 흐름을 막는 특성과 순방향 전압 V_F 의 전압 강하를 이용한 응용이다.
아래에서 다이오드가 많이 사용되는 용도들에 대해서 살펴보도록 한다.

가. 정류 회로

정류란 교류(AC)를 직류(DC)로 만들기 위하여 양의 전압 또는 음의 전압만으로 만들 목적으로 전류의 흐름을 제어하는 동작을 말한다.
이렇게 정류된 전압을 커패시터 편에서 보았던 평활 회로를 이용하여 평탄한 직류로 만들게 된다.

> **반파 정류(Half Bridge, 다이오드 정류)**

반파 정류는 다이오드를 하나만 사용하여 교류 파형의 음의 전압은 버리고 양의 전압만 통과시키는 정류를 말하는 것으로, 리플이 심하고 효율이 좋지는 않지만 구성이 간단하다는 장점이 있다.

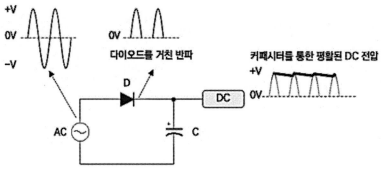

Figure II-64 반파 정류 및 평활 회로

> **전파 정류(Full Bridge)**

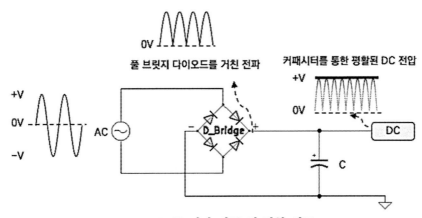

Figure II-65 전파 정류 및 평활 회로

반파 정류가 음의 전압을 버림으로 인해 효율이 좋지 않은 것에 대한 반해, 전파 정류는 교류의 양의 전압과 음의 전압을 모두 사용할 수 있도록, 다이오드를 풀 브릿지 (Full Bridge) 형태로 구성한 회로를 말하며 위의 다이오드 회로가 한 패키지에 구성된 다이오드 소자를 풀 브릿지 다이오드라 한다.

반파 정류보다는 평균 전력이 높아져 효율이 좋고, 상대적으로 리플 노이즈가 작다는 장점이 있어 보통의 경우 이 전파 정류를 사용한다.

하지만, 전파 정류에서도 2 개의 다이오드를 지나면서 생기는 다이오드의 전방향 전압 V_F × 2 만큼의 전압 강하와 전력 손실이 발생되기 때문에 상대적으로 전력 손실이 적은 MOSFET 을 이용한 동기 정류 방식이 사용되기도 한다.

이 다이오드를 이용한 전파 정류에 대해서는 회로 설계 규칙 편에서 자세히 다루게 된다.

나. 전압 클램핑(Clamping)

아래 그림과 같이 과전압에 대해 회로 보호를 위한 다이오드 구성 회로를 클램핑 다이오드라 한다.

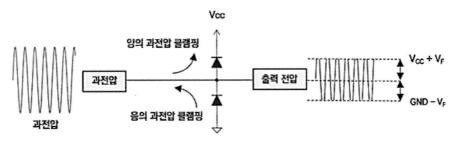

Figure II-66 클램핑 다이오드

위의 회로는 양의 과전압이 들어오면 기준 전압인 Vcc 로 전압을 제한하고, 음의 과전압이 들어오면 GND(0V)로 전압을 제한한다.

실제로는 다이오드의 순방향 전압이 있기 때문에 순방향 전압을 0.7V 라 했을 경우 양의 과전압은 3.3V + 0.7V 로 제한되고, 음의 과전압은 -0.7V 로 제한되어 회로로 인입된다.

전압 클램핑(Clamping)은 위 그림과 같이 과전압이 인가될 때 제한할 제한 기준 전압을 제공하여 이 제한 기준 전압 이내로 잘라내는 것을 의미하며, 과전압인 ESD 나 서지 전압이 들어올 경우 안전전압 이하로 유지하는 동작으로 내부 회로를 보호한다.

비슷한 의미로, 클리핑(Clipping)이 있는데, 클리핑은 전압을 제한하기 위한 제한 기준 전압 제공이 없어도 정류에 사용된 다이오드, 제너 다이오드의 항복 전압 또는 TVS 다이오드, MOV 와 같이 소자의 정해진 전압 특성으로 과전압을 잘라내는 동작을 의미한다.

다. 역기전력 제거용 Flywheel 다이오드

대표적인 인덕턴스 부하인 릴레이는 코일과 스위치의 조합으로 코일에 전류가 흐르면 자성이 생기고 그 자성의 힘은 스위치를 끌어당겨 ON 을 만들어 주는 장치임을 봤었다.

역기전력의 영향

인덕턴스 부하의 스위칭 제어에서는 수 KV 이상의 높은 역기전력 전압이 발생되기 때문에, 이 역기전력에 대한 소자 보호가 반드시 필요하다.

아래는 NPN 트랜지스터 소자를 이용하여 릴레이를 제어하는 회로이다.

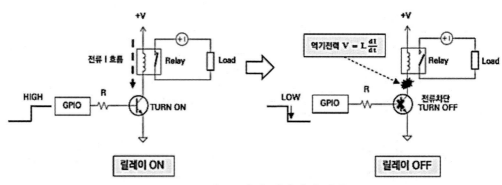

Figure II-67 코일의 역기전력 발생

NPN 트랜지스터를 ON 하여 릴레이 코일에 전류가 흐르고 있다가 NPN 트랜지스터를 OFF 하여 전류의 흐름을 갑자기 끊게 되면, 코일에 $V = L\frac{di}{dt}$ 크기의 역기전력이 생성된다.

이 OFF 시간은 무척 짧기 때문에, 매우 큰 역기전력 전압이 유도되며, 이 큰 역기전력은 위 회로에 사용된 스위치 소자인 NPN 트랜지스터의 파손을 초래하기 때문에, 역기전력에 대한 보호가 필요하다.

역기전력 제거

이 생성된 역기전력을 제거하기 위하여 가장 많이 쓰이는 방법은 아래와 같이 다이오드를 코일에 병렬로 연결하는 것이다.

이런 용도로 사용되는 다이오드의 쓰임을 역기전력 전류 흐름의 모양이 바퀴처럼 생겼다 하여 Flywheel 다이오드 또는 Flyback 다이오드라 부른다.

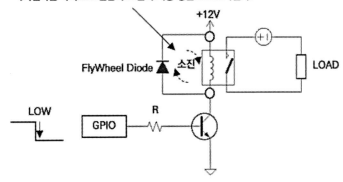

Figure II-68 역기전력 제거용 Flywheel 다이오드

NPN 트랜지스터가 OFF 될 때 생성되는 역기전력을 다이오드를 통해 코일로 전류 루프를 만들며 다이오드와 코일의 저항을 통해 코일에 저장된 자기 에너지를 소진시킴으로 NPN 트랜지스터 소자에는 영향이 없도록 한다.

하지만, 대전력인 경우에는 코일에 저장된 에너지의 크기가 크기 때문에 에너지의 소진이 상대적으로 적은 다이오드를 사용한 역기전력 보호 회로는 코일에 저장된 에너지 제거에 많은 시간이 걸리기 때문에 적당하지 않을 수 있다. 이런 경우에는 MOV (바리스터)나 RC 스너버 회로를 사용하기도 한다.

이에 대해서는 노이즈 편의 인덕턴스 부하에서 좀 더 자세히 다룬다.

☞ 다이오드 선정

역기전력의 전류는 코일 구동 시 흐르는 전류의 최대값이 되므로, 코일에 직류 전압을 인가했을 때 소모되는 전류의 2 ~ 3 배의 정격 전류를 선택하고, 이 직류 전압의 최소 2 배 이상의 최대 역방향 전압을 가진 다이오드를 선정하며, ON/OFF 스위칭 속도가 빠른 경우 Fast Recovery(FR) 다이오드를 선택한다.

라. 간단한 다이오드 AND 로직

두 개의 다이오드를 사용하여 간단하게 AND 로직 또는 OR 로직을 만들 수 있다.

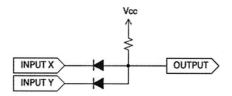

Figure II-69 다이오드 AND 회로

아래는 다이오드 AND 로직의 진리 테이블(Truth Table)이다.

INPUT_X	INPUT_Y	OUTPUT
0	0	0
1	0	0
0	1	0
1	1	1

2.5. 트랜지스터

 트랜지스터(Transistor)는 P 형 반도체와 N 형 반도체 3 개를 접합하여 만든 디스크리트 능
동 소자로 전하와 정공이 모두 전류의 흐름에 기여하기 때문에 양극성 BJT(Bipolar Junction
Transistor)라고 불린다.
 트랜지스터의 대표적인 용도는 전류를 차단/도통시키는 스위칭의 역할과 전류의 증폭 역할
이다.
 트랜지스터의 종류로는 PN 접합 구성에 따라 NPN 형과 PNP 형 트랜지스터로 나누어 진
다. 이 중 NPN BJT 의 스위칭 역할에 대해 중점을 두어 알아보도록 할 것이다.

2.5.1. 트랜지스터의 구조 및 종류

 트랜지스터는 NPN 트랜지스터와 PNP 트랜지스터로 나뉘며, 이들의 구분은 PN 접합인 다
이오드 방향을 보고 구분한다.

 NPN 트랜지스터

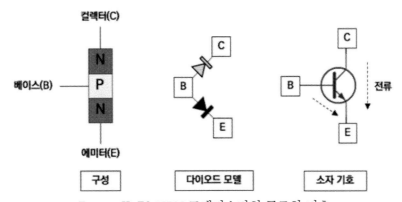

Figure II-70 NPN 트랜지스터의 구조와 기호

 NPN 트랜지스터는 [N 형-P 형-N 형]의 구조로 N 형 반도체 2 개와 P 형 반도체 1 개의 조
합으로 만들어진 트랜지스터를 말한다.

위의 그림과 같이 트랜지스터는 컬렉터(Collector), 베이스(Base), 에미터(Emitter)라 불리는 전극인 외부 회로와의 연결선을 가지고 있으며, 베이스에 인가되는 전류의 양으로 컬렉터에서 에미터로의 전류 흐름을 제어한다.

위의 그림에서 베이스(B)와 에미터(E)에 생성된 PN 다이오드의 방향을 주목하도록 한다.

이 PN 다이오드가 정방향 바이어스로 도통되어 전류가 흘러야 NPN 트랜지스터의 컬렉터에서 에미터로 전류가 흐를 수 있다.

이는 NPN 트랜지스터에서 기본적으로 컬렉터에서 에미터로 도통되어 전류가 흐르기 위해서는 베이스 전압 V_B 가 에미터 전압 V_E 보다 대표값 0.7V 보다 높아야 함을 의미한다.

이렇게 트랜지스터를 TURN ON/OFF 시킬 수 있는 경계 전압을 문턱 전압(Threshold Voltage)이라 한다.

NPN 트랜지스터가 ON 되어 전류가 흐를때, 에미터의 전류는 아래와 같다.

$$I_E = I_C + I_B$$

위 그림에서 컬렉터-베이스에도 다이오드가 그려져 있는데, 만일 컬렉터-베이스 접합부가 순방향 바이어스 되고 에미터-베이스 접합부가 역방향 바이어스 되면, 전류는 반대로 에미터에서 컬렉터로 흐를 수 있다. 하지만, 이 조건은 일반적인 동작 조건이 아니기 때문에, 파괴 또는 비정상적인 동작을 유발할 수 있으므로 조심해야 한다.

PNP 트랜지스터

PNP 트랜지스터는 [P 형-N 형-P 형]의 구조로 P 형 반도체 2 개와 N 형 반도체 1 개를 정합시켜 만든 반도체 소자이다.

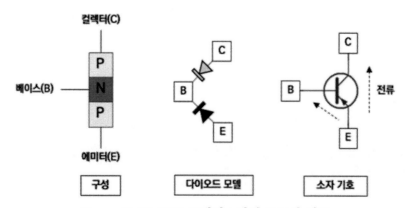

Figure II-71 PNP 트랜지스터의 구조와 기호

 NPN 형 트랜지스터와 다른 점은 베이스와 에미터 사이의 다이오드의 방향과 전류가 에미터에서 컬렉터로 흐른다는 점이다.

 PNP 트랜지스터에서는 다이오드 방향에 주목해 보면, 기본적으로 에미터-컬렉터가 도통되어 전류가 흐르기 위해서는 NPN 트랜지스터와는 반대로 에미터 전압이 베이스 전압보다 대표값 0.7V 이상 높아야 함을 의미한다.

 PNP 트랜지스터가 ON 되어 전류가 흐를 때, 컬렉터의 전류는 아래와 같다.

$$I_C = I_E - I_B$$

 일반적으로 NPN 트랜지스터가 PNP 트랜지스터 보다 빠른 스위칭 속도를 가져 고속 회로에서 효율과 성능이 우수하고, 간단하게 제어할 수 있으며, 더 높은 전류를 처리할 수 있다는 장점을 가지기 때문에, PNP 트랜지스터보다 많이 사용된다.

 PNP 트랜지스터의 경우 NPN 트랜지스터만큼 자주 사용되지는 않지만, 전력 공급 스위칭에서 로드 스위치 역할로 부하를 연결하는 등의 용도로 많이 사용된다.

2.5.2. NPN 트랜지스터의 동작 영역

전압 V_{BE} 는 에미터 전위를 기준으로 베이스의 전압을 표시하는 것으로, $V_{BE} = V_B - V_E$ 이다. 반대로 $V_{EB} = V_E - V_B$ 이므로 전압 표기의 방향성을 잘 보아야 한다.

만약, 전압 V_{BE} 가 0.7V 보다 크다면 V_B 가 V_E 보다 0.7V 높다는 의미이다.

가. 동작 영역

트랜지스터는 앞에서 본 것과 같이 컬렉터(Collector), 베이스(Base), 에미터(Emitter)라 이름 지어진 단자를 가지고 있으며, 베이스에 인가되는 전류의 양으로 컬렉터에서 에미터로의 전류량을 제어한다.

트랜지스터의 이런 동작으로 인해 전류의 흐름을 차단하는 차단 영역(Cutoff Region), 컬렉터에서 에미터로의 전류량을 베이스의 전류 크기에 의해 증폭하는 활성 영역(Active Region), 스위칭의 역할에 사용되는 포화 영역(Saturation Region)으로 동작 영역이 구분된다.

아래 조건의 베이스와 에미터 사이 다이오드의 순방향 전압 V_F 에 해당하는 문턱값 0.7V 와 포화 전압인 $V_{CE\_SATURATION}$ 0.2V 는 대표값이므로 데이터시트를 참조해야 한다.

차단 영역	활성 영역	포화 영역
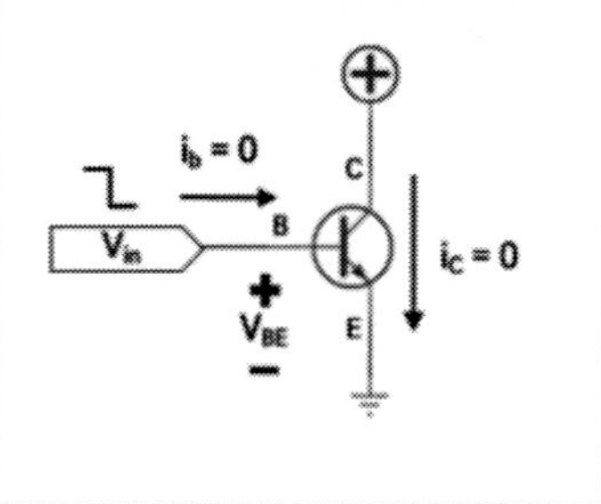	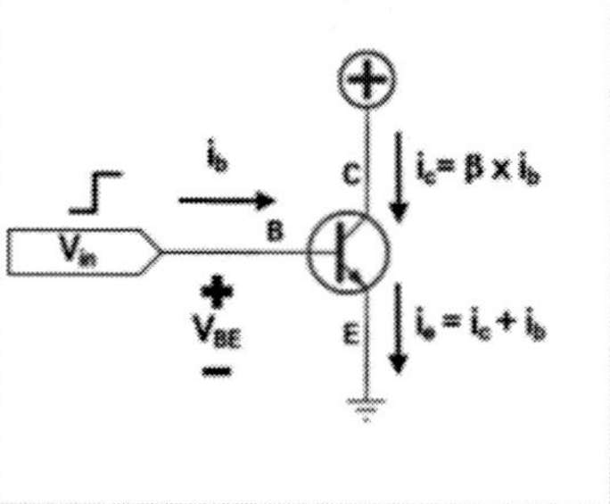	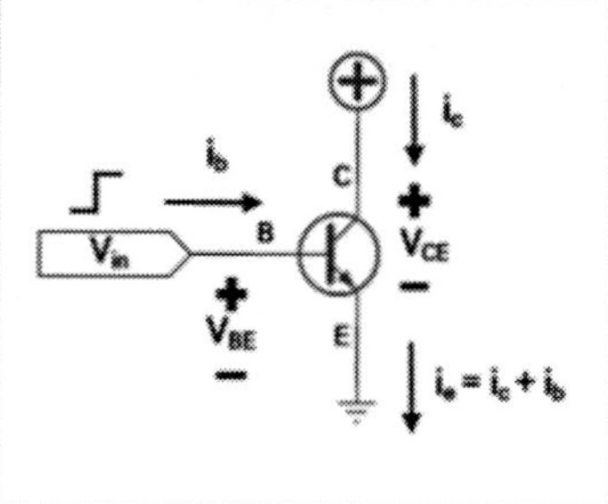
$V_{BE} < 0.7V \rightarrow i_b = 0$	$V_{BE} \geq 0.7V$ $V_{CE} > 0.2V$	$V_{BE} \geq 0.7V$ $V_{CE} \leq 0.2V$
전류 차단	• 베이스 전류 증폭 영역 $i_c = i_b \times$ 증폭률(β)	• 스위칭 영역 • 포화 영역 $V_{CE} = 0.2V$

Figure II-72 NPN 트랜지스터 동작 영역

$V_{BE} < 0.7V$ 라면 베이스와 에미터 사이에는 전류가 흐르지 않고, 따라서 컬렉터에서 에미터로도 전류가 흐르지 않는다. 이 영역을 차단 영역이라 한다.

$V_{BE} \geq 0.7V$ 조건이 되어야 NPN 트랜지스터가 도통하여 컬렉터에서 에미터로 전류가 흐르는데, 이 조건에서 활성 영역과 포화 영역으로 구분된다.
활성 영역에서는 전류 증폭률 β 와 베이스 전류의 곱만큼 컬렉터에서 에미터로 베이스 전류에 선형적인 전류가 흐르게 되어 아날로그 증폭 회로에 사용된다.
포화 영역은 V_{CE} 전압이 가장 작아 전력 손실이 작기 때문에 스위칭 역할에 사용되는 영역으로 이 영역을 집중하여 볼 것이다.

아래 IV 커브를 보면서 각 동작 영역에 대해 좀 더 자세히 알아보도록 한다.

나. NPN 트랜지스터의 IV 커브 (전달 특성 곡선)

IV 커브는 트랜지스터의 컬렉터 전압(V_{CE})과 컬렉터 전류(I_C), 베이스 전류(I_B)의 관계를 나타낸 곡선 그래프이다.

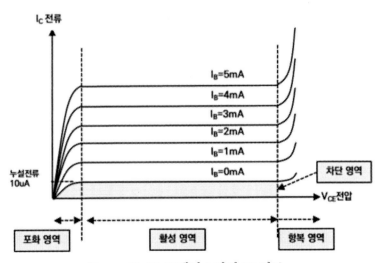

Figure II-73 트랜지스터의 IV 커브

차단 영역 (Cutoff Region)

NPN 트랜지스터는 베이스(B)에서 에미터(E)로 전류가 흘러야 컬렉터 전류가 흐르기 시작한다. 차단 영역은 V_{BE} 의 전압이 다이오드의 전방향 전압(V_F, 대표치 0.7V)보다 낮아서 전류가 도통하지 못하는 상태이다.

하지만, 전류를 차단했어도 컬렉터에서 에미터로의 누설 전류(Leakage Current)가 흐르는데, 보통 수 uA 이하로 무시하지만 해당 트랜지스터의 데이터시트를 확인해야 한다.

활성 영역(Active Region)

아래 조건일 때의 영역으로 컬렉터에서 에미터로 전류가 흐르며, 전류 증폭 용도로 사용된다.

$$V_{BE} \geq 0.7V(대표치), \; V_{CE} > 0.2V(대표치)$$

이 영역은 베이스 전류 I_B 가 증가함에 따라 전류 증폭률 h_{FE} 에 비례하여 선형적 즉, $I_C = h_{FE} \times I_B$ 크기로 컬렉터 전류 I_C 가 증가되는 구간을 말한다. V_{CC} 가 변하더라도 오로지 베이스 전류 I_B 에 의해 전류가 정전류가 되도록 V_{CE} 가 조정되므로, 선형적인 증폭 동작을 할 수 있다.

☞ 전류 증폭률(Current Transfer Ratio)

직류에 대한 전류 증폭률(전류 이득)을 h_{FE} 또는 β 로 표기하고 교류에 대한 소신호 증폭률을 h_{fe} 로 표기한다. 이 직류 전류 증폭률에 의하여 흐를 수 있는 컬렉터 전류 I_C 는 아래와 같이 베이스 전류 I_B 에 의해 결정된다.

$$I_C = h_{FE} \times I_B$$

소신호 증폭률 h_{fe} 에 대한 관계는 변화량의 비로 다음과 같이 표현된다.

$$\Delta I_C = h_{fe} \times \Delta I_B$$

여기에서 전류 증폭은 부족한 전류를 증폭하여 만들어 내는 것이 아니라, 위 컬렉터 전류 I_C 가 될 수 있도록 트랜지스터가 V_{CE} 전압을 조절하는 것이다. 이에 대해서는 전기적 특성 편에서 다시 살펴보도록 한다.

포화 영역(Saturation Region)

아래 조건일 때의 영역으로 컬렉터에서 베이스로 전류가 흐르며, ON/OFF 스위칭 용도로 사용되는 영역이다.

$$V_{BE} \geq 0.7V(\text{대표치}), \quad V_{CE} \leq 0.2V(\text{대표치})$$

트랜지스터는 포화 영역에서 V_{CE} 전압이 최소(대표치 0.2V)가 되어 전력 손실이 가장 적다. 이 포화 영역에서의 V_{CE} 는 포화 전압이라 하며 $V_{CE(SAT)}$으로 표기한다.

☞ 전력 손실

포화 영역에서 I_C 전류 1A 가 흐른다고 했을 때, V_{CE} = 0.2V 로 놓으면 아래와 같이 트랜지스터에서 0.2W 의 전력 손실이 발생하며 이는 열로 변환된다.

$$P = VI = V_{CE-SAT} \times I_C = 1A \times 0.2V = 0.2W$$

☞ 포화 영역 스위칭의 의미

포화 영역에서 컬렉터와 에미터의 전압 V_{CE} 가 가장 작아 스위칭 용도에 사용되는 영역이라는 말은 위에서 본 것과 같이 트랜지스터 자체에서 소모되는 전력 손실이 가장 작은 영역이라는 의미이다.

이를 LED 제어 회로를 예로 생각해 보자.

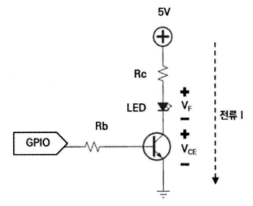

Figure II-74 NPN 트랜지스터를 이용한 LED ON/OFF 제어 회로

위 그림은 트랜지스터의 베이스 전류를 제어하여 LED 를 ON/OFF 하는 회로이며, ON 되었을 때 LED 에 흐르는 전류는 $(5V - V_F - V_{CE})/R_C$ 이다. 여기에서 V_F 는 LED 다이오드의 전방향 전압이다.

활성 영역에서도 컬렉터에서 에미터로 전류가 흐르기 때문에 LED 에 전류가 흐르며 켜진다. 따라서, 활성 영역에서 LED 를 ON/OFF 해도 기능상 문제가 없을 수 있지만, V_{CE} 가 포화 영역보다 높기 때문에 LED 에 흐르는 전류가 포화 영역에서 LED 에 흐르는 전류보다 낮다.

즉, 같은 전력을 소비한다고 하면, 활성 영역에서는 공급되는 전력이 LED 와 트랜지스터 자체의 손실 전력으로 나누어 소비됨으로써 덜 밝은 LED 성능을 가진다. 이때, 트랜지스터에서는 $V_{CE} \times I$ 의 전력이 소모되며, 열이 발생된다.

반면, V_{CE} 가 작은 포화 영역에서는 트랜지스터 자체에서 전력 손실이 작아, 거의 모든 전력이 LED 에 공급되므로 상대적으로 더 밝은 LED 제어가 되는 것이다.

이처럼 트랜지스터의 스위칭 제어를 포화 영역에서 하면 효율 증가 즉, 손실 전력이 적기 때문에 스위칭 동작을 설계할 때는 포화 영역에서 하라고 하는 것이다.

항복 영역 (Breakdown Region)

V_{CE} 전압이 트랜지스터의 항복 전압보다 커지면 과전류가 흐르게 되며, 소자가 파손되므로, 이보다 낮은 영역에서 동작되도록 적절한 소자 선택 및 회로 설계가 되어야 한다.

2.5.3. PNP 트랜지스터의 동작 영역

PNP 트랜지스터는 NPN 트랜지스터와는 베이스와 에미터 사이의 다이오드의 방향이 반대이다.

따라서, 베이스의 전압이 에미터 전압 보다 0.7V(대표 문턱값) 이하 작아야 베이스 전류가 흐르면서 에미터에서 컬렉터로 전류가 흐르게 된다. 즉, $V_{EB} > 0.7V$(대표 문턱값) 조건이어야 트랜지스터가 도통된다.

아래 PNP 트랜지스터의 동작 영역에 대한 표를 V_{BE} 와 V_{EB} 와 같이 다른 극성 표시에 주의하면서, NPN 트랜지스터의 동작과 비교하여 보도록 한다.

차단 영역	활성 영역	포화 영역
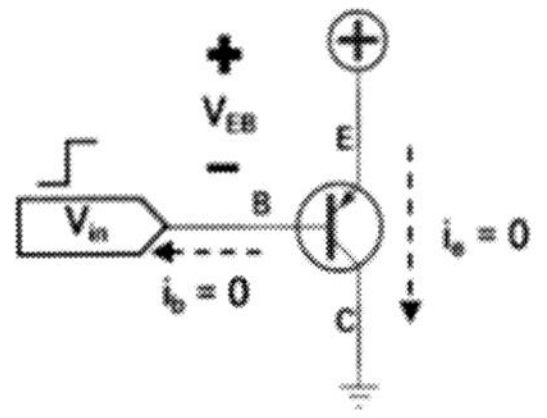	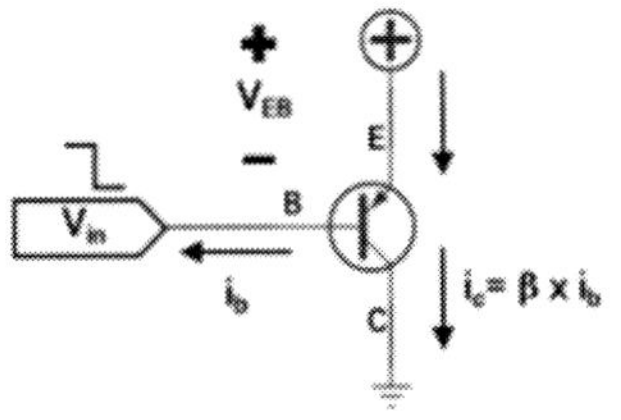	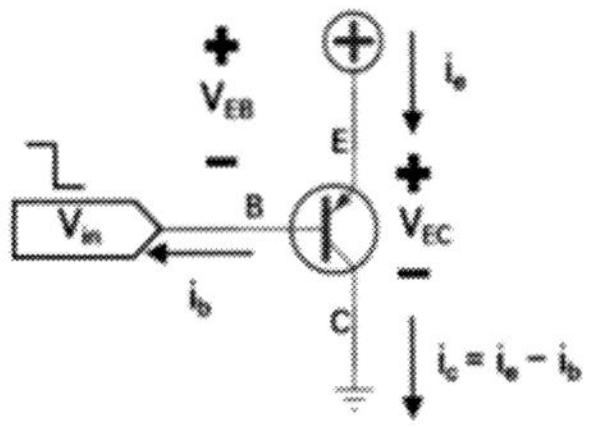
$V_{EB} < 0.7V \rightarrow i_b = 0$	$V_{EB} \geq 0.7V$ $V_{EC} > 0.2V$	$V_{EB} \geq 0.7V$ $V_{EC} \leq 0.2V$
전류 차단	• 베이스 전류 증폭 영역 $i_c = i_b \times$ 증폭률(β)	• 스위칭 영역 • 포화 영역 $V_{CE} = 0.2V$

Figure II-75 PNP 트랜지스터 동작 영역

2.5.4. 전기적 특성(Electrical Characteristic)

아래는 트랜지스터를 이용하여 회로를 설계할 때 고려해야 할 항목들에 대한 표이다.

	체크리스트	비고
가	최대 허용 컬렉터 전류	최대 허용 전류 확인
나	항복 전압(Breakdown Voltage)	최대 인가될 수 있는 전압에 충분한 여유가 있는가?
다	누설 전류 (Leakage Current)	차단 영역에서의 누설 전류가 회로에 영향을 주진 않는가?
라	포화 전압(V_{CE}(sat))	포화 영역의 스위칭 용도로 사용할 시 이 포화 전압이 낮을수록 트랜지스터에서 소비하는 전력이 낮아 효율이 좋아진다.
마	전류 증폭도와 IV 커브	증폭 회로 설계 시 사용
바	스위칭 타이밍	사용 용도에 맞게 충분히 빠른가?
사	온도확인 (R_{th})	트랜지스터에서 소모되는 전력에 의한 열 발생이 한도 내 들어오는지 확인

아래는 중전력 트랜지스터(Medium Power Transistor)인 Rohm 사의 파트명 PN2222A (2N2222A)의 데이터시트에서 발췌한 것으로 이를 토대로 트랜지스터의 전기적 특성에 대해 보도록 한다.

● **Absolute maximum ratings** (Ta = 25°C)

①

Parameter	Symbol	Limits	Unit
Collector current	Ic	0.6	A

● **Electrical characteristics** (Ta = 25°C)

Parameter	Symbol	Min.	Typ.	Max.	Unit	Conditions
Collector-base breakdown voltage	BVcbo	75	-	-	V	Ic=10µA
Collector-emitter breakdown voltage	BVceo	40	-	-	V	Ic=10mA
Emitter-base breakdown voltage	BVebo	6	-	-	V	Ie=10µA
Collector cutoff current	Icbo	-	-	100	nA	Vcb=60V
Emitter cutoff current	Iebo	-	-	100	nA	Veb=3V
Collector-emitter saturation voltage	Vce(sat)	-	-	0.3	V	Ic/Ib=150mA/15mA
		-	-	1		Ic/Ib=500mA/50mA
Base-emitter saturation voltage	Vbe(sat)	0.6	-	1.2	V	Ic/Ib=150mA/15mA
		-	-	2		Ic/Ib=500mA/50mA
DC current transfer ratio	hFE	35	-	-		Vce=10V, Ic=0.1mA
		50	-	-		Vce=10V, Ic=1mA
		75	-	-		Vce=10V, Ic=10mA
		50	-	-		Vce=1V, Ic=150mA
		100	-	300		Vce=10V, Ic=150mA
		40	-	-		Vce=10V, Ic=500mA
Transition frequency	fT	300	-	-	MHz	Vce=20V, Ic=20mA, f=100MHz
Output capacitance	Cob	-	-	8	pF	Vcb=10V, f=100kHz
Emitter input capacitance	Cib	-	-	25	pF	Veb=0.5V, f=100kHz
Delay time	td	-	-	10	ns	Vcc=30V, Vbe(off)=0.5V, Ic=150mA, Ib1=15mA
Rise time	tr	-	-	25	ns	Vcc=30V, Vbe(off)=0.5V, Ic=150mA, Ib1=15mA
Storage time	tstg	-	-	225	ns	Vcc=30V, Ic=150mA, Ib1=-Ib2=15mA
Fall time	tf	-	-	60	ns	Vcc=30V, Ic=150mA, Ib1=-Ib2=15mA

① 최대 허용 컬렉터 전류 (Collector Current)

이 PN2222A 트랜지스터 데이터시트에 의하면 컬렉터에 흐를 수 있는 최대 허용 전류는 0.6A 이다. 이렇게 다룰 수 있는 전류의 크기에 따라 소전력, 중전력, 대전력 트랜지스터로 구분된다.

보통 전류 증폭률은 온도가 상승하면 커지게 되어 흐르는 컬렉터 전류도 커지게 되므로, 회로 설계 시 사용하려는 전류보다 최소 1.6 배 이상의 마진을 갖는 트랜지스터를 선정하는 것이 좋다.

② 항복 전압(Breakdown Voltage)

PN2222A 데이터시트에 의하면, V_{CB} 최대 전압은 75V, V_{CE} 최대 전압은 40V, V_{EB}(다이오드 역전압) 최대 전압은 6V 이다. 이 전압 이상으로 인가 시 소자가 파손될 수 있으므로, 1.6 배 이상의 마진을 확보하는 것을 권장한다.

특히, 릴레이 등의 코일을 스위칭 제어할 경우 역기전력 제거용 Flywheel 다이오드를 장착했다 할 지라도, 다이오드의 내부 저항/커패시턴스의 영향으로 인한 역기전력 제거의 지연을 고려하여 2 배 ~ 3 배 이상의 마진을 주고 선정하도록 한다.

③ 누설 전류(Leakage Current)

차단 영역에서도 흐르는 누설 전류는 100nA 정도로 작기 때문에 보통 회로에 영향을 받지 않지만, 컬렉터, 베이스에 연결되는 저항을 너무 큰 것을 쓰면 영향을 받을 수 있고, 온도가 상승함에 따라 누설 전류가 증가되므로 회로 성능에 영향을 주지 않는지 확인해야 한다.

④ 포화 전압 (Saturation Voltage)

포화 전압은 포화 영역에서의 컬렉터와 에미터 사이의 V_{CE} 전압을 의미하고, 이는 포화 영역의 스위칭 용도로 사용 시 트렌지스터에서 소모되는 손실 전력 $P_{Dissipation} = V_{CE(SAT)} \times I_C$ 와 관계가 된다.

PN2222A 데이터시트에 의하면, 컬렉터 전류 150mA 일 때 포화 전압 V_{CE} 는 0.3V 정도임을 볼 수 있고, 컬렉터 전류가 500mA 까지 상승하면 1V 까지도 상승하는 것을 볼 수 있다.

일반적인 계산에서는 포화 전압을 대표치 0.2V 로 두고 계산하지만, 이와 같이 사용하려는 소자의 데이터시트를 확인해야 한다.

⑤ 전류 증폭도(h_{FE})와 IV 커브

DC 직류에 대한 전류 증폭도 h_{FE} 는 활성 영역에서 베이스 전류 I_B 와 전류 증폭도 h_{FE} 의 곱으로 컬렉터 전류 I_C 전류가 선형적인 전류 증폭 출력을 한다.

$$h_{FE} = \frac{I_C}{I_B}$$

즉, 베이스 전류 I_B 의 크기에 따라 컬렉터 전류 I_C 는 $I_B \times h_{FE}$ 만큼의 전류를 흘릴 수 있다. 이는 앞서 보았듯이 트랜지스터가 부족한 바이어스 전류를 증폭하여 출력하는 것이 아니라, 충분한 I_C 전류가 흐를 수 있는 바이어스 조건에서, V_{CE} 전압을 제어하여 즉, 트랜지스터에서 소비하는 전력의 양을 제어함으로써 선형적인 출력을 하는 것이다.

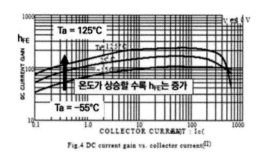

Fig.4 DC current gain vs. collector current[11]

이 직류 전류 증폭도 h_{FE} 는 위의 그림과 같이 온도가 상승할수록 보통은 증가되는 경향을 보이는데, 이를 보상하기 위해서 궤환 회로를 구성하기도 한다.

⑥ 상승/하강(Rising/Falling) 시간

상승 시간은 트랜지스터가 TURN ON 때 컬렉터 전류가 10%에서 90%까지 상승할 때의 시간을 의미하는 것으로, 이 시간으로 스위칭 속도를 예측할 수 있다.

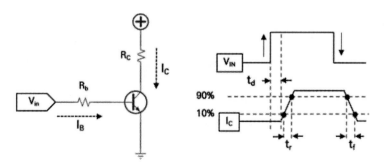

Figure II-76 스위칭 동작의 상승/하강 시간

이 상승 시간/하강 시간이 빨라 고주파에 대응 가능한 트랜지스터를 고주파용 트랜지스터, 느린 것을 저주파용 트랜지스터라 한다.

2.5.5. NPN 로우 사이드 스위치 설계 예

스위칭 소자인 트랜지스터가 부하보다 아래 있다고 해서 로우 사이드(Low Side) 스위치라 부르는데, NPN 트랜지스터를 이용하여 설계해 보도록 한다.

NPN 트랜지스터로 하이 사이드(High Side) 스위치 설계를 하게 되면, 전류의 크기에 따라 부하에 걸리는 전압, 즉, 에미터 전압 V_E 가 커지게 되면서 베이스의 전압보다 커질 수 있다. 이렇게 되면 $V_B \geq V_E + 0.7V$ 의 조건을 만족할 수 없게 되는 경우가 발생해 트랜지스터가 ON 을 유지할 수 없고 OFF 되는 현상이 발생될 뿐 아니라, 베이스 전류 I_B 의 전류의 양이 줄어들게 되어 트랜지스터에서 소비되는 전력이 증가될 수 있다.

이런 이유로 NPN 트랜지스터는 대부분 로우 사이드 스위치로 사용되고, 하이 사이드(High Side) 스위치는 PNP 트랜지스터로 설계한다.

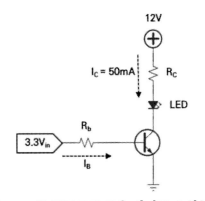

Figure II-77 NPN 로우 사이드 스위치

전방향 전압(V_F) 0.7V 인 LED 에 50mA 의 전류를 ON/OFF 제어하는 회로 설계를 앞에서 살펴본 PN2222A NPN 트랜지스터를 사용하여 해보도록 한다.
사실 LED 에 항상 정확한 전류를 공급하기 위해서는 정전류 회로 설계가 필요하지만, 여기 서는 트랜지스터 스위칭을 통해 LED 에 대략 50mA 정도 인가하는 회로를 포화 영역에서 구현해 보는 것이 목표이다.

가. LED 전류 제한 저항 R_C 구하기

트랜지스터의 포화 영역 조건이 $V_B >= 0.7V$, $V_{CE} < 0.2V$ 이므로, V_{CE} 를 대표치 0.2V 로 두고 컬렉터 저항 R_C 를 구해 보도록 한다.

　　PN2222A 데이터시트의 포화 전압 그래프를 보면, 50mA 컬렉터 전류 I_C 에 대해 포화 전압 V_{CE} 는 0.1V 이하이므로 타당하다.

ㄱ. 저항 용량 계산

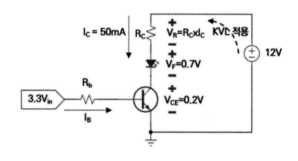

$$-12V + V_R + V_F + V_{CE} = 0$$

$$-12V + R_C \times 50mA + 0.7V + 0.2V = 0 \rightarrow \therefore R_C \approx 220\Omega$$

　　저항 소자 편의 SMD 저항 테이블에서 220Ω 의 용량이 있으므로, 이를 선택하도록 한다.

ㄴ. 소비 전력과 저항 선택

　　저항 선정에 앞서 저항에서 소비되는 전력을 확인해야 한다. 50mA 정도가 저항에 인가되므로, 아래와 같이 계산할 수 있다.

$$P = I^2 R = (50mA)^2 \times 220\Omega = 0.55W$$

　　허용 전력이 최소 0.55W 를 견딜 수 있는 저항을 선정하면 되는데, 저항 소자 편의 SMD 저항 테이블을 보면 밀리미터 코드 4542 가 3/4 와트까지 가능하므로, 이 4542 패키지로 선택하거나 리드 타입의 저항으로 선택하도록 한다.

나. 베이스 전류 I_B 와 R_B 구하기

　　위에서 트랜지스터의 포화 영역 동작 조건으로 컬렉터 전류 50mA I_C 를 흘릴 수 있도록 저항 R_C 를 선택하였다. 이 전류가 흐를 수 있도록 베이스 전류 I_B 를 선정해야 하는데, 전류 증폭률에 의해 컬렉터에 흘릴 수 있는 전류 $I_B \times h_{FE}$ 는 이 50mA I_C 전류보다 충분히 커야 포화 영역에서 동작할 수 있다.

즉, 필요한 I_C 전류와 전류 증폭률 h_{FE} 로 필요한 베이스 전류를 계산할 수 있다.

이때 일반 환경 25℃ 하의 직류 전류 증폭률 h_{FE} 에 맞추어 설계했다고 하면 주위 온도가 낮아져 h_{FE} 가 낮아졌을 경우 컬렉터 전류 I_C 가 줄어들며 V_{CE} 가 커져서 전력 손실이 발생할 수 있다.

따라서, 트랜지스터를 스위치 용도로 사용할 때는 최저의 직류 전류 증폭률 h_{FE} 를 사용해서 설계해야 온도에 의한 h_{FE} 의 변화에도 항시 포화 영역에서 동작될 수 있다.

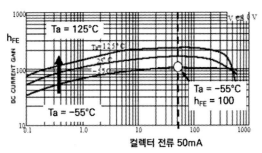

Figure II-78 PN222A 의 온도에 따른 DC GAIN 과 컬렉터 전류

PN2222A 데이터시트의 주위 온도와 h_{FE} 와의 관계 그래프를 보면, 컬렉터 전류 50mA 에서 주위 온도 -55℃ 일때 h_{FE} 100 으로 가장 낮으므로 이에 맞추어 30% 정도의 여유마진을 두어 h_{FE} 는 70 정도로 계산하면 된다.

데이터시트를 확인하여 설계하는 것은 당연한 일이지만, 회로 설계를 하다보면 어떠한 조건에서도 무조건 포화 영역에서 동작시키고 싶을 때가 있다.

이런 경우 트랜지스터의 스위칭 용도 설계에서 Forced h_{FE} 라 불리는 h_{FE} = 10 을 사용하면 포화 영역 동작을 쉽게 설계할 수 있다. 하지만, 이 방식은 베이스에서 소모되는 전류량이 다소 크게 설계된다는 단점이 있다.

만약, 높은 베이스 전류가 부담이 된다면 h_{FE} 를 10 대신 위에서 본 것처럼 h_{FE} 는 데이터시트 내의 컬렉터 전류 50mA 에서 최소 h_{FE} 인 100 으로 마진을 두어 설계하면 된다.

ㄱ. 포화 영역 Forced h_{FE}

트랜지스터의 데이터시트를 보면 BJT 제조사들은 포화 영역에 대한 테스트를 할 때 h_{FE} = 10 으로 두고 테스트하는데, 이를 Forced h_{FE} 라 한다.

위의 h_{FE} 와 온도의 그래프를 보면 컬렉터 전류가 0.1mA 일 때 h_{FE} 는 35 임을 고려해 보면, 이 Forced h_{FE} 는 모든 조건에서 최소의 h_{FE} 라 볼 수 있으므로, 무조건적인 포화 영역으로 설계하고 싶다면 이를 사용하여 회로 설계를 하면 된다.

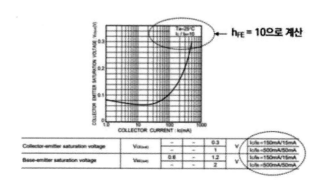

앞서 말했듯이 이 방식은 베이스 전류가 과도하게 높게 설계되는 단점이 있어 그다지 추천하지는 않지만, 여기서는 $h_{FE} = 10$ 으로 두고 설계해 보도록 한다.

ㄴ. Forced h_{FE} 로 베이스 전류 I_B 구하기

$$\text{Forced } h_{FE} = 10 = \frac{I_C}{I_B} = \frac{50mA}{I_B} \rightarrow \therefore I_B = 5mA$$

I_B 에 5mA 이상을 공급하면, 최소의 h_{FE} 로 설계하였기 때문에 I_C 가 50mA 이상 흐를 수 있는 조건이 되며, 포화 영역에서 동작하게 된다.

앞서 말한 것과 같이 이 방식은 h_{FE} 를 100 으로 두었을 때 필요한 베이스 전류 0.5mA 와 비교해 보면, 베이스 전류 5mA 로 상당히 높게 설계된다는 것을 알 수 있다.

하지만, MCU 의 GPIO 구동 능력이 20mA 정도임을 고려해봤을 때, 5mA 로 설계했더라도 GPIO 로 베이스 전류를 구동은 가능하지만, 권장되는 방식은 아니므로 설계 예로만 보도록 한다.

ㄷ. R_B 저항 용량 구하기

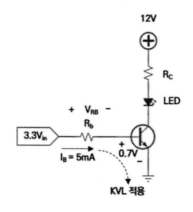

위의 회로에서 트랜지스터의 베이스 대해 KVL(키르히호프 전압 법칙)을 적용하면 아래와 같다.

$$-3.3V + V_{RB} + V_F \;=\; -3.3V + R_B \times 0.005A + 0.7V \;=\; 0 \;\;\to\; \therefore R_B \;=\; 520\Omega$$

저항 소자 편의 SMD 저항 테이블에서 510Ω 의 용량이 있으므로 이를 선택하기로 한다.

다. 트랜지스터 온도

이 LED 회로에서는 사용 전류가 너무 작아 굳이 계산해 볼 필요는 없겠지만, 연습 차원에서 보도록 한다.
트랜지스터에서 소비되는 전력 손실은 $V_{CE} = 0.2V$ 로 계산해 보면 아래와 같다.

$$P_{dissipation} = V_{CE} \times I_C = 0.2V \times 50mA = 10(mW)$$

데이터시트 상의 온도 저항이 $200°C$ /W 이므로, $2°C$ 상승하게 될 것이다.

라. 기타 고려사항

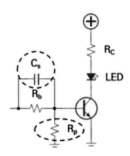

ㄱ. 풀다운 저항 R_p

MCU 의 GPIO 로 베이스를 제어를 하게 될 경우, 전원이 인가된 후 펌웨어에서 GPIO 를 출력 모드로 초기화하기 전까지 트랜지스터의 베이스 단자는 오픈되어 전위를 특정할 수 없는 플로팅 상태가 된다.

이 경우 노이즈 등에 의한 오동작의 가능성이 있으므로, 10KΩ 정도의 풀다운 저항을 달아주어 기본 전위를 유지시켜 주는 것이 일반적이다.

ㄴ. 속도 보상 C_s

보통은 사용하지 않지만, 더 높은 스위칭 속도가 필요할 때 사용하는 것으로 TURN OFF 시 베이스에 쌓인 전하를 신속히 제거하여 다음 ON 동작을 바로 할 수 있도록 하여 스위칭 속도를 개선한다.

보통 수십 ~ 수백 pF 대의 용량을 사용하며, 신호의 파형을 보면서 튜닝을 진행하는 경우가 많다.

2.6. MOSFET

앞서 살펴본 BJT 트랜지스터는 베이스 전류의 양을 조절하여 컬렉터와 에미터 사이에 흐르는 전류의 양을 제어한다.

이에 반해 FET(Field Effect Transistor, 전계 효과 트랜지스터)는 게이트 전극에 인가하는 전압에 의해 드레인과 소스 사이의 전류를 제어하는 디스크리트 능동 소자로 트랜지스터와 마찬가지로 전류 증폭과 스위칭의 용도로 사용된다.
특히, 게이트 전압으로 전류의 흐름을 제어하기 때문에, BJT 처럼 베이스 전류(I_B)의 전력 소모가 없어 스위칭 동작에 효율이 높다.

FET 중 MOSFET(Metal Oxide Semiconductor FET)은 금속 산화막 반도체 전계 효과 트랜지스터로 불리며, 디지털 회로나 아날로그 회로에서 가장 많이 쓰이는 FET 이므로 이에 대해 다루고자 한다. 특히, MOSFET 은 이후 보게 될 디지털 입/출력의 근간인 CMOS 에 사용되므로, 특성에 대해 알아 두는 것이 좋다.

BJT 는 전자와 정공이 모두 전류의 흐름에 기여하는 양극성(Bi-Polar)인 반면, MOSFET 은 전자 또는 정공 하나만이 전류의 흐름에 관여하기 때문에 단극성(Uni-Polar)이라 한다. 이렇게 전류의 흐름에 자유전자가 캐리어가 되는 MOSFET 을 N-MOSFET, 정공이 캐리어가 되는 MOSFET 을 P-MOSFET 이라 한다.
BJT 의 동작과 비슷한 부분이 많은데, N 형 MOSFET 은 NPN 트랜지스터와 P 형 MOSFET 은 PNP 트랜지스터의 동작과 함께 비교하며 보는 게 좋다.

MOSFET 과 BJT 비교

MOSFET 과 BJT 모두 스위칭 용도로 사용할 수 있는데, 각 소자의 장단점을 보도록 한다.
일반적인 스위칭 소자 선택의 경험규칙은 100mA 이하의 작은 용량의 경우 MOSFET 의 사용을 고려하고, 그 이상인 경우 트랜지스터를 고려하며, 더 큰 500mA 이상은 달링톤 트랜지스터 또는 IGBT 의 사용을 고려한다.

	BJT 트랜지스터	MOSFET
전류 전도	양극성(Bi-polar)으로 자유전자와 정공에 의해 전류 흐름	단극성(Uni-Polar)으로 자유전자(NMOS) 또는 정공(PMOS) 하나에 의해 전류 흐름
구동 제어	베이스 전류로 제어	게이트 전압으로 제어
소비 전력	비교적 높다	BJT 대비 낮아 효율이 더 좋다.

		• 구동을 위한 전류 소비가 없고, 드레인 소스 간의 전압 강하가 BJT 대비 적음
스위칭 속도	저속(us)	고속(ns) • 대부분의 디지털 IC 내부는 MOSFET 을 사용
구동 가능 전력	고전력	저전력
입력 임피던스	낮다	매우 높다 (수백 MΩ 이상)
온도 특성	온도에 따른 h_{FE} 특성의 변동으로 온도 의존성이 높다.	BJT 대비 좋다
증폭 이득(GAIN)	크다	작다

2.6.1. MOSFET 구조 및 종류

이 장에서는 MOSFET 의 종류 구분에 대해서 살펴본다.

가. MOSFET 의 구조에 따른 구분

MOSFET 의 구조에 따라 N 채널(형) MOSFET 과 P 채널(형) MOSFET 으로 구분되는데, 줄여서 N-MOS, P-MOS 라고도 부른다.

또한, 트랜지스터는 컬렉터/베이스/에미터 단자로 구성되어 있는 반면, MOSFET 은 드레인(Drain)/게이트(Gate)/소스(Source) 단자로 구성된다.

> N MOSFET (NMOS)

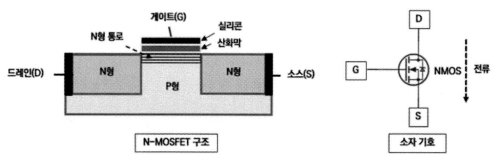

Figure II-79 N MOSFET 의 구조와 기호

N 채널 MOSFET 은 드레인(Drain)과 소스(Source)가 N 형 반도체로 구성되고, 중간 P 형 반도체라 되어 있는 부분은 MOSFET 내부의 섭스트레이트(Substrate) 부분으로 실리콘 기판으로 볼 수 있으며, 내부적으로 소스와 연결되어 있는 게 보통이다.

☞ 바디 다이오드

이로 인해 소스와 드레인 사이에는 PN 접합 다이오드가 형성되는데, 이를 바디(Body) 다이오드 또는 기생 다이오드라하며, MOSFET 회로 설계 시 고려되어야 하는 부분이다.

☞ 게이트 입력 임피던스는 무한대

제어 입력 단자인 게이트(Gate) 단자는 산화막 유전체로 구분되어 있어 전류가 직접적으로 흐리지 않기 때문에 입력 임피던스가 거의 무한대이다.

앞서 봤던 BJT 는 베이스에 전류를 공급해야 동작했던 전류 구동 소자라면, MOSFET 은 전압으로 구동되며 게이트에서의 전류 소모는 거의 없어 이로 인한 전력 손실이 없다.

☞ 문턱 전압

N 채널 MOSFET 은 이 게이트 단자에 소스 전압보다 일정 전압(문턱 전압, Threshold Voltage) V_{GS_TH} 이상을 인가하면, P 형 반도체 내의 전자들이 인력에 의해 게이트 유전체 근처로 모여들어 전류가 흐를 수 있는 길을 만드는데 이를 N 형 통로(채널)라 하며 드레인과 소스 사이에 전류가 흐르기 시작한다.

P MOSFET (PMOS)

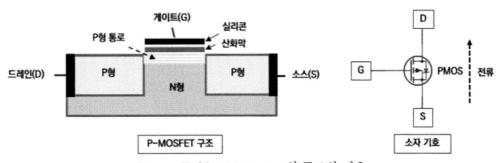

Figure II-80 P MOSFET 의 구조와 기호

P 채널 MOSFET 은 게이트에 소스 전압보다 일정 전압(문턱 전압, Threshold Voltage) 이하를 가하면, 정공들에 의해 P 형 통로(채널)가 활성화되면서 P 형 반도체의 정공이 캐리어가 되어 소스와 드레인 사이에 전류가 흐른다.

N MOSFET 과 마찬가지로 N 형 반도체라 되어 있는 섭스트레이트(Substrate) 부분은 내부적으로 소스와 연결되어 있는 게 보통이며, 이로 인해 드레인와 소스 사이에는 PN 접합 바디 다이오드가 형성된다. N MOSFET 과 바디 다이오드의 방향이 반대인 것에 주목한다.

나. 공핍형 MOSFET vs 증가형 MOSFET

N MOSFET, P MOSFET 과 같은 구조에 따른 구분이 아니라, MOSFET 제조 과정에서 통로(채널)가 이미 형성되어 만들어지는가 아닌 가의 차이로 공핍형(Delpletion Type)과 증가형(Enhancement Type)으로 구분된다.

공핍형/증가형 N MOSFET 과 공핍형/증가형 P MOSFET 의 기호는 아래와 같다.

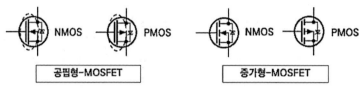

Figure II-81 공핍형/증가형 MOSFET 기호

N-MOSFET 에 대해서 보면, 공핍형 N-MOSFET 은 이미 통로가 만들어진 소자이므로, 기본적으로 전류가 흐르는 상태에서 시작하며, 게이트 전압이 임계값 이하(보통 –)로 내려가면 전류가 차단된다.
반면, 증가형 N-MOSFET 은 기본적으로 전류를 차단하는 상태에서 시작하며, 게이트 전압이 임계값 이상으로 올라가면 전류가 흐르기 시작한다는 차이점이 있다.

보통은 증가형 MOSFET 을 많이 사용하므로, 앞으로 보게 될 내용은 증가형(Enhanced) NMOS, PMOS 로 이해하면 되겠다.

2.6.2. N-MOSFET 의 동작 영역

앞 장에서 살펴본 NPN 형 BJT 트랜지스터의 동작과 비교하면서 보도록 한다.

가. 동작 영역

BJT 트랜지스터와 마찬가지로 3 가지의 동작 영역으로 구분되며, 전류의 흐름을 차단하는 차단 영역(Cutoff Region), 드레인 전류 I_D 를 V_{GS} 전압에 의해 증폭하는 포화 영역 (Saturation Region), V_{DS} 전압 크기에 비례하여 드레인 전류 I_D 전류가 증가하는 스위칭의 역할에 사용되는 선형 영역(Linear Region)이 있다.

스위칭 용도로 사용할 경우 BJT 트랜지스터에서는 V_{CE} 가 가장 작은 포화 영역을 사용하지만, MOSFET 는 R_{DS} 저항이 가장 작아 전력 손실이 작은 선형 영역이 스위칭 동작으로 사용된다.

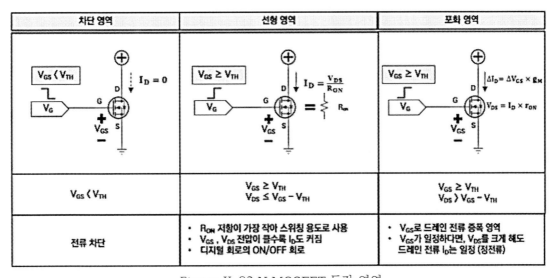

차단 영역	선형 영역	포화 영역
$V_{GS} < V_{TH}$	$V_{GS} \geq V_{TH}$ $V_{DS} \leq V_{GS} - V_{TH}$	$V_{GS} \geq V_{TH}$ $V_{DS} > V_{GS} - V_{TH}$
전류 차단	• R_{ON} 저항이 가장 작아 스위칭 용도로 사용 • V_{GS} , V_{DS} 전압이 클수록 I_D 도 커짐 • 디지털 회로의 ON/OFF 회로	• V_{GS} 로 드레인 전류 증폭 영역 • V_{GS} 가 일정하다면, V_{DS} 를 크게 해도 드레인 전류 I_D 는 일정 (정전류)

Figure II-82 N MOSFET 동작 영역

위의 표에서 g_m 은 트랜스 컨덕턴스(Transconductance)라 하며, 전압 입력 변화에 대한 출력 전류 변화의 증폭비를 의미한다.

☞ 문턱 전압

문턱 전압(Threshold Voltage) V_{TH} 는 MOSFET 을 TURN ON 시키기 위한 V_{GS} 즉, 게이트와 소스 단자의 전압 차이를 의미하는 것으로, N MOSFET 에서는 게이트 단자의 전압이 소스 단자의 전압보다 V_{TH} 이상 커야 도통된다.

$$V_{GS} \geq V_{TH}$$

이 V_{TH} 는 소자마다 조금씩 차이가 있으므로, 데이터시트를 참조해야 한다.

☞ R_{DS} 저항

MOSFET 이 ON 되었을 때, 드레인과 소스 사이에 생성되는 저항 성분을 R_{DS} 저항이라 한다. 이 R_{DS} 저항으로 MOSFET 의 동작을 표현하자면, 차단 영역은 R_{DS} 저항이 무한대가 되어 전류의 흐름이 차단되는 구간, 선형 영역은 R_{DS} 저항이 최소가 되어 전력 손실이 작은 구간으로 이때의 R_{DS} 저항을 R_{ON} 저항이라고도 한다. 포화 영역은 V_{GS} 에 비례한 정전류가 되도록 R_{DS} 저항 용량이 변하는 구간이다라고 표현할 수 있다.

나. VI 커브 (전달 특성 곡선)

VI 커브는 MOSFET 의 게이트 전압(V_{GS})을 고정시키고, 드레인 전압(V_{DS})을 키워가면서 드레인 전류(I_D)를 측정한 후 게이트 전압(V_{GS})를 바꾸어 가며 측정한 관계 그래프이다. N-MOSFET VI 커브를 보면서 특성을 이해한다.

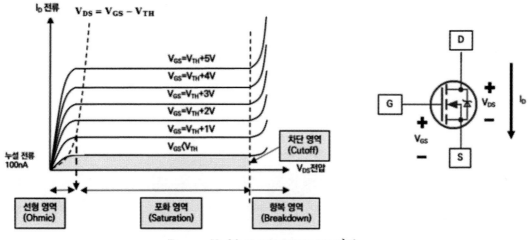

Figure II-83 N MOSFET VI 커브

차단 영역 (Cutoff Region)

V_{GS} 의 전압이 문턱 전압(Threshold Voltage) V_{TH} 보다 작아 전류가 도통하지 못하는 상태로 OFF 상태이다. 전류를 차단했어도 누설 전류(Leakage Current)가 있으며, 보통 수십 nA 이하로 무시된다.

선형 영역(Linear(Ohmic) Region)

선형 영역은 $V_{DS} \leq V_{GS} - V_{TH}$ 조건의 구간으로 드레인의 전압 V_D 가 변함에 따라 드레인 전류 I_D 도 선형적으로 증가하는 영역이다. 즉, 최소의 R_{DS} 즉, R_{ON} 저항으로 고정되어 드레인 전류 I_D 는 드레인 전압 V_D 와 옴의 법칙에 의해 아래와 같은 선형적인 관계를 가진다.

$$I_D = \frac{V_{DS}}{R_{ON}}$$

이 선형 영역에서는 드레인과 소스 사이에 생성되는 R_{ON} 저항이 최소가 되기 때문에, 전력 손실이 가장 작아 ON/OFF 스위칭 용도로 사용된다. 드레인 전류 I_D 는 V_{GS} 와는 파라미터 k 로 $I_D \approx k((V_{GS} - V_{TH})V_{DS} - \frac{V_{DS}^2}{2})$의 수식을 가진다.

☞ MOSFET 의 손실 전력

선형 영역에서 드레인 전류 I_D = 1A, R_{ON} = 1Ω 라 한다면 아래와 같이 MOSFET 에서 1W 의 손실 전력이 발생하며 이는 열로 변환된다.

$$P = I_D^2 \times R_{ON} = (1A)^2 \times 1\Omega = 1W$$

따라서, R_{ON} 저항이 작을수록 손실 전력은 작아진다.

☞ 선형 영역 스위칭의 의미

선형 영역에서 R_{DS} 저항이 가장 작아 전력 손실이 적기 때문에 스위칭 용도에 적합한 영역이다. 이 말은 앞에서 트랜지스터의 포화 영역이 스위칭 용도로 사용되는 이유와 동일하게 효율 때문이며, 트랜지스터 편을 참조하도록 한다.

☞ 게이트 전압의 크기와 R_{ON} 저항

위의 I_D 수식으로 R_{ON} 저항을 구해 보면 $R_{ON} \approx \frac{1}{k}(\frac{1}{V_{GS}-V_{TH}})$과 같이 근사 가능한데, 높은 V_{GS} 로 제어할수록 R_{ON} 저항은 작아져 전력 손실이 작아지고 효율이 증가함을 알 수 있다.

포화 영역(Saturation Region)

포화 영역은 $V_{DS} > V_{GS} - V_{TH}$ 인 조건의 구간으로, 게이트-소스 전압 V_{GS} 를 고정시켰을 때 V_{DS} 가 증가하는 것에 맞춰 R_{DS} 저항이 선형적으로 증가하며, 드레인 전류 I_D 는 고정되는 구간으로 정전류 구간을 말한다.

즉, R_{DS} 저항은 V_{DS} 전압의 변화에 따라 아래와 같이 변화되며, 드레인 전류 I_D 를 정전류로 유지한다.

$$R_{DS} = \frac{V_{DS}}{I_{D\_CONSTANT}}$$

V_{DS} 가 변하더라도 오로지 게이트 전압 V_{GS} 에 의해 드레인 전류가 결정되므로, 선형적인 증폭 동작을 할 수 있다. 드레인 전류 I_D 는 V_{GS} 와는 파라미터 k 로 $I_D \approx \frac{k}{2}(V_{GS} - V_{TH})^2$ 의 수식을 가진다.

항복 영역 (Breakdown Region)

V_{DS} 전압이 항복 전압보다 커지면 과전류가 흐르게 되어 소자가 파손되는 영역이므로, 회로 설계 시 반드시 이 영역 이하에서 동작되도록 설계해야 한다.

2.6.3. P MOSFET 의 동작 영역

N MOSFET 과 TURN ON 되는 조건이 반대, 즉 $V_{SG} \geq V_{TH}$ 조건이 되어야 ON 된다.

$$V_{GS} < V_{TH}$$

N MOSFET 과 비교하면서 P MOSFET 의 동작 영역에 관한 아래 표를 보도록 한다.

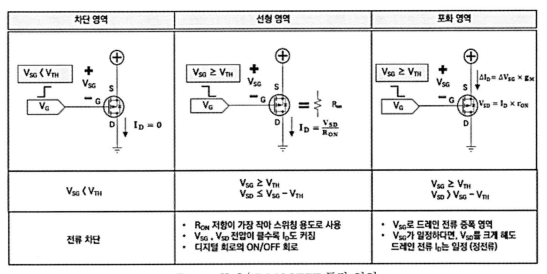

차단 영역	선형 영역	포화 영역
$V_{SG} < V_{TH}$	$V_{SG} \geq V_{TH}$ $V_{SD} \leq V_{SG} - V_{TH}$	$V_{SG} \geq V_{TH}$ $V_{SD} > V_{SG} - V_{TH}$
전류 차단	• R_{ON} 저항이 가장 작아 스위칭 용도로 사용 • V_{SG}, V_{SD} 전압이 클수록 I_D도 커짐 • 디지털 회로의 ON/OFF 회로	• V_{SG}로 드레인 전류 증폭 영역 • V_{SG}가 일정하다면, V_{SD}를 크게 해도 드레인 전류 I_D는 일정 (정전류)

Figure II-84 P MOSFET 동작 영역

2.6.4. 전기적 특성(Electrical Characteristic)

아래는 MOSFET 을 사용하여 설계 시 고려해야 할 항목들에 대한 표이다.

		체크 리스트	비고
가		최대 허용 드레인 전류	최대 사용 전류 확인
나		문턱 전압(V_{TH}) 확인	GPIO 전압으로 구동 가능한가?
다		항복 전압 (Breakdown Voltage)	최대 걸릴 수 있는 전압에 충분한 여유가 있는가?
라		누설 전류 (Leakage Current)	차단 영역에서의 누설 전류가 회로에 영향을 주진 않는가?
마		R_{DS} 저항(R_{ON})	낮을 수록 전력 소비가 없어 효율이 좋아진다.
바		스위칭 타이밍	사용 용도에 맞게 충분히 빠른가?
사		온도확인 (R_{th})	MOSFET 에서 소모되는 전력에 의한 열 발생이 한도 내 들어오는지 확인

아래는 증가형 N-MOSFET 인 ST 사의 파트명 2N7000 의 데이터시트에서 발췌한 것으로 이를 보며 MOSFET 의 특성에 대해 살펴본다.

	Symbol	Parameter	Test conditions	Min.	Typ.	Max.	Unit
①	$V_{(BR)DSS}$	Drain-source breakdown voltage	I_D = 250µA, V_{GS} =0	60			V
②	I_{DSS}	Zero gate voltage drain current (V_{GS} = 0)	V_{DS} = max rating V_{DS} = max rating. T_C = 125°C			1 10	µA µA
③	I_{GSS}	Gate-body leakage current (V_{DS} = 0)	V_{GS} = ± 18V			±100	nA
④	$V_{GS(th)}$	Gate threshold voltage	V_{DS} = V_{GS}, I_D = 250µA	1	2.1	3	V
⑤	$R_{DS(on)}$	Static drain-source on resistance	V_{GS} = 10V, I_D = 0.5A V_{GS} = 4.5V, I_D = 0.5A		1.8 2	5 5.3	Ω Ω
⑥	g_{fs} [(1)]	Forward transconductance	V_{DS} = 10V , I_D = 0.5A		0.6		S
⑦	C_{iss} C_{oss} C_{rss}	Input capacitance Output capacitance Reverse transfer capacitance	V_{DS} = 25V, f = 1MHz, V_{GS} = 0		43 20 6		pF pF pF
⑧	$t_{d(on)}$ t_r $t_{d(off)}$ t_f	Turn-on delay time Rise time Turn-off delay time Fall time	V_{DD} = 30V, I_D = 0.5A R_G = 4.7Ω V_{GS} = 4.5V (see Figure 16)		5 15 7 8		ns ns ns ns
⑨	I_{SD} [(1)] I_{SDM}	Source-drain current Source-drain current (pulsed)				0.35 1.40	A A
	V_{SD} [(2)]	Forward on voltage	I_{SD} = 1A, V_{GS} = 0			1.2	V
	t_{rr} Q_{rr} I_{RRM}	Reverse recovery time Reverse recovery charge Reverse recovery current	I_{SD} = 1A, di/dt = 100A/µs, V_{DD} = 20V, T_j = 150°C (see Figure 16)		32 25 1.6		ns nC A

① Drain-Source 항복 전압(Breakdown Voltage)

MOSFET 소자의 드레인-소스 사이에 인가될 수 있는 최대 전압 V_{DS} 를 의미하는 것으로, 위의 2N7000 의 경우 V_{DS} 최대 전압은 60V 이며, 드레인과 소스 사이의 전압을 이 전압 이상으로 인가 시 소자가 파손될 수 있으므로 항복 전압 내에서 사용되어야 한다.

이 V_{DS} 최대 정격 외에도 Absolute Maximum Rating 항목들은 게이트-소스 사이의 최대 전압 V_{GS}((ex)±18V), 최대 흐를 수 있는 드레인 전류 I_D 등에 대한 항목들이 있으므로, 절대로 이들 값을 넘어서는 조건으로 사용해선 안된다.

② 드레인 누설 전류(Zero Gate Voltage Drain Current)

TURN OFF 상태에서 전류가 완전 차단되지 못하고, 흐를 수 있는 드레인 누설 전류를 의미한다.

③ 게이트 누설 전류(Gate Leakage Current)

이상적인 MOSFET 의 입력 임피던스는 무한대로 게이트로는 어떠한 전류도 인입되지 않아야 하지만, 실제 2N7000 데이터시트 상의 게이트-소스 간의 누설 전류는 100nA 정도 이다. 게이트에 연결되는 저항이 너무 클 경우 영향을 받을 수 있겠지만, 거의 영향이 없다고 봐도 될 수준이다.

15V 게이트 입력에 대해 누설 전류가 100nA 정도 이므로, DC 에 대한 입력 임피던스는 15V/100nA = 150MΩ 으로 거의 무한대로 볼 수 있다.

④ 문턱 전압(Threshold Voltage, V_{TH})

문턱 전압(Threshold Voltage)은 MOSFET 을 TURN ON 시키기 위한 게이트와 소스의 최소 전압차를 의미하며, NMOS 의 경우 $V_{GS} \geq V_{TH}$ 가 되어야 TURN ON 된다.

$$V_{GS} \geq V_{TH}$$

반면, PMOS 는 $V_{GS} < V_{TH}$ 가 되어야 TURN ON 된다.

2N7000 의 경우 Min 1V ~ Max 3V 로 게이트와 소스의 전압차인 V_{GS} 가 이 값보다 커야 NMOS 가 ON 되고, 작을 경우 OFF 된다.

VI 커브로 보면 V_{GS} 가 커질수록 드레인 전류 I_D 에 대해 V_{DS} 가 낮아지므로, 즉 R_{ON} 저항이 작아지는 것을 알 수 있으므로 큰 V_{GS} 으로 제어하는 것이 효율에 도움이 될 수 있다.

⑤ R_{DS} 저항 (R_{ON} 저항)

MOSFET 이 ON 되었을 때, 드레인과 소스 사이에 생성되는 저항 성분을 R_{DS} 저항 또는 R_{ON} 저항이라 한다(트랜지스터에서는 V_{CE} 전압이 있었다).

MOSFET 의 전력 손실은 아래와 같이 R_{DS} 저항과 흐르는 전류 I_D 에 의해 발생되고, 이로 인해 MOSFET 소자에는 열이 발생된다.

$$P = I_D^2 \times R_{ON}$$

전력 손실을 작게 하기 위하여 이 R_{ON} 저항이 작은 MOSFET 을 선정하여 사용하고자 할 때, 보통은 R_{ON} 저항이 낮은 MOSFET 소자일수록 게이트의 커패시턴스가 높기 때문에 이로 인해 게이트 구동 손실이 생길 수 있고, 스위칭 속도가 낮아질 수 있다는 점에 대해 고려해야 한다.
또한, 이 R_{ON} 저항은 온도가 상승할수록 저항이 커지는 경향을 보인다.

⑥ Transconductance

g_m 으로 표기하며, V_{GS} 전압 입력 변화에 대한 드레인 출력 전류 I_D 변화의 비, 즉 g_m 이 크면 V_{GS} 가 조금만 변해도 드레인 전류가 많이 변함을 의미한다.

$$g_m = \frac{\partial I_D}{\partial V_{GS}}$$

V_{DS} 가 작은 선형 영역에서는 $gm \approx \alpha \times V_{DS}$ 로 근사할 수 있어 V_{DS} 에 비례하고, 포화 영역에서는 드레인의 전류를 $I_D = gm \times \frac{V_{GS} - V_{TH}}{2}$ 로 근사할 수 있다.

⑦ 기생 커패시턴스(Parasitic Capacitance)

아래와 같이 MOSFET 의 각 단자 간에는 기생 커패시턴스가 생성된다. 커패시턴스 편에서 잠시 살펴보았었다.

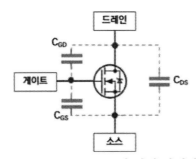

Figure II-85 MOSFET 의 기생 커패시턴스

C_{iss}	입력 커패시턴스(Input Capacitance)	$C_{GS}+C_{GD}$
C_{OSS}	출력 커패시턴스(Output Capacitance)	$C_{DS}+C_{GD}$
C_{RSS}	역전달 커패시턴스(Reverse Transfer Capacitance)	C_{GD}

이 기생 커패시턴스들이 클수록 MOSFET 의 ON/OFF 스위칭 속도는 느려지고, $I = C\dfrac{dV}{dt}$ 로 인해 전력 손실이 커진다.

특히, 입력 커패시턴스 C_{iss} 는 게이트 저항을 크게 할 경우 RC 지연에 의하여 MOSFET 의 ON/OFF 를 늦어지게 하는 요소이다. 이들 기생 커패시턴스는 V_{DS} 전압이 높을수록 낮아지는 경향이 있으므로, 고속이 필요한 경우 높은 드레인 전압을 사용하는 것이 스위칭 속도 개선에 유리하다.

또한, 고전력 MOSFET 일수록 기생 커패시턴스가 커져 스위칭 속도가 느려지는 경향이 있다. 따라서, 고전력의 MOSFET 이 필요한 경우 Power MOSFET 또는 IGBT 소자의 사용을 고려하도록 한다.

⑧ 상승/하강(Rising/Falling) 시간

상승 시간은 아래 그림과 같이 V_{DS} 전압이 10%에서 90%까지 상승/하강하는 시간을 의미하는 것으로 스위칭 속도를 예측할 수 있다.

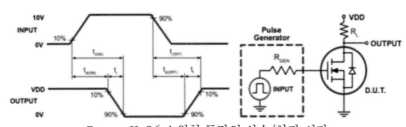

Figure II-86 스위칭 동작의 상승/하강 시간

이는 앞서 본 기생 커패시턴스와 게이트 단의 저항과 관계된다.

⑨ 바디 다이오드(기생 다이오드, Body Diode)

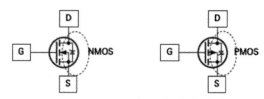

Figure II-87 MOSFET 의 바디 다이오드

　앞서 살펴본 MOSFET 의 구조로 인해 드레인과 소스 사이에 생기는 기생 다이오드로, NMOS 와 PMOS 는 다이오드의 방향이 반대이다.

　NMOS 의 경우 소스 전압을 드레인 전압보다 크게 주면 MOSFET 이 OFF 되어 있다고 하더라도 이 다이오드를 통하여 전류가 흐르게 된다. 따라서, MOSFET 을 이용한 설계에서는 이 바디 다이오드의 동작도 고려하여야 한다.

　MOSFET 의 바디 다이오드의 정격은 MOSFET 의 정격과 비례되며, 바디 다이오드를 다이오드 기능으로 사용할 수도 있지만, 주파수 특성이 좋지 않고 역회복 시간(Reverse Recovery Time)이 비교적 길기 때문에 다이오드로서의 성능은 좋지 않다.

　따라서, 좋은 성능을 가진 다이오드의 역할이 꼭 필요한 회로의 경우 별도의 외부 다이오드를 부착해서 사용하는 것이 일반적이다.

2.6.5. N-MOSFET 로우 사이드 스위치 설계

BJT 설계에서와 같은 조건으로 NMOS 를 이용하여 로우 사이드(Low Side) 스위치를 설계해 보도록 한다. 왜 NMOS 로 하이 사이드 스위치 설계를 하지 않는지는 BJT 편에서 본 것과 같으며, 아래 그림으로 설명할 수 있다.

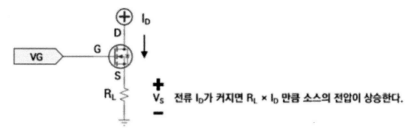

Figure II-88 하이 사이드 스위치

위의 그림과 같이 하이 사이드(High-Side) N-MOSFET 을 사용하여 $V_{GS} \geq V_{Th}$ 의 조건에 맞게 구동하여 TURN ON 할 경우, 부하에 전류가 흐르기 시작하면 소스의 전압 V_S 가 R × I_D 로 상승된다. 이 경우 $V_{GS} < V_{Th}$ 보다 작아질 수 있는데 이로 인해 ON 을 유지 못하는 경우가 생기거나 NMOS 가 선형 영역이 아닌 포화 영역에서 동작됨으로써 NMOS 에서의 전력 손실과 과도한 열을 발생시킬 수 있다. 이와 같은 이유로 하이 사이드(High Side) 스위치는 PMOS 로 설계한다.

하지만, 일반적으로 NMOS 가 PMOS 보다 R_{ON} 저항이 더 작아 효율이 높고 더 높은 전류를 처리할 수 있으며, 물리적 크기가 작아 가격이 싸기 때문에, 이런 면을 고려하여 부득이 하게 NMOS 를 하이 사이드 스위치로 사용해야 할 경우가 있는데, 이런 경우 다이오드와 커패시터를 사용하여 NMOS 의 게이트 전압이 소스 전압보다 높게 인가될 수 있도록 하는 부트스트랩(Boot Strap) 회로를 사용하는 방법을 사용한다. 하지만, 소자의 추가 및 주파수 제약사항이 있으므로 가능하다면 NMOS 는 로우 사이드 스위치로 설계하는 것이 간편하다.

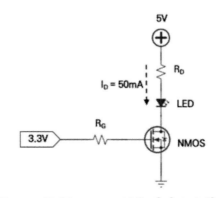

Figure II-89 NMOS 로우 사이드 스위치

전방향 전압(V_F) 0.7V 인 LED 에 50mA 의 전류를 ON/OFF 제어해야 한다고 할 때, MCU 의 GPIO 3.3V 포트로 NMOS 게이트를 구동하여 제어하는 것을 목표로 해보자.
앞에서 본 2N7000 NMOS 소자를 사용하여, LED 에 50mA 를 제어하는 회로를 선형 영역에서 스위치로 설계하기로 한다.

가. 3.3V GPIO 구동 가능 여부 및 드레인 전류 확인

먼저 MOSFET 의 게이트를 MCU 의 3.3.V GPIO 로 직접 구동할 수 있는지 확인하도록 한다. 즉, 트랜지스터 설계 편에서 본 것과 마찬가지로, NMOS 가 선형 영역에서 동작하기 위하여 실제 필요한 드레인 전류보다 더 큰 충분한 전류를 흘릴 수 있는가가 확인되어야 한다.

NMOS 의 TURN ON 의 조건은 $V_{GS} \geq V_{TH}$ 이고, 2N7000 의 문턱 전압 V_{TH} 는 최대 3V 이므로, 위 회로에서 3.3V 의 GPIO HIGH 출력에 의해 V_{GS} = 3.3V 가 되므로 ON/OFF 는 구동 가능하다 할 수 있다.

그 다음 이 V_{GS} 와 V_{DD} 에 의해 원하는 I_D 전류를 출력할 수 있는지 확인해야 한다.
아래는 2N7000 의 데이터시트에 있는 VI 커브 그래프이다.

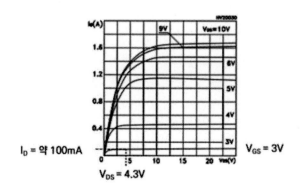

위 NMOS 로우 사이드 스위치 회로에서 V_{DS} 에 인가될 수 있는 최고 전압은 저항 R_D 가 없다고 한다면 LED 전방향 전압에 의한 전압 강하로 4.3V 이다.
이에 대해 VI 커브를 보면, V_{GS} = 3V, V_{DS} = 4.3V 일 때 약 100mA 를 흘릴 수 있으므로, 제어 가능하다 하겠다.

만약, 문턱 전압 V_{TH} 가 높아 GPIO 에 의한 ON/OFF 가 안되거나, V_{GS} 에 의한 원하는 I_D 전류 구동이 어렵다면, V_{GS} 전압을 높이기 위하여 게이트 전압 제어는 트랜지스터 또는 V_{TH} 가 낮은 MOSFET 을 사용한 추가의 회로를 구성으로 GPIO 로 구동할 수 있도록 해야 한다.

이렇게 낮은 전압 제어로 높은 전압의 게이트 구동을 할 수 있도록 하는 회로를 게이트 드라이버(Gate Driver)라고 한다.

나. LED 전류 제한 저항 R_D 구하기

N MOSFET 의 선형모드 동작 조건은 $V_{DS(Sat)} \leq V_{GS} - V_{TH}$ 이고, V_{GS} 는 3.3V, 2N7000 의 문턱 전압 V_{TH} 는 최대 3V 이므로,

$$V_{DS} \leq 3.3V - 3.0V = 0.3V$$

로, V_{DS} 는 0.3V 이하가 되어야 한다. 마진을 두는 의미로 $V_{DS} = 0V$ 으로 두고 아래와 같이 계산하도록 한다.

ㄱ. R_D 저항 용량 계산

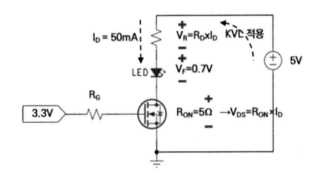

BJT 에서와 마찬가지로 KVL 을 적용하면 아래와 같다.

$$-5V + V_{RD} + V_F + V_{DS} = 0$$

$$-5V + R_D \times 50mA + 0.7V + 0V = 0 \rightarrow \therefore R_D = 86\Omega$$

SMD 저항 테이블에서 82Ω 이 있으므로, 이를 선택하도록 한다.
2N7000 이 선형 영역에서 동작할 경우 최대 R_{ON} 약 5Ω 이므로, 전류를 구해 보면 아래와 같다.

$$I_D = \frac{5V - 0.7V}{82\Omega + 5\Omega} = 49.5mA \approx 50mA$$

ㄴ. 소모 전력 및 저항 선정

저항 선정에 앞서 저항에서 소비되는 전력을 확인해야 한다. 50mA 정도가 저항에 인가되므로 소모 전력을 계산하면 아래와 같다.

$$P = I^2R = (50mA)^2 \times 82\Omega = 0.2W$$

저항 소자 편의 SMD 저항 테이블에서 보면 밀리미터 코드 3216(1206 인치 코드) 크기의 저항이 1/4W 까지 허용되므로 이를 선택하던지, 마진을 고려하여 한 단계 위의 크기를 선택하면 되겠다.

다. 게이트 저항 R_G 구하기

MOSFET 의 게이트는 임피던스가 거의 무한대이고, 전압으로 구동되는 MOSFET 은 사실 구동을 위한 전류가 소모되지 않기 때문에 전류 제한을 위한 저항이 필요 없을 수 있다. 하지만, 보통은 게이트에 직렬 저항을 사용하는 데 그 이유와 용량 결정에 대해서 살펴보자.

ㄱ. 게이트 저항 R_G 의 필요성

이론상 MOSFET 은 전압 구동으로 하기 때문에 구동을 위한 전류는 누설 전류 nA 이외에는 필요 없다. 하지만, 많은 회로들에서 게이트에 직렬 저항을 장착하는데, 큰 이유는 게이트에 생성되는 기생 커패시턴스와 관련된 GPIO 포트 보호용이다.

① 순간적인 GPIO 포트의 전류 쇼크

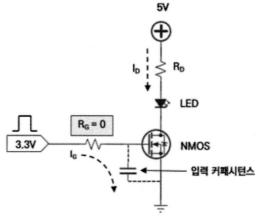

Figure II-90 게이트 스위칭 동작과 기생 커패시턴스

위 그림처럼 R_G 가 0 인 경우의 회로를 생각해 보자. 게이트 전압이 LOW 에서 HIGH 로 되는 상승 시간이 1ns 라 한다면, 이 순간 기생 커패시터 60pF 으로 흐를 수 있는 전류는 아래와 같다.

$$I_G = C_{iss}\frac{dV}{dt} = 60pF \times \frac{3.3V_{in}}{1ns} = 198mA$$

순간적으로 필요한 전류가 198mA 이다. OFF 되는 경우는 반대로 해당 전류를 순간적으로 GPIO 포트가 입력 받는다.

여기에서는 이해의 편의를 위해 출력 임피던스를 고려하지 않고, Rising Time 을 1ns 로 계산하여 극단적으로 높은 전류를 예시했지만, 이렇게 GPIO 에는 전류 쇼크가 될 수 있다.

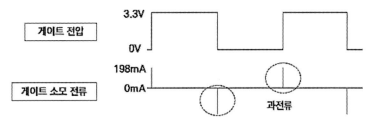

Figure II-91 스위칭 동작에 따른 과전류

위는 스위칭 시 기생 커패시턴스로 인해 ON/OFF 순간 순간적인 소모 전류의 증가를 표현한 그림이다. 순간 전류이기는 하지만 빈번한 스위칭을 요하는 환경에서 정격 소스/싱크 전류 20mA 정도의 GPIO 가 감당하기에는 부담스럽다.

단순히 감당 못하는 상태라면 전력 소모 및 노이즈, 동작 지연 정도의 문제만 생기겠지만, 과전류로 인해 GPIO 가 손상을 받을 수도 있다. 따라서, GPIO 보호 차원에서 라도 어느 정도의 전류 제한 저항은 필요하다.

② 신호 진동(링잉, Ringing) 제거

게이트 단의 PCB 패턴 등에 의해 생성되는 인덕턴스 성분과 MOSFET 의 입력 커패시턴스의 영향으로 신호에 링잉이 발생하여 고주파 노이즈가 생성될 수 있다.

이런 경우 링잉 방지를 위하여 직렬 저항을 장착하여 안정도를 향상시켜, 신호 전달성 및 EMI 성능을 향상시킬수 있다. 이를 댐핑을 높인다 라고 표현하고, 직렬 저항을 댐핑 저항이라 한다. 시스템 이론에서 봤던 감쇠비 ζ(제타)에 해당하는데, 이에 대해서는 노이즈 편의 링잉 해석에서 살펴보도록 할 것이다.

ㄴ. 게이트 저항 R_G 와 스위칭 속도

게이트 저항 R_G 를 장착할 경우, 게이트 저항 R_G 와 기생 커패시턴스의 RC 시정수에 의한 스위칭 속도 지연이 아래와 같이 발생한다.

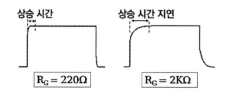

Figure II-92 게이트 직렬 저항과 상승 지연

위 그림은 R_G 가 220Ω 일 때와 2KΩ 일 때의 게이트 단의 파형으로 저항이 커질수록 RC 시정수가 커져 상승 시간 지연이 더 생기고 있음을 볼 수 있다.

이렇듯, 순간 소모 전류를 줄이기 위하여 마냥 R_G 를 키우면 스위칭 속도에 영향을 미치게 되므로, 목적에 맞는 적당한 저항 용량을 선정하도록 한다.

ㄷ. R_G 저항 용량 계산

GPIO 의 보호를 위해서 장착한다 했으니, GPIO 의 정격 소스(Source) 전류와 싱크(Sink) 전류를 고려해야 한다. 여기에서는 사용하려는 GPIO 의 정격 소스/싱크 전류가 20mA 라 가정하고 마진을 두어 15mA 로 설계를 해보자. 입력 기생 커패시턴스에 의한 순간적인 전류 소모가 이 정격 전류를 넘어서지 않도록 설계해야 한다.

이때 MOSFET 의 입력 기생 커패시턴스는 고주파에서 그라운드로 쇼트되었다고 가정하도록 한다.

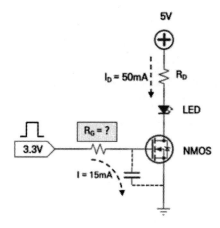

따라서, 저항 R_G 는 아래와 같이 계산할 수 있다.

$$I = \frac{V}{R} \rightarrow 15mA \geq \frac{3.3V}{R_G} \rightarrow R_G \geq 220\Omega$$

스위칭 속도가 중요하지 않다면 게이트 저항을 1KΩ ~ 수 KΩ 으로 더 키우면, 순간 소모 전류가 더 작아지고, Rising Time 을 길게 함으로써 EMI 의 개선에도 도움이 된다.

만약, 스위칭 속도가 중요하다면 회로 설계 규칙 편에서 보겠지만, 순간적인 전류이므로 직렬 저항을 생략하거나, GPIO 보호 전류 제한을 100mA 로 계산할 수도 있다.

$$I = \frac{V}{R} \rightarrow 100mA \geq \frac{3.3V}{R_G} \rightarrow R_G \geq 33\Omega$$

이와 같이 스위칭 속도를 우선할 경우 33Ω 정도를 사용하면 되겠다.

하지만, 릴레이와 같은 인덕턴스 부하의 구동에서는 MOSFET 의 파손으로 쇼트가 될 가능성을 고려하여 충분한 보호가 될 수 있는 직렬 저항을 넣는 것이 좋다.

라. NMOS 온도

BJT 와 마찬가지로, 사용 전력이 작지만 계산해 보도록 한다. NMOS 에서 소비되는 전력 손실은 R_{ON} 저항이 5Ω 이라 할 때 아래와 같다.

$$P_{dissipation} = I^2 \times R_{ON} = (50mA)^2 \times 5\Omega = 0.0125(W)$$

2N7000 데이터시트 상 온도 저항이 132°C/W 이므로, 1.65°C 상승을 예측해 볼 수 있다.

만약, 선형 영역 동작이 아니라면, R_{ON} 저항이 커져 NMOS 에서 소비되는 전력이 많아 지며 열이 더 발생될 것이다. 여기서는 낮은 저전류를 사용하기 때문에 문제가 안될 수도 있지만 높은 고전류 제어에서는 열이 심하게 나서 소자가 손상될 수도 있으므로, 열 설계는 항상 확인하도록 한다.

마. 게이트 풀다운 저항 장착

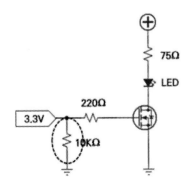

트랜지스터의 스위치 설계에서와 마찬가지로 전원을 인가한 후 펌웨어에서 GPIO 를 출력 모드로 설정하기 까지의 시간 동안 게이트가 오픈되어 있을 수 있다. 이에 대해 기본값을 유지시켜 주는 용도로 사용한다.

특히, MOSFET 은 게이트가 오픈되어 전위가 유지되지 않을 경우 높은 입력 임피던스 때문에 작은 정전기 노이즈(ESD)에도 오동작뿐 아니라 MOSFET 이 손상될 수 있다.

따라서, MOSFET 의 게이트는 반드시 오픈되지 않도록 기본 전압을 유지해 주어야 하며, 이런 목적으로 게이트에는 풀다운 또는 풀업 저항을 장착하도록 한다.

2.7. OPAMP

OPAMP 는 Operational Amplifier 의 약자로 연산 기능과 증폭 기능을 수행하는 능동 IC 소자이다.

앞에서 살펴본 수동 소자인 저항, 커패시터, 인덕터와 디스크리트 반도체 소자인 다이오드, 트랜지스터(BJT), FET 의 소자들이 기본적인 단일 전자 소자였다면, 이제부터 기본 소자들을 조합하여 만든 집적 IC 소자들을 살펴보게 될 것이다.

이렇게 여러 전자 소자들로 설계하여 하나의 패키지에 만든 칩을 집적 회로(IC, Integrated Circuit)라 한다.

그 중 맨 먼저 보게 될 OPAMP 는 디지털 회로 설계를 하면서 전혀 사용을 안해볼 수도 있겠지만, 센서의 미세한 전류 또는 전압을 증폭해서 ADC 로 읽어 디지털 데이터화하는 등의 용도에는 OPAMP 를 이용한 신호의 증폭은 필수라 하겠다.

따라서, 간단한 OPAMP 의 특성과 사용법에 대해서 알아 두어야 한다.

2.7.1. 이상적인 OPAMP 의 구조 및 해석

OPAMP 의 수학적 해석은 보통 이상적인 OPAMP 로 가정하여 해석하므로, 이상적인 OPAMP 의 특성과 해석 방법에 대해 살펴보도록 한다.

가. 구조 및 특성

아래는 이상적인 OPAMP 에 대한 등가 모델이다.

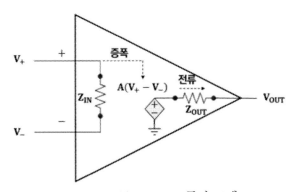

Figure II-93 OPAMP 등가 모델

OPAMP 는 입력 V+, V-와 출력 V_{OUT} 인 3 개의 입/출력 단자를 가지는데, 입력 V+는 비반전(Noninverting) 단자라 하며, 입력 V-는 반전(Inverting) 단자라 한다.

OPAMP 는 비반전 단자 V+ 입력과 반전 단자 V- 입력을 받아 차동 증폭으로 V_{OUT} 으로 출력하는 구조로 되어 있으며, 출력 V_{OUT} 은 아래와 같이 V+ 입력과 V- 입력의 전위차에 OPAMP 증폭 이득(Gain) A 를 곱하여 출력된다.

$$V_{OUT} = A \times (V_+ - V_-)$$

이상적인 OPAMP 의 특성은 아래와 같다. 이를 보고 실제 OPAMP 와의 특성 차이를 아래에서 비교해서 볼 것이다.

	값	비고
입력 임피던스 Z_{IN}	∞	입력단 임피던스는 무한대로 어떤 전류도 입력되지 않는다.
출력 임피던스 Z_{OUT}	0	출력 임피던스는 이상적으로 0 이다.
증폭 이득 A	∞	증폭 이득은 무한대이기 때문에 V+ 단자와 V− 단자 사이의 전위차가 조금이라도 있다면, −∞ 또는 +∞ 전압 출력이 된다.
동작 대역폭 (Bandwidth)	∞	주파수 대역에 상관없이 항상 무한대의 Open Loop 증폭도를 가진다.
오프셋(Offset) 전압	0	V+ 입력과 V− 입력 사이에는 어떤 오프셋 전압도 없다.
입력 전압 한계	∞	입력 전압은 무한대로 입력받을 수 있다.
출력 전압 한계	∞	출력 전압은 무한대로 출력할 수 있다.
슬루 레이트 (Slew Rate)	∞	출력 전압은 지연없이 바로 반응한다.

앞서 입/출력 임피던스에 대해 살펴보았을 때, 시스템이 무한대의 입력 임피던스와 0 의 출력 임피던스를 가져야 소스와 부하의 임피던스에 의한 영향을 받지 않는다는 것이었음을 생각해 보면, OPAMP 는 이상적인 조건이라 할 수 있다.

나. 부궤환(Negative Feedback) 회로 규칙

OPAMP 를 증폭기로 사용하기 위해서는 부궤환(Negative Feedback)으로 사용한다. 정궤환(Positive Feedback)의 경우 슈미트 트리거의 기능으로 사용되며 아래에서 보게 된다.

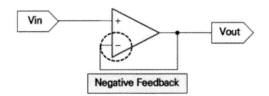

Figure II-94 OPAMP 부궤환 회로

부궤환(Negative Feedback)이란 위의 그림과 같이 출력을 - 반전(Inverting) 단자로 궤환하는 회로를 말한다.

위 그림의 회로는 버퍼 또는 증폭비가 1 배라서 Unity Gain 회로라 한다.
이 Unity Gain 부궤환 회로의 OPAMP 의 출력은 OPAMP 이득 A 로 인해 Vout = A × (Vin – Vout) 이라서 결국 Vout $= \frac{A}{A+1} \times$ Vin 이 된다.
OPAMP 이득 A 는 무한대에 가까우므로, 결국 Unity Gain 회로의 출력 Vout = Vin 이 되어 증폭비가 1 배가 된다.
OPAMP 의 이런 동작을 이해하면서 부궤환 회로에서 정상상태 해석에 사용되는 아래 OPAMP 규칙을 알아두어 회로를 해석하고 설계할 수 있도록 하자.

1 규칙 : 단자 입력 전류 = 0

이상적인 OPAMP 의 입력 임피던스는 무한대이므로, OPAMP - 반전, + 비반전 단자로는 어떠한 전류도 흐르지 않는다. 이는 정궤환에서도 마찬가지로 적용된다.

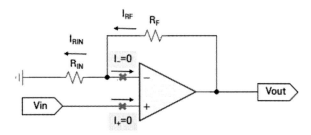

Figure II-95 OPAMP 의 입력 전류 = 0

따라서, 위의 회로에서 전류 I$_{RF}$ = I$_{RIN}$ 이다.

2 규칙 : 가상 쇼트 (Virtual Short) 규칙

OPAMP 부궤환 회로에서는 – 반전 단자와 + 비반전 단자가 서로 단락(Short)된 것처럼 생각하여, 각 단자 전압은 같다고 놓고 정상상태 응답을 해석한다.

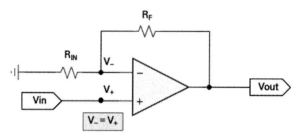

Figure II-96 OPAMP 의 가상 쇼트 V+ = V-

$$V_+ = V_-$$

만약, V-가 그라운드 (0V)라면 V+단자도 0V 로 놓고 계산하는데, 이를 가상 접지(Virtual Ground)라 한다.

이렇게 – 반전 단자로 출력을 궤환받은 형식은 부궤환(Negative Feedback) 제어기와 같이 오차(Error) 즉 (V+) - (V-) = 0 이 될 수 있도록, OPAMP 는 V+ 로 입력되는 전압보다 피드백되어 들어오는 V- 전압이 작으면 높은 전압을 출력하고, V- 전압이 더 크면 낮은 전압을 출력하므로, V+와 V-는 같다고 놓을 수 있는 것이다.

이 규칙은 당연히 + 비반전 단자로 피드백받는 정궤환(Positive Feedback)회로에서는 사용할 수 없다.

다. 부궤환 비반전 증폭기 회로 해석 예

위의 OPAMP 회로 규칙들을 이용하여 비반전 증폭기에 대해서 해석해 보도록 하자.

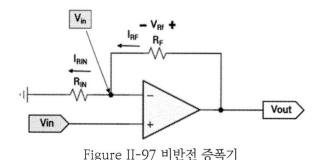

Figure II-97 비반전 증폭기

ㄱ. 부궤환 규칙에 의한 조건

① – 반전 단자로 흘러 들어가는 전류 = 0 이므로, KCL 에 의해 전류 I_{Rf} 와 전류 I_{Rin} 은 같다.

$$I_{Rf} \;=\; I_{Rin}$$

② 가상 쇼트 규칙으로 – 반전 단자의 전압은 V_{IN} 과 같다.

$$V_- \;=\; V_{IN}$$

ㄴ. 증폭률 V_{OUT}/V_{IN} 계산

ㄱ의 부궤환 규칙들에 의한 조건으로 아래와 같이 계산될 수 있다.

$$V_{OUT} \;=\; V_{IN} + V_{Rf} \;=\; V_{IN} + I_{Rf} \times R_f \;-\; ①$$

I_{Rf} 는 R_{in} 에 흐르는 전류 I_{Rin} 와 같으므로 아래와 같다.

$$I_{Rf} \;=\; I_{Rin} \;=\; \frac{V_{IN}}{R_{in}} \;-\; ②$$

①식에 ②식을 대입하여 정리하면 아래와 같다.

$$\therefore \; \frac{V_{OUT}}{V_{IN}} \;=\; 1 + \frac{R_f}{R_{in}} \;\rightarrow\; \therefore \; V_{OUT} \;=\; (1 + \frac{R_f}{R_{in}}) \times V_{IN}$$

즉, V_{OUT} 의 출력은 입력 V_{IN} 에 대하여 저항 R_f 와 R_{in} 의 비율에 의해 1 보다 큰 증폭도를 가지고 증폭 출력하게 된다.

2.7.2. OPAMP 용어 및 전기적 특성

실제 현실 세계의 OPAMP 는 이상적인 OPAMP 와는 다르게 몇 가지 제약 사항을 가지게 된다.

TI 사의 LMV324 Rail-To-Rail OPAMP 의 데이터시트를 참조하여 용어와 전기적 특성을 살펴보도록 하며, 아래 왼쪽 그림은 TI 사의 LMV324 OPAMP 의 간소화된 내부 회로이고 오른쪽은 OPAMP 기호이다.

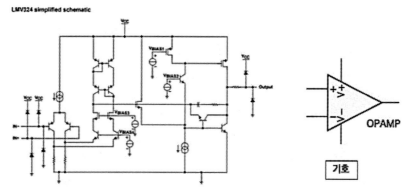

Figure II-98 OPAMP 내부 구조 및 기호

위 회로에서 OPAMP 의 입력이 BJT 트랜지스터를 사용하여 설계되어 있는데, BJT 대신 JFET 와 같은 FET 로 설계되기도 한다.

BJT 계열과 FET 계열의 알려진 차이점은 BJT 계열은 입력 임피던스가 상대적으로 작은 반면 FET 계열은 거의 무한대이다. FET 계열은 오프셋 전압이 낮지만, 상대적으로 느리고 화이트 노이즈가 있다. 반면, BJT 계열은 오프셋 전압은 크지만 전류 구동 능력과 입력 전압 범위에 대한 장점이 있다.

일반적인 비교는 이렇지만, 실제 BJT 든 FET 타입이든 어떤 용도로 사용할지, 사용하기 적당한지는 해당 OPAMP 의 데이터시트를 보고 판단해야 한다.

> **이상적인 OPAMP 와 실제 OPAMP 의 특성 비교**

아래는 이상적인 OPAMP 와 실제 OPAMP 의 특성 비교표로 LMV324 에 대한 특성값이며, 데이터시트에 없는 사항은 대표치로 기록하였다.

	이상적인 OPAMP	실제 OPAMP (LMV324)
입력 임피던스 Z_{IN}	∞	BJT 계열은 1MΩ~20MΩ FET 계열은 100MΩ이상

출력 임피던스 Z_{OUT}	0	수십 Ω (2~100Ω)
증폭 이득 A	∞	100,000 배
동작 대역폭 (Bandwidth)	∞	1MHz
오프셋 전압 (Offset)	0	Max. 7mV
입력 전압 한계	∞	OPAMP 의 입력 전원에 따름 전기적 특성의 동작 전압 구간 참조
출력 전압 한계	∞	OPAMP 의 입력 전원에 따름 전기적 특성의 동작 전압 구간 참조
슬루 레이트 (Slew Rate)	∞	1V/us
입력 바이어스 전류 (Input Bias Current)	0	Max. 250nA
최대 출력 전류	∞	SINK/SOURCE 전류 한계가 있음 전기적 특성의 최대 출력 전류 참조

가. 입력 전원 (Supply Voltage)

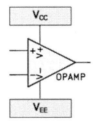

Figure II-99 LMV324 OPAMP 의 입력 전원 범위

 실제 OPAMP 는 다른 소자들과 마찬가지로 입력 전원에 대한 한계가 있다.
 입력 전원이 0V ~ +xV 인 경우 단전원(Single Supply) OPAMP 라 하며, -xV ~ +xV 로 동작할 수 있는 OPAMP 는 양전원(Dual Supply) OPAMP 라 한다.
 LMV324 의 경우 단전원 OPAMP 로 입력 전원 범위는 0V 에서 2.7V ~ 5.5V 까지 가능하다. 이 입력 전원의 전압 범위는 OPAMP 가 입/출력할 수 있는 아래의 동작 전압 구간과 관련된다.

나. 동작 전압 구간

 OPAMP 는 공급되는 전원 전압 이내에서 동작을 하는데, 즉 입력 전원으로 5.5V 를 인가했다면, 최대 출력은 5.5V 가 최대가 되어야 하지만 실제로는 그렇지 못하다.

공급되는 전원 전압 범위까지 거의 출력 가능한 타입을 Rail-To-Rail OPAMP 라 하며, 나머지는 일반 OPAMP 라 하여 입력 전원의 전체 전압 범위를 사용하지는 못한다.

이렇게 OPAMP 는 공급되는 전원 전압 범위에 대해 입력/출력의 한계가 있는데, 양의 전압의 한계가 정해지는 것을 양의 포화 전압(Positive Saturation Voltage) 또는 양의 Rail 전압이라 하고, 음의 전압의 한계가 정해지는 것을 음의 포화 전압(Negative Saturation Voltage) 또는 음의 Rail 전압이라 한다.

> ## 입력 전원에 따른 입/출력 전압 범위

아래 그림은 일반 OPAMP 인 단(Single) 전원, 양(Dual) 전원 OPAMP 와 Rail To Rail OPAMP 의 공급되는 전원 전압 범위에 따른 입/출력 가능한 전압 범위에 대한 예로 실제 정확한 범위는 해당 OPAMP 의 데이터시트를 확인하여야 한다.

공급되는 전원 범위는 V_{EE}(Negative Rail)과 V_{CC}(Positive Rail)로 표기하였으며, 이 입력 전원 전압 범위와 비교하여 실제 입/출력할 수 있는 전압의 범위를 살펴보도록 한다.

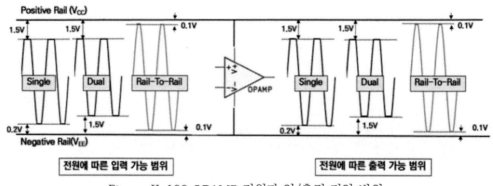

Figure II-100 OPAMP 전원과 입/출력 전압 범위

위의 그림에서 일반 OPAMP 인 경우 입력 전원 범위는 V_{EE} ~ V_{CC} 인데 입력 단자로 입력 받을 수 있는 전압 범위는 (V_{EE} + 0.2V) ~ (V_{CC} - 1.5V)까지이며, 출력 또한 (V_{EE} + 0.2V) ~ (V_{CC} - 1.5V)의 전압까지 출력될 수 있다.

반면, Rail To Rail OPAMP 는 입력 전원 전압 범위에 대해 입/출력 가능 전압은 거의 모든 범위를 사용할 수 있음을 볼 수 있다.

다. 최대 차동 입력 전압 (Differential Input Voltage)

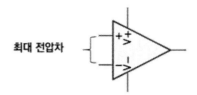

Figure II-101 차동 입력 전압

+ 비반전 단자와 – 반전 단자에 직접적으로 인가할 수 있는 상호 간의 최대 전압차를 의미한다. LMV324 는 ±5.5V이다.

라. 입력 오프셋 전압(Input Offset Voltage)

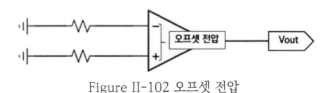

Figure II-102 오프셋 전압

$$V_{OUT} = A \times (V_+ - V_- \pm V_{Offset})$$

위의 그림과 같은 회로에서 이상적인 OPAMP 에서는 +, – 단자의 전압 차이인 Offset Voltage 가 0V 이기 때문에 V_{OUT} 은 0V 가 출력되어야 한다.

하지만, 실제는 내부 FET/BJT 공정/특성 편차 등의 원인으로 단자 간 입력 오프셋 전압 차이가 발생하며, 이로 인해 V_{OUT} 은 0V 가 아니라 무한대의 이득인 A 로 인해 음의 포화 전압 또는 양의 포화 전압 한쪽으로 치우치게 된다.

따라서, 필요에 따라서는 오프셋 전압을 보정하기 위한 보정 회로가 필요할 수 있다. LMV324 는 max. 7mV 이다.

마. 신호 증폭률 (Large Signal Voltage Gain)

신호 증폭률은 출력 전압과 입력 전압과의 비율을 의미하며, dB 또는 V/mV 로 제공된다.

LM324 의 경우 100V/mV 인데, 반전 단자와 비반전 단자와의 1mV 입력 전압차에 대해 100V 출력을 의미하므로, 증폭률은 100,000 배이다.

데이터시트에 dB 스케일인 100dB 로 제공될 경우 $20\log_{10}\frac{V_{OUT}}{V_{In}} = 100\text{dB} \rightarrow$ $10^{\frac{100}{20}} = 100,000$ 배로, 거의 무한대로 봐도 좋다.

바. 슬루 레이트 (Slew Rate)

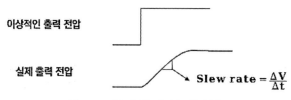

Figure II-103 슬루 레이트

슬루 레이트는 출력 파형이 상승/하강하는 속도 즉, OPAMP 의 반응 속도를 의미하는 것으로 단위 시간당 변화 가능한 전압의 비율로 표시한다.

LM324 는 1V/us 이며, 이것으로 0V 에서 5V 까지 올라가는데 5us 의 시간이 걸린다는 것을 알 수 있다.

사. 최대 출력 전류 (Output Current)

OPAMP 가 출력할 수 있는 최대 전류를 의미하는 것으로 받아들일 수 있는 싱크(SINK) 전류와 출력할 수 있는 소스(SOURCE) 전류에 대해 정의된다.

LM324 는 싱크 전류는 min.10mA, max.160mA 까지, 소스 전류는 min.20mA, max.60mA 로 정의하고 있으므로, 이 전류 내에서 사용되도록 설계되어야 한다.

☞ 전류 부스트 회로

OPAMP 의 출력 전류가 부족할 경우 OPAMP 자체에서 전류를 공급하는 것이 아닌 아래와 같이 트랜지스터나 FET 를 사용한 전류 부스트 회로에서 전류를 공급하도록 회로를 추가하는 등의 방법을 강구할 수 있다.

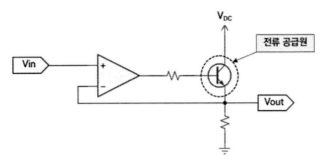

Figure II-104 OPAMP 출력 전류 보강

아. 이득 대역폭 곱 GBP(Gain Bandwidth Product)

이상적인 OPAMP 는 모든 주파수 대역에서 무한대의 이득을 유지해야 하지만, 실제로는 그렇지 못하고 신호가 고주파수로 갈수록 -20dB/decade 의 감쇠율로 이득이 저하된다.

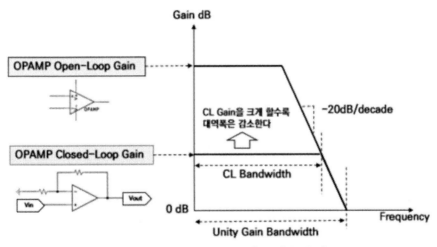

Figure II-105 OPAMP 의 주파수 응답

이에 OPAMP 증폭기의 대역폭(Bandwidth, -3dB)을 계산할 수 있도록 폐루프 이득(A_{CL})과 대역폭 사이의 관계를 나타내는 GBP 를 제공한다. OPAMP 로 궤환 루프(Feedback Loop)를 구성했을 때, 대역폭에 대해 증폭률과 GBP 로 아래와 같이 계산할 수 있다.

$$GBP = A_{CL} \times Bandwith$$

위 수식으로 OPAMP 부궤환 증폭기의 증폭률 A_{CL} 을 크게 할수록 대역폭이 좁아져 고주파수의 신호에 대해 감쇠가 일어나는 것을 볼 수 있다.

만약, 10KHz 의 신호에 대해 100 배의 감쇠없는 증폭을 하고자 한다면 1MHz 이상의 GBP 를 가진 OPAMP 를 선정해야 한다.

자. 입력 바이어스 전류(Input Bias Current)

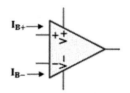

Figure II-106 입력 바이어스 전류

이상적인 OPAMP 는 입력 임피던스가 무한대라 단자 내부로 전류가 전혀 흐르지 않아야 하지만, 실제는 V+, V- 단자 내부로 미소량의 전류가 흘러 들어간다. 이 전류를 입력 바이어스 전류(Input Bias Current)라 한다.

외부 회로를 구성할 때 너무 높은 저항을 사용하게 되면 이 입력 바이어스 전류의 영향을 받아 오차가 발생한다. LMV358 의 Input Bias Current 는 250nA 이다.

☞ OPAMP 회로의 궤환 저항 용량의 범위

비반전 증폭기의 증폭률은 앞에서 본 것과 같이 $\frac{V_{OUT}}{V_{IN}} = 1 + \frac{R_f}{R_{in}}$ 이므로, R_f 와 R_{in} 의 비율만 같으면 동일한 증폭률은 갖는다. 즉, R_f = 1MΩ 과 R_{in} = 100KΩ 의 조합이나, R_f = 10KΩ, R_{in} = 1KΩ 의 조합의 증폭도는 11 배로 동일하다.

아래 입력 바이어스 전류가 250nA 인 회로를 보도록 하자.

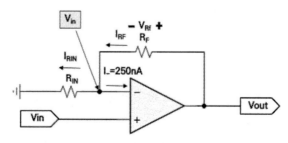

Figure II-107 입력 바이어스 전류의 영향

위 비반전 증폭 회로에서 입력 바이어스 전류를 포함하여 출력 전압을 계산해 보면 아래와 같다.

$$V_{OUT} \ = \ V_{IN} + V_{Rf} \ = \ V_{IN} + I_{Rf} \times R_f - ①$$

I_{RF} 는 KCL 법칙에 의해 R_{IN} 에 흐르는 전류 I_{Rin} + 250nA 와 같으므로 아래와 같다.

$$I_{Rf} \ = \ I_{Rin} + 250nA \ = \ \frac{V_{IN}}{R_{in}} + 250nA - ②$$

①식에 ②식을 대입하여 정리하면 아래와 같다.

$$V_{OUT} \ = \ V_{IN} \times \left(1 + \frac{R_f}{R_{in}}\right) + 250nA \times R_f$$

최종 출력 전압 V_{OUT} 은 입력 바이어스 전류와 피드백 저항 R_f 와의 곱만큼 전압이 올라가게 되는 것을 볼 수 있다.

만약, 피드백 저항 R_f 에 1MΩ 을 사용했다면 0.25V 의 차이가 발생하게 되는 반면, 10KΩ 이라면 0.0025V 의 오차가 발생하게 되는 것에서 알 수 있듯이 피드백 저항이 작을수록 입력 바이어스 전류의 영향을 덜 받는 것을 볼 수 있다.

하지만, 너무 작은 저항 용량을 사용하게 되면, 전력 소모가 많아지고 OPAMP 의 최대 출력 전류를 초과할 수 있을 뿐 아니라 OPAMP 안정성을 저하시킨다.

이런 이유로 OPAMP 증폭 회로의 피드백 저항 R_f 에는 보통 1KΩ ~ 20KΩ 사이의 값을 많이 사용하는데, 만일 저전력 등의 목적으로 더 큰 저항을 사용할 경우 아래에서 볼 입력 바이어스 전류 보상 회로를 고려하도록 한다.

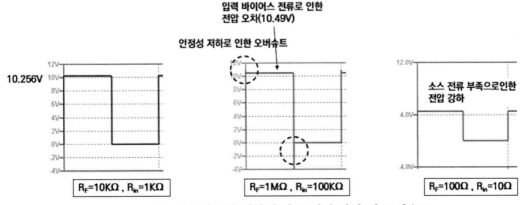

Figure II-108 피드백 저항에 따른 전압 강하 및 오버슈트

위 그림과 같이 너무 큰 R_F 저항을 사용할 경우 입력 바이어스 전류로 인한 전압 강하를 보이고 OPAMP 안정성 저하로 인한 오버슈트가 발생하는 것을 볼 수 있다. 이 안정성 저하는 너무 작은 저항을 사용했을 경우에도 발생할 수 있다.

여기서 안정성 저하란 폐루프 회로의 위상 마진 부족을 의미하며, 이는 OPAMP 회로 설계 예에서 살펴보도록 한다.

만약, 입력 바이어스 전류의 영향을 더욱 최소화하고 싶다면 보통 BJT 타입 OPAMP 의 입력 바이어스 전류가 FET 타입 OPAMP 보다 크기 때문에, 더 작은 입력 바이어스 전류를 가진 FET OPAMP 를 선택하는 것도 하나의 방법이 될 수 있다.

☞ 입력 바이어스 전류 보상 회로 예

+ 비반전 단자와 - 반전 단자로의 입력 바이어스 전류가 동일하다는 가정하에 아래 그림과 같이 +, - 단자에서 바라본 저항을 동일하게 하면 같은 바이어스 전류에 의한 발생 전압이 동일해지게 된다. 이 동일한 바이어스 전압은 OPAMP 에 의해 (V+) - (V-)로 빼짐으로써, 입력 바이어스 전류의 영향을 최소화할 수 있다.

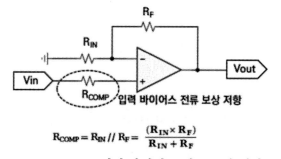

$$R_{COMP} = R_{IN} // R_F = \frac{(R_{IN} \times R_F)}{R_{IN} + R_F}$$

Figure II-109 입력 바이어스 전류 보상 저항

위의 그림에서 - 단자에서 바라본 저항은 R_{in} 과 R_f 가 병렬이므로 이 병렬 저항의 합에 해당하는 저항을 + 단자에 연결함으로써 입력 바이어스 전류에 의해 발생되는 전압 오차를 보상할 수 있다.

이렇게 보상함으로써 좀 더 높은 용량의 피드백 저항을 사용할 수는 있지만, 너무 큰 용량의 저항은 열잡음에 의한 영향도 무시할 수 없으므로, 이를 고려하여 적당한 용량의 피드백 저항을 사용하도록 한다.

2.7.3. OPAMP 기본 회로

아래는 OPAMP 를 사용하여 설계하는데 사용되는 기본 회로들로 이들 회로들의 기본 형태는 알아 두어야 한다.

가. 비교기 (Comparator)

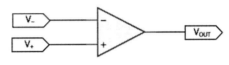

Figure II-110 비교기

궤환이 없는 회로는 비교기로 아래와 같이 동작한다.

$$V_{OUT} = A \times (V_+ - V_-)$$

즉, V+가 V-보다 크다면 출력은 +무한대의 출력을 하게 되고 반대라면 -무한대의 출력을 하게 된다. 하지만, 실제 OPAMP 에서는 전원 범위 내에서 동작을 하므로, 양의 포화 전압 +V$_{sat}$과 음의 포화 전압 -V$_{sat}$ 으로 출력된다.

나. 부궤환(Negative Feedback) 회로

OPAMP 를 증폭기로 사용하려면, 출력을 − 반전 단자로 궤환받는 부궤환(Negative Feedback) 회로를 구성해야 한다. 아래는 기본이 되는 부궤환 회로들이다.

버퍼 (Unity Gain Buffer)

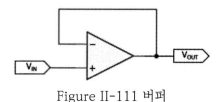

Figure II-111 버퍼

버퍼 회로는 이득이 1 이라서 Unity Gain Buffer 또는 입력 전압을 그대로 출력하기 때문에 전압 팔로워(Voltage Follower)라고도 부른다.

$$V_{OUT} = V_{IN}$$

이 OPAMP 버퍼는 높은 입력 임피던스와 낮은 출력 임피던스를 가지기 때문에, 다른 회로의 임피던스 영향을 최소화할 필요가 있을 때 사용하는데, 이를 임피던스 분리라 한다.
또는 출력 전류가 부족한 회로에 출력 전류를 강화할 목적으로 사용된다.

전압 변환기 (Voltage Converter)

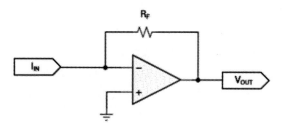

Figure II-112 전압 변환기

입력 전류를 전압으로 변환시킬 목적으로 사용된다.

$$V_{OUT} = -R_F \times I_{IN}$$

비반전 증폭기 (Noninverting Amplifier)

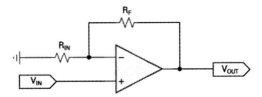

Figure II-113 비반전 증폭기

위와 같이 + 비반전 단자로 신호 입력을 받는 구성을 비반전 증폭기라 한다. 입력 신호를 + 비반전 단자로 받기 때문에 높은 입력 임피던스를 가질 수 있다.

비반전이라는 이름에서와 같이 입력 신호와 출력 신호의 극성이 역전되지 않고 동일하며, 증폭률은 항상 1 보다 큰 출력이 된다.

$$V_{OUT} = V_{IN} \times (1 + \frac{R_F}{R_{IN}})$$

이의 유도 과정에 대해서는 앞서 살펴본 바 있다.

반전 증폭기 (Inverting Amplifier)

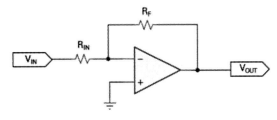

Figure II-114 반전 증폭기

- 반전 단자로 신호 입력을 받게 되어 신호가 역전되어 출력된다. 앞에서 본 비반전 증폭기의 증폭률은 항상 1 보다 커서 전압의 증폭만 가능하지만, 반전 증폭기는 증폭률이 1 보다 작게 할 수 있어 전압을 감소시킬 수 있다.

$$V_{OUT} = -V_{IN} \times (\frac{R_F}{R_{IN}})$$

부궤환이므로 OPAMP 가상 쇼트 규칙에 의해 $V_- = V_+ = 0V$ 즉, 가상 접지이므로 $I_{RIN} = \frac{V_{IN}}{R_{IN}} = I_{RF} = -\frac{V_{OUT}}{R_F}$ 이 되며 위와 같은 수식이 유도된다.

반전 증폭기는 출력 전압의 극성이 입력 전압과 반대이기 때문에, 반드시 양전원 OPAMP 를 사용하던지, DC 오프셋 회로를 구성하여 OPAMP 입/출력 범위 내에서 동작되도록 설계해야 한다.

또한, 입력 임피던스는 R_{IN} 으로 무한대가 아니므로, 높은 입력 임피던스가 필요하다면 외부에 전압 팔로워(Voltage Follower)를 구성하여 신호를 입력해 주어야 한다.

기타 산술 연산 회로

아래와 같이 OPAMP 를 사용하여 덧셈기, 뺄셈기, 적분기, 미분기 등의 산술 연산 회로를 구성할 수 있다.

이들 산술 회로의 경우 입력 임피던스는 사용된 저항 용량값들과 관련되며, 소스 회로의 임피던스와 결합으로 오차를 발생시키기 때문에 별도의 전압 팔로워(Voltage Follower)를 이용하여 입력 신호를 주는 것이 일반적이다.

	회로	수식
덧셈 회로		$V_{OUT} = -R_F \times (\frac{V_1}{R_1} + \frac{V_2}{R_2} + \frac{V_3}{R_3})$
뺄셈 회로		R1 = R2, RF = R3 이라면 아래와 같다. $V_{OUT} = \frac{R_F}{R_1} \times (V_2 - V_1)$
반전 적분 회로		$V_{OUT} = -\frac{1}{R_{IN}C_F} \int V_{IN}$

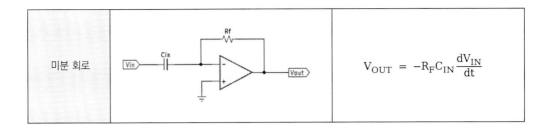

미분 회로		$V_{OUT} = -R_F C_{IN} \dfrac{dV_{IN}}{dt}$

다. 정궤환(Positive Feedback) 슈미트 트리거

앞에서 본 OPAMP 의 기본 회로 중 비교기를 신호 검출에 사용하면, 반전 단자의 전압과 비반전 단자의 전압이 비슷한 경계 지점에서 노이즈가 발생할 경우 출력이 노이즈에 따라 ON/OFF 를 계속 반복하는 상황이 발생되어 오동작을 할 수도 있다.

이런 경우 필요한 것이 슈미트 트리거(Schmitt Trigger)라 불리는 회로인데, 두 값의 차이가 상위 ON 문턱값(Threshold)보다 크면 ON, 하위 OFF 문턱값보다 작으면 OFF 가 되도록 한다.
이 ON 문턱값과 OFF 문턱값 사이의 구간을 히스테리시스(Hysteresis) 마진이라 하며, 이 영역에서는 이전 값을 유지함으로써 노이즈가 있더라도 안정적인 동작을 할 수 있게 한다.

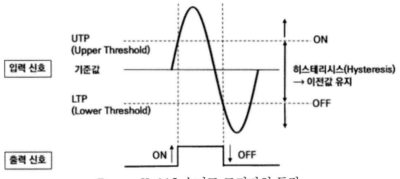

Figure II-115 슈미트 트리거의 동작

슈미트 트리거 기능은 OPAMP 의 출력이 + 비반전 단자로 궤환되어 사용되는 정궤환 회로를 구성하여 구현할 수 있다.
이 정궤환의 경우 앞에서 사용했던 입력단으로 전류가 들어갈 수 없다는 규칙은 똑같지만, 가상 접지의 규칙은 사용할 수 없고, 비교기로 해석하여야 한다. 따라서, 출력은 항상 음의 포화 전압 또는 양의 포화 전압 둘 중 하나이다.

슈미터 트리거의 동작 이해

아래는 OPAMP 를 이용한 반전 슈미트 트리거 회로이다. 이를 통해 슈미트 트리거 동작을 이해해 보도록 한다.

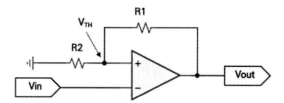

Figure II-116 OPAMP 슈미트 트리거 회로

위의 회로에서 $V_{TH} - V_{IN} > 0$ 이면 V_{OUT} 은 양의 포화 전압인 $+V_{SAT}$ 이 되고, $V_{TH} - V_{IN} < 0$ 이면 V_{OUT} 은 음의 포화 전압인 $-V_{SAT}$ 이 된다.

포화 전압이 -10V, +10V 이고, 현재 상태가 V_{IN} = -10V, V_{OUT} = +10V 인 초기 상태에서 V_{IN} 을 상승시켜 보자.

위의 회로에서 V_{TH} 의 전압은 $V_{TH} = \frac{R2}{R1+R2} \times V_{OUT}$ 이고, 초기 상태의 V_{OUT} 은 10V 인 상태이다. 이 상태에서 V_{IN} 을 상승시킬 때, V_{IN} 전압이 V_{TH} 전압 $\frac{R2}{R1+R2} \times (+10V)$ 보다 커지는 순간 V- > V+이므로, 출력 V_{OUT} 은 -10V 가 된다.

이제 V_{TH} 는 $V_{TH} = \frac{R2}{R1+R2} V_{OUT} = \frac{R2}{R1+R2} \times (-10V)$ 로 바뀌게 된다. 이 상태에서 V_{IN} 을 하강시키면, V_{IN} 이 $\frac{R2}{R1+R2}(-10V)$ 보다 작아지는 순간 V- < V+이므로 V_{OUT} 은 +10V 가 된다.

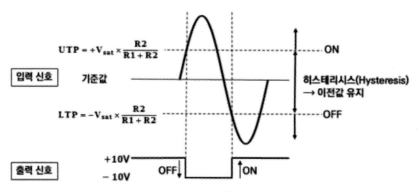

Figure II-117 OPAMP 슈미트 트리거 전압 경계

슈미트 트리거에서 UTP 는 Upper Trigger Point, LTP 는 Lower Trigger Point 의 약자로 UTP ~ LTP 가 히스테리시스 구간이 된다.

결국 위의 그림과 같이 저항 R1, R2 로 정해지는 일정 히스테리시스 구간을 가지는 반전 슈미트 트리거 회로로 동작된다.

2.7.4. 비반전 증폭 회로 설계

10KHz 신호에 대해 OPAMP 를 이용한 11 배 전압 증폭을 가지는 비반전 증폭 회로를 설계해 보도록 한다.

가. OPAMP 선정

OPAMP 의 선정에 있어 구동 전압은 신호의 입력 전압, OPAMP 의 출력 전압을 확인하여 OPAMP 전압 범위 내에서 동작될 수 있도록 선정한다.

주파수 응답 대역폭(Bandwidth)은 신호의 최소 2 배를 가지도록 하며, 보통은 위상 지연 등을 고려하여 5 배 ~ 10 배 이상의 대역폭을 선호한다. 만약, 5 배의 마진을 원한다면, GBP(Gain Bandwidth Product) = A_{CL} × Bandwith 이므로, Closed Loop 이득 11 배 × 10KHz × 5 = 550KHz 이상의 GPB 를 가지는 OPAMP 로 선정하면 된다.

이 밖에 앞에서 본 OPAMP 의 특성들인 입력 오프셋 전압, 입력 바이어스 전류, 슬루 레이트, 차동 및 동상 최대 전압 등을 확인하여 적절한 OPAMP 를 선정하도록 한다.

나. 기본 회로 설계

앞에서 본 OPAMP 비반전 증폭기의 기본 회로를 이용하여 저항의 용량을 선택하고, OPAMP 의 입력 바이어스 전류에 대한 보상 회로를 설계한다.

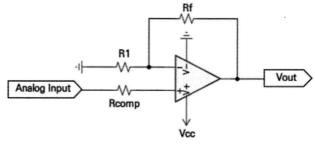

Figure II-118 비반전 증폭기 설계

ㄱ. 증폭률을 위한 저항 R₁, Rf의 선택

비반전 증폭률은 앞에서 본 것처럼

$$\frac{V_{OUT}}{V_{IN}} = 1 + \frac{R_f}{R_1}$$

로 주어진다.

만약, 11 배의 증폭을 원한다면, $R_f = 10 \times R_1$ 이면 되며, 피드백 저항을 1KΩ ~ 20KΩ 사이의 용량을 사용하기로 했으므로, 여기서는 $R_f = 10KΩ$, $R_1 = 1KΩ$ 이면 된다.

저항의 오차율로 인한 증폭 오차율을 줄이기 위해서는 저항의 허용 오차율(Tolerance)이 낮은 것을 사용해야 한다. 아날로그 회로에서 ±1% 이하의 오차율을 가진 저항도 많이 사용되는데, 이 저항 오차율로 인한 출력 전압의 오차가 회로 성능에 문제가 없는지 확인되어야 한다.

예를 들어, 저항의 오차율 1%를 선택했다면, $R_f = 9.9KΩ ~ 10.1KΩ$, $R_1 = 0.99KΩ ~ 1.01KΩ$ 사이의 임의의 용량을 가지게 된다.

이 용량값 중 $(1+ R_f/R_1)$가 최소가 되는 저항 조합은 1+9.9KΩ/1.01KΩ = 10.8 배, 최대가 되는 저항 조합은 1+10.1KΩ/0.99KΩ = 11.2 배가 된다.

즉, 11 배의 증폭기를 설계를 했지만, 실제 10.8~11.2 배 사이의 오차를 가질 수 있으며, 이 오차가 허용 가능한 수준인가는 자신이 개발하는 시스템의 성능을 고려하여 결정하면 된다.

ㄴ. OPAMP 의 사용 전압 범위

앞서 동작 전압 구간에서 봤듯이 단전원 OPAMP 의 경우 0V 의 입력에 대한 출력은 0V 가 나오지 않는다.

만약, 단전원 0V ~ 3.3V 의 구성으로 할 경우 사용 전압 폭이 넓은 Rail To Rail OPAMP 라 할 지라도, 0.1V ~ 3.2V 정도의 입/출력 전압 범위가 된다.

만일, 0V 즉 True Zero 구현이 필요 하다면, 양전원 OPAMP 를 사용할 수 있으며, 이때 필요한 음의 전압은 TI 사의 -0.23V 를 출력하는 LM7705 와 같은 레귤레이터를 사용하면 비교적 손쉽게 구현할 수 있다.

또는, 출력 전압을 ADC 등으로 입력 받아 보정 가능하다면, 0V 전압을 OPAMP 동작 전압 내로 상승시키기 위하여 저항을 통해 입력 전압에 오프셋 전압을 더해줄 수 있는 간단한 회로 솔루션도 생각해 볼 수 있다.

ㄷ. OPAMP 오프셋 전압

OPAMP 오프셋 전압도 마찬가지로 증폭되어 오차율에 관여하니 필요할 경우 오프셋 전압 보정을 해주도록 한다. 여기서는 이에 대해 고려하지 않는다.

ㄹ. 입력 바이어스 전류 보상용 직렬 저항

R_f 와 R_1 의 병렬 저항 값으로 비반전 단자에 직렬로 연결하여 입력 바이어스 전류에 대한 오차를 보정할 수 있다는 것을 앞에서 살펴보았다.

$$R_{Comp} = \frac{R_1 \times R_f}{R_1 + R_f} = \frac{10K\Omega \times 1K\Omega}{10K\Omega + 1K\Omega} \approx 910\Omega$$

다. OPAMP 보호 회로

OPAMP 입/출력단이 모두 외부 시스템과 연결이 없다면 필요 없겠지만, 외부 시스템과 연결되는 경우라면 ESD/서지 등의 과전압/과전류가 들어올 수 있기 때문에 반드시 보호 대책을 마련해야 한다.

OPAMP 의 입력단이 외부 시스템과 연결되어 있는 경우로 가정하면, 아래와 같은 보호 대책들을 생각해 볼 수 있다.

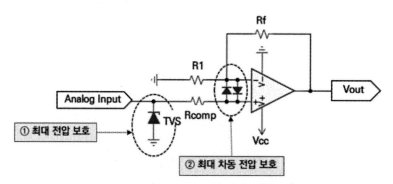

Figure II-119 OPAMP 보호 회로 예

ㄱ. 과전압 보호 TVS

외부 시스템으로부터 신호를 입력받는 경우 내부 회로의 보호는 필수이며, 이런 용도로 TVS 다이오드 또는 다이오드 클램핑 회로를 구성하여 수 KV 이상의 ESD/SURGE 과전압으로부터 내부 회로를 보호해 주어야 한다.

이렇게 TVS 다이오드를 사용하여 아날로그 포트를 과전압으로부터 보호할 수 있지만, 션트 저항을 이용하여 전류를 측정하는 용도와 같은 경우 TVS 다이오드의 역방향 누설 전류가 크게 되면 측정 오차 문제가 될 수 있다. 이런 경우 커패시터를 사용하여 ESD 노이즈에만 대응하기도 한다.

TVS 다이오드와 커패시터를 사용한 보호 회로에 대해서는 회로 설계 규칙 편에서 살펴보도록 할 것이다.

ㄴ. OPAMP 차동 전압 보호

OPAMP 의 + 비반전 단자와 - 반전 단자 사이에 인가될 수 있는 최대 차동 전압 내에서 동작하도록 위와 같은 다이오드 구성으로 보호하기도 하지만, TVS 다이오드로 충분히 보호되었거나, 보호 회로가 OPAMP 내부에 이미 장착되어 있는 경우도 많으므로 필수 사항은 아니다.

ㄷ. OPAMP 동상 전압 보호

OPAMP 의 최대 동상 전압에 대한 보호는 회로 설계 규칙의 Y 커패시터 편을 참조하도록 한다.

라. OPAMP 궤환 회로의 안정성 설계

OPAMP 비반전 증폭기는 궤환 시스템(Closed Loop System)이기 때문에 시스템 이론에서 봤던 안정성에 신경을 써야 한다.

OPAMP 회로는 아래와 같이 출력 또는 피드백에 높은 커패시턴스 부하가 걸리면 궤환에 지연이 생기며, 위상 마진(Phase Margin)이 부족해져 안정성이 저하되어 출력 신호에 링잉 또는 발진이 발생할 수 있다.

비반전 증폭기에서는 보통 증폭도가 높을수록 대역폭이 낮아져 안정적이며, 반대로 증폭도가 낮을 수록 위상 마진이 낮아져 불안정해지므로, 이득이 1 인 버퍼(또는 Voltage Follower)가 가장 취약할 수 있다.

아래는 커패시턴스 부하에 의한 위상 마진이 감소하는 현상에 대한 개념도이다.

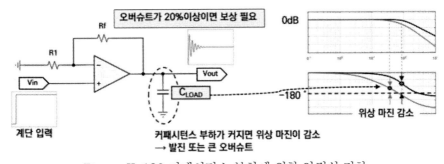

Figure II-120 커패시턴스 부하에 의한 안정성 저하

　실제 OPAMP 회로의 안정도 확인은 회로에서 얼마의 커패시턴스 부하가 출력단에 연결될지 모르는 경우도 많고, 직접 OPAMP 의 주파수 특성을 측정하여 위상 마진(Phase Margin), 이득마진(Gain Margin)을 검출하여 안정성을 확인하기도 어렵다.

　이런 이유로, 보통은 OPAMP 의 입력에 계단 입력 신호를 주어 오버슈트와 링잉을 확인하는 방법으로 안정성을 확인한다. 계단 응답과 안정성과의 상관관계는 시스템 이론에서 살펴본 바 있다.

안정성 보상 방법

　계단 응답의 오버슈트가 10 ~ 20% 이상이면 보상이 필요하다고 판단하고 이에 대한 대응 회로를 구성해야 하는데, 아래에서 OPAMP 의 안정성을 강화하기 위한 방법을 살펴본다.

ㄱ. 직렬 댐핑 저항

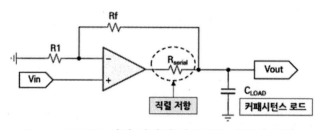

Figure II-121 직렬 저항의 사용으로 안정성 강화

　위 회로와 같이 커패시턴스 부하 전에 직렬 저항을 삽입해 안정성을 보상할 수는 있지만, 이 방식은 대역폭 감소, OPAMP 의 출력 임피던스 증가, 출력 전압의 범위 감소와 전력 소모 증가의 단점이 있다. 저항의 용량은 튜닝을 통해 결정하는데, 보통 수 Ω ~ 수십 Ω 사이로 링잉이 없어지는 값으로 튜닝한다.
　이렇게 직렬 저항을 삽입하는 방식에는 루프 외부에 직렬 저항을 삽입하는 설계도 있다.

ㄴ. 위상 보상용 커패시터

　아래와 같이 피드백 저항에 병렬로 커패시터를 연결해서 위상을 보상하여 OPAMP 의 안정성을 강화할 수 있다. 이 방식이 OPAMP 비반전 증폭기, 반전 증폭기에서 많이 사용되는 방식으로 조금의 동작 차이는 있다.

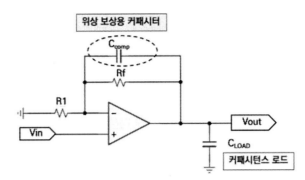

Figure II-122 위상 보정 커패시터로 안정성 강화

① 1 차 저주파 통과 필터(Low Pass Filter, LPF) 특성

　병렬 커패시터가 없이도 링잉이 없다면 안정한 상태이므로 병렬 커패시터는 필요없을 수 있다. 하지만, 폐루프 증폭 회로에서 위와 같은 병렬 커패시터의 사용은 1 차 저주파 통과 필터(LPF) 특성도 가지므로, 노이즈 제거를 위해서도 많이 사용하는 방법이다.

　따라서, 실제 사용하지 않더라도 병렬 커패시터를 장착할 수 있는 자리를 만들어 두면 튜닝에 도움이 된다.

　이 병렬 커패시터 회로는 차단 주파수 $\frac{1}{2\pi R_f C_{Comp}}$ Hz를 가지는 1 차 LPF 필터 특성을 가진다.

　정확히는 반전 증폭기에서는 1 차 LPF 가 맞지만, 비반전 증폭기에서는 LAG 보상기로 동작한다. 이 LAG 보상기의 이득은 $\frac{1}{2\pi R_f C_{Comp}}$ Hz 에서 $\frac{R_1 + R_f}{2\pi R_1 R_f C_{Comp}}$ Hz 까지 -20dB/decade 로 감쇠한 후 더 이상 감쇠되지 않는데, 고주파에서 노이즈 감쇠에 한계가 정해진 형태의 저주파 통과 필터로 볼 수 있으므로, LPF 로써의 성능이 좀 떨어질 수 있다. 때문에, 더 좋은 성능의 노이즈 제거가 필요한 경우 입력단 또는 출력단에 추가적인 RC LPF 회로를 구성하여 2 차 LPF 로 사용하는 경우도 많다.

② 위상 보상용 병렬 커패시터가 없을 때 링잉이 있을 경우

　OPAMP 회로의 계단 응답에 20% 이상의 오버슈트가 있을 경우 불안정한 상태로 간주하며, 링잉과 발진이 일어날 수 있어 위상 보상으로 충분한 위상 마진을 확보해야 한다.

　이 병렬 커패시터는 루프 전달함수에서 비반전 증폭기의 경우 LEAD 보상기로 동작을 하고, 반전 증폭기 회로에서는 HPF(High Pass Filter)로 동작을 하여 위상을 보상하기 때문에 코너 주파수의 선택에 신중해야 한다.

　전달함수를 통한 수학적 계산이나 시뮬레이션을 통해서 할 수도 있겠지만, 기생 커패시턴스와 부하의 커패시턴스와 같은 외부 변수들의 값을 알기 어려운 경우가 많기 때문에 튜닝으로 진행하는 경우가 많다.

위상 보상용 병렬 커패시터의 용량을 링잉 주파수에 의해 튜닝으로 결정할 수 있는 방법은 아래와 같다.

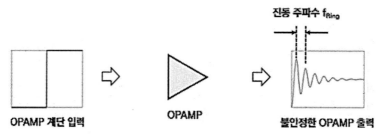

Figure II-123 OPAMP 계단 입력 응답

C_{Comp} 병렬 커패시터가 없는 상태에서 계단 입력에 대한 링잉 주파수 f_{Ring} 과 관련 지어 아래와 같이 튜닝을 진행할 수 있다.

비반전 증폭기에서는 링잉의 주파수 f_{Ring} 에 대해 경험규칙으로 다음과 같이 C_{Comp} 용량을 결정한다.

$$\frac{1}{2\pi} \times \frac{\sqrt{(R_1 + R_f)R_1}}{R_1 R_f C_{Comp}} \left(= \text{최대 위상 보상 주파수}\right) = \frac{f_{Ring}}{2}$$

위의 커패시터 용량으로 안정성이 충분히 확보되지 않는다고 판단되면, 다음과 같은 구간에 두고 커패시터의 용량을 변경해가며 튜닝을 진행한다.

$$\frac{1}{5} f_{Ring} \leq \frac{1}{2\pi} \times \frac{\sqrt{(R_1 + R_f)R_1}}{R_1 R_f C_{Comp}} \left(= \text{최대 위상 보상 주파수}\right) \leq f_{Ring}$$

이에 반해 반전 증폭기에서는 경험규칙(Rule Of Thumb)으로 다음과 같은 구간에 C_{Comp} 가 위치하도록 하여 커패시터의 용량을 변경해가며 튜닝을 진행한다.

$$\frac{1}{2\pi R_f C_{Comp}} \leq \frac{1}{2} f_{Ring}$$

2.8. CMOS 와 TTL

OPAMP 는 BJT 트랜지스터나 FET 의 증폭 기능을 이용하여 만든 연산 아날로그 IC(Integrated Circuit)이다.

이에 반해 CMOS 와 TTL 은 아래 그림과 같은 디지털 로직 LOW(0), HIGH(1)를 입/출력 하기 위하여 BJT 트랜지스터 또는 MOSFET 의 스위칭 동작을 이용하여 만든 디지털 IC(Integrated Circuit)라 할 수 있다.

Figure II-124 디지털 신호

이 중 MOSFET 으로 구성된 CMOS 는 저전력이고 크기가 작기 때문에, 거의 모든 디지털 집적 회로(IC)의 입/출력 구성에 사용될 정도로 많이 사용되므로 CMOS 의 구조에 대해서 알아본다.

2.8.1. CMOS 구조

TTL 은 Transistor-Transistor Logic 의 약자로 트랜지스터를 이용한 디지털 로직 회로이고, CMOS 는 Complementary Metal-Oxide Semiconductor 의 약자로 MOSFET 을 이용한 디지털 로직 회로 구성이다.

이 CMOS 의 이름은 아래 그림과 같이 하이 사이드 스위치에 P MOSFET 을 사용하고, 로우 사이드에 N MOSFET 을 사용하여 상호보완 한다는 의미이다.

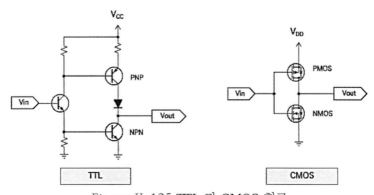

Figure II-125 TTL 과 CMOS 회로

위의 그림에서 V_{CC} 와 V_{DD} 의 전원 표시는 각각 컬렉터 전압과 드레인 전압이란 의미로, 디지털 회로에서는 전원을 의미하는데, 보통은 IC 의 입력 전원의 의미로 용어를 구분하지 않고 사용하기도 한다.

CMOS 의 저전력

이 CMOS 회로 구조의 장점은 전력 손실이 없다는 것이고, 디지털 입력/출력 회로의 기본이 된다.
만약, 아래와 같이 N MOSFET 을 가지고 HIGH/LOW 출력 회로를 구성했을 때를 생각해 보자.

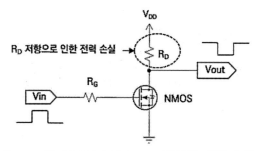

Figure II-126 N MOSFET 회로의 전력 손실

위의 그림에서 NMOS 가 TURN ON 될 때 낮은 R_{ON} 저항때문에 V_{DD} 에서 그라운드로의 과전류 제한을 위해 사용된 드레인의 저항 R_D 로 인해 전력 손실이 발생하게 된다.

하지만, 아래 그림과 같이 PMOS 와 NMOS 로 구성하였을 경우 그라운드로의 과전류 제한 저항이 없어도 되어 드레인 저항으로 인한 전력 손실 없이 신호를 전달할 수 있다.

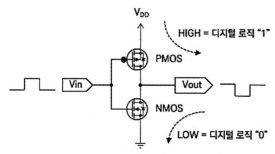

Figure II-127 인버터 CMOS 회로

위의 회로는 입력 V_{IN} 에 HIGH 를 주게 되면 상단 PMOS 는 OFF, 하단 NMOS 는 ON 되어 V_{OUT} 에 LOW 를 출력하고, 입력 V_{IN} 에 LOW 를 주게 되면 PMOS 는 ON, NMOS

는 OFF 되어 V_{OUT} 에 HIGH 를 출력한다. 이렇게 반대로 동작한다 하여 인버터(Inverter) 회로라 한다.

> ### 디지털 I/O

디지털 입력(Input)은 위 회로의 V_{IN} 신호가 시스템 외부에 연결되고, V_{OUT} 신호가 시스템 내부로 들어가는 방향이라면 외부 V_{IN} 신호를 0, 1 로 판단하여 사용할 수 있다.

디지털 출력(Output)은 V_{IN} 신호는 시스템 내부 로직의 0, 1 제어를 받고, V_{OUT} 신호가 시스템 외부에 연결되어 HIGH/LOW 전압 또는 전류를 제공한다.

이렇게 디지털 입력과 출력을 할 수 있는 포트를, 디지털 I/O(Input/Output) 포트라 한다.

여기에서 P MOSFET 과 N MOSFET 의 바디 다이오드로 인해 자연스러운 다이오드 클램핑 회로가 구성되어 회로 보호 역할을 하고 있음을 주목한다.

2.8.2. 전기적 특성(Electrical Characteristics)

임베디드 시스템에서 사용하게 될 MCU 의 입/출력 포트인 GPIO 포트도 CMOS 구조로 되어 있으므로, CMOS 의 전기적 특성을 아는 것은 충분히 의미가 있다.

MOSFET 을 TURN ON 시키기 위해 필요한 것은 NMOS 는 V_{GS} 가 문턱값(V_{TH})보다 커야 하고, PMOS 는 V_{GS} 가 문턱값(V_{TH})보다 작아야 한다는 것이다.

아래 TI 사의 74HC04 인 하나의 IC 에 6 개의 인버터 로직을 가지고 있는 IC 를 예로 전기적 특성과 타이밍에 관한 용어들을 살펴보도록 하자.

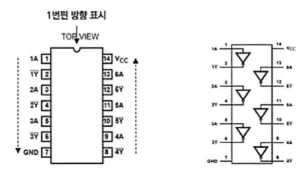

Figure II-128 TI 사의 74HC04 NOT 로직 IC

위의 그림에서 IC 패키지는 1 번 핀의 방향이 중요하며, 이를 알려주는 표시가 홈 또는 점 모양의 인쇄 표시로 존재하며, 핀 번호의 방향은 왼쪽 1 번부터 시작하여 반시계 방향으로 증가하는 것이 일반적인 규칙이다.

가. 출력 전압 기준 V_{OL}, V_{OH}

디지털 로직 "0"(LOW), "1"(HIGH)을 출력하기 위한 출력 전압을 정의한 것으로 Low Level Output 전압과 High Level Output 전압을 뜻한다.

Figure II-129 V_{OH}, V_{OL}

CMOS 가 HIGH 출력일 경우 내부의 상위 PMOS 의 R_{ON} 저항과 이에 흐르는 전류(소스 전류)로 인한 최대 전압 강하를 V_{OH}, LOW 출력일 경우 하위 NMOS 의 R_{ON} 저항과 이에 흐르는 전류(싱크 전류)로 인한 최대 전압 강하를 V_{OL} 로 정의한다.
이로 인해 출력에 연결된 부하에서의 전류 소모의 양에 따라 출력 HIGH 가 입력 전원인 V_{DD} 전압이 아니라 약간의 전압 강하를 가진 값이 되고, 출력 LOW 또한 완전 0V 가 아니라 약간의 전압을 가지게 된다.
TI 74HC04 는 4.5V 전원 전압일 때, V_{OL} = max.0.1V, V_{OH} = min.4.4V 이다.

나. 입력 전압 기준 V_{IL}, V_{IH}

입력되는 전압 신호를 디지털 로직 "0"(LOW), "1"(HIGH)로 인식하기 위한 Low Level Input 전압과 High Level Input 전압이다.

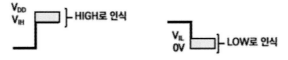

Figure II-130 V_{IH}, V_{IL}

V_{IL}, V_{IH} 는 CMOS 가 입력으로 사용될 경우, 내부의 PMOS 와 NMOS 의 문턱 전압과 관계가 되는데, V_{IL} 은 V_{IN} 으로 들어오는 입력 전압에 대한 전기적 특성을 정의한 입력 전압으

로 인버터 회로에서는 V_{IN} 이 V_{IL} 보다 작아야 상단 PMOS 가 ON 되며 HIGH 로 인식한다. 반대로 입력되는 V_{IN} 이 V_{IH} 보다 커야 하단 NMOS 가 ON 되며 LOW 로 인식된다.

이는 IC 에 사용된 MOSFET 의 특성과 관련이 있는 것으로, 자세한 것은 데이터시트를 참조해야 하지만, 근사하여 해석할 때는 보통 V_{IL} 은 V_{DD} 의 30% 전압, V_{IH} 는 70% 정도로 보고 해석한다.

$$V_{IL} \approx 0.3V_{DD},\ V_{IH} \approx 0.7V_{DD}$$

TI 74HC04 는 4.5V 전원에 대해 V_{IL} = max.1.35V, V_{IH} = min.3.15V 으로, 4.5V 의 30%, 70% 지점임을 볼 수 있다. 즉, V_{DD} 가 4.5V 일 경우 입력으로 1.35V 이하의 전압이 들어와야 LOW 로 인식되고, 3.15V 이상의 전압이 들어와야 HIGH 로 인식된다.

다. 노이즈 마진(Noise Margin)

노이즈 마진(여유)이란 회로 기능 동작에 영향이 없는 한도 내의 허용될 수 있는 노이즈의 크기를 의미한다.

출력을 하는 CMOS 소스 회로와 입력을 받는 CMOS 입력 회로를 서로 연결한 신호 전달을 생각해 보자.
소스의 출력이 LOW 로 출력하는 최대 전압 V_{OL} 은 신호를 받는 쪽의 입력 회로에서는 LOW 로 인식하는 V_{IL} 전압보다 작아야 LOW 로 인식하여 오인식이 없을 것이다. HIGH 역시 마찬가지로 소스의 V_{OH} 전압이 입력의 V_{IH} 전압보다 높아야 입력 회로에서는 HIGH 로 인식될 수 있다.

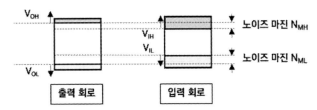

Figure II-131 노이즈 마진

출력 전압(V_{OH}, V_{OL})과 입력 전압(V_{IH}, V_{IL}) 간의 각각의 전압 차이를 노이즈 마진이라 하며, 이 구간 안에서는 노이즈가 있어도 오동작이 없음을 의미한다.

CMOS 의 경우 V_{DD} 전압의 30% 정도를 노이즈 마진으로 가지는 반면 TTL 은 0.4V 정도로 작아 디지털 로직 회로에 적용하기에는 노이즈에 취약할 수 있다.

라. 정의되지 않은 구역 (Undefined Region)

PMOS 와 NMOS 의 TURN ON/OFF 조건이 다름에 의해 PMOS 가 ON/OFF 되는 시점 과 NMOS 가 OFF/ON 되는 시점과의 차이가 발생하여, PMOS, NMOS 가 둘 다 ON 되는 시점이 생긴다. 이 영역은 아래와 같은 특징을 가진다.

스위칭 동작 시 과전류

이 구간에서는 아래와 같이 PMOS 와 NMOS 둘 다 동시에 ON 되기 때문에, 짧은 순간 PMOS 에서 NMOS 로 바로 과전류가 흐르게 되면서 전류의 소비가 증가된다.

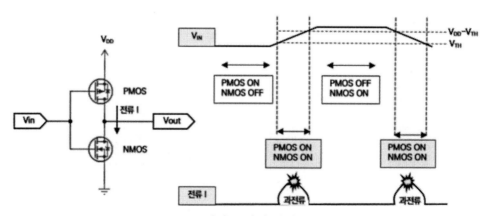

Figure II-132 스위칭 동작의 과전류 노이즈

이렇게 IC 의 내부 CMOS 로직의 갑작스러운 전류 소비가 디지털 시스템의 스위칭 노이 즈가 되며, 이에 대응하기 위한 디커플링 커패시터를 IC 전원 바로 옆에 장착하는 이유이기 도 하다.

또한, CMOS 의 경우 입력을 OPEN 하여 플로팅 상태로 놔두면 노이즈에 의해 이 영역에 서 동작이 되어 과전류에 의한 파손의 위험성이 있으므로, CMOS 의 입력은 플로팅시키지 않도록 해야 한다.

슈미트 트리거 (Schmitt Trigger)

위의 PMOS/NMOS 가 둘 다 TURN ON 되는 구간에서 로직 회로에서는 어떤 출력이 나올지 정의되지 않기 때문에 정의되지 않은 구역(Undefined Region)이라 한다.

어떤 값이 출력될지 모르는 이 불안정한 상태를 보완하기 위하여, 이 구간 동안 이전 출력 값을 유지할 수 있도록 하는 회로가 OPAMP 에서 보았던 슈미트 트리거 회로이다. 아무래도 슈미트 트리거 기능이 있으면, IC 내부 회로가 복잡해지게 되며, 그에 따라 IC 의 가격이 비싸다.

CMOS, TTL 로직 IC 를 사용할 때, 슈미트 트리거 IC 는 아래와 같이 슈미트 트리거라는 표시를 한다.

Figure II-133 슈미트 트리거 기호

슈미트 트리거 회로는 HIGH/LOW 에 대한 히스테리시스 구간을 가지고 안정적인 신호 판단 능력을 가지므로, 채터링 제거용으로 스위치 회로에 사용되기도 하고, 클럭 회로 등 입력 신호에 대해 노이즈를 배제하는 등 HIGH/LOW 구분을 확실히 하기 위한 곳에서 사용된다.

마. I_{OH} 소스(Source)/I_{OL} 싱크(Sink) 전류

CMOS 의 출력을 이용하여 연결된 부하를 구동할 때, HIGH 로 하여 PMOS 로 전류를 공급하는 것을 High Level Output 전류인 I_{OH} 또는 소스(Source) 전류라 하고, 출력을 LOW 로 하여 NMOS 로 전류를 입력받는 것을 Low Level Output 전류인 I_{OL} 또는 싱크(SINK) 전류라 한다.

CMOS 가 공급할 수 있는 소스 전류의 최대치는 하이 사이드 PMOS 가 ON 되어 동작되므로 PMOS 의 정격 전류와 관련이 있으며, 공급할 수 있는 싱크 전류의 최대치는 로우 사이드 NMOS 의 정격 전류와 관련이 있으므로, 반드시 데이터시트를 참조하여 규격 내에서 사용해야 한다.

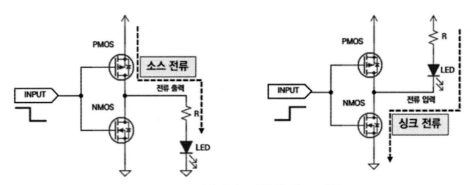

Figure II-134 소스 전류와 싱크 전류

이들 I_{OH} 와 I_{OL} 은 CMOS 의 R_{ON} 저항과 내부 와이어 또는 패드 저항으로 인한 전압 강하에 대해 V_{OL}, V_{OH} 를 만족하는 최대 전류이므로, 조금 더 더 높은 전류의 출력이 가능할 수도 있겠지만, 규격 내에 사용하는 것을 권장한다.

TI 74HC04 는 소스/싱크 전류 모두 25mA 까지 지원 가능하고, 보통은 10 ~ 20mA 의 구동 능력을 가진다.

또한, IO 의 I_{OL} 과 V_{OL} 의 관계에 의해 IO 임피던스는 아래와 같이 근사될 수 있다. 마찬가지로 I_{OH} 와 V_{OH} 의 관계도 마찬가지이며, 임피던스와 전류에 의한 전압 강하와 관련된다.

$$\text{Output Impedance} \approx \frac{V_{OL}}{I_{OL}} \approx \frac{V_{DD} - V_{OH}}{I_{OH}}$$

팬 인(FAN-IN) / 팬 아웃(FAN-OUT)

위와 같이 제공할 수 있는 소스 전류가 한정되어 있으므로, 하나의 CMOS 출력에 연결 가능한 CMOS/TTL 로직의 개수가 한정되는데, 이 개수를 팬 아웃(FAN-OUT)이라 한다. 이는 입력단에서 소비되는 전류와의 비로 I_{OH}/I_{IH}, I_{OL}/I_{IL} 중 최소값으로 정해진다.

반대로 팬 인(FAN-IN)은 입력단에 한번에 연결 가능한 CMOS/TTL 수를 의미한다.

CMOS 의 경우 입력 전류 I_{IH}, I_{IL} 소비가 거의 없기 때문에, 팬 아웃/팬 인의 개수는 거의 무한대로 볼 수도 있으나, 기생 커패시턴스와 PCB 패턴에 의해 생성되는 부유용량 등으로 인해 신호 지연이 생기기 때문에 무한대로 쓸 수는 없다.

2.8.3. 타이밍 특성

 디지털 로직에서 어느 시점에서 데이터를 출력하고 취득할 것인가 등 정확하고 안정적인 정보 교환을 위한 시간적 규약인 타이밍(Timing) 특성에는 어떤 것이 있는지 알아보도록 한다. 아래는 TI 사 74HC04 데이터시트에서 발췌한 타이밍도이다.

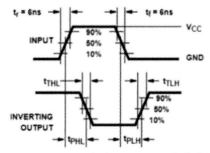

Figure II-135 TI 사의 74HC04 타이밍 특성

가. 상승 시간 T_r

 신호의 상승 시간(Rising Time)으로 신호 전압이 10%에서 90%까지 올라가는데 걸리는 시간을 말한다.

 상승 시간과 하강 시간은 아래와 같이 MOSFET 내부의 기생 커패시턴스와 관련이 있다는 것을 봤었다. 아래 그림의 저항은 실제 저항 소자가 될 수도 있고, PCB 패턴의 패턴 저항이 될 수도 있으며, 이 저항 R 과 기생 커패시턴스 C_P 에 의한 RC 지연이 발생된다.

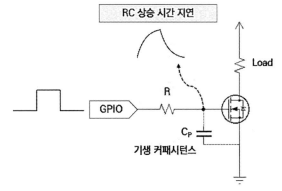

Figure II-136 기생 커패시턴스와 상승 시간

나. 하강 시간 T_f

신호의 하강 시간(Falling Time)으로 신호 전압이 90%에서 10%까지 내려오는데 걸리는 시간을 말한다.

다. 전파 지연 시간 T_{PHL}, T_{PLH}

신호가 전달되는데 걸리는 전달 지연(Propagation Delay)을 의미하는 것으로, T_{PHL} 은 상승 입력 신호의 50% 지점에서 출력 신호의 50% 지점까지의 지연 시간을 말하고, T_{PLH} 는 하강 입력 신호의 50% 지점에서 출력 신호의 50% 지점까지의 지연 시간을 의미한다.

보통 평균 전달 지연으로 사용하며 T_{PHL} 과 T_{PLH} 를 평균을 낸 즉, $(T_{PHL}+T_{PLH})/2$ 의 값을 사용한다.

2.8.4. 푸쉬풀 출력 vs 오픈 드레인 출력

앞서 살펴본 것과 같이 디지털 IO 출력은 0, 1 로직을 HIGH, LOW 전압으로 출력하는 동작을 말한다. 이런 디지털 IO 의 전압 출력 방법에는 푸쉬풀 모드와 오픈 드레인 모드가 있으며 이에 대해 살펴본다.

가. 푸쉬풀(Push-Pull) 출력

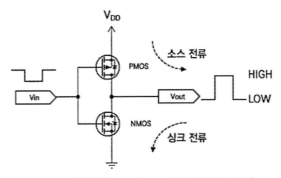

Figure II-137 HIGH/LOW 푸쉬풀 출력

푸쉬풀(Push-Pull) 출력은 CMOS 또는 TTL 구조로 V_{DD} 전압인 HIGH 출력, 그라운드 (Ground) 0V 인 LOW 로 출력하는 신호로 출력 HIGH/LOW 에서 모두 전류를 흘릴 수 있는 회로를 말한다.

이는 HIGH 로 출력할 때 부하에 전류를 공급하는 것과 같고(PUSH), LOW 로 출력할 경우 부하 회로에서 전류를 당겨 받는 구조(PULL)라 하여 푸쉬풀(PUSH-PULL) 출력이라 한다. 비슷한 용어로 트랜지스터를 사용하는 TTL 에서는 토템폴(Totem-Pole) 출력이란 용어로도 사용한다.

나. 오픈 드레인/오픈 컬렉터 출력

오픈 드레인(Open Drain) 출력은 말 그대로 CMOS 의 하이 사이드 PMOS 없이 로우 사이드 NMOS 의 드레인을 오픈해서 사용하는 구조로 출력을 한다.

마찬가지로, TTL 에서의 오픈 컬렉터(Open Collector)는 트랜지스터의 컬렉터를 오픈하여 사용하는 구조이다.

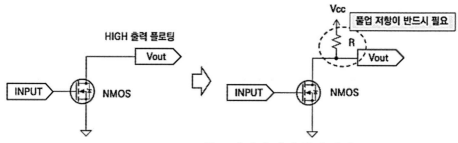

Figure II-138 오픈 드레인 출력과 풀업 저항

이 구조는 LOW 로 출력할 경우에는 NMOS 로 인해 SINK 전류로 PULL 동작을 하지만, HIGH 로 출력할 경우에는 NMOS 가 OFF 되게 되고 오픈되어진 드레인은 전위가 정해지지 않은 상태가 된다.

이렇게 전류를 소비하지 않는 임피던스가 큰 상태를 하이 임피던스(High Impedance) 상태 또는 플로팅(Floating) 상태라 하며, High-Z 로 표시한다.

따라서, 오픈 드레인 모드에서 HIGH 전위를 유지하기 위하여는 반드시 외부에 풀업 저항이 필요하다.

이 구조는 풀업 저항을 통해 시스템 로직과 다른 전위의 HIGH 출력을 할 수 있다는 장점으로 전위가 다른 시스템과 신호를 주고받을 수 있다. 가령 위의 회로에서 3.3V 대신 5V 출력을 원한다면, 풀업 저항을 5V 로 연결하면 된다.

직렬 통신에서는 I^2C 통신에서 이 오픈 드레인 구조를 사용한다.

2.8.5. CMOS, TTL 로직 IC

CMOS 또는 TTL 구조를 사용하여 만든 로직 IC 들 중에 대표적으로 사용되는 CMOS 시리즈와 TTL IC 시리즈가 있다. 로직 IC 말 그대로 AND 로직, OR 로직, XOR 로직 등의 로직 기능을 구현한 IC 를 의미한다.

TTL 군에는 74 시리즈라 불리는 74Lxx(저전력), 74H(High Speed), 74LS(Low Power Schottky), 74AS(Advanced Schottky) 등이 있다.

CMOS 군에는 74HC(High Speed CMOS) 시리즈, 74HCT(High Speed TTL-type CMOS 입출력 특성을 TTL 과 비슷하게 만든 것), 74AC(Advanced Fast CMOS), 74ACT 시리즈와 4000 시리즈군 등이 있다.
아래는 통상적인 TTL 과 CMOS IC 의 비교이며, 정확한 것은 사용 IC 의 데이터시트를 참조해야 한다.

	TTL	CMOS
구성 회로	트랜지스터	MOSFET
전원 전압	4.75V ~ 5.25V	보통 : 3 ~ 18V AC : 2 ~ 6V
입출력 전달 지연	LS 형 : 10ns AS 형 : 2ns	HC 형 : 12ns AC 형: 4ns 고속의 CMOS 도 나오고 있으므로 단정적으로 속도가 떨어진다고 보기는 어렵다.
입력단 소비 전류	mA 단위	uA 이하 ~ nA 단위
문턱 전압	V_{IL} : 0.8V V_{IH} : 2V 이상 V_{OL} : 0.4V V_{OH} : 2.4V	V_{IL} : V_{DD} 전압의 30% 이하 V_{IH} : V_{DD} 전압의 70% 이상 V_{OL} : 0V 근처 V_{OH} : V_{DD} 전압 근처
장점	• 전달 지연이 짧다	• 상대적으로 노이즈 마진이 크다. • 소비 전력이 낮다 • 사용 전압 범위가 넓다 • 간단한 구조로 집적화에 적합하다
단점	• 소비 전력이 높다 • CMOS 의 경우 V_{CC} 의 30% 정도인데 반해, TTL 은 0.3~0.4V 정도로 노이즈 마진이 작다 • 입력 임피던스가 무한대가 아니라 회로 임피던스 영향을 받기 쉽다 • FANOUT 수가 비교적 적다	• 높은 입력 임피던스로 정전기(ESD)에 파손되기 쉽다. 따라서, 입력은 플로팅 상태로 두면 안된다.

가. 로직 IC

아래는 대표적인 74 시리즈인 NOT, AND, OR, NOR, NAND 의 로직 연산 기능을 하는 회로를 집적하여 만든 IC 들의 기호이다. LS 시리즈만 예로 들었으며, HC 시리즈는 74HC04 와 같이 중간의 시리즈 명이 바뀐다.

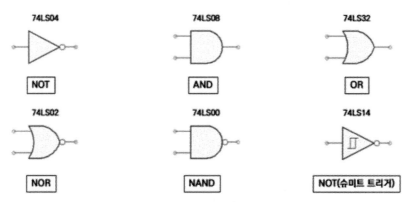

Figure II-139 로직 IC 종류

이런 AND, OR 등의 로직 회로만으로 구성한 회로를 조합 회로(Combination Circuit)라 하며, 현재 입력된 신호들에 따라 로직 회로에 의하여 바로 출력이 결정되므로, 현재 입력된 신호들에 의해서만 구현되는 단순한 알고리즘의 기능 구현이 된다.

반면, 아래에서 보게 될 래치와 플립플롭과 같은 메모리 소자와 로직 회로로 구성된 회로는 순차 회로(Sequential Circuit)라 하며, 현재 입력된 신호들과 저장되어 있는 신호, 즉 이전 상태에 의한 특정 조건도 포함하여 알고리즘을 구현할 수 있으므로, 더 확장성있고 복잡한 기능 구현을 할 수 있다.
이후에 보게 될 CPU 와 같은 복잡한 IC 는 수많은 순차 회로와 조합 회로를 이용하여 설계된다.

나. 비트 저장 메모리 IC

로직 IC 는 들어오는 입력 신호에 대해 로직 연산하여 바로 출력이 되므로 입력 신호가 바뀌면 항상 출력 신호가 바로 바뀌게 된다.
메모리 IC 는 이와 다르게 입력 신호가 바뀌더라도 특정 조건이 아니라면 비트를 유지할 수 있는 기능을 가진다. 즉, 비트를 저장할 수 있는 기능을 가진 소자를 말한다.

이런 비트 저장 기능의 메모리 IC 회로 중에는 래치(Latch)와 플립플롭(Flip-Flop)이 있다. 비트를 저장할 수 있다는 기능은 동일하지만, 래치와 플립플롭의 가장 큰 차이점은 플립플롭은 클럭이 필요하다는 것이다. 클럭(Clock)은 회로 동작을 동기화하기 위한 구형파 신호를 말한다.

플립플롭 같이 클럭에 맞추어 동작하는 것을 동기식(Synchronous Method)이라 하고, 래치와 같이 클럭이 없이 동작하는 것을 비동기식(Asynchronous Method)이라 한다. 어떤 것을 사용할지는 사용 용도에 따라 다르지만, 플립플롭이 많이 사용된다.

이런 면에서 생각해 보면, CPU 와 같이 수많은 로직 회로와 메모리 회로가 결합하여 만들어지는 집적회로에 클럭 신호가 필요하다는 것을 이해할 수 있다.

래치(Latch)

빗장을 잠그다 라는 래치의 의미와 같이 비트를 유지하여 저장할 수 있는 기능을 가진다. 래치에는 NOR 타입 SR 래치, NAND 타입 SR 래치, D 래치 등이 있다.

SET 과 RESET 의 의미를 가진 SR 래치는 아래와 같이 출력이 궤환된 구조로 되어 있고 회로와 진리표는 아래와 같다.

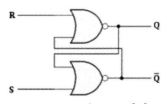

Figure II-140 SR 래치

S	R	Q	$\overline{Q}$	동작
0	0	상태 유지(저장)	상태 유지(저장)	상태 유지(저장)
0	1	0	1	RESET
1	0	1	0	SET
1	1	X (사용 불가)	X (사용 불가)	정의 안됨

진리표와 같이 S 와 R 신호가 반대로 입력될 때만 저장된 값이 변경되며, 같은 값이라면 저장된 비트의 값을 유지한다.

플립플롭 (Flip-Flop)

플립플롭은 SR 래치에 클럭을 더한 SR 플립플롭, D 플립플롭, T 플립플롭 등이 있다. 단순히 입력 신호에 반응하는 래치와 다르게 플립플롭은 클럭에 의해서만 반응한다.

아래는 자주 사용되는 D-플립플롭의 구조이다.

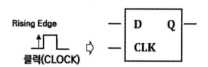

Figure II-141 D-플립플롭

D	CLK	Q
0	Rising Edge($\uparrow$)	0
1	Rising Edge($\uparrow$)	1
X	X	상태 유지

여기서 주의 깊게 봐야 할 부분은 것은 클럭 신호가 LOW 에서 HIGH 로 변하는 상승 에지(Rising Edge)에서 D 신호를 Q 신호로 출력, 즉 저장된 데이터를 갱신한다는 점이다. 이를 에지 트리거(Edge Trigger)로 동작한다고 한다.

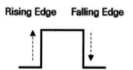

Figure II-142 클럭 신호의 상승/하강 에지

플립플롭 외의 모든 동기식 회로가 상승 에지에서 동작하는 것은 아니고, 필요에 따라 상승 에지(Rising Edge), 하강 에지(Falling Edge) 또는 양 에지(Dual Edge)에서 반응하도록 구현할 수 있는데, 중요한 것은 클럭에 동기화되어 동작한다는 점이다.

☞ 데이터 셋업 시간(Setup Time, t_{su}) 과 홀드 시간(Hold Time, t_h)

앞에서 살펴본 신호의 상승/하강/지연 시간의 타이밍적 특성 이외에 클럭에 동기화되어 동작하는 디바이스들은 클럭의 에지(Edge)에서 데이터를 취득하기 때문에, 이 순간 데이터를 안전하게 받기 위한 타이밍 특성이 정의된다.

아래 그림은 상승 에지에서 데이터를 취득하는 예이다.

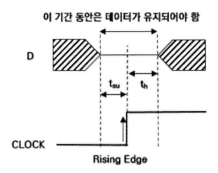

Figure II-143 데이터 셋업 시간

　셋업 시간(t_{su})은 클럭을 변화시키기 전에 데이터 신호가 미리 준비되어 안정화되어 있어야 하는 시간, 홀드 시간(t_h)은 클럭을 변화시킨 후에도 데이터 신호가 안정된 상태를 유지하고 있어야 하는 시간을 말한다.

　이렇게 데이터 신호의 전위가 유지되어야 하는 규정한 시간 내에 데이터 신호가 변한다면 엉뚱한 값이 저장되어 오동작을 하게 되므로 이런 시간적 특성은 필히 지켜져야 한다.

2.9. MCU

CPU(Central Processing Unit)는 목표하는 동작을 수행하기 위해 메모리에서 명령을 읽고 해석하여 처리하는 중앙 처리 장치로 정의된다.

앞서 살펴본 수동 소자, 능동 소자와 반도체 IC 특히 플립플롭같은 메모리 소자들을 이용한 회로를 하나의 패키지에 집적하여 만들어진 IC 가 CPU 이며, 집적 회로 IC 의 최고봉이라 할 수 있는 CPU 의 사용은 하드웨어만으로 설계된 시스템에 비하여 소프트웨어만 변경함으로써 시스템의 구현 및 수정을 쉽게 할 수 있다는 큰 장점을 가진다.

CPU 의 동작을 위해서는 기본적으로 메모리와 같은 주변 회로들이 필요한데, MCU(Micro Controller Unit)는 이 CPU 와 메모리, 제어를 위한 I/O 들을 하나의 패키지에 설계하여 놓은 IC 로, 이 MCU 만으로도 간단한 제어는 모두 할 수 있게 설계되어 있어 대부분의 임베디드 시스템에 사용된다.

2.9.1. MCU 의 기본 회로

아래는 이런 MCU 가 동작하기 위해 필요한 기본 회로 블록도이며, 여기에서는 간단히 개념만 살펴보도록 하자.

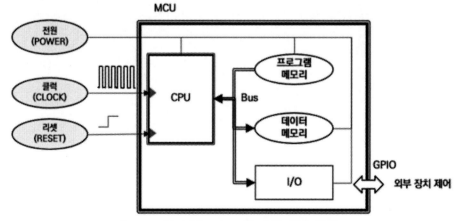

Figure II-144 MCU 의 기본 회로 블록

전원(Power)

전원 블록은 MCU 및 다른 회로가 동작되기 위한 DC 정전압을 만들어 주는 역할을 하며, 이런 일정한 정전압을 만들어 주는 IC 를 레귤레이터(Regulator)라 한다. 이 레귤레이터에는 방식에 따라 크게 리니어 레귤레이터와 스위칭 레귤레이터가 있다. 회로가 동작하는데 필요한 에너지를 제공하는 가장 기본이 되는 블록이라 할 수 있다.

이에 대해서는 회로 설계 규칙 편에서 살펴보도록 한다.

클럭(Clock)

클럭(Clock)은 일정한 구형파를 제공하는 블록을 말하며, 오실레이터(Oscillator)를 사용하여 구형파를 생성한다.

오실레이터는 전원을 인가하면 구형파를 생성하고, 이 생성된 구형파를 CPU 에 공급해주어야 CPU 가 동작할 수 있다. 이런 오실레이터에는 오차율은 크지만 가격이 저렴한 RC 오실레이터, 좀 더 정확도를 가지는 크리스탈(X-TAL)을 이용한 피어스 오실레이터가 많이 사용된다.

Figure II-145 **12MHz 크리스탈**

이 오실레이터의 발진 원리에 대해서는 회로 설계 규칙 편에서 살펴보도록 한다.

리셋(Reset)

리셋은 CPU 에 동작을 시작하라는 신호이며, CPU 는 이 신호를 받아 내부 블록을 초기화하고 명령 수행 동작을 시작한다.

리셋 신호 회로에서는 전원을 공급받으면, 전원이 안정화되는 시간, 클럭이 오실레이션을 시작해 안정화되는 시간 동안은 LOW 를 유지하고, 일정한 지연 후에 HIGH 신호로 올라가도록 설계하여 CPU 에 전달해야 CPU 가 안정적인 동작을 시작할 수 있다.

이에 대해서는 회로 설계 규칙 편에서 살펴보도록 한다.

프로그램 메모리

　메모리 소자는 기본적으로 데이터를 저장할 수 있는 소자이며, 프로그램 메모리는 소프트웨어를 저장하는 공간으로 전원이 사라진 후에도 데이터를 유지하고 있어야 한다.

　임베디드 시스템에서 이 소프트웨어를 펌웨어(Firmware)라 하는데, C 언어 등의 프로그래밍 언어로 구현하고, 컴파일 과정을 통해 이진 기계 명령으로 구성된 파일이 만들어진다. 이 데이터가 프로그램 메모리에 기록되어야 CPU 는 펌웨어의 기계어 명령을 순차적으로 읽어 동작할 수 있다.

　이렇게 전원이 사라져도 데이터를 유지하는 메모리를 비휘발성 메모리(NVM, Non Volatile Memory)라고 하며, 플래쉬 롬(Flash Rom), EPROM 등이 많이 사용되는데, MCU 는 이 프로그램 메모리를 내장하므로, 별도의 회로 구성이 필요없다.

데이터 메모리

　데이터 메모리는 소프트웨어가 동작하면서 사용되는 변수들을 저장하는 공간으로 전원이 사라진 후 데이터를 유지할 필요는 없는데, 이렇게 전원이 사라지면 데이터도 사라지는 메모리를 휘발성 메모리라 한다.

　휘발성 메모리에는 SRAM 과 DRAM 이 있으며, MCU 는 데이터 메모리를 내장하고 있어 휘발성 메모리에 대해서도 별도의 회로 구성이 필요없다.

CPU 의 동작

　Vcc 전원을 입력받으면, 오실레이터는 클럭 구형파를 생성하여 CPU 블럭에 공급한다.

　리셋 회로에서 리셋 신호를 전원 및 클럭이 안정화된 후 HIGH 로 출력하여 CPU 에 전달하면, CPU 는 내부 회로들을 초기화하고 동작을 시작한다.

　즉, CPU 는 Vcc 전원, 클럭, 리셋 신호를 모두 받아야 펌웨어의 처음 이진 명령이 저장된 프로그램 메모리 0 번지에서 명령을 읽어 해석, 실행한 후 다음 메모리 번지에서 명령을 읽어 실행하는 순차적인 과정을 가지며 펌웨어를 실행하게 된다.

　CPU 의 실행 과정인 메모리에서 명령을 읽어오는 FETCH, 명령을 해석하는 DECODE, 실행하는 EXECUTE 과정은 아래 그림과 같이 입력된 클럭 신호에 동기하여 진행되므로, 높은 클럭을 가진 CPU 일수록 실행 속도는 더 빠르다.

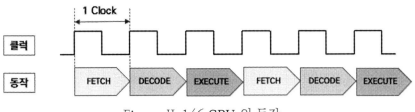

Figure II-146 CPU 의 동작

GPIO (General Purpose Input/Output)

위의 기본 블럭들로 CPU 동작을 시작할수는 있지만, 이것만으로 할 수 있는 일은 많지 않다. 가령 LED 를 ON/OFF 하기 위해서도 외부로 HIGH/LOW 제어 출력을 할 수 있는 I/O가 필요하다.

이렇게 외부 제어를 위한 입/출력 포트들을 GPIO(General Purpose Input/Output)이라한다.

이 GPIO 들은 UART, I²C, SPI 등과 같은 통신 포트로 사용되기도 하고, ADC 블럭, PWM등의 기능들을 가질 수도 있지만, 가장 기본적인 기능은 앞서 살펴보았던 CMOS 구조의디지털 HIGH/LOW 출력 또는 입력 기능이다.

이 CMOS 구조를 가진 디지털 입/출력인 GPIO 에 대해서는 계속 언급될 것이다.

이런 이유로 CPU 의 동작에 필수 신호인 전원, 클럭, 리셋 신호는 어떠한 노이즈도 없는 안정적이고 정확한 신호여야 함은 당연하기 때문에, 이 신호들에 대한 회로 설계 및 PCB 설계는 중요하다.

이 기본적인 MCU 동작을 위한 하드웨어 구성을 염두해 두고, 이후 장들에서 언급되는 내용들을 이해해 보도록 한다.

2.9.2. 통신

전기/전자 시스템에서 통신(Communication)이란 기기 간 필요로 하는 유용한 정보를 전기적 신호로 주고받는 동작이라 정의할 수 있다.

CPU 는 통신을 통하여 외부 장치와 정보를 주고 받아야 비로소 원하는 목적의 동작을 할 수 있게 된다. 예를 들면 메모리에서 데이터를 읽어오는 동작도 통신의 일종인 것이다.

이런 통신들의 신호는 정확하게 신호를 전달하고 받는 약속이 필요한데, 앞에서 이런 약속들의 종류로 High/Low 전압 구간, Setup/Holding 시간 등의 전기적 약속들을 보았었다.

이런 전기적 약속을 했음에도 통신 신호에 잘못된 노이즈가 인가되어 잘못된 정보를 송신하거나 수신할 경우 오동작이 일어날 수 있다는 점으로 인해, 안정적이고 강건한 통신 신호에 대한 회로 설계 및 PCB 설계는 매우 중요하다.

이후 노이즈 및 회로/PCB 설계 규칙에서 안정적인 신호 구현을 위한 규칙들을 알아보도록 할 것이다.

전기/전자 통신은 크게 병렬 통신과 직렬 통신으로 구분할 수 있으며, 아래에서 이 개념에 대해 간단하게 살펴보도록 한다.

가. 버스 구조의 구분

통신을 위한 통신선의 구조, 또는 데이터의 전달 구조에 따라 병렬 통신과 직렬 통신으로 구분될 수 있다.

병렬 통신

앞에서 본 MCU 구조에서 CPU 와 메모리 간에 전기적 전달을 위한 배선에 버스로 표기되어 있는 것을 볼 수 있다.

버스(BUS)는 동일한 목적의 신호선들의 묶음을 의미하는 즉, 데이터 교환을 위한 통신 선로 묶음으로, 병렬 통신 또는 버스 통신은 이 버스 선들을 병렬로 연결하여 데이터를 전달하는 방식이다.

아래 그림은 메모리와 CPU 와의 병렬 통신의 예로, 데이터 버스만 표시하였는데, 한 바이트 데이터 송신/수신을 위해서는 8 가닥의 전기 신호를 전달할 수 있는 선이 필요하다. 32 비트 CPU 라면 데이터 버스만 해도 32 가닥의 선이 CPU 와 메모리 간에 연결되어야 한다는 의미이다.

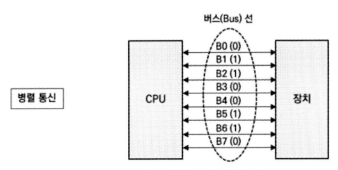

Figure II-147 병렬 통신 개념 예

이런 병렬 통신은 버스 선에 HIGH(Vcc) 또는 LOW(0V)의 전기 신호를 출력함으로써 한 번에 데이터를 전달할 수 있어 속도가 빠르다는 장점이 있다.

직렬 통신

위의 병렬 통신은 고속의 데이터 교환을 할 수 있다는 장점이 있지만, 모든 장치들과 데이터 교환을 위하여 병렬 통신을 해야 한다면, 수많은 통신선들이 필요하며 이는 배선이 무척 많아지고, 크기가 커지게 된다.

이런 이유로 임베디드 시스템에서 외부 장치와 통신할 때는 적은 양의 선을 가지고 통신을 할 수 있는 직렬(Serial, 시리얼) 통신 방식을 많이 사용한다.

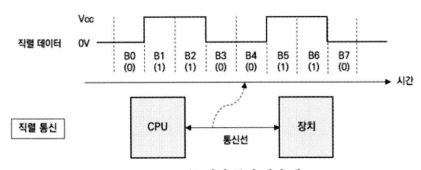

Figure II-148 직렬 통신 개념 예

하지만, 하나의 바이트를 구성하는 비트들을 나누어 순서대로 하나씩 신호를 전송하기 때문에, 병렬 통신보다 데이터 전달 속도가 느리다는 단점이 있다.

직렬 통신에는 아래 그림과 같이 동기식과 비동기식 통신이 있다.

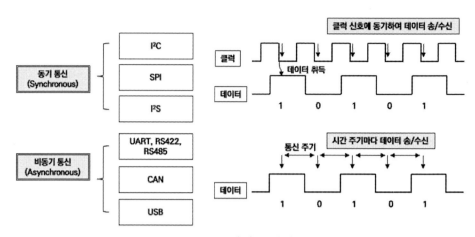

Figure II-149 직렬 통신의 종류

동기식 통신은 클럭 신호선과 데이터 신호선으로 구성되며, 클럭 신호의 에지에 동기하여 데이터를 전송하고 수신하는 규격을 가지는데, I2C, SPI 등의 통신이 여기에 해당한다.

비동기식 통신은 데이터 신호선만으로 구성되어 하드웨어 적으로 조금 더 간단하지만, 데이터의 송/수신을 정확한 주기로 주고받아야 하기 때문에, 두 장치는 동일한 통신 속도로 설정하여 통신하여야 하며, 일정한 시간 주기 체크를 위한 시스템 클럭의 오차율에 영향을 받는다.

이 클럭의 오차율에 대해서는 회로 설계 규칙 편에서 살펴볼 것이다.

나. 통신 신호로의 구분

통신을 위한 전압 신호로의 전달 방식으로 싱글 앤디드 방식과 차동 방식으로 구분될 수 있다.

싱글 엔디드(Single Ended) 방식은 신호의 0, 1 구분을 위한 신호 전압 측정을 시스템의 그라운드를 기준 전위로 측정하는 방식인 반면, 차동 방식(Differential)은 2 개의 신호 라인을 가지고 신호 라인 간의 전압 차이로 0, 1 을 구분한다.

싱글 엔디드(Single-Ended)

싱글 엔디드 방식은 아래 그림과 같이 그라운드를 기준 전위로 신호의 전압으로 로직 0, 1 을 판단하는데, 예를 들어 신호가 3.3V 이면 로직 1, 0V 이면 로직 0 으로 판단하는 것이다.

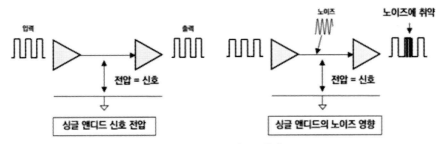

Figure II-150 싱글 엔디드

 시스템이 차동 방식에 비해 간단하기 때문에, 시스템 내의 대부분의 통신은 싱글 앤디드
방식을 사용한다. 하지만, 이 방식은 노이즈에 취약하기 때문에 데이터가 훼손될 수 있어,
실험실 환경과 같은 노이즈가 크지 않은 곳이나 짧은 거리에서 쉴드(차폐) 케이블을 사용하
여 노이즈를 차폐한 경우 사용된다.
 대표적인 싱글 엔디드로는 RS232, I²C, SPI 등이 있다.

차동(Differential) 방식

 차이를 나타내는 Differential 용어와 같이 차동 방식은 데이터의 송신(Tx)/수신(Rx)을 위
해 각각 2 개의 서로 반대의 신호 극성을 가지는 신호선 페어(Pair) Rx+/Rx-와 Tx+/Tx-를
사용하여 각각 둘 간의 전압차를 가지고 로직 0, 1 을 판단한다.

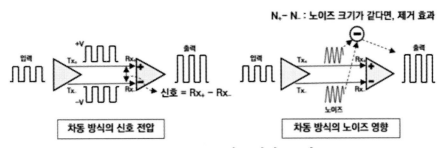

Figure II-151 차동 방식 Rx 예

 위 그림의 차동 방식 Rx 의 예에서 보듯이 Rx 신호선은 Rx+/Rx- 두 개의 선으로 구성되
며, 신호 출력부 Tx+와 Tx-에서는 서로 반대 극성의 신호를 출력한다. 입력부에서는 이 신
호들의 전압차로 로직 0 과 1 을 판단한다.
 예를 들면, Tx+ 포트가 0V ↔ +1V 이고, Tx- 포트가 0V ↔ -1V 전압의 차동 신호로 통신
하는 시스템이라면, 로직 1 을 전송하기 위하여 Tx+ 포트는 +1V, Tx- 포트는 반대 극성인
-1V 를 출력하게 된다. 이를 Rx 는 (Tx+) - (Tx-)의 전압인 2V 를 받게 되고 이로써 로직 1

로 판단한다. 로직 0 의 경우는 Tx+, Tx- 포트를 0V 로 출력함으로써 Rx 는 로직 0 으로 판단하는 것이다.

서로 반대 극성의 두 신호 전압을 빼는 차동 방식이기 때문에, S 를 신호 크기, N 을 +/- 통신선에 함께 간섭된 노이즈라 하면, 아래와 같이 수식적으로 표현할 수 있다.

$$S_{SIGNAL} = (S + N) - (-S + N) = 2S$$

따라서, 2 배 크기의 신호 전압을 가지는 효과와 코몬 모드 노이즈는 서로 상쇄되어 없어지게 되므로 SNR 노이즈 내성이 강화된다.

하지만, 수신선 Rx 도 2 개(Pair), 송신선 Tx 도 2 개(Pair)의 선이 필요하여 싱글 엔디드 방식보다 통신선이 많아 진다는 단점이 있다.

이 차동 통신의 통신선에서 하나의 페어 +/-선에 영향을 주는 노이즈가 동일해야 상쇄될 수 있으므로, Tx+와 Tx-, Rx+와 Rx-는 서로 가깝게 배치되어야 한다.

대표적인 차동 방식에는 CAN, RS422, RS485, USB 통신 등이 있고, 보통 시스템 외부 장치와 통신을 할 경우 예를 들어 산업현장 장치끼리의 통신은 싱글 엔디드 방식이 노이즈에 취약하기 때문에 CAN, RS422, RS485 등과 같은 차동 통신 방식을 많이 사용한다.

이처럼 통신은 송신자가 전기 신호를 약속된 전압 크기, 타이밍 규격에 맞게 전달하여 수신자가 정확한 신호를 받을 수 있도록 하는 의미이며, 이 전기 신호는 큰 의미에서 정보를 포함하는 디지털 데이터의 표현 신호가 될 수도 있고, 전원 또는 클럭과 같은 전기적 신호일 수도 있다. 이런 전기적 신호를 전달하기 위해 연결하는 도전체를 선로라 한다.

이후 노이즈 편에서는 이렇게 선로를 통해 전달되는 전기 신호에 원하지 않는 정보인 노이즈가 포함되는 경로와 원인, 이런 노이즈를 제거하여 깨끗한 전기 신호를 전달하기 위한 방법들에 대해 살펴보도록 한다.

III. 노이즈(Noise) 기초 이론

노이즈(Noise)는 잡음이라고도 하며, 신호에 포함된 원치 않는 신호를 말한다.

전기/전자 회로에서의 노이즈는 전기적 동작을 방해하는 에너지를 말하는데, 시간적으로 변하는 AC 전압, 전류의 변동과 전자파에 의한 영향을 받아 일어난다.

이런 노이즈들은 전기/전자 시스템에서 신호의 전달을 방해하고, 고장/화재 및 감전 등의 문제를 야기하며, 효율 저하, EMI 방사 등의 원인이 되기 때문에, 전기/전자 시스템을 개발한다는 것은 이런 노이즈와의 싸움이라고 해도 과언이 아니다. 즉, 노이즈에 대해 얼마나 안정적이고 안전하며 강건한 시스템(Robust System)으로 만드는지가 중요하다.

깨끗한 전원과 노이즈가 없는 환경에서 시스템의 동작을 완벽히 검증한 보드라 할 지라도, 실제 시스템이 현장에 투입되면 노이즈로 인해 오동작을 하거나, 전원이 조금만 불안정해져도 오동작을 하는 경우가 많은데, 이런 점을 방어하기 위해서라도 시스템 개발에 있어서 정상 동작 이외의 예외 상황에 대한 대응을 미리 예측하여 설계하는 것은 무척 중요한 일이다.

이런 이유로 노이즈의 영향을 최대한 감소시키기 위해서는, 노이즈를 발생시키는 노이즈 원의 종류와 노이즈의 인입 경로에 대해 알아야 대책을 마련할 수 있는데, 대표적인 노이즈 대책으로는 노이즈를 커패시터와 필터 등을 이용하여 그라운드로 우회시키는 바이패스 또는 옵토 커플러, 절연 트랜스 등으로 절연시키는 노이즈 분리, 저항 성분으로 노이즈를 열로 소모시키는 노이즈 흡수(소모) 방법, 외부를 도체로 차단하여 RF 노이즈의 유입을 원천 차단하는 차폐(실딩, Shielding) 방법 등을 들 수 있다.

이번 장에서는 노이즈의 종류와 인입 경로, 노이즈 대응 방법들에 대해서 살펴본다.

1. 노이즈 종류

 노이즈를 발생시킬 수 있는 노이즈 원으로 자연에서 발생하는 자연 노이즈와 인공으로 만들어진 시스템에서 나오는 인공 노이즈로 나뉠 수 있다.
 자연 노이즈는 보통 10MHz 이하의 노이즈로 대표적인 것이 낙뢰가 있다.

인공 노이즈의 주파수 대역

 인공 노이즈는 사람이 만든 시스템에서 방사 또는 전도되어 나오는 노이즈로, 고압의 송전선에서 나오는 방사 노이즈와 같은 저주파 노이즈부터 X-RAY 선 등의 고주파까지 폭넓은 주파수에 존재한다.

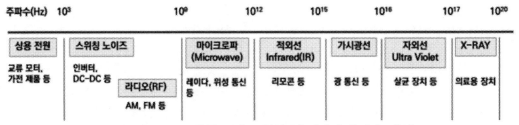
Figure III-1 인공 노이즈 구분 및 전자파 주파수 대역

 위의 그림에서 인공 노이즈는 전도를 통해 전달될 수도 있고, 전자파처럼 공기 중으로 방사되어 영향을 받을 수도 있다.

 전자파란 전자기파라고도 하며, 전자기장이 공간속으로 진행하며 나가는 파동을 말한다. 방사 노이즈 편에서 좀 더 자세히 살펴보도록 할 것이다.
 전자파에도 레이다, 무선 통신과 같이 목적을 가지고 의도적으로 전자파를 만드는 의도적 노이즈와 교류 모터 등의 구동 중 나오는 비의도적 노이즈로 구분될 수 있다.

1.1. 노이즈의 형태

아래와 같이 노이즈의 형태 및 원인으로 용어를 구분하지만, 사실 실무에서는 복합적 노이즈가 발생하기 때문에 용어들을 혼용하여 사용하기도 한다.

아래 테이블에 대표적인 노이즈의 형태를 보인다.

용어	모양	내용
서지 (SURGE)/ESD		수십 us 이하의 순간적인 과전압(수 KV 이상), 과전류(수 A 이상) 노이즈를 말한다. 정전기에 의한 ESD 와 낙뢰 등에 의한 서지 노이즈가 있으며, 이는 EMC 부분에서 다루게 된다.
글리치 (Glitch)		순간적으로 생겼다가 사라지는 노이즈로 크로스토크, 반사파, 디지털의 타이밍 미스매치 등 여러 원인에 의해 생길 수 있다. 인덕턴스 부하의 역기전력과 같이 순간 노이즈의 크기가 큰 노이즈는 임펄스성 노이즈라 표현하기도 한다.
리플 (Ripple)		리플은 물결 모양의 노이즈를 의미하는 것으로, 평활 회로에서 보았듯이 AC 의 정류, 스위칭 레귤레이터의 스위칭 동작 등에 의한 요인으로 발생한다. 주파수가 규칙적인 것이 특징이다.
링잉 (Ringing)		계단 입력에 대한 응답 파형으로 오버슈트 이후의 진동 노이즈를 의미한다. 오실레이션이라고도 하며, 펄스로 동작되는 디지털 시스템에서는 성능 및 EMI 를 취약하게 만드는 주범 중 하나이다.
스위칭 노이즈 (Switching Noise)		스위칭 노이즈는 회로 내의 스위칭 동작과 커플링에 의해 발생하는 노이즈로 글리치, 리플과 비슷한 파형을 보이며, DC-DC 컨버터와 같은 스위칭 레귤레이터의 경우 주기적인 스위칭 작용에 의해 주파수가 규칙적인 경우가 많다.

열 잡음 (Thermal Noise)	열잡음	저항에 전류가 통과할 때 발생되는 열로 인해 전하가 불규칙적으로 움직이며 발생하는 전위차 노이즈를 말한다. 이 열 잡음은 모든 전자 시스템의 모든 곳에 항상 존재하는 노이즈로 비교적 크기가 작고 모든 주파수 대역에 존재한다. 존슨 노이즈 또는 정규분포를 따르고 있어 가우시안 화이트 노이즈라고도 한다. 도선의 저항과 전류가 클수록 많이 발생되므로, PCB 설계에서 전원선 및 그라운드 선의 저항 성분을 작게 하는 설계가 중요하다. 일반적으로 전원에는 이 열 잡음으로 인해 수십 mV ~ 수백 mV 크기의 잡음을 항상 가지게 된다.
지터 (Jitter)	클럭의 흔들림 이상적인 클럭	지터 노이즈는 디지털 클럭 신호의 타이밍 상의 편차를 의미하며, 전원 노이즈, 온도 드리프트, 제조 편차 등 다양한 원인으로 발생할 수 있다. 간혹, 지터 노이즈로 인해 신호 라인, 전원 라인에 노이즈가 발생되기도 하므로 서로 상관관계가 있어 실무에서는 흔들리는 전원 노이즈도 지터라고 하는 경우가 있다.
스큐 (Skew)	스큐	스큐는 엄밀히 노이즈라기 보다는 신호 왜곡으로 두 개의 신호가 지연이 달라 도착하는 시간이 다른 것을 의미한다. 디지털 회로에서 소자에 입력되는 신호의 지연이 달라 출력 신호가 순간적으로 변하는 글리치 노이즈가 발생할 수 있다.

위의 노이즈 중 스위칭 노이즈와 스큐로 인해 발생되는 노이즈에 대해 시나리오적으로 발생 원인에 대한 이해를 해보도록 하자.

커패시턴스에 의한 스위칭 노이즈 발생의 시나리오적 이해

아래 그림과 같이 0V 에서 3V 스위칭 동작을 하는 예를 생각해 보자.

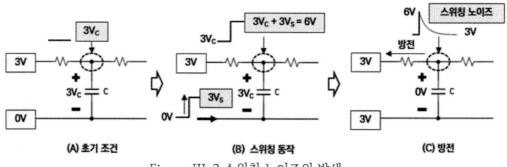

Figure III-2 스위칭 노이즈의 발생

위 그림의 커패시터 C 는 실제 커패시터 소자일 수도 있고, 선로 간 생성된 부유 커패시턴스 성분일 수도 있다.

초기 상태인 (A)에서 커패시터에는 3Vc 가 충전되어 있다.

(B)와 같이 아래 선로에 0V → 3V 로 스위칭 동작이 발생했다면, 상단 노드의 전압은 순간적으로 3Vs 펄스 전압과 커패시턴스에 저장된 3Vc 전압의 합인 6V 로 상승된다.

이후 (C)에서 6V 의 순간 상승 전압은 커패시터에 충전된 전하가 방전되며, 완전 방전 후에는 원 신호인 3V 로 돌아오게 된다.

3V 에서 0V 로의 스위칭 동작도 마찬가지로 반대 전압 극성으로 노이즈를 유발한다.

스위칭 동작은 이렇게 주변 선로 또는 회로에 순간적인 전압의 상승을 초래하게 되는데 이를 커패시턴스 결합에 의한 스위칭 노이즈라 한다.

이에 대해서는 용량 결합 편에서 자세히 살펴보게 될 것이다.

스큐로 인한 글리치 노이즈

신호의 도달 지연인 스큐로 인해 노이즈가 발생될 수 있다는 것에 대해서 아래 XOR 로직을 예로 이해해 보도록 한다.

Exclusive OR(XOR) 로직은 입력 A, B 의 로직 값이 같을 때의 출력 C 는 0 이 출력되고, A, B 의 로직 값이 다를 때의 출력 C 는 1 이 출력되는 회로이다.

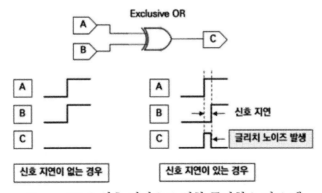

Figure III-3 신호 지연으로 인한 글리치 노이즈 예

위의 그림의 왼쪽 파형의 지연이 없는 경우는 입력 A, B 의 로직 값이 변했더라도, 같은 값이기 때문에 출력 C 는 0 의 값을 유지하고 있다.

하지만, 오른쪽 파형의 B 신호에 지연이 있는 경우 신호 지연으로 인해 입력 A, B 의 로직 값이 서로 다른 구간이 존재하게 되며, 이 구간에서 출력 C 는 순간적으로 1 의 값으로 변경되었다가 0 으로 출력되는 글리치 노이즈가 발생된다.

이렇게 신호 지연은 글리치 노이즈가 발생되는 원인이 될 수 있다.

1.2. RC 필터로 보는 노이즈 전류 경로

노이즈에 대한 것은 시스템 노이즈 전류의 경로에 대해 생각해야 하며, 이에 대한 좋은 예는 RC 회로이다. 앞서 계속 살펴본 RC 저주파 통과 필터는 입력 신호에 대해 출력 신호를 중점으로 보았다면 여기서는 노이즈 전류의 루프에 중점을 두어 살펴보도록 한다.

아래는 차단 주파수 ω = 100 rad/sec 인 RC 저주파 통과 필터 회로이다.

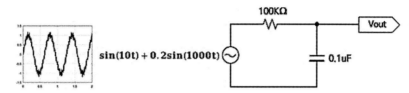

Figure III-4 RC 저주파 통과 필터 회로

유효 신호가 sin(10t)이고, 0.2sin(1000t)는 노이즈라고 가정할 때, 출력 전압 V_{out} 으로는 10 rad/sec 의 유효 신호는 통과되고 1000 rad/sec 신호는 차단될 것으로 예측하는 것은 이제 쉬운 일이지만, 노이즈 전류의 흐름에 중점을 두기 위하여 아래와 같이 살펴본다.

이 회로는 선형 회로이므로, 이 입력을 분해하여 생각해 보면 아래와 같이 표현할 수 있다.

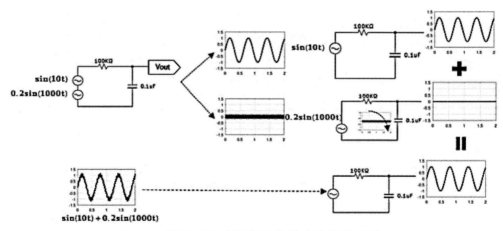

Figure III-5 RC 저주파 통과 필터의 중첩 원리

중첩의 원리를 적용해 보면 유효한 신호는 그대로 통과되지만, 차단 주파수보다 높은 노이즈 신호 0.2sin(1000t)는 -20dB 의 감쇠율 즉, 0.1 배의 신호로 감쇠되므로, 0.02sin(1000t +

Φ) 신호로 위 그림과 같은 출력이 나올 것을 알 수 있다. 따라서, 두 신호를 더하면 최종 출력이 된다.

얼마나 감쇠되고, 어떤 신호가 출력되는지는 이미 해석이 가능하지만, 여기에서 보고 싶은 것은 왜 감쇠되는지, 감쇠된 신호는 어디로 가는지를 살펴보는 것이다.

노이즈 전압의 감쇠 원리

앞서 이론 편에서 살펴본 임피던스 수식을 통해 출력 전압이 어떻게 나오는 지를 쉽게 계산할 수 있지만, 노이즈에 대한 것은 이 원리에 대해 조금 더 살펴볼 필요가 있다.

☞ 노이즈 전류 계산

ω = 1000 rad/sec 일 때 임피던스는 아래와 같다.

$$Z = \left(R + \frac{1}{j\omega C}\right) = 100K\Omega + \frac{1}{j1000 \times 0.1uF}$$

이에 대한 노이즈 전류는 아래와 같다.

$$i_{noise} = \frac{0.2V}{Z}$$

$$ampiltude = abs(i_{noise}) = 1.99uA$$
$$phase = angle(i_{noise}) = 5.7106°$$

따라서, 출력 전압 V_{out} 은 옴의 법칙에 의해 커패시터의 리액턴스에 이 노이즈 전류를 곱하면 되지만, 이번에는 다른 측면인 직렬 저항의 입장에서 살펴보자.

☞ 저항에 의한 노이즈 전압 강하

직렬 저항에는 아래와 같은 노이즈 전류가 흐른다.

$$i_{noise} = \frac{0.2V}{Z} = 1.99\sin(1000t + 5.7106°)uA$$

저항에 전류가 흐르면 저항 양단에 전압이 생성되고 전압 강하가 일어나게 되므로, 노이즈 전압에 대한 출력 V_{out} 을 이 전압 강하로 KVL 이용하여 표현하면 아래와 같다.

$$V_{noiseout} = V_{noise} - V_R = 0.2\sin(1000t) - 100K\Omega \times 1.99\sin(1000t + 5.7106°)uA$$
$$\approx 0.02\sin(1000t - 84.268°)V$$

유효 신호 sin(10t)의 경우 신호 크기 대비 매우 작은 전압 강하로 무시할 수 있다.

위에서 보듯이 저항에 흐르는 노이즈 전류와 저항에 의한 전압 강하로 노이즈 감쇠가 이루어 지며, 이 노이즈 전류와 저항 양단 전압의 노이즈 전력은 저항에서 발열로 소모된다. 커패시터 측면에서는 위와 같은 방식으로 노이즈 전류와 커패시터의 ESR 저항에 의한 노이즈 전압 강하로도 해석할 수 있다.
이런 이유로 저항은 노이즈 전력을 소모하여 노이즈를 제한하는 방식이라 하고, 커패시터는 노이즈 전류를 바이패스시키는 역할을 한다고 한다.

저항에 흐르는 정현파 노이즈 전류

위와 같은 원리를 살펴본 것은 노이즈 전류에 대해 생각해 보기 위해서이다.
이제까지 RC 저주파 통과 필터에 대해 알아본 것은 출력 신호에 중점을 둔 것이지만, 노이즈에 접근하기 전에 출력에서 모습을 감춘 노이즈는 어디로 가는가를 고민해야 한다.

아래 그림과 같이 유효 신호의 누설 전류와 1.99uA 의 노이즈 전류가 그라운드로 궤환되어 흐르면서 노이즈 전압 신호는 감쇠된다.

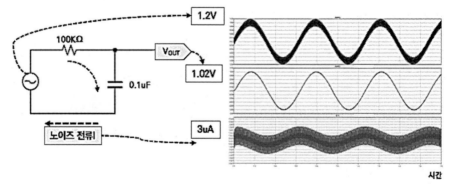

Figure III-6 RC 저주파 통과 필터 회로의 전류 흐름

아래는 부하가 있을 때 흐르는 전류의 흐름을 나타낸 그림이다.

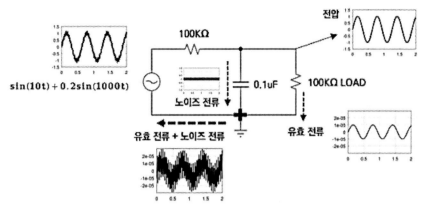

Figure III-7 RC 저주파 통과 필터 회로와 부하의 전류 흐름

 이렇게 노이즈 전류가 어디로 흐르는가를 분석하고, 이를 통해 시스템 오동작의 원인 즉, 노이즈 원을 밝혀가는 과정이 노이즈 해석의 첫걸음이다.
 특히, 이후 접지편의 그라운드에 대해 살펴볼 때 이렇듯 유효 전류만 아니라, 노이즈 전류가 그라운드로 궤환되는 형태임을 기억해 두고 이해해 보도록 한다.

2. 노이즈의 경로에 의한 구분

　노이즈 원으로부터 시스템에 노이즈가 유입될 수 있는 경로는 아래와 같이 도선으로 직접 연결되어 전달되는 전도(Conduction), 용량/자기 결합(Coupling)에 의한 유도 노이즈, 공기 중의 전자파에 의한 방사(Radiation)가 있다.

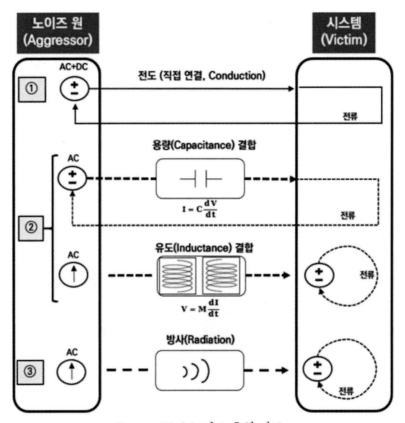

Figure III-8 노이즈 유입 경로

　이들 노이즈의 유입 경로는 앞으로 시스템 개발을 하면서 수도 없이 듣게 될 정도로 중요한 것들이며, 유입 경로를 알아야 노이즈를 차단할 수 있는 대책이 세워질 수 있다.

　이번 장에서 노이즈의 경로, 종류와 노이즈에 대한 대책을 살펴보도록 한다.

2.1. 전도성 노이즈

전도성(Conductive) 노이즈는 외부와 연결되는 전원선, 통신선 등의 도전성 경로를 통하여 직접적으로 전달되어 영향을 주는 노이즈로 직접 결합이라고도 한다.

이렇게 시스템이 외부와 연결되어 있는 도선은 노이즈가 인입되는 통로이기도 하고, 시스템 내부의 노이즈가 외부로 전도되어 다른 시스템에 영향을 줄 수도 있는 통로도 된다.

보통 시스템에 인입되는 과도한 전압/전류 노이즈는 전도로 전달되는 경우가 대부분이며, 이로 인해 단순히 시스템의 오동작의 영역을 넘어 시스템을 파손할 수 있는데 대표적인 노이즈로 서지, ESD 등의 노이즈가 있다.

서지(Surge) 노이즈는 낙뢰 같은 순간적인 고전류의 노이즈를 말하며, 정전기 ESD 노이즈는 대전되어 있던 전하들이 짧은 시간 동안 방전되며 수 KV ~ 수십 KV 의 고전압으로 인가되는 노이즈로, 노이즈 자체의 전압이 무척 크기 때문에 시스템 파손의 원인이 된다.

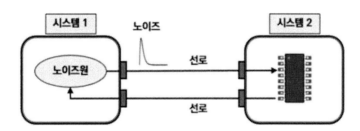

Figure III-9 전도 노이즈

따라서, 커넥터와 같이 외부 시스템과 도선 등에 의해 도전성 경로가 만들어져 시스템 내부로 노이즈가 전도되어 인입될 수 있는 모든 블록에는 과전압/과전류에 대한 시스템 보호가 필요하다.

이에 대한 보호는 노멀 모드 노이즈인지 코몬 모드 노이즈인지에 따른 노이즈 전류의 방향에 따라 대책이 달라지는데, 퓨즈, 바리스터, TVS 다이오드, X/Y 커패시터, 접지 등의 방법을 사용한다.

이들 보호 소자들의 사용에 대해서는 회로 설계 규칙 편의 보호 회로에서 살펴보도록 할 것이며, 서지와 ESD 노이즈의 전기적 특성에 대해서는 이미 모델링되어 국제 테스트 규격이 있으므로, 전기/전자기기 인증 규격 편에서 살펴보도록 한다.

2.2. 유도성 노이즈

용량 결합(Capacitance Coupling)과 자기 결합(Inductance Coupling)에 의한 유도 노이즈는 결합 노이즈, 커플링(Coupling) 노이즈라고도 하는데, 주변 소자, 주변 패턴 등에 생성되는 의도치 않은 기생/부유 커패시턴스에 의한 용량 결합과 상호 인덕턴스의 자기장에 의한 유도 결합 또는 자기 결합으로 발생되는 간섭 노이즈를 말한다.

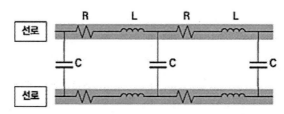

Figure III-10 모든 선로는 RLC 집합체

모든 선로 또는 도전체는 위의 그림과 같이 수많은 저항과 인덕턴스, 커패시턴스의 특성으로 구성된다는 개념을 가지고 살펴보도록 한다.

이들 용량/자기 결합은 도전체 간의 거리, 신호 스위칭 시 전압 변화 속도와 용량 결합에 의한 노이즈 전류 $I_{NOISE} = C\frac{dV}{dt}$, 전류 변화 속도와 자기 결합에 의한 노이즈 전압 $V_{NOISE} = M\frac{dI}{dt}$에 의해 간섭 노이즈의 크기가 달라진다. 여기에서 M 은 상호 인덕턴스를 의미한다.

일반적으로 노이즈를 주는 대상을 소스(Source) 또는 공격자(Aggressor), 노이즈를 받는 대상을 피해자(Victim)라 하며, 이렇게 주변에 영향을 주는 노이즈를 신호에 간섭을 준다하여 간섭 노이즈(Interference Noise)라 한다.

2.2.1. 용량 결합

아래와 같이 선로 1과 선로 2 사이에 부유용량이 생성된 경우를 생각해 보자.

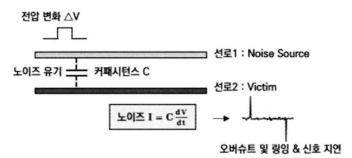

Figure III-11 용량 결합

용량 결합에 의한 전류 노이즈는

$$I_{NOISE} = C\frac{dV}{dt}$$

즉, 소스 신호의 시간 당 전압의 변화가 클수록(전압과 주파수가 높을수록), 커패시턴스가 클수록 더 큰 노이즈 전류가 유기된다.

이 중 두 도체 간에 생성되는 커패시턴스는

$$C = e \times \frac{A}{L} : e \text{ 유전율 } A, \text{ 두 도체의 면적}, L \text{ 두 도체의 거리}$$

이므로, 두 도체가 마주하는 면적이 넓을수록, 두 도체의 거리가 가까울수록 더 큰 결합이 일어나게 되어 간섭의 영향은 커진다.

☞ 용량 결합의 긍정적 효과

이런 용량 결합은 신호의 간섭 노이즈에 대해서는 부정적인 효과를 보이지만, 그라운드와 신호선 간의 부유용량에 의한 결합은 신호에 포함된 고주파 노이즈에 대해 생성된 커패시턴스로 리턴 패스(Return Path)를 제공함으로써 더 안정적인 신호를 제공할 수 있다. 이를 노이즈 바이패스(Bypass)라 한다.

때문에, PCB 설계에서는 안정적인 신호를 위한 용량 결합 효과를 얻기 위해 큰 그라운드를 사용한다.

이에 대해서는 그라운드 편에서 좀 더 자세히 살펴보도록 한다.

2.2.2. 자기 결합

　용량 결합과 마찬가지로 근처의 도전체와 자신과의 사이에 인덕턴스에 의해 생성된 자기장의 결합을 자기 결합(Inductive Coupling)이라 한다.

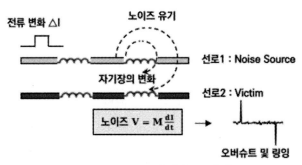

Figure III-12 자기유도 결합

　도전체에 전류가 흐르기만 하면 자기장이 생성되게 되고, 펄스 신호 등에 의한 전류의 변화로 인한 이 자기장의 변화는 페러데이 법칙에 의해 근처의 도체에 유도 기전력을 생성한다. 이 유도 기전력이 노이즈로 작용되는 것이다.

　상호 인덕턴스(Mutual Inductance) M 은 두 개의 전기 회로나 도선 사이에서 서로 영향을 미치는 자기적 상호작용을 설명하는 물리적 개념으로, 자기 결합에 의한 노이즈 전압은 아래와 같다.

$$V_{NOISE} = -M\frac{dI}{dt}$$

M: 상호 인덕턴스

즉, 소스 신호의 시간당 전류의 변화가 클수록(전류와 주파수가 높을 수록), 상호 인덕턴스가 클수록 더 큰 노이즈 전압이 유기된다.

평행 배선과 상호 인덕턴스

　이 상호 인덕턴스는 두 도선에서 떨어진 거리 d 와 반지름 r 이 비슷할 때, 아래와 같이 근사될 수 있다. μ_0 는 진공의 튜자율이다.

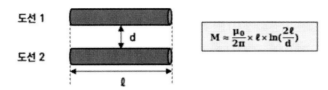

Figure III-13 평행 도선의 상호 인덕턴스

따라서, 위 그림처럼 도선 사이의 거리 d 를 멀게 하고, 평행 배선된 길이 ℓ 을 짧게 해야 유도 노이즈의 영향을 덜 받을 수 있다.

전류의 방향과 유효 인덕턴스

이런 평행 배선에서는 전류의 방향도 고려되어야 한다.

유효 인덕턴스 L_e 는 여러 인덕턴스가 상호작용하는 회로에서 실제로 측정되는 인덕턴스를 의미하는데, 이는 개별 인덕턴스의 합이나 배치에 따른 상호작용을 포함하여 계산된다.

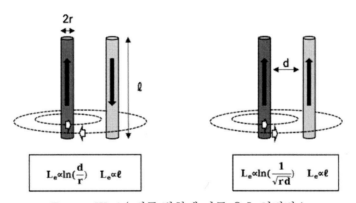

Figure III-14 전류 방향에 따른 유효 인덕턴스

위 그림에서 보듯이, 신호선과 그라운드와의 관계와 같이 도선에 흐르는 전류의 방향이 반대인 경우 거리를 가깝게 하면, 상호 간 자기장의 상쇄되어 실질적인 EMI 성능이 개선될 수 있다.

반대로, 같은 방향의 전류가 흐르는 도선이 가까워 질수록 유효 인덕턴스는 커져 EMI 성능이 악화될 수 있다.

2.2.3. 크로스토크(Crosstalk)

크로스토크(Crosstalk)는 누화라고 하며, 위에서 본 용량/자기 결합 즉, 전자기적 결합에 의하여 인근의 다른 신호선에 노이즈로 작용하여 신호에 영향을 주는 간섭 현상을 말한다.

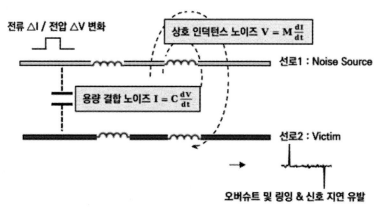

Figure III-15 크로스토크

이 크로스토크 노이즈는 소스에 의해 영향을 받는 다른 신호에 링잉 및 신호 지연을 만들어 오동작을 유발할 뿐 아니라, 신호의 손실 전력을 크게 하여 효율을 저하시킨다.

앞의 용량/자기 결합에서 본 것처럼 $\frac{dV}{dt}$, $\frac{dI}{dt}$로 소스 신호의 전압과 전류가 크고 신호의 변화율이 빠를수록, 즉 주파수가 높은 신호일수록 결합에 의한 간섭 노이즈의 영향은 커진다.

이 용량/자기 결합에 의한 크로스토크는 PCB 설계에서 많이 듣게 될 용어로 근처의 신호선들과 멀게 함으로써 결합의 크기를 줄여 노이즈의 영향을 줄이는 3W 규칙이 있다.
이 밖에도 외부와의 결합은 도전성 케이스, 차폐 통신 케이블의 사용 등으로 노이즈 원과의 커플링을 완전 차폐하는 방법이 있다.

2.3. 방사 노이즈(전자파)

방사(Radiation) 노이즈는 공기 중으로 전달되는 전자파 노이즈로 인체로 전달되어 인체에 좋지 않은 영향을 줄 수도 있고, 다른 전자기기에 오동작을 야기하기 때문에 EMI 규격에서는 이 전자파 방사의 양을 제한한다.
따라서, 시스템의 초기 설계부터 전자파 노이즈에 대한 대응 설계가 필요하다

전자기파(Electromagnetic Wave)

공간속으로 진행하며 전달되는 전자기파에 대해서 좀 더 살펴볼 필요가 있다.

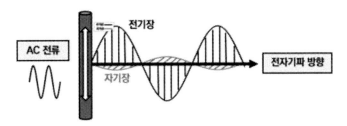

Figure III-16 전자기파의 생성과 진행

위의 그림에서와 같이 도선에 교류(AC) 전류를 인가했을 때, 암페어의 법칙에 의해 도선에 전류가 흐르면 자기장이 발생되고, 교류이므로 이 생성된 자기장의 변화가 발생된다.

페러데이 법칙을 생각해 보면 이 자기장의 변화로 인해 수직 방향의 전기장이 발생되고, 이 발생된 전기장에 다시 수직 방향의 자기장이 발생되는 과정을 반복하며, 공간으로 계속 전파해 나가는 파장를 전자기파라 한다.
이렇게 전류와 자기장의 변화로 인해 전자파가 발생되고 진행된다는 점이 이번 장에서 보게 될 노이즈들과 밀접한 연관이 된다.

앞서 인덕턴스 편에서 보았던 것과 같이 도선에 흐르는 전류 I 또는 도선의 인덕턴스 L 이 클수록 더 큰 자기장 Φ 을 생성하게 된다. 따라서, 이런 큰 인덕턴스를 가진 선로에서 고주파의 큰 전류의 변화는 큰 자속의 변화를 생성하고, 이는 강한 전자파를 발생시켜 다른 기기에 영향을 줄 수 있다.

이는 반대로 외부 자속의 변화에 대해 인덕턴스 L 이 클수록 더 큰 노이즈의 영향을 받을 수도 있다.

이렇듯 인덕턴스가 큰 긴 도선은 전자파를 방사하여 영향을 줄 수도 있고, 전자파에 의한 영향을 쉽게 받을 수도 있는데, 이를 도선이 안테나 역할을 한다고 한다.

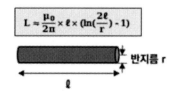

Figure III-17 단일 도선의 인덕턴스

따라서, 자기장의 크기와 관련되어 있는 인덕턴스 L 을 감소시킬 필요가 있는데, 인덕턴스는 위 그림에서 보듯이 직선 도선(전선)에서 도선의 길이가 길어질수록 커지며, 두께가 얇을수록 인덕턴스가 커지게 되므로, 짧고 굵은 배선이 중요하다는 것을 알 수 있다.

전자파 방사 노이즈에 대해서는 EMC 인증 규격 편의 EMI 에서 다시 살펴보도록 한다.

3. 노이즈의 방향에 따른 구분

 앞에서 노이즈가 전달될 수 있는 경로에 대해서 알아보았고, 여기서는 노이즈 전류가 시스템 내에서 어떤 방향으로 영향을 주는지에 대해서 살펴본다.

 노이즈 전류의 방향에 따라, 노멀 모드(Normal Mode, 차동 모드) 노이즈와 코몬 모드 (Common Mode, 공통 모드) 노이즈로 구분되며, 이 노이즈의 방향에 따라 대응하는 방법이 달라진다.

3.1. 노멀 모드 노이즈

 노멀 모드(Normal Mode) 노이즈는 시스템 내의 그라운드와 전원 또는 신호 사이에 전위 차이가 발생하는 선간 노이즈를 말한다. 그라운드와의 전위차로 나타나므로 차동(Differential) 노이즈라고도 한다.

 전자 시스템 내부에서 발생하는 대부분의 노이즈는 노멀 모드 노이즈라 할 수 있으며, 아래 그림에서 보듯이 전원의 전류 흐름과 같은 방향(혹은 반대 방향)의 노이즈 전류의 방향을 가진다. 또는 들어가고 나가는 전류의 방향이 반대라고 표현하거나, 전류의 리턴 패스와 노이즈 전류의 방향이 같거나 반대라고 표현한다.

 따라서, 노멀 모드 노이즈는 시스템 내의 기준 전위인 그라운드와 전위차가 생기게 되는 노이즈이다.

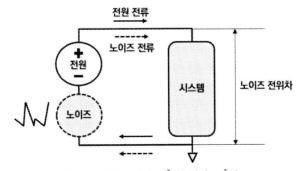

Figure III-18 노멀 모드 노이즈

 노멀 모드 노이즈는 앞서 본 다양한 경로로 유입될 수 있는데, 보통 과전압/과전류의 노멀 모드 노이즈는 외부로부터 전원선, 통신 선로 등으로 전도되어 유기되므로 이에 대한 대책을 세워야 한다.

3.1.1. 노멀 모드 노이즈 대책

노멀 모드 노이즈는 오실로스코프 등의 측정 장비를 통해 기준 전위인 그라운드와의 전위차를 측정함으로써 관찰 가능하며, 그라운드와 신호선 또는 전원선의 사이에 아래와 같은 조치들을 취함으로써 대책을 강구할 수 있다.

가. 노이즈의 분리

노이즈를 시스템으로 들어가지 못하도록 분리하는 방법으로 아래 그림과 같이 노이즈를 그라운드 또는 접지로 바이패스 시키는 방식이다.

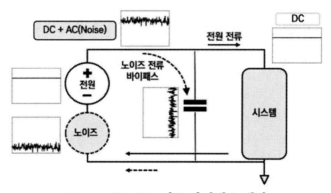

Figure III-19 노이즈 바이패스 개념

안정적인 그라운드

노이즈 바이패스의 효과를 얻기 위해서는 안정적인 그라운드의 역할은 절대적이다.
다음 장의 그라운드에서 보겠지만, 노이즈 바이패스 경로의 낮은 임피던스와 전원선/신호선과 그라운드와의 큰 커패시턴스 결합이 구현되어야 한다. 이런 효과를 얻기 위해 그라운드는 될 수 있는 한 크게 키우도록 한다.

전원 라인 대책

전원 라인으로부터 유기되는 노멀 모드 노이즈는 RC 필터, LC 필터 또는 용량이 큰 커패시터의 사용으로 고주파 노이즈에 대한 그라운드로의 낮은 임피던스 경로를 구현하여 바이패스시키는 방법이 있다.

RC 필터는 구현하기 쉽지만, 저항으로 인한 전력의 소비 및 전압 강하가 있으므로 전원 라인에는 잘 사용되지 않는다.

반면, 쵸크 코일은 DC 는 통과시키면서 AC 는 통과시키지 않는 역할을 하는 코일을 말하는데, 이런 쵸크 코일 등의 코일과 커패시터로 설계되는 LC 필터는 -40dB/decade 의 노이즈에 대한 높은 감쇠율을 가져 RC 필터보다 노이즈 제거율이 더 우수하고, 전압 강하가 작아 전원 라인의 노이즈 제거에 많이 사용된다.

바이패스/디커플링 커패시터

이 부분은 전기/전자 소자의 커패시터 부분에서도 보았 듯이 노이즈를 그라운드로 바이패스(BYPASS) 시키는 역할로 고주파 노이즈 제거에서 가장 중요하고 가장 많이 사용하는 방식이다.

노이즈의 절연

시스템의 전위를 외부와 완전 분리하는 방법으로 노이즈 전류를 차단하는 가장 확실한 방법이다.

포토 커플러(옵토 커플러, Opto Coupler), AC 절연 트랜스 등을 이용하는 방법이 있는데, 이는 코몬 모드 노이즈에도 충분히 효과적인 방법이다.

나. 노이즈 전력의 소모

노멀 모드 노이즈의 전력을 소모시켜 노이즈를 제거하는 방법이다.

직렬 저항 또는 비드의 사용

직렬 저항 또는 비드를 사용하여 노이즈의 전력을 소모하여 제거하는 방법으로, 신호 전력도 소모되므로 전력 손실이 발생할 수 있으며, 전압 강하, 신호 지연이 발생할 수 있는 단점이 있지만, 간단하게 적용해 볼 수 있는 쉬운 방법이다.

직렬 저항의 사용법은 링잉 해석에서 살펴보게 될 것이다.

신호선의 트위스트 케이블 사용

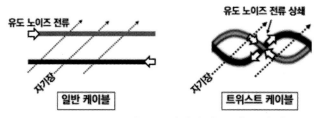

Figure III-20 트위스크 케이블의 노이즈 상쇄

위의 그림과 같이 신호선에 근처의 AC 전원선 등에 의해 생성된 외부 자기장이 수직으로 인가되면, 일반 케이블의 경우 노멀 노이즈 전류가 유도되어 신호에 오동작을 일으킬 수 있다.

트위스트 케이블(Twisted Cable)은 선을 꼬아 놓은 전선으로, 그림에서 보듯이 하나의 매듭마다 자기장에 의해 유도되는 노이즈 전류의 방향이 반대로 형성되며, 서로 상쇄되어 유도된 노이즈의 영향이 작아진다.

다른 측면으로 전원선/그라운드선과 같이 전류의 리턴 패스를 가지는 두 개의 선로는 반대 방향의 전류가 흐르면서 선로에 생성된 자기장은 EMI 방사를 일으키는데, 트위스트 케이블의 경우 매듭마다 반대 방향의 자기장이 생성되어 서로 상쇄되는 효과를 가져 EMI 방사 감소에도 효과를 가진다.

이런 이유로 통신선에는 노이즈의 방어를 위해 차폐된 트위스트 케이블을 많이 사용한다.

다. 과전압/과전류 시스템 보호 대책

ESD/서지 등의 과전압/과전류 대응 용도로 X 커패시터, 바리스터(Varistor), 과전류 대응용 퓨즈, 폴리 스위치, TVS 다이오드 등의 보호 소자를 사용하여 시스템을 보호한다. 이 부분은 회로 설계 규칙 편의 상용 전원 회로에서 살펴보도록 한다.

3.2. 코몬 모드 노이즈

 코몬 모드(Common Mode) 노이즈는 대지 또는 더 큰 다른 시스템의 그라운드를 경로로 들어오는데, 시스템의 그라운드와 전원선/신호선이 같은 방향의 노이즈 전류를 받게 되는 즉, 노이즈의 전류 방향이 같은 노이즈를 말하며 공통 모드 노이즈라고 한다.

 아래 그림과 같이 노이즈 전류의 방향이 같으므로, 선간 전위차는 발생하지 않고 대지와 전위차가 발생하게 되어 대지 간 노이즈라고도 한다.

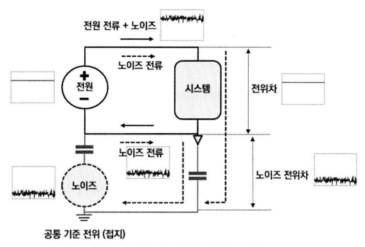

Figure III-21 코몬 모드 노이즈

 코몬 모드 노이즈 전류의 경로는 직접 결합 또는 용량/자기 결합에 의해서 발생될 수 있다.

 이 코몬 모드 노이즈는 여기서 예로 드는 대지와 연관된 전류 경로뿐 아니라, 시스템 내의 큰 그라운드와 작은 그라운드를 가진 블록 사이에도 코몬 모드 노이즈가 만들어 질 수 있으므로, 코몬 모드 노이즈를 무조건 대지와 연관짓지 말고 전류의 리턴 패스를 고려한 개념적인 이해가 중요하다.
 같은 방향의 전류인 코몬 모드 노이즈는 평행 배선 선로가 가깝게 배치되어 배선된 길이가 길어질수록 자기장이 더 커져 노멀 모드 노이즈보다 더 큰 EMI 노이즈를 방사하며, 외부의 다른 시스템과 통신을 하는 경우 그라운드 루프가 형성되어 시스템들 사이의 전위차가 생성되고, 이는 동작 오류 또는 시스템 파손의 원인이 되기도 한다. 이는 접지 편에서 다시 살펴보도록 한다.

3.2.1. 코몬 모드 노이즈 대책

코몬 모드 노이즈는 그라운드와 신호 라인/전원 라인이 같은 극성의 노이즈를 받기 때문에, 상호 간 전위차가 발생하지 않으므로, 시스템 그라운드를 기준으로 노이즈를 측정한다면 코몬 모드 노이즈를 제대로 관찰할 수 없다. 한 가지 방법으로 대지 그라운드를 기준점으로 시스템 그라운드, 신호/전원 라인의 각각의 전위차로 측정하는 것이다.

이런 코몬 모드 노이즈에 대한 대응 방법은 아래와 같은 것들이 있다.

가. 노이즈 분리

> **시스템 절연**

가장 확실한 방법으로써 노멀 모드에서와 마찬가지로 옵토 커플러, AC 절연 트랜스 등을 이용하여 시스템을 완전 절연 분리하여, 코몬 모드 노이즈 전류가 흐를 수 없도록 하여 시스템을 보호할 수 있다.

> **노이즈 바이패스**

당연한 말이겠지만, 노이즈를 커패시터를 통해 바이패스한다는 의미는 커패시터 양단에 전압차가 발생되어야 가능하다. 이는 커패시터 전류 $I = C\frac{dV}{dt}$ 에서 V 가 0 이라면 커패시터를 흐르는 전류도 0 이기 때문이다.

이런 이유로 같은 방향의 전류 노이즈인 코몬 모드 노이즈는 시스템 그라운드와 신호선에서의 노이즈 전위가 같기 때문에, 노멀 모드 노이즈와 같이 시스템 그라운드로 노이즈를 바이패스시키거나 단순 저주파 필터 등으로 제거할 수 없다.

하지만, 코몬 모드 노이즈는 노이즈의 리턴 패스인 대지와는 전위차가 발생되므로, 그라운드와 전원/신호선을 각각 커패시터를 통해 대지 접지에 연결하여 코몬 모드 노이즈를 대지로 바이패스시켜 노이즈를 분리할 수 있다.

고전압 시스템에서 이런 용도의 커패시터를 Y 안전 커패시터라 하며, 이에 대해서는 회로 설계 규칙 편의 상용 전원 회로에서 보도록 한다.

나. 노이즈 소모 – 코몬 모드(Common Mode) 쵸크 코일

노이즈의 전력 소모를 위하여 노멀 모드 노이즈에서 직렬 저항, 쵸크 코일(Choke Coil)을 사용했지만, 코몬 모드 노이즈는 이들 소자들로 제거할 수 없다. 코몬 모드 노이즈에 대한 대책으로는 일반 쵸크 코일과는 구조가 좀 다른 코몬 모드 EMI 필터라고도 하는 노이즈 제거용 쵸크 코일을 사용한다.

이 코몬 모드 쵸크 코일은 아래 그림과 같이 하나의 원통 도체에 두 개의 코일이 동일한 방향과 동일 회전수로 감겨 있는 형태를 가진다.

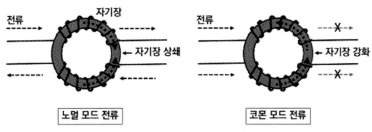

Figure III-22 코몬 모드 쵸크 코일

코몬 모드 쵸크 코일에서의 노멀 모드 전류에 대해서는 쵸크 코일의 코어에 반대 방향의 자기장이 생기며, 서로 상쇄되어 코일의 역할을 하지 않으므로 신호의 동작에는 아무런 영향을 미치지 않는다.

반면, 같은 방향으로 전류가 흐르는 코몬 모드 전류의 경우는 코어에 같은 방향으로 자기장이 생성되기 때문에, 합해져 자기장의 크기가 더 커진다. 이 생성된 자기장은 코몬 모드 노이즈 전류의 흐름을 방해하여 차단하고(브레이크 작용이라 한다), 코몬 모드 노이즈는 코어에서 열로 소비된다.

이에 대한 설계에 대해서는 회로 설계 편의 상용 전원 회로에서 살펴보도록 한다.

다. 차동 모드(Differential Mode) 통신

통신 신호에서는 차동 모드 통신을 사용하여, 같은 방향의 노이즈를 제거할 수 있는데, RS422/485, CAN, USB, LVDS 통신 등의 고속 통신에서 차동 통신을 사용하여 SNR(Signal to Noise Ratio, 신호 대 잡음비)을 강화한다.

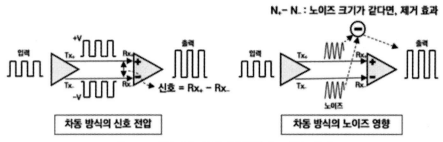

Figure III-23 차동 통신의 노이즈 제거

차동 통신은 신호선을 두 개 사용하여 서로 반대 극성의 신호 전압를 보내는 방식으로 두 신호의 차가 최종 신호가 되는 통신 방식이다.

S 를 신호 크기, N 을 노이즈라 하면, 아래와 같이 수식적으로 표현할 수 있다.

$$S_{SIGNAL} \ = \ (S+N) - (-S+N) \ = \ 2S$$

신호가 서로 반대 극성이기 때문에 두 신호의 차는 실제 신호의 2 배의 전압을 가지게 되어 노이즈에 내성이 커지며, 같은 크기의 코몬 모드 노이즈는 서로 빼짐으로써 없어지는 효과를 가진다.

4. 접지(Grounding)

 앞서 살펴보았던 것과 같이 노이즈에 대한 대책은 바이패스 또는 절연을 통한 노이즈 분리, 저항 또는 비드를 통한 노이즈 소모, 케이스, 그라운드 패턴 등을 통한 차폐 방법 등이 있다. 이 중에서도 특히, RC 필터, LC 필터, 바이패스 커패시터 등과 같이 노이즈를 시스템 그라운드로 바이패스시켜 노이즈를 분리시키는 방법이 많이 사용된다.

 접지는 Grounding 이라고도 하며, 안전 또는 신호의 안정화를 목적으로 시스템의 그라운드를 대지와 같은 더 큰 그라운드로 연결시켜 노이즈에 대한 바이패스 경로를 확보하는 것을 의미한다.
 이런 목적의 접지 회로의 핵심은 접지 회로의 임피던스를 작게 하고, 그라운드 루프를 형성하지 않도록 해야 한다는 것이다.
 이번 장에서는 노이즈를 대지 또는 더 큰 그라운드로 바이패스시키는 접지 방법에 대해 살펴보도록 한다.

4.1. 그라운드에 대해

 접지에 대해 살펴보기 전에, 노이즈의 바이패스 경로인 그라운드(Ground)에 대해 살펴보도록 한다.
 이런 시스템 내의 기준 전위를 의미하는 안정된 그라운드 없이는 노이즈에 대한 대응을 할 수 없을 정도로 중요하다.

4.1.1. 그라운드와 노이즈 경로

 임피던스(Impedance)란 저항 성분과 교류에서 전류의 흐름을 막는 특성인 리액턴스 성분의 벡터합임을 알고 있다.
 앞으로 회로 설계, PCB 설계에서 선로의 임피던스 또는 그라운드의 임피던스를 낮추어야 한다는 말을 많이 듣게 되는데, 그 이유와 의미를 정확히 이해해야 한다.
 앞서 RC 필터의 노이즈 경로 편에서 본 전류의 경로를 상기하면서 아래와 같은 순서로 그라운드의 의미에 대해 살펴본다.

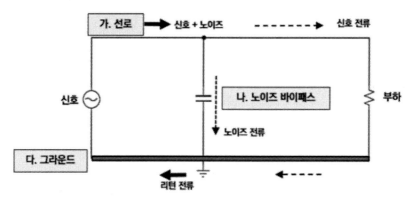

Figure III-24 전류의 경로

가. 낮은 저항과 낮은 인덕턴스의 선로

전류가 흐르는 선로의 저항과 인덕턴스는 낮아야 한다.

Figure III-25 저항과 인덕턴스에 의한 전압 강하

위의 그림과 같이 전기 에너지 전달에 있어 선로의 저항과 인덕턴스는 신호의 전압 강하를 일으키며, 특히 저항은 $P = I^2R$ 의 전력 손실을 일으킨다.

또한, 인덕턴스는 리액턴스 ωL 로 높은 주파수일수록 리액턴스가 높아져 고주파 신호에 대해 큰 전압 강하를 일으키게 될 뿐 아니라, 이 인덕턴스에 흐르는 전류의 변화는 자기장의 변동을 일으키며 크로스토크(신호 간섭) 및 EMI 성능을 열화시키게 되어 또 다른 노이즈 원이 될 수 있다.

따라서, 선로의 저항 성분과 인덕턴스 성분이 최소가 되도록 굵고 짧은 배선을 해야 한다.

나. 노이즈에 대한 낮은 임피던스 경로

고주파 노이즈에 대한 낮은 임피던스가 의미하는 것은 디지털 시스템에서 DC 성분은 유효 신호로 사용되므로 통과시키고, 고주파 노이즈 성분은 그라운드로 바이패스시켜 통과를 막겠다는 의미를 내포한다.

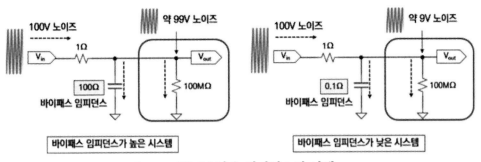

Figure III-26 낮은 임피던스의 이해

위의 왼쪽 그림은 고주파 노이즈에 대한 바이패스 경로의 임피던스가 100Ω 이고, 오른쪽 그림은 0.1Ω 이며, 100MΩ 저항 부하를 가진 시스템에서 바이패스 경로의 낮은 임피던스의 의미를 이해하기 위해 예로 든 것이다.

위의 왼쪽 그림은 100V 의 노이즈에 대해 시스템이 99V 의 노이즈 영향을 받는 반면, 오른쪽 그림은 9V 로 노이즈 바이패스 경로의 임피던스가 낮을수록 노이즈 전류에 대해 시스템이 받는 영향은 더 작아진다.

이렇듯 바이패스는 노이즈 전류가 시스템에 영향을 적게 미치게 하기 위하여 그라운드로 우회하여 흐르게 하는 것으로 이 경로의 임피던스가 낮아야 한다는 것을 알 수 있다.

바이패스 경로 임피던스의 주파수 특성

노이즈의 바이패스 경로의 임피던스를 낮추기 위한 방법을 알아보기 위하여 아래 그림을 보자.

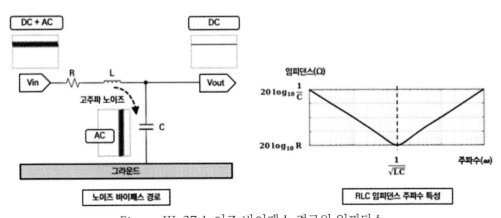

Figure III-27 노이즈 바이패스 경로의 임피던스

노이즈 경로는 위의 왼쪽 그림과 같이 RLC 직렬 회로가 되며, 이에 대한 임피던스의 주파수 특성을 오른쪽 그림에 나타내었다.

여기에서 커패시턴스 C 는 실제 커패시터 소자일 수도 있지만, 그라운드와 전원/신호선 사이에 생성되는 부유용량일 수도 있다.

RLC 직렬 회로의 임피던스는 $Z = R + j\omega L + \frac{1}{j\omega C}$ 와 같고, 이 임피던스의 크기는 아래와 같다.

$$|Z| = \sqrt{R^2 + \left(\omega L - \frac{1}{\omega C}\right)^2}$$

또한, 위 그림의 주파수 특성에서 저주파 임피던스 $20\log_{10}\frac{1}{C}$은 커패시턴스의 중요성을 강조하기 위하여 선로의 저항, 인덕턴스가 매우 작다고 했을 때 즉, $R \approx L \approx 0$일 경우 $\omega = 1$ 일때의 임피던스의 크기를 표시한 것이다.

결국, 이 고주파 노이즈 경로 임피던스의 크기가 작기 위해서는 낮은 저항, 낮은 인덕턴스, 높은 커패시턴스를 가져야 하는 것을 의미한다. 이런 이유로 PCB 설계의 배선 방법은 굵고 짧은 배선이 필요하며, 높은 커패시턴스를 구현하기 위한 그라운드와 평행한 배선이 기본이 된다.

하지만, 위 그림의 주파수 특성에서도 볼 수 있듯이 고주파 스위칭 노이즈의 주파수 ω 가 RLC 직렬 회로의 공진 주파수보다 높아지면, 임피던스는 상승하게 되고 노이즈 감쇠 효과는 줄어든다.

따라서, 신호의 고속화가 될수록 더 낮은 저항과 인덕턴스, 높은 커패시턴스가 필요하지만, 보드의 소형화 등에 의한 패턴 굵기의 제약때문에 낮은 저항과 인덕턴스는 구현이 점점 더 어려워진다.

이런 이유로 높은 커패시턴스를 구현하기 위한 그라운드의 역할은 매우 중요하다.

다. 낮은 임피던스의 그라운드

앞에서 노이즈가 그라운드로 바이패스되는 경로의 낮은 임피던스까지 알아보았다. 여기서는 그라운드 자체의 저항과 인덕턴스에 대해 살펴본다.

> **그라운드는 모든 전류의 리턴 패스이다.**

전류는 루프가 만들어져야 흐를 수 있는데, 그라운드는 시스템 내의 모든 전류의 리턴 패스 즉, 돌아오는 경로를 의미하기도한다.

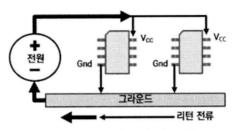
Figure III-28 전류의 리턴 패스

따라서, 시스템 내에서 가장 큰 전류가 흐르게 되어 그라운드의 저항 및 인덕턴스로 인한 더 큰 전압 강하와 전력 손실의 영향을 받게 되므로 다른 배선보다 더욱 낮은 저항과 낮은 인덕턴스를 가져야 할 뿐 아니라, 많은 전류를 감당할 수 있도록 충분히 굵어야 한다. 또한, 작은 열 잡음을 위해서도 최대한 낮은 저항을 가져야 한다.

그라운드 바운싱

그라운드의 저항과 인덕턴스 중 특히, 인덕턴스가 크다면 이로 인해 고주파에서의 전압 강하뿐 아니라 커패시턴스와 인덕턴스의 공진 영향으로 그라운드 자체에 링잉이 발생될 수 있다.
이렇게 그라운드가 흔들리는 현상을 그라운드 바운싱(Ground Bouncing) 현상이라 한다.

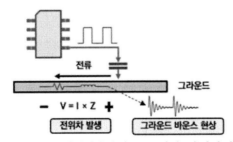
Figure III-29 그라운드의 저항/인덕턴스로 인한 전위차와 바운싱 현상

이 그라운드 바운싱은 시스템 전체의 기준 전위를 흔듦으로써 시스템 내 모든 요소에 노이즈로 영향을 주게 된다. 그라운드의 인덕턴스에 의한 이런 현상은 고주파 신호 또는 고주파 노이즈일수록 그 크기는 더욱 커지므로, 그라운드의 낮은 인덕턴스는 매우 중요하다.

4.1.2. 낮은 임피던스의 그라운드 구현과 효과

앞서 노이즈의 바이패스 경로에 대해 낮은 임피던스의 필요성에 대해 살펴보았다. 이번 장에서는 이를 구현하기 위한 방법과 효과에 대해 살펴볼 것이며, 이는 PCB 설계 규칙 편에서 다시 보게 될 것이다.

> **짧고 굵은 전원 배선**

앞서 봐왔던 것과 같이 전원 및 그라운드의 배선은 짧고 굵은 배선으로 저항과 인덕턴스 성분을 최대한 작게 해야 한다.

> **넓은 그라운드**

PCB 설계 규칙 편에서 보겠지만, 아래의 목적들을 위하여 PCB 설계에서의 그라운드는 최대한 넓게 해야 한다. 이는 앞서 본 낮은 저항, 낮은 인덕턴스를 구현하기 위한 방법뿐 아니라 선로와의 높은 커패시턴스를 구현하기 위한 방법이다.

☞ 큰 커패시턴스 결합의 제공

큰 그라운드의 형성은 아래와 같이 신호선, 전원선과의 큰 커패시턴스 형성으로 노이즈에 대한 낮은 임피던스의 바이패스 경로를 제공해 안정된 신호를 구현할 수 있다.

Figure III-30 그라운드와의 커패시턴스 결합은 신호의 안정성 강화

커패시턴스가 커지면 왜 신호가 안정되는지에 대해서는 계속 살펴보았듯이, 고주파 노이즈의 바이패스 경로 제공, 전원의 전류 백업으로 인한 안정화, 신호의 링잉의 제거 등으로 EMI/EMC 성능을 우수하게 할 수 있다.

☞ 짧은 전류 리턴 패스 제공

넓은 그라운드로 인해 노이즈 전류의 짧은 리턴 패스를 구현할 수 있다.

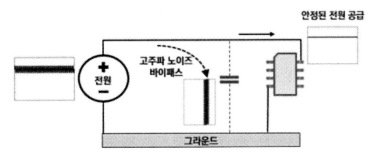

Figure III-31 넓은 그라운드의 짧은 전류 리턴 패스 제공

위의 그림과 같이 고주파 노이즈는 부유용량 커패시턴스 또는 실제 커패시터 소자를 통해 그라운드로 바이패스되어 소진된다.

전류는 임피던스가 낮은 곳으로 더 많이 흐르려는 경향을 생각해 본다면, 그라운드의 저항 및 인덕턴스가 높아지면, 실제 그라운드로 빠져야 할 노이즈가 IC 로 인입될 수 있기 때문에, 이런 현상들을 방지하기 위해서도 그라운드의 낮은 임피던스는 중요하다.

또한, 이렇게 노이즈 전류가 되돌아 가는 리턴 패스(Return Path)는 짧을수록 다른 디바이스에 가해질 수 있는 노이즈는 작아질 수 있다.

이런 이유로 넓은 그라운드를 이용하여 노이즈 전류에 대한 짧은 리턴 패스(Return Path)를 만듬으로써 노이즈 내성을 강화한다.

☞ RF 방사 노이즈 커플링 분산/감소

아래 그림은 공기 중으로 방사되어 인입되는 간섭 노이즈에 대한 커플링을 신호선과 그라운드 판이 나누어 가지는 효과를 나타낸 개념도이다.

아래 그림에서 커플링의 세기를 개념적으로 이해해 보자면, 그라운드가 없다면 1 의 크기 노이즈가 모두 신호선과 결합되어 큰 간섭 노이즈가 인가되지만, 그라운드와 커플링을 나누어 갖는 경우라면 1/3 크기의 노이즈 간섭으로 작아진다.

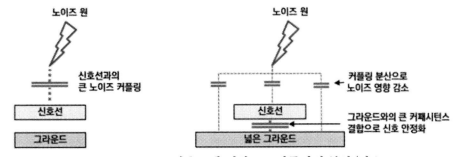

Figure III-32 그라운드에 의한 RF 커플링의 분산/감소

이렇듯 큰 그라운드는 전도 노이즈의 바이패스뿐 아니라, 신호의 간섭이 되는 전자기장 결합 노이즈, RF 방사 노이즈 등의 커플링 세기를 분산시켜 노이즈를 감소시키고, 이렇

게 인가된 노이즈를 바이패스 시킴으로써 안정된 신호의 질을 확보할 수 있어 EMI/EMC 성능을 향상시킨다. 이런 이유로 큰 그라운드는 노이즈 차폐 효과가 있다고 한다.

이런 원리로 실제 PCB 설계에서는 그라운드를 크게 하고, 특히 중요 디바이스들에는 그라운드로 쉴딩(Shielding)함으로써 노이즈로부터 보호하며, 중요 신호선에는 그라운드 가드로 보호하는 방식 등으로 낮은 임피던스의 그라운드를 이용해 노이즈에 대한 내성을 강화하는 방법을 사용한다.

4.1.3. 그라운드 루프(Ground Loop)

그라운드 설계를 하다 보면 그라운드 루프를 만들지 말라라는 규칙을 많이 듣게 된다. 그 의미에 대해 살펴보도록 한다.

그라운드 루프(Ground Loop)는 시스템의 그라운드와 더 큰 그라운드가 루프를 이루며 그 안에서 전류가 흐르는 현상을 말한다.

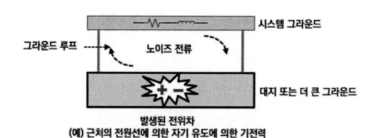

Figure III-33 그라운드 루프

이때 그라운드 루프에 흐르는 전류는 직접적인 전도에 의한 전류일수도 있고, 근처의 큰 전압의 AC 전원선에 의한 전자기장 등에 의해 유도된 전류일 수도 있으며, 루프 경로 역시 직접적인 전도나 큰 부유용량이 형성되어 고주파 전류가 흐르는 경로일 수도 있다.

그라운드 루프를 만들지 말아야 한다는 것은 전기 회선 작업, PCB 패턴 설계에서 중요하고 자주 듣게 되는 규칙이다. PCB 에서는 메인 그라운드를 대지 접지의 대지와 동일선으로 두고 생각해 볼 수 있다.

> ### 그라운드 루프에 의한 시스템 동작 오류

그라운드 루프에 의한 시스템 간 전위차로 오류를 일으킬 수 있는데, 위의 그림과 같이 시스템 그라운드의 저항과 인덕턴스 성분으로 시스템 사이에 전위차가 생김으로써 노이즈로 작용할 수 있다.

가령, 센서의 전압을 측정해야 하는 경우 센서에서는 1V 를 출력하고 있음에도 이 전위차로 인해 0.5V 또는 2V 로도 잘못인식 할 수 있다는 의미가 된다. 이는 통신을 하는 시스템에서는 잘못된 데이터의 전달의 원인이 되기도 한다.

그라운드 루프에 의한 시스템 파손

그라운드 루프에 의한 전위차는 단순 오동작 뿐 아니라, 시스템 파손을 일으킬 수 있다.
시스템 내의 그라운드 루프에서는 이로 인해 시스템의 파손을 일으키는 일은 보기 힘들지만, 먼 거리의 다른 시스템과 연동되는 시스템에서는 종종 일어나는 일이다.
위 그림의 그라운드 루프가 먼 거리의 다른 시스템이라 할 때, 이때 발생된 시스템 간 전위차가 커질 경우 과전압 또는 과전류로 인해 시스템의 파손을 일으키게 되므로, 특히 이런 시스템의 경우 그라운드 루프 형성은 조심해야 한다.
이를 방지하기 위하여 아래와 같은 방법들을 사용한다.

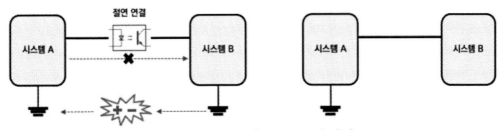

Figure III-34 그라운드 루프의 방지

위의 오른쪽 그림과 같이 한 시스템에서만 접지하여 그라운드 루프 형성을 막는 방식이 있다. 또는, 접지를 할 때 루프 전류 제한을 위하여 접지선에 저항을 사용하기도 하는데, 경험규칙으로 전위차가 안전 초저전압인 60VDC 정도까지 일어날 수 있다고 가정하고 설계한다.

가장 확실한 방법은 역시 다른 시스템과의 연결에 대해 절연하는 방식이며, 위의 왼쪽 그림과 같이 절연 소자(아이솔레이터)를 사용하여 전위를 완전 분리하여 그라운드 루프 전류가 흐르지 못하도록 하는 방식을 많이 사용한다.
대표적인 절연 방식으로 옵토 커플러, 절연 트렌스 등의 소자를 사용하여 회로를 설계하는 방식이다. 이에 대해서는 회로 설계 규칙 편의 보호 회로에서 살펴보게 될 것이다.

그라운드 루프에 의한 EMI 방사

 넓은 전류 루프(Current Loop)는 공기 중으로 방사되는 전자기장 노이즈에 의해 외부에서 들어오는 노이즈의 영향을 받는 EMC, 타기기로 영향을 주는 EMI 성능에 대한 열화를 일으킨다.

 이는 전류 루프(Current Loop)의 면적에 관련된 것으로 전류 루프(Current Loop)는 전류가 루프를 만들며 흐르는 경로를 의미한다.

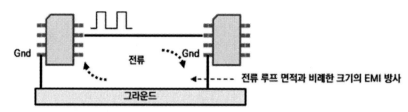

Figure III-35 전류 루프 면적과 EMI 방사는 비례

 위의 그림을 보면 전류가 도는 루프가 안테나가 되는데, 이 안테나의 면적이 넓을 수록 더 큰 전자기장 노이즈를 방사한다.

 따라서, 이 전류 루프의 면적을 작게 형성해야 하는데 앞서 넓은 그라운드가 이를 구현할 수 있음을 살펴보았었다.

4.2. 접지의 목적 및 종류

접지는 과전압/과전류 노이즈에 대해 감전/화재 및 시스템 보호, 신호의 품질 유지를 위한 노이즈 바이패스 경로 확보 또는 EMI 성능 개선을 목적으로 시스템의 그라운드를 대지(Earth)와 같은 더 큰 그라운드로 연결하는 것을 의미한다.

이런 목적을 위한 접지는 크게 아래와 같은 3 가지로 구분될 수 있다.

신호 접지(Signal Ground, SG)

IC 패키지 내부는 매우 작은 회로의 집적이며, 이 작은 회로 안에는 작은 그라운드가 존재한다.

신호 접지는 전기/전자 시스템 내에서 IC 내부의 작은 그라운드와 PCB 의 큰 그라운드의 연결을 의미한다.

앞서 살펴본 그라운드의 목적을 달성하기 위한 PCB 설계에서 시스템 내의 작은 디바이스 그라운드와 넓은 시스템 그라운드와의 연결 접지, 신호선과 그라운드와의 강한 커패시턴스 결합을 위한 구성이다.

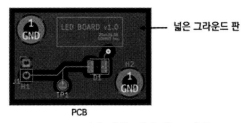

Figure III-36 넓은 시스템 그라운드

이는 넓은 그라운드, 작은 전류 루프, 두껍고 짧은 배선에 의한 낮은 저항/인덕턴스 등으로 PCB 설계를 진행함으로써, 시스템 내에서 낮은 임피던스의 노이즈 바이패스 경로 확보 및 RF 커플링 차폐로 노이즈에 강한 시스템을 설계할 수 있다.

이런 규칙들에 대해서는 PCB 설계 규칙에서 살펴보게 될 것이다.

대지 접지(Earth) – 안전 접지

대지 접지는 어스(Earth)라고도 하며, 시스템에 들어오는 과전압/과전류 노이즈를 대지로 바이패스시켜 인체 감전 및 시스템 파손 방지의 목적으로 케이스 또는 그라운드를 대지로 연결하는 것을 의미한다. 이때 지면(대지)이 노이즈에 대해 낮은 임피던스 경로가 된다.

이렇게 안전을 위한 접지를 용어로 구분하자면, 대지 접지는 전기 시스템의 특정 지점을 대지(Earth)와 연결하는 것을 의미하고, 샤시 접지(Chassis Grounding)는 전기 장비나 기기의 금속 외함(샤시)을 대지로 접지하는 것이고, 프레임 접지(Frame Grounding, FG)는 전기 장비나 구조물의 금속 프레임을 접지하는 것으로 구분하기도 한다.

☞ 안전(Safety) 접지(인체 감전 보호)

만약, 고전압 시스템의 도전성있는 케이스가 접지되어 있지 않다면, 장비 케이스의 전위가 대지에 비해 높을 수 있다. 이런 경우 도전성있는 케이스에 인체를 접촉하면 사람의 몸을 타고 대지로 큰 전류가 흐르게 되어 감전의 위험이 있으며, 연결된 시스템이 있다면 다른 시스템까지 파손시킬 수 있다. 대지 접지는 이런 감전 사고로부터 보호한다.

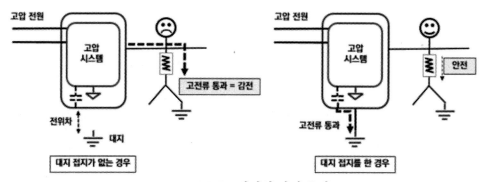

Figure III-37 접지의 안전 효과

인체에 흐르는 전류가 1mA 정도에서 감전되었다고 느끼게 되고, 50mA 가 넘어가면 사망에 이른다. 따라서, 인체에 위험이 없는 낮은 전류가 흐를 수 있도록 해야 하며, 이는 전기안전 편에서 살펴보게 된다.

인체 저항은 상황에 따라 다르지만, 보통 800Ω ~ 2KΩ 정도로 모델링 되는데 IEC 규격에서는 1KΩ 으로 모델링하고, 물기가 묻은 것 같은 특수한 경우는 200Ω 정도로 모델링한다.

이 인체 저항보다 더 작은 임피던스(접지 저항)로 대지로 연결하면, 대지로 전류가 우회(Bypass)되게 되어 인체에 흐르는 전류는 작아져 감전 위험에서 안전해진다. 따라서, 중요한 점은 인체 저항보다 훨씬 더 작은 임피던스로 대지로 연결하여 고전압/고전류에 의한 위험 상황에서도 인체에는 작은 전류가 흐를 수 있도록 해야 한다는 점이다.

이런 이유로 전기에서의 1 종 접지공사에서는 10Ω 이하의 저항 용량으로 대지와 접지해야 한다는 규격도 있다.

☞ 시스템 보호

　낙뢰, 서지 등의 과전류/과전압 노이즈에서 장비보호를 위해 하는 접지의 목적이다. 감전 보호와 마찬가지로, 큰 서지 전류가 유입되었을 때 이 전류를 대지로 우회(Bypass) 시켜 시스템을 보호하는 목적을 말한다.

그라운드 결합(Ground Bonding)

　그라운드 결합은 도전성 있는 케이스를 사용할 경우, 시스템의 그라운드를 케이스(샤시 또는 프레임) 그라운드로 연결하는 것을 말하는 것으로, 아래와 같은 목적들이 있으며, 각 목적에 따라 접지하는 방식이 달라진다.

　첫째, 시스템 내로 들어오는 서지 및 ESD 노이즈를 바이패스, 다른 장비와의 전위차 감소 등의 안전 목적으로 사용한다. 이 경우 샤시와 내부 시스템 그라운드 사이에 그라운드 루프가 형성되어 전류가 흐르는 것을 방지하기 위해 시스템 그라운드와 샤시를 접지할 때는 단일점 접지를 하고, 샤시는 대지 접지를 한다.
　둘째, 시스템 내의 노이즈를 바이패스할 목적으로 즉, 한정된 시스템의 그라운드의 크기를 키워 낮은 임피던스로 시스템 보드의 노이즈를 억제할 목적으로 사용할 수 있다. 이 경우에는 케이스에는 노이즈 전류가 흐를 수 있어야 하므로 최대한 다중 연결을 하여 시스템 보드와의 임피던스를 낮추어야 한다. 이런 목적의 경우에는 EMI/EMC 에 대한 신중한 고려가 필요하기 때문에 많이 사용되는 편은 아니다.
　셋째, 외부의 RF 전자기장 인입 또는 내부의 EMI 방사에 대한 완전 차폐를 위한 목적으로 사용된다. 이런 목적을 가진 경우 도전성 케이스의 전위가 고정되지 않는다면, 노이즈에 의해 케이스의 전위가 흔들리며 케이스가 하나의 안테나 역할을 하게 되어 EMI/EMC 에 취약한 시스템이 된다. 따라서, 도전성 케이스는 되도록 시스템 내의 그라운드와 접지 또는 대지 접지를 통해 전위를 유지시켜 주도록 한다.

☞ 시스템 그라운드와 케이스의 접지 방법

　위의 목적들을 위하여 시스템의 그라운드와 샤시를 접지하는 방법으로 직접 접지하는 방법과 RC 네트워크를 이용한 혼성 접지 방법이 있다.
　샤시와 시스템 그라운드를 직접 연결을 할 경우, 케이스를 통해 외부 노이즈가 시스템 그라운드로 유입될 수도 있고, 시스템 보드의 자체 노이즈에 의해 케이스가 안테나의 역할을 하며 EMI 의 방사로 이어 질 수 있으므로 보통은 RC 네트워크 혼성 접지를 사용한다.

　그라운드 본딩의 RC 네트워크 접지에 대해서는 다음 장의 혼성 접지에서 자세히 살펴보도록 한다.

4.3. 접지의 방법적 구분

이번 장에서는 앞에서 본 접지의 목적들을 위하여 접지를 하는 방법에 대해서 살펴보도록 한다. 아래 시스템 A, B, C 로 표현한 것은 별개의 시스템이 될 수도 있지만, 회로 내의 각 IC 들 또는 블록들의 관계가 될 수도 있다는 개념으로 접근해야 한다.

아래에서 보게 될 접지 방법들에 사용되는 접지선의 저항과 인덕턴스에 의해 전압 강하와 EMI 성능 열화를 일으킬 수 있으므로, 접지선은 굵고 짧은 배선으로 저항과 인덕턴스를 작게 해야 한다.

시스템 내의 PCB 설계에서의 접지에 대한 예를 들어가며 보도록 하며, 예시 그림들에 표시된 저항과 인덕턴스 기호는 실제 소자가 아닌 접지선 자체의 저항과 인덕턴스를 표현한 것이다.

단일점 접지

단일점 접지는 시스템 간에 공통으로 한 개의 점에서 접지를 하는 방법으로, 직렬 단일점 접지와 병렬 단일점 접지 방법이 있다.

단일점 접지는 그라운드 루프 구성에서 기준 전위 도체(대지)로는 전류 루프가 구성되지 않아 공통 접지에 연결된 장치들에서만 노이즈를 고려하면 되므로, 공통 접지가 아닌 다른 시스템과의 노이즈의 분리 효과가 있다.

하지만, 상대적으로 긴 접지선으로 인한 높은 저항과 인덕턴스로 인해 비교적 높은 전위차가 발생할 수 있고, 특히 높은 주파수에서 긴 접지선이 안테나 역할을 하며 EMI 방사가 커질 수 있다. 또한, 장점인 노이즈 분리 효과 역시 고주파에서는 다른 시스템과 생기는 커패시턴스 결합으로 인해 효과가 줄게 되므로, 보통은 저주파 시스템에서 사용되는 방식이다.

따라서, 각 접지선은 최대한 굵고 짧게 배선되어야 하며, 대표적인 예로 벅 컨버터 PCB 설계와 같이 스위칭 노이즈가 발생되는 블록의 경우 내부 시스템으로 이 노이즈가 전달되지 않도록 보통 단일점 접지를 사용한다.

> **직렬 단일점 접지**

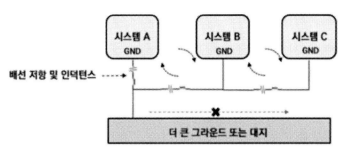

Figure III-38 직렬 단일점 접지

위의 그림과 같이 접지선을 직렬로 연결함으로써 구성이 간단하다는 장점이 있으며, 단일점 공통 접지에 연결되지 않은 시스템으로는 전류 루프가 형성되지 않아 전류가 흐르지 않기 때문에 노이즈 분리 효과가 있다.

하지만, 공통 접지 내의 다른 시스템의 접지 전위도 모두 같이 흔들리게 되는 문제가 있는데, 아래와 같이 극단적으로 시스템 A 와 시스템 C 사이에 전류 루프가 구성된 예를 보자.

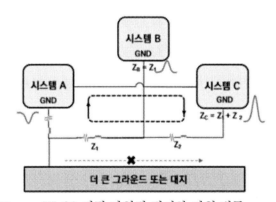

Figure III-39 직렬 단일점 접지와 전위 변동

물론, 이때 흐르는 전류 I 로 인해 시스템 간의 전위차가 발생하는 것도 있지만, 상관없는 시스템이지만 공통 접지에 묶인 시스템 B 의 기준 전위도 $V = I \times Z_1$ 만큼 흔들리게 된다는 것이다.

병렬 단일점 접지

직렬 단일점 접지와 다르게 각각의 접지선을 바로 공통 접지선에 연결하는 방식이다.

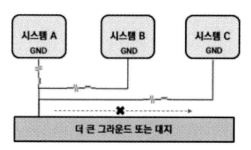

Figure III-40 병렬 단일점 접지

직렬 단일점 접지의 문제점인 공통 접지된 시스템에서 루프 전류가 흐르지 않는 시스템의 전위까지 영향을 받는 문제에 대해서는 보완이 된다는 장점이 있다. 하지만, 배선이 길어져 접지 구성이 복잡해지고, 비용이 상승되는 단점이 있다.

다중점 접지

다중점 접지는 낮은 임피던스의 그라운드에 시스템을 각각 짧게 접지시켜, 접지선이 낮은 임피던스를 가질 수 있도록 하는 방식으로 공통 그라운드의 낮은 임피던스와 최소 면적의 전류 루프가 중요하다.

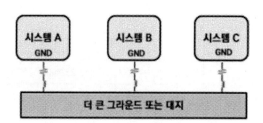

Figure III-41 병렬 접지

작은 임피던스와 짧은 전류 루프를 가질 수 있어 낮은 전위차와 EMI 방사에 강한 장점을 가진다. 이런 이유로 비교적 높은 주파수의 시스템에서 사용되며, PCB 의 그라운드 설계는 대부분 이 방식이 사용된다.

이런 목적으로 PCB 설계에서는 넓은 면적의 그라운드를 구현해 더 큰 효과를 얻기 위해서 4층 이상의 다층 기판 내부 층에 넓은 한 층 전체를 그라운드 판을 두어 구현하는데, 다층 PCB로 구현하기 위한 비용 상승이 발생된다.

이 그라운드 판의 구현에 대해서는 PCB 설계 규칙에서 살펴보게 될 것이다.

4.3.1. 혼성 접지와 EMI 의 방사

혼성 접지는 주파수 선택적인 접지를 구현하기 위해 사용되는 방법이다. 만약, 고주파 신호에 대해서만 접지를 하고 싶다면 커패시터의 임피던스 $Z = \frac{1}{\omega C}$이 고주파 일수록 임피던스가 낮아진다는 점을 이용하여 커패시터로 접지하고, 저주파 신호에 대해서만 접지하고 싶다면 인덕터의 임피던스 $Z = \omega L$이 고주파에서 임피던스가 커진다는 점을 이용하여 인덕터를 사용하여 접지한다.

이런 혼성 접지는 보통 시스템 그라운드를 도전성 케이스에 연결하는 그라운드 결합에서 많이 사용된다.

아래 왼쪽 그림과 같이 케이스와 직접 결합했을 경우, 시스템 내부에서 자체 발생될 수 있는 (특히 스위칭 레귤레이터와 같은 인덕터 제어를 사용하는 경우) 큰 스위칭 노이즈는 케이스 또는 접지선이 안테나가 되어 큰 전자파(EMI)를 방사시킬 수 있다. 또는 반대로 외부의 노이즈가 유입될 수도 있다.

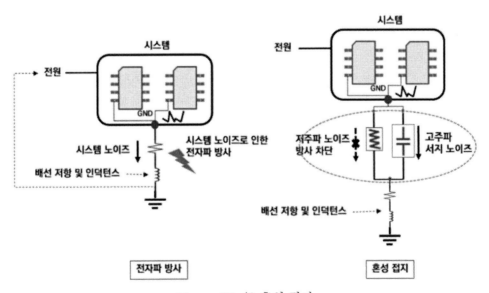

Figure III-42 혼성 접지

이를 방지하기 위해서, 위의 오른쪽 그림과 같이 저항과 커패시터를 함께 이용한 접지를 하며 이를 혼성 접지라 하고 이런 회로를 RC 네트워크라 한다. 보통 이 RC 네트워크 접지는 시스템 내부의 스위칭 노이즈가 서지/ESD 노이즈보다 낮은 주파수이기 때문에 이 저주파의 스위칭 노이즈는 접지선 또는 케이스로 흐르지 않도록 하고, 시스템 내부로 인입되는 서지/ESD 와 같은 고주파 노이즈만 커패시터를 통해 대지로 바이패스할 수 있도록 한다.

4.3.2. 혼성 접지 설계의 예

USB 쉴드(Shield) 핀과 같은 쉴드(차폐) 케이블의 쉴드 접지 설계 시 유의점에 대해 살펴본다. 이 쉴드 접지(SG)는 케이스(프레임) 접지(FG)와도 비슷하므로 같은 개념으로 보도록 한다.

통신 신호선에서 커패시턴스/인덕턴스 결합(Coupling)으로 유기되는 노이즈의 차폐를 위하여 외부가 도전체(쉴드)로 감싸진 케이블을 많이 사용하는데, 이를 쉴드(Shield) 케이블이라 한다.

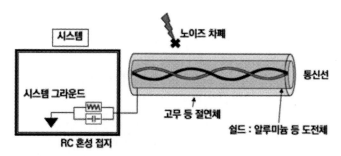

Figure III-43 쉴드 케이블의 혼성 접지

만약, 쉴드 케이블의 쉴드 전위를 플로팅해 놓는 다면, 도전성 케이스의 전위를 플로팅해놓는 것과 같이 노이즈에 의해 쉴드 또는 케이스의 전위가 흔들리며, 안테나 역할을 하여 시스템 내부로 노이즈를 전달하게 되거나 EMI 방사를 하기 때문에, 대지 접지(Grounding) 처리하거나, 시스템의 그라운드와 연결시켜 주어야 노이즈가 차폐된다.

USB 쉴드핀은 이 쉴드 케이블의 쉴드가 연결되어 있는 핀으로 이 핀을 접지시키는 방법에 대해 살펴보는 것으로 혼성 접지를 이해하는 것이 목적이다.

시스템 내의 그라운드와 연결시켜 줄 때는 고장 시 시스템 내의 과전류(Fault Current)가 쉴드 또는 케이스로 흘러 인체 감전 및 화재의 위험을 일으켜서는 안된다는 전기안전과 시스템 내부의 노이즈가 안테나 역할을 하는 쉴드선을 타고 EMI 노이즈가 방사될 수 있다는 점에 주의를 해야 한다.

가. RC 네트워크 접지의 주파수 응답

케이스 또는 쉴드선과 시스템 그라운드를 연결할 때 상황에 따라 직접 연결도 하지만, 안전 문제와 EMI 방사 문제, 접지로 부터의 노이즈 유입의 문제로 혼성 접지의 일종인 고주파 통과 필터 RC 네트워크 회로를 많이 사용한다.

RC 네트워크의 저항 R 은 전류 제한과 전압 강하로 접지 경로에 직접 저주파 노이즈가 흐르지 못하도록 하며, 커패시터 C 는 큰 고주파 서지를 접지로 우회시켜 시스템을 보호하는 역할을 한다. EMI 성능 향상과 안전한 접지를 할 수 있다는 장점이 있지만, 특정 주파수에서 동작하기 때문에, 직접 접지보다는 모든 노이즈 제거에 한계가 있고, 회로가 다소 복잡하다는 단점도 가진다.

아래 그림과 같은 RC 네트워크 회로의 주파수 응답을 구해 보고 이를 토대로 혼성 접지의 원리와 목적에 대해 살펴보도록 한다.

> **내부 노이즈의 외부 방사 방지**

우선 시스템 내부 노이즈를 외부로 나갈 수 없도록 하는 RC 네트워크의 특성에 대해 살펴보면 아래와 같다.

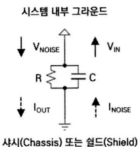

Figure III-44 RC 네트워크 혼성 접지

주파수 응답을 확인하기 위해 시스템 자체 전압 노이즈 V_{NOISE} 와 EMI 방사의 원인이 되는 전류 I_{OUT} 과의 전달함수를 구해 보면 아래와 같다

$$\frac{I_{OUT}}{V_{NOISE}} = \frac{RCs + 1}{R}$$

이에 대한 보드선도는 아래와 같다.

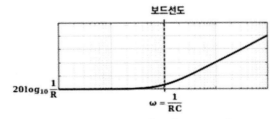

Figure III-45 RC 네트워크 보드선도

위의 보드선도에서 보듯이 시스템 자체에서 생성되는 저주파 전압 노이즈는 외부로 나갈 수 없고, 인가된 ESD/서지 등의 고주파 노이즈만 외부로 통과시키는 응답 특성을 가지는 고주파 통과(HIGH PASS) 특성의 회로이다.

저항 R 은 커패시터와 연동하여 고주파 통과 필터의 대역폭을 조절하는 역할도 하지만, 커패시터에 충전된 노이즈 전류를 이 저항을 통해 방전 소비하는 안전저항의 역할도 한다.

외부 노이즈의 인입 방지

반대로, RC 네트워크 회로의 외부 노이즈가 내부로 인입되는 것을 막는 역할에 대해 살펴보면 아래와 같다.

케이스에 유도된 외부 노이즈 I_{NOISE} 와 시스템 내로 인입되는 전압 V_{IN} 에 대한 전달함수는 $\frac{V_{IN}}{I_{NOISE}} = \frac{R}{RCs+1}$ 로 저주파 필터 특성을 가기 때문에 고주파의 외부 노이즈는 내부 시스템으로 인입이 되지 않도록 하는 역할을 하며, 외부에서 인입될 수 있는 노이즈는 보통 상용 전원 50Hz ~ 60Hz 이상의 노이즈이므로 이보다 낮은 차단 주파수로 설계하는 것이 일반적이다.

나. RC 네트워크 소자의 용량 결정

RC 네트워크의 소자의 용량을 고려할 때 아래와 같이 인체 감전에 대한 안전 누설 전류를 고려할 것인지, EMI 방사 문제에 대한 고려를 할 것인지, 아니면 둘 다 고려를 해야 하는 경우가 있다. 또한, 소자의 정격은 최소 안전 초저전압인 60VDC 에 대응할 수 있도록 마진을 두어 선정되어야 한다.

고전압의 안전 누설 전류 고려

RC 네트워크에는 커패시터를 사용하기 때문에, AC 에 대해 누설 전류가 발생될 수밖에 없다.

따라서, 고전압의 AC 전원을 사용하는 시스템의 경우 예를 들어 60Hz 상용 전원에 대한 누설 전류에 신경을 써야 한다. 이는 전기안전 편에서 살펴볼 것이다.

$$\frac{V_{peak}}{Z_C} \le I_{Leakage}$$

이때 저항 R 과 커패시터 C 의 합성 임피던스에 의한 누설 전류가 안전 규격을 만족할 수 있도록 소자의 용량을 신경 써야 하며, 커패시터는 고장 시 쇼트가 날 수 있는 적층 세라믹(MLCC)같은 타입은 절대 사용하지 않도록 한다.

저항은 커패시터가 고장으로 인해 오픈된 경우 누설 전류의 안전 조건을 담당해야 해야 하므로, 이를 고려하여 용량을 결정한다.

이런 이유로 60Hz 상용 전원에 사용되는 RC 네트워크에는 보통 저항 1MΩ, 커패시터 4.7nF 의 용량을 많이 사용한다.

저전압의 EMI 방사 고려

USB 쉴드와 같이 안전 초저전압 이하의 DC 전원(60VDC 이하)을 받는 시스템에서는 인체 감전과 같은 안전에 대한 누설 전류 항목은 고려대상이 아니다.

저전압의 경우 시스템 내부의 노이즈가 그라운드로 연결된 쉴드(차폐) 케이블 또는 케이스를 통한 EMI 방사에 대한 문제를 고려한다.

특히, 시스템이 DC/DC 스위칭 전원 또는 모터, 릴레이와 같은 인덕턴스의 부하를 사용하고 있다면, 역기전력에 의한 노이즈가 방사의 원인이 되는 경우가 많다. 이런 류의 노이즈는 상대적으로 저주파 노이즈이므로, RC 네트워크는 내부의 저주파 노이즈는 통과할 수 없도록 하고, 고주파 노이즈에 대해서만 통과시키도록 하여 EMI 방사에 대비한다.

이런 용도로 저항 330Ω, 커패시터 0.1uF 의 용량의 RC 네트워크 회로가 많이 사용된다.

5. 링잉 노이즈의 해석

 링잉(Ringing)이란 아래 그림과 같이 계단 응답에서 오버슈트 이후 진동하는 출력 신호를 말하는 것으로, 전기/전자 시스템 설계 및 분석에서 오버슈트와 링잉은 매우 중요한 해석 요소인 노이즈이다.

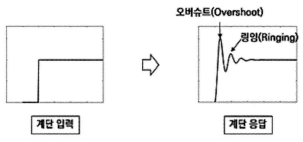

Figure III-46 계단 입력의 신호 링잉

 아래 그림과 같이 전기 전자 시스템의 선로는 수많은 RLC 물리량들로 구성되어 있다.

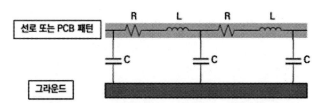

Figure III-47 선로는 수많은 RLC 의 집합체

 이런 선로에서의 오버슈트와 링잉의 원인은 결국 실제 소자 또는 기생 인덕턴스(L)와 커패시턴스(C)에 의한 LC 공진이 원인이 된다.
 이번 장에서는 링잉에 대해 선형 시스템인 RLC 전달함수와 전송선로에 의한 해석 방법과 대책에 대해 살펴보도록 한다.

링잉(Ringing, 진동)의 영향

 전기/전자 시스템에서의 링잉은 데이터의 전송 오류나 전기 신호의 품질 저하같은 신호의 무결성 문제, 고주파 링잉으로 인해 발생되는 전력 손실과 이로 인한 발열 문제가 발생될 수 있다. 또한, 전압/전류의 변동을 일으키며 주변 장치들에 고주파 노이즈 영향을 주는 전자기 간섭(EMI)을 일으키게 된다.

특히, 큰 링잉의 경우 시스템의 성능 저하 및 오동작뿐 아니라 심할 경우 시스템을 파손시키기도 한다.

따라서, 시스템 내의 링잉이 최대한 억제될 수 있도록 설계되어야 한다.

링잉의 해석 방법

이런 링잉의 발생은 선로와 회로의 특성에 의존적인데, 해석 방법으로 크게 RLC 회로로의 해석 방식과 전송선로로의 해석 방식으로 나눌 수 있다.

RLC 회로는 저항(Resistor, R), 인덕터(Inductor, L), 및 커패시터(Capacitor, C)로 단순화한 모델링으로 해석하는 방식으로, 선로 길이와 특성은 고려하지 않고 일반적으로 회로 내 특정 지점에서의 시간 영역의 분석이나 저주파 특성 해석에 사용된다.

반면, 전송선로로의 해석은 선로의 길이, 신호의 파장, 신호의 전파 속도 등과 관련된 특성 임피던스, 반사 계수 등의 변수를 고려하며, RF (Radio Frequency) 와 같은 고주파 영역의 해석에서 사용된다. 이런 이유로 PCB 설계에서는 대부분 이 전송선로로의 해석이 사용된다.

링잉의 대응 방법

시스템 설계에서는 이런 링잉(진동)을 억제하는 설계를 하는데, 일반적인 대응 방법은 필터의 사용이나 시스템의 댐핑 높여 진동을 억제하거나, 공진 주파수를 높혀 진동을 피하는 방법을 사용하는 것이다. 이런 대응책을 세운 설계에서 오버슈트 및 링잉을 어느 수준까지 허용할 것인가에 대한 회로 규칙과 PCB 설계 규칙을 세우게 될 것이다.

링잉과 시스템의 안정성

시스템의 안정성을 판단할 수 있는 기준에는 이론 편에서 살펴보았듯이, 주파수 영역의 위상 마진(Phase Margin)이 있었다. 이런 주파수 영역의 위상 마진의 부족은 공진점과 관계가 되고, 시간 영역의 계단 응답에서 오버슈트와 링잉으로 보여지게 된다.

전기/전자 시스템에는 아래 그림과 같이 수많은 RLC 성분들이 존재하게 되고, 이들 RLC 성분들은 수많은 공진 주파수와 공진점을 생성하며, 이런 공진점들은 시스템의 안정성을 저하시키는 요소가 된다.

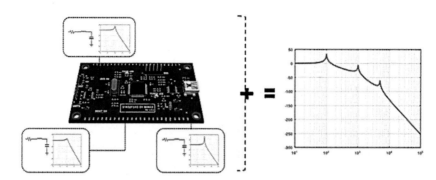

◆ 전기/전자 시스템에는 수많은 RLC 성분과 이로 인한 공진 주파수들이 존재

Figure III-48 시스템의 공진 주파수

하지만, 주파수 영역에서 위상 마진과 공진점들을 실제 측정하기는 어렵기 때문에, 시간 영역의 오버슈트와 링잉을 통해 우회적으로 판단하게 된다.

만약, 시스템이 낮은 공진 주파수와 높은 공진점들을 가진다면 위상 마진이 부족한 시스템이 되며, 이는 낮은 주파수의 신호에서도 큰 오버슈트 및 링잉이 발생되고, 주파수를 가지는 외란에 영향을 쉽게 받게 되면서 EMI/EMC 성능에 취약해진다.

특히, 고속 주파수 신호로 갈수록 이런 공진 주파수들의 영향은 더욱 커진다는 것은 이제 이해가 갈 것이다.

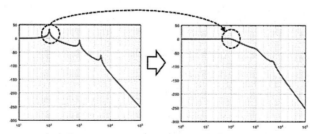

◆ 공진점의 크기를 줄여 링잉 등 주파수 반응 노이즈를 줄이는 설계

Figure III-49 시스템의 설계 목표

따라서, 이런 주파수 영역의 공진 주파수들을 높게 하거나, 공진점들의 크기를 낮추어 전체 시스템의 안정성을 강화하는 것이 회로 설계와 PCB 설계의 목표가 된다.

이는 시간 영역에서 시스템 내 각 부분들의 오버슈트와 링잉을 줄임으로써 같은 효과를 낼 수 있으므로, 링잉을 해석하고 이에 대한 대응책을 세워 제거하는 것은 결국 시스템의 안정성을 강화하는 의미를 가진다.

5.1. RLC 모델링을 통한 링잉 해석

회로 전체에 하나의 저항, 인덕턴스, 커패시턴스로 구성된다고 가정하여 선형 시스템인 하나의 RLC 등가 회로로 모델링하여 해석하는 것으로 집중 정수 회로(Lumped Constant Circuit) 해석이라 한다.

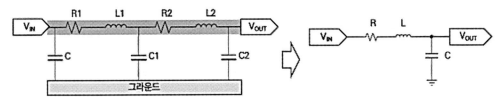

Figure III-50 시스템 RLC 모델링

즉, 전기/전자 시스템은 수많은 RLC 성분으로 구성되어 있지만, 이를 크게 하나의 R 과 하나의 L 과 하나의 C 로 모델링하여 접근하는 방법을 말하며, 이런 R, L, C 를 집중 정수 소자라 한다.

5.1.1. RLC 전압 전달함수에 의한 링잉 해석

전기/전자 시스템에서 신호의 링잉은 인덕턴스 L 과 커패시턴스 C 의 공진으로 인해 발생한다.
그러면, 얼마만큼의 오버슈트와 링잉이 발생하는가, 선로의 어디서 발생되는가, 어떻게 하면 없앨 수 있는가 등의 정량적인 해석 방법이 필요하다.
LC 공진의 시나리오적인 해석은 시스템 이론 편에서 살펴본 것처럼 왜 공진이 일어나는 가는 이해할 수 있지만, 정량적 해석을 하기는 어렵다.

이런 정량적인 해석을 위한 가장 쉬운 방법은 이번 장에서 보게 될 RLC 집중 정수 회로로의 해석일 것이다. 이 RLC 전달함수의 감쇠비를 통한 공진이 일어나는 조건과 해석 방법에 대해 알아본다.

전기/전자 시스템의 직렬 RLC 모델링 회로는 시스템 이론에서 보았듯이 절대적 안정 시스템이지만, 전기/전자 소자들의 정격 전력/전압/전류에 대한 보호를 위한 최대 오버슈트 및 링잉의 크기를 제한해야 한다.

이를 시스템 이론 편에서 본 내용으로 정리하자면, 감쇠비 ζ와 시간 영역의 오버슈트와 링잉 관계, 감쇠비 ζ와 주파수 영역의 공진점 크기 관계, 감쇠비 ζ와 안정성의 위상 마진과의 관계가 모두 비슷한 의미가 되며, 결국 감쇠비 ζ의 제어를 통해 오버슈트 및 링잉의 크기 제한을 할 수 있다.

가. 전압 신호 시스템의 RLC 회로 모델링

전기/전자 시스템을 모델링하는 방법 중 가장 간단하여, 많이 사용되는 것이 RLC 회로로 모델링하는 것이다.

디지털 신호의 구성은 아래와 같이 선로의 R, L 성분과 선로의 부유용량과 입력부의 기생 용량을 합친 커패시턴스를 C 로 구성할 수 있다.

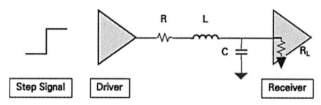

Figure III-51 디지털 신호의 모델

전압에 대한 전달함수

위에서 디지털 전압 신호 전달 시스템의 입력 임피던스 R_L 은 무한대로 가정하면 R_L 은 무시 가능하므로, 아래와 같이 모델링하여 전달함수를 구해 보도록 한다. 이는 커패시턴스 부하를 구동하는 것으로도 볼 수 있다.

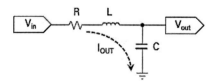

Figure III-52 RLC 회로 모델링

위의 RLC 로 모델링한 회로에서 초기 조건이 모두 0 일 때 L 의 임피던스에 대한 라플라스 형식은 sL 이고, C 의 임피던스에 대한 라플라스 형식은 1/sC 이므로, 전달함수는 옴의 법칙에 의해 아래와 같이 구할 수 있다.

$$I(s) \;=\; \frac{V_{IN}(s)}{Z_{TOTAL}(s)} \;=\; \frac{V_{IN}(s)}{R + sL + \frac{1}{sC}}$$

$$V_{OUT}(s) \;=\; I(s) \times \frac{1}{sC} \;=\; \frac{V_{IN}(s)}{R + sL + \frac{1}{sC}} \times \frac{1}{sC} \;=\; V_{IN}(s) \times \frac{1}{s^2 LC + sRC + 1}$$

$$H(s) \;=\; \frac{V_{OUT}(s)}{V_{IN}(s)} \;=\; \frac{1}{LCs^2 + RCs + 1} \;=\; \frac{\frac{1}{LC}}{s^2 + \frac{R}{L}s + \frac{1}{LC}}$$

위에서 구한 전달함수 H(s)를 2 차 표준 형식의 전달함수에 맞추어 보면 아래와 같이 공진 주파수 ω_n과 감쇠비(Damping Ratio) ζ를 아래와 같이 구할 수 있다.

$$\omega_n \;=\; \frac{1}{\sqrt{LC}}, \quad \zeta \;=\; \frac{R}{2}\sqrt{\frac{C}{L}}$$

나. RLC 전달함수의 감쇠비

 앞에서 구한 디지털 신호 시스템을 모델링한 RLC 직렬 회로의 전달함수를 시간 영역에서 오 버슈트/링잉과 감쇠비 ζ 와의 관계에 대해서 살펴보고, 주파수 영역에서는 오버슈트/링잉과 공진점과의 상관관계에 대해서 살펴보도록 할 것이다.

 우선 시간 영역에서 전달함수의 계단 응답과 감쇠비(Damping Ratio) ζ 의 관계로 해석해 보 도록 한다.
 아래는 시스템 이론의 안정성 편에서 보았던 감쇠비(Damping Ratio) ζ와 위상 마진(Phase Margin, PM), 계단 입력 응답의 오버슈트와의 상관관계를 나타낸 표이다.

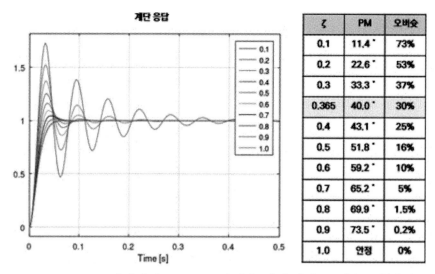

Figure III-53 계단 응답으로 보는 감쇠비, 위상 마진, 오버슈트의 관계

시스템 이론에서 보았던 것과 같이 감쇠비(Damping Ratio) ζ가 1.0 이하의 부족제동(Under Damped) 시스템인 경우에는 오버슈트가 발생되며, 0.707 이하의 경우 공진점이 형성되어 오버슈트와 링잉이 함께 발생된다.

이렇게 감쇠비가 작아 오버슈트 및 링잉이 발생하는 시스템을 댐핑(Damping)이 부족한 시스템이다 라고 표현한다.

보통 설계에 있어 감쇠비 ζ는 빠른 응답 속도가 필요한 공격적인 설계의 경우 0.707, 안정성과 무난한 응답 속도를 요하는 경우에는 1.0 을 목표로 설계한다.

감쇠비 ζ와 안정성과의 관계

안정된 시스템이란 환경/외란 등의 영향으로 인한 시스템의 이득 변화가 있더라도 신호가 발산하지 않고 수렴하는 시스템을 말한다.

이론의 안정성 편에서 본 것과 같이 시스템의 이득 변화에도 안정된 시스템으로 유지하기 위해서, 위상 마진(Phase Margin) 40° 에 해당하는 시간 영역에서의 오버슈트가 30% 이하가 되도록 설계하여야 한다.

안정성은 감쇠비 ζ에 비례하고 오버슈트의 크기는 ζ에 반비례한다.

$$\text{안정성(Stability)} \propto \zeta$$

$$\text{오버슈트(Overshoot)} \propto \frac{1}{\zeta}$$

이 관계는 회로 설계의 규칙을 만들 때, 어느 정도의 오버슈트까지 허용할 것인가에 대해 결정할 때 다시 한번 거론될 것이므로 기억해 두도록 하자.

감쇠비 ζ와 응답 속도와의 관계

출력 전압으로 0, 1 로직 신호를 판별하는 디지털 전기/전자 시스템에서는 느린 응답 속도를 가질 경우 신호 전달의 지연이 발생하며, 이는 신호 판별에 있어 오동작의 위험을 가지게 되므로, 시간 규격에 맞는 응답 속도는 중요한 요소라 할 수 있다.

위에서 본 것과 같이 감쇠비 ζ가 커질수록 시스템은 안정적이 되지만, 상승 시간(Rising Time) 등 응답 속도는 느려진다.

$$\text{상승 시간(Rising Time)} \propto \zeta$$

디지털 시스템에서 안정성도 중요하지만, 응답 속도도 중요하므로 무턱대고 감쇠비 ζ를 높여 발진하지 않고 오버슈트와 링잉이 없다고 무조건 좋은 것은 아니다.

이에 대해서는 회로 설계 규칙의 타이밍 마진 편에서 살펴보도록 한다.

RLC 회로에서의 감쇠비 ζ

앞서 모델링한 직렬 RLC 회로의 감쇠비는 아래와 같다.

$$\text{Damping Ratio } \zeta = \frac{R}{2}\sqrt{\frac{C}{L}}$$

위의 수식에서 감쇠비는 아래와 같은 관계를 가진다.

$$\zeta \propto R \quad \zeta \propto \sqrt{C} \quad \zeta \propto \sqrt{\frac{1}{L}}$$

즉, 디지털 신호 시스템에서 안정성을 키우기 위해서는 선로 저항 R 을 크게 하거나, 커패시턴스 C 를 크게 하는 방법, 선로 인덕턴스 L 을 작게 하는 방법이 있을 수 있다.

이 중 저항 R 을 크게 하는 방법은 전기/전자 시스템에서 전력 손실과 전압 강하뿐 아니라 신호 지연으로 인해 신호의 타이밍에 영향을 미쳐 오동작 및 효율을 저하시킬 수 있다. 이런 이유로 선로의 저항은 낮아야 하며, 그라운드 편에서 보았던 것처럼 선로의 낮은 저항, 낮은 인덕턴스, 높은 커패시턴스가 링잉이 없는 안정된 신호를 전달하는 조건이 된다.

인덕턴스 L 의 경우 시간 영역에서 보면 시스템의 소모 전류의 변화에 따라 기전력이 발생하여 노이즈가 되어 주변 회로에 영향을 미치고 EMI 성능을 저하시킨다는 것으로 이해할 수 있다.

다. 주파수 영역에서의 해석

푸리에 급수 편에서 살펴보았듯이 구형파는 홀수의 주파수마다 각각의 크기를 결정하는 일정한 기울기(-20dB/Decade)로 작아지는 정현파들의 합으로 구성된다. (구형파가 아닌 펄스파는 짝수의 주파수도 포함된다). 만약, 이 구성 고조파 성분들 중 특정 주파수의 신호 성분에서 갑자기 크기가 커지거나 작아지면 이것이 오버슈트나 링잉(진동)의 원인이 된다.

아래는 RLC 2 차 시스템의 감쇠비 ζ < 0.707로 공진점이 있는 시스템의 보드선도다.

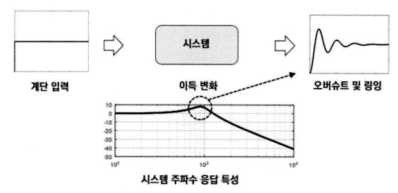

Figure III-54 공진점이 있는 보드선도

이처럼 특정 주파수(공진 주파수)에서 이득(Gain)이 커진다는 것은 입력 구형파 신호의 고조파 성분들이 고주파로 갈수록 -20dB/Decade 로 크기가 작아지는 경향을 불균일하게 만들게 되고 이는 특정 주파수 성분의 크기가 커짐을 의미한다. 이 커진 특정 주파수 성분은 결국 시간 영역에서 그 주파수로의 링잉(진동)으로 보이게 된다. 이에 대한 수학적 의미는 푸리에 급수에서 살펴본 바 있다.

이처럼 LC 공진 주파수에서의 이득에 의한 입력 신호의 구성 고조파 성분 중 특정 주파수 성분의 갑작스러운 크기 변화(작아지는 것도 마찬가지다)는 진동(링잉)으로 나타난다.

이후 보게 될 임피던스 부정합으로 인해 발생하는 진동에 대해서도 특정 주파수 신호의 크기와 위상이 급격하게 변화한 진동으로 볼 수 있다.

> ### 공진 주파수 ω_n 의 고주파화

위에서 본 것을 정리하면, 높은 감쇠비(댐핑비), 큰 위상 마진, 낮은 공진점의 크기가 모두 같은 의미로 안정된 시스템의 조건이 된다.

여기에 추가로 전기/전자 시스템은 높은 공진 주파수를 가져야 하는데, 앞의 보드선도 해석을 기억해두고, 주파수 영역에서의 공진 주파수가 어떻게 영향을 미치는가를 생각해 보자.

앞서 살펴본 바와 같이 RLC 직렬 회로의 공진 주파수는 아래와 같다.

$$\omega_n = \frac{1}{\sqrt{LC}}$$

인덕턴스 L 을 작게 줄이게 되면, 공진 주파수가 높아지게 된다.

구형파는 수많은 고조파 정현파들의 합이 되며, 고주파가 될수록 고조파 정현파의 크기는 작아진다.

그럼 시스템의 공진 주파수를 매우 높게 하게 되면, 구형파 입장에서는 고주파 구성 성분 중 아주 작은 크기의 정현파 신호가 공진점의 증폭으로 높아진다고 해도 전체적인 신호 입장에서 받는 영향은 미미하게 되어 링잉의 크기가 작아지게 된다.

또한, 앞의 2 차 시스템 보드선도에서 보이는 것과 같이 공진 주파수까지는 이득의 감쇠가 없으므로, 공진 주파수가 높아지면 -3dB 까지인 대역폭이 넓어지며 상승 속도도 증가하게 된다. 이런 이유로 감쇠비 ζ를 키우고, 공진 주파수 ω_n 을 높이기 위해서는 선로의 인덕턴스의 값은 낮아야 한다.

또한, 시스템의 속도가 빨라짐에 따른 높은 구동 주파수의 구형파로 인해 공진 주파수의 영향을 더 많이 받기 때문에, 시스템 설계에 더욱 신경을 써야 하는 부분이다.

5.2. 전송선로 이론을 통한 링잉 해석

전송선로(Transmission Line)는 전기 에너지를 전달하기 위한 선로를 의미하는데, 일반적으로 전류의 방향이 반대인 평행 선로를 말한다. 즉, 전원선과 그라운드 선, 싱글 엔디드 신호선과 그라운드 선, 차동 통신에서의 신호 페어(Pair)선 등의 관계로 볼 수 있다.

이 전송선로 해석은 어떻게 하면 전기적 에너지를 링잉 등으로 인한 손실없이 최대 전력으로 전달할 수 있을 것인가가 주 목적이 된다.

전송선로에서 사용되는 분포 정수 회로(Distributed Constant Circuit) 해석은 선로에 RLC 성분들이 분포되어 존재하는 것이라 모델링하여 해석하는 방식을 의미하는데, 선로의 임피던스 편차에 따른 반사파 개념으로 해석하는 방법이다.

앞서 살펴본 집중 정수 회로는 선로의 길이가 길어지거나 고주파로 갈수록 기생 성분 등의 영향으로 해석이 어려워지므로, 선로 해석에는 분포 정수 회로 해석이 적당한 방법일 수 있다.

PCB 의 패턴도 아주 작은 R, L, C 들의 집합체인 선로로 생각할 수 있으므로, 이번 장에서는 PCB 설계에서의 규칙을 세우기 위한 전송선로에 대한 기본적인 이론 습득을 목표로 한다.

사실 전송선로 이론은 복잡하지만, PCB 설계에서는 수학적 접근이 아닌 전자기학과 반사파 이론에 근거한 개념적 접근으로 설계 규칙을 만들어 사용하는 경우가 많으므로 이 정도로 충분할 수 있다.

선로의 RLC 전달함수 해석의 한계

아래 그림과 같이 서로 다른 임피던스가 복합되어 있고 저항 성분이 없는 무손실인 선로의 예를 보도록 하자.

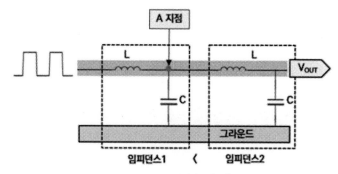

Figure III-55 무손실 선로

아래 그림은 A 지점과 V_{OUT} 지점의 계단 응답의 예이다.

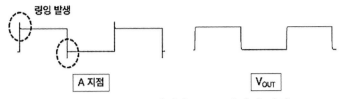

Figure III-56 A 지점과 V_{OUT} 지점의 링잉

 선로 중간의 A 지점에서 발생하는 링잉을 앞서 본 집중 정수 회로인 하나의 R, L, C 로 모델링하여 전달함수로 해석한다고 하면, 계산식이 복잡해지기 때문에 시뮬레이션 말고는 해석하기에 무척 어려울 수 있고, V_{OUT} 신호는 위 그림의 V_{OUT} 파형과 같이 링잉이 없는 신호로 해석될 것이다.

 사실 신호를 입력받는 입장에서는 V_{OUT} 으로 깨끗한 파형을 받기 때문에 A 지점의 링잉이 문제가 되지 않을 것처럼 보일 수 있다.
 하지만, 이런 선로 중간의 링잉 노이즈는 전자파 방사의 원인이 될 수 있으며, 다른 회로에 간섭 노이즈로 인가될 수 있고 전력 손실로 이어져 효율이 안 좋아질 수 있다.

 이런 선로를 RLC 전달함수로 해석하기에는 무척 어렵겠지만, 아래에서 보게 될 반사파의 개념으로 접근하면 임피던스 1 보다 큰 임피던스 2 로 신호가 진행하므로 반사파가 있을 수 있겠고, 이 반사파의 영향으로 인한 링잉이 발생할 수 있을 것이라는 것을 쉽게 예측할 수 있다.

 이렇듯 동일 현상에 대해 전달함수에 의한 시간 영역 해석, 주파수 영역 해석과 전송선로 해석 등 다양한 해석 방법들을 알아보는 이유는 하나의 현상을 해석하기 위한 쉬운 방법을 선택해 사용하기 위함이고, 한 현상을 볼 때 여러 방면에서 바라보는 시각이 분석 및 해석에서 중요하기 때문이다.

5.2.1. 전송선로(Transmission Line)와 특성 임피던스 (Characteristic Impedance)

앞서 보았던 것처럼 전송선로는 전기 에너지나 신호를 부하에 전달하기 위한 선로를 의미하지만, 이 책에서는 해석의 편의를 위하여 일반 선로와 전송선로를 구분하기로 한다.

가. 반사파(Reflective Wave)와 링잉

전기 신호는 선로 상의 모든 구간의 전압이 한 순간 동시에 변동되는 것이 아니라, 아래와 같이 시간에 따른 전압과 전류 파장의 이동으로 상대에 전달된다.

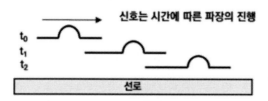

Figure III-57 신호는 파장의 이동

이렇게 시간에 따라 진행되는 전압 파장을 전압파, 전류 파장을 전류파라 한다.

이런 신호의 이동은 도로 이론에 빗대어 예로 많이 드는데, 넓은 도로(낮은 임피던스)에서 잘 진행되어 가다가 좁은 도로(높은 임피던스)를 만나면, 차가 막히는 것과 같이 신호 지연이 생기고 통과되는 신호도 있지만, 일부 신호는 반사되어 되돌아간다. 이 반사되어 돌아가는 파장을 반사파라 한다,

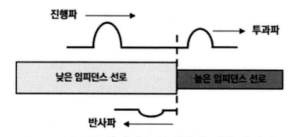

Figure III-58 임피던스 부정합에 의한 반사파

위와 같이 임피던스의 편차가 있는, 즉 임피던스 부정합 선로에서 반사되어 돌아온 반사파는 원래 진행하던 진행파와 결합하여 신호의 왜곡과 지연을 만들고, 이는 링잉으로 나타난다.

나. 특성 임피던스

 앞의 반사파 그림을 보면, 선로의 모든 구간이 같은 크기의 임피던스라면 반사파가 없을 것
이며 따라서 링잉도 발생하지 않을 것이다. 이렇게 선로의 임피던스를 균일하게 하여 반사파
를 방지하는 것을 임피던스 매칭(Impedance Matching)이라 한다.

 전송선로로 취급한다는 의미는 최대 전력 전달을 위해 임피던스 매칭된 선로의 의미를 내포
하므로, 이 책에서는 전송선로 용어에 대해 선로 내 미소구간의 임피던스가 모두 일정하게 균
일한 선로로 정의하여 진행하도록 할 것이다. 따라서, 앞으로 나오는 전송선로 용어는 임피던
스 매칭된 선로를 의미한다.

 이 전송선로(Transmission Line)의 미소구간 임피던스는 특성 임피던스라는 Ω 단위를 사
용한다.

 아래는 무손실 선로 즉, 손실에 해당하는 저항 성분이 없고 누설 전류가 없는 선로의 그림이
다. 해석을 쉽게 하기 위하여 손실이 없는 무손실 선로로 가정하고 살펴보도록 할 것이다.

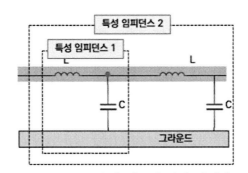

Figure III-59 무손실 선로의 특성 임피던스

 무손실 선로는 위의 그림과 같이 수없이 많은 작은 L 과 C 의 임피던스로 구성된 도선으로
생각할 수 있다.
 임피던스(impedance, Z)란 저항, 인덕턴스, 커패시턴스의 벡터합으로 DC/AC 전류의 흐름
을 방해하는 특성인 저항의 개념인 것을 알고 있다.
 반면에, 특성 임피던스(Characteristic Impedance, Z_0)는 파장의 개념으로 접근되며, 진행
파장이 공간적으로 L 과 C 를 지나며 이동을 하게 될 때, 전송선로의 한 점에서의 전압파(V_0)
와 전류파(I_0)의 비를 말하며, 이는 매칭된 전송선로 상의 모든 점에서 균일하다.

무손실 선로의 특성 임피던스

저항 성분이 없는 무손실 전송선로에서 특성 임피던스는 아래와 같이 정의된다.

$$Z_0 = \frac{V_0}{I_0} \approx \sqrt{\frac{L}{C}}$$

즉, 선로의 특성 임피던스 = 미소구간 특성 임피던스 1 = 미소구간 특성 임피넌스 2 = $\sqrt{\frac{L}{C}}$ 과 같이 전송선로는 모든 구간 같은 특성 임피던스를 가진다.

만약, 특성 임피던스 90Ω 인 USB 케이블이라 하면, 케이블의 길이에 상관없이 특성 임피던스를 측정하면 90Ω 을 가지는 케이블을 의미한다.

이 특성 임피던스는 일종의 약속으로 볼 수 있는데, 스피커에서는 8Ω, RF 시스템에서는 50Ω, 영상 케이블에서는 75Ω 등의 특성 임피던스를 많이 사용하므로, 입/출력 회로의 임피던스를 이 특성 임피던스와 동일하게 맞추면 반파사가 없어 손실이 없는 최대 출력을 할 수 있다 라는 약속이라 볼 수 있다.

5.2.2. 임피던스 매칭(Matching, 정합) 개념

앞의 반사파에서 본 것처럼, 반사파는 임피던스가 변화되는 지점에서 발생하므로, 소스의 출력 임피던스와 신호선의 임피던스(특성 임피던스), 부하의 입력 임피던스를 모두 동일하게 두면, 반사파가 없어 링잉 노이즈가 없으며 전력 손실이 없는 최대 전력을 전송할 수 있다. 이를 임피던스가 매칭되었다고 하고, 이렇게 임피던스를 맞추는 작업을 임피던스 매칭 작업이라 한다.

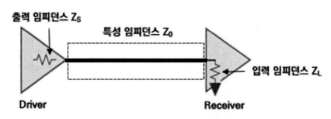

Figure III-60 임피던스 매칭

임피던스 매칭을 통해 주파수에 따른 위상이 있는 성분인 허수 부분을 없앰으로써 진동을 없애고, DC 성분만 남도록 하는 의미라고도 볼 수 있다.

가. 반사계수(Reflection Coefficient)와 최대 전력 전달

반사계수 γ(Gamma)는 임피던스 편차에 의해 신호가 얼마나 반사가 일어나는가를 의미하는 단위이며, 입력량 대비 반사량의 비로 아래와 같이 정의된다.

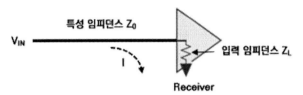

Figure III-61 임피던스와 반사계수

$$반사계수 \quad \gamma = \frac{Z_L - Z_0}{Z_L + Z_0}$$

이 반사계수는 -1 ~ 1 의 값을 가지며, 반사계수 값이 작을수록 반사파가 작다는 의미이고, 반사파로 인해 손실되는 전력을 리턴 로스(Return Loss)라 한다.

특성 임피던스 Z_0 와 부하의 입력 임피던스 Z_L 이 같을 때 반사계수는 0 이 되며 반사파가 없음을 의미하고, 반사파로 인한 전력 손실이 없어 최대 전력 전달이 될 수 있다는 것을 의미한다.

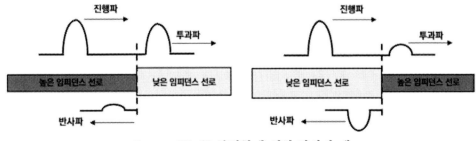

Figure III-62 부정합에 의한 반사파 예

일반적으로 양수인 반사파가 오버슈트와 링잉에 관련되므로, Z_L 이 Z_0 보다 큰 즉, 임피던스가 낮은 곳에서 높은 곳으로 신호가 전달될 때를 주로 볼 것이다.

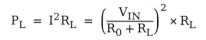

임피던스 매칭의 최대 전력 전달

임피던스 매칭이 최대 전력 전송이라는 것은 앞의 임피던스와 반사계수 그림에서 임피던스들이 저항 성분으로만 이루어져 있다는 가정으로 아래와 같이 수식으로 이해해 볼 수 있다.

특성 임피던스 $Z_0 = R_0$, $Z_L = R_L$ 이라 한다면, R_L 에 걸리는 전력 P_L 은 아래와 같을 것이다.

$$P_L = I^2 R_L = \left(\frac{V_{IN}}{R_0 + R_L}\right)^2 \times R_L$$

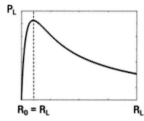

Figure III-63 부하 임피던스와 전력 전달

여기서 부하 전력 P_L 이 최대가 되는 R_L 을 찾기 위하여는 P_L 을 R_L 에 대해 미분하여 0 이 되는 R_L 을 구하면 된다.

$$\frac{dP_L}{dR_L} = \frac{d}{dR_L}\left(\left(\frac{V_{IN}}{R_0 + R_L}\right)^2 \times R_L\right) = V_{IN}^2 \times \frac{(R_0 + R_L)^2 - 2R_L \times (R_0 + R_L)}{(R_0 + R_L)^4} = 0$$

이를 풀면 $R_L = R_0$ 일 때가 되는데, 이는 선로의 임피던스와 부하(로드)의 임피던스를 동일하게 매칭했을 때 최대 전력이 전송됨을 알 수 있다.

나. 임피던스 매칭과 RLC 전달함수 해석 관계

무손실 선로에서 분포 정수 모델인 임피던스 매칭과 집중 정수 모델인 RLC 전달함수를 연관 지어 생각해 보도록 하자.

특성 임피던스 Z_0 를 50Ω 인 무손실 선로로 가정하면, 특성 임피던스는 아래와 같다.

$$Z_0 = \sqrt{\frac{L}{C}} = 50\Omega$$

여기에 소스와 부하 임피던스를 저항 50Ω 으로 맞추어 임피던스 매칭을 하였다는 가정을 한다.

사실 전압 전달 시스템에서는 부하 임피던스로 인한 분압으로 인해 전압 강하가 생기기 때문에 이런 방식을 사용할 수는 없지만, 여기서는 링잉과 관련된 RLC 2 차 시스템의 감쇠비 (Damping Ratio)와의 관계만 보도록 하자.

아래와 같은 모델링으로 전달함수를 구해 보면 아래와 같다.

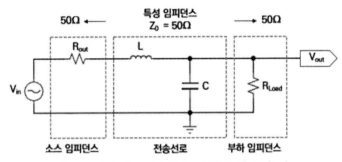

Figure III-64 임피던스 매칭된 회로의 예

$$\frac{V_{OUT}}{V_{IN}} = \frac{\frac{1}{LC}}{s^2 + \left(50 \times \frac{1}{L} + \frac{1}{50} \times \frac{1}{C}\right)s + \frac{2}{LC}}$$

이 전달함수를 2 차 표준 전달함수와 비교하면 Damping Ratio ζ (Zeta)는 아래와 같다.

$$\zeta = \frac{1}{2\sqrt{2}}\left(50 \times \sqrt{\frac{C}{L}} + \frac{1}{50} \times \sqrt{\frac{L}{C}}\right)$$

이 예에서는 무손실 선로 특성 임피던스 $\sqrt{\frac{L}{C}}$ = 50Ω으로 두었으므로,

$$\zeta = \frac{1}{\sqrt{2}} = 0.707$$

이 된다.

감쇠비(Damping Ratio) ζ가 0.707 이라는 값은, 주파수 영역의 공진점이 형성되지 않는 경계로 링잉이 없는 경계점이며, 링잉이 없는 최상의 응답 속도를 보이는 지점인 것을 알고 있다.

이렇듯 하나의 현상을 다른 이론들을 통해서도 설명이 가능하지만, 선로 해석의 가장 쉬운 개념적 접근은 역시 반사파로의 접근일 것이다.

5.3. 전송선로 판단 기준

앞서 살펴본 것과 같이 임피던스 매칭을 하면 링잉 노이즈가 없이 최대 전력의 신호를 전달 가능하고, 전송선로 해석의 목표는 이 최대 전력 전달이다.

이런 의미에서 이 장에서 보게 될 전송선로로 판단한다는 의미는 임피던스 매칭이 필요한 선로임을 의미한다.

5.3.1. 전송선로의 임피던스 매칭

아래 그림은 통신 시스템의 임피던스 매칭에 대한 구성도이다.

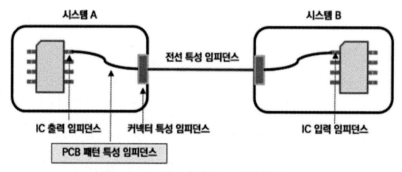

Figure Ⅲ-65 임피던스 매칭 블록도

위의 그림에서 보듯이 임피던스 매칭을 위해서는 소스 IC 의 출력 임피던스, PCB 배선의 특성 임피던스, 커넥터의 특성 임피던스, 통신 전선의 특성 임피던스, 부하 IC 의 입력 임피던스가 모두 동일해야 한다는 것을 의미한다. 따라서, 회로 설계 단계에서 댐핑의 조절로 링잉이 없도록 설계하였다 하더라도, 실제 PCB 설계, 시스템의 구성에 의해 임피던스 매칭은 영향을 받을 수 있으므로 신경 써야 한다.

아래 그림은 임피던스 매칭에 대한 개념도이다.

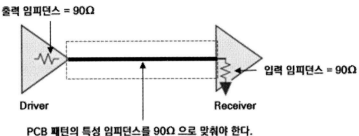

Figure III-66 임피던스 매칭의 개념

오디오 신호, 비디오 신호, 아날로그 센서 신호, USB 차동 통신 등 해당 규격 상 반드시 임피던스 매칭을 해서 최대 전력의 노이즈없는 최고 품질의 신호를 전달해야 하는 시스템이라면, 위의 그림과 같이 사용하는 IC 또는 시스템의 출력 임피던스와 입력 입피던스는 규격의 특성 임피던스에 맞게 제조사에 의해 설계되어 있다.

즉, 특정 MCU 에서 USB 를 지원한다고 하면, 그 MCU 의 USB 포트의 입/출력 임피던스는 USB 규격에 맞춘 임피던스로 설계되어 있다는 의미이다. 여기에 맞추어 선로를 임피던스의 편차없이 매칭시키면 된다.

위의 그림과 같이 만약, 입/출력 임피던스가 90Ω 이라면 배선의 특성 임피던스도 90Ω 으로 동일하게 두어 반사파를 방지하는 것을 의미한다.

이 외 외부 요소들의 임피던스 매칭을 하는 방법은 외부 연결선은 동축 케이블/통신 케이블 등 특성 임피던스가 맞는 전선을 사용해야 하고, 접속부의 임피던스도 중요하므로 커넥터 역시 BNC 커넥터와 같은 해당 특성 임피던스의 커넥터를 사용해야 한다.

PCB 패턴의 특성 임피던스

또한, 시스템 보드의 PCB 배선의 임피던스 매칭도 필요한데, 이 책에서 관심사는 바로 이 시스템 보드 내의 임피던스 매칭 부분이다.

아래는 PCB 전송 패턴 종류 중 하부에 그라운드 판이 있고 상부에 패턴이 있는 마이크로 스트립 선의 구조를 나타낸 그림이다.

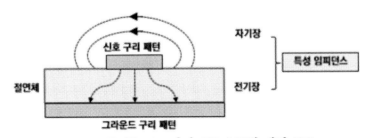

Figure III-67 PCB 마이크로 스트립 패턴 구조

위 그림과 같이 PCB 패턴의 임피던스에 관련된 성분은 배선 패턴과 그라운드 사이의 높이에 따른 커패시턴스와 배선의 넓이, 굵기에 따른 인덕턴스/저항 성분이 형성되어 있으므로, 임피던스 매칭은 이들을 고려한 패턴의 배선 설계다. 이런 PCB 의 구조를 PCB 스택업(Stackup)이라 한다

PCB 패턴의 임피던스 매칭은 스택업 구조에 따라, 높이, 패턴의 넓이, 굵기를 계산하여 특성 임피던스에 맞게 임피던스를 균일하게 배선해야 하는 작업으로 복잡한 작업이 된다. 이런 이유로 시스템 내의 수많은 신호선들을 모두 임피던스 매칭하기는 어렵다.

따라서, USB 와 같이 특정 특성 임피던스를 가져야 하는 분야의 임피던스 매칭이 꼭 필요한 선로는 당연히 임피던스 매칭 배선을 해야 겠지만, 이를 제외한 선로에서 해당 선로가 전송선로로 해석하여 임피던스 매칭이 필요한지 판단 기준을 세워 필요한 배선만 선별하여 실제 임피던스 매칭 배선 작업을 할 필요가 있다.

이번 장에서는 선로가 임피던스 매칭을 해야 하는 가(=전송선로로 판단해야 하는가)에 대한 판단을 할 수 있는 기준에 대해서 살펴본다.

5.3.2. 전송선로의 임계거리(Critical Length)

앞서 PCB 패턴의 임피던스 매칭은 복잡한 작업이므로, 임피던스 매칭이 필요한 선로들을 선별하여 PCB 설계를 한다고 했다.

물론, 오디오 신호, 비디오 신호, 아날로그 센서 신호, USB 차동 통신 등 해당 규격 상 반드시 임피던스 매칭을 해야 하는 선로들은 임피던스 매칭을 반드시 해야 하지만, 보통의 배선들에서 임피던스 매칭이 필요한 선로인지 판별할 필요가 있다.

해당 배선이 전송선로로 해석해야 하는 배선 즉, 임피던스 매칭이 필요한 배선이라는 판단 기준으로 신호의 주파수와 관련된 신호 파장 길이와 배선의 길이와의 관계를 기준으로 둘 수 있다. 전송선로에서 신호의 파장 길이에 비해 배선 길이가 훨씬 더 짧다면 선로의 특성 임피던스의 영향을 덜 받게 되기 때문이다.

이렇게 전송선로로 해석되는 배선 길이의 경계를 전송선로 경계거리 또는 임계거리(Critical Length)라 한다. 이 책에서는 임계거리라는 용어로 통일하여 사용하도록 한다.

이 임계거리를 기준으로 전송선로와 일반 선로가 명확하게 구분되는 것은 아니기 때문에, 이번 장에서 보게 되는 내용은 PCB 배선 규칙을 위한 경험규칙인 내용이며 개념적으로 받아들이면 된다.

아래 그림에서와 같이 기준 임계거리 이내의 배선 길이라면 일반 배선으로, 기준 임계거리보다 긴 배선이라면 전송선로로 해석하여 임피던스 매칭 배선을 하도록 한다.

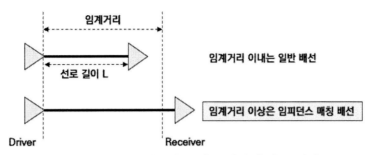

Figure III-68 임계거리와 선로 길이에 따른 배선

가. 신호의 파장

전기 신호의 전달은 전압파와 전류파의 시간에 따른 거리의 이동으로 이루어 지는데, 정현파 신호의 파장은 신호가 한 주기 이동하는 거리를 의미한다. 이는 신호의 속도에 한 주기의 시간을 곱하면 이동 거리가 계산될 것이다.

전파 속도는 공기(ε_r= 1)중에서는 빛의 속도로 진행하고, 매개체가 있는 경우 매개체의 유전율과 관련되어 아래와 같은 수식을 가진다.

$$\text{전파 속도(Wave Velocity (m/sec)}) = \frac{C}{\sqrt{\varepsilon_r}}$$

C 는 빛의 속도 $3 \times 10^8 \text{m/s}$ 이고, ε_r은 유전율을 의미한다. 일반적인 FR-4 PCB 에서의 유전율은 3.5 ~ 5.5 의 값을 가지는데, 이 책에서는 대표값으로 4.5 를 사용할 것이다.

따라서, 신호의 파장 λ(람다)는 이 속도에 주기를 곱하면 되므로, 신호의 주파수 f 와 아래와 같은 관계를 가진다.

$$\text{파장(Wave Length)}\lambda \text{ (m)} = \frac{C}{\sqrt{\varepsilon_r}} \times \frac{1}{f}$$

이처럼 주파수는 시간에서의 주기성, 파장은 공간에서의 주기성을 의미한다.

나. 임계거리(Critical Length)

보통 정현파에 대한 전송선로 임계거리의 경험규칙은 $\frac{\lambda}{4}$(m)이다. 즉, 신호 선로에서 신호의 파장 길이 λ(m)에 비해 선로의 길이가 $\frac{\lambda}{4}$(m)보다 길다면 전송선로로 해석하여 임피던스 매칭을 해야 하며, 선로의 길이가 이보다 짧다면 일반 배선으로 한다는 것을 규칙으로 가진다.

이에 대해 아래와 같은 무손실 전송선로에서의 입력 임피던스에 대한 그림으로 이해를 해볼 수 있다.

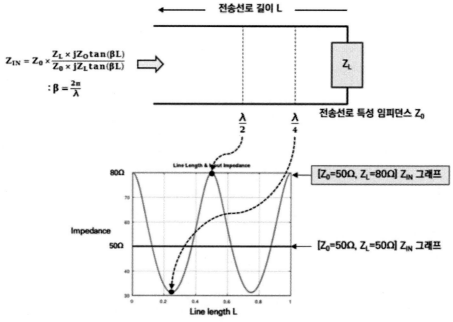

Figure III-69 무손실 선로의 입력 임피던스

무손실 선로에서 전송선로의 길이에 따른 입력 임피던스의 크기는 위 그림의 수식 Z_{IN} 과 같이 선로의 특성 임피던스 Z_O 와 부하 임피던스 Z_L 의 관계로 정의된다.
아래쪽 그래프 그림은 이 수식을 통해 선로 길이 위치에 따라 계산된 입력 임피던스의 크기이다.

우선, Z_O = 50Ω, Z_L = 50Ω 으로 선로의 특성 임피던스와 부하 임피던스가 매칭이 된 경우에는 선로의 모든 곳에서 보여지는 입력 임피던스 $|Z_{IN}|$은 Z_O 인 50Ω 으로 동일하다. 이는 앞서 특성 임피던스에 대해 살펴본 바와 같이 균일한 임피던스가 됨을 알 수 있다.

하지만, Z_O = 50Ω, Z_L = 80Ω 의 경우를 보면, 선로의 길이 위치 별로 보여지는 임피던스가 다르게 되는데, 임피던스 공진점이 존재해 선로 상에서의 파형은 반사파로 인한 링잉이 발생할 수 있음을 의미한다.

이 선로의 $\frac{\lambda}{4}$(m) 선로 길이까지의 입력 임피던스는 부하의 임피던스가 특성 임피던스의 영향을 받아 일괄적으로 감소(또는 상승)하고 있음을 볼 수 있는데, 이는 선로의 위치에 따른 임피던스에 공진점이 존재하지 않음을 의미한다.

또한, 선로가 짧은 위치일수록 특성 임피던스의 영향을 덜 받고 부하의 임피던스만 고려할 수 있음을 알 수 있다.

이 $\frac{\lambda}{4}$(m)거리를 전송선로로 판단하는 기준 거리인 임계거리로 두도록 하며, 아래와 같이 시스템 내의 정현파의 최고 주파수와의 관계를 정의할 수 있다.

$$\text{임계거리(m)} = \frac{1}{4} \times \lambda(m) = \frac{1}{4} \times \frac{C}{\sqrt{\varepsilon_r}} \times \frac{1}{f_{max}}$$

C 는 빛의 속도 3×10^8m/s, ε_r은 유전율(FR-4 PCB 에서는 3.5 ~ 5.5 중 대표치 4.5), f 는 신호의 최고 주파수를 의미한다.

선로의 길이가 이 임계거리 $\frac{\lambda}{4}$(m)보다 짧다면 이 거리 이내에서 반사파가 발생하지 않는다는 것이 아니라, 선로의 특성 임피던스의 영향을 배제하고 소스의 출력 임피던스, 부하의 입력 임피던스와 선로를 단순 R, L, C 의 집중 정수 모델로 해석이 가능하다는 의미가 된다.

따라서, 이 임계거리보다 짧은 PCB 배선에서는 임피던스 매칭 배선이 아닌 일반 배선의 접근 즉, 배선 넓이, 배선 굵기, 그라운드와의 커패시턴스를 제어하거나 또는 집중 정수 회로 소자인 R, L, C 필터로 제어가 가능하므로, 이 임계거리보다 짧은 거리에 부품을 배치하고 짧은 배선으로 배선 규칙에 맞는 PCB 설계를 한다면 임피던스 매칭이 없이도 선로 상의 반사파에 대한 대응은 어느 정도 가능할 수 있다.

반대로, 선로의 길이가 임계거리 $\frac{\lambda}{4}$(m)보다 길다면, 선로의 특성 임피던스에 의한 영향이 반드시 생기고 선로 상 반사파에 의한 링잉이 생길 수밖에 없기 때문에, 이때는 전송선로로 판단하여 임피던스 매칭을 고려해야 한다.

5.3.3. 디지털 시스템의 임계거리

　디지털 시스템에서의 전송선로에 대한 임계거리를 선택한다는 것은 앞에서 본 아날로그 정현파에 대한 임계거리보다 복잡한 문제이다.
　푸리에 변환에서 보았듯이 디지털 시스템에서 사용하는 펄스 신호는 다양한 정현파들이 구성되어 있는 복합 신호임을 알고 있기 때문이다.
　따라서, 디지털 시스템에서의 전송선로에 대한 기준 거리를 선택한다는 것은 디지털 펄스를 구성하고 있는 다양한 고조파 정현파 중 어떤 하나의 고조파 정현파를 선택할 것인가의 문제가 된다.

가. 디지털 펄스의 무릎 주파수(Knee Frequency)

　무릎 주파수(Knee Frequency)는 디지털 펄스를 구성하는 정현파 고조파 중 최고 주파수를 선정하기 위해 근사된 주파수를 의미한다.

　선로 상에 아무리 작은 저항, 기생 커패시턴스라도 항상 존재하기 때문에 디지털 펄스의 상승 시간이 없을 수가 없으므로, 디지털 펄스는 아래와 같은 상승 시간 T_r 을 가지는 사다리 펄스파의 특성으로 해석된다.
　이 사다리 펄스파는 신호가 변하는 에지 파형에서 최고 주파수가 발생될 것이므로, 아래와 같이 상승 파형을 1 차 시스템의 계단 응답 파형으로 근사해서 생각해 볼 수 있다.

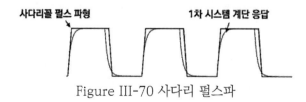

Figure III-70 사다리 펄스파

　시스템 이론에서 본 1 차 시스템의 특성 항목에는 63.2% 지점까지 상승하는 시간인 시정수 τ(타우)와 이득이 -3dB 인 차단 주파수 $\omega_c = \frac{1}{\tau}$ 이 있음을 알고 있다. 또한, 1 차 시스템의 10% ~ 90% 까지의 Rising Time 은 $2.2 \times \tau$ 정도가 된다.
　이 1 차 시스템으로 근사하여 -3dB 지점인 주파수를 무릎 주파수로 정의하고, 펄스 내 최고 주파수로 근사 적용하는 것이다.

$$T_r = 2.2 \times \tau \rightarrow \frac{1}{\tau} = \frac{2.2}{T_r} = \omega_c$$

따라서, 무릎 주파수 f_{KNEE} 는 아래와 같이 근사될 수 있다.

$$f_{KNEE} \approx \frac{\omega_c}{2\pi} = \frac{0.35}{T_r}$$

결국, 펄스 신호의 무릎 주파수(Knee Frequency)는 이 주파수보다 낮은 주파수 영역에 50% 이상의 신호 전력이 존재하는 기준 주파수를 의미한다. 이런 이유로 이 주파수를 디지털 대역폭이라고도 말한다.

이 무릎 주파수는 위에서 얻어진 $f_{KNEE} = \frac{0.35}{T_r}$ 주파수를 의미하지만, 이 책에서는 좀 더 엄격한 기준을 두기 위하여 마진을 두어 $f_{KNEE} = \frac{0.5}{T_r}$로 정의하여 사용하기로 한다.

아래 그림은 사다리 펄스 파형의 주파수 특성이다.

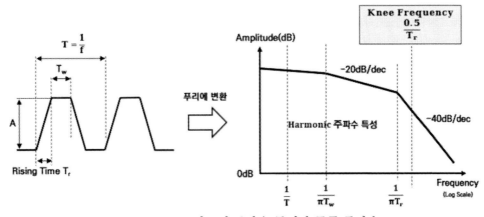

Figure III-71 펄스의 주파수 특성과 무릎 주파수

$$Bandwidth(f) = f_{KNEE} \approx \frac{0.5}{T_r} = \frac{1}{2T_r} \text{ (Hz)} : T_r \text{ 0\% } \longrightarrow \text{100\%}$$

위 그림에서 보듯이 무릎 주파수는 상승 시간 T_r 을 가지는 사다리 펄스 파형의 주파수 특성에서 -20dB/decade 의 감쇠에서 -40dB/decade 의 감쇠로 변경되는 주파수보다 높으므로, 이 무릎 주파수 이후 부터는 -40dB/decade 의 감쇠 기울기를 가진다.

Rising Time 과 링잉의 관계

　경사가 있는 입력 신호와 링잉의 관계는 입력 신호의 경사가 클수록 링잉은 작아진다는 것이다.

　앞서 보았던 것과 같이 링잉은 LC 공진 주파수에서 입력 신호의 특정 고조파 성분들의 이득이 크게 변동하여 생기는 것임을 생각해 보면, 공진 주파수에서 입력 신호의 고조파 정현파의 크기가 작은 값일수록 출력 신호에 영향을 덜 주게 된다.

　입력 신호의 Rising Time 을 길게 하면 무릎 주파수(Knee Frequency)는 낮아지게 되고, 무릎 주파수 이후 구성 고조파 성분들은 -40dB/decade 의 감쇠를 가져 고주파수 고조파들의 크기는 더 작아지게 된다. 이는 공진 주파수에서의 이득 영향으로 인한 출력 신호의 왜곡은 줄어들게 될 것이다.

　이렇게 Rising Time 이 길어지면 오버슈트와 링잉이 줄어들지만, 신호의 응답이 느리다는 단점이 있다. 반대로 Rising Time 이 짧아지면, 오버슈트 및 링잉이 더 많이 발생될 수 있다는 것을 알 수 있다

나. 디지털 신호 시스템의 임계거리

　디지털 회로에서 펄스 신호에 대한 임계거리는 앞서 본 아날로그 임계거리 수식에서 주파수 항목을 디지털 무릎 주파수(Knee Frequency)로 대체하여 사용할 수 있으며, 이는 상승 시간(Rising Time)과 아래와 같은 관계식으로 된다. 이 책에서는 디지털 시스템이 중점이기 때문에 이 펄스에 대한 임계거리를 사용하도록 할 것이다.

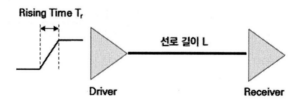

Figure III-72 디지털 회로의 신호

$$L_{Critical}(m) \ = \ \frac{1}{4} \times \frac{C}{\sqrt{\varepsilon_r}} \times \frac{1}{f_{knee}} \ = \ \frac{C}{\sqrt{\varepsilon_r}} \times \frac{T_r}{2}$$

　간혹, 디지털 시스템의 최고 주파수 f_{max} 는 알지만, Rising Time 을 모를 경우에는 경험규칙으로 Rising Time 을 신호 주기의 7% ~ 10% 정도를 잡고 계산한다. 여기서는 7%로 잡도록 하며, 위의 수식을 최고 신호 주파수로 수정하면 아래와 같다.

$$L_{Critical}(m) = \frac{C}{\sqrt{\varepsilon_r}} \times \frac{1}{2} \times \frac{0.07}{f_{max}}$$

디지털 임계거리의 수식은 시간 영역에서 보면 결국 상승 시간 T_r 이내에서만 무릎 주파수 이하의 주파수를 가진 고조파들에 대해 반사파의 영향을 받게 되므로 결과적으로 선로에 반사파의 영향이 적음을 의미한다.

임계거리를 다른 측면으로 생각해 보면 같은 길이의 선로에서 신호의 주파수가 빨라질수록 (상승 시간이 짧을수록) 선로 상에서 링잉이 발생되며, 이는 다른 신호로의 간섭 노이즈와 EMI 방사의 원인이 될 수 있음을 알 수 있다.

다. 임계거리에 의한 전송선로 판단

앞서 경험규칙으로 전송선로를 판단하기 위한 디지털 임계거리를 알아보았으며, 여기서는 디지털 시스템 설계를 위한 실무에서 사용될 규칙에 대해 알아본다. 이 규칙들에 대해서는 PCB 설계 규칙의 부품 배치 편에서 사용하도록 할 것이다.

디지털 펄스에서 무릎 주파수보다 큰 고주파 성분도 있기 때문에, 선로의 특성 임피던스의 영향이 전혀 없지 않다. 디지털 임계거리 수식에 무릎 주파수보다 더 높은 주파수를 사용할수록 선로는 더 짧은 거리가 되며, 특성 임피던스의 영향은 덜해진다.

일반적으로 반사파의 영향을 거의 받지 않는 일반적인 배선 길이는 신호 파장의 1/100 거리 이내를 의미하지만, 이 거리는 너무 짧아 PCB 설계가 불가능하기 때문에 좀 완화된 기준을 세우는 것이다.

따라서, 중요한 신호의 경우 더 엄격한 전송라인 판단 기준을 만들기 위하여 앞에서 본 디지털 임계거리의 수식에서 1/2 에 해당하는 부분을 가중치 β로 두면 아래와 같다.

$$L_c(m) = \frac{C}{\sqrt{\varepsilon_r}} \times \frac{1}{\beta} \times T_r \approx \frac{C}{\sqrt{\varepsilon_r}} \times \frac{1}{\beta} \times \frac{0.07}{f_{max}} \quad : \quad \beta \geq 2$$

이 가중치 β가 커질수록 더 엄격한 기준이 되고, β의 크기 조건은 자신의 시스템에 맞게 수정하여 적용할 수 있다. 아래는 경험규칙으로 β의 크기 조건을 예로 든 것이다.

β = 2 로 판단

무릎 주파수에 대한 선로의 임계거리(Critical Length)가 되며, 배선의 길이가 이 임계거리보다 더 길다면 선로 상에 반사파의 영향을 무조건 받으므로, 전송선로로 판단하여 해석하고, PCB 에서의 배선 또는 케이블을 특성 임피던스에 맞추어 임피던스 매칭 배선을 하던지, R/L/C 집중 정수 소자 등을 이용하여 반사파에 대한 조치를 취해야 한다.

β = 7 로 판단

실제 PCB 설계에서의 일반 신호에 대한 기준 거리로, 임계거리보다 조금 더 엄격한 기준을 적용하며, 디지털 무릎 주파수(Knee Frequency)에서의 고조파 크기보다 -20dB 정도 더 작은 크기의 고조파 주파수를 기준으로 사용한다.

이는 무릎 주파수 이후 -40dB/decade 의 감쇠임을 생각하면, -20dB 인 지점은 대략 $10^{0.5} \times f_{Knee}$ 지점이 되므로, 아래와 같이 계산될 수 있다.

$$L_{Critical}(m) = \frac{C}{\sqrt{\varepsilon_r}} \times \frac{1}{4} \times \frac{1}{10^{0.5} \times f_{knee}} \approx \frac{C}{\sqrt{\varepsilon_r}} \times \frac{T_r}{7} \approx \frac{C}{\sqrt{\varepsilon_r}} \times \frac{1}{7} \times \frac{0.07}{f_{max}}$$

이 거리보다 배선이 길다면 반사파의 영향을 어느 정도 받으므로, 전송선로로 해석하여 임피던스 매칭 배선을 할지 일반 배선으로 할 것인지 선택해야 한다.

따라서, 반사파나 임피던스 매칭의 고려를 필요없게 하기 위해서는 이 길이보다 짧은 거리에 소자를 배치하여 짧은 배선을 할 필요가 있다.

β = 10~20 으로 판단

클럭 신호, 고속의 통신 신호와 같이 신호의 품질이 중요한 중요 신호들은 더 엄격한 기준인 펄스의 무릎 주파수에서의 고조파 크기보다 -30dB(β ≈ 10) ~ -40dB(β ≈ 20) 정도 더 작은 크기의 고조파 주파수를 기준으로 사용할 수 있다. 아래는 가중치를 10 으로 두었을 때의 임계거리이다.

$$L_{Critical}(m) \approx \frac{C}{\sqrt{\varepsilon_r}} \times \frac{T_r}{10} \approx \frac{C}{\sqrt{\varepsilon_r}} \times \frac{1}{10} \times \frac{0.07}{f_{max}}$$

이렇듯 PCB 설계에서 배선의 길이를 짧게 할수록 특성 임피던스의 영향은 덜해지므로 최대한 짧은 배선 설계가 중요하다.

5.4. 임피던스 매칭 방법

이번 장에서는 임피던스 매칭이 필요하다고 판단되는 선로에 대해 어떻게 매칭할 것인가에 대해 살펴본다.

시스템 PCB 보드에서의 임피던스 매칭시키는 방법으로는 집중 정수 소자인 저항, 인덕터, 커패시터 소자들을 이용하는 방법과 PCB 스택업 구조에 따라 분산 정수 방식의 PCB 의 패턴의 넓이를 계산하여 선로의 특성 임피던스를 매칭시키는 방식이 있다.
PCB 패턴(스트립 라인, 마이크로 스트립 라인 등)의 임피던스 매칭은 2 층 이하 PCB 기판이나 저주파 신호에서는 배선의 넓이가 너무 커져야 하는 등 제약이 있기 때문에 주로 4 층 이상의 다층 기판의 고주파에서 사용한다.

이렇게 PCB 임피던스 매칭이 어려운 경우에는 집중 정수 소자를 사용하여 매칭할 수 있는데, 여기에는 전력 손실 여부에 따른 무손실 매칭 방법과 손실 매칭 방법이 있다.

무손실 매칭 방법에는 인덕터와 커패시터를 조합하여 L 모양의 LC 필터 구성 방식, 두 개의 커패시터와 한 개의 인덕터를 조합한 π 모양의 구성 방식, 두 개의 인덕터와 한 개의 커패시터로 구성하는 T 방식 방식 등이 있으며, 임피던스 매칭 뿐 아니라, 신호의 필터링 역할도 한다. 이외에 변압기의 권선비 조정으로 임피던스를 매칭하는 변압기 매칭 방식이 있다.
이런 무손실 매칭 방식은 고주파수 용도에서 많이 사용하며, 설계가 좀 더 까다롭기 때문에, 실제 계산에 의한 필터의 설계보다 복소 임피던스를 시각화한 스미스 차트를 이용하여 설계를 한다.

손실 매칭 방식에는 비드를 사용하는 방식 또는 저항(R)을 직렬 또는 병렬로 연결하여 구성하는 방식이 있는데, 구현이 간단하여 주로 저주파 용도로 많이 사용되며, 전력 손실과 신호 감쇠라는 단점이 있다.

5.4.1. 저항을 통한 입/출력 임피던스 매칭

여기서는 저항으로 인한 전력 손실은 발생하지만 가장 쉬운 방법인 저항을 통한 임피던스 매칭에 대해 살펴본다.

가. 직렬 저항 (Series Resistor)

소스의 출력단(Driver)에 가까이 직렬 저항을 삽입하여 링잉을 줄이는 방법으로 부하(Load)의 입력 임피던스가 매우 높아 전류 소비가 거의 없는 신호에서 간단하기 때문에 많이 사용되는 방법이다.

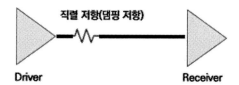

Figure III-73 직렬 저항에 의한 임피던스 매칭

직렬 저항의 용량은 일반적으로 부하(Load, Receiver)의 임피던스 Z_L, 소스(Driver)의 임피던스 Z_S 로 아래와 같이 구해진다.

$$R_S = Z_L - Z_S : Z_L > Z_S$$

하지만, 부하의 입력 임피던스가 낮아 전류 소비가 있는 경우, 이 직렬 저항으로 인한 전력 손실과 신호 전압의 분압, 신호 지연 등이 발생할 수 있으므로, 보통은 부하의 임피던스가 소스의 임피던스보다 큰 경우 사용된다.

이때, 부하의 입력 임피던스가 높은 저주파 신호에서는 소스의 출력단과 선로의 특성 임피던스와의 임피던스 매칭을 하는 용도로 출력단에 가깝게 배치하여 사용하며, 고주파 신호에서는 선로의 인덕턴스와 커패시턴스도 고려하여 직렬 저항은 댐핑을 올리는 역할로 임피던스 매칭을 한다.

아래 그림과 같이 반사파로 인해 링잉이 있는 경우 직렬 저항은 링잉 제거에 도움이 될 수 있는데, 직렬 저항 용량이 너무 큰 경우 부하의 커패시턴스와 결합하여 RC 에 의한 신호의 지연이 발생하게 된다. 따라서, 적당한 용량값의 저항을 사용하는 것이 중요하다.

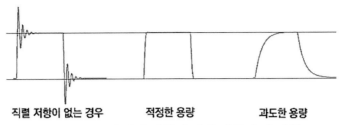

Figure III-74 직렬 저항 용량에 따른 응답 파형

이 방식에 대해서도 앞서 보았던 다양한 방법으로 해석이 가능하다.

단순히 저항이 고주파 노이즈를 소모/흡수하는 역할을 한다고도 표현할 수 있고, 집중 정수 모델인 2 차 RLC 시스템의 감쇠비 $\frac{R}{2}\sqrt{\frac{C}{L}}$에서 저항을 증가시켜 감쇠비(Damping Ratio) 증가로 안정성을 증대 역할을 하는 댐핑 저항이라고도 표현할 수 있으며, 주파수 영역 해석은 RC 저주파 통과 필터(Low Pass Filter) 역할로 고주파 링잉을 제거한다고도 표현할 수 있다.

또한, 임피던스 매칭 측면에서 소스의 출력 임피던스를 선로의 임피던스와 매칭하여 반사파를 제거하기 위해 장착했다고 할 수도 있겠다.

실제로 실무에서는 이런 용어들을 혼용해서 사용하며, 그 의미에 대해 서로 일맥상통한다.

아래에서 CMOS 임피던스 매칭용 직렬 저항에 대해 살펴보기로 한다.

CMOS 의 임피던스 매칭 예

CMOS 에 대한 임피던스 매칭의 예를 GPIO 를 통해 살펴보도록 한다. 이때, 부하가 CMOS 같은 큰 입력 임피던스일 경우 전압 분압, 전력 손실 등의 문제로 부하의 입력 임피던스에 대한 병렬 저항 매칭은 잘 하지 않고, 소스의 출력 임피던스에 대해서만 매칭하여 링잉 감소의 효과를 노리는 것이 일반적이다.

① CMOS IO 의 출력 임피던스

CMOS 편에서 살펴본 것과 같이 GPIO 의 CMOS 의 출력의 경우 소스의 임피던스는 데이터시트 상의 V_{OL} 과 Sink IO 전류로 아래와 같이 근사하여 계산할 수 있다.

V_{OL} = 0.7V, I_{OL} = 20mA 인 예를 보도록 하자.

$$\text{IO Impedance} \approx \frac{V_{OL}}{I_{OL}} = \frac{0.7V}{20mA} = 35\Omega$$

② 직렬 저항 삽입

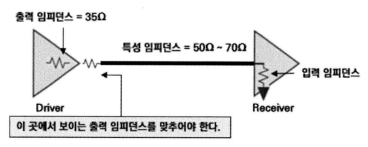

Figure III-75 출력 임피던스 매칭용 직렬 저항

　　PCB 의 스택업 구조, 패턴의 두께/넓이 등에 따라 패턴의 임피던스는 달라지지만, 보통 4 층 PCB 기판의 경우 특성 임피던스 50~70Ω 정도로 가정한다. 이는 PCB 설계 규칙 편에서 살펴보게 될 것이다.

　　따라서, 출력 임피던스와 선로와의 임피던스 매칭을 위하여 약 22Ω, 33Ω 등의 직렬 저항을 출력 포트 가까이 배치할 수 있다. 2 층 PCB 기판의 경우에는 패턴의 특성 임피던스가 150Ω 정도로 설계되는 것으로 가정하여 100Ω, 120Ω 등을 많이 사용한다.

③ 과전류 보호

　　이 직렬 저항은 이렇게 댐핑의 용도로 사용되기도 하지만, 외부로부터 유입되는 과전류에 대한 GPIO 포트 보호용으로 사용되기도 한다. 댐핑의 용도로 사용할지 과전류 보호용으로 사용할지에 따라 저항의 용량을 정해야 한다. 이에 대한 설계는 회로 설계 규칙 편에서 다룬다.

나. 병렬 저항(종단 저항, Terminator)

　부하의 입력단에 저항을 병렬로 삽입하는 방법으로 부하의 임피던스를 선로의 특성 임피던스로 감소시키는 효과를 가진다. 하지만, 저항으로 인한 전력 손실과 신호 전압이 출력 임피던스, 선로의 저항과 분압되어 전압 레벨이 낮아질 수 있다는 단점이 있다.

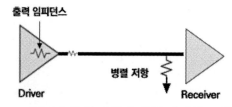

Figure III-76 병렬 저항에 의한 임피던스 매칭

병렬 저항의 용량은 일반적으로 부하(Load, Receiver)의 임피던스 Z_L, 소스(Driver)의 임피던스 Z_S 로 아래와 같이 구해진다.

$$\frac{1}{R_P} = \frac{1}{Z_S} - \frac{1}{Z_L} : Z_L > Z_S$$

이런 병렬 저항의 사용은 높은 입력 임피던스의 부하단에 상대적으로 낮은 병렬 저항을 장착하여 부하단의 입력 임피던스를 선로의 임피던스로 낮추어 임피던스 매칭을 하는 효과를 보인다.

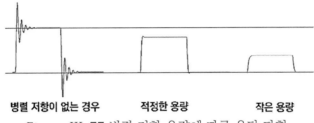

병렬 저항이 없는 경우   적정한 용량   작은 용량

Figure III-77 병렬 저항 용량에 따른 응답 파형

위의 그림은 선로의 저항과 병렬 저항으로 인한 분압에 의해 신호 전압의 전압 강하를 보이기 위하여 선로 저항을 좀 크게 하여 시뮬레이션한 결과로 작은 값의 병렬 저항을 사용했을 때 오버슈트와 링잉은 줄어들지만, 전압 강하가 더 일어나고 있음을 볼 수 있다.

차동 통신 종단 저항(Terminator) 예

일반적으로 RS485, CAN 통신과 같은 서로 반대 극성의 신호가 흐르는 차동 통신에서 선로의 길이가 길어질 경우 반사파의 영향을 줄이기 위하여 아래와 같이 통신선의 종단에 $2Z_0$ 종단 저항을 사용한다.

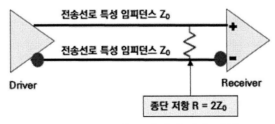

Figure III-78 차동 통신의 종단 저항

5.4.2. PCB 패턴의 임피던스 매칭

USB 통신과 같이 이미 규격화되어 있는 신호의 경우는 IC 의 입력/출력 포트의 임피던스가 규격에 맞도록 설계되어 있고, USB 통신 케이블과 커넥터 역시 USB 규격 특성 임피던스에 맞추어 설계되어져 있다.

따라서, PCB 패턴도 전송선로로 보고 해당 특성 임피던스에 맞도록 배선의 폭을 결정하여 설계하는 것, 즉 입/출력 임피던스와 동일하고 균일한 임피던스가 될 수 있도록 패턴을 설계하는 것을 의미한다.

아래 그림에서 하단면은 그라운드 판이며, 상단이 패턴(동선)이다. 이런 구조의 패턴을 마이크로 스트립 라인이라 한다.

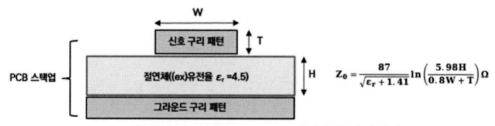

Figure III-79 PCB 마이크로 스트립 라인과 특성 임피던스

PCB 패턴의 특성 임피던스는 위와 같이 절연층의 높이 H, 유전율 ε_r과 관련되는데, 이를 PCB 의 스택업(Stackup) 구조라 하며, 이 PCB 의 유전율(ε_r 입실론)과 PCB 내부 층의 높이 등은 PCB 제조업체마다 상이할 수 있으므로 스택업 자료를 요청해야 한다.

PCB 의 유전율은 FR-4 재질의 경우 3.5 ~ 5.5 사이의 값을 가지며, 이는 주파수와 외층 배선인지 내층 배선인지에 따라 변동된다. 예를 들어, 주파수에 따른 유전율은 1MHz 에서는 4.5, 16MHz 에서는 4.35, 1GHz 에서는 3.6 정도의 값을 가지게 되는데, 일반 마이크로 스트립 라인의 경우 4.3 ~ 4.5 정도의 값을 사용한다.

결국, PCB 패턴의 임피던스 매칭을 한다는 것은 PCB 의 높이 H, 유전율 ε_r, 패턴의 높이 T 는 설계 시 PCB 제조업체의 스택업에 의해 고정되기 때문에, 필요한 특성 임피던스로 배선하기 위해서는 PCB 패턴의 넓이 W 를 결정하여 패턴 설계를 하는 것을 의미한다.

이런 스택업 구조를 고려한 PCB 패턴의 넓이 계산은 보통 위의 계산식을 손으로 하지 않고, CAD 툴에서 제공하는 계산기, 온라인 계산기 또는 PCB 업체에 요청하여 필요한 특성 임피던스에 해당하는 패턴 넓이 정보를 받을 수 있다.

또한, PCB 패턴의 특성 임피던스 수식에서 보듯이 높이 H 에 대한 항목 때문에, 상대적으로 상/하 패턴 간의 높이 H 가 큰 2 층 PCB 의 경우 이로 인해 특정 특성 임피던스를 맞추기 위해서는 패턴의 넓이가 과도하게 넓어져 구현이 불가능할 수 있다.

이런 이유로 임피던스 매칭이 필요한 시스템의 경우, PCB 는 보통 4 층 이상의 PCB 를 사용하여 설계된다.

이 PCB 스택업 구조의 예는 PCB 설계 규칙 편에서 다시 다루게 된다.

6. 부하의 종류와 노이즈

전기/전자 시스템에서 시스템의 전기 신호를 받아 전력을 소비하는 회로 또는 소자를 부하 (Load)라고 한다.

이런 부하의 종류는 크게 저항성 부하, 인덕턴스 부하, 커패시턴스 부하로 나눌 수 있으며 제어하는 부하의 종류에 따라 다른 특성의 노이즈가 발생할 수 있다. 따라서, 제어하려는 부하의 종류를 알고 해당 부하에서 발생될 수 있는 노이즈에 대한 대응 회로와 회로 소자들의 정격을 결정하는 것이 중요하다.

6.1. 저항성 부하

저항성 부하(Resistive Load)는 가장 많이 사용하는 부하이며, 저항 편에서 살펴보았듯이 전류의 소비만 있을 뿐 AC 전압/전류에도 위상 변이가 없는 부하를 의미하므로. 링잉 노이즈가 없는 것이 특징이다.

하지만, 어디에나 기생 커패시턴스/인덕턴스 성분이 있기 때문에 순수 저항성 부하는 사실상 없다고 볼 수 있다. 따라서, 고속의 제어에서는 이에 대한 성분도 고려해야 하지만, 저주파에서는 아주 작은 기생 성분으로 무시할 수 있으므로 순수 저항성 부하로 간주하여 소자의 정격 전압/전류/전력만 고려하여 선정할 수 있다.

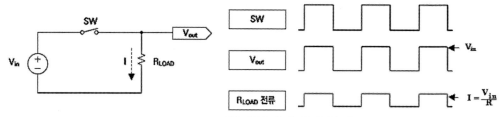

Figure III-80 저항성 부하와 응답 특성

저항성 부하로는 LED, 백열등, 히터, 저항 등이 있으며, 회로 설계 규칙 편에서 보게 될 1.6배 이상의 정격 전압/전류의 제어 소자를 사용하여 설계하면 된다.

이때 옴의 법칙 $I = V/R$ 와 전력 손실 $P = I^2R$ 의 회로 이론이 적용되며, 저항성 부하에서 소비되는 손실 전력은 열로 소비되기 때문에, 과열 방지를 위한 열 설계에 신경써야 한다.

6.2. 인덕턴스 부하

 인덕턴스 부하(Inductive Load)는 인덕턴스의 성질(코일)을 가지는 부하로, 코일이 들어가는 모터, 릴레이, FAN, 솔레노이드 밸브, 전자 밸브, 스피커 등의 부하가 있다.
 이런 인덕턴스 부하는 이상적인 경우 전력 손실이 없어야 하지만, 실제 코일 저항에 의한 I^2R의 전력 손실이 있다는 것은 알아두도록 한다.

인덕턴스 부하의 역기전력

 인덕턴스 부하에서 가장 크게 발생되는 노이즈는 역기전력이다. 이 역기전력은 아래와 같이 전류가 흐르다 멈추는 OFF 순간에 인덕턴스의 성질에 의해 $V = -L\frac{di}{dt}$ 크기의 노이즈 전압이 생성된다. 이 역기전력은 스위칭의 속도, 정상 상태의 전류의 크기에 비례하는 것으로 수 KV 이상으로 생성될 수도 있기 때문에, 스위칭 소자 파손의 주요 원인이 된다.

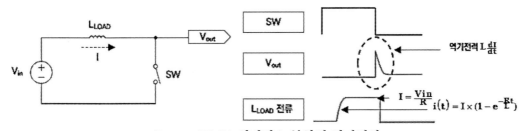

Figure III-81 인덕턴스 부하의 역기전력

 또한, 전류는 코일의 DC 저항의 영향으로 RL 시정수로 상승하게 된다.

인덕턴스 부하의 역기전력 제거

 인덕턴스 부하를 제어할 때 발생되는 역기전력의 제거 회로는 필수 사항으로 인덕턴스 부하에 저장되어 있는 자기 에너지를 소비시키는 것이다.
 제거 방법으로는 스너버 회로 또는 Flywheel 다이오드를 사용하는 방법이 있으며, 수 ms 내에 정상 상태 입력 전압의 30% ~ 50% 이하로 클리핑(Clipping)하는 것을 목표로 한다. 이 30%의 제한은 회로 설계 규칙 편에서 사용될 것이다.

아래 역기전력 제거 회로에서 역기전력의 발생 부분과 맞닿는 제어 소자들은 적어도 동작 전압의 5 배 ~ 10 배 이상의 정격 전압 혹은 최대 전압을 가지는 소자를 사용하도록 하며, 정격 전류는 정상 동작 전류의 2 ~ 3 배 이상을 가지는 소자로 선택한다.

☞ Flywheel 다이오드로 제거

역기전력의 제거 회로 중 대표적인 것은 다이오드 편에서 보았던 Flywheel 다이오드를 사용하여 DC 전원으로 제어되는 코일의 역기전력을 제거하는 방법으로 가장 간단하기 때문에 많이 사용된다.

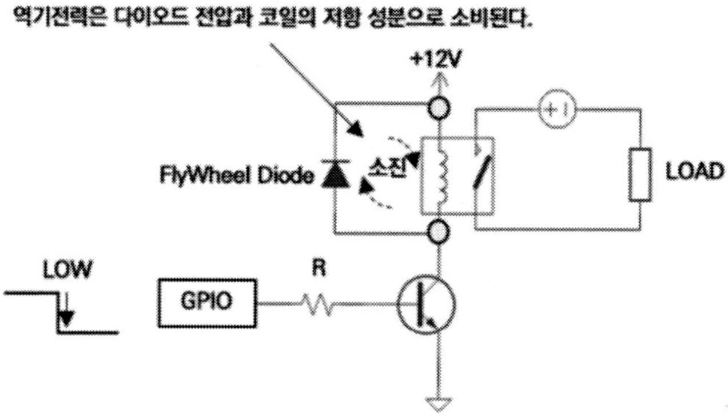

Figure III-82 Flywheel 다이오드에 의한 역기전력 제거

위의 그림과 같이 트렌지스터 OFF 시 역기전력 노이즈는 코일과 Flywheel 다이오드에 흐르며 소모되므로, 이런 노이즈의 전류 루프를 최대한 작게 해야 EMI 방사 및 누화를 줄일 수 있다. 또한, 스위칭 제어에 사용되는 Flywheel 다이오드는 다음 스위칭 동작을 위해서 역회복 시간이 짧은 Fast Recovery 형태의 다이오드를 사용해야 한다.

☞ RC 스너버(Snubber)로 제거

Flywheel 다이오드를 사용하는 방법은 코일에 저장된 자기 에너지의 역기전력을 코일의 낮은 저항과 다이오드 전압으로 제거하기 때문에 그 속도가 느린 단점이 있다. 릴레이와 같은 기계 접점의 경우에는 물리적 속도가 느리기 때문에 코일의 에너지 방전이 모두 된 후 다음 ON 제어를 할 수 있을 것이다.

하지만, DCDC 컨버터와 같이 빠른 스위칭 속도를 요하는 경우 코일의 에너지 방전이 모두 되지 않은 상태에서의 스위칭 제어는 큰 노이즈를 초래하여 소자 파손 또는 EMI 의 성능 저하, 효율 저하를 야기할 수 있다.

또한, Flywheel 다이오드로 역기전력을 제거하는 방식은 AC 의 경우 사용할 수 없는데, 이런 경우 아래와 같이 저항 R 과 커패시터 C 를 사용한 RC 스너버 회로를 사용하여 역기전력에 대응 가능하다.

 스너버 회로는 전기적 스위칭 장치에서 발생할 수 있는 전압 스파이크나 과도 상태를 억
제하기 위해 사용되는 회로를 의미하는데, RC 스너버 회로에서 커패시터는 전압 스파이
크를 흡수하고 에너지를 저장하는 역할을 하고, 저항은 이 커패시터에 저장된 스파이크
에너지를 열로 소산시키는 역할을 하게 된다.

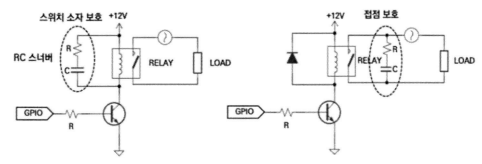

Figure III-83 스너버에 의한 역기전력 및 스파크 제거

 위 그림의 왼쪽은 RC 스너버를 사용하여 스위칭 소자를 보호하는 용도이며, 오른쪽은
릴레이 접점이 떨어지는 순간 일어나는 스파크(아크, 불꽃)로 인해, 접점이 녹아서 붙어
버리거나 릴레이의 Lifetime 이 줄어드는 것으로부터 보호하기 위한 용도이다. 이런 스
파크는 특히 릴레이가 모터와 같은 인덕턴스 부하를 구동할 때 더 크게 발생되므로, 상용
제품인 스파크 킬러 등을 사용해서라도 접점을 보호해 주어야 한다.

6.3. 커패시턴스 부하

커패시턴스 또는 용량성 부하(Capacitive Load)는 슈퍼 커패시터, 베터리, 스위칭 서플라이, 필터, 긴 통신선 등 큰 커패시턴스를 가지는 부하를 말한다.

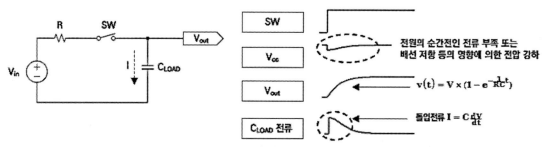

Figure III-84 용량성 부하의 돌입 전류

전원 라인의 저항은 전압 강하, 전력 손실 등의 이유로 무척 작게 설계하기 때문에, 커패시턴스 부하만 고려하면 전원 ON 시 커패시턴스의 성질에 의한 $I = C\frac{dV}{dt}$ 만큼 큰 돌입 전류(Inrush Current)가 흐를 수 있어 정상 상태 동작 전류의 10 배 이상 많게는 30 배 이상까지도 돌입 전류가 발생하므로 이에 대한 대책을 세워야 한다.

특히, 높은 커패시턴스를 가지는 시스템 보드의 경우 처음 전원 인가 시 과도한 돌입 전류(Inrush Current)와 레귤레이터의 전류 부족에 의한 전압 강하로 리셋 동작이 제대로 수행되지 않는 등의 오동작을 할 수 있기 때문에 조심해야 한다.
또한, 같은 이유로 GPIO 출력에 저항없이 바로 커패시터 C 를 직접 연결하여 제어하는 경우 순간 과전류가 흐를 수 있으므로, 빈번하지 않은 ON/OFF 의 스위칭 동작에 한하여만 사용하며 용량 0.1uF 이상은 달지 말라는 이유이기도 하다.

커패시턴스 부하의 돌입 전류(Inrush Current)

전원에서의 돌입 전류(Inrush Current)는 초기 전원을 인가 후 약 200 ~ 300ms 이내 일시적으로 시스템이 소비하는 높은 소모 전류를 말한다.
돌입 전류는 시스템의 전원 ON 시 커패시턴스 부하에 순간적인 높은 충전 전류, 또는 인덕턴스 부하에서 처음 자기장을 형성하기까지 필요한 높은 충전 전류로 인해 발생될 수 있는데, 특히 전원 회로에 사용된 높은 용량의 커패시터로 인한 경우가 많다. 이로 인해 전원의 전류 부족을 유발해 순간적인 전압 강하를 일으키거나, 제어기의 발진, 심한 경우 소자의 파손을 유발할 수 있다.

 따라서, 과도한 돌입 전류가 발생하는 시스템은 반드시 제한 대책을 세워줘야 하지만, 돌입 전류의 제한은 과전압을 정확한 전압으로 클리핑하는 것처럼 간단하게 제거하기가 용이하지 않은 경우가 많고, 사용되는 레귤레이터의 종류에 따라 돌입 전류의 대응되는 크기도 다르기 때문에, 실제 시험해가며 이상이 없는 상태로 튜닝을 진행하는 경우가 많다.
 하지만, 일반화된 규칙을 정해서 개발하는 것이 목표이므로 동작 전류의 30 ~ 50% 이하로 제한하는 것을 목표로 한다. 즉, 동작 전류의 1.3 ~ 1.5 배가 넘어가지 않도록 한다.

 커패시턴스에서 돌입 전류를 제한하는 기본 방법에는 서서히 전압을 올려 전압 변화량을 줄여 $I = C\frac{dV}{dt}$ 전류의 양을 제한하는 소프트 스타트(Soft Start) 방식이 있다.

 아래에서 보게 될 전류 제한 방법 이외에도 소프트 스타트(Soft Start) 기능을 지원하는 레귤레이터를 사용하거나, 소프트웨어 적으로 초기에 내부 장치를 한번에 동작시키지 않고 순차적으로 지연을 두어 동작시켜 초기 전류의 사용을 분산시키는 방법도 많이 사용된다.

  ☞ NTC 를 이용한 전류 제한

   NTC(Negative Temperature Coefficient of resistance)는 온도가 올라갈수록 저항 용량이 낮아지는 센서 소자로 온도 측정에 사용된다. 이 NTC 를 아래와 같이 전원 라인에 직렬로 이용함으로써 돌입 전류를 제한할 수 있다.

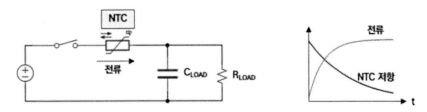

Figure III-85 NTC 에 의한 돌입 전류 제한

 처음 전원을 ON 했을 때는 온도가 낮아 NTC 는 높은 저항 용량을 가지고 전류를 제한하며, 전류가 NTC 에 흐르기 시작하면, NTC 저항에서 소모되는 전력에 의한 열 발생으로 온도가 상승하며, 이에 따라 NTC 저항 용량은 서서히 줄어들며 전류도 증가한다. 이렇게 흐르는 전류의 양을 서서히 증가시킴으로써 돌입 전류(Inrush Current)에 대응하는 방법이다.
 하지만, NTC 는 반응 속도가 느리고 주위 온도의 영향을 받는다는 것뿐만 아니라 정상 상태가 되어 전류가 흐르는 순간에도 NTC 저항으로 인한 전압 강하와 전력 손실이 일어난다는 단점이 있다.

☞ PMOS 를 이용한 전류 제한

  NTC 방식의 위와 같은 단점으로 전원 ON 시 천천히 전압을 증가시켜 전압 기울기를 제어하는 방식인 소프트 스타트(Soft Start) 방식이 많이 사용되며, 아래와 같이 PMOS 를 사용하여 초기 입력 전류의 양을 제한하는 회로가 있다.

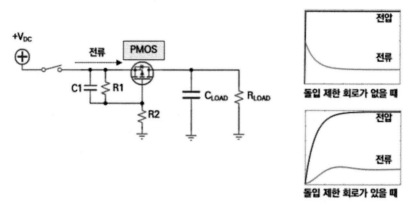

Figure III-86 PMOS 에 의한 전류 제한

  전류의 제한은 R2 와 C1 의 시정수에 의해 전원의 상승 시간 지연이 제어된다. 또한, R1 과 R2 의 분압에 의해 PMOS 의 게이트 전압이 결정되는데, 이 게이트 전압은 당연히 PMOS 가 TURN ON 될 수 있는 조건이어야 하며, 이 V_{SG} 전압이 PMOS 의 최대 V_{SG} 전압을 넘지 않도록 한다. 아래와 같이 최소 1.6 배 이상의 마진을 두고 선정하도록 한다.

$$1.6 \times \left(1 - \frac{R2}{R1 + R2}\right) \times V_{DC} = V_{SGMAX}$$

  만약, 사용하는 PMOS 의 최대 V_{SG} 전압에 마진을 둔 조건으로 저항을 선정할 수 없다면, 1.6 배 마진이 없는 V_{SGMAX} 조건으로 저항을 선정한 후 저항 R1 에 제너 다이오드를 병렬로 장착하여 PMOS 의 최대 V_{SG} 전압에 대한 보호를 하는 방법도 있다.

  이 PMOS 를 이용한 전류 제한 회로 역시 저항 R1 과 R2 로 인한 전력 손실이 발생할 수 있어 너무 낮은 값을 사용하면 효율이 저하되고, 너무 크면 방사 노이즈에 취약해진다. 이런 이유로 보통 R1 은 47KΩ 이하의 용량이 많이 사용되는데, 이 저항 R1 은 전원 OFF 시 C1 에 충전되어 있는 전하의 방전 역할도 한다.
  이렇게 저항 R1 의 용량을 임의로 결정하고 위의 수식을 통해 저항 R2 의 용량을 계산한 후 커패시터 C1 을 조절하며 돌입 전류의 양을 정상 동작 전류의 1.3 배 이하가 되도록 튜닝한다.

7. 전기/전자기기 EMC 인증 규격

앞에서 노이즈들의 구분과 링잉에 대해서 살펴보았다. 시스템 개발을 위하여 이들 노이즈들의 정량적인 모델이 세워져야 대응할 수 있는 솔루션을 만들 수 있다.

이런 이유로 과전압/과전류 노이즈들에 대한 모델링과 허용 수준들이 국제 표준 규격화 되어 있으며, EMC 국제 표준 규격을 제정/공표하기 위한 기구인 ISO(International Organization for Standardization) 국제 표준화 기구가 있고, 전기/전자 부문을 담당하는 IEC (International Electrotechnical Commission) 국제 전기기술 위원회, CISPR 국제 무선 장해 특별 위원회 등이 있으며, ISO 기구에는 여러 회원국들이 가입하여 활동하고 있다.

이런 EMC 국제규격을 참조하여 각 국가의 실정에 맞게 수정하여 만들어진 국가 규격으로 미국의 ANSI, 영국의 BS, 일본의 JIS, 한국의 KS 등이 있고, 각 국가에 전자 제품을 제조하여 판매하기 위해서는 미국의 FCC 인증, 유럽의 CE 인증, 국내의 KS 인증 등이 반드시 받아야 되는 규격들이다.

또한, IEEE(Institute of Electrical and Electronics Engineers)라는 가장 큰 미국의 전기/전자 기술자 협회가 있는데 앞의 표준 기구들이 만든 것이 국제 표준이라 한다면, IEEE 는 단체 표준이며, 전기/전자에 대한 산업 표준 회의를 통해 산업 표준화를 정한다.

기본적인 인증 규격 중에는 EMC 인증과 전기안전 인증이 있으며, 이들을 세계 각국에서 강제로 요구되는 사항이라 하여 강제 인증 제도라고도 한다.
이 밖에도 RF 등 무선 통신을 사용하는 경우 무선 인증을 받아야 하는 등 시스템의 분야마다 인증을 받아야 하는 항목들이 있다.

따라서, 노이즈에 강건하고 안정적인 시스템을 개발하기 위하여는 이미 검증된 이들 시험 방법과 규격에 맞게 설계하면 될 것이므로, 이들 인증에 필요한 테스트 규격에 대해 살펴볼 필요가 있다. 국내에서 전기/전자 인증은 한국 산업기술 시험원(KTL)에서 받아야 하는데, 보통 직접 인증 절차를 통하지 않고, 인증 접수/인증 테스트 절차/인증 실패 시 기술 조언 등을 제공해 주는 인증 대행 업체를 통하여 받는 경우가 많으므로, 시험 항목 및 방법을 세세히 알아야 할 필요는 없을 수도 있겠지만, 설계에서 필요한 만큼은 알고 있어야 한다.

이번 장에서는 노이즈 규격과 테스트 항목들에 대해서 알아보도록 한다. 이는 회로 설계 규칙 편에서 설계 규칙을 만들 때도 다시 살펴볼 것이다.

7.1. EMC 의 의미와 인증 시험

EMC 는 Electromagnetic Compatibility 의 약자로 전파 적합성을 의미하며, EMS 와 EMI 로 나누어 진다.

EMS(Electromagnetic Susceptibility, 전자파 내성)는 시스템이 외부로부터 일정 크기의 전자파 노이즈를 인가받아도 전자파에 대한 내성가지고 정상 동작할 수 있어야 함을 의미한 다.

EMI(Electromagnetic Interference, 전자파 간섭)는 자신의 시스템에서 방출되는 전자파 노이즈의 크기 제한을 의미하는 것으로 이 노이즈는 다른 장비의 기기 동작에도 영향을 주지 만, 특히 인체에 영향을 주기 때문에 노이즈를 방출해서는 안된다.

결국, EMS 와 EMI 는 장비 간 방출되는 노이즈에도 충분한 내성을 가지고 각자 정상 동작 할 수 있도록 하는 전자기 호환성(EMC)을 유지하는 것이 목표가 된다.

7.1.1. 현대 전자기기의 추세와 EMC

현대의 전자 시스템은 스마트폰, 웨어러블 기기 등 손에 들고 다니기 쉬운 우수한 성능의 이 동기기들의 발달로 더 빠르고, 더 가볍고, 배터리의 사용이 더 오래가야 하는 추세인데, 시스 템의 고속화, 소형화/경량화, 저전력화로 요약할 수 있다.

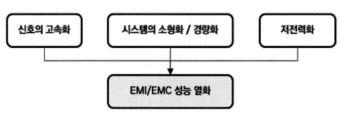

Figure III-87 전자기기의 추세와 EMI/EMC 문제

이런 신호의 고속화와 보드의 소형화/경량화, 저전력화의 추세는 EMI/EMC 문제 해결을 어 렵게 하는데, 특히 Hand-held 장치들처럼 인체에 가깝게 사용되는 장치들의 발전으로 EMI 의 중요성은 더욱 부각되고 있다.

이 EMI/EMC 문제 해결의 어려움은 지금까지 살펴본 이론을 통해 충분히 설명 가능하고 이 해 가능하다. 아래에서 각 항목들에 대해 나타날 수 있는 문제의 예를 들어본다.

고속화

신호의 고속화는 전압/전류의 변화율을 크게 하며, 이는 인덕턴스($L\frac{di}{dt}$)/커패시턴스($C\frac{dv}{dt}$) 결합에 의해 전자기적 누화(크로스토크)가 더 커지게 되는 문제뿐 아니라, 고주파 신호로 인해 반사파가 커지게 된다. 이런 노이즈들은 신호에 오버슈트/링잉, 신호 지연 등의 문제를 유발하며, 이는 결국 기기의 오동작 및 EMI 방사로 이어진다.

이것을 주파수 영역에서 다시 말하자면, 시스템 보드의 공진 주파수와 공진점의 영향을 더 크게 받게 된다는 의미이다.

또한, 고주파 신호에서 표피효과 등으로 인한 저항 성분의 상승으로 전압 강하와 손실 전력이 많아져 발열 문제의 원인이 될 수 있으며, 시스템의 발열로 인해 소자들의 특성 변화가 일어나고, 이는 시스템에 또 다른 성능 저하를 일으킬 수 있다.

소형화

시스템을 작게 만든다는 것은 신호선들의 간격과 부품들의 간격을 좁게 할 수밖에 없으며, 배선에 얇은 패턴을 사용할 수밖에 없어 저항 및 인덕턴스가 커지고 그라운드와의 커패시턴스 커플링이 작아지게 되어 노이즈 경로의 낮은 임피던스 구현이 어려워진다.

특히, 커진 인덕턴스는 신호의 고속화에 의해 리액턴스가 커지며 전압 강하를 유발하고, EMI 성능을 저하시킨다

이는 마찬가지로 얇은 패턴 및 부품들이 좁게 배치됨으로써 크로스토크 문제를 발생시킬 수 있는 가능성이 커지며, 발열의 원인이 될 수 있다.

경량화

시스템을 가볍게 만들기 위하여 대표적으로 케이스의 재질을 변경하는 방법을 사용한다.

상대적으로 무거운 도전성 케이스는 방사 노이즈를 어느 정도 차폐시켜 줄 수 있지만, 플라스틱과 같은 가벼운 비도전성 케이스를 사용하게 됨으로써 노이즈 차폐에 어려움이 커지고 EMI/EMC 문제에 더욱 노출된다.

저전력화

저전력 및 고속의 통신을 위하여 1.8V, 1.2V 등 낮은 전압의 사용으로 노이즈 마진이 작아지게 되어 같은 레벨의 노이즈에도 더 민감하게 반응하며, 특히 RF 방사 노이즈에 대한 노이즈의 내성이 약해져 작은 노이즈에도 오동작이 될 수 있는 위험이 커진다.

　　또한, 풀업 저항과 같은 회로 소자들의 사용도 저전력에 맞춰 높은 용량으로 선정됨으로써 노이즈에 대해 더욱 취약해질 수 있다.

　이런 시스템의 고속화, 소형화/경량화, 저전력화 추세들은 위와 같은 이유들로 결국 EMI/EMC 에 취약해질 수 있으며, 회로 설계와 PCB 설계 단계부터 이에 대해 충분히 고려된 설계가 되어야 한다.

　설계에서 고려되어야 하는 항목들을 몇 가지 살펴보면, 회로 설계에서는 회로 특성에 맞는 소자들의 선택, 충분한 바이패스 커패시터, 적절한 접지 방법 및 링잉 제거를 위한 임피던스 매칭에 신경 쓰고, 인덕턴스 부하와 같이 큰 노이즈를 유발하는 경우 스너버 등의 보호 회로 장착을 고려하여 설계되어야 한다.
　PCB 설계에서는 앞서 보았던 임계거리 이내의 짧고 굵은 배선, 노이즈에 대한 낮은 임피던스의 리턴 경로, 임피던스 매칭과 반사파 방지를 위한 배선 규칙을 따른 라우팅을 지켜 설계되어야 하고, 소자 및 배선 간의 충분한 이격 거리, 차폐 등을 통해 서로 간의 간섭을 최소화하는 것도 중요하다. 특히, 크고 안정적인 그라운드의 구현이 가장 중요하다 할 수 있다.
　이에 대해서는 회로 설계 규칙과 PCB 설계 규칙에서 살펴보게 될 것이다.

7.1.2. EMC 인증 시험

EMC 의 시험 방법과 규격에 대한 국제 표준 규격으로 IEC(International Electro-technical Commission)에서 만든 IEC 61000-4 시리즈 규격이 있고, 국내에는 이 IEC 국제규격을 참조하여 만든 KS C IEC 61000 시리즈 규격이 있다.

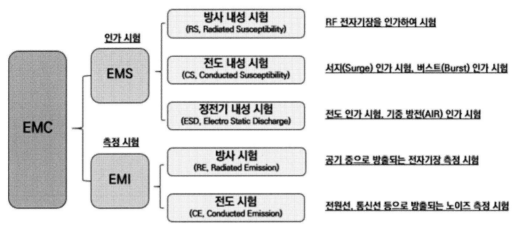

Figure III-88 EMC 시험의 종류

EMS(Electromagnetic Susceptibility, 전자파 내성)

EMS 는 시스템이 일정 수준의 전도 또는 방사에 의한 전자파 노이즈의 영향을 받아도 안정적으로 동작할 수 있는가 즉, 자신의 시스템이 노이즈에 얼마나 강건한가에 대한 전자파 내성을 의미한다.

시험 방법으로 전도 노이즈를 인가하는 전도 내성 시험(Conducted Susceptibility, CS), 방사 노이즈 인가를 통한 방사 내성 시험(Radiated Susceptibility, RS), 정전기를 인가하여 시험하는 정전기 내성 시험(ESD)이 있다.

EMI(Electromagnetic Interference, 전자파 간섭)

EMI 는 시스템 자신이 방출하는 노이즈 세기를 측정하는 것으로 시스템 자체가 노이즈 원이 되며, 인증 규격에 정해진 일정 수준 이하의 전도 또는 방사 노이즈를 방출해야 타장비 또는 인체에 영향을 주지 않는다.

시험 방법으로 전도 노이즈를 측정하는 전도 노이즈 측정 시험(Conducted Emission, CE), 방사되는 노이즈를 측정하는 방사 노이즈 측정 시험(Radiated Emission, RE)이 있다.

각 시험에 사용되는 피시험 기기인 인증 받을 시험할 기기는 DUT(Device Under Test), EUT(Equipment Under Test), UUT(Unit Under Test) 등의 용어로 불리 운다.

이번 장에서는 이들 시험 방법과 규격에 대해서 살펴보도록 한다.

7.2. EMS(전자파 내성)

이번 장에서는 EMC 테스트 중 EMS(Electromagnetic Susceptibility, 전자파 내성) 항목인 정전기 내성 시험 (ESD)과 전도 내성 시험(CS)의 서지(SURGE) 테스트에 대해 살펴본다.

이들 시험은 시스템 상의 전원 단자, 통신 단자와 같이 외부와 연결된 모든 도전성 포트에 직접 인가하여 시험하므로, 시스템 설계를 진행할 때 회로 설계에서 시스템 외부와 연결되는 단자들의 과전압/과전류 보호 회로는 필수이다.
보통의 경우 EMS 는 두 가지 ESD 와 서지 시험을 만족하면 다른 시험에도 적합한 경우가 많기 때문에, 특히 이 둘에 대한 회로 설계 대책은 중요하다 하겠다.
이후 회로 설계 규칙을 만들 때 여기서 보는 ESD 와 서지(SURGE) 시험 규격이 사용되며, 상용 전원 회로에서 이들의 보호 회로에 대해 살펴보게 될 것이다.

여기서는 일반적인 시험 규격들을 소개하며 자신의 시스템이 받아야 하는 인증 조건에 맞는 세부적인 시험 항목들과 규격은 국가 또는 국제 시험 규격을 참조해야 한다.

> ### 성능 평가 Class 분류

전기/전자 제품들은 아래와 같은 클래스로 구분되어 얼마나 큰 크기의 노이즈를 인가하여 시험을 할 것인가의 기준이 된다.

Class	설 명
A	• 산업용기기
B	• 가정용기기

> ### 성능 평가 기준

EMS 에 대한 성능 평가 기준은 시스템이 노이즈에 대해 얼마나 잘 견디며 동작될 수 있는가에 따라 아래와 같이 A, B, C 등급으로 나뉜다. 아래 보듯이 모든 상황에서 정상 동작하는 기준 A 가 가장 엄격하다.

성능 평가 기준	규격
A	• EMC 시험 중 또는 시험 종료 후에도 시험 기기의 정격 성능을 유지할 수 있는 내성 능력

B	• 시험 중에는 성능이 저하되지만, 시험 종료 후에는 자동으로 기기의 정상 성능으로 동작하는 내성 능력
C	• 시험 중과 시험 종료 후에도 기기의 성능이 떨어지지만, 시험 종료 후 기기의 전원을 OFF/ON 하면 정상 동작되는 내성 능력

7.2.1. ESD 내성 시험

ESD(Electro Static Discharge) 내성 시험은 높은 전압의 정전기 노이즈를 직접 접촉 또는 공기 중 방전을 통해 시스템에 인가하는 과전압 인가 테스트를 말하며, 국제규격 IEC 61000-4-2 또는 국내규격 KS C IEC 61000-4-2 문서를 참조할 수 있다.

가. ESD 란

ESD(Electro Static Discharge)는 전하들이 대전된 상태로 정지한 상태의 전기, 즉 정전기를 말하며, 접촉 시 대전되어 있는 물체의 전하가 순간 방전되며 수 KV ~ 수십 KV 의 높은 전압이 발생되어 전자장치에 치명적인 영향을 미칠 수 있는 노이즈이다.

이 ESD 노이즈에 대해서는 국제규격 상에 모델링이 되어 있으며, 이를 통해 어느 정도의 순간 과전압과 과전류를 시스템에 인가하더라도 정상적으로 동작되면, ESD 에 대해서는 강건한 시스템이라는 판단의 기준이 된다.

아래와 같은 모델링 모델들이 있고 이 중 HBM 모델 테스트 방법에 대해 살펴본다.

☞ HBM(Human Body Model) ESD 모델

사람의 몸에서 나오는 정전기를 모델링한 것으로 인체를 1.5KΩ 의 저항과 100pF 또는 150pF 의 커패시턴스를 가진 전기 회로로 모델링하여, 시험 기기인 DUT 에 250 ~ 8000V 사이의 전압을 인가하여 시험한다.

이렇게 인체에서도 수 KV 이상의 정전기가 발생할 수 있어 전자 제품의 조립, 검사 등의 작업을 함에 있어 정전기 방지 장갑을 착용하고 접지한 상태에서 수행한다.

☞ CDM(Charged Device Model) ESD 모델

대전된 도체가 도전체와 접촉했을 때 방전되는 현상에 대한 모델링 방법이다.

☞ MM(Machine Model) ESD 모델

기계를 모델로 하여 금속 전도성 물질이 서로 마찰하면서 발생하는 정전기로 모델링한 방법이다.

나. ESD 시험 장비 (ESD GUN)

ESD 를 인가하는 ESD 시험 기기인 총 모양의 ESD 건은 아래와 같은 구조를 가진다.

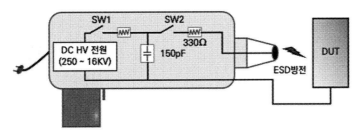

Figure III-89 ESD 건 시험 장비

처음 SW2 스위치는 열고 SW1 스위치를 닫아 DC HV(High Voltage) 고압의 전압으로 커
패시터 150pF 을 충전시킨 후 SW1 스위치를 열고 SW2 스위치를 닫아 DUT(Device Under
Test) 장치로 커패시터에 저장된 고압의 정전기를 시험 장치로 방전시키는 구조로 되어 있다.
커패시터 150pF(or 300pF)과 330Ω 은 대표값으로 정의된 ESD 파형을 출력하기 위한 소
자들이며, ESD 대응 회로 설계 시 이 커패시터 용량값을 토대로 ESD 대책을 설계할 수 있는
데, 이는 회로 설계 규칙 편의 상용 전원 회로에서 X 커패시터를 다룰 때 살펴볼 것이다.

다. ESD 시험 파형

앞의 ESD 건을 사용한 ESD 방전 시험 전류는 아래와 같은 모양을 취한다.

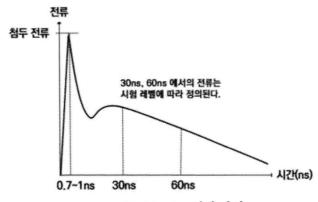

Figure III-90 ESD 시험 파형

1ns 안에 시험 레벨에 따른 첨두 전류까지 ESD 건의 내부 커패시터에 충전하여 방전을 시키게 되는데, 30ns, 60ns 에서의 전류의 크기는 해당 규격에 정의된 시험 레벨에 따라 정의되며, 대략 30ns 에서 첨두 전류의 50%, 60ns 에서 25%까지의 방전율을 보인다.

라. ESD 시험 레벨

ESD 의 시험 레벨은 아래와 같이 레벨 1 ~ 4 까지 정의된다.

레벨	접촉(Contact) 방전	기중(Air) 방전
1	2kV	2kV
2	4kV	4kV
3	6kV	8kV
4	8kV	15kV

ESD 시험 레벨은 시스템의 종류와 시스템이 설치되는 환경 조건에 따라 해당하는 ESD 시험 레벨로 시험 인증 받아야 한다. 어떤 ESD 시험 레벨로 해야 하는지에 대해서는 국내 시험에서는 국내규격 KS C IEC 61000-4-2 문서에 지침이 있으니 해당 문서를 참조한다.
예를 들어 상대습도 50%의 환경에 설치되는 인조 물질 재료의 경우 8KV/30A 의 전압 레벨이 요구될 수도 있다.

마. 테스트 방법

ESD 의 인가는 ESD 건을 사용하여 시스템의 외부로 노출되어 있는 모든 도전체 즉, 커넥터, 전원 포트 등에 직접 인가하는 접촉(Contact) 방전 시험과 접촉 방전이 어려울 경우 공기 중 일정 거리를 띄워 방전을 시키는 기중(Air) 방전으로 시스템이 ESD 노이즈에 대해 견딜 수 있는 정도를 시험한다.
따라서, 외부로 연결되는 도전성있는 커넥터의 회로에는 반드시 ESD 및 서지의 방어 회로가 설계되어 있어야 ESD 로부터 시스템을 보호할 수 있다.

7.2.2. 서지(Surge) 내성 시험

서지(Surge)는 일시적이고 순간적으로 수 KV 이상의 과전압/과전류가 인가되었다가 서서히 감소하는 노이즈를 의미하는 것으로 전기적 스트레스를 준다 하여 EOS(Electrical Over Stress)라고도 한다.

이 서지는 전도성 노이즈로 번개 등의 자연 노이즈 및 ESD, 기타 전자기파 노이즈도 포함한다.

ESD 가 100ns 안의 짧은 시간 동안의 과전압 인가였다면, 서지 시험은 조금 더 긴 시간 (수십 us 이상)동안 과전압/과전류를 흐르도록 하는 테스트로 전자기기가 서지 노이즈를 받았을 때 인체 감전 및 시스템 파손 등이 일어나는지에 대한 내성 시험이다.

ESD 테스트와 다르게 공기 중으로 방전 인가시키는 기중(AIR) 시험은 없이 전도로만 시험하며, 국제규격 IEC 61000-4-5 또는 국내규격 KS C IEC 61000-4-5 문서에 서지 내성 시험 방법이 정의된다.

시험 장비는 ESD 건과 비슷한데 큰 충/방전 커패시터((예) 0.5uF)를 사용하여, 더 높은 전류를 방출하도록 되어 있다.

가. 시험 파형

서지 시험 장비에서는 개방 회로 전압 출력과 단락 회로 전류의 출력으로 정의한다.

개방 회로 전압(OCV, Open Circuit Voltage)은 시험 장비의 출력을 개방시킨 상태에서 출력 전압을 측정한 것으로 1.2/50us 에 대한 전압의 정의를 말하며, 단락 회로 전류(SCC, Short Circuit Current)는 시험 장비의 출력을 0.1Ω 이하로 단락시킨 후 전류를 측정한 것으로 8/20us 의 파형으로 정의한다. 다른 시간 정의도 있지만, 여기서 기술하지 않는다.

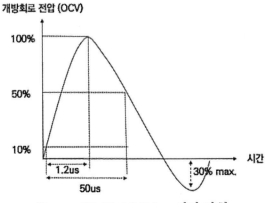

Figure III-91 1.2/50us 서지 파형

　위의 예는 1.2/50us 의 개방 회로 전압(OCV)에 대한 파형으로, 서지 시험 장비는 1.2us 동안 충전하여 최대 전압까지 올라가야 하고, 50us 에서 최고치의 50%까지 방전을 한다는 의미의 파형이다. 이는 단락 회로 전류에 대한 8/20us 의 파형도 마찬가지 의미의 파형을 가진다.

나. 시험 레벨

　서지의 시험 레벨은 아래와 같이 레벨 1 ~ 4 까지 있으며, 시스템의 설치 조건에 따라 선택되는데 국내 시험에서의 시험 레벨 선택지침은 KS C IEC 61000-4-5 문서를 참조하도록 한다.

레벨	개방 회로 전압(OCV) ± 10%
1	0.5 kV
2	1.0 kV
3	2.0 kV
4	4.0 kV

7.2.3. 버스트(Burst) 내성 시험

　ESD/서지 서험이 일시적 과전압/과전류를 인가하는 내성 시험이었다면, 버스트 시험은 국제규격 IEC 61000-4-4 또는 국내규격 KS C IEC 61000-4-4 를 참조할 수 있으며 여기서 정의된 과전압을 반복적으로 인가하여 테스트하는 방법이다.

　아래와 같이 전원 포트와 IO 포트 간에 권장하는 시험 레벨을 별도로 정의한다.

레벨	전원 포트	입/출력 IO, 통신 포트 등
1	0.5 kV	0.25 kV
2	1.0 kV	0.5 kV
3	2.0 kV	1.0 kV
4	4.0 kV	2.0 kV

아래는 버스트 시험의 시험 파형에 대한 그림이다.

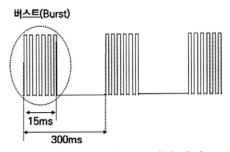

Figure III-92 버스트 시험 파형

위와 같이 5kHz 또는 100kHz 의 펄스 다발을 주기적으로 인가하여 테스트한다.

ESD/서지에 대응이 되어 있다면 이 버스트 노이즈로 인해 시스템이 파손되는 경우는 적지만, 통신 회로 등의 경우 통신 데이터가 훼손되어 오동작으로 이어질 수 있으므로, 소프트웨어적인 오류 검출 방법인 CRC, 체크썸 등을 이용한 오류 복구 방법은 필수적이다.

7.2.4. 전도성/방사성 RF 전자기장 내성 시험

방사성 RF 전자기장 내성 시험은 다른 기기 또는 장비가 내는 전자파에 대하여 얼마나 시스템이 견딜 수 있는가를 시험하는 것으로 국제규격 IEC 61000-4-3 또는 국내규격 KS C IEC 61000-4-3 을 참조할 수 있다.
시험 레벨은 전계 강도에 따라 구분되며 1V/m, 3V/m, 10V/m 로 3 단계의 레벨로 주파수 범위 80MHz ~ 1000MHz 를 가진다.
즉, 레벨에 따른 V/m 크기의 전자기장을 전도 또는 방사의 방법으로 시스템에 방출하였을 때, 이 일정 강도의 고주파 노이즈 영향을 받아도 시스템이 정상 동작하는지 내성 시험을 하는 것이다.

전도성 RF 전자기장 내성 시험은 통신 케이블, 전원 케이블을 등을 통해 전도성 전자기장 노이즈를 인가했을 때 얼마나 시스템이 견딜 수 있는가를 시험하는 것으로 국제규격 IEC61000-4-6 또는 국내규격 KS C IEC 61000-4-6 을 참조할 수 있으며, 주파수 150KHz ~ 250MHz 범위로 시험하게 된다.

7.3. EMI(전자파 간섭)

EMI (Electromagnetic Interference)는 시스템에서 얼마나 큰 노이즈가 방출되는지를 측정하는 목적을 가지며, 전도에 의한 방사인 CE(Conducted Emission)와 공기 중으로 복사성 방출인 RE(Radiated Emission)로 구분된다.

이 EMI 는 전자기기가 전자파를 방출하여 다른 장비의 동작에 영향을 주는 것도 문제가 되지만, 인체에 영향을 미친다는 점에서 더욱 중요한데, 특히 휴대폰과 같이 손에 들고 다니는 기기(Hand-Held Device)가 많아 지고 있기 때문에 인체에 대한 보호 측면에서 EMI 의 중요성은 점점 더 커지고 있다.

EMI 인증 시험에서 결과는 DUT 시험 기기에서 방출되는 노이즈의 주파수 스펙트럼으로 표시되며, 노이즈가 규정된 크기 이상으로 전도/방사되고 있다면 불합격이다.

전자파 측정 단위

전자파 측정에서 사용되는 단위는 V/m, dBuV/m, dBm 등이 있다.

V/m 는 전계의 크기를 공간적으로 m 당 전위의 감소 기울기로 표시한 것인데, 전하 편에서 본 것과 같이 전계(전기장)의 크기는 $E = k \times \frac{Q}{r^2}$ 이고, 전위 $V = k \times \frac{Q}{r}$ 이므로, V/m 가 전기장의 크기를 나타내는 단위임을 알 수 있다.

dBm 은 mW 의 전력에 대한 dB 스케일의 표시이다.

dB 의 전력에 대한 식은 $dB = 10 \log_{10}(P)$ 이므로, dBm 은 아래와 같이 주어진다.

$$dBm = 10 \log_{10} \left(\frac{P}{1mW}\right)$$

따라서, 1mW = 0dBm 으로 1mW 가 기준이 되며 10mW = 10dBm 이 된다.

dBuV 는 전압을 uV 스케일로 한 dB 의 표시로 $20\log_{10}(V \times 10^6)$ 이며, 1V 에 대해 계산하면 아래와 같다.

$$20 \log_{10}(1V \times 10^6) = 120dBuV$$

반대로, 120dBuV 를 전압으로 나타내면 아래와 같이 계산할 수 있다.

$$V = 10^{\frac{dBuV}{20}} \times \frac{1}{10^6} \text{ 이므로 } V = 10^{\frac{120}{20}} \times \frac{1}{10^6} = 1V$$

EMI 주파수 스펙트럼

디지털 시스템에서의 스위칭 동작과 링잉에 의한 EMI 노이즈가 많으며, 아래 그림과 같이 방사되는 노이즈 주파수는 펄스의 기본 주파수와 기본 주파수의 하모닉 고조파 성분(정수 배의 주파수)을 포함하는 주파수 스펙트럼으로 표시된다.
이는 푸리에 급수 편의 구형파 편의 펄스에 대한 주파수 특성에서 살펴본 바 있다.

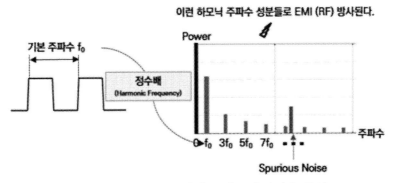

Figure III-93 스위칭 노이즈의 주파수 특성

이 EMI 방사는 전력이 크고, 신호의 주파수가 빠를수록(파장이 짧을 수록) 더욱 큰 에너지를 방출하는데, 주로 클럭 회로, PWM 회로와 같은 스위칭 회로 등 이런 주기적인 펄스 신호가 발생되는 회로 주파수의 정수배에서 EMI 방사가 발생하는 경우가 많다.

예를 들어, 구형파인 8MHz 오실레이터 클럭 회로에서 EMI 노이즈가 방사되고 있다면, 주파수 스펙트럼에는 8MHz, 24MHz, 40MHz 등의 정수배 주파수로 방사 노이즈의 크기가 크게 발생될 수 있다. 위의 그림에서 스퓨리어스 노이즈는 시스템 내의 다른 클럭, 스위칭 동작, 링잉 등에 의해 생기는 다른 주파수의 노이즈를 의미한다.
따라서, EMI 인증 시 전도/방사 노이즈에 대해 불합격이 되었다면, 불합격 결과인 주파수 스펙트럼에서 노이즈가 큰 주파수 성분과 하모닉(정수)배의 주파수를 파악하여 회로의 어느 블록이 원인이 되어 방사되는지 유추하여 디버깅할 수 있다.

유추된 위치의 회로 및 PCB 설계를 검토한 후 취약해 보이는 곳에 동박 테이프 등을 이용하여 그라운드 보강, 차폐 또는 패턴의 절단 등의 디버깅 조치를 취한 뒤 개선 여부를 확인하고, 개선이 된다면 PCB 재설계 또는 개선 소자를 포함한 회로 수정을 통해 대응 가능하다.
하지만, 이런 디버깅 작업, 수정 작업을 하기에는 시간과 비용이 많이 들기 때문에 설계 초기부터 EMI/EMC 대응 설계를 하는 것이 중요하다 하겠다.

8. 전기안전 인증 규격

전기/전자 시스템에서 화재 및 시스템 파손 등에 대한 기계적 보호도 중요하지만, 인체 감전에 대한 보호는 매우 중요한 사항이다.

이런 중요성 때문에 인증 규격으로 정해져 있으며, 가정용 전기기기에 대해서는 국제규격으로는 IEC 60335-1, 국내규격으로는 전기용품 안전기준 KS C IEC 60335-1 "가정용 및 이와 유사한 전기기기의 안정성"에서 규정하고 있다.

이번 장에서는 일반적인 전기안전 시험 항목들의 용어와 내용을 이해하는 것이 목표이며, 아래에서 보게 될 각 시험 항목 및 규격들은 하나의 예이므로, 자신의 시스템에 해당하는 규격을 참조하여 설계/시험을 진행해야 한다.

8.1. 규격 판단 기준 용어

전기안전 규격은 절연 방식에 의한 장치의 클래스 구분, 과전압 범주, 설치 환경의 오염도에 따라 시험받아야 할 전기적 강도가 달라진다. 자신의 시험 기기 기준을 모른다면 시험기관 또는 대행업체에 문의하여 진행하는 것이 좋다.

절연 방식

절연(Insulation)은 부도체 등을 삽입하여 전기가 통하지 않도록 하는 것을 의미하는 것으로, 절연 방식에 따라 장치의 클래스를 구분하고, 그에 따라 안전을 위하여 과전압에 의해 도통되지 않도록 하는 공간거리와 연면거리의 기준 규격이 달라진다.

절연 방식	내 용
기능절연 (Functional Insulation)	전기적 전달의 기능만 하는 것으로 전기적 충격이나 감전 등에 대한 보호 대책이 없다.
기초(기본)절연 (Basic Insulation)	기능절연에 전기적 충격이나 감전 보호를 위해 적용되는 기초적인 절연으로 기초절연이 파괴되면 감전의 위험이 있기 때문에, 접지 핀이 있는 전원 콘센트를 사용하는 1종 장치에서 기초절연 + 접지로 보호한다.

이중절연 (Double Insulation)	기초절연과 함께 기초절연이 파손된 경우의 안전 대책으로 외장 절연제를 추가한 것으로 트랜스의 절연을 위해 추가된 외장제, 제품의 도전성 케이스를 감싸는 절연 외장제 추가를 예로 들 수 있다. 접지 핀이 외부로 도출되지 않아 사용자의 감전 보호에서는 더 안전하다고도 할 수 있으며, 접지 핀이 없는 콘센트를 사용하는 휴대폰 충전기와 같은 2 종 장치에서 사용된다.
강화절연 (Reinforced Insulation)	이중절연과 같은 별도의 절연체를 추가 사용하지 않고, 단일층에서 공간거리/연면거리 등 충분한 거리 이격을 통하여 이중절연과 동등한 절연 성능을 가지는 절연이다.

장치 클래스

위의 절연의 종류에 따라 장치의 종류가 나뉘어 지며, 이에 따라 전기안전 시험 규격이 달라진다.

클래스	내 용
0 종 장치 (Class 0)	기초절연만 있는 장치를 말한다.
1 종 장치 (Class I)	기초절연과 보호 접지를 통해 감전 보호를 하는 장치로, 예로 접지 핀이 있는 전원 콘센트를 사용하는 장치를 의미한다.
2 종 장치 (Class II)	보호 접지가 없어야 하며, 이중절연이나 강화절연을 통해 감전 보호를 하는 장치로, 예로 접지 핀이 없는 전원 콘센트를 사용하는 장치를 말한다.
3 종 장치 (Class III)	안전 초저전압만 존재하는 SELV 전원 장치를 말한다.

☞ 안전 초저전압(Safety Extra Low Voltage)

가정용 기기에서의 안전 초저전압은 42.4V 이하의 전압으로, 시스템의 절연 파괴에 의한 감전에도 인체에는 안전한 전압을 의미한다.

☞ SELV 장치와 PELV 장치

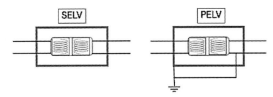

Figure III-94 SELV 와 PELV 장치

SELV(Safety Extra Low Voltage) 장치는 안전 초저전압인 트랜스의 2 차측 전원이 접지되어 있지 않아 대지와 전기적으로 완전 분리되어 대지로의 리턴 경로가 없는 안전한 전원 시스템을 의미하며, PELV(Protective Extra Low Voltage) 장치는 트랜스 2 차측 전원이 대지와 전기적으로 완전 분리는 되어 있지 않지만, 추가적인 보호 장치로 SELV 의 성능을 만족시키는 저전압 시스템을 의미한다.

과전압 범주(임펄스 전압)

과전압 테스트는 시스템이 사용하는 전원과 환경에 따라 범주가 나뉘며, 이에 따라 다른 크기의 임펄스 전압으로 시험되는데, 정의된 과전압에서 시스템의 파손이 없어야 한다. 아래 250V_{RMS} 의 상용 전원을 사용하는 장치에 대한 범주 별 임펄스 전압의 예이다.

범주 (Category)	내 용	임펄스 전압
I	이미 과전압에 대해 대응된 전원 장치에 연결되어 전원을 받는 장치	1500 Vpeak
II	가정 내 콘센트같은 고정된 전원에 연결되어 사용되는 장치로, 가정용 기기, 휴대형 공구와 같은 부하 장치	2500 Vpeak
III	산업용 장비와 같은 신뢰도가 필요한 고정 설비 장치	4000 Vpeak
IV	전력량계와 같이 교류 주전원에 설치되는 장치	6000 Vpeak

오염도

오염도는 제품이 설치되는 환경에 따라 먼지, 습기 등의 오염에 의해 영향을 받을 수 있는 정도를 정의하는 것으로, 공간거리와 연면거리의 규격에 영향을 준다. 이는 습기, 먼지 등의 오염물이 도전체가 되어 전기적 단락(쇼트)을 일으켜 시스템 파손, 화재, 감전으로 이어질 수 있기 때문이다.

등급	내 용
오염도 1	습기, 먼지 등 도전성 오염이 될 위험이 없는 환경 (밀폐된 환경)
오염도 2	일시적인 습기 등의 도전성 오염이 발생하는 환경 (가정용 기기, 사무용 기기)
오염도 3	먼지, 습기와 같은 도전성 오염이 예상되는 환경 (산업 기기)
오염도 4	지속적인 먼지, 습기, 비, 눈 등에 의해 오염이 발생하는 환경 (옥외 기기)

8.2. 공간거리 및 연면거리

공간거리(Clearance)와 연면거리(Creepage)는 절연 종류, 정격 전압 크기, 과도 전압 크기, 오염도에 따라 전기적 안전을 위해 도전체 사이 띄어야 하는 거리를 말한다.

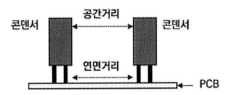

Figure III-95 공간거리와 연면거리

공간거리는 부품 간 또는 도전체 간 공기 중으로의 최소 거리를 규정하고, 연면거리는 면을 따라 도전체끼리의 최소 거리를 규정하는 것으로, PCB 설계에서 부품 간의 거리, 패턴 간의 거리가 지켜져야 한다.

이는 공기 중 과전압을 인가할 때 공기 절연이 파괴되며 발생될 수 있는 아크 발생을 방지하기 위한 공간거리의 확보와, 면의 재질, 먼지 등으로 인해 전기가 도통되며 발생할 수 있는 시스템의 파손과 화재의 위험을 방지하기 위한 연면거리의 확보를 위함이다.

얼마나 멀리 이격시킬 것인가는 자신의 시스템에 맞는 규격의 것을 선택하여야 하며, 여유가 된다면 해당 규격의 1.2 배 ~ 1.3 배 이상의 마진을 두는 것이 좋다.

최소 공간거리 (Clearance)

공기 중 간격 1mm 에 2000V 이상의 전압을 가하면 공기 절연이 파괴되며 전기가 통하게 되어 안전에 문제가 된다.

따라서, 고압의 경우 공기 중으로 도전체끼리 일정 거리를 두어야 안전한데, 이를 규격화하여 안전을 위해 필요한 전압 별 이격되어야 하는 최소 공간거리를 규정한 것으로, 도전성 물체/부품 간의 공기 중으로 유지되어야 하는 최소 거리로 보면 되겠다.

이 공간거리는 사용하는 전원(Working Voltage)에 따른 과전압 범주, 절연 타입, 공기압 등에 영향을 받으며 이들에 의해 이격 거리가 달라진다.

아래 표는 과전압 범주 II 의 과도 전압 $2500V_{peak}$, 오염도 2 에 설치되어 사용되는 장치에 대한 최소 공간거리이다. (다른 조건은 시험 규격을 참조하도록 한다)

이 규격 조건에서 강화절연은 과도 전압 $2500V_{Peak}$ 보다 한 단계 위인 $4000V_{Peak}$ 의 기초/기능절연의 공간거리를 사용해야 한다.

임펄스 전압	절연 종류	
VPeak	기초/기능절연	강화절연
2500 VPeak	1.5 mm	3.0 mm (4000VPeak 에 대한 기초/기능절연의 공간거리)
4000 VPeak	3.0 mm	5.5 mm (6000 Vpeak 에 대한 기초/기능절연의 공간거리)

보통은 2500V$_{peak}$ 에 대한 강화절연에서 4.0mm 의 공간거리를 사용한다.

최소 연면거리 (Creepage Distance)

연면거리는 도전체 사이의 거리를 표면을 따라 측정한 것으로 PCB 에서는 패턴의 간격이 이에 해당한다. 이 연면거리는 동작 전압, 습도와 먼지 등의 오염도와 재료 등급(CTI), 절연 타입 등에 따라 이격해야 할 거리가 달라진다.

이 중 CTI(Comparative Tracking Index)는 비교 추적 지수라 불리며, 절연체가 오염되었을 때 전기의 흐름을 막는 정도를 의미하는데, CTI 가 높을수록 전기가 잘 흘리지 않게 된다. 재료등급 I 는 CTI 600 이상, 재료등급 II 는 CTI 400 ~ 600, 재료등급 III 은 CTI 100 ~ 400 으로 구분되며, 사용하는 PCB 의 CTI 지수에 맞게 그룹을 선택하여 연면거리의 규격이 정해진다. 보통의 경우 PCB 의 CTI 지수는 재료등급 II 또는 III 을 가지는데, 필요하다면 PCB 제조업체에 문의하도록 한다.

아래는 오염도 2 에서의 재료등급 III 에 대한 최소 연면거리에 대한 예이다.

RMS 동작 전압	기초절연	강화절연
125V~250V	2.5 mm	5.0 mm

보통은 125 ~ 250V$_{RMS}$ 에 대한 강화절연에서 6.4mm 의 연면거리를 사용한다.
아래는 오염도 2 에서의 기능절연에 대한 최소 연면거리이다.

RMS 동작 전압	기능절연
125V~250V	2.0 mm

공간거리/연면거리 적용 예

아래 절연에 따른 공간거리와 연면거리의 예에 대해 살펴보도록 한다.

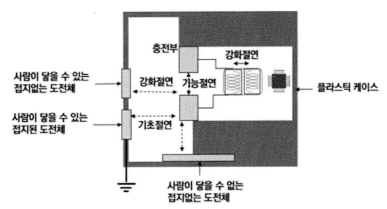

Figure III-96 절연에 따른 공간거리/연면거리 예

위의 그림은 충전부가 플라스틱으로 둘러 쌓여 있고, 두 개의 금속 소켓 중 하나는 접지되어 있는 시스템이다. 위 그림의 기초절연, 기능절연, 강화절연에 대해 각각 해당하는 연면거리와 공간거리를 적용한다.

보통 일반 회로에서는 공간만 충분하다면 위와 같이 각 부분마다 따지지 않고, 250V$_{RMS}$, 오염도 2 에 대해 1 차 전원 회로와 1 차와 2 차 사이의 회로에 대해 모두 동일하게 마진을 두어 공간거리 4mm, 연면거리 6.4mm 로 설계하기도 한다.

8.3. 전기안전 시험 항목

이번 장에서는 대표적인 전기안전 시험 항목에 대해서 알아보도록 한다.

누설 전류 시험 (Leakage Current Test)

전기안전에서의 누설 전류는 사람이 접촉할 수 있는 시스템의 도전체 부분과 대지 접지 사이에 흐르는 전류를 말한다.

인체에 흐르는 전류가 5mA 정도는 찌릿한 느낌의 감전 느낌을 받게 되고, 50mA 이상이 되면 감전되어 사망에 이를 수도 있으며, 200mA 이상에서는 발화가 일어난다.

이 때문에 감전에 대해 매우 중요한 시험으로 운전 시 누설되는 전류로 인해 발생하는 감전 보호에 대한 규격이다.

안전 초저전압(42.4VAC 또는 60VDC) III 종 기기에 대해서는 충전부로 간주하지 않으므로 누설 전류 규정은 없다.

아래는 허용 누설 전류의 예이다.

기기		허용 누설 전류
0 종 기기		0.5mA 이하
I 종 기기	휴대용	0.75mA 이하
	기타	3.5mA 이하
II 종 기기		0.25mA 이하

위의 예와 같이 시스템은 해당 규정된 누설 전류 이하로 설계해야 하며, 의료기기와 같은 장비는 더욱 엄격하므로 자신의 시스템에 해당하는 규격을 찾아 허용되는 누설 전류 이상의 전류가 누설되지 않도록 설계해야 한다.

특히, 노이즈 바이패스를 위해 시스템의 그라운드를 케이스에 접지하는 회로 등에서는 최악의 경우에도 이 허용 전류 이하가 될 수 있도록 각별히 신경을 써야 한다. 이 부분은 회로 설계 규칙 편의 상용 전원 회로에서 살펴보게 될 것이다.

절연내력 시험

절연내력 시험은 안전을 위해 적용한 절연이 고압에 의해 파괴되지 않는지 확인하는 시험이다. 당연히 절연이 파괴되지 않아야 감전으로부터 안전할 수 있다.

절연내력 시험 전압은 220VAC 의 경우 기초절연은 1000V, 강화절연은 3000V 이다.

접지저항 시험(Ground Resistance Test)

0 종, II 종, III 종(안전 초저전압) 기기는 접지를 위한 접지 단자가 없어야 한다.

반면, I 종 기기는 접지 단자를 가지고 감전 보호를 위한 보호 접지를 해야 하는데, 착탈식 전원 소켓은 0.1Ω 이하, 고정 전원 소켓은 0.2Ω 이하로 연결되어 있어야 한다. 접지저항 시험은 이 접지저항이 규격 내 있는지 확인하는 시험 항목이다.

IV. 회로 및 PCB 설계 절차

전기/전자 시스템은 하드웨어 회로 설계 후 PCB 로 작업되고, 이를 이용하여 펌웨어를 개발하게 된다.

이번 장에서 PCB 개발의 전반적인 과정을 살펴봄으로써 단계적으로 무엇을 해야 하는지에 대한 개념을 세울 수 있다.

PCB 는 Printed Circuit Board 의 약자로 인쇄 회로 기판을 의미하며, 설계된 회로를 일종의 비도전성 플라스틱 위에 인쇄하듯이 얇은 구리(동박)로 부품 간에 연결한 기판을 말한다. 이에 대해서는 PCB 설계 규칙 편에서 자세히 다룬다.

전자 회로 PCB 를 만들기 위한 단계는 아래 플로우 챠트와 같이 크게 회로도 설계, PCB 설계, 조립의 단계를 가진 과정이다.

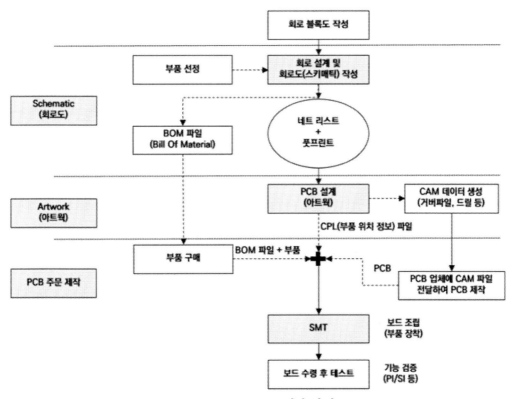

Figure IV-1 PCB 개발 과정

여기서는 대략적인 단계와 용어들에 대해 살펴보고, 회로 설계 규칙과 PCB 설계 규칙 편에서 자세한 내용을 살펴보게 된다.

회로 설계 및 PCB 설계 CAD 툴

 컴퓨터를 사용하여 시뮬레이션, 기술 해석, 설계 등의 제품 설계 및 제조를 위해 사용되는 소프트웨어 툴을 CAE(Computer Aided Engineering) 도구라 한다.
 이 CAE 툴에는 설계 단계의 회로 설계도 작성, PCB 아트웍 등의 설계를 할 수 있는 CAD(Computer Aided Design)와 제조 단계에서 설계된 대로 제품을 만들 수 있도록 가공, 공작 등의 기계 제어 관련 설계를 하는 CAM(Computer Aided Manufacturing)이 있다. 이 둘을 묶어서 CAD/CAM 소프트웨어라 한다.
 회로 설계와 PCB 설계에서 사용하게 되는 CAD 툴에는 OrCAD, PADs, Altium, CADSTAR 등과 같은 대표적인 상용 소프트웨어들도 있고, 무료 소프트웨어인 KiCAD 가 있다.

 회로 설계와 PCB 설계를 한다는 것은 단순히 이런 CAD 툴의 사용법을 아는 것이 아니라, 앞서 배운 이론들을 설계에 적용하여 구현할 수 있는 능력을 의미한다. 이런 기반 기술들을 가지고 있다면 사용하고자 하는 CAD 툴이 바뀌어도 적응하는데 오래 걸리지 않는다.

회로 설계

 회로를 설계한다는 것은 MCU 등 회로 설계에 사용할 소자들을 선택하고, 전원 회로 설계, 클록 회로 설계, 디지털/인터페이스 블록 설계, ESD/서지로부터 시스템 보호 회로, EMI/EMC 대응 회로 설계 등 지금까지 보아왔던 모든 기초 이론들을 이용하여 요구되는 기능을 수행할 수 있는 설계도를 만드는 작업이라 할 수 있다.

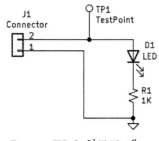

Figure IV-2 회로도 예

 위의 회로도 그림에서 LED 다이오드, 저항의 기호는 심볼(Symbol)이라 하며, 원하는 기능을 수행할 수 있도록 심볼들의 핀에 배선 선(네트)을 연결한 설계도를 회로도 또는 스키매틱이라 한다.

회로 설계가 완료되어 나오는 결과물은 회로도(스키메틱) 파일, 사용되는 부품의 파트명 등이 담긴 BOM(Bill Of Material) 파일, 네트 리스트(Net List) 파일이다.

네트 리스트(Net List)에는 PCB 설계에 필요한 소자(컴포넌트) 리스트/이름/부품 번호(Reference Number)와 각 네트들의 연결 정보 등을 담고 있다.

PCB 설계

CAD 툴을 사용하여 회로 설계를 한 후, 이 회로도를 기반으로 PCB 설계를 한다.

회로 설계도의 결과물인 네트 리스트(Net List)를 PCB 에디터로 전달함으로써 정보를 공유하여 PCB 의 설계를 진행할 수 있다.

Figure IV-3 SMD 저항의 풋프린트

회로 설계에 사용된 부품(심볼)의 풋프린트(Footprint)는 위의 SMD 저항의 풋프린트와 같이 실제 부품의 외곽 모양, 납땜이 될 패드의 모양/크기 등의 정보를 담고 있다.

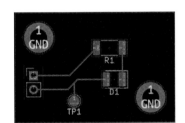

Figure IV-4 PCB 배선 연결

위 그림은 회로도를 기반으로 LED 다이오드와 저항의 풋프린트들을 배치하고 연결된 네트 정보를 이용하여 배선을 연결한 모양이다. 이렇게 배선을 연결하는 작업을 라우팅 또는 아트웍 작업이라 한다.

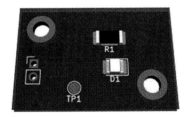

Figure IV-5 PCB 3D 모양

위 그림은 최종 PCB 설계를 마친 3D 시뮬레이션 모양이다.

이렇게 마친 PCB 설계에서 나오는 결과물은 PCB 제조를 위한 CAM 데이터 파일이다.
PCB 제조에 필요한 CAM 데이터 파일은 설계한 PCB 에 대하여 실제 PCB 제조에 필요한 정보인 PCB 층의 정보, 동박 패턴, 솔더마스트, 실크 스크린 등의 정보를 담은 파일로 거버 (Gerber) 포맷을 많이 사용하기 때문에 거버 파일이라고도 한다. 구멍을 뚫는 정보를 담은 파일인 드릴 파일도 포함된다.
SMT 를 위한 사용 부품의 좌표 정보가 담긴 CPL(Component Placement List) 파일도 PCB 설계의 출력 파일이 된다.

PCB 제작 및 SMT 작업

CAD 툴을 이용하여 회로 설계 및 PCB 설계를 마쳤다면, PCB 제작 업체에 PCB 제작을 의뢰하면 된다. 이때 거버(Gerber) 파일이라는 거버 포맷의 PCB 설계 결과인 CAM 데이터 파일을 PCB 제조업체에 전달한다.

이렇게 PCB 가 제작된 후에는 부품들을 장착해야 하는데, 수삽 즉, 손으로 납땜해서 조립하는 경우도 있지만, 보통은 SMT 조립 업체에 의뢰하여 빈 PCB(Bare PCB)에 자동으로 부품을 장착하여 조립하게 된다.
SMT 는 Surface Mount Technology 의 약자로 표면 실장 기술인데, 제작된 PCB 에 자동으로 부품을 장착하여 납땜해 주는 기술을 의미한다.
SMT 업체에 PCB 의 부품 조립을 의뢰하고자 한다면, 회로에서 사용되는 부품 리스트인 BOM(Bill Of Material) 파일과 이 리스트에 포함된 부품들을 구매하여 SMT 업체에 제공해 주어야 하며, 이 부품들의 레퍼런스 번호와 장착될 위치의 좌표 정보가 들어 있는 Pick & Place (CPL, Component Placement List) 파일을 제공해야 한다

V. 회로 설계 규칙

  수많은 수동 소자와 반도체들로 구성되어 있는 전기/전자 회로 설계에 있어 많은 시행착오가 발생될 수 있는데, 이는 설계 시 생각치 못했던 수많은 예외 상황 때문인 경우가 많다.
  이런 시행착오의 확률을 줄이는 방법은 경험과 이론을 기반으로 한 자신의 시스템 개발에 맞는 규칙을 구축해가면서 설계하는 것이다. 이는 개발 기간의 단축에도 분명한 효과가 있다.

  이번 장에서는 어떻게 시스템 개발 규칙을 세울 수 있는 것인가에 대해 알아보도록 하고, 실제 상용 전원 회로를 보면서 규칙의 적용에 대해 이해해 보도록 한다.

  일반화된 규칙이므로 자신의 시스템에 맞는 규칙들로 수정해야 하는데, 예를 들면 여기서는 디지털 시스템 내부의 오버슈트를 최대 30%로 하지만, 시스템 환경이 그 이상의 오버슈트가 필요하다면 그에 맞게 규칙을 수정해 나가야 한다. 이렇게 해당 시스템 환경에 맞는 규칙들로 수정하고 추가하는 작업을 통해서 자신의 시스템에 맞는 규칙들을 얻을 수 있을 것이다.

  또한, 많은 경험규칙을 소개할 것인데, 이런 엔지니어들의 경험규칙은 무척 중요함에도 불구하고 시스템의 특성, 사용환경 등이 다르기 때문에 모든 시스템에 동일한 규칙들을 적용하기는 어렵다. 이번 장에서 살펴보게 될 내용들은 이런 경험규칙(Rule Of Thumb)들을 수정하여 적용할 수 있는 기반이 될 수 있다.

1. 회로 설계 규칙 세우기

원하는 요구 사항을 충족시키기 위하여 다양한 설계 요소와 고려 사항을 포함하며, 동시에 안정적이고 효율적인 회로를 설계하는 작업은 전자 기기의 성능, 안정성, 신뢰성 등을 보장하는 중요한 작업이다.

아래와 같은 제품 설계의 순서로 살펴보기로 한다.

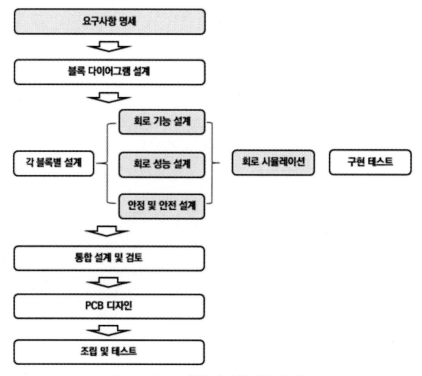

Figure V-1 제품 설계의 기본 순서

> 요구사항 정의

회로 설계의 첫 번째 단계는 회로가 충족해야 할 요구 사항을 정의하는 것이다. 이 요구 사항에는 다음과 같은 내용들이 포함될 수 있다:

요구 사항	내용
기능적 요구 사항	회로가 수행해야 하는 특정 작업이나 기능

성능 요구 사항	회로의 속도, 정확도, 응답 시간 등
전력 요구 사항	소비 전력, 전압 및 전류 범위
환경 요구 사항	온도, 습도, 외부 간섭 등
규제 및 표준	필요한 인증이나 규정 준수

블록 다이어그램 설계

회로의 전체 구조를 세부 블록으로 나누어 그들 간의 관계를 알기 쉽게 시각적으로 표현하도록 한다.
이 블록 다이어그램을 통해 전체 시스템의 구성을 한눈에 살펴볼 수 있다.

각 블록별 설계와 통합

나누어진 세부 블록들에 대한 회로를 설계한 후 통합 설계를 진행한다. 이 세부 블록들의 설계는 블록으로 입력되는 소스와 출력되는 부하와의 관계를 고려해야 한다.

이런 회로 설계의 목표는 어느 상황이라도 안정되고, 우수한 기능과 성능을 가진 안전한 시스템 으로의 설계가 기본 항목이 될 것이며, 또한 예외 상황에도 오동작이 없도록 하는 예외처리가 있을 수 있다. 이 밖에도 시스템 설계를 할 때 고려해야 할 요소로는 얼마나 비용을 절약할 수 있는지의 최소 비용, 얼마나 디버깅 및 수리/교환이 쉽고 확장성을 가질 수 있는지의 유지 보수성, 이전 시스템 또는 다른 시스템과 호환되는지의 호환성, 얼마나 사용자가 다루기 쉽게 설계되었는지에 대한 사용 편이성 등의 항목을 생각해 볼 수 있겠다.

이번 장에서는 전자 회로의 설계를 크게 기능, 성능, 안정, 안전, 예외처리로 구분해서 각 항목에 대해 고려해야 할 요소들에 대해서 살펴보도록 할 것이다.

제품 구현과 테스트

이런 회로 설계를 완료 후 PCB 로 설계하여 제품을 구현하고, 테스트를 통해 요구사항에 적합한지 확인한 후 필요한 인증에 대한 작업을 하게 된다.

1.1. 회로의 기능과 성능

회로의 기능 설계에서는 성능도 고려하여 적절한 회로 선택과 소자 선택이 함께 이루어 져야한다.

이런 회로의 성능(Performance)은 요구사항에 기재되어야 하는데, 입력 또는 외란에 대해 얼마나 빨리 반응하는 가의 응답 시간(Response Time), 정해진 시간에 얼마나 많은 일을 처리하는 가의 처리량(Throughput), 일을 처리하기 위하여 얼마나 적은 에너지를 사용하는 가의 저전력(Low Power) 등의 항목들로 판단할 수 있다.

예를 들자면, 명령 추종 시스템에서 명령에 대해 얼마나 빨리 목표치에 도달하는지에 대한 상승 시간, 정착 시간, 대역폭이 응답 성능 판단의 기준이 될 수 있으며, 통신 시스템에서 1초에 몇 바이트의 데이터 양까지 전송을 할 수 있는 가에 대한 통신 속도가 처리량 성능 판단의 기준이 될 수 있다. 또한, 소비되는 소비 전력, 손실 전력, 효율 등도 기준일 수 있다.

1.1.1. 기본 회로 설계 및 동작 확인

회로 기능(Function) 항목은 회로가 요구 사항에 맞게 수행해야 하는 기본적인 동작을 하기 위한 기초적인 회로 설계를 의미한다.

가. 기본 기능의 회로 선택 및 설계

전자 시스템이 원하는 동작을 하도록 하기 위한 하나의 회로 설계는 여러 가지 방법으로 구현될 수 있다.

이때 요구되는 성능을 충족시킬 수 있는 회로와 소자를 선택해야 한다.

예를 들어, 레귤레이터의 경우 5V/1A 정전압 출력의 기능에, 리플이 작은 성능 요구가 전제 조건이라면, 스위칭 레귤레이터 보다는 리니어 레귤레이터의 선정을 고려할 수 있을 것이다. 또는, 전력 효율이 우선인 요구사항이라면 스위칭 레귤레이터를 선정하는 것이 유리할 수 있다.

이런 회로 설계를 위하여 자신만의 특화된 기능의 회로가 아니라면, 보통은 요구사항을 충족시킬 수 있는 기능을 가진 IC 를 선정하고, IC 제조회사의 어플리케이션 노트 또는 온라인 상의 공개된 수많은 응용 회로들을 참조할 수 있다.

소자의 데이터시트

　회로 설계를 하기 위하여 사용하려는 소자의 전기적 특성을 알아야 하는 것은 가장 기본이라 할 수 있다. 데이터시트(Datasheet)는 제조사가 해당 소자의 전기적 특성의 서술해 놓은 규격서이다.

　전기/전자 소자 제조사들은 자신들이 설계한 IC 의 전기적 특성에 대한 설명들과 수많은 시뮬레이션과 시험을 통해서 자신의 IC 가 가장 안정적으로 최상의 성능을 낼 수 있는 레퍼런스 회로를 데이터시트에 제공하므로 이를 참고하여 설계하면 된다.

　다른 요소들도 그렇겠지만, 특히 성능에 대해서는 각 소자의 전기적 특성을 자세히 알고 있어야 좋은 결과를 낼 수 있으므로, 사용하려는 소자들의 데이터시트를 정독하여 파악하는 것은 필수 항목이다.

　데이터시트를 읽고 전기적 특성을 해석할 수 있는 능력은 지금까지 본 이론들로 충분히 가능하다.

　하지만, 그대로 적용할 경우 자신의 시스템 환경에 맞지 않을 수 있기 때문에, 회로를 해석하고 수정할 수 있는 능력 배양이 필수인 것이다. 이는 경험을 통하여 수많은 회로를 접해 보고, 해당 회로들을 분석하는 연습 과정을 통하여 가장 효율적인 회로 설계 방법을 습득할 수 있다.

나. 기본 회로의 동작 검토

　이렇게 설계된 기본 회로의 동작을 확인하기 위하여 소자들을 브레드 보드에 직접 구성하는 등의 방식을 통하여 원하는 동작이 이루어 지는지 시험해 볼 수도 있지만, 잘못된 회로를 시험하다 보면 소자가 파손되는 쓴 경험을 할 수도 있다.

　따라서, 먼저 회로 시뮬레이션 도구인 SPICE 소프트웨어를 통하여 기본적인 동작 여부를 확인하는 것이 좋다.

　시뮬레이션 소프트웨어를 이용하면 실제 구성을 하지 않더라도 회로의 각 부분의 전압/전류, 주파수 특성 등을 확인해 볼 수 있으므로, 원하는 동작을 하는지에 대한 확인이 가능하다.

　이런 이유로 하나 정도의 시뮬레이션 툴의 사용법은 알아 두는 것이 좋고 온라인에 무료 SPICE 툴을 제공하기도 한다.

　하지만, 시뮬레이션 도구를 통한 기능의 검증은 실제 사용하려는 소자들의 특성을 완벽히 포함하지 못하는 경우가 있기 때문에, PCB 설계 이전에 꼭 회로를 구성하여 동작을 확인하도록 한다.

1.1.2. 성능과 다른 항목들과의 상충관계

요구사항의 성능을 충족하는 회로 또는 소자를 선택할 때, 소모 전력, 안전성, 안정성, 비용 등과 상관관계가 있음을 알고 적당한 솔루션을 선택해야 한다.

회로 성능에 영향을 주는 것들에는 노이즈, 신호의 무결성, 동작 속도에 관련된 클럭 주파수, 소자들의 오차율 및 환경 또는 노후화에 따른 소자들의 특성 변화 등을 들 수 있다.
이런 회로 성능을 개선하기 위해서는 안정되고 깨끗한 전원 공급이 최우선이며 이를 위해서는 적절한 전원 분배가 필요하다. 또한, 요구사항을 충족하는 성능의 소자를 선택하여 설계하고, 임피던스 매칭 등 EMI를 최소화하여 신호의 왜곡과 지연을 줄여 신호 무결성을 유지하며, 커패시터의 적절한 배치로 회로 내의 노이즈를 줄이는 방법 등 앞서 이론 편에서 봐왔던 수많은 방법들이 사용된다.

이런 성능 개선은 비용, 안정성, 안전 등의 요소들과 모두 Trade Off 관계(상충관계)에 있는데, 예를 들어 모터 제어와 같은 제어 시스템의 응답을 빠르게 하기 위하여 DSP 연산이 빠른 시스템을 사용해야 하거나, 정밀한 측정을 위하여 오차율이 낮은 저항 및 높은 해상도의 ADC를 사용해야 한다면, 하드웨어의 가격은 상승하게 된다.

간단한 예로 아래와 같은 스위치 회로를 예로 들 수 있다.

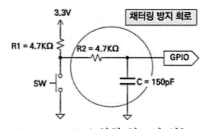

Figure V-2 스위치 회로와 성능

스위치 회로의 풀업 저항의 용량은 부하의 싱크 전류 이내에서 용량을 낮게 할수록 노이즈에 강건해지고, 응답 속도는 빨라진다. 하지만, 이는 소모 전력이 많아지게 되는 단점이 있다.
또한, 채터링 방지를 위하여 저주파 통과 필터 회로를 추가하는 것이 동작 성능에는 더 우수하다 하겠지만, 소자의 추가로 회로 크기 및 가격이 상승된다.

이렇게 성능은 안정성, 소모 전력, EMI, 비용 등의 항목들과 복합적 관계를 가지므로, 안정적이고 우수한 성능의 제품을 개발하기 위하여는 무조건 최고의 성능만을 고집하여 설계하는 것이 아니라 가격, 성능, 안정성, 안전, 저전력 등의 모든 요건들을 고려하여 최적의 선택을 해야 한다.

1.1.3. 소스/부하와의 전기적 상관관계

전기/전자 회로 설계는 항상 신호를 공급하는 소스, 시스템 회로, 신호를 공급해야 할 부하로 분해하여 상호 연관된 전기적 상관관계를 고려한 설계를 해야 한다.

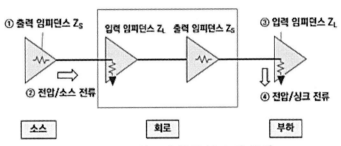

Figure V-3 회로와 부하/소스의 분해

전기/전자 회로 설계를 위해 소스의 출력 임피던스가 설계하는 회로에 주는 영향이 고려되어야 하며, 소스가 공급 가능한 전압과 전류 내에서 동작 가능하도록 설계되어야 한다.

또한, 부하에 대해서는 부하가 소비하는 소비 전류를 충분히 공급할 수 있도록 설계되어야 하며, 회로 출력 임피던스와 부하의 입력 임피던스와의 결합의 영향도 고려하여 설계하여야 한다.

이렇게 회로 설계를 할 때, 자신의 기능에만 초점을 맞추어 설계하는 것이 아니라, 소스와 부하의 상관관계를 따져 설계해야 하므로, 시스템을 소스와 부하로 분해하여 분석하고 해석하는 연습이 필요하다.

가. 1 차 RC 저주파 통과 필터 예

RC 저주파 통과 필터가 필요하여, 아래와 같이 기본적인 기능 회로를 설계했다고 생각해 보자.

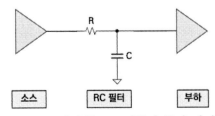

Figure V-4 수동 RC 저주파 통과 필터

위의 회로는 차단 주파수가 $\frac{1}{2\pi RC}$ Hz 로 동작하는 저주파 통과 필터임을 알고 있다.

저항 R 은 100Ω 과 커패시터 C 는 1uF 이라면, 1.6KHz 의 차단 주파수로 동작되는 회로이다. 이는 1KΩ 과 0.1uF 의 조합도 마찬가지로 기능적으로 동작 가능한 회로로 정의할 수 있다.

이런 기본적인 기능 설계가 실제 요구되었던 주파수에서의 감쇠율 성능을 가질 수 있는지 성능에 대한 설계도 고려되어야 한다.

1 차 RC 저주파 통과 필터 설계 예

위 RC 저주파 통과 필터 블록의 소스와 부하 관계는 아래와 같다.

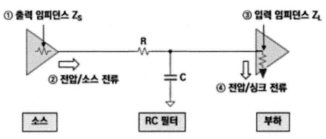

Figure V-5 RC 필터의 부하/소스 관계 해석

소스의 출력 임피던스 Z_s 는 50Ω, 소스 전압 3.3V, 소스 전류는 20mA 이고, 부하는 입력 임피던스 Z_L 은 100MΩ, 소모 전류는 100nA 라 가정해 보도록 한다.

☞ 소스의 출력 임피던스가 회로에 주는 영향이 없는가?

차단 주파수가 $\frac{1}{2\pi RC}$ Hz의 RC 저주파 통과 필터의 회로를 원했지만, 소스의 출력 임피던스 Z_s 로 인하여 차단 주파수는 $\frac{1}{2\pi(R+Z_s)C}$ Hz로 바뀌게 된다.

전압 신호 전달에서 입/출력 임피던스가 서로 미치는 영향을 최소화하기 위한 회로의 경험규칙은 소스의 출력 임피던스 대비 10 배 이상의 입력 임피던스를 가져야 한다.

> 부하 임피던스 > 10 × 소스 임피던스

반대로는 부하의 입력 임피던스 대비 1/10 배 이하의 출력 임피던스를 가지도록 설계하여 90% 이상의 신호 전달율을 유지하는 것이다.

☞ 소스 전류 이내에서 소비하는가?

소스가 공급할 수 있는 전류 내에서 동작되도록 설계되어야 한다. 이때 부하 전류는 100nA 로 무척 작으므로 무시하도록 하고, 커패시터 C 는 고주파에서 임피던스가 작아지기 때문에 0Ω 으로 두고 계산한다. 즉,

$$\frac{3.3V}{R} \le 20mA \ \rightarrow 165\Omega \le R$$

이면 될 것이다. 따라서, 앞의 필터 저항 R 의 선택 방법 중 출력 임피던스보다 10 배 이상의 값을 가지는 저항 용량을 선정할 수 있고, 이로써 커패시터의 용량을 선정할 수 있다. 예로 R = 10KΩ 과 C = 10nF 으로 선정할 수 있다.

☞ 부하의 임피던스와 입력 전압/전류

여기서의 예는 부하의 입력 임피던스가 무한대에 가깝고, 전류는 무시할 수 있을 정도로 작기 때문에 무시하고 설계 가능하다.

하지만, 만약 그렇지 않다면 앞의 필터 저항 선택에서 유효 신호에 대한 전력 손실, 전압 강하 등의 전기적 영향도 충분히 고려하여 설계해야 한다.

나. 2 차 수동 필터(Passive Filter)와 능동 필터(Active Filter)의 예

소스/부하의 임피던스 관계는 수동 필터와 능동 필터에서도 찾아볼 수 있다.

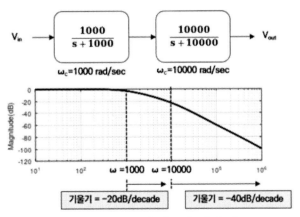

Figure V-6 2 차 저주파 필터 예

위와 같이 ω = 1000rad/sec 에서 차단 주파수를 가지며, ω = 10000rad/sec 에서부터 -40dB/decade 로 감쇠율을 강하게 하는 2 차 필터의 구현을 보자.

능동 필터(Active Filter)

 능동 필터는 OPAMP 등을 사용한 회로로 구성되며 입력 임피던스가 크고 소스 임피던스가 작기 때문에, 소스와 부하의 입/출력 임피던스의 영향을 거의 받지 않는다는 장점이 있다.
 따라서, 이런 능동 필터의 경우에는 아래 그림과 같이 1 차 필터들을 그냥 직렬로 연결하면 2 차 필터가 된다.

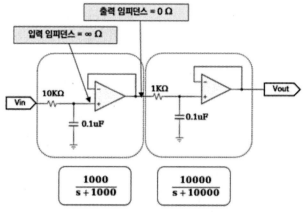

Figure V-7 능동 필터

수동 필터(Passive Filter)

 반면, 수동 필터의 직렬 연결에서는 수동 필터 자체의 입력 임피던스가 무한대가 아니고 출력 임피던스가 0 이 아니기 때문에 능동 필터와 같은 이상적인 구현이 되지 않는다.
 수동 필터의 2 차 직렬 연결은 아래 그림과 같은 전달함수가 구해진다. 이에 대해서는 키르히호프 법칙을 사용해서 충분히 구할 수 있을 것이다.

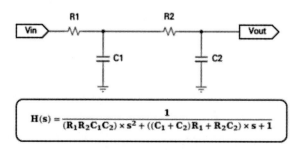

$$H(s) = \frac{1}{(R_1 R_2 C_1 C_2) \times s^2 + ((C_1 + C_2)R_1 + R_2 C_2) \times s + 1}$$

Figure V-8 2 차 수동 필터 전달함수

직렬로 연결된 수동 필터의 입/출력 임피던스가 상호 영향을 미치게 되어 아래 그림과 같이 사용하는 소자의 용량에 따라서도 주파수 특성이 달라진다.

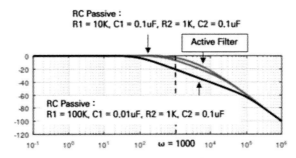

Figure V-9 수동 필터의 소자 용량에 따른 주파수 특성

이처럼 자신의 회로뿐만 아니라 소스와 부하와의 전기적 연결을 고려하여 설계를 해야 원하는 성능의 회로가 구현 가능하다.

1.1.4. 전기/전자 소자의 선택

　회로 설계에서 소자들의 선택은 성능에 직접적인 영향을 미치므로 중요한 고려 요소가 되는데, 요구 사항에 맞는 소자를 선택하는 기준은 대표적으로 아래와 같은 것들이 있다.

- •원하는 기능을 수행하는 소자
- •소자의 오차율
- •사용하고자 하는 전압 및 전류 범위
- •저전력을 위한 소모 전력과 열 관리
- •응답 속도 및 주파수 응답 범위
- •온도, 습도, 진동 등 신뢰성에 관련된 항목
- •가격

　위의 항목들 중 충분한 정격을 가진 소자의 선택은 안전성 편에서 살펴보도록 하며, 여기에서는 소자의 오차율과 커패시터의 선정에 대해 살펴본다.

가. 소자의 오차율과 성능

　모든 전자 부품은 제조 공정상 오차율을 가질 수밖에 없으며, 이는 회로의 정밀성 및 안정성에 영향을 준다. 소자의 오차율은 작을수록 정확한 회로 설계를 할 수 있으나, 이 역시도 비용과 관련된다. 즉, 오차율이 작은 소자일수록 비싸질 수밖에 없다.

　사실 어느 정도의 오차율을 가진 부품을 사용할 것인가는 해당 회로에서 소자의 오차에 따른 성능과 안전에 허용될 수준인가가 가장 큰 판단 기준이 된다.
　따라서, 회로 설계에 있어 소자의 오차를 고려하여 상한과 하한에 대해 모두 성능/안정/안전에 대해 적합한지 확인해야 한다. 이 오차는 소자의 오차율(Tolerance) 뿐 아니라 온도 등 사용환경과 노후화에 따른 특성 변화율도 고려되어야 한다.

　예를 들어 아래와 같은 회로에 ±10% 오차율을 가진 저항을 사용하여 2.5V 의 출력을 얻기를 기대했다고 생각해 보자.

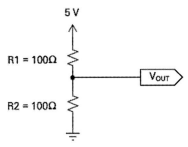

Figure V-10 분압 회로

±10% 오차율의 저항 100Ω 은 실제 90Ω ~ 110Ω 사이의 어떤 값이든 될 수 있다. 이때 출력 전압이 최대가 될 수 있는 조건은 R1 = 90Ω, R2 = 110Ω 일 것이다.

$$V_{OUT} = \frac{110\Omega}{90\Omega + 110\Omega} \times 5V = 2.75V$$

반대로 최소가 되는 조건은 R1 = 110Ω, R2 = 90Ω 이 된다.

$$V_{OUT} = \frac{90\Omega}{110\Omega + 90\Omega} \times 5V = 2.25V$$

따라서, 출력 전압은 2.25V ~ 2.75V 사이의 어떤 값으로 출력이 될 것인데, 이 전압이 우리가 원하는 성능에 적합한지 확인해야 한다는 것이다. 소자 정격에 대해서도 마찬가지이다. 적합하지 않다면 오차율이 더 낮은 저항 소자를 사용해야 한다.

나. 커패시터의 주파수 특성 고려

이런 소자의 선정 중 특히 커패시터의 선정은 성능뿐 아니라 안전에도 밀접하게 관련이 되므로 신중하게 선정해야 한다. 안전에 관련해서는 안전 편에서 자세히 살펴보도록 하고, 여기에서는 커패시터의 선정에서 성능에 관련된 항목으로 주파수 응답에 대해 살펴보도록 한다.

> 자기 공진 주파수 SRF

아래 그림은 커패시터 편에서 보았던 커패시터의 종류에 따른 임피던스의 주파수 특성이다.

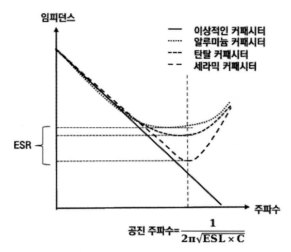

$$공진\ 주파수 = \frac{1}{2\pi\sqrt{ESL \times C}}$$

Figure V-11 커패시터의 임피던스와 자기 공진 주파수

위의 그림에서 보듯이 세라믹 커패시터의 주파수 특성이 알루미늄 전해 커패시터 또는 탄탈 커패시터 대비 좋아 이상적인 커패시터에 가장 근사하며, 세라믹 커패시터에서도 적층 구조로 만들어져 작은 크기로 높은 용량을 낼 수 있는 MLCC 커패시터는 디지털 회로에서 가장 많이 사용된다.

디지털 회로에서 커패시터의 ESL 과 커패시턴스와의 자기 공진 주파수(Self Resonant Frequency, SRF) 부터는 임피던스가 다시 상승하기 시작하므로, 커패시터를 선정할 때 시스템에서 사용되는 최대 주파수 디지털 펄스의 무릎 주파수($\frac{0.5}{t_r}$)보다 SRF 가 충분히 높은 소자를 선택해야 커패시터의 충분한 주파수 응답 성능을 낼 수 있다.

이런 이유로 알루미늄 커패시터, 탄탈 커패시터는 비교적 주파수가 낮은 전원 회로의 평활 목적에 많이 사용되고, 높은 주파수 응답이 필요한 디커플링 커패시터 등의 용도로는 주파수 특성이 좋은 MLCC 커패시터가 많이 사용된다.

SMD 크기/용량과 주파수 특성

커패시터 편에서 보았던 것과 같이 커패시터의 주파수 응답에 영향을 주는 기생 ESR 과 ESL 은 단자(리드선) 부분에 의존성이 많기 때문에, 보통은 단자 크기가 작은 커패시터가 ESR, ESL 도 작아 공진 주파수가 높아지므로, 주파수 응답 특성이 좋다.

SMD 커패시터의 ESL 의 예를 들어 보면, 0402(인치) 패키지의 경우 450 ~ 550pH, 0603 패키지는 600 ~ 700pH, 1206 패키지는 1200 ~ 1300pH 를 가지므로, 아래 그림과 같이 같은 용량의 커패시터에서 패키지가 작을수록 자기 공진 주파수 SRF 는 높아지며, 주파수 특성이 이상적인 커패시터와 근사해져 고주파 회로에 유리함을 볼 수 있다.

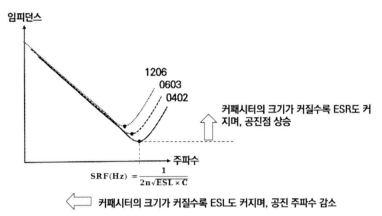

Figure V-12 SMD MLCC 커패시터의 패키지 크기별 주파수 특성

 하지만, 패키지가 작은 만큼 내압이 작고 DC 바이어스의 영향을 더 받는 단점이 있으므로, 해당 응용에 맞는 적당한 커패시터를 사용하는 것이 좋다. 이에 대해서는 다음 안전 편에서 보도록 한다.

커패시터의 병렬 연결로 주파수 응답 개선

 커패시턴스 용량을 대용량으로 만들기 위하여 병렬 연결을 하기도 하지만, 커패시터의 주파수 특성을 개선하기 위하여 병렬 연결로 사용하기도 한다.

☞ ESR, ESL 을 줄이기 위하여 동일 용량으로 나누어 병렬 연결

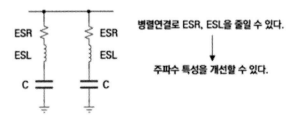

Figure V-13 주파수 특성 개선을 위한 같은 용량의 병렬 커패시터

 커패시터의 용량을 똑같은 용량으로 나누어 병렬 연결하면, ESR, ESL 이 줄어들어 주파수 특성을 개선할 수 있다. 이렇게 사용할 때 주의해야 할 점은 되도록 동일한 용량과 같은 타입의 커패시터를 사용해야 한다는 것이다.

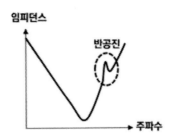

Figure V-14 병렬 연결에 의한 반공진

타입이 다른 같은 용량의 커패시터로 나누어 병렬 장착했을 경우 위의 그림과 같이 한쪽 커패시터의 인덕턴스와 다른 쪽 커패시터의 커패시턴스로 인해 반공진(Anti Resonance) 이 생겨 고주파에서 응답 특성이 선형적이지 않을 수 있기 때문이다.

☞ 고주파 주파수 특성 개선을 위한 병렬 커패시터는 용량 20 ~ 100 배 차이로

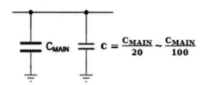

Figure V-15 주파수 특성 개선을 위한 저용량의 병렬 커패시터

같은 패키지 크기의 커패시터에서 용량이 작을수록 고주파수에서 임피던스가 작으므로, 이를 병렬 연결을 하면 커패시터의 병렬 합성은 고주파수에서 더 작은 것에 의존된다. 이를 이용하여 주용도의 커패시터에 1/20 ~ 1/100 배 작은 용량의 커패시터를 병렬로 사용하여 고주파수 응답을 개선하는 방법으로 많이 사용되는 방법이다.

1.1.5. 클럭 오차율 및 타이밍 마진

 클럭(Clock)은 신호에 동기되어 동작되는 회로에 제공되는 일정한 주기를 가지는 구형파를 말하며, 특히 CPU 는 이 클럭 신호에 동기되어 명령을 읽고 해석하여 실행 동작한다.
 이 클럭은 디지털 회로에서 신호를 정확하게 전달하고 받아 해석하여 동작하는데 사용되는 필수 신호로 매우 중요한 신호 선로에 해당한다.
 특히, CPU 와 같은 경우 클럭에 동기되어 동작되므로, 빠른 클럭 공급은 더 빠른 실행 동작을 하고 느린 클럭 공급은 클럭에 맞추어 동작이 느려진다.
 이렇게 한 종류의 시스템이 어떤 제품은 느리고 어떤 제품은 빠르다면 성능의 일관성을 잃게 되고 이는 제품의 신뢰도를 잃게 되므로, 클럭의 정확도와 오차율을 관리하는 것은 중요한 항목이다.

가. 오실레이터

 오실레이터(Oscillator)는 일정 주기의 진동 신호를 만들어 내는 발진기 회로를 의미하며, 아래 그림은 진동 소자인 크리스탈(X-TAL)을 이용한 피어스(Pierce) 오실레이터의 구성 예이다. 이 밖에 수동 소자인 R 과 C 의 결합으로 구성된 RC 오실레이터도 있다.

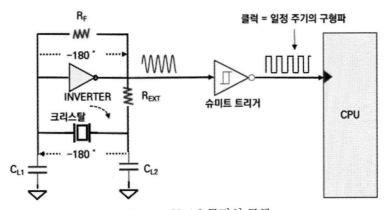

Figure V-16 클럭의 공급

 보통은 위와 같은 크리스탈 회로를 직접 설계/구성하여 사용하지만, 위 회로를 하나의 패키지 안에 집적하여 만든 크리스탈 오실레이터를 사용하기도 한다. 이런 크리스탈 오실레이터에는 단순히 크리스탈 주변 소자들을 집적하여 만든 기본 오실레이터(XO Crystal Oscillator) 뿐 아니라, 온도를 보상하는 기능을 가지는 TCXO(Temperature-Compensated Crystal Oscillator), 외부 전압으로 클록 주파수를 변경할 수 있는 VCXO(Voltage-Controlled Crystal Oscillator) 등과 같은 다양한 종류들이 있으며, 고정밀 오실레이터도 있다.

이런 주기적인 진동을 만들어내는 오실레이터는 궤환 시스템의 안정 조건이 아닌 불안정 조건을 만들어 지속적으로 발진하게 하는 장치라 할 수 있다.

오실레이터의 발진 원리

오실레이터의 동작에 대해 좀더 살펴보기 위하여 시스템 이론 편에서 봤던 부궤환 (Negative Feedback) 시스템의 안정성에 대해서 다시 보도록 하자.

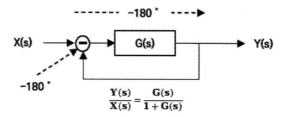

$$\frac{Y(s)}{X(s)} = \frac{G(s)}{1+G(s)}$$

Figure V-17 부궤환 시스템의 발진 조건

위의 전달함수에서 루프 전달함수인 G(s) = -1 이 되면 불안정한 시스템으로 발진이 일어나는 것을 알고 있다. 이는 G(s)가 -180 ˚ 의 위상을 가지고, Gain 이 1 일 때를 의미한다. 부궤환 시스템에서 루프 전달함수가 Negative Feedback (-)으로 연결되기 때문에 -180 ˚ 의 위상 차이가 더 발생하므로 결국 -360 ˚ 의 위상 차이가 발생된 궤환 신호를 더하면 불안정해져 발진이 발생한다는 의미가 된다.

이는 정궤환(Positive Feedback)으로 아래와 같이 표현할 수 있다.

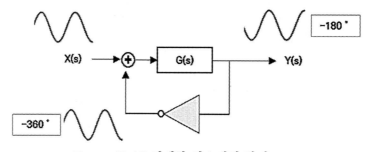

Figure V-18 정궤환 시스템의 발진

즉, Gain = 1 이고, 위상 지연이 -360 ˚ 일 때 정궤환에서 발진이 일어난다. 이를 발진기의 발진 조건인 바르크하우젠(Barkhausen) 조건이라 한다.

피어스 오실레이터의 크리스탈 X-TAL 과 로드 커패시터 C_{L1}, C_{L2} 를 통해서 -180 ˚ 의 위상 지연이 만들어 지고, 이 신호를 인버터(Inverter)를 통해 궤환시켜 나머지 -180 ˚ 의 위상 지연을 만들어 바르크하우젠 발진 조건을 만족하게 하여 발진을 하게 만든다.

이때 발진하는 주기를 정하는 것은 크리스탈(X-TAL)이며, 크리스탈의 공진 주파수로 발진을 하면서 인버터 출력으로 나오는 주기적인 구형파가 실제 클럭으로 공급된다. 이때 주변 소자인 로드 커패시터 C_{L1}, C_{L2} 을 조정하면, 클럭 주파수의 미세 조정이 가능하다.

저항 R_F 는 초기 진동 조건을 만들어 주는 역할을 하며, 저항 R_{EXT} 는 인버터에서 출력되는 전류를 크리스탈의 Driving Current 라는 정격 전류 내로 제한하여 크리스탈의 손상을 막기 위한 전류 제한 저항이다.

나. 클럭의 오차율

클럭의 오차는 클럭 회로에 사용되는 크리스탈, 로드 커패시터 소자들의 오차율과 PCB 설계 패턴의 영향에 의해 발생된다.

따라서, 클럭에 사용되는 소자인 MLCC 커패시터 같은 경우 적은 오차율과 강한 온도 내성을 가진 Class 1 타입을 사용해야 하며, PCB 설계에서 생기는 부유용량 또한 고려하여 커패시터의 용량을 선정해야 한다.

디지털 시스템 내의 MCU 및 디지털 동작의 동기 신호가 되는 클럭 주파수가 바뀐 다는 것은 동작 시간의 오차를 의미하는데, 예를 들어 클럭의 오차가 1%라면 1 초 타이머를 구동시킬 경우 0.99 초 ~ 1.01 초의 이벤트 오차가 발생할 수 있다는 것이다.

따라서, 회로 설계에서 클럭의 허용 오차를 얼마를 둘 것인가를 결정해야 한다.

클럭 회로의 오차율은 20PPM, 30PPM 등과 같이 PPM(Parts per Million) 단위로 허용 오차를 백만분의 1 로 표시하며, 오차의 계산은 아래와 같다.

$$\text{클럭 오차(Hz)} \;=\; \text{클럭 주파수 Hz} \times \frac{\text{PPM}}{10^6}$$

PPM 을 10000 으로 나누면 % 단위가 된다.

> **통신에서의 클럭 오차**

제어계측이나 자동제어와 같은 DSP 분야에서는 샘플링 주기의 오차가 주파수 응답 특성에 미치는 영향에 대해 고려해야 하고, 일반 순차 동작의 펌웨어라면 이 동작 시간 오차가 성능에 미치는 영향을 고려하여 어느 정도까지의 클럭 오차를 허용할 것인가를 정하면 된다.

하지만, 시간 타이밍으로 데이터를 샘플링하는 UART, USB 등과 같은 고속의 비동기 통신이 적용된 시스템이라면, 반드시 사용하는 비동기 통신 규격에서 요구되는 타이밍 허용 오차 안에서 클럭 오차가 결정되도록 설계되어야 한다.
이런 통신 시스템에서 클럭의 오차는 단순한 동작의 시간 지연이나 통신 오류뿐 아니라 잘못된 명령 해석으로 불안정한 동작을 야기하여 안전사고를 유발할 수 있다.

클럭 오차의 예를 들어, USB 가 적용된 시스템의 경우라면 USB 표준 규격에 Low Speed USB 인 경우 1.5Mbps 기준 1.25%(12500ppm) 이하, Full Speed USB 12Mbps 기준 0.25%(2500ppm) 이하, High Speed 480Mbps 기준 0.05%(500ppm) 이하의 클럭 신호의 오차율을 요구하고 있다.
따라서, Full Speed 의 USB 를 사용한다면 2500ppm 에 타이밍 마진 2 배를 적용하여, 대략 1250ppm 이하를 목표로 하는 것이 타당할 것이다. PPM 은 /10000 을 하면 %가 되므로, 0.125% 정도의 오차율 내를 가지도록 해야 한다.
이 USB 시스템의 경우 RC 오실레이터와 같이 가격은 싸지만 오차율이 크고, 온도 등의 환경 변화에 영향을 많이 받는 클럭 회로는 사용하지 못하고, 좀 더 안정적이고 정확도 높은 크리스탈(X-TAL)을 이용한 피어스 오실레이터와 같은 클럭 회로를 사용해야 한다.

반면, UART 의 경우 2 ~ 5%의 오차율을 가져도 되므로 RC 오실레이터를 사용하여 제품의 원가를 낮출 수도 있지만, 높은 보레이트를 사용할 경우 크리스탈(X-TAL) 오실레이터를 사용하는 것이 좋다.
양산 단계에서는 다량의 제품을 생산할 시 목표 오차율에 만족하도록 하드웨어 또는 소프트웨어적인 방법으로 캘리브레이션(Calibration, 보정) 작업을 통해 오차 불량률을 줄일 수도 있다.

1.1.6. 리셋(Reset) 회로

리셋 신호는 CPU 등의 디지털 회로에게 동작을 모두 초기화하고 처음부터 시작할 것을 알리는 신호이다.

CPU 뿐 아니라 많은 디지털 IC 내부 회로 설계 시 이 리셋 신호를 기점으로 필요한 내부 디지털/아날로그 로직들을 초기화 시키도록 설계하여 완벽한 동작을 할 준비를 하므로 매우 중요한 의미를 가진다. 예를 들어, IC 의 동작에 필요한 내부 레지스터들의 초기값(Default Value)을 설정하는 등의 일을 하는데, 이는 펌웨어로 비유하자면 변수의 초기화 등과 같은 초기화 과정 정도 되겠다.

만약, 전원이 인가된 후 내부 로직이 정상 동작되지 못할 낮은 전압하에서 리셋 신호가 인가되었다면, 이 리셋 신호의 에지를 검출하지 못해 CPU 는 자체 로직의 초기화 과정을 하지 않을 수도 있다. 이처럼 리셋 동작이 제대로 이루어 지지 않는다면 초기화 과정에 문제가 생기게 되고 이는 오동작의 원인이 된다.

이 오동작은 펌웨어 오동작도 유발하며 잘못된 리셋으로 펌웨어가 말펑션(Mal Function, 의도치 않은 동작)에 빠지게 되면, 스택이 오버플로우 되어 동작 멈춤 등의 이상동작을 하거나 펌웨어에 프로그램 메모리 쓰기 함수가 포함되어 있는 경우 이 함수가 호출되어 프로그램 메모리 내의 펌웨어가 훼손되는 경우도 발생한다.

이런 오동작 문제는 실제 실무에서 생각보다 많이 일어나고, 이상 현상에 대한 디버깅 역시 쉽지 않다.

따라서, 안정적인 리셋 동작이 중요하며 이를 하기 위해서는 전원 및 클럭이 안정화되어 모든 내부 로직이 동작을 할 준비가 된 후 리셋 신호를 인가할 수 있도록 아래 그림과 같은 전원 안정화 시간이 필요하다.

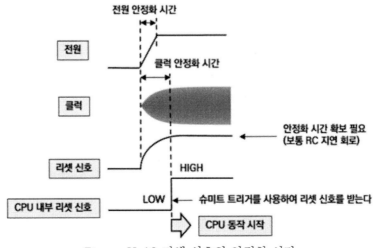

Figure V-19 리셋 신호와 안정화 시간

위 그림에서와 같이 전원이 인가되고 클럭의 발진이 시작되는데, 전원과 클럭이 모두 안정되게 공급되어야 CPU 의 내부 디지털 로직들은 정상적인 동작을 할 준비가 된다.
따라서, 안정된 전원, 클럭 이후 리셋 신호가 인가되어야 제대로 된 초기화 동작을 수행하여 정상적인 동작이 수행된다.

이렇게 전원을 OFF 상태에서 ON 할 때 발생되는 리셋을 POR(Power On Reset)이라 하며, 전원과 클럭이 안정화될 때까지의 안정화 시간 동안 리셋 신호를 지연시킬 필요가 있다.
이 시간 지연을 위하여 보통은 아래 그림과 같이 CPU 의 리셋 핀에 RC 회로를 구성하여 리셋 신호를 지연시키게 된다.

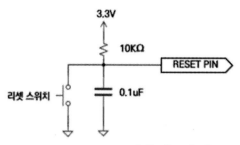

Figure V-20 RC 리셋 회로의 예

MCU 내부 리셋 로직에서 슈미트 트리거로 이 리셋 핀의 신호를 검출하는데, 이런 리셋 로직에서는 더 확실한 리셋 동작을 위하여 추가의 지연 기능이나 노이즈를 제거하기 위한 필터 기능을 가지고 있는 경우도 있다.
불안정한 전원에서의 리셋 동작의 문제는 비단 POWER ON 순간에만 문제가 되는 것이 아니라, 노이즈나 순간적인 부하의 과전류 소비로 인해 CPU 의 정상 동작 전압 범위 이하로 공급 전압이 떨어졌을 때도 문제가 된다.
이런 짧은 순간의 저전압 현상을 브라운 아웃(Brown Out)이라 하며, 이때에도 CPU 는 오동작을 할 수 있기 때문에, CPU 에 리셋 신호를 주어 다시 초기화하고 처음부터 시작할 것을 알려야 한다.
이렇게 짧은 순간의 전압 강하에 대한 검출을 한 후 리셋 신호를 주는 기능을 브라운 아웃 리셋(BOR) 기능이라 하며, 많은 MCU 들이 이 기능을 지원한다.

하지만 만약, MCU 내부에 이런 확실한 리셋 검출을 위한 리셋 회로 기능을 제공하지 않고, 리셋 핀의 RC 지연에 의한 신호에만 의존하여 동작한다면, 별도의 RESET IC 라 불리는 소자를 사용하여 안정적인 리셋 동작을 하도록 하는 방법도 있다.
이 역시도 가격과 관련되기 때문에, 저가의 솔루션에서는 간단한 RC 회로로 대응하고, 고가 또는 안전 솔루션에는 RESET IC 를 추가 장착하기도 한다.

1.1.7. 잡음 노이즈 대응

ESD/서지 노이즈 등의 과전압/과전류에 대한 회로 보호와 감전에 대한 보호, EMI 성능은 안전 편에서 살펴보도록 하고 여기서는 성능면에 관련된 비교적 크기가 작은 잡음 노이즈들에 대해 보도록 하자.

잡음 노이즈가 있는 회로는 디지털 회로에서는 신호 로직 판단의 오류뿐 아니라 클럭의 지터를 만들어 타이밍 오차가 생길 수도 있고, 아날로그 회로인 ADC 와 같은 회로에서는 전압 측정에 있어 오차가 커질 수 있다. 특히, 오디오 회로라면 노이즈때문에 음질이 좋지 않을 것이고, 피드백 시스템이라면 피드백 시스템의 노이즈로 인해 지속적인 링잉이 발생할 것이다. 이렇게 잡음 노이즈들은 시스템의 성능에 영향을 미치게 된다.

아래는 대표적으로 볼 수 있는 노이즈들과 원인 및 대응에 대한 일반적인 내용이며, 노이즈 대응의 기본은 안정적인 그라운드 구현이 가장 중요하므로, PCB 설계의 낮은 임피던스와 넓은 안정적인 그라운드가 전제가 된다.

열 잡음(Thermal Noise)

열 잡음은 저항에 전류가 통과할 때 발생되는 열에 인해 전하가 불규칙적으로 움직이며 발생하는 불규칙적인 노이즈를 의미하며, 전기/전자 시스템이라면 어디라도 존재하고 광대역 주파수에 나타난다. 특히, 전원 라인에는 수십 mV ~ 수백 mV 의 열 잡음 노이즈가 존재한다.
이렇기 때문에 사실상 열 잡음을 없애기는 힘들지만, 저항이 크고 전류가 높을수록 열 잡음이 크게 나타나는 특성을 감안하면, PCB 설계에서 전류가 많이 흐르는 곳 특히, 전원/그라운드 패턴을 굵고 짧게 배선하여 저항 성분을 줄이는 것이 도움이 된다.

저주파 리플 노이즈

리플 노이즈는 물결 모양의 주기를 가진 노이즈를 말하는 것으로, 저주파 리플 노이즈는 평활 회로에 의한 전원 노이즈에서 많이 발생된다. 시스템 내 모든 회로의 에너지원으로 쓰이는 전원의 노이즈는 미치는 영향도 광범위하므로 매우 중요하다.
이런 이유로 리플을 줄이기 위하여 충분한 용량의 커패시터를 선정하도록 하며, 필요하다면 전원의 입구에 LC 저주파 통과 필터나 비드의 장착을 통해 저감시킨다. 이에 대해서는 상용 전원 회로편의 평활 회로에서 살펴볼 것이다.

고주파 노이즈

 디지털 시스템 내에서 생성되는 고주파 노이즈는 보통 CMOS 편에서 본 것과 같이 디지털 회로의 스위칭 동작에서 많이 발생되며, 배선 간의 간섭 노이즈(크로스토크), 신호의 오버 슈트 및 링잉 등이 원인이 된다.

 이들 고주파 노이즈는 클럭(펄스) 주파수의 하모닉(정수배) 성분으로 많이 나타나며 비교적 크기가 작다는 것이 특징이다.

 이 중 IC 내의 디지털 스위칭 노이즈에 대한 대응은 디커플링 커패시터나 LC 필터, 비드를 사용하여 저감할 수 있다. 보통은 디커플링 커패시터를 디지털 IC 의 전원 핀에 사용하여 전원 라인의 임피던스를 낮추는데, 기본은 주파수 특성이 좋은 커패시터를 사용하는 것이다. 이런 이유로 MLCC 커패시터가 많이 사용된다.

 PCB 설계에서는 디커플링 커패시터나 사용된 필터를 IC 의 전원 핀에 최대한 가깝게 배치하고, 짧고 굵은 배선을 통하여 전류 루프를 작게 하여 IC 내의 스위칭 노이즈가 보드 전체로 전도되지 않도록 한다.

IO 부하 구동 노이즈

 보통 부하 구동 노이즈는 1MHz 이하의 저주파 노이즈로 노이즈의 크기가 비교적 크다. 스위칭 레귤레이터의 스위칭 노이즈도 이에 포함한다.

 노이즈 편의 부하의 종류에서 보았던 것처럼, 부하 제어의 스위칭 동작에서 발생될 수 있는 노이즈는 30% 이하로 제거하도록 설계한다.

 특히, 모터, 릴레이 등의 인덕턴스 부하의 경우 역기전력 제거를 위하여 Flywheel 다이오드 또는 스너버 회로는 필수이며, IO 부하로 공급되는 전원에는 디커플링 커패시터의 사용으로 노이즈가 시스템 내 다른 블록으로 전달되는 것을 방지해야 한다.

 PCB 설계에서는 노이즈 전류 루프는 최대한 짧게 하고, 안정적인 그라운드를 구현하여 외부로 전도되는 노이즈를 작게 해야 하는데, 이에 대해서는 PCB 설계 규칙 편에서 살펴보도록 할 것이다.

 이처럼 안정적인 그라운드와 디커플링 커패시터의 사용은 노이즈 대응에서 없어서는 안되는 중요한 요소이다.

1.2. 회로 안정성

시스템의 안정성(Stability)이란 어떠한 상황이라도 신호가 발진 또는 발산하지 않고 수렴하는 상태를 말하는 것으로 시스템 이론 편에서 살펴보았다. 대표적으로 시스템의 주파수 영역에서 상대적 안정성을 판단할 수 있는 위상 마진(Phase Margin)과 이득 마진(Gain Margin)이 있다.

아래 그림과 같이 전기 전자 시스템 내 수많은 RLC 성분들로 인해 생기는 공진 주파수들은 위상 마진을 줄여 시스템의 안정성을 저하시키기 때문에, 공진 주파수들을 높게 하거나, 공진점들의 크기를 낮추어 전체 시스템의 안정성을 강화하는 것이 회로 설계와 PCB 설계의 목표가 된다.

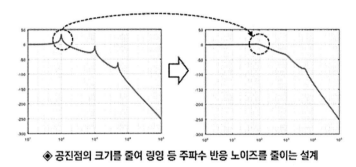

◆ 공진점의 크기를 줄여 링잉 등 주파수 반응 노이즈를 줄이는 설계

Figure V-21 시스템의 설계 목표

일반적인 경우 전기/전자 시스템에서 주파수 영역의 위상 마진을 측정하거나 공진 주파수를 측정하기 어렵기 때문에, 주파수 영역의 위상 마진 PM 과 관련된 시간 영역의 오버슈트와의 관계로 허용할 수 있는 최대 오버 슈트에 대한 규칙을 도출하기로 한다.

결국, 시간 영역에서 시스템 내 각 부분들의 오버슈트와 링잉을 줄이는 설계는 위의 주파수 영역의 공진점들을 낮추는 설계의 의미와 동일하며, 이는 시스템의 안정성을 강화하는 의미를 가진다.

1.2.1. 최대 허용 오버슈트(Maximum Overshoot)

전기/전자 시스템에서 전기 신호의 큰 오버슈트와 링잉은 소자들의 정격과 신호의 송/수신 규격, EMI/EMC 성능 등의 동작에 관련되어 오작동이 일어날 수 있다. 따라서, 안정된 시스템을 개발하기 위해 어느 정도 크기의 오버슈트와 링잉까지 허용할 것인가라는 규칙이 필요하다.

여기에서는 디지털 시스템에서 허용 가능한 오버슈트는 최대 30%로 하고, 언더슈트는 최대 15%를 규칙으로 할 것이다. 따라서, 회로 내 30%의 오버슈트를 넘어가게 되면 불안정하다고 판단하고 대응 회로를 통해 이 이내로 발생할 수 있도록 설계 수정이 필요하다.

가. 30%의 허용 오버슈트

아래는 시스템의 안정성 편에서 살펴본 계단 응답에 대한 위상 마진(Phase Margin)과 감쇠비(Damping Ratio) ζ 와의 관계이다.

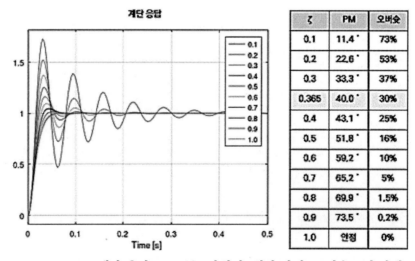

ζ	PM	오버슛
0.1	11.4°	73%
0.2	22.6°	53%
0.3	33.3°	37%
0.365	40.0°	30%
0.4	43.1°	25%
0.5	51.8°	16%
0.6	59.2°	10%
0.7	65.2°	5%
0.8	69.9°	1.5%
0.9	73.5°	0.2%
1.0	안정	0%

Figure V-22 계단 응답으로 보는 감쇠비, 위상 마진, 오버슈트의 관계

위 표의 위상 마진 PM 과 오버슈트와의 관계로 시스템 내에서 허용될 수 있는 최대 오버 슈트, 링잉 등의 제한에 대한 규칙을 도출하기로 한다.

시스템의 사용환경 및 노후화 또는 전기적 충격 등으로 인한 시스템의 이득 변화와 같은 특성 변화에 대해서도 안정성을 유지하기 위하여 위상 마진(Phase Margin)의 40°에 해당하는 계단 응답의 오버슈트 30% 이하로 설계하는 것을 규칙으로 한다.

하지만, 계단 응답에서 보듯이 감쇠비(Damping Ratio) ζ가 커질수록 위상 마진이 커지며 오버슈트는 없어져 시스템이 안정적이라 할 수 있지만, 상승 시간이 느려져 응답 속도에 악영향을 주고 이는 정확한 타이밍으로 신호를 전달해야 하는 디지털 시스템에서는 오동작으로 이어질 수 있다. 또는, 부하의 순간적인 전류 소비가 변화하더라도 바로 반응하여 정전압을 유지해야 하는 레귤레이터와 같은 경우에는 부하의 변동과 같은 외란에 대한 응답 속도가 느려져 성능이 떨어지는 시스템이 된다.

이렇게 성능과 안정성은 상충 관계 즉, 하나를 좋게 하면 하나가 나빠지는 관계이므로 최선의 선택을 해야 하는 문제이다.

나. MCU GPIO 포트로 보는 30% 허용 오버슈트

앞에서 2 차 시스템의 안정성과의 관계로 정한 전기/전자 시스템에서 30% 허용 오버슈트가 가지는 의미에 대해서는 다른 측면으로도 생각해 볼 수 있다.
아래 그림과 같이 IC 포트 또는 GPIO 포트는 보통 ESD 전기적 충격에 대한 보호를 위해 내부에 클램핑 다이오드 회로를 가지고 있다.

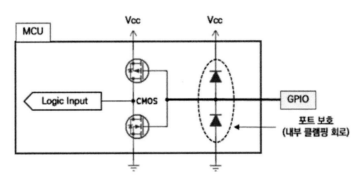

Figure V-23 GPIO 의 클램핑 다이오드

이렇게 IC 내부에 사용되는 클램핑 다이오드들은 4 ~ 20mA 정도로 정격 전류가 매우 낮기 때문에 지속적인 과전류가 흐르면 손상될 수 있는데, 이는 해당 데이터시트의 Injection Current 항목에서 확인할 수 있다.
이런 이유로 내부 클램핑 다이오드에 과전류가 흐르지 않도록 하는 설계가 필요하며, 이 클램핑 다이오드들의 Forward Voltage V_F 를 1V 로 했을 때, 비교적 긴 시간의 과전압 신호는 V_{CC} + 1V 보다 작아야 클램핑 다이오드로 흐르는 전류가 없어 전기적으로 안전할 것이다.
즉, 전원 V_{CC} 가 3.3V 일 때 약 1.3 배 정도되는 전압 이하가 되도록 해야 하는데, 허용 오버슈트 30%에 해당한다고도 볼 수 있다.
또는 디지털 통신 측면에서 보자면, 이 30%의 허용 오버슈트는 CMOS 디지털 회로의 노이즈 마진 내 동작을 만족하기 위한 기준이라고도 할 수 있다.

1.2.2. 소자의 오차율과 안정성

앞 장에서 소자의 선택 기준에 대해 회로의 성능과 관련된 소자의 오차율에 대해서 살펴보았
었다.

이번 장에서는 이런 오차율이 회로의 안정성, 즉 오버슈트의 크기에도 영향을 줄 수 있다는
점을 이해하도록 한다. 이는 소자의 오차율뿐 아니라, 시스템의 특성 변동이 안정성에 미치는
영향과도 같다.

가. 오차율과 허용 오버슈트

오차율이 오버슈트에 미치는 영향을 익숙한 RLC 필터 회로를 통해 알아본다.

노이즈 편의 링잉 해석에서 디지털 신호 회로에 대해 아래와 같이 집중 정수 모델인 RLC 회
로로 모델링하였다.

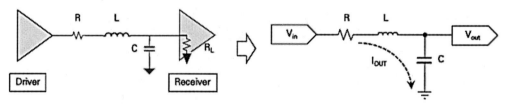

Figure V-24 RLC 신호 모델

위의 RLC 회로에 대한 전달함수는 아래와 같다.

$$H(s) = \frac{V_{OUT}(s)}{V_{IN}(s)} = \frac{1}{LCs^2 + RCs + 1} = \frac{\frac{1}{LC}}{s^2 + \frac{R}{L}s + \frac{1}{LC}}$$

전달함수를 2 차 표준 형식에 맞추면 공진 주파수와 감쇠비 ζ가 아래와 같이 구해질 수 있다.

$$\omega_n = \frac{1}{\sqrt{LC}} \cdot \quad \zeta = \frac{R}{2}\sqrt{\frac{C}{L}}$$

ㄱ. 오차율에 따른 감쇠비 ζ 변화

소자 또는 PCB 환경의 오차율은 시스템의 이득 변화를 일으키고, 감쇠비 ζ와 안정성에도
영향을 준다.

일반화된 회로 규칙을 세우기 위하여 오차율(Tolerance) ±10% 이내의 소자들이 노후화 또는 온도 등의 환경적인 요인으로 인해 변화율 ±10% 정도가 일어날 수 있다는 가정으로, 최대 ±20% 오차율에 대한 감쇠비 ζ 의 변화에 대해 살펴보면서, 이를 통해 특성치들의 오차율과 변동률이 시스템의 안정성에 영향을 미칠 수 있음을 이해해 보도록 한다.

총 오차가 ±20%일 때 감쇠비 ζ가 가장 작아질 수 있는 조건, 즉 위상 마진(Phase Margin)이 가장 작아지는 조건은 저항 용량이 20% 감소, 커패시턴스 용량이 20% 감소, 인덕턴스 용량이 20% 증가한 아래와 같은 경우 일 것이다.

$$\frac{0.8R}{2}\sqrt{\frac{0.8C}{1.2L}} = 0.65\zeta$$

즉, ζ = 1에 맞춰 오버슈트가 하나도 없는 임계영역의 시스템을 설계했다 하더라도, 부품의 20%의 용량 변화로 인하여 최악의 경우 ζ = 0.65가 되어 오버슈트와 링잉이 발생될 수 있다. 물론, 위와 같이 RLC 용량값들이 모두 위의 조건으로의 변화는 거의 불가능하겠지만, 최악의 경우로 가정하도록 한다.

이 0.65ζ에 대해 안정된 시스템의 조건으로 정한 최소 위상 마진 40˚에 해당하는 ζ = 0.365보다 크기 위한 최소의 ζ를 계산해보면 아래와 같다.

$$0.65\zeta \geq 0.365 \ \rightarrow \zeta \geq 0.56$$

즉, ζ는 0.56 보다 크게 설계하면, ±20%의 오차에도 발진/발산하지 않고 오버슈트가 30%를 넘지 않는 안정한 시스템을 유지할 수 있다.

ㄴ. 소자 오차율/변화율을 고려한 허용 오버슈트

앞에서 본 감쇠비/위상 마진의 관계 그래프인 계단 입력 응답 그래프에서 보면 ζ = 0.56일 때 약 12%의 오버슈트까지 허용된다. 즉, 현재 12%의 오버슈트가 발생되고 있다고 할지라도, 최악의 경우 오차율을 포함한 20%의 용량 변화가 발생되었을 때 최대 30%의 오버슈트가 발생된다.

따라서, 앞서 세운 30%의 오버슈트 한계에 맞추기 위하여 사용 시스템의 오차율과 관련하여, 실제 설계에서의 신호에는 좀 더 작은 오버슈트가 있어야 함을 알 수 있다.

이런 이유로 시스템 내에서 정상 동작에서 발생될 수 있는 최대 오버슈트는 5% ~ 10%이내가 되도록 설계하는 것이 일반적이다. 이 중 5%의 오버슈트는 감쇠비 ζ = 0.707 정도에 해당하며 링잉이 없는 조건이기 때문에, 많은 경우 오버슈트가 5% 이내가 되도록 설계한다.

　고속의 디지털 신호에서 이런 오버슈트 및 링잉은 임피던스 부정합(미스매칭) 및 PCB 패턴의 인덕턴스의 증가 등이 원인이 될 수 있으므로, 회로 설계 단계에서만 계산하여 설계하기 어렵다.

　따라서, 이들이 발생할 수 있는 민감한 회로를 최대한 예측하여 댐핑 저항, 커패시터, 필터 등의 대응 회로 자리를 확보한 회로 설계를 한 후 보드 제작 후 각 신호들의 측정을 통해 튜닝을 진행할 수 있는 여지를 두는 방법도 수정을 줄일 수 있는 좋은 방법이 될 수 있다.

나. 오차율과 타이밍 마진(Timing Margin)

　타이밍 마진이란 디지털 통신을 할 때 신호를 정확하게 주고받을 수 있도록 약속된 Rising Time, Setup Time, Hold Time 등의 타이밍 요구 조건에서 신호에 얼마나 시간적 여유가 있는가를 의미한다.

　여기에서는 오차율이 이 타이밍 마진에도 영향을 미칠 수 있다는 것을 살펴보도록 한다.

　앞에서는 용량 변화로 인해 감쇠비 ζ가 작아져 안정성이 저하되는 경우에 대해 살펴보았다. 이처럼 감쇠비 ζ가 작아지면, 오버슈트가 커지지만 상승 시간(Rising Time)은 줄어들기 때문에 오히려 타이밍에 대한 문제가 없을 수도 있다.

　하지만, 반대로 감쇠비 ζ 가 커지는 방향의 용량 변화도 생각해 볼 수 있는데, 이때 안정성은 강화되지만 응답이 느려지기 때문에 신호 전달에 대한 타이밍 문제가 발생된다.

　앞에서와 마찬가지로, 부품의 용량이 오차율과 환경적 요인으로 20%의 변화를 보인다고 할 때, 2 배 정도의 상승 시간 지연이 생길 수 있다.

　따라서, 타이밍 마진은 신호 상승 지연이 최대 2 배 느려져도 요구되는 통신 규격내에서 안정적인 신호 전달이 되도록 규칙으로 두고 설계를 진행하도록 한다.

　회로 설계의 많은 부분에서 IC 포트 보호 또는 링잉 제거 등을 위한 목적으로 풀업/풀다운/직렬 저항 등을 사용한 보호 회로를 사용한다. 이때 얼마의 저항 용량으로 설계할 것인가, 이 저항으로 인해 얼마간의 신호 지연이 발생할 것인가를 예측해야 하며, 이 신호 지연에 대해 타이밍 마진 기준에 부합하는가를 판단하면 된다.

　아래 그림과 같이 신호의 1/4 주기에서 데이터를 취득하는 통신 시스템의 경우를 생각해 보자.

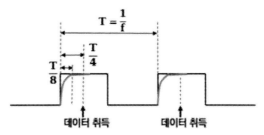

Figure V-25 최소 타이밍 마진

 예를 들어, 직렬 댐핑 저항을 회로에 삽입하였다고 한다면, PCB 배선과 IC 패드에 생성되는 부유용량 등 통신 선로 상의 커패시턴스 C 와의 RC 지연에 의한 신호 지연은 통신 주파수의 1/8 주기에 5 타우(시정수)가 들어오도록 하면, 용량 변화로 인한 최대 2 배의 지연에도 대응할 수 있는 충분한 타이밍 마진을 가지고 있다고 생각할 수 있다.
 일반적으로 PCB 배선과 IC 패드에 생성되는 부유용량 C 는 6 ~ 10pF 정도로 두는데, IC 내부의 커패시턴스가 크다면 이 또한 고려가 되어야 할 것이다.

 만약, 회로 계산 또는 실제 신호 측정을 통한 결과 RC 시정수(Tau)가 100ns 라면, 5 타우인 500ns 가 통신 주기 1/f 의 1/8 주기 이하가 되면 되므로, 아래와 같이 계산될 수 있다.

$$500\text{ns} \le \frac{1}{8} \times \frac{1}{f} \rightarrow f \le \frac{1}{500\text{ns} \times 8} = 250\text{KHz}$$

 250KHz 까지의 통신 속도에서는 부품의 20%의 용량 변화율의 영향에도 안정적으로 통신이 가능하다 할 수 있다.

1.3. 회로 안전성

노이즈 편의 EMC/EMI 인증에서 살펴본 바와 같이 시스템은 과전압 및 과전류 노이즈에 대해 안정적이고, 안전한 동작을 보증해야 한다. 이는 과전압/과전류로 인한 사고에서 시스템 보호와 인체 감전 및 화재에 대한 안전, 다른 시스템의 보호(EMI)까지 포함하여 설계되어야 한다는 것을 의미하며, 전기/전자 시스템 특성상 안전 항목은 가장 중요하다 할 수 있다.

이를 위해 차폐, 보호 소자 사용 및 필터링, PCB 설계 최적화, 적절한 정격의 소자 선택, 접지 설계, 모듈화 및 격리 등의 다양한 방법들을 적용하여 외부 정전기 방전(ESD), 과전압 및 과전류 노이즈로 부터 시스템을 보호해야 하고, 테스트 및 인증을 통해 검증해야 한다.

여기에서는 앞에서 세운 디지털 시스템 내 최대 허용 오버슈트 30%를 규칙으로, 이 최대 오버슈트에 대해서 정상 동작을 유지할 수 있도록 회로 설계 규칙을 정해 보도록 한다.

아래 그림은 이에 맞도록 정한 설계 규칙의 예이다.

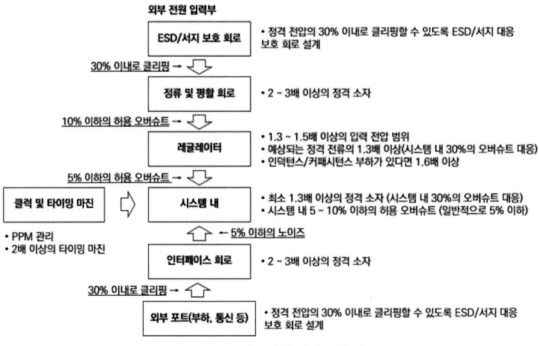

Figure V-26 회로 설계 정격 규칙 예

1.3.1. 오버슈트 규칙과 소자의 정격 선정

회로 내의 소자 보호에서 가장 중요한 것은 소자의 정격을 충분히 여유 있게 설계하고, 부품을 선정하였는가 이다. 물론 정격 마진은 높을수록 좋겠지만, 과도한 정격을 가진 소자의 사용은 가격의 상승과 크기의 증가뿐 아니라 응답 성능이 낮은 경우가 많다.

따라서, 시스템을 분석하여 적절한 정격 마진 규칙을 정하도록 해야 하는데, 여기서는 일반화된 규칙을 세워 보기로 한다.

가. 시스템 내부 회로 소자의 정격

앞에서 최대 오버슈트 30% (신호 전압 또는 전류의 1.3 배)로 규칙을 정했으므로, 이에 맞는 정격을 가진 소자를 선정하여 설계되어야 한다.

디지털 반도체 IC 는 오차율 및 변화율이 작기 때문에, 30%의 오버슈트 대응에 대해 딱 1.3 배의 정격 전압/정격 전류로 선정하여 사용하기도 한다.

하지만, 앞 장에서 규칙을 만들면서 수동 소자의 허용 오차를 포함한 용량 변화율을 ±20%로 가정했는데, 일반적으로 용량의 감소는 정격의 감소와도 연관된다. 특히 커패시터와 같은 수동 소자는 용량의 변화에 따라 정격 내압도 저하되므로, ±20%의 오차율을 정격을 선정하는데 적용해 주도록 한다.

이런 이유로 일반적으로 디지털 시스템 내 소자들의 정격 전압과 정격 전류는 최소 1.3/0.8 = 약 1.6 배 이상 마진을 두어 소자를 선정한다.

나. 전원 회로 및 외부 연결부 소자의 정격 마진

여기서는 전원 또는 통신 신호선과 같이 외부와 연결되는 회로에 대해서 생각해 보자.

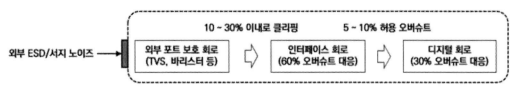

Figure V-27 ESD/서지의 30% 이하 클리핑

인터페이스 회로는 전원 회로, 통신 회로, 아날로그 센서 입력 회로 등 외부와 연결되는 회로를 의미한다.

이 인터페이스 회로를 거친 내부 회로로 전달되는 신호는 반드시 최소 5 ~ 10% 이하로 클리핑하여 내부 디지털 시스템으로 전달되도록 하여 내부 시스템을 보호해야 한다.

이런 인터페이스 회로에 연결되는 외부 장치는 같은 규칙으로 설계된 시스템으로 가정하면, 받는 신호에는 최대 30%의 오버슈트가 포함될 수 있다. 이는 인터페이스 회로 자체의 30% 최대 오버슈트와의 합으로 최대 60%의 오버슈트에 대응할 수 있어야 한다고 표현할 수 있을 것이다.

또한, EMC 편에서 외부로 연결되는 모든 도전성 포트에는 수 KV 이상의 ESD 와 서지 노이즈에 대한 보호 회로가 반드시 필요하다는 것을 보았었다. TVS 등의 보호 소자를 사용하여 외부 수 KV 이상의 노이즈를 정격 전압의 10% ~ 30% 이내로 클리핑하여 인터페이스 회로에 전달함으로써 최대 60%의 오버슈트 규칙을 유지할 수 있다.

이는 비단 외부 서지 노이즈의 클리핑뿐만 아니라, 노이즈 편에서 보았던 인덕턴스 부하, 커패시턴스 부하에서 발생되는 노이즈 역시 30% 이하로 제한하자 했던 이유이기도 하다.

위와 같은 이유로 전원 회로 또는 외부와 연결되는 회로의 소자들은 허용 오버슈트를 60%로 두어 이에 대응 가능하도록 설계한다.

따라서, 인터페이스 회로 소자의 정격은 오버슈트 60%에 대응할 수 있도록, 전원 또는 외부 연결부 소자들의 정격 전압과 정격 전류는 최소 1.6 배 이상, 용량 변화율을 염두해서는 1.6/0.8 = 2 배 이상 마진을 두어 사용하도록 한다.

다. 회로 성격에 맞는 정격의 사용

앞에서 디지털 회로, 전원 회로, 인터페이스 회로의 일반화된 정격 규칙의 예를 들었지만, 회로 특성상 이런 일반적인 규칙을 적용하지 못하는 경우가 있다.

예를 들어, 큰 역기전력이 발생하는 코일인 릴레이, 모터와 같은 인덕턴스 부하 제어 회로의 경우 역기전력 제거용 Flywheel 다이오드를 장착했더라도 역기전력 제거의 지연을 고려하여, 역기전력 발생 부분과 맞닿아 있는 소자는 더 높은 정격을 사용해야 하는 경우가 그런 경우이다.

이런 경우 일반적으로 2 ~ 3 배 이상의 정격을 가진 소자를 사용하지만, 고전력인 경우에는 5 ~ 10 배의 최대 전압을 가진 소자들을 사용해 주는 것이 안전하다.

1.3.2. 커패시터 소자의 용량 및 정격 마진 선택

전자 제품이 노후화될수록 불량 및 성능 열화가 발생되는데, 커패시터 종류의 선정, 내압/용량의 선정이 잘못되어 발생되는 경우가 많으므로, 커패시터의 내압과 용량의 선정에는 매우 신중해야 한다.

이에 커패시터 소자의 정격 선정에는 앞에서 정한 일반화된 규칙을 사용하지 않고, 아래의 규칙들을 사용하도록 한다.

가. 탄탈/전해 커패시터의 내압 및 용량

알루미늄 전해 커패시터의 경우에는 시간이 흐르면서 용량이 70%까지 감소되므로 이 부분을 감안하여 설계하도록 한다. 따라서, 알루미늄 전해 커패시터 용량 자체를 설계 용량보다 1.3 배 이상 큰 것으로 사용하도록 하며, 용량이 크면 클수록 좋은 평활 회로와 같은 전원 안정 회로에 사용한다.

알루미늄 전해 커패시터는 용량이 감소되며 정격 내압 또한 감소되므로, 안전을 위하여 정격 내압은 회로 내에서는 2 배 이상의 내압, 전원 회로 및 외부 연결 회로에서는 2.5 배 ~ 3 배 이상의 내압 마진을 갖도록 한다.

탄탈 커패시터의 경우 시간에 따른 용량 감소가 5% 미만으로 상대적으로 작지만, 탄탈 커패시터와 MLCC 커패시터의 경우에는 파손되면 쇼트가 되어 과전류가 흘러 주변 회로 파손 및 화재 등의 위험이 있으므로 충분한 내압을 가지도록 해야 한다.

따라서, 안전을 위하여 정격 내압은 앞에서 정한 정격에 1.5 배 정도의 안전계수를 더 적용하여, 회로 내에서는 2 배 이상의 내압, 전원 회로 및 외부 연결 회로에서는 3 배 이상의 내압 마진을 갖도록 한다.

이렇게 최소 정격의 규칙을 정했지만, 전원 회로에 사용되는 커패시터의 내압은 높을수록 안전하므로 충분한 마진을 가지고 설계하도록 한다.

나. MLCC 적층 세라믹 커패시터

MLCC 적층 세라믹 커패시터는 적층을 하여 만들어져 작은 크기로 큰 커패시턴스 용량이 가능하고, 주파수 특성이 좋기 때문에 소형의 디지털 회로에서 가장 많이 사용하는 커패시터이다.

MLCC 커패시터의 종류는 온도 특성 및 용량 변화가 작은 Class1 과 일반 사용 용도인 Class2 로 나뉠 수 있다.

Class1 MLCC 은 C0G, NP0 와 같은 이름이 붙으며, 용량 변화율이 작은 대신 가격이 상당히 비싸기 때문에 오차율 및 변화율이 작아야 하는 클럭 또는 필터와 같은 정밀 회로에 사용된다.

Class2 MLCC 는 X5R, X7R 등과 같은 이름이 붙으며, 일반 회로에 많이 사용하게 되는 소자로 사용 시간, 온도, DC Bias 에 따른 용량 변동이 크다는 단점이 있다. 이름의 X 는 사용 최저 온도 -55°C 를 의미하고, 5 와 7 은 최고 온도 85 °C, 125 °C 를 의미한다. 마지막 R 은 온도에 따른 오차 범위 ±15%를 의미한다.

이 Class2 MLCC X5R/X7R 에 대한 MLCC 선정 규칙을 세워보도록 하자.

① 사용 시간에 따른 MLCC 커패시터의 용량 감소

아래는 SAMSUNG ELECTRO-MECHANICS 의 Class2 MLCC 특성표이다

Class2 MLCC 는 아래 그림과 같이 사용 시간이 길어 짐에 따라 20% ~ 70%의 용량 감소가 있을 수 있다. 즉, 10uF 이던 것이 사용 시간이 길어질 수록 3uF 까지 용량이 줄어들 수 있는 것이다.

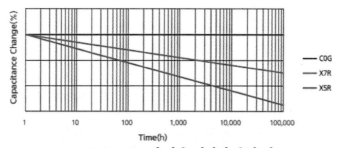

Figure V-28 MLCC 의 사용 시간과 용량 감소

이는 제조사별로 편차가 심하므로 데이터시트를 참조하여야 하는데, 데이터시트에서 참조하기 어려울 경우, 3 배 이상의 커패시터 용량을 사용하던지 30%까지 줄어 들더라도 회로 기능에 문제가 없는 용도인지 확인해야 하며, 허용되지 않는 경우 특히 클럭, 필터 등의 주파수 특성이 중요한 곳에 사용할 경우에는 Class1 타입의 MLCC 또는 마이카 커패시터 등으로 변경사용해야 한다.

② DC 바이어스(Bias)에 따른 MLCC 커패시터의 용량 감소

Class2 MLCC 는 DC 바이어스 즉, DC 를 인가했을 때 전압 감도에 민감하고, 제조사 마다 특성이 다르기 때문에 선택에 조심해야 한다.

아래는 SAMSUNG ELECTRO-MECHANICS 의 X5R 10uF, Rated Voltage 6.3V 의 MLCC 특성을 나타낸 그림이다.

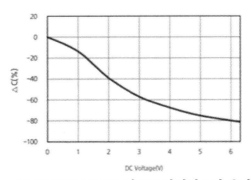

Figure V-29 X5R MLCC 의 DC 바이어스와 용량 감소

위의 그래프를 보면 정격 전압 6.3V X5R MLCC 에 DC 5V 인가 시 커패시터의 용량이 70% 이상 감소하는 것을 볼 수 있다.

이 그래프로 봤을 때 DC 바이어스로 인한 커패시터의 용량 감소 영향을 10% 정도로 최소화하기 위해서는 MLCC 내압이 신호 전압보다 최소 10 배 정도 되어야 한다는 것을 알 수 있다.

이 DC 바이어스 특성은 특히 커패시터의 패키지가 작을수록, 커패시터 용량이 높을수록 감쇄율이 크므로, 자세한 내용은 커패시터의 데이터시트를 참조하도록 한다.

다. 커패시터의 허용 리플 전류

커패시터 선정에서 또 하나 중요하게 생각되어야 하는 것이 허용 리플 전류이다.

앞서 살펴본 정격 전압은 커패시터의 절연 파괴와 관련된 내압과 관련되었다면, 허용 리플 전류는 커패시터를 관통하는 전류가 기생 저항 ESR 에서 소비되는 전력 $P = I^2 \times ESR$ 에 따른 발열과 관계가 있다.

이 허용 리플 전류보다 큰 전류가 일정 시간 이상 흐르게 된다면 열로 인해 커패시터의 수명이 단축되고 심한 경우 파손되기 때문에 당연히 안전에 관련된 문제가 되며, 커패시터의 용량이 줄어들어 성능이 저하되는 문제가 생긴다. 특히, 알루미늄 전해 커패시터는 수명이 열에 민감하기 때문에 더욱 중요하다.

보통 허용 리플 전류는 DC 시스템에서는 리플이 작아 크게 신경 쓰지 않지만, AC 정류/평활 회로, 스위칭 레귤레이터, 외부와 연결되는 회로에서와 같이 지속적인 리플이 발생하는 회로의 경우 커패시터의 리플 전류는 중요한 고려대상이 된다.

아래에서 커패시터의 ESR 에 흐르는 전류와 리플 전류의 계산 방법에 대해 살펴본다.

① 커패시터 관통 전류

커패시터는 DC 는 막고 AC 는 통과시키는 특성을 가지므로, 커패시터를 관통하여 지나가는 전류는 AC 전류다. 실제 관통한다기 보다 커패시터가 충/방전하면서 흐르는 전류다. 아래는 주파수에 따른 커패시터의 임피던스를 나타낸 그림이다.

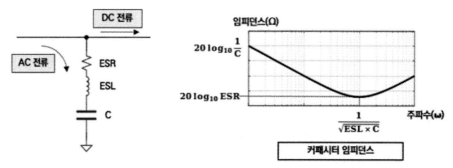

Figure V-30 커패시터 전류와 임피던스

위의 그림에서 보듯이 SRF 자기 공진점 이후 임피던스가 상승되지만, 100KHz 이하에서는 작은 값의 ESL 은 무시하고 리플 전류를 계산한다. 여기에서도 계산상의 편의를 위하여 ESL 은 무시하고 보도록 한다.

커패시터의 임피던스는 $1/j\omega C$ 로 AC 주파수에 의존적이므로, 커패시터 데이터시트 상의 허용 리플 전류는 $2.2A_{RMS}@10KHz$ 과 같이 특정 정현파 주파수에 대한 RMS 허용 전류로 표기된다.

② RMS 리플 전압 V_{RMS} 계산

V_{RIPPLE} 은 리플 전압의 Peak-Peak 전압으로 신호 측정을 통해 알 수 있으며, 정현파로 가정한다. 정현파이므로 실효값 RMS 는 아래와 같이 구할 수 있다.

$$V_{RMS} = \frac{V_{RIPPLE}}{2} \times \frac{1}{\sqrt{2}}$$

③ ESR 과 임피던스의 계산

커패시터의 ESR 은 고정된 값이 아니라, 주파수에 따라 비선형적으로 감소되며 커패시터의 데이터시트에 명기된 DF 계수로 계산 가능하다

DF(Dissipation Factor)는 전류가 커패시터를 관통하며 생기는 손실 전력이 대부분 열로 소비되는 것과 관련된 계수로 열발산 상수라고 부른다. 이 DF 는 커패시터의 ESR 과 리액턴스를 관련지어 아래와 같은 관계 함수로 정의되며 데이터시트 상에 %로 표시된다.

$$ESR = DF \times |X_C|$$

X_C 는 커패시턴스의 리액턴스로 아래와 같다.

$$X_C = \frac{1}{j\omega C}$$

100KHz 이하에서 ESL 은 무시하기로 했으므로, 커패시터의 임피던스는 아래와 같이 계산될 수 있다.

$$|Z_C| = \sqrt{(X_C)^2 + (ESR)^2} = \sqrt{\left(\frac{1}{\omega C}\right)^2 + \left(\frac{DF}{\omega C}\right)^2}$$

④ RMS 리플 전류와 전력 계산

결국, 커패시터를 관통하는 리플 전류는 아래와 같이 구해질 수 있다.

$$I_{RMS} = \frac{V_{RMS}}{|Z_C|}$$

커패시터에서 소비되는 전력은 아래와 같이 구해진다.

$$P_{RIPPLE} = V_{RMS} \times I_{RMS}$$

⑤ 데이터시트 상의 허용 리플 전류와 비교 선정

만약, 커패시터의 데이터시트에 표기된 허용 리플 전류가 위의 리플 주파수와 다르다면, 예를 들어 실제 리플 주파수는 10KHz 인데 데이터시트에는 100KHz 기준으로 명기되어 있다면 아래와 같이 비교할 수 있다.

위에서 구한 리플 전류에 대한 전력이 100KHz 에서의 커패시터 임피던스에서 소비될 때 견딜 수 있는가로 근사하여 판단 기준을 삼을 수 있다.

$$P_{RIPPLE} = I_{RMS\_100KHZ}^2 \times |Z_{C@100KHZ}|$$

로 표현할 수 있으므로, 100KHz 에서의 임피던스 $|Z_{C@100KHz}|$를 구한 후 아래와 같이 구한 I_{RMS_100KHz} 를 데이터시트의 리플 전류와 비교하여 커패시터를 선정할 수 있다.

$$I_{RMS\_100KHZ} = \sqrt{\frac{P_{RIPPLE}}{|Z_{C@100KHZ}|}}$$

물론, 측정의 어려움이 문제가 아니라면 커패시터의 리플 전류를 직접 측정한 후 충분한 마진을 두고, 허용 리플 전류에 맞는 커패시터를 선정하는 것이 가장 좋은 방법일 것이다.

이렇게 커패시터를 선정한 후 시스템 구동 시 커패시터의 온도 상승이 10 ~ 20°C 이내라면, 보통은 안전하다고 판단할 수 있다.

AC 정류/평활 회로에서의 입력 커패시터에 대한 허용 리플 전류 선정은 상용 전원 편의 평활 회로에서 살펴볼 것이다.

1.3.3. 디지털 IO 의 보호

앞서 살펴봤듯이 외부와 연결되는 디지털 I/O 를 보호하기 위해서는 정전기 방전(ESD) 보호, 과전압 및 과전류 보호, 필터링, 전기적 격리 등의 다양한 방법을 적용해야 한다.

여기에서는 시스템 내에서 I/O 싱크/소스 전류의 정격에 대한 보호 설계에 대해서 살펴보도록 한다.

가. 출력 IO 의 소스/싱크 정격 전류

GPIO 의 소스/싱크 정격 전류는 내부 CMOS 회로의 MOSFET 의 정격과 관련이 있다. 아날로그 포트와 겸용인 IO 를 제외하면 보통 20mA 정도의 소스/싱크 전류가 정격인 경우가 많다.

예를 들어, GPIO 의 싱크 전류를 사용하여 LED 를 구동하는 경우와 같이 부하를 직접 구동할 경우 더 높은 싱크 전류의 사용은 IO 내부 MOSFET 의 파손을 초래할 수 있기 때문에 이 소스/싱크 정격 전류 내에서 사용할 수 있도록 설계되어야 한다.

앞에서 세운 반도체 IC 외부 회로에서 발생할 수 있는 최대 오버슈트 1.3 배의 마진을 고려하여 소스/싱크 전류가 20mA 라면, 소스/싱크 전류의 최대 사용 전류는 20mA/1.3 = 16mA 를 목표로 설계하는 것을 규칙으로 할 수 있다.

이렇게 소스/싱크 정격 전류 내에서 이런 충분한 마진을 가지고 설계했음에도, 직접적인 GPIO 로의 부하 구동은 IC 내부에 발열을 일으키게 되어 IC 의 노이즈를 증가시키기 때문에, 많은 엔지니어들은 GPIO 를 통한 부하의 직접 구동은 자제하는 편이다.

나. 내부 과전압 보호 클램핑 다이오드

아래 그림과 같이 IO 포트 내부에는 래치업 또는 과전압 보호를 위하여 클램핑 다이오드가 구성되어져 있다.

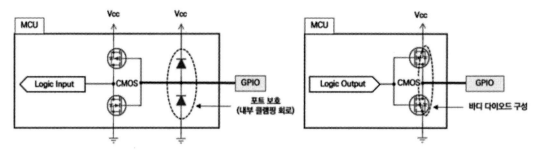

Figure V-31 GPIO 클램핑 다이오드

이런 클램핑 다이오드들은 내부 CMOS 회로의 바디 다이오드를 통한 자연스러운 구성이 될 수도 있고, 별도의 다이오드를 통한 구성이 될 수도 있는데, 수십 mA((예) 20mA) 이하로 정격 전류가 매우 낮기 때문에, 일반적인 경우 짧은 시간의 ESD 에는 대응 가능 하지만, 서지와 같은 지속적인 과전류가 흐르면 손상된다.

클램핑 다이오드 전방향 전압을 1V 라 한다면, Vcc + 1V 보다 큰 전압이 인가될 수 있는 회로의 경우 IO 외부에 클램핑 다이오드 또는 TVS 다이오드를 사용하여 안전한 전압 이하로 제한해야 한다.

다. CMOS 의 래치업(Latch-Up) 보호

CMOS 입력 회로는 회로 구조 상 내부에 기생 NPN 과 PNP 트랜지스터가 생성되며, 이 조합으로 기생 래치 회로(사이리스터)가 구성된다. 이 기생 래치 회로가 구동되면 CMOS 회로의 상단 PMOS 와 하단 NMOS 가 둘 다 TURN-ON 되어 전원부터 그라운드로 매우 작은 저항으로 연결된 것처럼 큰 과전류가 흐르게 된다.

이런 기생 래치 회로의 가장 큰 문제점은 래치라는 이름에서 보듯이 한 번 ON 되면, 전원 자체를 OFF 할 때까지 OFF 되지 않는 다는 점이며, 그 시간 동안 과전류가 계속 흘러 열을 발생시키며 결국엔 CMOS 회로를 손상시키게 된다.

이렇게 CMOS 회로의 내부 기생 사이리스터가 TURN-ON 되는 현상을 래치업이라 한다.

☞ 래치업 발생 및 대책

래치업(Latch-Up)은 IC 입력 전원의 불안정이나 입력 게이트에 순간적인 큰 전압 변동 또는 큰 전류 입력과 같은 EOS(Electrical Over Stress)로 인해 내부의 기생 사이리스터가 TURN-ON 되어 IC 의 파손을 초래할 수 있다.

이 래치업을 방지하기 위해서는 IO 포트에 인가될 수 있는 전류를 래치업이 발생될 수 있는 전류인 Holding Current 이하로 제한을 시켜주는 것이다.

이 Holding Current 를 알 수 없을 때, 디지털 입력 포트 보호에 대한 좋은 경험규칙은 다이오드에 흐를 수 있는 전류를 소스 또는 싱크 전류 중 낮은 전류의 0.7 ~ 0.8 배 정도로 제한하고 전원 전압의 1.5 배 이상의 전압은 절대 인가되지 않도록 하는 것이다. 이는 앞에서 본 내부 클램핑 다이오드에 대한 보호 효과도 가진다.

☞ 래치업 국제 표준 테스트

이런 래치업에 대한 대응 설계를 하기 위해서는 래치업에 대한 국제 인증 시험 규격을 참조할 수 있고, 이는 사용하려는 소자의 데이터시트를 확인하여야 한다.

예를 들어, ST 사의 STM32F103 MCU 의 데이터시트에는 IO 포트들이 EIA/JESD 78A 의 IC Latch-up Class II Level A 와 호환된다고 명시하고 있다.

이 국제 표준 EIA/JESD Latch Up 테스트인 EIA/JESD 78A 의 IC Latch-up Class II Level A 는 100mA 의 전류를 짧은 시간(2 ~ 10 ms)동안 인가하거나, 전원의 1.5 배 전압을 일정 기간 인가하여 문제가 없는지 등의 시험 항목을 가진다.

따라서, STM32F103 MCU 의 IO 는 짧은 순간(수 ms 이하)의 100mA 나 전원의 1.5 배 이상의 전압에 대해 래치업 없이 견딜 수 있다는 의미가 된다.

라. GPIO 보호 회로 설계 예

아래 외부 3.3V 시스템과 연결되는 단자에 단방향 TVS 다이오드를 이용하여 디지털 입력 모드의 GPIO 를 보호하는 회로로 예를 들어보자.

TVS 다이오드는 과전압에 대해 일정 전압으로 클리핑하여 회로를 보호하는 소자로 상용 전원 회로 편에서 자세히 살펴볼 것이다. 여기서는 5V TVS 다이오드는 ESD/서지 등의 일시적인 과전압이 들어오더라도 5V 전압으로 만들어 준다는 정도만 알고 있도록 하자.

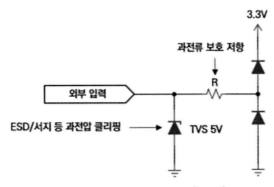

Figure V-32 GPIO 보호 회로 예

단방향 TVS 다이오드는 Vcc 의 1.5 배 정도에 해당하는 5V 정도로 클리핑하는 소자를 사용하고, IC 내부 클램핑 다이오드의 전방향 전압 1.0V 와 소스/싱크 정격이 20mA 라 가정한다.

과전압에 대해 TVS 다이오드에서 5V 로 클리핑되지만, 이 5V 의 전압은 3.3V + 1.0V 보다 크므로 내부 클램핑 다이오드를 도통시켜 전류가 흐르게 되고, 약 20mA 의 다이오드 정격을 넘을 경우 GPIO 포트가 손상된다. 따라서, 전류 제한 저항 R 을 설계하여 달아주어야 한다.

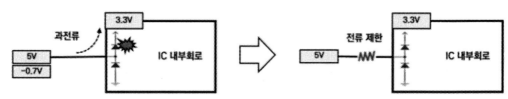

Figure V-33 과전류 보호용 직렬 저항

전류 제한 저항의 선정

전류 제한 저항 R 의 용량을 결정할 때 아래와 같이 2 가지 측면에서의 설계를 생각해 볼 수 있다.

☞ 일반 회로에서의 보호

일반 회로에서 디지털 입력 포트의 래치업 보호를 위해 20mA × 0.7 = 14mA 이하로 전류 제한을 해보도록 한다.

래치업 보호를 위해 직렬 저항 용량을 구해 보면 아래와 같이 직렬 저항 50Ω 이상을 사용할 수 있으며, 마진을 고려하여 좀 더 큰 용량의 저항을 사용하여 포트를 보호하면 되겠다.

$$\frac{5V - 3.3V - 1.0V}{R} \leq 14mA \ \rightarrow 50\Omega \leq R$$

☞ 고속 통신 회로에서의 보호

고속 측정 또는 통신 회로의 경우에는 50Ω 의 직렬 저항과 기생 커패시턴스의 영향으로 신호 지연이 발생되어, 더 낮은 저항을 사용할 필요성이 있다면, ESD/서지는 짧은 순간의 과전압이므로 앞서 본 래치업 테스트의 내용을 적용해 볼 수 있다.

ST 사의 STM32F103 MCU 의 경우 래치업 테스트의 100mA 에 마진 30% 정도를 두어 75mA 정도로 제한하기 위하여 직렬 저항 용량을 구해 보면 아래와 같다.

$$\frac{5V - 3.3V - 1.0V}{R} \leq 75mA \ \rightarrow 10\Omega \leq R$$

10Ω 이상의 직렬 저항을 사용하여 포트를 보호할 수 있다. 하지만, 이 방식은 수 ms 이상의 긴 시간의 과전압/과전류에 대해서는 포트 손상의 위험 가능성을 가지므로, 지속적인 과전압/과전류가 인가될 수 있는 곳에는 사용되기 어렵다.

또한, 단방향 TVS 가 아닌 양방향 TVS 다이오드를 사용했다면 양의 과전압뿐 아니라 음의 과전압에 대해서도 계산하여 둘 중 더 높은 용량의 직렬 저항을 과전류 보호를 위하여 사용하여야 한다.

클램핑 다이오드에 의한 오동작

GPIO 를 외부 장치와 직접 연결하여 사용할 때 오동작 중 하나는 시스템 보드 전원이 OFF 되어 있는 상태에서도 외부 장치와 연결된 포트에서 HIGH 신호가 출력될 경우에 내부 클램핑 다이오드를 타고 MCU 보드의 전원으로 인가되는 경우가 있다.

아래 그림을 보자.

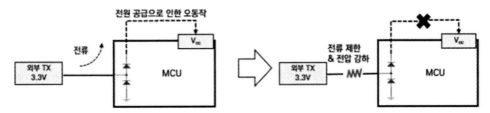

Figure V-34 클램핑 다이오드에 의한 오동작

위의 그림의 경우 지금 시스템 보드가 전원이 OFF 된 상태에서, 다른 장치가 HIGH 를 출력하고 있다면, MCU 내부의 클램핑 다이오드를 통과해 3.3V – 0.7V = 2.6V 정도의 전원이 CPU 전원과 다른 회로에 공급되며, 이때 시스템 보드는 동작을 시작할 수도 있거나, 잘못된 전원으로 인한 펌웨어의 말펑션(Mal Function) 오동작의 우려가 있다. 이를 클램핑 다이오드 전압에 의한 오동작이라 표현하기도 한다.

이에 대한 대책으로 전류 제한 저항을 두어 충분한 전류가 공급되지 못하도록 하는 방법이 있다. 즉, MCU 동작에 필요한 최소 전류와 직렬 저항에 의한 전압 강하로 MCU 가 동작하지 못하도록 하는 것이다.

만약, MCU 동작의 최소 조건이 2.0V 에 5mA 라면 이 이하의 조건이 되도록 직렬 저항을 선택한다.

클램핑 다이오드의 전방향 전압을 0.7V 라 할 때, 입력 포트에는 2.7V 이하가 공급되도록 하면, 2.0V 이하의 전압이 MCU 에 공급되어 동작하지 않을 것이다.

$$3.3V - R \times 5mA < 2.7V \rightarrow 120\Omega < R$$

1.3.4. EMI/EMC 에 대한 시스템 보호

노이즈 편의 EMC 인증 규격에서 EMS 에 대한 내성 시험을 기반으로 외부에서 들어오는 모든 과전압/과전류 노이즈로부터 내부 시스템을 보호하도록 해야 한다.

가. 전도 노이즈

전도 노이즈는 외부로 연결되는 통신 포트, 전원 포트 등 모든 도전성 포트를 통해 직접 결합으로 들어오는 노이즈를 말한다.

모든 외부와 연결되는 도전성 포트에는 인입될 수 있는 고전압/고전류의 ESD/서지 노이즈를 완전 차단할 수 있는 보호 회로를 설계하여 내부 회로로 절대 인입되지 않도록 설계해야 한다.

앞서 최대 오버슈트의 규칙을 만들면서 전원 회로와 외부 연결 회로는 부하 노이즈와 동일선상에 두어 30%의 최대 오버슈트를 두었으므로, 반드시 30% 이하로 클리핑될 수 있도록 해야 하며 10% 이하의 클리핑이라면 더 좋다.

예를 들어, 3.3V 정격 입력 포트라면 3.3V 로 전압을 클리핑하면 좋겠지만, 정확하게 3.3V 로 클리핑하는 소자를 찾기도 힘들고, 이런 딱 맞는 클리핑은 실제 회로 내 발생되는 신호의 유효 성분도 클리핑하게 되어 큰 전력 손실로 이어질 수 있다. 이런 이유로 과전압/과전류 보호 회로에서는 10% ~ 30%의 클리핑을 선호한다.

> **과전압/과전류 보호용 소자**

이런 안전 목적의 보호용으로 사용되는 소자들에는 비절연형(Non-Isolation)과 절연형(Isolation) 타입이 있다.

비절연형 보호 소자들은 노멀 모드 노이즈에만 대응이 가능한 반면, 절연형은 시스템 전위와 외부 전위를 완전 분리함으로써 노멀 모드/코몬 모드 노이즈에 모두 대응이 가능하여 산업현장에서 사용되는 IO 에서 보호 목적으로 많이 사용된다.

비전열형 보호 소자에는 퓨즈, TVS 다이오드, 바리스터 등이 있으며, 코몬 모드 노이즈를 방어하기 위해서는 코몬 모드 코일이나 Y 커패시터를 함께 사용하여 보호할 수 있다.

절연형 보호 소자에는 옵토 커플러나 릴레이, 트랜스 등이 있으며 노멀 모드 노이즈와 차동 모드 노이즈 모두 차단 가능하여 확실한 안전보호 대책이지만, 비교적 낮은 동작 속도로 디지털 통신 포트 보호에는 잘 사용되지 않는다.

이 보호 소자들의 전기적 특성과 사용법에 대해서는 상용 전원 회로에서 자세히 살펴보도록 한다.

나. RF 전자기장(EM, Electro Magnetic) 노이즈

RF 전자기장 노이즈는 공기 중으로 들어오는 노이즈로 PCB 회로와 전자기적 결합되어 전압 또는 전류의 노이즈 간섭으로 회로 동작에 영향을 미치게 된다.

이 RF 의 전자기장에 의해 유도되는 전류는 전자기장의 강도, 유도 루프의 면적, 그라운드, 케이스의 종류 등 물리적 구조와 전자기장의 변화율과 신호의 주파수 등에 따라 달라지게 되기 때문에, 영향받는 노이즈의 크기를 이론적인 정량으로 정의 내리기는 힘들다.

하지만, 규칙을 만들어 설계를 함으로써 회로 수정의 시행착오를 줄일 수 있으므로, 자신의 시스템에 대한 회로 설계/PCB 설계를 할 때 규칙을 정해 놓는 것이 좋다.

RF 노이즈 대응 규칙 예

여기서의 예는 단지 수많은 규칙 중 하나로 이런 규칙을 만들어서 사용하기도 하는 구나 정도로 받아들이면 된다.

아래는 산업용 장비에서 RF 전자기장 내성 시험으로 사용되는 전기장 강도 10V/m 에 대해 15cm×15cm 보드 내에서 면적에 따른 노이즈의 전력 밀도를 기반으로 만들어 사용하는 저자의 경험규칙이다. 보드의 크기가 커지면 좀 더 강한 규칙을 사용하기도 한다.

여기에서 전자기장 강도가 10V/m 이라는 것은, 1 미터 떨어진 두 지점 사이에 10V 의 전압 차이가 발생한다는 의미이다. 따라서, 10cm 지점에는 1V 이 발생할 수 있고, 해당 유도 전류의 주파수는 IEC 에 의하면 150KHz 부터 유도 노이즈의 영향을 받을 수 있으므로, 150KHz 를 규칙으로 두었다.

이 규칙으로 전자기장에 의한 유도 전류는 소스와 부하의 임피던스가 큰 회로에서, 회로 내 어느 곳이라도 영향을 받을 수 있다는 가정으로 회로 설계를 할 때 적용한다.

보호 레벨	주파수, 유도 전류
1	150kHz, ±15uA
2	150kHz, ±50uA
3	150kHz, ±150uA
4	150kHz, ±450uA

일반적으로 표의 보호 레벨을 높게 설계할수록 전력 소비가 증가되므로, 클럭, 고속 시그널과 같이 민감한 디지털 신호 회로 또는 외부와 연결되는 회로에는 보호 레벨 3 을, 일반 회로에는 보호 레벨 2 로 차등 적용함으로써 RF 전자기장 보호와 소비 전력을 함께 대응을 할 수 있다. 또는, 차폐 효과가 있는 케이스의 사용 등으로 보호 레벨을 낮출 수 있게 하여 저전력 설계를 할 수도 있다.

RF 노이즈 대응 설계 예

RF 전자기장 노이즈에 대한 일반적인 대처 방법은 도전성 재료를 이용한 차폐, 그라운드를 이용한 결합 분산, 커패시터를 이용한 노이즈 필터링, 적절한 용량의 풀업 저항 사용 등의 방식으로 RF 에 대한 내성을 강화시킬 수 있다.

아래 입력 임피던스가 큰 GPIO 로 입력이 되는 스위치 회로를 보면서 위의 규칙을 어떻게 적용하여 설계할 수 있는지 보도록 하자.

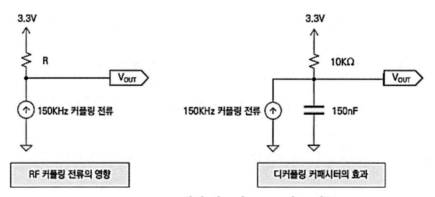

Figure V-35 스위치 회로와 RF 노이즈 전류

① 풀업 저항 용량 변경으로의 대응

이런 RF 전자기장 노이즈는 전력이 유한하므로, 빠르게 소진할수록 노이즈의 영향은 줄어든다.

위 표의 보호 레벨 2 에서 150KHz, 50uA 의 정현파가 회로 내 어디든지 흐를 수 있다고 가정했으므로, 커패시터가 없는 왼쪽 회로의 경우 10KΩ x 50uA = 0.5V 로 ±0.5V 의 스윙이 일어난다고 가정할 수 있다. 이는 일반적인 CMOS 의 노이즈 마진 0.7V 정도보다 낮기도 하며, 3.3V 의 15%의 오버슈트로 앞에서 정한 최대 오버슈트 규칙에 만족한다고 할 수 있다.

만약, 보호 레벨 3 이 필요하다고 하면 150uA 정현파가 가정이므로, 1.5V 정도의 스윙이 일어날 수 있으므로, 이는 만족스럽지 못하다. 노이즈 마진 0.7V 에 맞추기 위해서는 풀업 저항은 0.7V/150uA = 4.67KΩ 보다 작아야 하며, 보통은 4.7KΩ 을 사용으로 노이즈 전력을 빨리 소진시켜 RF 내성을 강화한다.

이처럼 풀업 저항 용량을 조절하여 대응하는 방식은 전력 손실이 높아지는데, 이런 경우 아래 디커플링(바이패스) 커패시터를 통해 대응 가능하다.

② 디커플링 커패시터로의 대응

디커플링 커패시터가 사용된 오른쪽 회로 보호 레벨 3 에 대해서 보도록 하자.
물론, 여기서의 커패시터의 목적은 스위치의 채터링을 방지하기 위한 디바운싱의 역할일 수도 있지만, 여기서는 디커플링(바이패스) 커패시터로서 RF 전자기장 노이즈에 대한 역할에 집중하기로 한다.

150nF 커패시터와 10KΩ 저항과의 병렬 임피던스는 대략 7Ω 이 되어 노이즈 간섭되는 전압은 3.3V ± 1mV 의 값이 GPIO 로 전달된다고 가정할 수 있고, 이는 이 RF 노이즈에 대하여 GPIO 의 동작에 영향이 없다고 볼 수 있다.
이처럼 RF 커플링 노이즈에 대해서도 디커플링 커패시터의 역할은 매우 중요하다.

③ PCB 그라운드 패턴으로의 대응

만일, 소자의 용량 조정이나 커패시터 등을 사용하여 대책이 세울 수 없는 상황이 있을 수 있는데, 클럭 회로와 같이 회로의 특성상 커패시터의 소자 용량을 변경하면 주파수가 바뀌는 회로가 그런 경우가 된다.

이런 경우 PCB 설계 시 노이즈에 취약한 회로의 근처에 그라운드 패턴 또는 쿠퍼를 두어 노이즈 커플링을 분산시켜 보호해야 한다.

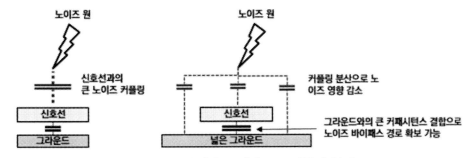

Figure V-36 넓은 그라운드로 커플링 분산

임피던스가 낮은 그라운드를 근처에 둠으로써, 신호선에 커플링되는 노이즈 자체의 양을 줄일 수 있을 뿐 아니라, 그라운드와 신호 라인 간의 부유용량이 생성되어 노이즈가 바이패스될 수 있는 경로도 만들어 질 수 있어 위의 디커플링 커패시터를 장착하는 것과 유사한 효과를 가진다.

이처럼 RF 노이즈 대응에서도 넓고 낮은 임피던스를 가진 그라운드의 역할은 절대적으로 중요하다.

다. EMI 방사 대응

EMC 편에서 본 것과 같이 시스템에서 전도/방사를 통해 외부 시스템에 영향을 주는 EMI 노이즈가 방출되는 것을 최대한 억제해야 한다.

EMI 는 전자기기 간의 간섭을 의미하며, 방사 간섭(Radiated EMI)과 전도 간섭(Conducted EMI)으로 나눌 수 있다.

방사 간섭은 회로에서 방출되는 전자기파가 공기 중으로 방사되어 다른 장비에 영향을 미치는 것을 의미하고, 전도 간섭은 회로 내의 노이즈가 외부로 노이즈가 전도되어 다른 장비에 간섭을 주는 것을 의미한다.

이 들 EMI 노이즈에 대한 기본 대응은 링잉을 없애는 설계이며, 시스템 내부 회로 설계에서는 직렬 저항 또는 페라이트 비드, 적절한 커패시터의 사용 등을 통한 임피던스 매칭(감쇠비 강화)을 할 수 있으며, PCB 설계에서는 임피던스 매칭을 고려한 배선과 낮은 임피던스의 넓은 안정된 그라운드 구현 등이 중요하다.

이외에 방사 간섭에 대해 금속 케이스 등으로 전자기파를 차폐로 간섭을 원천 봉쇄하는 방법이 있을 수 있고, 전도 간섭에 대해 외부와 연결되는 출입구에 LC, 페라이트, EMI 필터 등의 장착을 고려할 수 있다.

이 대응 방법들에 대해서는 상용 전원 회로 편과 PCB 설계 규칙에서 자세히 보도록 한다.

1.3.5. 미사용 소자의 단자 처리

사용하지 않는 OPAMP, MOSFET, CMOS, GPIO 등의 높은 임피던스의 입력 단자를 플로팅(Floating)으로 둘 경우 고전압의 ESD, 서지 이외에도 RF 전자기장(EM, Electro Magnetic)에 의한 노이즈로 인하여 예기치 못한 전력 손실이 일어날 수 있고, 심한 경우 파손될 수 있기 때문에 안전 편인 이번 장에서 다룬다.

> ## 사용하지 않는 OPAMP 의 단자 처리 방법

사용하지 OPAMP 의 입력단을 오픈으로 둘 경우 노이즈의 영향으로 동작될 수 있어 전력 손실 및 노이즈가 생성될 수 있으므로, 회로 내 사용하지 않는 OPAMP 는 아래와 같이 처리하도록 한다.

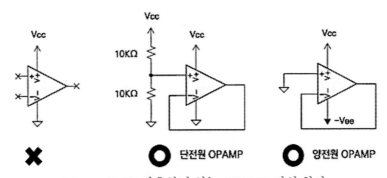

Figure V-37 사용하지 않는 OPAMP 핀의 처리

위 그림에서 중간이 단전원, 오른쪽이 양전원인 사용하지 않는 OPAMP 에 대한 처리 방법이다.

OPAMP 가 동작 전압 범위밖에 있으면 비선형 동작을 할 수 있으므로, 안정성을 위해서도 입력/출력 모두 동작 전압 범위 안에 있도록 하는 것이 좋다.

이를 위하여 단전원 OPAMP 에서 +비반전 입력단을 동작 전압 범위 안에 두기 위하여 일정 바이어스 전압으로 준 예로 보통은 위의 그림과 같이 동일한 저항으로 Vcc 의 1/2 전압을 걸어준다.

반면, 양전원인 경우 0V 가 동작 전압 범위 내에 있으므로 전압 팔로워 형태로 사용하고 +비반전 단자는 0V 로 두면 된다.

> ## MOSFET 의 게이트는 반드시 풀업 또는 풀다운 처리

하드웨어 소자 편의 MOSFET 에서 보았듯이 MOSFET 게이트를 플로팅 상태로 둘 경우 높은 임피던스로 인하여 ESD 등의 노이즈에 쉽게 파손될 수 있다.

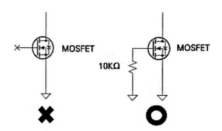

Figure V-38 FET 의 게이트는 반드시 풀업 또는 풀다운

따라서, 사용하지 않는 MOSFET 의 게이트는 반드시 개방(오픈)시키지 않도록 풀업 또는 풀다운으로 전위를 유지하도록 한다.

CMOS, GPIO 미사용 단자 처리 방법

CMOS 의 입력단은 MOSFET 과 같이 ESD/서지 등의 고전압 노이즈에 의한 소자 파손 위험 이외에도 노이즈에 의해 게이트 단의 전위가 상단 PMOS, 하단 NMOS 가 동시에 턴 온되는 구간에 있다면 과전류가 흘러 파손될 수 있다(하드웨어 소자의 CMOS 편 참조). 이에 대한 대책으로 MOSFET 과 같이 단자를 플로팅으로 두지 않는 것이며, 아래 GPIO 를 예를 들어 사용하지 않는 핀에 대한 처리를 알아보도록 한다.

• 사용하지 않는 GPIO 를 입력 모드로 둘 경우 외부에 PULL-UP 또는 PULL-DOWN 저항을 사용하여 게이트 전압에 대한 기본값을 주어 NMOS-PMOS 동시에 ON 되는 게이트 전압이 있을 수 없도록 한다.

• 위의 방법은 사용하지 않는 GPIO 가 많아지면 외부 소자가 많아 지므로 적용하기 쉽지 않다. 이런 경우에는 펌웨어에서 사용하지 않는 GPIO 핀에 대하여 입력 모드로 설정할 경우, 보통 MCU 내부에 있는 옵션인 PULL-UP/DOWN 저항 모드를 사용하도록 설정한다.

• 내부 PULL-UP/DOWN 저항 모드가 없다면, GPIO 를 출력 모드로 설정하고, LOW 로 출력하도록 설정해 놓는 것도 좋다.

사용하지 않는 GPIO 에 대한 조치들을 취하지 않고 플로팅 상태로 되어 있음에도 불구하고, 해당 핀들이 낮은 임피던스의 그라운드로 안정적으로 둘러싸여 있다면 그라운드와의 부유용량이 생성되어 어느 정도 전위가 유지될 수 있으므로 보호 효과를 가질 수 있다. 이처럼 PCB 설계에서 그라운드의 배치의 중요성은 크다.

1.3.6. 감전/화재에 대한 보호 및 열 설계

여기에서는 인체 감전 보호, 열 설계에 대해서 살펴보며, 이들도 역시 회로 설계에서 장비의 성능, 안전성, 신뢰성을 확보하는 데 중요한 요소들이다.

가. 인체 감전 및 시스템 보호

인체 감전 보호는 전자기기의 전기적 안전성을 보장하여 사용자나 기술자의 감전 위험을 줄이는 것으로, 특히 고전압 장비에서 중요하다. 이에 대한 보호로 전기적 절연, 접지, 퓨즈, 바리스터, TVS 등의 과전류/과전압 보호 소자를 이용한 설계를 할 수 있다.

또한, 전기안전 편에서 본 것과 같이 고전압을 사용하는 기기의 경우 누설 전류가 전기안전 규격 이하가 되도록 설계되어야 하며, PCB 설계에서는 충분한 마진의 공간거리/연면거리를 가져야 한다.
예를 들면, 접지선이 없는 0 종 기기의 경우 0.5mA 이하, 접지선이 있는 1 종 기기의 경우는 3.5mA 이하의 누설 전류가 되도록 한다.

이 누설 전류에 대한 내용은 다음 상용 전원 회로 설계 편에서 살펴볼 것이다.

나. 열 설계

열 설계는 회로가 정상적으로 작동하도록 하고, 열에 의한 성능 저하나 장비 손상을 방지하는 것을 의미한다.
이에 대해 전기/전자 회로를 설계할 때 사용되는 IC 의 온도가 얼마나 올라갈지 예측하는 것은 중요한 일이다. 소자 자체가 너무 많은 전력을 소비하면, 저항 성분으로 인해 열이 발생되고 이는 패드의 손상, 납땜의 손상으로 인한 오동작과 기기 파손뿐 아니라 심한 경우에는 화재로 이어 질 수 있다.
이런 경우 정격 용량 또는 허용 온도가 높은 IC 의 선택, 적절한 IC 의 패키지 선택, PCB 에서의 방열 처리의 방법이 있고, 이런 방법들로 충분한 대응이 되지 않을 시 외부에 방열판 (Heak-Sink) 장착 또는 수냉/공냉 등을 이용한 온도 상승에 대한 억제조치가 필요하다. 이렇게 발생되는 열에 대한 대응 설계를 열 설계라 한다.

열 저항(Thermal Resistance)

IC 의 온도 상승을 알아볼 수 있는 규격 중 열 저항이란 항목이 있는데, 열 저항이란 내부에서 외부로 열이 나가는 것을 방해하는 저항을 의미한다. $R_{\theta JA}$(Junction-to- Ambient Thermal Resistance)로 표기되며, Junction 은 IC 내부 실리콘 반도체 접합부를 의미하고 Ambient 는 주위 온도를 의미한다.

열 저항의 단위는 °C/W 로 소자의 소비 전력 대비 온도가 얼마나 상승하는가를 의미하며, 패키지의 종류, PCB 에 장착 시 주변 동박의 상태 등의 방열 상태에 따라 영향을 받는다.

소자의 소비 전력이 열로 전환되므로 우선 소비 전력을 구하고 이 열 저항과 계산하여 예상되는 열을 계산할 수 있다. IC 의 패키지에 따라 열 저항이 다르므로, 데이터시트에서 사용하려는 패키지에 해당하는 열 저항을 확인해야 한다.

열 저항과 손실 전력으로 온도 상승의 계산식은 아래와 같다.

$$T_J = P_D \times R_{\theta JA} + T_A$$

P_D 는 손실 전력, T_J 는 Junction 온도, T_A 는 주위 온도다.

☞ 열 저항 계산 예

LDO 리니어 레귤레이터의 입력 전압이 5V, 출력 전압이 3.3V 이고 출력 전류가 110mA 를 사용한다고 가정한다.

LDO 리니어 레귤레이터 자체에서 소비되는 손실 전력(Dissipation Power)은 입력 전압과 출력 전압의 차로 아래와 같이 근사할 수 있다.

$$(5V - 3.3V) \times 110mA = 0.187W$$

손실 전력 0.187W 만큼 LDO 에서 열로 발생될 것인데, LDO 데이터시트에 열 저항 $R_{\theta JA}$ 가 193.4 °C/W 이고, 사용되는 주위 온도가 25 °C 라면, 최종 Junction 온도는 아래와 같이 구할 수 있다.

$$T_J = 0.187W \times 193.4\,°C/W + 25°C \approx 61°C$$

이 LDO 의 최대 Junction 온도가 데이터시트 상 125°C 라면, 예상되는 온도인 61°C 는 훨씬 낮은 온도이므로 별도의 열 설계는 필요 없다 할 수 있다.

하지만, 열 저항 계산에 의한 예상 온도가 IC 의 허용 Junction 온도를 넘어간다면 방열판 등을 이용하거나 용량이 큰 소자 또는 열 저항이 낮은 다른 패키지의 소자를 선택할 수 있다.

꼭 Junction 의 허용 온도를 넘어가지 않더라도 소자에서 발생되는 열은 주변 소자들의 특성 변화를 초래할 수 있으므로, 최소의 온도 상승이 될 수 있도록 설계하고, 열에 의한 특성 변동이 심한 소자들은 PCB 설계 시 이격하여 배치하도록 한다.

열 관리

열 관리 기술에는 대표적으로 히트 싱크 (Heat Sink, 방열판)가 있다. 이 방열판은 전력 소자나 열을 많이 발생시키는 소자에 장착함으로써 열을 효율적으로 방출할 수 있다.
아래는 열을 방출하기 위하여 IC 에 장착하는 방열판 모양의 예이며, 소자의 패키지와 접착해 공기와의 접촉 면적을 넓혀 열 방출을 많이 할 수 있도록 만들어진 구조로 되어 있다.

Figure V-39 방열판

또한, 열 전도성 패드나 열 전도성 그리스 같은 열 전도성이 좋은 재료를 사용하여 열을 빠르게 방출할 수도 있고, 팬이나, 자연 대류를 이용한 공기 흐름를 증가시켜 열을 분산시키기도 한다.

특히, PCB 설계에서는 열이 집중되지 않도록 열 분산을 고려하여 소자를 배치하고, 써멀 패드 등을 사용하여 열을 방출할 수 있도록 신경 써야한다.

1.4. 기타

앞서 살펴본 기능/성능/안정/안전 이외에도 회로 설계 시 고려해야할 사항은 무척 많지만, 아래 몇 가지만 더 살펴보도록 한다.

사용상 예외 상황에 대한 보호

앞의 요소들과 동일하게 중요한 요소인 시스템 사용의 편이성은 엔지니어 입장이 아닌 소비자/사용자의 입장에서 생각하여 설계하고, 발생할 수 있는 예외 상황에 대하여 충분한 보호 조치를 취해야 한다는 것이다.

물론, 사용의 편이성은 하드웨어 설계뿐 아니라 소프트웨어에서도 대응되어 설계되어야 한다.

예를 들어 아래와 같이 전원과 그라운드를 포함하는 커넥터를 생각해 보자.

엔지니어들은 당연히 전원 핀은 전원 핀에 그라운드 핀은 그라운드 핀에 연결해야 된다고 생각하겠지만, 이런 원리를 모르는 소비자 입장에서는 실수로 반대로 삽입하여 시스템이 파손되는 상황이 발생할 수 있다.

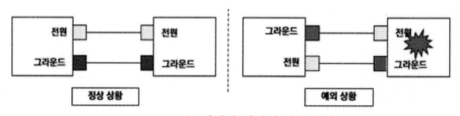

Figure V-40 커넥터 연결의 예외 상황

이런 예외 상황에 대한 대응책으로 회로 설계자의 입장에서는 절대로 반대로 연결할 수 없도록 만들어진 커넥터를 사용하는 방법(USB 커넥터, 홈이 있는 커넥터) 또는 이런 커넥터를 사용할 수 없을 경우에는 반대로 연결했을 때 시스템 내로 전원이 인가되지 않도록 하는 역 삽입 방지 회로를 구성해 주는 것을 생각해 볼 수 있다.

I/O 포트에 Vcc 등 전원을 직접 연결하는 것은 자제한다.

예를 들어, IC 의 기본 상태를 Enable 로 활성화하기 위해서 아래 그림과 같이 Enable 핀의 상태를 HIGH 로 유지하고 싶은 경우가 있다.

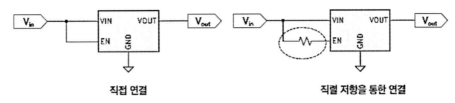

직접 연결   **직렬 저항을 통한 연결**

Figure V-41 입력핀의 전원 연결

이를 위하여 위의 왼쪽 그림과 같이 Vcc 와 같은 전원에 바로 연결할 수 있는데, 이는 래치업 등의 I/O 보호 정격에 문제가 없다 할 지라도, 기생 커패시턴스로 인해 전원 ON 시 In-Rush 전류를 증가시킬 수 있다.

따라서, 되도록 전류를 제한하는 직렬 저항을 통해 연결하는 것이 안정적일 수 있다.

MCU GPIO 의 싱크/소스 전류는 적게 사용한다.

회로 구현의 간편성을 위하여 MCU GPIO 의 싱크/소스 출력으로 직접 LED 와 같은 부하를 구동하는 경우가 많다. 당연히 앞서 살펴본 것처럼 각각의 GPIO 사용에 있어 정격 싱크/소스 전류 이내에서 설계되어야 한다.

하지만, 이 정격 전류 이내의 설계 외에도 고려해야 할 사항이 MCU 내부 열 발생으로 인한 노이즈의 증가이다. 즉, 이런 GPIO 싱크/소스 전류로의 직접적인 부하의 구동은 MCU 내부 온도의 상승을 일으키게 되고, 이 온도의 상승은 MCU 내부 디지털 로직의 온도 상승으로 이어지며, 이는 신호의 지연 및 지터 등의 디지털 노이즈를 증가시키게 된다.

이런 이유로, 일부 MCU 데이터시트에는 MCU 자체 최대 사용 전류량에 대한 한도를 정해 놓는 경우도 있다.

이런 MCU 의 자체 전류 사용량 증가의 많은 부분이 GPIO 로의 직접적인 부하 구동과 관련되는 경우가 많기 때문에, GPIO 싱크/소스 전류를 얼마까지 사용할 것인가의 규칙을 정해 놓는 것도 좋다.

MCU 데이터시트에 자체 전류 사용량에 대한 규격이 있는 경우 이 전류의 60% ~ 80% 이하의 사용으로 설계하도록 한다.

데이터시트 상에 이런 규격이 없는 경우 총 100mA 이내의 소스/싱크 전류의 사용과 같이 해당 MCU 에 맞는 규칙을 세워 설계하는 것이 좋다.

규칙으로 정한 사용 전류량을 넘어설 경우 GPIO 로의 직접적인 부하의 구동을 줄이고, 트랜지스터 또는 MOSFET 을 사용한 부하의 구동으로 MCU 자체의 전류 소비량을 줄이는 설계를 고려해야 한다.

확장 커넥터의 사용은 신중해야 한다.

 외부 시스템과 연결을 위한 커넥터에는 ESD/서지 대응을 위한 회로 보호 소자가 반드시 필요하다는 것은 이제 당연할 정도로 알고 있다.

 여기서 말하고자 하는 커넥터는 보드의 확장성을 위하여, 시스템을 여러 조각으로 분리하여 커넥터로 연결하여 사용하는 경우이다. 이 커넥터는 자체의 인덕턴스/저항 성분의 증가로 임피던스의 부정합을 유발하여 신호의 질을 떨어뜨릴 수 있다. 또한, 그라운드 판의 노이즈 분산 역할이 없기 때문에 EMI/EMC에 취약해진다. 따라서, 이런 용도의 커넥터의 사용을 되도록 자제하도록 한다.

 만약, 사용해야 할 경우 최대한 짧은 길이의 커넥터를 사용하도록 하며, 커넥터의 차폐가 가능하다면 차폐를 하고, 가능하지 않다면 그라운드 핀을 중간에 최대한 많이 할당하여 신호 안정화의 효과를 꾀한다. 또한, 댐핑 저항을 사용하여 신호의 링잉을 방지할 수 있도록 해야 하는데, 보드의 크기 한계로 인해 모든 핀에 대해 할 수 없는 경우라면 고속의 신호만이라도 반드시 대응을 하도록 한다.

사용 소자는 되도록 같은 타입/용량으로 선정한다.

 성능에 큰 영향이 없다면 저항, 커패시터, 인덕터와 같은 수동 소자들의 타입/용량은 되도록 같은 타입/용량으로 선정하는 것이 부품 수급 및 재고 관리 측면에서 유리하고 이는 비용 절감의 효과를 가진다.

 가령 성능에 큰 영향이 없는 풀업 저항들을 10KΩ, 4.7KΩ, 2.2KΩ 등의 용량으로 마구잡이로 사용했다면, 관리해야 하는 소자는 3종류로 늘어나게 되고 이는 부품 수급의 어려움뿐만 아니라 관리 비용의 상승을 초래하기 때문이다.

2. 상용 전원 회로와 보호 소자

　상용 전원 회로는 이 책의 범주를 넘어가는 것이고, 사실 많은 어플리케이션에서 이미 제품화되어 있는 SMPS 를 구입하여 사용하는 경우가 많기도 하다.

　하지만, 전원 회로가 어떤 구성으로 되어 있는가를 살펴봄으로써 전원이 공급되는 과정을 이해를 할 수 있다. 여기서 예로 드는 회로가 SMPS 와 다른 점은 스위칭 변압 대신 트랜스포머를 사용했다는 점만 다르고, 과전압/과전류 보호, EMI 에 대한 내용은 동일하다.

　아래는 전기/전자 시스템의 전원 회로의 스펙의 예로 기능, 성능, 안전에 대해 어떤 요구 항목들이 있는지를 참고하도록 하며, 전원 설계에서 어떤 항목들을 관리해야 해야 하는지 알도록 한다.

	항 목	기준 예	비고
기능	Maximum Input Range	5~24VDC	입력 전압 범위
	Output Voltage	3.3V	출력 전압
	Max Output Power (W)	33W (10A)	출력 전력
성능	Voltage Accuracy	±2%	출력 전압 정확도
	Line Regulation	±0.5%	입력 전압 변동에 대한 출력 전압 변동율
	Load Regulation	±0.5%	부하 전류 변동에 따른 출력 전압 변동율
	Ripple	〈 0.5%	출력 전압 리플 크기
	Efficiency	〉80%	효율
	Switching Frequency	500KHz	스위칭 주파수
안전	Isolation	절연	절연 or 비절연
	EMI/EMC	class A	Class A 의 EMC 인증
	OCP	Over Current Protection	과전류 보호
	OVP	Over Voltage Protection	과전압 보호
	SCP	Short Circuit Protection	쇼트 보호
	사용 온도	−40 ~ 80℃	열 안전

　항목들의 내용은 이론에서 살펴보았던 내용들로 충분히 이해를 할 수 있을 것이다.

　전원 회로에서 중요한 것은 최소의 전압 강하와 노이즈에 대한 내성을 가지고 얼마나 안정적인 DC 전압을 공급하느냐, 외란에 얼마나 빨리 반응하는가 외에도 과전압에 대한 보호(OVP, Over Voltage Protection), 과전류에 대한 보호(OCP, Over Current Protection)와 같은 안전을 위한 대책은 매우 중요하다. 또한, 상용 AC 전원 회로라면 누설 전류에 의한 인체 감전에 대한 안전 대책은 필수항목이다.

아래는 일반적인 AC-DC 전원 회로의 예이다.

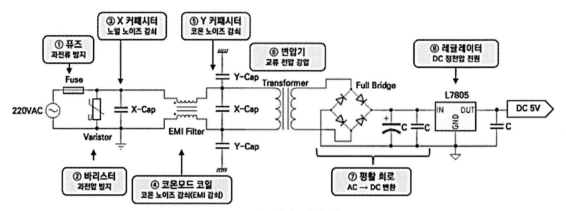

Figure V-42 상용 전원 회로

 이번 장에서는 위 전원 회로의 각 블록에 대해 순서대로 살펴보며, 전기안전과 EMI/EMC 대응에 대한 전원 회로 설계의 원리를 이해하도록 한다.

 여기서 보는 전원 회로의 구성과 소자들의 용량은 EMI/EMC 인증 시험, 전기안전 인증 시험을 하며 자신의 시스템에 맞게 수정/변경되어야 할 수 있으므로, 이 책에서 예시하는 소자의 용량들은 참고용으로 보도록 한다.

2.1. 과전류 보호 회로

전원 라인에 직렬로 연결하여 시스템에 인입될 수 있는 과전류에 의한 감전/화재, 시스템 파손 등을 보호하기 위한 회로를 말한다. 대표적으로 퓨즈와 폴리 스위치가 사용된다.

2.1.1. 퓨즈(Fuse)

퓨즈는 납과 주석의 합금으로 된 얇은 선으로 이 선에 과도한 전류가 흐르면 열이 발생하여 녹아서 끊어짐(개방)으로써 회로로의 과전류 인입을 막는 소자이다. 과전류에 대한 보호 대책으로 가장 손쉽고 완벽하게 구현할 수 있는 방법이다.

내부 회로의 쇼트에 의한 과전류가 흐를 시 감전, 화재 등의 사고를 방지하기 위하여 입력 전원과 시스템의 연결을 차단하는데 사용되며, 보통은 회로의 맨 처음 위치시켜 보호한다.

Figure V-43 실 퓨즈 모양

위 그림같은 많이 사용하는 실 모양의 퓨즈는 5A 이하에서 주로 사용되는데, 주위 온도와 같은 사용환경에 의해 정격 전류가 10% ~ 15% 정도 변할 수 있으므로 마진을 두어 선정하도록 한다.

또한, 퓨즈가 끊어져서 차단될 시 퓨즈 소자를 교환하여 복구하는 수밖에 없으므로, 보통은 소켓을 사용하여 탈/장착할 수 있도록 한다.

가. Non Time Delay 타입과 Time Delay(Time Lag) 타입

퓨즈에는 Non Time Delay 타입과 Time Delay 타입이 있으며, 이 둘의 차이는 과전류 인입 시 차단되는 시점이 바로 끊어지는 타입인지 시간 지연을 가지고 끊어지는 타입인지로 구분된다.

회로에 처음 전원을 인가할 때 커패시턴스 부하의 경우 초기에 과도한 전류가 흐르게 되는데 이를 돌입 전류(Inrush Current)라 하며, 이 돌입 전류에 의해 퓨즈가 끊어진다면 일반 동작에서도 문제가 생기게 되므로 돌입 전류가 있는 회로에서는 지연없이 바로 끊어지는 Non Time Delay 타입의 사용은 주의가 필요하다.

또한, 일시적인 ESD/서지에 대해서도 퓨즈가 개방되어 시스템이 차단될 수 있는데 이렇게 하는 것이 가장 안전한 방법이라 생각될 수 있지만, 그 때마다 교환해 주어야 하는 불편함이 발생하기 때문에 일시적인 ESD/서지 노이즈에 대해서는 퓨즈 동작을 하지 않도록 하고 훗단 회로에서 대응하는 경우가 많다. 이런 경우 Time Delay 타입의 퓨즈를 사용한다.

나. Time Delay 타입

차단되는 시간을 선택할 수 있는 Time Delay 타입의 퓨즈는 돌입 전류, ESD, 서지 등 짧은 순간의 노이즈에 대해서는 차단하지 않고, 그보다 긴 시간의 과전류에 대해 차단할 수 있는 퓨즈 타입이다.

ㄱ. 전기적 특성(Electrical Characteristics)

아래는 Littelfuse 사의 128 시리즈인 Time Lag Fuse 데이터시트에서 발췌한 내용으로 이를 보고 퓨즈의 전기적 특성을 이해하도록 한다.

Amp Rating (A)	Voltage Rating (V)	Interrupting Rating	Nominal Cold Resistance (Ohms)	Nominal Melting I²t (A²sec)	Maximum Voltage Drop at Rated Current (mV)	Maximum Power Dissipation At 1.5In(W)
0.032	250		48.258	0.011	5000	1.6
0.04	250		31.862	0.011	4000	1.6
0.05	250		21.292	0.027	3500	1.6
0.063	250		14.268	0.046	3000	1.6
0.08	250		9.07	0.075	2500	1.6
0.1	250		6.018	0.079	2000	1.6
0.125	250		4.2	0.1465	1900	1.6
0.16	250		3.7	0.144	1500	1.6
0.2	250		1.6	0.341	1300	1.6
0.25	250		1.0495	0.5405	1100	1.6
0.315	250	35 A @ 250 VAC	0.8475	1.11	1000	1.6
0.4	250		0.535	1.325	900	1.6
0.5	250		0.37	2.825	300	1.6
0.63	250		0.275	4.675	250	1.6
0.8	250		0.0813	3.37	150	1.6
1	250		0.0613	6.73	150	1.6
1.25	250		0.0446	12.65	150	1.6
1.6	250		0.0336	23.35	150	1.6
2	250		0.0293	14.45	150	1.6

항목	내용
정격 전압(Rated Voltage)	퓨즈가 정상 동작할 수 있는 최대 동작 전압
정격 전류 (Rated Amp)	퓨즈가 개방되지 않고 정상적인 동작을 할 수 있는 최대 전류
Interrupting Rating	퓨즈가 정격 전압에서 개방되는 최대 전류로 회로 동작 전류의 1.3 배 ~ 1.6 배 이상의 전류가 회로로 인입되지 않도록 한다.
Nominal Cold Resistance	정격 전류의 10%하에서 측정된 퓨즈의 저항 용량
Nominal Melting I²t(A²sec)	퓨즈가 녹는데 필요한 에너지의 정도를 표시한 것으로, ESD, 서지 등에 견딜 수 있는 지연 시간의 기준이 된다.

ㄴ. Delay 타입의 퓨즈 선택

퓨즈의 정격 전류는 앞에서 세운 설계 규칙의 30%의 오버슈트에 대응될 수 있도록 시스템 최대 사용 전류의 최소 1.3 배의 전류를 연속 사용해도 끊어짐이 없도록 한다. 또한, 퓨즈가 돌입 전류, ESD, 서지 등의 짧은 순간의 과도 전류에는 견디길 바란다면 Nominal Melting I^2t 항목으로 선택할 수 있다.

만약, 서지 시험 8/20us 의 1KA 의 서지에 대해서 개방되지 말아야 한다면 아래와 같이 I^2t 를 구할 수 있다(계산식은 제조사의 데이터시트를 참조하도록 한다).

$$I^2\,t \;=\; \frac{1}{2} i_p^2 t \;=\; \frac{1}{2}(1KA)^2 \times 20us \;=\; 10A^2 sec$$

Time Delay 타입의 퓨즈 중 I^2t 가 $10A^2 sec$ 이상인 종류에서 정격에 맞는 퓨즈를 선택하도록 한다.

2.1.2. 폴리 스위치(Poly Switch)

앞의 퓨즈는 끊어짐으로 회로를 보호하기 때문에 가장 안전한 보호 장치가 되겠지만, 퓨즈 소자를 교체해 주어야 시스템이 복구가 된다는 단점이 있다.

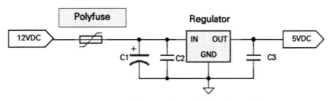

Figure V-44 폴리 스위치 사용 예

반면, 폴리 스위치는 과전류가 흐르면 열이 발생하고, 이 열로 인해 저항 성분이 급격히 증가되어 전류를 제한하는 소자로 온도가 내려가면 자동적으로 다시 복구된다. 이런 동작 때문에 리셋터블 퓨즈(Resettable Fuse)라 불린다.

이런 장점이 있는 반면, 과전류 인입 시 저항 성분이 증가하는데 시간이 소요되므로 순간적인 전기적 충격에는 대응하기 어렵다는 단점과 정상 동작에서도 폴리 스위치 자체 저항 성분으로 전압 강하 및 전력 손실이 생긴다는 단점이 있다.

가. 전기적 특성(Electrical Characteristics)

아래는 Fuzetec 사의 SMD 타입의 FSMD020-R 데이터시트의 예로, 이를 보면서 전기적 특성을 이해하도록 한다.

Part Number	Hold Current	Trip Current	Rated Voltage	Max Current	Typical Power	Max Time to Trip		Resistance	
						Current	Time	RMIN	R1MAX
	IH, A	IT, A	VMAX, VDC	IMAX, A	Pd, W	Amp	Sec	Ohms	Ohms
FSMD020-R	0.20	0.40	30	100	0.8	8.0	0.02	0.80	5.00

항목	내용
Hold Current(I_H)	최대 정격 사용 전류
Trip Current(I_T)	주위 온도 20°C 인 환경에서 차단 동작을 시작하는 최대 전류
Rated Voltage(V_{MAX}, V_{DC})	정상 동작 하는 최대 전압
Max Current(I_{MAX})	최대 허용 전류로 이 전류 이상이 되면 소자가 파손될 수 있다.
Resistance	폴리 스위치 초기 저항의 최대/최소값으로, 이 값이 큰 만큼 삽입으로 인한 전압 강하 및 전력 손실, 즉 삽입손실이 커진다.
Max Time to Trip	전류를 차단하는 데 걸리는 시간으로 0.02sec@8A 와 같이 8A 가 인입될 때 차단하는데 0.02 초 걸리는 것을 의미한다. 과도 전류가 낮아지면 차단 시간이 길어지며, 위의 FSMD020 의 경우 0.4A 의 전류가 차단되는데 10 초 이상이 걸린다. 이는 데이터시트의 그래프를 참조하기 바란다.

나. 폴리 스위치 선택

폴리 스위치의 정격 전압은 입력 전압의 최소 2 배 이상, 차단 동작을 시작하는 Trip Current 는 회로의 최대 소비 전류의 1.2 ~ 1.3 배 정도를 가진 소자를 선택하고, Resistance 가 낮은 것을 선택해야 정상 동작 시 전압 강하 및 손실 전력을 줄일 수 있다.

2.2. 과전압 보호 회로

앞에서 본 퓨즈와 폴리 스위치가 과전류에 대한 보호 소자라면, 이번 장에서 보게 될 소자들은 ESD/서지 등의 과전압에 대한 보호 소자들로 볼 수 있다.

2.2.1. 바리스터(Variable Resistor, Varistor)

바리스터는 이름에서 알 수 있듯이 가변되는 저항을 의미하며, ESD/서지 등의 과전압이 걸리면 수 MΩ 이었던 저항이 수 mΩ 이하로 급격히 낮아지면서 내부 회로를 보호한다.
바리스터 중 가장 흔하게 사용되는 MOV(Metal Oxide Varistor)에 대해서 알아본다. 회로에서는 INR, TNR, ZNR 등의 명칭으로 사용된다.

Figure V-45 바리스터 모양

과전류 보호 소자인 퓨즈나 폴리 스위치는 전원에 직렬로 연결되어 과전류를 차단한다면, 바리스터는 병렬로 연결하여 낮은 저항으로 큰 전압의 전류를 그라운드로 바이패스(Bypass) 시킨다.

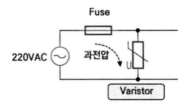

Figure V-46 바리스터 연결회로

만약, 위의 회로에서 서지 2KV/1KA 에서 바리스터의 저항이 10mΩ 으로 바뀐다면, 1KA × 10mΩ = 10V 로 과도 전압을 낮출 수 있게 되는 원리인데, 이때 과전압을 바리스터의 데이터시트에 명기된 클램핑 전압으로 제한한다.
바리스터는 큰 전류를 다룰 수 있으므로 전원용으로 사용 가능하며, 반응 속도가 빠른 것은 1ns 정도로 빠르기 때문에 디지털 포트 보호에도 사용할 수는 있다.

하지만, 정확한 전압으로 클리핑이 어렵고 커패시턴스가 높아 신호 지연이 생기기 때문에 디지털 포트의 보호보다는 전원용으로 많이 사용되며, 디지털 포트 보호에는 TVS 다이오드 등이 사용된다.

가. 전기적 특성(Electrical Characteristics)

아래는 Littelfuse 사의 MOV LA 시리즈의 데이터시트의 예이며, 이를 보면서 전기적 특성을 이해하도록 한다.

LA Series Ratings & Specifications

Part Number	Branding	Model Size Disc Dia. (mm)	Maximum Rating (85°C)				Specifications (25°C)				
			Continuous		Transient		Varistor Voltage at 1mA DC Test Current		Maximum Clamping Voltage 8 x 20 µs		Typical Capacitance f = 1MHz
			V_{RMS}	V_{DC}	Energy 10 x 1000µs	Peak Current 8 x 20µs					
			$V_{M(AC)}$	$V_{M(DC)}$	W_{TM}	I_{TM}	$V_{N(DC)}$ Min	$V_{N(DC)}$ Max	V_C	I_N	C
			(V)	(V)	(J)	(A)	(V)	(V)	(V)	(A)	(pF)
V300LA10P	P300L	10	300	405	46	2500	423	517	775	25	180

항목	내용
Maximum Rating Continuous	최대 정격 사용 전압이며, 차단 동작을 안하는 일반 상태로 바리스터에 연속적으로 인가될 수 있는 전압을 의미한다. 사용 전압의 30%의 클리핑을 위하여 시스템 정격 전압의 1.3 배 정도를 선택한다.
Maximum Rating Transient	과도 임펄스에서 바리스터가 견딜 수 있는 최대 전류로 해당 시스템에 맞는 서지 시험 규격에 맞게 선택한다.
Varistor Voltage at 1mA (V_B)	V_B(Varistor Voltage, Breakdown Voltage)라고도 하며, 바리스터가 동작하기 시작하는 전압으로 1mA 가 흐르기 시작할 때 바리스터 양단에 걸리는 전압을 말한다.
V_C(Clamping Voltage)	8/20us 의 서지 전압에서 바리스터 양단에 걸리는 전압을 의미한다.

위의 MOV-LA V300LA10P 는 차단 동작을 하지 않는 정격 전압이 300V_{RMS} 이며, 25°C 하에서 1mA 흐르면서 클리핑을 시작하는 전압이 최소 423V 이고, 8/20us 서지에 대해 양단에 걸리는 전압은 775V 이다.

이 MOV 를 장착한다고 가정하고, 아래 X/Y 커패시터의 설계 예를 보도록 할 것이다. 서지 인가 시 클리핑 전압 775V 는 회로로 들어가기까지 짧은 시간이기는 하지만, 이는 충분히 작은 값이 아니므로 아래에서 보게 될 코몬 모드 코일과 X Cap.의 LC 필터 효과를 기대하거나 또는 실제 LC 필터를 장착하여 더 감쇄해 줄 필요가 있을 수도 있다.

2.2.2. 안전(Safety) X/Y 커패시터

고전압 AC 회로에서 전원 라인으로 전도되어 들어오는 노멀 노이즈와 코몬 노이즈에 대한 대응책으로 안전 커패시터(Safety Capacitor)라 불리는 X 커패시터와 Y 커패시터가 있다.

이 X, Y 커패시터가 파손되었을 때 쇼트가 된다면 과전류로 인해 화재, 감전 등의 심각한 안전 문제가 발생되므로 반드시 개방되어야 하는데, 감전/화재 등의 안전과 직결되는 것으로 아무 커패시터나 사용할 수 있는 것이 아니라 안전 인증을 받은 X-Cap, Y-Cap 이라 불리는 커패시터를 사용해야 한다.

이들 X/Y 커패시터는 전기적 안전과 내부로 들어오는 노이즈에 대한 내성(EMS)뿐 아니라, 외부로 방출되는 EMI/RF 를 줄이는 데도 도움이 되므로, 코몬 모드 코일과 함께 EMI 필터라 불린다.
이 소자들의 선택에 대해서는 설계를 진행한 후 실제 규격시험을 진행하면서 튜닝해야 한다.

가. X 커패시터

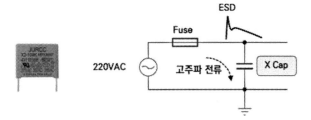

Figure V-47 X 커패시터

X 커패시터는 위의 그림과 같이 전원 라인 양단에 설치하여 노멀 모드(Normal Mode, 차동 모드) 노이즈를 바이패스시켜 시스템을 보호하는 용도로 사용되어 디퍼런셜 모드 커패시터라 불린다.
X 커패시터는 1nF ~ 10uF 까지의 다양한 용량이 있으며, 견딜수 있는 전압에 따라 서브클래스 X1, X2, X3 등으로 구분된다. (국제규격 IEC 60384-14)

Subclass	Peak Voltage Pulse
X1	〉2.5kV ≤4.0kV

X2	≤2.5kV
X3	≤1.2kV

ㄱ. X 커패시터 용량 선택

앞서 보았던 MOV 바리스터가 비교적 긴 시간의 서지 전압에 대한 보호용이라면, X 커패시터는 보통 그보다 짧은 시간의 ESD 과도 전압에 대한 보호용으로 설계를 많이 한다.
물론, MOV 가 ESD 과도 전압에 대해 전혀 효과가 없거나, X 커패시터가 서지에 대해 전혀 효과가 없다는 말은 아니다.

여기서는 앞단에 설치된 바리스터 MOV 의 영향은 무시하고, 노멀(차동) 노이즈 중 ESD Contact 8KV 에 대해 설계를 해보도록 하자.
ESD 건의 동작은 내부 충전 커패시터에 HV 고전압으로 충전하였다가 방전하면서 시험하는 형태임을 기억하고, 충전 커패시터에는 150pF, 330pF 의 규격이 있음을 기억하면서 보도록 한다.

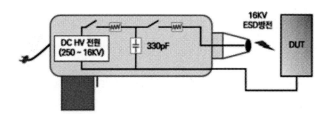

Figure V-48 ESD 건

ESD 건의 150pF, 330pF 의 충전 커패시터 중 더 많은 전류를 낼 수 있는 330pF 을 기준으로 설계해 본다. 330pF 에 완충되었을 때의 전하량 Q 는 아래와 같다.

$$Q = CV = 330pF \times 8KV = 2640nC$$

X 커패시터에 이 전하량이 충전되었을 때의 전압을 안전범위로 맞추면 된다.

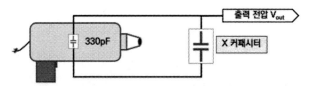

Figure V-49 ESD 보호를 위한 X 커패시터

커패시터의 병렬 연결이므로 총 용량은 330pF + X 커패시터 용량이 된다.

$$C_{TOTAL} = 330pF + X_{CAP}$$

따라서, 최종 출력 전압은 아래와 같이 된다.

$$V_{OUT} = \frac{Q}{C_{TOTAL}} = \frac{2640nC}{330pF + X_{CAP}}$$

ESD 전압 인가 시 상용 전원 250VAC 의 약 30% 이하의 과도 전압으로 감쇠되어 들어오길 바란다면, 노이즈는 75VAC(106V peak)의 전압 크기 이하로 들어오면 될 것이다.

$$106V_{peak} \geq \frac{2640nC}{330pF + X_{CAP}} \rightarrow X_{CAP} \geq \frac{2640nC - 106V_{peak} \times 330pF}{106V_{peak}} \cong 25nF$$

이와 같이 계산 상 25nF 이상의 X 커패시터를 사용하면 되겠지만, 커패시터의 용량이 70%가 줄어드는 최악의 상황에 대비해야 하는데 아래와 같이 계산될 수 있다.

$$\frac{25nF}{0.3} \approx 83nF$$

따라서, X 커패시터는 100nF(0.1uF) 이상의 용량을 사용하도록 한다.

0.1uF 용량의 X 커패시터를 앞에서의 회로와 같이 전단에 1 개, 코몬 모드 코일 후단에 동일 용량의 X Cap.을 하나 더 장착함으로써 외부에서 인입되는 노이즈와 내부에서 방출되는 노이즈에 대해 모두 효과를 가질 수 있다.

커패시터 용량이 클수록 ESD 노이즈 저감 효과는 커지지만, 보통은 용량이 커질수록 크기와 가격이 상승할 뿐 아니라 ESR 저항이 커지게 되어 노이즈에 대한 응답이 늦어지게 되고, 누설전류가 커지는 것과 더불어 손실 전력도 커지게 된다. 또한, 아래에서 보게 될 전원 OFF 시 충전되어 있는 전하 방전에 대한 시간도 느려지게 되므로 적절한 용량 선택이 중요하다.

이 용량은 시스템의 조건에 따라 EMC 인증 테스트를 통해 다시 적절한 값으로 튜닝해야 할 수도 있다.

ㄴ. X 서브클래스 선택

클래스와 서브클래스가 가장 높은 X1 이 가장 안전하겠지만, 크기가 커지고 가격이 비싸지는 등의 단점이 있다.

따라서, 적절한 서브클래스를 선택해야 되는데, 여기서는 서지 전압에 대해서는 앞단의 바리스터 MOV 에서 775V 까지 감쇠되므로 이 경우 Sub Class X3 또는 한 단계 높은 Sub Class X2 를 사용해도 될 것이다.

ㄷ. 안전 방전 저항

X 커패시터를 사용 시 조심해야 할 것은, 전원 플러그를 뺀 후에도 X 커패시터에 저장되어 있는 전하에 의한 감전의 위험이다.

X 커패시터에 충전되어 있던 전하는 여기서는 트랜스를 통해 방전될 수 있으므로 필요없을 수도 있지만, 방전 경로가 없는 경우 이 충전된 전하의 방전이 필요하며, X Cap 과 병렬로 저항을 연결하여 방전시킨다. 이렇게 커패시터에 충전되어 있는 전하를 방전시키는 용도의 저항을 안전 방전(Safety Discharge) 저항이라 한다.

전기안전 규격(K 60950-1 전기용품 안전기준)에 의하면, 전원 플러그를 뽑은 후 2 초 이내로 안전 초저전압인 $60V_{DC}$ 이하로 방전되어야 하거나, 100nF 이상의 X 커패시터를 사용할 경우 A 형 플러그의 경우 RC 시정수를 1 초 이내로 유지해야 한다.

방전 저항이 작을수록 RC 시정수가 작아져 방전의 속도는 빨라지지만, 일반 동작에서의 전력 손실이 커지게 되므로 적당한 저항을 선정하는 것이 중요하다.

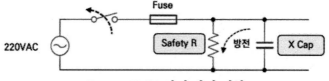

Figure V-50 안전 방전 저항

두 개의 X Cap. 100nF 을 사용했을 경우 총 병렬 용량은 200nF 이 된다. 보통은 X Cap 과의 시정수 RC 초가 1 초 이내면 되는데, 저항과 커패시터 소자의 오차를 고려하여 0.75sec 로 아래와 같이 계산될 수 있다.

$$\text{Tau} = R \times C = R \times 200nF \leq 0.75 \sec \rightarrow R \leq 3.75M\Omega$$

방전 저항은 3.75MΩ 이하면 되며, 보통은 1MΩ 정도를 많이 사용한다.

250VAC 에서 1MΩ 의 안전 방전 저항을 사용했을 때 손실 전력은 아래와 같다.

$$P_{\text{Dissipation}} = V_{rms} \times I_{rms} = \frac{V_{rms}^2}{R} = \frac{(250VAC)^2}{1M\Omega} = 62.5mW$$

만약, 저항에서 소비되는 전력이나 최대 전압이 너무 높으면 저항 소자의 선택이 어려울 수 있는데, 이런 경우 하나의 저항으로 사용하지 않고 몇 개의 직렬 저항으로 나누어 장착 사용하면 저항 하나에 걸릴 수 있는 전압이 낮아지므로 소자 선정에 도움이 될 수 있다.

나. Y 커패시터

 X 커패시터는 전원 라인의 양단에 장착되어 노멀 모드(차동 모드) 노이즈에 대한 대응이었다면, Y 커패시터는 전원 라인과 접지 사이에 연결되어 코몬 모드 노이즈에 대한 보호 커패시터이다. 코몬 모드 노이즈는 전원 양단에 동일 위상의 노이즈가 인가되어 선로 간 필터의 대응으로 차단할 수 없고 접지와 전위차가 발생하기 때문에 접지로 바이패스해야 한다는 것은 노이즈 편에서 살펴보았었다.

 Y 커패시터는 아래 그림처럼 입력되는 코몬 모드 노이즈에 대해서도 접지로의 통로 역할을 하지만, 반대로 시스템 내부에서 나오는 노이즈에 대해서도 접지로 통로 역할을 함으로써 EMI 에 도움이 된다.
 이 Y 커패시터로의 코몬 모드 노이즈에 대한 대응은 비단 AC 전원 회로가 아니더라도 I/O 포트 보호에도 많이 사용되는 구성이므로 알아둘 필요가 있다.

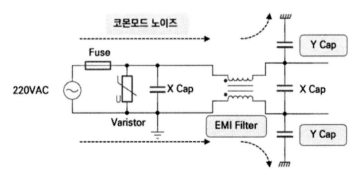

Figure V-51 코몬 모드 노이즈와 Y 커패시터

 Y 커패시터 역시 반드시 안전 인증된 부품으로 사용해야 하며, 국제규격 IEC 60384-14 에 서브클라스 Y1, Y2, Y3, Y4 로 등급이 정해져 있다.

Subclass	Rated Voltage	Peak Impulse Before endurance test
Y1	≤500VAC	8kV
Y2	150VAC≤V〈300VAC	5kV
Y3	150VAC≤V〈250VAC	No Test
Y4	V〈150VAC	2.5kV

ㄱ. Y 커패시터 용량 선택

AC 전원이므로 Y 커패시터에는 전류가 흐르게 되는데, 전기안전 규격에는 누설 전류에 대한 제한 규격이 있음을 살펴보았었다.

X 커패시터의 용량은 필요에 따라 마음대로 정할 수 있지만, Y 커패시터의 용량은 누설 전류와 관련이 있으므로 그렇지 못하다.

만약, 시스템의 안전을 위한 해당 누설 전류 규격이 3.5mA 이하라 할 경우, Y 커패시터 용량 C_Y 에 대해 오차율을 20%라 두어 $1.2C_Y$ 로 두고, 250VAC 의 60Hz 의 상용 전원 하에서 사용되는 경우라면 아래와 같이 계산될 수 있다.

60Hz 에서의 커패시터의 리액턴스는 아래와 같다.

$$X_C = \frac{1}{\omega C} = \frac{1}{2\pi f C} = \frac{1}{2\pi \times 60Hz \times 1.2C_Y}$$

이에 대해 피크 전류는 아래와 같이 계산될 수 있는데, 전압은 누설 전류의 시험 시 정격 전압의 1.06 배의 전압을 인가한 후 테스트하므로 250VAC x 1.06 = 265VAC 이며 이때 피크 전압은 265VAC $\times \sqrt{2}$ 가 된다.

$$I_{peak} = \frac{V_{Peak}}{X_c} = \frac{265VAC \times \sqrt{2}}{1/(2\pi \times 60Hz \times 1.2C_Y)} \le 3.5mA$$

$$\therefore C_Y \le 20.6nF$$

계산식으로는 20.6nF 보다 낮은 커패시터 용량을 사용하면 되는데, 인증 시험의 누설 전류 테스트를 통해 해당 시스템에 맞도록 튜닝이 필요하다.

이런 누설전류로 인한 용량 제약때문에 Y 커패시터 만으로는 코몬모드 노이즈에 대한 감쇠가 충분하지 못할 수 있기 때문에, 보통은 다음 장에서 보게 되는 코몬 모드 쵸크 코일과 함께 사용하여 LC 필터링으로 대응한다.

2.2.3. 코몬 모드 쵸크 코일 (EMI Filter)

EMI 방사는 코몬 모드 노이즈에 의해 크게 생기는 경우가 많은데, 코몬 모드 코일은 이런 코몬 모드 노이즈의 제거를 목적으로 하기 때문에 EMI 필터라고도 한다. 코몬 모드 쵸크 코일의 노이즈 제거의 동작 원리에 대해서는 노이즈 편에서 살펴보았다.

전원 입력부는 노이즈가 인입하는 곳임과 동시에 내부 노이즈가 EMI 로 방출될 수도 있으며, EMI 필터의 사용은 인입되는 코몬 모드 노이즈의 제거뿐 아니라 방출되는 전도 노이즈에 대해서도 방어 대책이 된다.

가. 전기적 특성(Electrical Characteristics)

아래는 WE 사의 XL 744825605 Common Mode Power Line Choke Coil 의 데이터시트에서 발췌한 내용이다.

Electrical Properties:

Properties		Test conditions	Value	Unit	Tol.
Number of windings	N		2		
Inductance	L	10 kHz/ 0.1 mA	5	mH	±30%
Rated Current	I_R	@ 70 ℃	6	A	max.
DC Resistance	R_{DC}	@ 20 ℃	45	mΩ	max.
Rated Voltage	V_R	50 Hz	250	V (AC)	max.
Insulation Test Voltage	V_T	50 Hz/ 5 mA/ 2 sec.	1500	V (AC)	

항목	내용
Rated Current	코어가 포화(Saturation)되지 않는 최대 정격 전류로 인덕터 편에서 본 것처럼 적어도 2 ~ 3 배 이상의 마진을 가지도록 한다.
Rated Voltage	정격 전압
DC Resistance R_{DC}	DC(직류)에서의 저항으로 삽입 손실 전력과 전압 강하에 관련된다.
Inductance(H)	임의의 주파수에서 측정한 인덕턴스
Insulation Test Voltage	절연 전압으로 인입될 수 있는 최대 서지 전압에서 견딜 수 있도록 한다.

나. 쵸크 코일의 선택

쵸크 코일의 코일 정격은 인덕터 편에서 보았듯이 시스템에서 사용하는 전류의 2 ~ 3 배 이상의 충분한 정격을 가진 소자로 선정한다.

이외 용량의 선택은 여러 방법이 있겠지만, 여기서는 이제 친숙한 RLC 회로의 감쇠비(ζ)와 코너 주파수에 의한 선택 방법을 살펴보도록 한다.

아래는 코몬 모드 노이즈에 관련된 코몬 모드 쵸크 코일과 Y 커패시터를 모델링한 회로 모델이다.

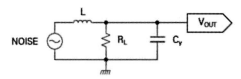

Figure V-52 코몬 모드 쵸크 코일과 Y 커패시터의 모델링

R_L 은 코몬 모드 쵸크 코일의 주파수 특성에 의해 제거되는 노이즈의 감쇠양을 모델링한 것이고, C_y 는 Y 커패시터를 의미한다.

이 회로의 V_{OUT} 에 대한 전달함수를 구해 보면 아래와 같이 2 차 Low Pass Filter 의 형태를 보인다.

$$\frac{V_{OUT}}{V_{IN}} = \frac{\frac{1}{LC_Y}}{s^2 + \frac{1}{R_L C}s + \frac{1}{LC_Y}}$$

2 차 시스템의 표준 형식에 맞추어 구해 보면 아래와 같이 구해질 수 있다.

$$H_{STANDARD} = \frac{\omega_n^2}{s^2 + 2\zeta\omega_n s + \omega_n^2}$$

$$\omega_n = \frac{1}{\sqrt{LC_Y}}. \quad \zeta = \frac{1}{2R_L}\sqrt{\frac{L}{C_Y}}$$

이 2 차 시스템의 보드선도는 아래와 같다.

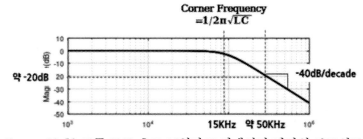

Figure V-53 코몬 모드 쵸크 코일과 Y 커패시터 필터의 보드선도

위의 보드선도의 X 축은 각주파수 단위이다. 만약, 50KHz 의 노이즈에 대해 약 -20dB 의 감쇠율을 가지고 싶다면, 2 차 시스템은 이득이 -40dB/decade 로 감쇠하므로, 코너 주파수 (Corner Frequency)를 15KHz 에 맞추면 된다.

또한, 감쇠비(Damping Ratio) ζ는 안정성을 위하여 ζ 값이 1 보다 크게 하는 L 값 중에 코너 주파수의 조건에 맞는 L 을 선택하면 된다.

Y 커패시터 C_Y 값의 범위는 앞서 보았듯이 누설 전류와 관련이 있기 때문에, 마음대로 값을 키울 수 없으므로 미리 고정하도록 한다.

3.5mA 이하의 누설 전류에 대해 20nF 이하여야 했으므로, 20nF Y 커패시터로 하고, R_L 은 보통 50Ω 으로 두고 계산되므로 아래와 같다.

① 시스템 안정 감쇠비 ζ ≥ 1.0 조건

$$\zeta = \frac{1}{2R_L}\sqrt{\frac{L}{C_Y}} = \frac{1}{2 \times 50\Omega}\sqrt{\frac{L}{20nF}} \geq 1.0$$

$$\rightarrow L \geq 0.2mH$$

L 은 0.2mH 보다 크면 안정된 시스템이다.

② 코너 주파수 15KHz 조건

$$\omega_n = \frac{1}{\sqrt{L \times C_Y}} = \frac{1}{\sqrt{L \times 20nF}} \leq 2 \times \pi \times 15kHz$$

$$\therefore L \geq 5.6mH$$

L 은 5.6mH 이면 되므로, 위 조건들로 5mH 를 선택하면 안정된 조건을 만족하며 코너 주파수도 대략적으로 만족하게 될 것이다.

다. 코몬 모드 쵸크 코일의 노멀(차동) 모드 인덕턴스

이상적인 코몬 모드 쵸크 코일에서 노멀 모드 전류에 의한 자속은 서로 상쇄되어 노멀(차동) 모드 인덕턴스는 0 으로 영향이 전혀 없어야 한다.

하지만, 실제는 누설 인덕턴스(Leakage Inductance)가 발생하며 노멀 모드 인덕턴스가 발생된다. 이 노멀 모드 인덕턴스는 후단에 X Cap.을 두어 LC 필터로써 인입되는 노멀 모드 노이즈에 대해 긍정적인 효과를 기대할 수 있다.

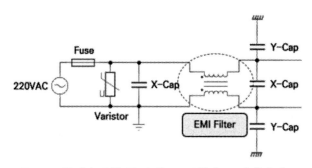

Figure V-54 코몬 모드 쵸크 코일과 X 커패시터

코몬 모드 쵸크 코일의 데이터시트에서 노멀 모드의 인덕턴스는 제공을 하지 않는 경우가 많고, 감쇠 그래프 역시 제공하지 않는 경우가 많기 때문에 명확히 설계에 적용하기 어려울 수는 있지만 고려는 해야 한다.

앞에서 서지에 대해 바리스터에서 775V 까지 감쇠가 되었으며(물론 X Cap.에 의한 어느 정도의 감쇠는 기대할 수 있지만, 용량이 작아 감쇠율이 적다.), 이 서지 775V 를 더 감쇠시킬 목적으로 후단에 X Cap.을 장착하여 미약하겠지만, LC 필터로서의 효과도 기대할 수 있다.

XL 744825605 Common Mode Power Line Choke Coil 의 데이터시트에는 아래와 같은 주파수 특성 그래프를 제공한다.

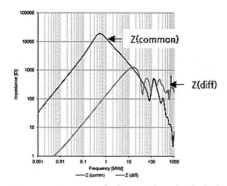

Figure V-55 코몬 모드 쵸크 코일의 코몬/노멀 인덕턴스 주파수 특성

위의 그래프에서 Z(diff)는 노멀 모드 임피던스의 주파수 특성이다.
10KHz 에서 약 3Ω 정도의 임피던스를 보이므로, 아래와 같이 노멀 모드 인덕턴스를 유추해 볼 수 있다.

$$X_L \;=\; \omega L \;=\; 2\pi f L \;=\; 2\pi \times 10KHz \times L \;=\; 3\Omega$$

$$\rightarrow \; L \;=\; 0.048mH$$

X 커패시터의 용량이 100nF 일 경우, 코너 주파수 $\frac{1}{2\pi\sqrt{LC}}$는 약 72KHz 가 된다.

이 코몬 모드 쵸크 코일의 노멀(차동) 인덕턴스와 X 커패시터로 노이즈 감쇠 효과가 미미할 경우 X Cap. 용량을 키우거나, 추가적인 LC 필터를 장착하여 노이즈에 대한 대응 강화를 할 수도 있다.

2.3. AC-DC 전원 변환

상용 전원은 디지털 회로에 사용하기에 전압이 너무 높기 때문에 감압시켜 저압의 DC 로 만들어 사용해야 하는데, 여기서는 AC 에서 DC 로 변환시키는 방법에 대해서 살펴보도록 한다.

2.3.1. 트랜스포머(Transformer)

AC 전압을 감압시키는 방법에는 스위칭 전원 타입인 SMPS(Switching Mode Power Supply)와 트랜스포머(변압기)를 이용하는 방법이 있는데, 이 중 트랜스포머(변압기)를 이용하는 방법에 대해 살펴본다.

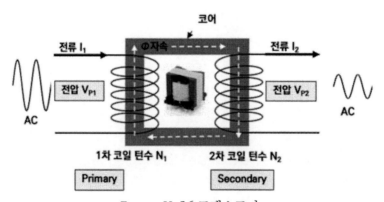

Figure V-56 트랜스포머

트랜스포머를 사용하게 될 경우 크기와 효율면에서 취약할 수 있지만, SMPS 의 스위칭 노이즈가 없기 때문에 EMI 에는 유리하다.

전원 입력단을 1 차측(Primary), 전원 출력단을 2 차측(Secondary)라 하며, 1 차/2 차 권선비에 의해 출력단의 전압이 정해지는데, 이런 트랜스포머의 동작 원리에 대해서는 인덕터 편에서 살펴보았다.

여기에서는 220VAC 에서 12VAC$_{RMS}$ 500mA 의 출력을 내는 다운(Down) 트랜스포머를 사용하는 것으로 가정하고 다음을 보도록 한다.

2.3.2. 풀 브릿지 다이오드(Full Bridge Diode, Rectifier Diode)

풀 브릿지 다이오드는 교류의 음의 전압도 양의 전압으로 만들어 사용하기 위한 정류 소자로 다이오드 편에서 살펴보았었다.

아래는 풀 브릿지 다이오드의 동작 그림이다.

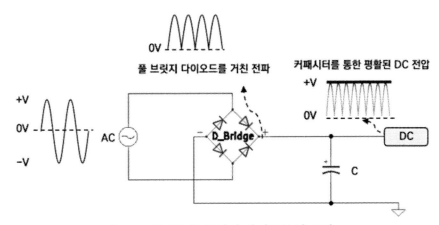

Figure V-57 풀 브릿지 다이오드의 동작

풀 브릿지 다이오드의 정격을 선정하기 위해, 인가될 수 있는 ESD/서지 노이즈의 크기로 선정해 보도록 하자.

물론, 전원 트랜스포머는 50Hz ~ 60Hz 저주파 전압은 설계한 비율로 전달되지만, ESD/서지 노이즈같은 고주파 노이즈는 역기전력, 코어 등 트랜스포머의 설계, 트랜스포머의 주파수 응답에 의존적인데, 일반적으로 2 차측으로는 훨씬 더 작은 노이즈가 전달된다. 여기서는 이를 고려하지 않고, ESD/서지 노이즈 역시 변압비 그대로 계산하여 다이오드의 정격을 선택해 보도록 한다.

앞서 서지에 대해서 바리스터 MOV 를 통해 775V 까지 감쇠되고 다른 감쇠 대책이 없다면, 12VAC$_{RMS}$ 출력 트랜스의 2 차측으로 넘어오는 전압은 아래와 같이 근사할 수 있을 것이다.

$$775V_{Peak} \times \frac{12VAC}{220VAC} \approx 42V_{SURGE}$$

브릿지 다이오드의 순방향/역방향 최대 전압이 이에 충분히 대응할 수 있도록 선택한다.

일반적인 규칙은 동작 피크 전압의 2 ~ 3 배 이상에 대응될 수 있는 정격 순방향/역방향 전압과 동작 전류의 최소 1.6 배 이상의 정격 전류를 가진 풀 브릿지 다이오드 소자를 선택하는 것이다.

2.3.3. 평활 회로(Smoothing Circuit)

평활 회로는 브릿지 다이오드를 거쳐 나온 양의 교류 전압을 커패시터를 이용하여 DC 로 변환해 주는 역할을 하는 회로를 말한다.

앞에서 이제까지 본 내용들이 ESD/서지 노이즈 같은 큰 전압/전류 노이즈에 대한 대응이었다면, 이제부터는 비교적 크기가 작은 저주파 리플 노이즈와 클럭 노이즈, IC 동작 노이즈, 스위칭 전원 노이즈 등의 고주파 노이즈에 대한 대응을 해야 한다. 특히, 안정적인 그라운드와 커패시터의 역할이 중요한 부분이다.

아래 회로의 부하(로드) 저항은 옴의 법칙에 의해 입력 전압과 사용 전류 $\frac{V}{I}$로 모델링한 저항 부하로 가정한다.

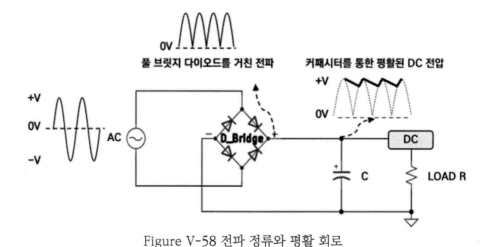

Figure V-58 전파 정류와 평활 회로

전파 정류를 통한 평활 회로에서의 평활 파형은 아래와 같이 표현할 수 있다.

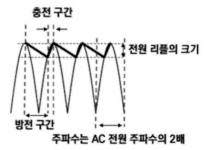

Figure V-59 전파 정류 파형의 평활

 DC 전원으로 만들었을 때의 리플은 평활 커패시터와 부하(로드) 저항과의 방전에 관련된 것을 볼 수 있다. 따라서, 소모 전류에 따라 적당한 평활 커패시터 용량을 사용해야 리플을 줄일 수 있다.

가. 커패시터 용량 선택

 커패시터 용량을 선택하는 방법은 여러가지가 있겠으나, 여기서는 부하를 저항 부하로 간주하고 커패시터와의 RC 방전 수식으로 근사하여 계산해 보도록 한다. 이는 앞단의 풀 브릿지 다이오드에 의해 역방향으로 방전이 없기 때문에 가능한 방법이다.

 RC 방전에 대한 시간 응답은 다음과 같다.

$$V_{out} = V_0 e^{-\frac{t}{RC}}$$

 V_0 는 초기 전압을 의미하며, 여기서는 V_{PEAK} 를 말한다. R 은 저항 부하이며, C 는 평활 커패시터를 의미한다.

 $e^{-\frac{t}{RC}}$ 는 테일러 급수를 이용하여 1 차식까지 절단하면 $\frac{t}{RC}$ 가 0 근처의 값에서 아래와 같이 근사할 수 있다.

$$e^{-\frac{t}{RC}} \cong 1 - \frac{t}{RC}$$

 이것을 앞의 방전 수식에 대입하여 정리하면 아래와 같이 소모 전류와 리플의 관계로부터 커패시터의 용량을 결정할 수 있다.

$$V_{out} = V_{PEAK} e^{-\frac{t}{RC}} \approx V_{PEAK}\left(1 - \frac{t}{RC}\right) : t = \frac{1}{2f}\,sec$$

 전파 정류 신호이므로 주파수는 정류되기 전 입력 AC 전원의 주파수 f 의 2 배인 2f 가 되고, 주기 t 는 1/2f 이 된다. 따라서, 위의 식은 다시 아래와 같이 정리할 수 있다.

$$V_{PEAK} - V_{out} = V_{RIPPLE} = V_{PEAK}\frac{t}{RC} = \frac{V_{PEAK}}{R} \times \frac{1}{C} \times \frac{1}{2f} = \frac{I_{OUT}}{2fC}$$

 위와 같이 V_{PEAK}/R 는 소비 전류 I_{OUT} 으로 근사할 수 있다
 만약, 소모 전류 I_{OUT} 250mA 이고, 리플 전압이 1.0V 이기를 원한다면 아래와 같이 구해질 수 있으므로, 근처의 용량을 선택하면 된다.

$$C = \frac{I_{OUT}}{2fV_{RIPPLE}} = \frac{250mA}{2 \times 60Hz \times 1.0V} = 2083uF$$

전해 커패시터를 사용할 경우 진행성으로 30%의 용량 감소를 보이므로, 최소 1.3 배 이상의 용량을 사용해야 하는데 오차율까지 고려하여 1.5 배 이상의 용량을 사용하도록 하고, 내압은 2 ~ 3 배 이상을 선정한다.

나. 출력 전압

12VAC$_{RMS}$ 의 Peak 전압 17V$_{PEAK}$ 는 브릿지 다이오드를 통과할 때 2 개의 다이오드를 지나게 된다. 이는 다이오드의 전방향 전압 V$_F$ 를 0.7V 로 둔다면 1.4V 의 전압 강하를 의미한다.

따라서, 출력은 아래와 같이 17V$_{PEAK}$-1.4V = 15.6V 피크부터 1V 의 리플을 가지는 파형을 가지게 될 것이다.

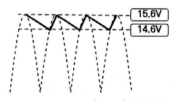

Figure V-60 최종 평활 파형

이 입력 전압 리플의 크기가 충분한지는 뒤에서 보게 될 레귤레이터의 리플 제거(Ripple Rejection) 성능과 관련된다. 사용하려는 레귤레이터의 리플 제거 성능이 우수하다면 더 큰 리플 전압을 허용함으로써, 평활 커패시터의 용량을 줄일 수 있다.

다. 커패시터 허용 리플 전류 선택

앞서 회로 규칙의 안전 편에서 본 것과 같이 AC 평활 회로 입력단의 커패시터의 허용 리플 전류는 커패시터의 열에 의한 제품의 수명, 안정성, 성능과 관계되므로 특히 중요하다.

이에 대해 앞에서 구한 근사된 커패시터 용량 수식을 이용하여 선정해 보도록 한다.

앞의 평활 회로의 출력 전압 리플을 삼각파로 근사하여 계산하면, 리플의 RMS 전압은 아래와 같이 구할 수 있다.

$$V_{RMS} = \frac{V_{RIPPLE}}{2} \times \frac{1}{\sqrt{3}}$$

V$_{\text{RIPPLE}}$ 은 리플의 Peak to Peak 전압이므로, 2 로 나눈 것이다.

앞에서 $V_{\text{RIPPLE}} = \frac{I_{\text{OUT}}}{2fC}$ 으로 근사했으므로, 위 식에 넣어서 정리하면 아래와 같다.

$$V_{\text{RMS}} = \frac{I_{\text{OUT}}}{4\sqrt{3}fC}$$

커패시터 C 의 임피던스는 정류되어 나온 파형이 완전한 정현파가 아니기는 하지만, 기본 주
파수에서의 값으로 아래와 같이 근사할 수 있다.

$$|Z_C| = \frac{1}{\omega C} = \frac{1}{2\pi} \times \frac{1}{2f} \times \frac{1}{C} = \frac{1}{4\pi fC}$$

여기에서 f 는 정류 이전의 전압의 주파수이기 때문에, 실제 커패시터에 인가되는 전파 정류
한 이후의 주파수는 2f 가 되는 것이다.
최종적으로 커패시터에 흐르는 리플 전류는 아래와 같이 구할 수 있다.

$$I_{\text{RMS}} = \frac{V_{\text{RMS}}}{|Z_C|} = \frac{I_{\text{OUT}}}{4\sqrt{3}fC} \times 4\pi fC = 1.8 \times I_{\text{OUT}}$$

따라서, 정상 소모 전류의 1.8 배 이상의 허용 리플 전류를 가지는 커패시터를 선정하도록 한
다.

경험규칙은 전파 정류 회로에서는 정상 소모 전류의 2 배 이상, 반파 정류 회로에서는 정상
소모 전류의 2.5 배 이상의 허용 리플 전류로 선정하는 것이다.
또한, 인덕턴스 부하와 같이 주기적인 스위칭 제어로 큰 전류 리플이 있는 시스템의 경우에
는 마진을 충분히 주어 선정하도록 한다.

2.3.4. 레귤레이터

레귤레이터(Regulator)는 정전압의 DC 전압을 생성하는 소자를 말한다. 앞의 평활 회로를 통해 나온 1V 정도의 리플이 있는 15V 의 전압을 실제 전자 회로에서 사용하게 될 정전압의 DC 전압으로 만드는 역할을 한다.

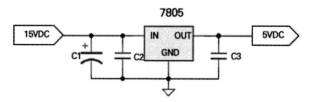

Figure V-61 7805 리니어 레귤레이터

예시 회로도에 리니어 레귤레이터 7805 인 5V 출력 소자를 그려 놓았다. 이 레귤레이터의 출력이 실제 IC 들로 공급되는 DC 전원이 되며, 리니어 레귤레이터, LDO, 스위칭 타입인 BUCK 컨버터 등을 사용하여 DC 전압을 만들게 된다.

가. 레귤레이터 대표 특성

레귤레이터의 대표적 특성은 아래와 같은 것들이 있다.

ㄱ. 드롭아웃(DropOut) 전압

Step-Down 레귤레이터에서의 드롭아웃(Dropout) 전압 즉, 출력 전압보다 입력 전압이 얼마 정도 커야 정상 출력 동작을 하는지에 대한 전압을 염두해 두어야 한다.

일반 리니어 레귤레이터는 입력 전압이 출력 전압보다 2V 이상 더 커야 하는데, 7805 의 경우 5V + 2V 로 입력 전압이 7V 이상이 되어야 하며, 위에서 본 예에서는 평활 회로를 거쳐 15V 정도의 전압이 레귤레이터로 입력되므로 충분히 만족한다 하겠다.
만일, 입력 전압이 충분히 크지 못하다면 드롭아웃 전압을 작게 만든 리니어 레귤레이터 소자인 LDO(Low DropOut) 레귤레이터를 사용할 수도 있다.

ㄴ. 리플 제거(Ripple Rejection)

PSRR(Power Supply Ripple Rejection) 성능이라고도 하며, 입력 전압에 리플이 있을 경우 출력 전압에 발생되는 리플의 양의 비율을 말하는 것으로 dB 로 표시되는 경우가 많다.

$$\text{Ripple Rejection(dB)} \;=\; 20\log_{10}(\frac{\Delta V_{IN}}{\Delta V_{OUT}})$$

레귤레이터의 다른 성능 지표인 Line Regulation 과 Load Regulation 은 입력 전압 또는 부하 전류가 변한 후 출력 전압이 정상상태(Steady State)가 되었을 때의 전압을 관찰하여 변동폭을 측정하는 반면, PSRR 은 과도 구간 응답에 해당한다.

7805 의 120Hz 에서 PSRR 이 80dB 라 한다면, 앞의 평활 회로의 출력 즉, 레귤레이터 입력 V_{IN} 에 1V 의 리플이 있을 경우 레귤레이터 출력 전압 V_{OUT} 에는 아래와 같은 리플이 생성된다.

$$\Delta V_{OUT} \;=\; \frac{\Delta V_{IN}}{10^{\frac{\text{Ripple Rejection(dB)}}{20}}} \;=\; \frac{1.0V}{10^4} \;=\; 0.1mV$$

ㄷ. 손실 전력에 의한 효율 저하 및 발열

리니어 레귤레이터에서는 전압 강하에 대한 전력이 모두 레귤레이터 자체에서 손실 전력이 되며 열로 전환되므로 효율이 낮다.
리니어 레귤레이터의 손실 전력과 레귤레이터의 효율은 아래와 같이 구해질 수 있다.

$$\text{손실 전력}(P_{Disspation})(W) \;=\; (V_{IN} - V_{OUT}) \times I_{OUT}$$

$$\text{효율(\%)} \;=\; \frac{\text{출력 전력}}{\text{입력 전력}} \times 100 \;=\; \frac{\text{입력 전력} - \text{손실 전력}}{\text{입력 전력}} \times 100$$

따라서, 리니어 레귤레이터에서는 입력 전압과 출력 전압의 차이가 큰 경우 효율이 저하될 뿐 아니라, 많은 열이 발생되어 방열판이 필요할 수도 있다.

리니어 레귤레이터가 스위칭 노이즈가 없다는 장점도 있지만, 낮은 효율 및 높은 발열로 인해, 보통 입/출력 전압차가 큰 경우에는 스위칭 타입의 Step-Down 벅 컨버터나 절연형 스위칭 레귤레이터를 사용하게 되는데, 아래 선정 방법에서 살펴보도록 한다.

나. 스위칭/리니어 레귤레이터의 선택 방법

 DC 정전압을 만드는 레귤레이터 회로를 설계하기 위해서는 먼저 리니어 레귤레이터를 사용할지, 스위칭 레귤레이터를 사용할지 선택해야 한다.
 이 부분에는 정밀한 아나로그 회로라서 전원에 리플이 없어야 한다면 리니어 레귤레이터를 선정한다던지, 전력 소모가 중요한 시스템이라면 효율을 잘 따져보고 선정한다던지, 1 차 전원의 전압과 드롭아웃 전압을 고려하여 선택한다던지 하는 여러가지 기준이 있을 수 있다.

 하지만, 일반적으로 리니어 레귤레이터를 사용할지 또는 스위칭 레귤레이터를 사용할지의 선택 기준은 열 발생의 조건을 보고 선정하는 것일 것이다.
 앞에서 살펴보았듯이 열 발생은 레귤레이터에서 손실되는 전력과 레귤레이터의 열 저항을 곱한 값으로 열이 발생된다.
 이를 알기 위해서는 우선 손실 전력을 계산해야 하는데, 리니어 레귤레이터와 스위칭 레귤레이터 계산 방식이 다르다.

 ☞ 리니어 레귤레이터의 손실 전력

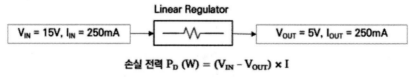

$$손실\ 전력\ P_D\ (W) = (V_{IN} - V_{OUT}) \times I$$

Figure V-62 리니어 레귤레이터 손실 전력

 위 그림의 수식과 같이 전류의 연속 흐름인 리니어 레귤레이터는 입력되는 전류와 출력되는 전류가 동일하기 때문에, 리니어 레귤레이터는 저항으로 모델링 될 수 있으며, 전압 강하분에 대해서 모두 손실 전력이 된다.
 이 예에서는 $P_d = (15V - 5V) \times 250mA = 2.5W$가 손실 전력이 되고, 효율로 본다면 34% 밖에 되질 않는다.
 또한, 열 저항을 30℃/W 라 한다면 75℃의 온도가 상승하므로 방열판을 장착할 필요가 있을 수 있다.

 ☞ 스위칭 레귤레이터의 손실 전력

 반면, 스위칭 레귤레이터는 전류의 연속 흐름이 아니기 때문에, 출력 전류와 입력 전류의 크기가 다르다. 즉, 효율이 100%라 한다면, 입력 전력 = 출력 전력으로 $V_{IN} \times I_{IN} = V_{OUT} \times I_{OUT}$ 과 같은 관계를 가진다.

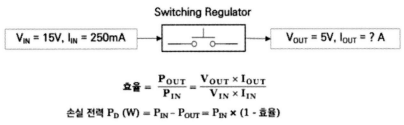

Figure V-63 리니어 레귤레이터 손실 전력

실제 스위칭 레귤레이터는 손실로 인해 100%의 효율이 나올 수 없기 때문에, 일반적으로 80% ~ 90%로 두고 계산한다. 여기서는 80%로 놓고 계산해 보도록 하자.

효율 = 소비 전력/입력 전력으로, $\frac{V_{OUT} \times I_{OUT}}{V_{IN} \times I_{IN}}$ = 0.8이므로, I_{OUT} = 0.75A 까지 출력 가능하다. 리니어 레귤레이터보다 출력 가능한 전류가 많다는 것을 알 수 있다.

만일, 앞의 리니어 레귤레이터에서의 조건으로 계산한다면, 출력 V_{OUT} 5V, I_{OUT} 250mA 를 출력하기 위해서는, V_{IN} 15V, I_{IN} 은 85mA 정도의 전원만 있어도 된다. 이는 아답타를 사용할 경우 더 작은 아답타로 선정해도 된다는 이점이 있다.

여기서는 750mA 의 전류를 전체 출력할 경우 스위칭 레귤레이터의 손실 전력은 P_d = 15V × 0.25A × (1 − 0.8) = 0.75W가 되고, 마찬가지로 열 저항을 30℃/W 라 한다면 22℃의 온도 상승을 예상할 수 있다.

이처럼 스위칭 레귤레이터는 리니어 레귤레이터에 비해 효율 및 발열에 이점을 가지지만, 스위칭 레귤레이터의 동작 원리로 인한 전원 리플이 발생하고, 만약, 이 전원 리플을 줄이고자 더 용량이 큰 출력 커패시터를 사용하게 되면, 로드 레귤레이션 성능 저하와 Inrush 전류가 문제가 될 수 있기 때문에, 리니어 레귤레이터 대비 이 전원 리플은 단점이 된다.

또한, 벅 컨버터와 같은 스위칭 레귤레이터는 낮은 전류에서 효율이 낮아지는 경향이 있으므로, 낮은 전력의 시스템인 경우 리니어 레귤레이터와 효율 및 장/단점을 따져 선정하도록 한다.

2.4. 회로 보호 소자

앞에서 전원 회로의 ESD, 서지 노이즈에 대한 보호 방법을 살펴보았다. 여기서는 DC 디지털 포트의 보호에 대한 방법을 알아본다.

시스템의 외부와 연결되는 신호 단자 또는 IO 단자들은 반드시 과전압/과전류에 대한 보호를 해야 하며, 보호 방법에는 아래와 같은 방법들이 있다.

IO 포트를 보호하기 위한 방법으로는 시스템의 전원과 분리되지 않은 상태에서 노멀 모드 노이즈에 대한 대책인 비절연(Non-Isolation) 회로와 시스템의 전원과 완전 분리하여 노멀 모드/코몬 모드에 모두 대응 가능한 절연(Isolation) 회로가 있다.

만약, 외부 시스템과 연결해야 하는 포트에 비절연 회로로 보호하면서도 코몬 모드 노이즈에 대한 대응이 필요한 상황이라면, 코몬 모드 코일과 Y 커패시터처럼 접지로 커패시터를 연결한 회로를 사용할 수도 있다.

2.4.1. 비절연형 보호 소자

노멀 모드 노이즈에 대한 보호에 사용되는 비절연형 보호 소자에는 제너 다이오드, 클램핑 다이오드, TVS 다이오드가 있으며, 직렬 저항을 통한 전류 제한도 비절연에 속한다.

이 중 TVS 다이오드가 ESD/서지 노이즈에 대해 가장 확실한 보호를 할 수 있어 많이 사용된다.

가. 제너(Zener) 다이오드

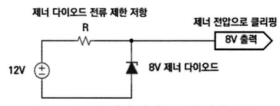

Figure V-64 제너 다이오드에 의한 보호

제너 다이오드는 높은 서지 전압을 항복 전압(Breakdown Voltage, 제너 전압 Vz)으로 잘라낼 수 있는 소자이다. 제너 다이오드에 항복 전압 이상으로 역전압이 걸리면 전류를 도통시키

며 전압을 강하시키는데, 이때 강하된 전압만큼 제너 다이오드에서 열로 소비되므로 뜨거워
질 수 있다.
 또한, 제너 다이오드의 정격 전류 I_Z 보다 높은 전류가 흐르면 파손되거나 원하는 제너 전압
을 얻지 못하게 되므로, 반드시 전류 제한 저항이 필요하고 이를 제너 저항 또는 제너 전류 제
한 저항이라 한다.
 전류 제한 저항 R 은 제너의 정격 전류 I_Z 와 항복 전압 V_Z 와 관련하여 다음과 같은 관계를
가지고 선정한다.

$$R \geq \frac{V_{DC} - V_Z}{I_Z}$$

 데이터시트에 정격 전류 I_Z 가 없을 경우 최대 전류 I_{ZM} 에 마진을 둔 $0.7I_{ZM}$ 으로 선정하도
록 한다.

 이 제너 다이오드를 ESD 과전압 보호용으로 사용하고자 할 때 빠른 응답 속도를 위하여 위
와 같이 제너 저항을 사용하는 구성보다는 정격 전류가 높은 제너 다이오드를 선택해 제너 저
항없이 사용하기도 한다.
 하지만, 이렇게 제너 저항이 없이 사용 경우 짧은 순간의 과전압이 아닌 오버슈트 등의 긴 시
간의 EOS(Electrical Over Stress) 과전압이 인가될 경우 과전류로 인해 제너 다이오드가
손상될 수 있으므로, 보통 서지 보호용으로는 잘 사용되지 않는다.

나. 클램핑 다이오드 회로

 클램핑 다이오드는 다이오드를 신호 라인 또는 포트에 연결하여 서지가 들어오더라도 기준
전압 이하로 유지되도록 전압을 클램핑하기 위한 다이오드 구성을 말한다.

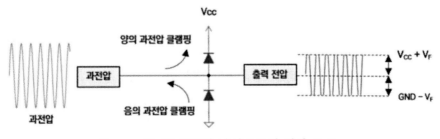

Figure V-65 클램핑 다이오드에 의한 보호

보통 MCU 등 IC 들의 IC 내부 포트 회로에는 포트 보호를 위하여 내부에 클램핑 다이오드가 구성되어 있지만, 정격 전류 용량이 5mA ~ 20mA 정도로 낮기 때문에 외부에 별도의 클램핑 다이오드 회로를 구성하여 과전압으로부터 보호하기도 한다.

이런 클램핑 다이오드 회로를 사용한 과전압에 대한 보호는 저렴한 가격으로 간단히 구성이 가능하기 때문에 많이 사용된다.

하지만, 다이오드는 ESD 처럼 짧은 순간의 과전압 특성은 데이터시트에 표기되지 않는 경우도 많으며, 비교적 높은 커패시턴스로 인해 빠른 응답을 기대하기 힘든 경우도 많기 때문에, 크고 빠른 과전압인 ESD/서지 노이즈에 대한 확실한 회로 보호를 하고 싶다면, 되도록 아래 TVS 다이오드를 사용하도록 한다.

다. TVS 다이오드(Transient Voltage Suppressor)

TVS 다이오드는 제너 다이오드와 같이 항복 전압(Breakdown)을 이용하여 ESD/서지와 같은 높은 전압을 일정 전압 이하로 클리핑(Clipping, 일정 전압으로 잘라내는 동작)할 수 있도록 하는 ESD/서지(EOS) 전용 포트 보호 소자이다.

이들 TVS 다이오드는 IEC 61000-4-5 ESD, SURGE 시험에 해당하는 노이즈를 제거할 수 있는 능력을 가진다.

디지털 포트 보호

앞에서 본 바리스터 소자는 정확한 전압으로 클리핑할 수 없었지만, TVS 다이오드는 정확한 DC 전압으로 1ns 이내에 클리핑 할 수 있기 때문에 ESD/서지 노이즈에 대한 통신 포트와 같은 디지털 포트 보호용으로 많이 사용된다.

TVS 다이오드를 디지털 통신 포트 보호용으로 사용할 때는 TVS 다이오드의 커패시턴스와 누설 전류를 확인하여 신호 지연 및 전기적 특성에 영향이 없는지 확인해야 한다.

이런 신호 지연 측면에서도 바리스터는 커패시턴스가 큰 편이기 때문에 디지털 통신 포트 보호에는 잘 사용되지 않는다.

전원 포트 보호

앞서 전원 포트의 과전압 보호용으로 바리스터의 사용에 대해 살펴보았었다.

TVS 다이오드는 긴 시간의 과전압/과전류가 인가되는 상황에서는 온도 상승이 일어나고, 온도가 상승하면 TVS 항복 전압이 상승하고 허용 서지 전류가 감소한다.

따라서, 긴 시간의 과전압/과전류가 인가될 수 있는 환경에서는 사용하기 어렵기 때문에 고전압 입력의 전원용으로는 잘 사용되지 않으며, 저전압의 DC 전압용으로는 사용되기도 한다. 하지만, 어쩔 수 없이 긴 시간의 과전압/과전류가 예상되는 곳에 TVS 다이오드를 사용해야 할 경우에는 저항을 사용해 인입되는 전류를 제한하여 TVS 다이오드를 보호하는 회로를 추가하여 설계하기도 한다.

ㄱ. 단방향(Unidirectional) TVS 과 양방향(Bidirectional) TVS

TVS 다이오드는 아래 그림과 같이 인가 전압을 역방향의 전압만 V_C 전압으로 클리핑하는 단방향 TVS 다이오드와 인가 전압을 양방향 $\pm V_C$ 전압으로 클리핑하는 양방향 TVS 다이오드가 있다.

아래 VI 커브 그림에서 보듯이 단방향 TVS 다이오드는 음의 과전압은 순방향 전압 V_F 즉 -0.7V 로 클리핑하고, 양방향 다이오드는 음의 과전압에 대해 $-V_C$ 전압으로 클리핑한다.

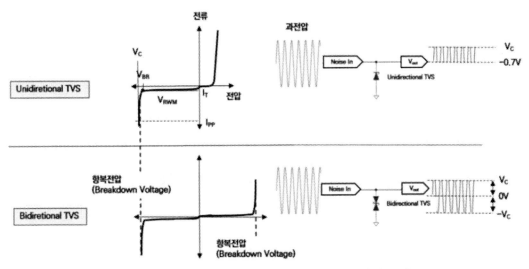

Figure V-66 TVS 다이오드 VI 커브 및 클리핑 동작

단방향 TVS 와 양방향 TVS 다이오드의 기호는 위와 같이 구분되어 사용된다.
이 TVS 다이오드의 선택은 RS232 통신 신호처럼 유효한 음의 전압 신호가 사용되고 있다면 양방향 TVS 다이오드가 사용되어야 할 것이다. 이처럼 사용하려는 용도에 맞도록 선정하여 사용하도록 한다.

ㄴ. TVS 다이오드 전기적 특성

TVS 다이오드 선정을 위하여 전기적 특성을 알아야 하는데 아래와 같은 특성들이 있다.

항목	내용
V_RWM (Reverse Working Maximum Voltage)	• TVS 가 회로에 영향을 미치지 않는 최대 DC 전압으로, 이 이하의 전압에서는 클리핑하지 않는다. • 이 이상의 전압부터 천천히 클리핑되기 시작하므로, 이 V_{RWM} 전압은 회로에서 사용되는 전압보다 높아야 일반 동작에서 전력 손실 등의 영향없이 동작시킬 수 있다. • 회로의 정격 전압의 1.1~1.2 배를 선택하여 내부 회로가 보호될 수 있도록 한다.
I_R (Maximum Reverse Leakage Current)	• TVS 가 동작하지 않는 전압인 V_{RWM} 이하에서 역방향으로 흐르는 최대 누설 전류로 온도가 올라갈수록 누설 전류도 상승하게 된다. • V_{RWM} 전압 이하에서 TVS 가 동작하지 않지만, 누설 전류(Leakage Current)가 있어 회로 동작에 영향을 줄 수 있으므로 확인해야 한다
V_BR (Breakdown Voltage)	• TVS 항복(Breakdown) 전압으로, TVS 가 낮은 임피던스가 되어 클리핑되는 지점의 전압을 의미한다.
I_PP (Maximum Peak Pulse Current)	• 최대 허용되는 서지 전류로 대응하려는 서지 전류보다 커야 한다.
V_C (Maximum Clamping Voltage)	• I_{PP} 에서 최대 클리핑 가능한 전압의 양을 의미한다.
R_DYN	• 다이오드의 고유저항을 의미한다.
Maximum Temperature Coefficient Of V_BR	• 온도에 따른 V_{BR} 의 변화량을 말하는 것으로, 온도가 상승되면 V_{BR} 이 증가되고 I_{PP} 는 감소한다

ㄷ. TVS 다이오드를 사용한 설계 예

앞서 회로 설계 규칙의 안전 편에서 GPIO 포트 보호에 대해 간단하게 TVS 다이오드 사용법과 직렬 보호 저항에 대해 살펴보았다. 여기서는 조금 더 높은 전압을 입력으로 받는 회로에서의 비절연 보호 설계에 대한 예를 보도록 한다.

물론, 이런 높은 전압의 입력은 저항을 통한 분압으로 좀 더 단순한 회로로 보호할 수도 있겠지만, 여기서는 TVS 다이오드의 사용과 GPIO 보호를 위해 고려해야 할 사항들을 보기 위한 하나의 예로 보도록 한다.

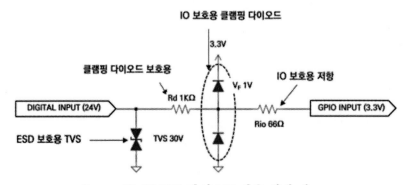

Figure V-67 TVS 다이오드 사용 설계 예

① Input

외부 입력 전압은 최대 24V, 최소 0V 로 가정한다. 따라서, 단방향 TVS 다이오드를 사용해야 되지만, 설계 예를 위하여 양방향 TVS 다이오드를 선정하였다.

② ESD/SURGE 대응 TVS 다이오드

ESD/서지에 대해 TVS 다이오드를 사용하여 보호하도록 한다. TVS 다이오드는 지속적인 과전류에 대응할 수는 없기 때문에, 24V 의 외부 입력 신호를 바로 GPIO 의 입력 전압인 3.3V 로 클리핑할 수는 없다.

또한, 통신 포트 등의 보호 소자로 사용할 때 신호 전압과 동일한 클리핑 전압의 TVS 다이오드를 사용한다면 유효 신호의 오버슈트 및 링잉도 클리핑하여 전력 손실이 발생할 뿐 아니라, 낮은 전압의 클리핑에서는 TVS 다이오드의 누설 전류도 크다. 또한, 지속적인 과전압이 인가되는 상황이라면 TVS 의 손상도 고려해야 한다.

따라서, 신호 전압의 1.1 ~ 1.2 배 정도 높은 클리핑 전압을 가진 TVS 다이오드를 사용하도록 한다. 여기서는 30V TVS 를 선정했다고 가정한다.

③ 외부 클램핑 다이오드와 보호 저항 R_d

외부 클램핑 다이오드는 24V 신호 전압과 TVS 에 의한 30V 라는 클리핑 전압은 안전 편에서 본 IO 래치업 보호의 전원 전압의 1.5 배 전압보다 높고 지속적인 신호이므로, 래치업 보호 및 GPIO 내부의 클램핑 다이오드를 보호하기 위하여 외부에 추가 장착한 것이다.

이때 다이오드는 크기 및 가격을 고려하여, 전방향 전압 V_F 는 1V, 정격 전류는 30mA 의 작은 다이오드로 선정했다고 가정한다.

TVS 에 의해 클리핑되는 양의 과전압인 +30V 에 대해서는 아래와 같다.

$$\frac{30V - 1V - 3.3V}{R} \leq 30mA \rightarrow 856\Omega \leq R_d$$

TVS 에 의해 클리핑되는 음의 과전압인 -30V 에 대해서는 아래와 같다.

$$\frac{-30V + 1V}{R} \leq 30mA \rightarrow 966\Omega \leq R_d$$

따라서, 1KΩ 으로 선정하였다. 물론, 더 높은 저항으로 전류를 제한할 수 있는데, 여기서는 예로 이 용량으로 선정하였다.

④ 클램핑 다이오드와 GPIO 사이의 보호 저항 R_{IO}

　외부에 클램핑 다이오드 회로를 추가 구성하여 내부 클램핑 다이오드를 2 차적으로도 보호했으므로 충분히 안전하다고 생각할 수도 있겠지만, 그렇지 않을 수도 있다. 이런 부분을 실제 설계에서 많이 놓치게 되어 GPIO 의 파손을 경험하게 된다.

　만약, GPIO 내부 클램핑 다이오드의 전방향 전압 V_F 가 외부 클램핑 다이오드의 V_F 1V 보다 낮다면, 과전류는 모두 내부 클램핑 다이오드로 흐르게 되어 GPIO 가 손상될 수 있기 때문이다.

　물론, 내부 클램핑 다이오드의 V_F 보다 더 낮은 다이오드의 사용으로 보호할 수도 있겠지만, 명확하지 않기 때문에 직렬 저항으로 전류를 제한하기로 한다.

　GPIO 의 내부 클램핑 다이오드의 V_F 를 0.7V 로 두고, 래치업 보호를 위해 최대 전류를 14mA 로 제한한다면 아래와 같이 계산될 수 있다.

$$\frac{4.3V - 0.7V - 3.3V}{R_{IO}} \leq 14mA \rightarrow 66\Omega \leq R_{IO}$$

　따라서, 66Ω 이상의 저항을 선정하여 보호할 수 있다.

라. 바이패스 커패시터를 사용한 ESD 보호

　앞의 보호 소자들은 가격 상승의 문제가 있기 때문에, 외부 과전압/과전류가 인입될 수 없는 환경에서의 아날로그 입력 포트와 같은 곳에서는 오로지 짧은 순간의 ESD 에 대한 보호만을 위하여 바이패스 커패시터를 통해 제한적 보호 조치를 하기도 한다. 이런 경우 신호에 저주파 통과 필터의 효과도 기대해 볼 수 있다. 하지만, 긴 시간의 서지 과전압의 보호는 될 수 없기 때문에 확실한 보호라고는 볼 수 없는 방법이다.

　ESD 보호용 커패시터의 용량 선정에 대해서는 과전압 보호 회로의 X 커패시터 편을 참조하도록 한다.

2.4.2. 절연형 보호 소자

앞서 본 보호 소자들은 비절연 방식이라 하며, 소자 양단 간의 전위차가 발생해야 동작하는 소자들로 ESD 및 서지의 노멀 모드 노이즈에 대해 충분한 보호는 할 수 있지만, 코몬 모드 노이즈에 대한 대책은 아니다. 특히, 산업현장과 같이 다른 시스템과 전기적으로 연결이 되는 시스템에서 코몬 모드 노이즈로 인한 전위차는 시스템 손상의 원인이 될 수 있다.

반면, 시스템 전위와 외부 전위가 완전 분리되어 동작되는 절연 방식은 노멀 모드/코몬 모드 노이즈에 모두 대응 가능하고 가장 확실한 보호 방법이므로 PLC 와 같은 산업현장의 장비들은 대부분 절연형 보호를 선호한다.

하지만, 절연 방식은 일반적으로 속도가 느려 고속의 디지털 통신 포트의 보호에는 제약이 있을 수 있기 때문에 속도를 고려한 설계가 필요하고, 아날로그 신호의 경우 절연 OPAMP 나 AC 절연 트랜스와 같은 절연형 보호 소자를 사용할 수 있는데 크기가 커지고 가격이 상승한다는 단점이 있다.

이런 경우 비절연 보호 소자를 사용하고, 코몬 모드 코일 또는 Y 커패시터와 같은 구성으로 코몬 모드 노이즈에 대한 추가적인 보호 대책을 생각해 볼 수 있다.

여기서는 대표적인 절연형 보호 소자인 옵토 커플러에 대해 간단히 살펴보도록 한다.

옵토 커플러 (Opto Coupler)

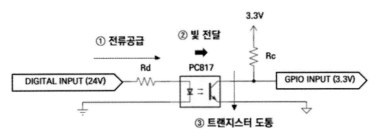

Figure V-68 옵토 커플러의 동작

옵토 커플러는 빛을 방출하는 발광 다이오드와 빛에 반응하는 포토 트랜지스터로 구성되는데, 빛으로 결합되기 때문에 포토 커플러(Photo Coupler)라고도 한다.

발광 다이오드에 전류가 흐르게 되면, 적외선이 방출되고 방출된 적외선은 포토 트랜지스터의 베이스에 전류를 생성시켜 트랜지스터가 ON 되도록 한다.

위 그림에서 저항 R_d 는 발광 다이오드 보호를 위한 전류 제한 저항이고, 저항 R_c 는 트랜지스터가 오픈 컬렉터이므로 필요한 풀업 저항이다.

이렇게 신호를 전기적 전달이 아닌 빛으로 전달함으로써 전기적으로 완전 절연을 구현할 수 있어 입/출력 전압 레벨이 다른 시스템의 신호 전달을 위한 절연 연결이나 외부로부터의 고전압 입력으로 부터 내부 회로를 보호하고, 코몬 모드 노이즈에도 대응 가능하기 때문에 IO 보호 회로에 많이 사용된다.

신호 전달이 다소 늦다는 점이 단점이기는 하지만, 고속의 옵토 커플러 소자도 있으므로 통신 속도에 따라 통신 포트 보호용으로 사용할 수도 있다.

VI. PCB 설계 규칙

앞서 회로 설계 규칙에 대해 살펴보았고, 이제 회로 설계대로 부품들끼리 도선을 이용하여 배선을 해야 한다. 전선을 연결해서 전기가 통할 수 있도록 하는 배선 작업과 동일하다.

PCB 란 Printed Circuit Board 의 약자로, 비도전 절연판에 부품들을 장착(Mount)하여 부품들끼리 연결하는 연결선을 프린트한 것처럼 배선한다는 의미의 회로 기판을 말한다.

PCB 설계/디자인에서 회로 기판의 크기와 모양을 설계하고 그 위에 실장 될 부품을 배치하는 작업 등을 레이아웃(Layout)이라 하며, 회로도대로 부품 소자들 간의 배선 등 필요한 부분들을 도선을 연결하여 전기가 통할 수 있도록 하는 배선 작업을 라우팅(Routing) 또는 아트웍(Artwork)이라 한다. 이렇게 부품을 배치하고 배선하는 작업을 P&R(Placement and Routing)이라 한다.

PCB 를 설계한다 함은 단순히 선들의 연결을 예쁘게 하는 것을 의미하는 것이 아닌, 노이즈와 같은 외부 요인의 영향을 최소화하여 설계한 회로대로 동작할 수 있도록 안정적인 배선을 하는 것 의미한다.

1. PCB 기초

부품의 배치는 PCB 절연판의 앞면과 뒷면에 할 수 있는데, 여기서는 구조를 이해하기 위하여 아래와 같은 간단한 LED 회로에 대해 PCB 절연판의 앞면(Front Layer)에는 LED, 뒷면 (Back Layer)에는 저항을 배치하였다.

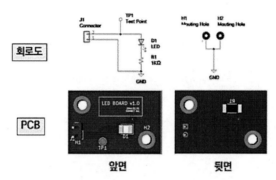

Figure VI-1 LED PCB 보드 예

1.1. PCB 기본 구조

아래 부품을 장착하기 전의 상태인 베어(Bare) PCB 를 보면서 PCB 에서 사용하는 기초 용어를 익혀보도록 한다.

가. PCB 설계 길이 단위

PCB 설계 단위로 사용되는 길이 단위는 mil(밀)과 mm(밀리미터), 인치(Inch)가 있다.

부품 소자들의 패키지 길이는 인치 단위로 만들어진 경우가 많으므로, mm 단위로는 정수로 딱 떨어지지 않는 경우가 많기 때문에 인치와 mil(밀) 단위를 많이 사용하지만, 근래는 mm 단위로도 많이 사용한다.

SMD 타입을 예로 들자면, 부품 패키지 크기를 mil 단위로는 0603 (60mil × 30mil), 인치 단위로는 0603(0.06Inch × 0.03Inch), mm 단위(Metrix)로는 1608 (1.6mm × 0.8mm)과 같이 똑같은 크기의 부품을 단위계에 따라 다르게 불러 혼동이 일어나기도 한다.

따라서, 여기서는 친숙한 국제 단위계(SI)인 mm 단위로 통일하도록 한다.

각 단위들은 다음과 같은 상관관계를 가지고 변환 가능하다.

$$1 \text{ mil} = \frac{1}{1000} \text{Inch}$$

$$1 \text{ Inch} = 1000 \text{ mil} = 25.4 \text{ mm}$$

$$1 \text{ mil} = 0.0254 \text{mm}$$

$$1 \text{ mm} = 40 \text{ mil}$$

mil 단위에 0.0254 을 곱하면 mm 단위로 변환되고, mm 단위에 40 을 곱하면 mil 단위가 된다.

나. PCB 구조

아래 그림은 PCB 의 각 부를 호칭하는 용어들이다.

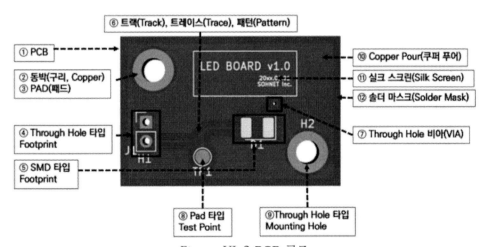

Figure VI-2 PCB 구조

아래는 이해를 조금 더 돕기 위한 PCB 의 단면 예이다.

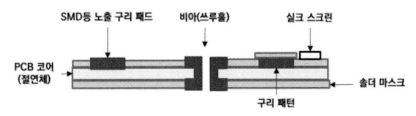

Figure VI-3 PCB 단면 구조

① PCB (Printed Circuit Board)

 PCB(기판)는 전기가 통할 수 없는 비도전체인 물질로 만들어진 절연판이며, 이 위에 도전체를 프린트하여 필요한 곳에만 전기가 흐를 수 있도록 하는 회로 기판이다.

 PCB 기판의 재질은 FRx 로 구분되며, 종이로 된 기판은 FR-1/FR-2, 유리섬유에 에폭시가 추가된 기판은 FR-4/FR-5 등으로 구분된다.
 일반적인 PCB 는 에폭시가 포함된 유리섬유인 FR-4 를 의미하며, PCB 설계 시 별도의 주문이 없다면 이 FR-4 로 제조된다.
 FR-4 는 온도 130˚C 정도까지 견딜 수 있고, FR-5 는 좀 더 높은 140~ 170˚C 까지 견딜 수 있으므로, 높은 온도가 필요한 경우 FR-5 를 사용할 수 있다.
 또한, PCB 의 높이는 0.4/0.6/0.8/1.0/1.6/2.0mm 등으로 선택할 수 있는데, 보통은 1.6mm 를 사용한다.

② 동박(Copper)

 전기 신호가 흐를 수 있게 하기 위하여 얇게 도포하여 프린트된 구리(Copper) 도전체를 말한다. 연결선이 더 높은 전도율이 필요하다면 금을 사용하기도 하기도 하지만, 가격이 비싸 일반적으로 동박을 사용한다.
 전기 도통을 위한 배선, Plane(넓은 판)과 같은 연결선 또는 부품 장착을 위한 패드 등에 사용된다.

③ PAD(패드 또는 LAND)

 납을 이용하여 부품을 장착시킬 수 있도록, 동박을 PCB 위에 노출시켜 배치시켜 놓은 영역이다. 부품 소자를 이 패드에 장착하고 납을 높은 열로 녹여 고정하게 된다.
 연납을 솔더(Solder)라 하며, 부품의 고정 등을 위하여 납을 녹여 장착하는 작업을 납땜 또는 솔더링(Soldering)이라 한다.

④ 스루홀(Through Hole) 타입 풋프린트

 풋프린트는 부품 소자의 패드 모양, 위치, 크기, 순서 등을 대한 정보를 담고 있다.
 스루홀 타입의 풋프린트는 용어에서 알 수 있듯이, DIP 타입 등의 소자를 PCB 에 고정시킬 수 있도록 부품의 리드선에 맞춰 드릴로 관통 구멍을 뚫고 도금한 형태이다.
 이렇듯 스루홀은 PCB 에 구멍을 뚫어 가공되는 형태를 의미한다.

⑤ SMD 타입 풋프린트

 SMD(Surface Mounting Device)는 구멍을 뚫지 않고 PCB 위에 부품 소자를 장착시킬 수 있는 타입의 소자를 말하며, 풋프린트(Footprint)는 소자가 납땜으로 장착될 수 있도록 소자의 리드선의 크기/모양에 맞게 그려진 패드의 형태를 가진다.
 따라서, 납땜으로 장착되는 영역인 패드는 구멍이 뚫리지 않고 PCB 외면에 위치된다.

⑥ 트랙, 트레이스, 패턴

트랙(Track), 트레이스(Trace), 패턴(Pattern) 등의 용어는 부품들끼리 또는 필요한 곳에 신호 전달을 위한 전기를 통하게 하기 위하여 구리(동) 등으로 연결하는 신호선을 말한다.

⑦ Though hole 비아(Via)

위 그림에서 SMD LED 는 앞면에, SMD 저항은 뒷면에 배치하였다. 회로도를 보면 이 둘은 연결되어야 하는데, 앞면과 뒷면의 패턴을 연결하기 위해서는 당연히 구멍을 뚫어 연결하면 될 것이다.

스루홀 비아는 이렇게 구멍을 뚫고 도금하여 다른 층으로 연결선을 연결할 수 있도록 하는 용도를 가진다.

⑧ 테스트 포인트(TP)

테스트 포인트(TP)는 특정 위치의 신호를 측정하기 수월하도록 만들어 놓는 시험용 패드를 말한다.

⑨ 마운팅 홀(Mounting Hole)

나사 등을 이용한 PCB 의 고정을 위해 만들어 놓는 구멍을 말하며, 패드는 없을 수도 있다.

⑩ 쿠퍼 푸어(Copper Pour)

동박(Copper)를 넓게 도포 시킨 영역을 말하여, 보통은 그라운드 영역을 쿠퍼 푸어를 사용하여 넓게 만드는 용도이다. Copper Foil 또는 그냥 쿠퍼(Copper)라고도 한다.

⑪ 실크 스크린(Silk Screen)

PCB 에 대한 정보, 부품의 정보 등을 사용자에게 표시하기 위하여 PCB 표면에 인쇄하는 글자나 선을 말한다. 보통은 잘 보이게 하기 위하여 흰색을 사용한다.

⑫ 솔더 마스크(Solder Mask, 땜막 방지막 인쇄)

Solder Resist 라고도 하며 PCB 외부에 코팅된 절연 잉크를 의미한다.

도전성이 있는 구리 패턴이 외부와 전기적으로 단락 되는 것을 방지하기 위한 목적으로, 납땜이 필요한 패드 등 외부와 전기적 연결이 필요한 곳만 노출시켜 두고 PCB 의 나머지는 솔더 마스크 절연 잉크로 코팅이 된다.

1.2. PCB 제조 공정

PCB 의 제조 공정을 대략적이라도 알아 두는 것이 PCB 설계를 하는데 도움이 될 때가 있다.
아래는 2 층 PCB 제조 공정을 간략화하여 예를 든 것이다. 이는 제조업체마다 제조 공정이
다르므로, 대략적인 흐름과 용어만 알아 두도록 한다.

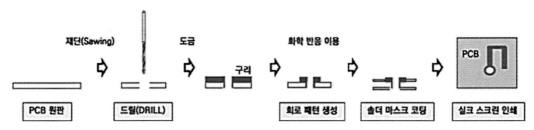
Figure VI-4 PCB 제조 공정 간략도

재단(Sawing)

PCB 를 제조하기 위해서는 PCB 설계 후 설계 정보를 담은 거버 파일을 PCB 제조사에 제
공해야 한다. PCB 제조사는 이 거버 파일을 참조하여, (예)900mm × 1200mm 의 PCB 의
큰 원판을 설계한 PCB 크기대로 재단을 한다.

드릴(Drill)

재단을 한 PCB 를 PCB 설계에서 스루홀 비아나 마운팅 홀 같이 구멍이 뚫려야 하는 곳에
드릴로 구멍을 뚫는 작업을 한다.

배선 패턴 형성

PCB 설계대로 패턴(배선)을 형성하는 단계로, 우선 구멍이 뚫린 재단된 PCB 를 구리로 얇
게 전체 도금을 한다. 이후 노광, 현상, 부식(에칭), 박리 과정의 화학적 처리를 이용한 공정
을 통해 패턴을 형성한다.

화학적 처리 과정은 간단히 살펴보면 아래와 같다.

도금된 판 위에 열과 압력을 주어 필름(포토 레지스트, Dry Film)을 접착시키는데 이 필름은 적외선을 조사하면 경화된다. 이 공정을 라미네이션(Lamination) 이라 한다.

드라이 필름위에 PCB 설계의 회로 이미지대로 적외선을 조사하면 해당되는 필름 영역만 경화되는데, 이 공정을 노광(Exposure)이라 한다.

이후 접착된 필름을 현상액으로 제거하면 구리 위에는 회로 이미지대로의 경화된 필름만 남게 되는데, 이 과정을 현상(Developing)이라 한다.

애칭액을 사용하게 되면 PCB 설계된 회로 이미지의 경화된 필름과 그 아래의 구리만 남겨지고 나머지 구리 도금 부분은 부식되어 제거되는데, 이 과정을 부식(에칭, Etching)이라 한다.

마지막으로 경화된 필름을 벗겨내는 공정을 가지며 이를 박리(Stripping)라 한다.

절연 잉크 코팅과 실크 인쇄

이렇게 만들어진 PCB 는 구리가 노출되어 있는 상태이기 때문에, 납땜을 해야 하는 패드 등 외부와 전기적 연결이 필요한 영역을 제외하고 PCB 를 절연체 잉크인 솔더 마스크 코팅을 진행한다.

이 후 PCB 정보 등을 기입한 글자, 그림 등의 실크 스크린을 인쇄하여 사용자가 볼 수 있도록 하는 실크 인쇄 과정을 거치게 된다.

표면 처리

최종적으로 만들어진 납땜 등의 목적으로 PCB 상에 노출된 상태로 남겨진 PAD 와 같은 구리가 공기와 접촉해 산화되어 산화막이 형성되는 것을 방지하기 위하여 PCB 표면 처리를 해주게 된다.

이런 산화막이 형성되면 제품 장착 시 납땜 불량, 도전 불량 등의 문제가 발생된다.

PCB 표면 처리는 쉽게 말해 구리가 공기와 접촉하는 것을 방지하기 위해 코팅을 하는 것으로, 주석/납 합금으로 코팅하는 HASL(Hot Air Solder Leveling), RoHS 환경 대응을 위하여 무연 합금으로 도금하는 Lead-Free HASL, 유기물로 코팅하는 OSP(Organic Solderability Preservative), 금 도금 등의 방식이 있다.

검사 후 출고

제조가 끝난 후에는 PCB 가 제대로 만들어 졌는지 전기적 단락 검사를 통해 제대로 제작되었는지 확인하는데, BBT(Bare Board Test) 검사라는 자동 검사 장비를 통한 검사와 외관 검사를 한 후 출고하게 된다.

1.3. PCB 설계 순서

 PCB 설계의 순서는 설계자의 마음이지만, 4 층 이상의 경우 PCB 레이어 등 환경 설정 →
PCB 외곽 그리기 → 회로 블록의 구분(Partitioning) → 부품 배치(Placement) → 배선
(Signal Routing) → 전원/그라운드 핀의 비아를 통한 연결 과정으로 진행한다.

 단층 또는 2 층 PCB 의 경우에는 신호선 배선에 앞서 안정된 전원을 위하여 되도록이면 인
덕턴스를 발생시킬 수 있는 비아없는 배선이 중요하므로 전원 배선을 먼저 한 후 신호 배선
을 하는 것이 일반적이다.
이번 장에서는 4 층 PCB 를 다룰 것이므로, 아래와 같은 순서로 진행하며 살펴보도록 한다.

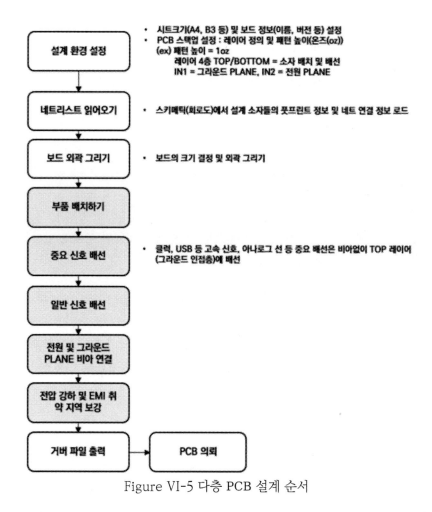

Figure VI-5 다층 PCB 설계 순서

2. PCB 레이어 결정 규칙

 PCB 설계 작업에 들어가기 전에 PCB 설계 엔지니어는 회로도의 분석과 사용된 전기/전자 소자들의 특성 분석이 선행이 되어야 안정적인 PCB 설계가 가능하다.

 그 후 PCB 부품 배치(Layout, Placement) 및 배선(Artwork, Routing)을 시작하기 전에 PCB 의 층수를 결정해야 한다.
 이는 PCB CAD 툴의 PCB 환경 설정을 하는 단계에서 PCB 층의 개수와 구조, 배선/쿠퍼의 구리 두께(이는 배선 규칙에서 본다)를 설정하여야 하므로, 가장 먼저 결정되어야 하는 부분이다.
 이번 장에서는 PCB 의 층의 구조와 사용 규칙에 대해서 알아보도록 한다.

2.1. PCB 레이어 구조

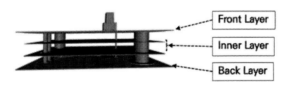

Figure VI-6 PCB 레이어 구조

 레이어(Layer)는 동박이 배치될 수 있는 층, 즉 배선이 가능한 층을 의미하며, 레이어의 수를 PCB 의 층수라 한다.

 한 쪽면에만 신호선이 갈 수 있다면 단층 기판(PCB), 상/하면에 신호선이 있는 경우 양면 기판(2 층 기판)이라 하며, 위의 그림과 같이 내부에 신호선이 갈 수 있도록 여러 층을 쌓아서 만든 PCB 를 다층(Multi Layer) PCB 라 한다.
 당연히 층이 높아질수록 가격이 상승하지만, 다층을 사용하는 것이 노이즈 방어나 ARTWORK 측면에서는 유리하다.
 위의 그림은 4 개의 층(Layer)을 가지므로 4 층 기판이라 하며, PCB 앞면은 Front Layer 또는 Top Layer, 내부의 2 개의 층은 Inner Layer1, Inner Layer2, 후면 Layer 는 Back Layer 또는 Bottom Layer 라 부르며, 부품은 당연하게 Front Layer(Top Layer)와 Back Layer(Bottom Layer)에만 장착할 수 있다.

PCB 스택업(Stackup, 적층 구조)

스택업(Stackup)은 PCB 의 층수는 몇 층으로 할지, PCB 를 얼마의 높이로 할지, 동박(CU)은 얼마의 두께(온즈, oz)로 할지 등의 PCB 에 대한 적층 구조를 말한다.

이는 제조업체마다 조금씩 다르므로 임피던스 매칭 등 임피던스의 계산이 필요할 경우 제조업체에 스택업 자료를 요청해야 한다.

아래는 JlcPCB 사의 4 층 PCB 인 JLC7628 스택업의 예로 JlcPCB 사의 홈페이지에서 확인할 수 있다.

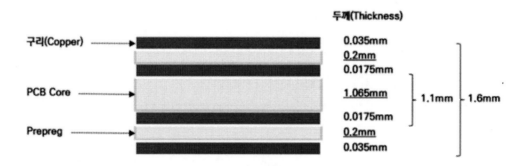

Figure VI-7 JLC7628 스택업

위와 같이 스택업 구조에는 각 층의 높이 정보에 대해서 표시되며, 프리프래그(Prepreg)와 PCB Core 가 구리 배선이 놓일 수 있는 절연판이다.

PCB Core 는 경화한 에폭시 유리섬유(FR-4)로 PCB 제조 시 중심이 되는 PCB 이며, 프리프래그는 경화되지 않은 에폭시 유리섬유(Sheet 형태) (FR-4)로 접착제 및 절연층의 용도로 사용된다.

이 레이어 구조에서 절연체들의 높이에 관심을 가져야 한다. 즉, 위 그림의 스택업에서는 맨 위층의 TOP 레이어와 내부 첫 번째 층 레이어인 Inner1 레이어의 높이가 0.2mm 로 낮기 때문에, Inner1 레이어에 그라운드 판으로 할당한다면, 1.6mm 의 2 층 기판보다 높은 커패시턴스 커플링이 구현되어 안정적인 신호와 EMI/EMC 성능 향상을 꾀할 수 있다.

위 그림의 스택업에서 또 하나 주의 깊게 봐야 할 것은 구리(Copper)의 두께인데, 외층은 0.035um(1 온즈)인 반면, 내층은 0.0175um(0.5 온즈) 이므로, 추후 전류에 따른 배선 넓이를 결정할 때 고려의 대상이 된다.

이 적층 구조의 사용에 대해서는 다음 장에서 살펴볼 것이다.

2.2. PCB 레이어 사용 규칙

PCB 레이어의 층수를 결정하는 방법과 4 층 PCB 의 레이어 사용 예에 대해 살펴본다.

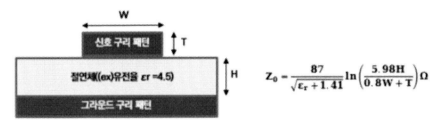

Figure VI-8 PCB 마이크로 스트립 라인 구조

위의 그림에서 그라운드 판 위의 외곽에 위치한 신호선을 마이크로 스트립(Microstrip) 라인이라 한다.

노이즈 편에서 낮은 임피던스 경로의 중요성에 대해 살펴본 것을 기억해보면, 위의 그림에서 패턴 아래 그라운드 층과의 높이 H 가 높을수록 신호와의 커패시턴스가 약해져 임피던스가 증가하게 되어 노이즈의 바이패스 성능이 떨어진다는 것을 알 수 있다.

다층 레이어의 목적

다층 레이어를 사용하게 되면, 내부 하나의 층을 모두 그라운드 판(Plane)으로 사용할 수 있기 때문에 넓은 그라운드를 구현할 수 있다.

이는 앞의 스택업에서 봤듯이 단순히 넓은 그라운드가 아니라, 다층 레이어 PCB 에서는 내층과 외층 간의 간격이 좁기 때문에 신호선과 그라운드의 높이가 낮아져 커패시턴스가 커지며, 노이즈의 바이패스 경로의 임피던스가 낮아지게 된다. 이는 커패시턴스의 크기는 $C = \varepsilon \times \frac{s}{d}$로 도전판의 맞닿은 면적에 비례하고 서로 떨어진 거리에 반비례하기 때문이다.

이렇듯 다층 레이어의 목적은 넓은 그라운드와 낮은 임피던스 경로를 구현하기 위한 목적이 가장 큰 데, 넓은 그라운드는 낮은 인덕턴스와 저항으로 최소의 전압 강하, 전원/신호선에 강한 커패시턴스 결합 제공으로 노이즈 경로의 낮은 임피던스에 의한 안정적인 시그널 구현, RF 노이즈 차폐, 전류의 짧은 리턴 패스 제공에 의한 EMI 강화 등의 효과를 볼 수 있다. 이 밖에 배선이 갈 수 있는 경로가 많아져 아트웍 작업이 용이하다는 점을 들 수 있다.

하지만, 많은 층수의 PCB 는 사용되는 구리의 양이 많아진다는 것 이외에도 제조 공정이 늘어나게 되어 가격이 비싸지게 되므로, 시스템의 특성에 맞는 층수를 결정하는 것이 중요하다.

PCB 레이어 층수 결정 규칙

 PCB 를 설계하기 전에 몇 층의 PCB 인지, 각 층(레이어)은 어떤 목적으로 사용할 것인지에 대한 설정을 해야 한다.
 되도록 4 층 이상의 다층 기판을 사용하는 것이 노이즈 방어나 아트웍 작업 여러모로 편리하지만, 레이어의 층수가 올라갈수록 가격이 상승되므로 선택의 기준이 필요할 때가 있다.
 이에 대한 어떤 표준화된 선택 기준이 딱히 없기 때문에 엔지니어의 경험에 많이 의존하며, 사용환경과 시스템의 속도, 아트웍 작업의 편이성 등을 고려하여 선택하면 된다.

 예를 들면, 시스템 클럭의 속도를 기준으로 어떤 엔지니어들은 비교적 저주파인 5MHz 이하의 시스템은 2 층 기판, 5MHz 이상은 EMI 와 노이즈에 강한 시스템을 위하여 4 층 이상 기판을 사용하는 규칙을 정하기도 한다.
 또는 아트웍 작업의 편의성 측면에서 라우팅의 작업 난이도를 기준으로 PCB 내 소자들의 핀 개수 및 네트 수 등으로 아트웍이 얼마나 어려울 것인가의 난이도를 규칙으로 사용하기도 한다.
 일반적으로 임피던스 매칭이 있는 회로, 사용환경이 노이즈가 심한 산업현장에서 사용되면 무조건 4 층 이상을 사용하고, 노이즈가 거의 없는 사무실 환경이라면 위의 예로 든 조건들을 따져 결정하는 등의 정책을 세우기도 한다.

4 층 PCB 레이어 사용 예

 앞에서도 말했지만, 다층 PCB 의 목적은 넓은 그라운드와 낮은 임피던스 경로의 구현이다. 이를 염두해 두고 아래 4 층 레이어의 사용 예에 대해서 살펴보도록 한다.

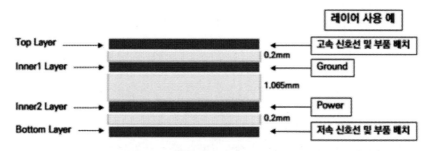

Figure VI-9 4 층 PCB 레이어 사용 예

  4층 PCB는 보통 위와 같이 구성하여 내부 레이어(Inner Layer)를 각각 전원(POWER)과 그라운드 판(Plane)으로 할당하고, 그라운드 판과 전원 판은 인접한 층으로 함께 사용하여 전원과 그라운드의 커패시턴스 강화를 꾀하여 안정된 전원 공급을 할 수 있도록 한다.
  또한, 이렇게 하나의 큰 구리 판을 전원 층으로 할당함으로써 낮은 저항과 낮은 인턴턴스를 구현할 수 있다.

상/하 레이어를 신호 배선과 부품 배치면으로 사용하며, 보통은 그라운드와 인접한 층, 여기서는 상층 레이어에 중요 신호와 고속의 신호를 배치함으로써 신호의 안정성을 강화하고, 전류의 리턴 경로(Return Path)를 줄임으로써 결과적으로 전류 루프의 면적이 줄어들어 EMI 억제 효과를 가지도록 설계한다. 또한, RF 커플링에 대해 큰 그라운드에 의한 분산 효과를 가져 EMI/EMC에도 효과적으로 대응 가능하다.
신호 간섭 측면에서는 내부의 큰 그라운드와 전원 Plane은 상/하 레이어 신호들 사이의 커플링 차단의 효과가 있다. 이는 크로스토크(Crosstalk)에서 다시 살펴본다.
다층의 PCB로 설계하면, Artwork 작업면에서도 전원 배선을 감소시킬 수 있어 조금 더 쉬운 배선 설계를 할 수 있다.

3. 부품의 배치(레이아웃) 규칙

  PCB 의 외곽 모양을 그리고 회로도에 사용된 부품을 배치하는 레이아웃(Layout) 작업이 PCB 설계의 첫걸음인 작업으로 신호 배선과 직접적인 연관이 있다.
  PCB 의 외곽은 제품의 기구 모양에 따라 모양과 크기가 고정되어 지므로, 이에 따라 설계되어야 한다.
  부품의 배치 작업은 같은 성격의 블록들을 모아 배치함으로써 상호 간섭 노이즈의 최소화, 신호 간섭 최소화 및 전기안전을 위한 충분한 연면거리/공간거리 확보, EMI 강화와 임피던스 매칭의 불필요성을 위한 임계거리 내의 부품 배치, 열 설계를 고려한 부품 배치 등이 중요하다.
  이번 장에서는 부품을 배치하는 몇 가지 규칙을 살펴보도록 한다.

3.1. 부품 배치의 분할 계획

  부품의 배치를 시작하기 전 미리 부품을 어떻게 구분하여 배치할 것인가, 신호의 배선은 어떻게 할 것인가에 대한 계획을 세우고, 블록도를 미리 그려 보아야 효율적인 PCB 설계 작업을 할 수 있다.
  이를 위하여 회로도의 부품들을 역할별, 특성별로 분할(Partitioning)하여야 하는데 아래와 같은 기준들을 가질 수 있다. 이와 같이 그룹을 지어 배치하는 것은 상호 간섭 노이즈에 대한 대비도 있지만, 디버깅 측면에서도 유리하다.

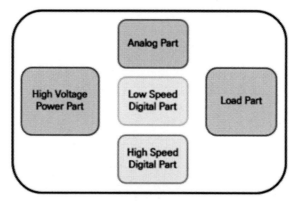

Figure VI-10 소자의 그룹별 배치 예

전압/전류의 크기에 따른 그룹화

 고압은 고압끼리, 저압은 저압끼리 분리하여 배치하고 상호 간 이격하는 것이 좋은데, 이는 커플링 시 노이즈의 영향을 받는 정도가 다르기 때문이다.
 만약, 커플링으로 인하여 24V 의 10%의 노이즈 2.4V 가 유기된다고 생각해 보자. 24V 회로에서는 2.4V 는 충분히 견딜 수 있는 정도가 될 수 있겠지만, 3.3V 로 동작되는 시스템에서의 2.4V 의 노이즈는 오동작의 원인이 된다.

역할/기능별 구동 주파수에 의한 그룹화

 위와 같은 유기되는 노이즈 전압의 크기만 아니라, 구동 주파수까지 고려하여 역할별로 그룹을 지어야 상호 간섭을 막을 수 있다. 보통 역할별로 그룹화하는 것은 전원부, 아날로그부, 고속 디지털, 저속 디지털 등으로 구분하고 상호 간 이격하여 간섭을 최소화한다.

 예를 들어, 회로의 디지털 블록에 100KHz 의 디지털 스위칭 노이즈를 제거하기 위하여, 100KHz 의 차단 주파수를 가지는 저주파 통과 필터를 설계하여 전도 노이즈에 대한 대비를 했다고 생각해 보자. 하지만, 전원부의 10KHz 의 스위칭 구동을 하는 회로가 혼재하도록 설계되어 10KHz 저주파 노이즈가 공생하고 있다면, 설계한 저주파 필터로는 노이즈를 제거하기에 충분치 않을 수 있다.
 이런 야기될 수 있는 문제에 대해 주파수 대역별로 구분하여 배치함으로써 노이즈 대응 및 필터 설계가 용이할 수 있다.

아날로그 회로와 디지털 회로로의 그룹화

 같은 얘기지만, 아날로그 회로와 디지털 회로를 구분지어 배치하는 것도 중요하다.
 디지털 회로의 고속의 스위칭 동작에서 일어나는 전압의 순간적인 변화(커패시턴스의 영향의 $I = C\frac{dV}{dt}$)와 전류의 순간적인 변화(인덕턴스의 영향의 $V = L\frac{di}{dt}$)에 의한 고주파의 간섭 노이즈가 발생하게 되는데, 이 고주파 노이즈들은 공통 그라운드 루프를 통해서 주변 회로에 영향을 주게 되는 노이즈 원이 되며, 이는 정밀한 아날로그에 큰 영향을 주게 된다.
 따라서, 최대한 멀리 떨어지게 배치하여 디지털 고주파 노이즈의 영향을 최소화할 수 있도록 한다. 앞의 배치 예에서 아날로그 블록을 저주파 디지털 블록 옆에 배치한 것도 이런 이유이다.
 이는 전원 및 그라운드 배선의 규칙에서 다시 살펴보도록 한다.

3.2. 부품의 배치 순서

　부품의 배치 순서는 특별한 규칙은 없지만, 규칙을 세워서 하는 훈련을 하면 더 빨리 익숙해질 수 있다. 아래는 배치 순서의 예로 각 소자들을 배치할 때, 배선의 꼬임, 배선 거리, 부품 방향 등을 고려하며 배치해야 한다.

가. 고정된 위치의 부품 소자 배치

　제품의 케이스, 타시스템과의 연결 등과 같은 요인에 의하여 반드시 특정 위치에 배치되어야 하는 커넥터, LED, 스위치와 같은 부품들이 있다면 먼저 배치한다.

　이때, 외곽에서 최소 0.5mm 이상의 거리를 두고, 외부 노이즈가 인입될 수 있는 커넥터는 되도록 외곽에 배치한다. 이렇게 0.5mm 이상의 거리를 띄움으로써 외부 충격 등에 의한 PCB 파손에 따른 배선의 손상과 감전에 대비할 수 있다. 가능하다면 1mm 이상을 권장한다.

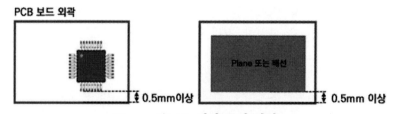

Figure VI-11 외곽 금지 영역

　마찬가지 이유로 배선도 이 영역 안에는 하지 않도록 하며, 이런 영역을 배선 금지 영역이라고 한다.

나. 중요 소자 배치

　신호의 질이 중요한 소자, 즉 작은 간섭 노이즈에도 시스템의 오동작으로 이어질 수 있는 신호들인 클럭 소자, CPU 소자, 리셋 소자, 고속의 통신 소자 등의 소자들을 배선 거리, 배선 꼬임 등을 고려하여 먼저 배치하도록 한다.

　이런 중요 소자들은 4 층 이상의 기판이라면 그라운드 층과 인접한 층에 배치하여 신호의 안정화를 가지도록 하는데, 앞에서 예로 든 4 층 스택업에서는 Inner1 을 그라운드 층으로 할당했으므로, 이와 인접한 Top 레이어 층에 중요 소자들을 배치하고 Top 레이어에 배선하면 되겠다.

다. 중요 소자들의 주변 소자 배치

디커플링 커패시터, 클럭의 로드 커패시터 등과 같이 중요 소자들의 동작에 필요한 주변 소자들을 배치한다. 특히, 디커플링 커패시터도 그라운드 층과 인접한 층에 배치하고, IC 전원 핀에 최대한 가깝게 배치하여 인덕턴스의 영향을 최소화하여야 한다. 이 거리에 대해서는 아래에서 살펴보게 된다.

라. 커넥터와 과전압/과전류 보호 소자의 배치

커넥터는 ESD 및 서지 노이즈의 입구가 될 수 있는 통로이고, 이 커넥터에 인가되는 노이즈들은 내부 회로를 파손하거나 커플링으로 주변 소자와 신호선에 영향을 줄 수 있다.

따라서, 커넥터는 보드의 외곽에 배치하여 영향을 최소화할 수 있도록 하며, 커넥터 가까이에는 영향을 받을 수 있는 소자들을 배치하지 않는다.

ESD 및 서지 대응을 위한 소자인 TVS 다이오드, 퓨즈, 바리스터 등은 커넥터에 최대한 가깝게 배치함으로써 배선을 짧게 하여, 시스템 내부로 고전압/전류가 인입할 수 없도록 하고 간섭 노이즈가 발생하는 것을 최소화해야 한다.

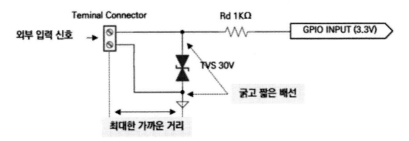

Figure VI-12 과전압/과전류 보호 소자의 배치

이에 대해서는 배선 규칙 편에서 다시 보도록 한다.

마. 기타 크기가 큰 부품부터 배치하고, 보기 좋게 배치하도록 한다.

이렇게 나머지 부품들을 배치할 때, CAD 에디터의 Align(정렬) 기능을 이용하면 부품들을 정렬하여 보기 좋게 배치할 수 있다. Align(정렬) 기능은 소자들을 상/하/좌/우로 정렬할 수 있는 기능이다.

3.3. 부품 배치 시 고려사항

부품을 배치할 때 고려해야 할 몇 가지 사항들에 대해 알아보도록 한다.

3.3.1. 링잉 및 EMI 대응 이격 거리

고속이거나 신호의 질이 중요한 중요 라인들의 배선은 소자들을 최대한 가깝게 배치하여 짧은 배선으로 저항 및 인덕턴스를 작게 해야 한다.

또한, 그라운드 층과 가까운 층(앞에서 본 레이어 사용에서는 Top Layer)에 배선하여 충분한 커패시턴스를 제공함으로써 낮은 임피턴스를 가지도록 해야 하므로, 부품 배치 작업에서는 이를 염두해 두고 중요 부품의 배치에 신경을 쓰도록 한다.

자세한 것은 배선 규칙 편에서 살펴볼 것이다.

여기에서 중요 부품들의 배선 거리를 짧고 굵게 해야 한다고 했는데, 얼마나 짧게 배선할 것인가에 대한 규칙을 살펴보도록 한다.

> ### 디지털 임계거리

노이즈 기초 이론에서 전송선로로 고려하지 않는 디지털 임계거리(Critical Length)에 대해서 살펴보았는데, FR-4 PCB 에서 유전율을 대표치 4.5 로 두어 아래와 같은 임계거리를 규칙으로 하기로 한다.

최대 주파수를 알고 있을 경우에는 아래 수식을 사용하고,

$$\text{Distance(m)} = \frac{1}{\beta} \times \frac{3 \times 10^8}{\sqrt{4.5}} \times \frac{0.07}{f_{max}} : \beta \text{ 안전계수} \geq 7$$

신호의 상승 시간을 알고 있을 경우에는 아래 수식을 사용하도록 한다.

$$\text{Distance(m)} = \frac{1}{\beta} \times \frac{3 \times 10^8}{\sqrt{4.5}} \times T_{Rising} : \beta \text{ 안전계수} \geq 7$$

FR-4 PCB 의 유전율은 3.5 ~ 5.5 사이의 값을 가지며, 1MHz 에서는 4.5, 16MHz 에서는 4.35, 1GHz 에서는 3.6 정도의 값을 주파수에 따라 가지게 된다. 또한, 내층과 외층에 따라서도 유전율은 영향을 받지만, 저주파 PCB 에서는 보통 4.3 ~ 4.5 정도의 값을 사용하므로 이 책에서는 대표값 4.5 로 사용할 것이다.

클럭, 바이패스 커패시터와 같이 신호의 품질이 좋아야 하거나 응답이 빨라야 하는 중요 회로 부품은 안전계수를 10 이상(클럭은 20 으로 두었다)으로 두고, 기타 시그널들은 7(마이크로 스트립은 9, 스트립 라인은 7 로 하기도 한다)로 두어 되도록 이 안에서 배치시키도록 한다. 물론, 이런 안전계수에 대한 기준들은 각 시스템의 특성에 따라 정하면 된다.
이 임계거리 규칙은 배선의 길이이므로, 부품의 배치는 좀 더 가깝게 하는 것이 좋다.

예를 들어, 16MHz 의 오실레이터와 72MHz 의 내부 시스템 클럭을 사용하는 시스템에 대해, 오실레이터 클럭은 16MHz 로 20 의 안전계수를 취하면 임계거리는 3cm 이하, 바이패스 커패시터는 최고 주파수인 72MHz 클럭을 기준으로 10 의 안전계수를 두면 바이패스 커패시터는 1.4cm 거리 안에 들어오도록 배치하면 된다.

안전계수를 낮춘다고 반드시 링잉 노이즈와 EMI 문제가 생기는 것은 아니지만, 문제가 없도록 하는 최선의 선택을 위한 것이다.
이에 대한 규칙은 자신의 시스템에 맞도록 정하면 되며, 할 수 없이 임계거리 길이 이상이 되어야 한다면 댐핑 저항 또는 임피던스 매칭을 고려하도록 한다.

3.3.2. 배선의 용이성

회로에 어떤 동작 상의 제약이 없다면, 최대한 배선이 짧고 꼬임이 없도록 부품들을 배치하는 것이 좋다.
배선이 꼬일 경우 비아(Via)를 통해 배선하거나, 멀리 돌아서 배선해야 하는데, 이는 임피던스의 증가를 유발하게 된다.

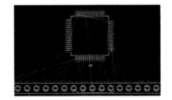
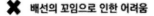

Figure VI-13 배선의 꼬임없는 배치 및 방향

이 배선의 용이성은 위의 그림과 같이 부품의 배치 위치뿐 아니라, 부품의 방향에 따라서도 영향을 받는다.

이런 배선의 용이성에 신경을 쓴 부품 배치는 라우팅 작업의 능률과 관계가 될 뿐 아니라, 설계 오류를 줄일 수 있고 더 나아가 제품의 성능도 향상시킬 수 있다.
또한, 배선이 지나갈 수 있는 통로를 미리 감안하여 배치를 하도록 한다.

3.3.3. 전기적 안전 및 발열 안전

전기안전 편에서 보았던 것처럼 전기안전과 발열에 대한 가장 기본적인 조치는 소자들 간의 연면거리와 공간거리의 확보이다.

전기적 안전을 고려한 부품 이격

고압의 전원을 사용하는 경우 연면거리와 공간거리를 신경 써야 한다.

고압 전원을 사용하는 경우 전기안전 편에서 보았듯이, 해당 제품의 클래스에 따라 안전 규격이 있으므로, 연면거리와 공간거리를 확인하여 충분한 이격 거리를 가질 수 있도록 부품을 배치하고 배선해야 한다.
예를 들어 220VAC 의 경우 기초절연 I 급 기기인 경우 퓨즈 전단의 공간거리는 3.2mm 이상의 이격을 가지도록 해야 한다.

발열을 고려한 부품 배치

발열을 고려하여 열이 나는 부품들은 분산 배치하고, 되도록 멀리 배치시키도록 한다.
예를 들어, 레귤레이터, 트랜스, 고전류 트랜지스터/MOSFET 등과 같은 열이 많이 나는 부품들끼리 모여 놓으면 특정 부위의 PCB 에서 열이 더 발생되고, 이로 인해 PCB 의 인덕턴스, 커패시턴스, 저항 성분의 특성 변동을 주어 원했던 성능을 내지 못할 수 있고, 상황에 따라 큰 오버슈트가 발생되거나 허용 온도보다 과도한 온도 상승으로 부품이 손상될 수 있다.
따라서, 이들을 서로 멀리 배치함으로써 열을 분산시키도록 하고, 비아 등을 이용하여 열이 방출될 수 있는 통로를 만든다. 이런 비슷한 목적으로 열이 많이 나는 소자를 보드의 외곽에 배치시키기도 한다.
또한, 열이 나는 소자를 저항, 커패시터 등 열에 의해 소자의 용량 및 특성이 쉽게 변하는 민감한 소자 근처에 두지 않도록 한다.
이런 점을 알기 위하여 PCB 설계 엔지니어도 전기/전자 소자에 대한 이해가 필요한 것이다.

3.3.4. SMT 를 고려한 배치 및 부품 방향

어셈블리(조립, Assembly)는 부품을 PCB 에 납땜하여 장착하는 과정을 의미하는데, 자동으로 하는 SMT(자동 실장) 공정도 있고, 손으로 부품을 납땜하는 수삽이라 불리는 작업도 있다. 부품의 수가 많은 경우, 보통 SMT 업체에 의뢰하여 조립한다.

여기서 소개하는 SMT 를 고려한 배치는 필수 사항은 아니지만, SMT 시 발생될 수 있는 불량율을 줄이기 위한 규칙으로 삼아도 좋다.

> ### SMT 간략 공정

PCB 설계 후 PCB 가 제조되어 나오는데, 이렇게 부품 소자가 장착되지 않은 PCB 를 Bare PCB 라 한다.

이후 이 Bare PCB 에 부품 조립을 위하여 Bare PCB 와 PCB 설계의 결과물인 Pick&Place(CPL, Component Placement List) 파일, BOM(부품 리스트) 파일, 장착할 부품들을 구매하여 SMT 업체에 제공하여야 한다. 이 Pick&Place 파일에는 부품 장착을 위해 회로 부품들의 PCB 내 위치 정보가 담겨 있다.

아래는 SMT 공정을 간략화한 순서도이다.

Figure VI-14 SMT 공정 간략도

SMT 업체는 Pick&Place(CPL) 파일을 참조하여 PCB 상의 납땜이 되어야 하는 영역에만 구멍을 뚫은 메탈 마스크(Metal Mask)라는 판을 제작한다.

이 메탈 마스크 판을 이용하여 솔더 크림(Solder Cream, Solder Paste)이라는 납이 포함된 접착력이 있는 크림 형태의 물질을 메탈 마스크의 구멍을 통해서 PCB 상의 납땜이 되는 영역인 패드에만 도포한다.

이 솔더 크림이 도포된 곳에 부품들을 배치하여 접착한 후, 리플로우(Reflow)라는 공정을 통해 고열로 가열함으로써, 납을 녹여 부품을 결합시킨다. 이 리플로우 온도는 200 ˚C ~ 350 ˚C 로 이 온도도 사용되는 부품의 특성에 따라 고려해야 될 사항이다.

위의 그림은 PCB 가 고정되어 있는 것처럼 그려졌지만, 가열에 그린 그림과 같이 PCB 가 장비 안에서 이동되면서 이루어진다.

조립이 완료되면 육안 검사(Visual Inspection)를 하여 쇼트 및 이물질이 없는지 확인하고, 필요하다면 전기적 단락 검사, 동작 검사를 한 후 출고된다.

부품 무게를 고려한 분산 배치

부품들의 무게를 고려하여 무거운 부품들은 분산 배치하도록 한다.

SMT(자동 실장)를 할 경우 PCB 기판을 고정시키고, 이동시키면서 작업이 이루어 진다. 이때 PCB 기판의 한쪽이 무거우면 SMT 장비에 장착했을 때 기울어져 양산 시 어려움을 겪을 수 있고, 제품의 보관에서도 한쪽으로 치우쳐져 관리가 어려울 수 있다.

이런 이유로, 되도록 PCB 상의 부품들의 무게를 분산 배치하여 무게 평형을 이룰 수 있도록 한다.

SMT 를 위한 소자 간의 거리

부품의 장착을 SMT 로 하기로 했다면, SMT 를 위한 소자 간의 거리에도 신경을 써야 한다.

앞서 중요 신호 소자들은 최대한 가깝게 배치하여 인덕턴스를 줄인다고 했지만, 소자 간 간격이 너무 좁으면 자동 실장을 하면서 납으로 인한 단락(쇼트) 등의 문제가 발생할 수 있어 수율(Yield)이 좋지 않을 수 있다.

이 때문에 SMT 업체들은 부품 패키지 별로 최소의 공간거리를 규정하고 있고, 이는 의뢰하려는 SMT 업체와 상의해야 한다.

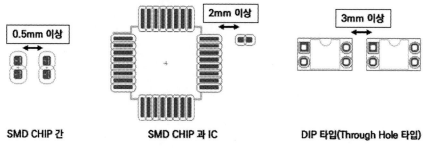

Figure VI-15 부품 간 최소 거리

일반적인 최소 거리는 위 그림과 같이 SMD 소자 간은 0.5mm 이상, IC 와 SMD 소자 간은 2mm 이상, 스루홀 타입 소자 간은 3mm 이상의 간격을 가지도록 부품을 배치한다.

부품의 방향

☞ 패드의 방향

리플로우 공정에서 부품의 뒤틀림 방지 및 열이 골고루 받아 납땜이 잘 되도록 하기 위하여, 가능하다면 아래와 같이 SMT 의 리플로우 방향과 핀이 수직이 되도록 배치한다.

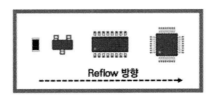

Figure VI-16 SMT 를 위한 소자 패드의 방향

☞ IC 1 번 핀의 방향

SMD 소자 또는 IC 는 테이프나 원형 릴에 포장되어 있고 SMT 에서는 이들을 자동으로 부착하게 되는데, 핀의 방향이 동일하면 이 테이프 또는 릴의 방향을 교체하는 등의 부가 작업이 없어 효율이 좋다.

따라서, 동일 IC 들의 1 번핀의 방향은 되도록 동일한 방향으로 두도록 한다.

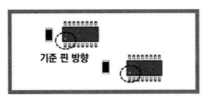

Figure VI-17 기준 핀 방향

4. 신호선 배선 규칙

이제 부품의 배치를 끝냈으니, 회로 설계와 동일하게 각 소자들끼리의 연결 정보인 네트를 실제 PCB 패턴으로 연결하여야 한다. 이를 라우팅(Routing) 작업, 배선 작업 또는 아트웍(Artwork)이라 한다.

PCB 설계 배선의 경우 워낙 변수가 많아 수학적 계산으로 작업하는 경우는 거의 없고, 노이즈, 링잉 해석에서 보았던 전자기학 이론들의 개념적 접근으로 최선의 선택이 필요한데, 이번 장에서는 이 최선의 선택을 위한 규칙들을 살펴볼 것이다.

4.1. 일반적인 배선의 순서

처음 PCB CAD 툴로 회로 설계도의 결과물인 네트 리스트 정보를 불러오면 너무 복잡한 배선들 때문에 어디서부터 작업을 해야 할지 막막해진다. 하지만, 아래 배선의 순서를 지키면서 하나씩 배선하다 보면 작업의 효율성과 속도를 높이는데 도움이 된다.

Figure VI-18 배선 순서

위의 그림과 같이 배선의 순서는 보통 2 층 PCB 기판에서는 전원 배선→클럭 신호선/고속 통신 신호선 등 중요 신호 배선→일반 배선 순서로 하고, 취약 지역의 보강 작업을 한다.

4 층 이상의 배선에서는 전원, 그라운드 판을 내층에 할당하여 비아로 연결하는 경우가 많으므로 클럭 신호선/고속 통신 신호선 등 중요 신호 배선→일반 배선→전원 배선 순서로 하고, 마지막으로 취약 지역의 보강 작업을 하는 경우가 많다.

중요 신호 배선에는 간섭에 영향을 받지 않는 우수한 질의 전기적 특성이 필요한 클럭과 같은 신호선, 신호의 주파수/노이즈에 민감한 아날로그 신호, 고속의 통신 신호 등이 있겠다.
PCB 레이어 사용 규칙에서 봤던 것처럼, 4 층 이상의 PCB 라면 이런 중요 신호들은 내층의 그라운드 Plane 과 인접한 층에 배선함으로써 신호의 안정성을 가지도록 하고, 되도록 직선 배선이 필요하며, 임피던스 편차를 일으킬 수 있는 비아(Via)를 사용하지 않아야 하기 때문에 가장 먼저 배선이 되어야 한다.

아래에서 다층 기판의 배선 순서대로 각 작업 단계에서 사용되는 용어들과 규칙들을 살펴보도록 할 것이다.

4.2. 패턴의 두께 및 넓이 결정

Figure VI-19 배선의 구성 요소

배선 동박의 선은 넓이(Width)와 두께(Thickness) 로 정의된다. 배선을 하기 전 이들에 대해 미리 결정을 해야 한다.

배선의 두께와 넓이는 충분한 허용 전류, 최소의 전압 강하와 전력 손실, 낮은 인덕턴스를 고려하여 선정하게 된다. 이렇게 선정된 배선 두께와 넓이에 대한 배선 규칙의 기본은 넓은 배선과 짧은 길이의 배선이다.
또한, 임피던스 매칭이 필요한 신호선이라면, 필요한 특성 임피던스에 맞추어 패턴의 넓이를 결정해야 한다.

4.2.1. 동박의 두께(Thickness)

배선의 두께에 대한 것은 PCB 제조 공정에서 살펴본 것과 같이 PCB 전체를 동일 두께의 구리로 도금한 후 패턴을 형성하여 만들어 지기 때문에, PCB 설계의 환경 설정에서 하나의 두께로 선택한 후 전체 적용되는 것이 일반적이다. 즉, 환경 설정에서 설정한 동박의 두께로 전체 PCB 의 동박 두께를 결정하는 것이다.

물론, 앞서 레이어 사용 규칙에서 본 것과 같이 4 층 이상의 PCB 의 내층의 동박 두께는 PCB 제조업체의 스택업 구조에 따라 이미 결정되어진다.

동박의 두께 단위는 온즈(oz)를 사용하는데, 1 온즈(oz)는 무게 단위 약 28 그램으로 PCB 에서는 1 온즈의 구리양을 1 피트 × 1 피트에 일정하게 도포했을 때의 구리의 두께를 말하고, 이는 두께 약 35um 가 된다.

일반적인 PCB 설계에서는 1 온즈 (약 35um)의 두께를 사용하게 되는데, 전력이 커서 PCB 의 발열이 큰 경우 동박의 두께를 2 oz, 3 oz 등으로 사용하기도 한다.

4.2.2. 패턴의 넓이(Trace Width) 규칙

배선(라우팅)은 회로 설계에서 소자들끼리 연결한 네트들을 실제 구리 도전체로 연결하도록 선을 연결하는 것을 말한다.

배선을 하기 전에 먼저 배선의 높이, 넓이, 배선 간격을 결정해야 한다.

높이(두께)는 앞에서 보았듯 일반적인 1oz (0.035mm)를 기준으로 하며, 여기서는 패턴의 넓이를 결정하는 방법에 대해 살펴보도록 한다.

이 배선의 넓이(Width)를 결정함에 있어 허용 전류, IC 의 패드 크기 등이 고려되어야 하며, 배선의 최소 넓이는 PCB 제조업체의 제조 능력에 따라 결정되지만, 얇아 질수록 불량율이 높아 수율이 좋지 않으며 보통은 0.05mm 정도가 최소 한계가 된다.

일반적으로 디지털 신호선은 0.1 ~ 0.25mm 를 많이 사용하고, 전원선은 허용 전류의 2 ~ 3 배 이상의 마진을 두어 설계한다.

가. 배선 넓이와 허용 전류

배선의 굵기, 넓이에 따라 견딜 수 있는 전류, 허용되는 전류의 양이 제한된다. 이는 배선의 저항과 전류의 관계로 패턴에서 소비되는 전력 $P = I^2R$ 이 모두 열로 소비되기 때문에 패턴이 얼마나 열에 견딜 수 있는 가의 정도를 의미한다.

배선의 단면적이 클수록 저항이 낮아져 더 많은 전류를 흘릴 수 있는 능력을 가지게 되는데, 두께는 이미 1 온즈로 결정했으므로, 허용 전류에 대해 배선의 넓이를 결정하면 된다.

보통은 전류의 흐름에 의한 10˚C 의 패턴 온도 상승은 안전하다고 판단되므로, 이 온도를 기준으로 패턴의 넓이를 선택하는 과정을 보도록 한다.

패턴의 허용 전류와 저항에 대해서는 아래의 IPC2221 계산식을 지원하는 PCB 계산기로 계산하는 것이 편하다. 이는 CAD 툴 또는 온라인의 계산기에서 제공하고 있으므로, 이를 사용하도록 하며 아래 IPC2221 계산식은 원리에 대한 이해를 위해서 참고로 보도록 한다.

☞ [참조] IPC2221 규격

국제규격인 IPC-2221 에서는 아래와 같이 10 °C 온도 상승에 대해서 1 온스(oz) 두께에 대한 Track width 와 견딜 수 있는 전류에 대해 정의해 놓았으며, 2 배 ~ 3 배 이상의 충분한 마진을 가지도록 설계하도록 한다. IPC-2221 에서의 전류와의 관계 공식은 아래와 같다.

$$\text{Area}\left(\text{mils}^2\right) \ = \ \left(\frac{\text{Current}}{k \times \Delta T^b}\right)^{1/c}$$

Current 는 Amps 단위의 전류량을 말하며, k, b, c 는 상수로 아래와 같이 내부와 외부 레이어에 따라 차등 적용한다.
Internal Layers: k = 0.024, b = 0.44, c = 0.725
External layers: k = 0.048, b = 0.44, c = 0.725

이 식은 PCB 배선에 흐르는 전류의 양과 1oz 두께에서의 배선의 구리 넓이에 따른 패턴 저항때문에 일어나는 전력 손실에 의한 온도 상승 정도를 의미한다. 일반적으로 이 온도 상승이 10°C ~ 20°C 이하라면 안전하다고 판단한다. 따라서, 원하는 전류 크기에 의한 온도 상승이 이 안전 온도 내에서 일어날 수 있는 배선의 넓이로 결정할 수 있다.

아래는 10°C 온도 상승하는 기준에 맞춘 PCB 동박 두께 1oz 에 대한 허용 전류와 내부/외부의 최소 트레이스(Trace)의 넓이를 PCB 계산기를 이용하여 계산한 표이다.

Current(A)	External		Internal	
	mm	Mil	mm	Mil
0.4 A	0.085	3.35	0.22	8.7
0.8 A	0.22	8.7	0.57	22.6
1 A	0.3	11.8	0.78	30.8

2 A	0.78	30.8	2	80
3 A	1.37	53.8	3.56	140
4 A	2	80	5.3	208
5 A	2.77	108.9	7.2	283

외부 배선의 경우 공기층으로 열 방출이 쉬우므로, 내부에 비해 상대적으로 넓이가 얇아도 되는 것을 볼 수 있다.

나. 배선의 저항에 의한 전압 강하와 전력 손실 고려

PCB 는 외부 요인의 영향없이 설계된 회로도대로 동작되도록 설계되어야 하는데, 구리(동)인 트레이스에도 저항 성분이 존재하며, 이에 따른 V = IR 에 의한 전압 강하와 P = I²R 의 전력 손실이 발생한다.

즉, 배선을 하면서 회로도에는 없는 저항 성분이 생기게 되는 것인데, 이 부분이 수용 가능한 정도인가를 판단해야 한다.

배선의 저항 역시 PCB 계산기로 계산하는 것이 편리하며, 아래는 참고사항으로 알아 두도록 한다.

저항은 도선의 단면적 반비례하고 길이에 비례하게 되는데, PCB 에서의 트레이스(Trace)의 저항은 넓이(mm)에 대해 아래와 같이 구할 수 있다.

$$R = (\rho \times \frac{L}{T \times W}) \times (1 + \alpha \times (Temperature - 25°C))$$

ρ : Copper 에 대한 전도율 $1.7 \times 10^{-5} (\Omega * mm)$

L : Trace 길이 mm

$T \times W$: Trace 단면적$(mm^2) = $ Trace 높이 × Trace 넓이

α : 온도계수 $3.9 \times 10^{-3} (1/°C)$

Temperature : Trace 온도

만약, 1 온즈(oz)의 두께에서 0.2mm 의 트레이스의 넓이와 10cm 의 길이이고, 온도가 25°C 라고 한다면, 1oz 는 35um 즉, 0.035mm 이므로 아래와 같이 구할 수 있다.

$$R = (1.7 \times 10^{-5} \times \frac{100}{0.035 \times 0.2}) \times (1 + \alpha \times (25°C - 25°C)) \approx 243m\Omega$$

만약, 이 배선에 100mA 의 전류가 흐른다고 하면 패턴의 양단 간 전압 강하는 아래와 같이 0.024V 가 생길 수 있다.

$$V = I \times R = 100mA \times 243m\Omega = 0.024V$$

이 전압 강하는 일반적인 디지털 회로 동작에 크게 영향을 주지 않겠지만, 더 큰 전류가 흐를 경우 큰 전압 강하는 문제가 될 수 있고, 정밀한 회로에서는 약간의 전압 강하도 분명 회로의 성능에 영향을 주므로 고려해야 할 필요가 있다.

아래는 25°C. 두께 1oz 환경에서 10cm 의 트레이스 길이에 대한 넓이와 저항과의 계산값을 표시하였다. 임피던스는 유전율 4.5 상태에서 내부 그라운드 판과의 높이(H)를 0.2mm 로 계산한 마이크로 스트립 라인의 예이다.

Wdith(mm)	길이 10cm 의 Resistance(mΩ)	Impedance (H=0.2mm)
0.1 mm	486 mΩ	87 Ω
0.2 mm	243 mΩ	67 Ω
0.3 mm	162 mΩ	54 Ω
0.4 mm	121 mΩ	46 Ω
0.5 mm	97 mΩ	40 Ω
1.0 mm	49 mΩ	25 Ω

위의 표에서 보듯이 패턴의 넓이가 넓을수록 저항과 임피던스가 작아지므로, 배선을 짧고 굵게 해야 한다는 것이다.

다. 패드 크기와의 배선 넓이 규칙

사실 디지털 신호 배선에서는 흐르는 전류가 미미하기 때문에 전류 용량을 기준으로 한 배선 넓이의 결정보다는 통상 IC 의 패드 크기와 임피던스에 대한 고려로 결정한다.

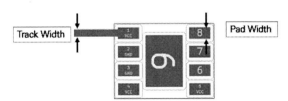

Figure VI-20 IC 패드 크기와 배선 넓이

패드보다 넓은 패턴은 단락의 위험과 간섭 노이즈에 취약할 수 있기 때문에, 디지털 신호 배선의 패턴 넓이는 IC 소자의 패드와 넓이가 같거나, 패드보다 0.05mm ~ 0.1mm 정도 작은 것을 많이 사용하는데, 0.2mm, 0.25mm, 0.3mm, 0.5mm 등을 많이 사용한다.

☞ 고전류 패턴의 패드 접속

전원, 그라운드, 대용량 전류가 필요한 패턴의 경우 IC 패드의 넓이보다는 앞서 본 전류 및 저항에 기반하여 결정한다.

이는 보통 패드 넓이와 같거나 더 넓은 패턴이 필요한데, 이런 경우 아래와 같이 IC 패드 와 최대한 가까운 곳에서 패턴 넓이를 굵게 변경하여 사용하도록 한다.

Figure VI-21 넓은 배선과 패드의 연결

4.3. 패턴의 간격 규칙

패턴의 간격은 전기안전을 위한 연면거리와 근처 신호의 변화에 대해 용량 결합($I = C\,dV/dt$) 과 자기 결합($V = L\,dI/dt$)에 의한 간섭 노이즈 방어가 주목적이 된다.

Figure VI-22 패턴의 높이, 넓이와 간격

아래에서 전압 별로 안전을 위해서 유지되어야 하는 패턴 간격과 크로스토크 (CrossTalk) 노이즈 방어를 위해 기본적으로 유지되어야 하는 3W 룰에 대해 알아보도록 한다.

4.3.1. 안전을 위한 전압 별 연면거리

전압 별 연면거리는 안전 초저전압 이상 고압 시스템에서는 전기안전 규격 편에서 보았던 전기안전 연면거리가 우선이며 이에 대해서는 전기안전 편을 참조하도록 한다.

전기안전 규격 외에 일반적인 장치에 대한 IPC2221 과 전력 변환 장치에 대한 IPC9592B 국제규격을 참조할 수 있다.

IPC9592B 국제규격에서는 500V 이하의 전력 변환 장치에 대한 이격 거리를 아래와 같이 간단하게 계산할 수 있는 수식을 제공한다.

Minimum spacing(mm)	Voltage Range
0.13	$V_{PEAK} < 15V$
0.25	$V_{PEAK} < 30V$
$0.1 + (V_{PEAK} \times 0.01)$	$30V \leq V_{PEAK} < 100V$
$0.6 + (V_{PEAK} \times 0.005)$	$100V \leq V_{PEAK}$

보통 CAD 툴에는 IPC2221 와 IPC9592B 규격들을 계산기에 제공하고 있으므로, 사용하는 CAD 툴에서 내용을 참조할 수 있다.

정리하자면, 신호 전압이 15V 이하라면 일반 신호의 경우 IPC2221 의 0.1mm, 전력 신호라면 IPC9592B 의 0.13mm 를 최소 이격 거리로 하고, 아래에서 보게 될 3W 규칙을 적용한다.

안전 초저전압 60VDC 이하의 경우 IPC2221 와 IPC9592B 국제규격에서 권장하는 최소 거리와 3W 규칙 이상으로 이격하도록 한다.

그 이상이라면 전기안전 규격에 맞는 연면거리, IPC2221 또는 IPC9592B 국제규격에서 정하는 이격 거리와 3W 규칙 이상을 가지도록 선정한다.

4.3.2. 크로스토크 노이즈 간섭과 3W RULE

노이즈 편에서 살펴보았던 것과 같이 크로스토크(Crosstalk)는 아래 그림과 같이 인접하는 선로에서 커패시턴스/인덕턴스 결합에 의한 노이즈의 유도 현상을 말한다.

이 간섭 노이즈인 크로스토크는 신호에 오버슈트와 링잉을 유발하며, 이로 인한 신호의 오인식, 전력 손실과 EMI 문제, 신호 지연 등의 문제를 발생시킨다.

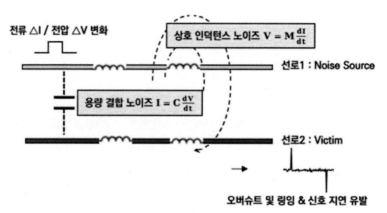

Figure VI-23 크로스토크

크로스토크의 영향을 최소화하기 위한 규칙에 대해서 살펴보도록 한다.

3W RULE

크로스토크의 영향을 작게 하기 위해서 가장 기본적인 것은 선로 간의 간격 거리를 넓게 하여 상호 커패시턴스와 인덕턴스를 작게 하는 것이다. (이의 관계는 노이즈 편의 결합 노이즈를 참조한다)

 3W 룰은 평행 배선에서 신호 결합으로 나타나는 상호 영향을 최소화하기 위한 규칙으로, 평행 배선 사이의 거리를 패턴 넓이 W 와 관련하여 3W 이상으로 띄우자는 것이다.

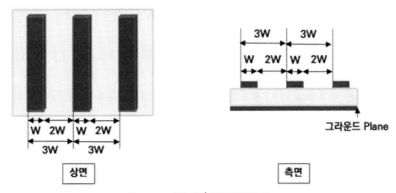

Figure VI-24 3W RULE

 트레이스의 중심점 사이의 거리를 트레이스 넓이의 3 배로 띄우게 되면, 커플링에 의한 크로스토크를 70% 이상 감소시킬 수 있다. 10W 로 띄우게 되면 98% 이상의 감소 효과를 볼 수 있다.

 물론, PCB 라우팅 작업을 하다 보면 공간의 제약으로 항상 지키기 어려운 경우가 많다. 이런 경우 일반적인 규칙은 5MHz 이상의 신호이거나 15V 이상의 고압의 신호에서는 3W 룰을 지키도록 하며, 아닌 경우에는 상황에 따라 적용하고 아래 그라운드 배치에 신경 쓰도록 한다.
 특히, 클럭 신호, 스위칭 회로의 PWM 신호와 같이 지속적인 펄스가 출력되는 신호선과 긴 평행 배선을 하는 것은 지속적인 간섭 노이즈의 영향을 받으며 선로가 안테나 역할을 하게 되어 EMI 방사를 초래할 수 있으므로, 반드시 이런 신호선들과는 3W 룰을 지키고, 평행 배선은 최대한 짧게 하는 것이 EMI 성능을 좋게 할 수 있는 방법이다.

그라운드 PLANE 으로의 완화

 신호선과 그라운드의 관계와 같은 전류 방향이 반대인 평행 배선에서 인덕턴스는 상호 간 거리 H 에 반비례한다는 것을 노이즈 편에서 살펴보았었다.
 따라서, 신호선과 그라운드 판과의 높이 H 가 낮을수록 자기장이 상쇄되어, 상호 인덕턴스가 작아지는 효과를 가진다.
 즉, 신호선 아래 또는 근처에 그라운드 패턴을 두어 커플링으로 인한 간섭 노이즈를 완화시킬 수 있는데, 이에 대한 개념적 이해를 위해 아래 그림으로 커플링의 개수를 보고 생각해 보도록 하자.

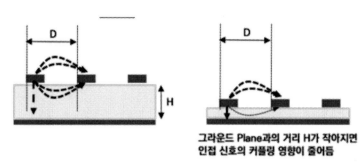

Figure VI-25 그라운드 Plane 로 인한 간섭 감소

 신호선과 그라운드와의 거리가 가까울수록 인접 신호선끼리의 커플링이 그라운드로 분산되어 결과적으로 간섭되는 크기가 줄어들게 되어 크로스토크 방어 효과를 볼 수 있다.
 인덕턴스에 의한 크로스토크의 영향은 패턴 간의 거리 D 가 멀어지고 그라운드와 신호선의 높이 H 가 낮아질수록 작아지며, 평행 배선된 패턴의 길이가 길어질수록 받는 영향은 커지게 된다.

 특히, 높이 H 에 대해서는 2 층 기판의 경우 상/하 레이어의 높이가 보통 1.6mm 인 반면, 4 층 이상의 내부 레이어와의 간격이 0.2mm 인 것을 감안하면, 2 층 기판 보다는 내층을 그라운드와 전원 층으로 사용하는 4 층 이상의 기판의 경우가 신호선과 그라운드와의 거리가 가깝게 됨으로써 크로스토크 노이즈에 더 강한 내성을 가질 수 있다.
 따라서, 4 층기판에서 신호의 질이 중요한 클럭 신호와 같은 중요 신호들은 내층 그라운드 판과 가까운 레이어에 배선을 함으로써 간섭의 영향이 적은 더 안정적인 신호를 구현할 수 있다.

 또한, 그라운드 판과의 높이 H 가 1.6mm 이고 3W 간격일 때 발생하는 크로스토크의 크기를 기준으로 둔다면, 4 층 기판의 내층 그라운드와 0.2mm 의 높이에 대해 조금 더 완화된 약 0.5W 이상의 이격 거리 D 를 사용하기도 하는데, 그 중 0.8W 정도의 이격 거리 D 를 많이 사용한다. 높이가 1.2mm 인 경우에는 2W 의 이격 거리를 사용하기도 한다.
 이런 완화된 3W 규칙은 수백 MHz 이하의 15V 이하 일반 배선에서 적용할 수 있으며, 그 이상이거나 중요 배선이라면 3W 규칙을 지키는 것이 좋다.

4.4. 배선의 규칙

배선의 규칙은 결국 아래와 같은 목적을 가진다.

• 전압 강하에 대한 저항/인덕턴스 성분과 링잉에 대한 인덕턴스 성분을 최소화하기 위하여 배선은 짧고 굵게 하며, 이는 전류의 리턴 패스를 줄임으로써 EMI 에 방어에도 도움이 된다.
• 반사파를 막기 위하여 임피던스의 편차 변화를 서서히 일어나도록 한다. 즉, 배선 상의 급격한 임피던스 변화를 줄여야 한다.
• 3W 룰로 인근 신호와 충분한 이격 거리를 두어 커플링을 최대한 적게 하여 간섭 노이즈를 최소화해야 한다.
• 노이즈 전류 경로의 낮은 임피던스 구현을 통해 신호의 안정성을 향상시키기 위하여 그라운드와 가까이 평행하게 배선한다.

이런 목적을 위한 보편적인 배선의 규칙에 대해서 살펴보도록 한다. 실제 고가의 시뮬레이션 소프트웨어를 사용하여 PCB 설계가 잘 되었는지 확인할 수 있는 환경이 될 수 없는 경우가 보통이므로, 최선의 선택을 하는 것이 중요하다.

4.4.1. 일반 배선 규칙

이론 편에서 살펴보았던 노이즈의 결합 및 반사파가 없는 배선을 하기 위하여 일반적으로 사용되는 배선 규칙에 대해 알아보도록 한다.

가. 기본 배선 규칙

> 배선은 짧고 굵게 한다.

배선의 굵기와 길이는 저항과 인덕턴스의 증가와 관계된다. 이들은 전압 강하 및 전력 손실에 관계될 뿐 아니라, EMI 편에서 보았듯이 인덕턴스에 의해 링잉이 발생되며 노이즈 방사와 크로스토크 문제를 발생시킨다.
또한, 노이즈 바이패스 경로의 임피던스를 증가시키기 때문에 낮은 저항과 낮은 임피던스의 구현을 위해서 배선은 짧고 굵게 하도록 한다.

직각 배선은 피한다.

  직각의 배선은 꺾임 부분의 라인의 두께가 두꺼워지는 효과로 갑작스러운 임피던스 편차가 발생하고 이는 반사파를 일으킬 수 있다. 이런 현상을 줄이기 위하여 아래와 같이 꺾임 부분은 최대한 부드럽게 해야 한다. 보통 45°(135°) 배선을 많이 사용하며, 특히 주파수가 높은 신호일수록 신호의 직진성이 강해져 작은 임피던스 편차에도 부딪쳐 반사되는 양이 많아지므로 커브 모양의 배선을 하는 경우도 있다.

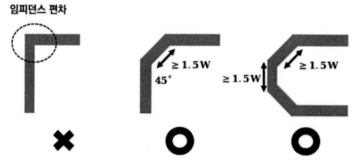

Figure VI-26 직각 배선은 피한다

  또한, 아래와 같은 임피던스 편차를 일으킬 수 있는 T 분기는 피해야 하지만, 어쩔 수 없는 경우에는 Stub(짧은 분기 선로)을 최대한 짧은 V 형태로 연결한다.

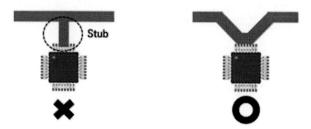

Figure VI-27 분기는 최대한 짧은 V 형태로 연결한다

크로스토크를 최대한 줄이는 배선을 한다.

  앞서 보았듯이, 크로스토크는 인접 신호선과의 커플링에서 일어나는 것을 생각해 보면 기본은 패턴 간 간격을 멀리 이격시키거나, 그라운드 층으로 커플링을 분산시키는 방법이다.

☞ 배선의 충분한 이격(Clearance)

  3W 룰에서 봤듯이 규칙대로 배선의 간격을 최대한 유지하며, 다층의 경우 내부 층의 Plane 과 신호선과의 높이에 의존적으로 완화하여 배선의 간격을 적용할 수 있다.

☞ 최대한 짧은 평행 배선

  3W 룰로 이격을 시켰다 하더라도 평행하게 가는 배선이 길어질수록 크로스토크는 커지게 되므로, 평행 배선을 최대한 짧게 하여 상호 커패시턴스와 상호 인덕턴스를 작게 한다.

☞ 상/하 레이어 직각 교차 배선

  Top/Bottom 레이어의 배선 방향은 2 층 기판의 경우 Top/Bottom 레이어의 배선은 서로 수직으로 교차되도록 하여 신호선이 겹쳐지는 부분을 작게 하여 커플링이 최소가 될 수 있도록 하는데, 이를 직각 교차 배선이라 한다.

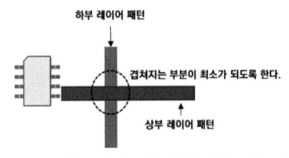

Figure VI-28 다른 레이어의 패턴은 직각 교차 배선

  다층 기판에서는 내부 레이어가 그라운드 전원 층으로 차단되어 있으므로, 상/하 레이어의 배선에 대해서는 딱히 신경 쓸 것은 없지만, 내층 그라운드가 비어 있는 공간이거나 인접한 레이어에서는 교차 배선을 지키도록 한다.

☞ 필요한 경우 그라운드 가드(Guard)를 활용

  그라운드 가드(Guard)는 신호선 사이 또는 신호선을 그라운드로 감쌈으로써 커플링을 분산시켜 간섭으로부터 보호하는 효과를 위한 그라운드 배선을 말한다.
  이는 RF 전자기장에 의한 노이즈 영향을 감소시키는 효과도 가진다.

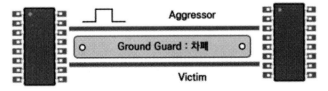

Figure VI-29 그라운드 가드를 이용한 신호 간섭 방지

위와 같이 영향을 주는 신호선들 사이에 그라운드 선을 삽입함으로써, 커플링의 영향을 줄일 수 있다. 그라운드 가드를 링 모양으로 감싸서 보호하는 경우의 패턴은 그라운드 가드링(Guard Ring)이라고도 한다.

이때 조심해야 할 것은 그라운드 가드 배선의 한 쪽을 오픈해 놓으면 오히려 안테나가 되어 EMI 방사가 일어날 수 있으므로, 비아 등을 이용하여 양쪽 끝단이 모두 그라운드로 연결되도록 한다.

> ### 배선 및 Plane 의 외곽 에지에는 반사파가 있을 수 있다.

아래 그림과 같이 외곽 에지의 경우 급격한 임피던스 편차로 반사파가 발생하여 노이즈가 방사될 수 있다.

Figure VI-30 에지에서의 EMI 방사

따라서, 한 쪽 끝을 오픈해 둔다면 이 꼬리가 안테나 역할을 하여 EMI 가 방사될 위험이 있으므로, 오픈해 두지 않도록 한다. 특히 고속의 신호인 경우에는 더욱 그러하다.

이에 대해서는 전원 배선의 20H 룰과 취약 지역 보강 편의 Stitching Via 에서 다시 보게 될 것이다.

> ### 전류 루프(그라운드 루프) 면적의 최소화, 리턴 패스의 길이 최소화로 배선한다.

EMI 편에서 보았듯이 전류가 흐르는 루프의 면적이 넓어지면, 안테나가 되어 루프 면적과 비례하여 EMI 방사가 더 많이 되고 노이즈가 더 많이 유기될 수 있으므로, 루프의 면적을 최소화하고 루프의 인덕턴스를 최소화할 수 있도록 배선한다.

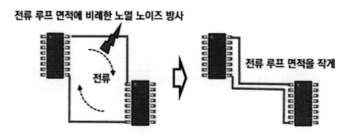

Figure VI-31 전류 루프의 최소화

EMI 방사는 전기적 신호의 주파수, 전류 크기와 비례하고, 루프 면적에 비례하여 노멀 모드 노이즈에 의한 방사가 일어나게 된다.

동일 버스 신호선의 길이는 되도록 같게 한다.

신호를 동시간에 전달해야 하는 버스와 같은 신호선의 경우 신호 전파가 같은 시간에 전달되어야 디지털 회로의 타이밍 스큐(Skew)가 발생되지 않는다. 신호 지연에 의한 글리치 노이즈의 발생에 대해서는 노이즈 편에서 살펴본 바 있다.

당연히 신호선의 길이만 맞춘다고 신호 지연(Propagation Delay)이 동일해지는 것이 아니라 임피던스도 동일하게 맞추어야 한다.

보통 고속이 아닌 일반 신호의 경우 문제가 발생될 확률이 작지만, 고속 시스템의 버스 또는 차동 통신과 같이 두 신호가 동시에 도달해야 되는 특별한 경우에는 이런 길이에 대한 매칭이 필요하다.

예를 들어, 카메라 통신 인터페이스에서 고속의 클럭 속도가 요구되는 MIPI 인터페이스에는 한 차동 페어의 두 선의 길이 차이가 150um 를 넘지 않도록 배선해야 한다는 규칙이 있다.

Figure VI-32 동일한 배선 길이

이렇게 배선의 길이를 맞추기 위하여 뱀 모양의 패턴(Snake Pattern)으로 만들어 신호선의 길이를 맞추기도 하는데, 보통 CAD 툴에는 이렇게 패턴의 길이를 맞출 수 있는 기능을 제공한다.

배선 금지 영역

부품 배치 편에서 보았듯이 보드의 외곽 최소 0.5mm 사이에는 배선이 되지 않도록 한다. 보통 1mm ~ 3mm 정도를 기준을 삼고 이 안에는 배선 및 동박이 없도록 하여, 충격에 의한 패턴 손상 및 감전에 대한 대응이 되도록 한다.

나. 회로의 특성과 전류의 흐름을 고려하여 라우팅한다.

회로의 특성을 먼저 파악한 후 전류가 어떤 경로(Return Path)로 이동되는지 파악하여 최선의 라우팅을 해야 한다.

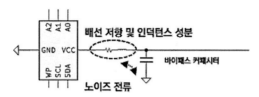

Figure VI-33 바이패스 커패시터의 예

예를 들어, 위의 그림과 같은 바이패스 커패시터의 전류 흐름을 생각해 본다면, IC 의 전원 핀에서 멀리 배치하고 배선할 경우 인덕턴스와 저항 성분으로 인해 전류 백업 및 노이즈 바이 패스 성능이 저하될 것이라는 것은 쉽게 예측할 수 있으므로, 바이패스(디커플링) 커패시터는 IC 의 전원핀 바로 옆에 최대한 가깝게 장착하라는 것이다.

아래 그림은 벅 컨버터의 회로 예이다.

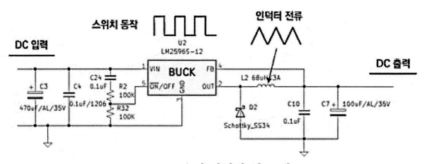

Figure VI-34 벅 컨버터 회로 예

위의 그림은 비절연 스위칭 레귤레이터인 벅 컨버터를 이용한 DC 출력 회로의 예이다. 벅 컨 버터의 기본 원리는 출력 전압을 궤환받아 전압이 낮으면 스위치를 ON, 전압이 높으면 스위 치를 OFF 하여 출력 전압을 일정하게 맞추는 스위칭 레귤레이터이다.

여기에서 중요한 것은 PCB 설계를 위해서는 회로의 원리와 전류의 흐름을 알아야 한다는 것이다.

위의 그림에서 인덕터 전류의 리플이 최종 DC 출력으로 나오지 않으려면, 리플 노이즈는 어디론가 궤환되어야 한다는 것을 충분히 이해할 수 있다.

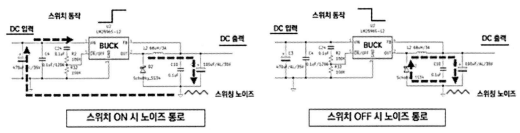

Figure VI-35 벅 컨버터의 노이즈 흐름

 위의 그림과 같은 DC 전류 및 노이즈 전류의 흐름을 알려면 당연히 회로가 어떻게 동작하는 지 특성을 알아야 한다.
 벅 컨버터의 동작의 경우 노이즈 경로는 내부 스위치가 ON 될 때의 노이즈 경로와 OFF 될 때의 노이즈 경로로 구분되므로, 두 경우 모두 고려해야 한다.
 이제 노이즈 전류의 경로를 알았다면 노이즈 흐름 상에 있는 소자들을 최대한 가깝게 배치하고 배선해야 근처 다른 블록 소자로의 영향을 최소화하고, EMI 성능을 열하시키지 않는다. 특히, 이 노이즈 흐름이 있는 전류 루프의 면적은 최대한 작게 배치하고 배선해야 하며, 그라운드의 임피던스는 최대한 작게 할 수 있도록 한다.

 아래는 이런 벅 컨버터 노이즈의 흐름을 고려한 부품 배치와 배선의 예이다.

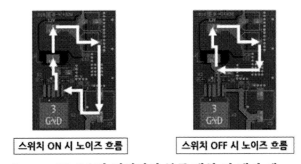

Figure VI-36 벅 컨버터의 부품 배치 및 배선 예

 이런 벅 컨버터처럼 부품의 배치 및 배선이 EMI 성능에 큰 영향을 미치는 소자의 경우 데이터시트에 부품 배치 및 라우팅에 대한 권장 배선 예를 표기하니, 이를 참조하여 작업할 수 있도록 한다.

4.4.2. 임피던스 매칭 배선

임계거리보다 긴 패턴의 경우 전송선로로 판단하여 특성 임피던스에 대한 고려를 하여 설계해야 하는데, 그 중 하나의 고려사항이 PCB 패턴의 임피던스 매칭이다. 이 임계거리는 필요한 신호의 질에 따라 규칙을 정할 수 있음을 보았다.

고속의 차동 통신을 사용하는 USB 통신, 특성 임피던스를 사용하는 RF 배선, 고속의 DDR RAM, 아날로그 배선 등에 임피던스 매칭 배선을 할 필요가 있는 경우가 많다.

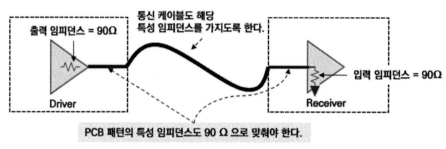

Figure VI-37 임피던스 매칭

임피던스 매칭을 해야 할 경우 위의 그림과 같이 입/출력 임피던스와 선로의 임피던스를 모두 동일하게 설계해야 하므로, 당연히 PCB 패턴의 특성 임피던스도 같아야 한다. 즉, 통신선, PCB 배선, 커넥터, 입/출력 임피던스의 특성 임피던스가 모두 같아야 임피던스 매칭이 된다.

PCB 의 마이크로 스트립 라인과 스트립 라인의 특성 임피던스는 아래와 같이 구할 수 있다.

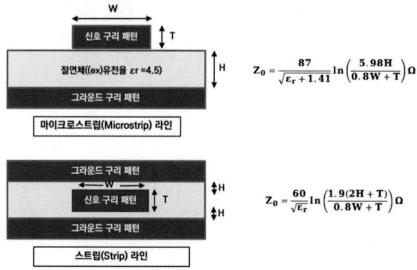

$$Z_0 = \frac{87}{\sqrt{\varepsilon_r + 1.41}} \ln\left(\frac{5.98H}{0.8W + T}\right) \Omega$$

$$Z_0 = \frac{60}{\sqrt{\varepsilon_r}} \ln\left(\frac{1.9(2H + T)}{0.8W + T}\right) \Omega$$

Figure VI-38 마이크로 스트립 라인과 스트립 라인의 특성 임피던스

 위의 PCB 의 특성 임피던스의 계산식에서 유전율 ε, 패턴의 높이 T, PCB 의 그라운드 판과의 높이 H 에 대한 PCB 스택업 구조는 PCB 설계 시 고정이고, 이들의 값은 PCB 제조업체마다 조금씩 다를 수 있으므로 스택업을 확인해야 한다.
 따라서, 패턴의 임피던스 매칭을 위해서는 배선의 넓이 W 와 배선 간격만 결정되면 된다.
 PCB 의 유전율 $ε_r$ 은 FR-4 PCB 에서는 주파수에 의존적으로 3.5 ~ 5.5 사이의 값을 가지는데, 보통 100MHz 이하의 저주파 PCB 에서 대표치 4.5 의 값을 사용한다.

 위의 특성 임피던스의 계산식으로 직접 수학적 계산을 하는 경우는 거의 없으며, CAD 툴 또는 온라인에서 제공되는 PCB 계산기를 이용하면 된다.
 임피던스 매칭이 필요하다면, 2 층 기판의 경우 위 그림의 특성 임피던스 수식에서 보이듯이 큰 높이 H 로 인하여 배선의 넓이가 상당히 커져야 하므로, 보통은 4 층 이상의 기판을 사용하는 것이 일반적이다.

 임피던스 매칭 배선의 넓이를 결정하기 위해서는, 위와 같이 PCB 의 유전율, 높이 등의 PCB 스택업 자료도 필요하기 때문에, PCB 업체에 스택업 자료를 요청하여 이를 기반으로 PCB 계산기를 이용하여 직접 계산하거나, PCB 업체에 특성 임피던스에 맞는 패턴의 넓이 계산을 요청하여 배선의 넓이를 결정하는 경우가 많다. 또는 PCB 업체에서 자신들의 스택업에 맞추어 계산기를 제공하는 경우도 있다.

4.4.3. 기타 중요 배선 규칙

중요 배선 특히 고속의 디지털 신호의 경우 고주파 신호일수록 신호의 직진성이 커져 작은 임피던스 편차에도 큰 반사파가 생성되기 때문에, 되도록 직선 배선을 하고 임피던스 편차를 일으키는 비아를 중간에 사용하지 않는 것이 기본 원칙이다.

아래는 일반적으로 중요한 신호들에 대한 배선 규칙을 기본 원칙을 바탕으로 하여 정리한 것이다.

가. 클럭 블록의 배선

클럭 배선은 시스템의 동작에 매우 중요한 역할을 하므로, 안정된 회로 동작을 위해서도 매우 깊은 주의가 필요하다. 또한, EMI 측면도 고려해야 하는데, 크리스탈을 이용한 클럭 회로의 경우 정현파 형태의 출력으로 조금은 영향이 덜하지만, 오실레이터의 경우 사각파가 출력되어 EMI 방사가 심하므로 최대한 배선을 짧게 하고, 주변 배선과 멀리 떨어질 수 있도록 배선한다. 이런 회로의 경우 회로 설계에서도 직렬 저항을 달아 튜닝을 진행할 수 있는 여지를 만들어 두는 것이 좋다.

① 클럭 신호선은 최대한 짧게 배선한다.

임계거리(Critical Length) 내에서 충분한 마진을 가지고 가까이 배치하고 배선한다. 이는 부품 배치 편의 임계거리(Critical Length)를 참조하자.

② 클럭 신호선 중간에는 임피던스 편차를 일으킬 수 있는 비아를 사용하지 않아야 한다.

고속의 중요 신호에는 특히, 인덕턴스 성분이 있으면 안되므로 배선은 비아를 사용하지 말고 되도록 짧고 굵게 하도록 한다.

③ 배선 간 간격은 3W 룰을 지키도록 하자.

4 층 기판에서 3W 룰은 좀 완화될 수 있지만, 클럭 신호와 같이 중요한 신호는 최대한 3W 룰을 사용하기로 하고, 주변 신호선과의 평행 배선은 최대한 짧게 해야 한다.

주기적인 펄스 신호인 클럭 신호의 영향을 받은 주변 신호선이 안테나 역할을 하여 EMI 방사의 주범이 될 수도 있고, 반대로 주변 신호의 영향을 받아 간섭 노이즈를 받을 수 있기 때문이다.

④ 다층 PCB 에서는 그라운드 층과 가까운 레이어에 배선한다.

신호의 안정화를 위하여 그라운드 층과 가장 가까운 레이어에 배선하도록 한다.

⑤ 그라운드 Plane 으로 감싸서 RF 노이즈의 영향을 줄인다.

클럭 회로와 같이 정확한 주파수의 클럭을 위하여 별도의 커패시터 등의 소자로 RF 노이즈를 완화시킬 수 없는 경우가 있다.

이런 경우 클럭 회로와 신호선을 그라운드 푸어 또는 그라운드 Plane 으로 감싸거나 가깝게 함으로써 커플링을 분산하여 RF 전자기장 노이즈로부터 보호해야 하는데, 그라운드 Plane 과의 부유용량은 고려가 되어야 한다.

이는 오실레이터 회로 설계에서 로드 커패시터의 용량 결정에는 이 부유용량도 포함하여 결정해야 한다는 의미이다.

나. 디커플링 커패시터 배선하기

위의 클럭 신호선의 배선 규칙과 동일하게 IC 전원 핀 바로 옆에 배치하여, 최대한 짧고 굵게 배선하며, 디커플링 커패시터와 패드 중간의 배선에는 비아를 넣지 않도록 한다. 비아를 넣게 되면 임피던스의 상승과 편차가 생기게 된다.

다. 차동 통신 라우팅 기본 규칙

차동 통신에 대한 기본적인 배선 규칙은 아래와 같다.

① 차동(Differential) 통신의 배선 간격

Differential (차동) 방식은 D+/D- 페어(Pair) 라인의 전압차로 신호를 검출하는 방식이므로, 노이즈가 두 라인에 동시에 같이 영향을 줬을 때 차동으로 사라지게 된다. 따라서, 페어(Pair) 차동 라인의 배선은 가깝게 배선되어야 동일한 노이즈의 영향을 받아 차동으로 제거될 수 있다.

이런 이유로 차동 방식의 통신 페어는 3W 가 아닌 2W 이하로 배선해야 한다.

② 임피던스 매칭 라우팅

외부 연결되는 차동 통신의 경우 전송선로로 해석하여 임피던스 매칭을 고려하여 PCB 패턴의 배선 넓이와 이격 거리를 결정해야 한다.

결정된 배선 넓이로 페어선이 일정한 이격 거리를 가지고 배선하면 되는데, CAD 툴에는 차동 통신 라인에 대한 라우팅 기능을 제공한다.

③ 주위 배선들과는 이격을 3W 이상을 유지하도록 하고, 근처에 커플링을 생성할 수 있는 비아를 배치시키지 않도록 한다.

　　스택업에 맞춰 임피던스 설계를 했다 하더라도, 주변의 배선, 비아들에 의한 커플링이 발생한다면 임피던스가 틀려지게 되기 때문에 3W 이상을 유지시킬 수 있도록 해야 한다.

④ 동일 길이로 배선한다.

　　신호 전달이 동시간에 될 수 있도록 동일한 길이로 배선하도록 한다.

라. 커넥터 및 과전압/과전류 보호 소자의 배치 및 배선

　　커넥터는 고전압의 ESD 및 서지 노이즈의 입구가 될 수 있는 통로이고, 이 고전압의 노이즈는 커플링으로 주변 회로 신호에 영향을 줄 수 있기 때문에, 커넥터 주변에는 중요 신호를 두지 않도록 한다.

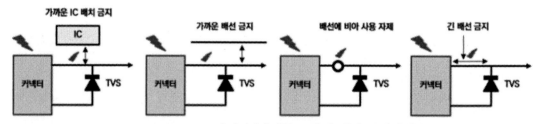

Figure VI-39 과전압/과전류 소자의 배선 주의사항

　　앞서 부품 배치 편에서 보았듯이 ESD 및 서지 대응을 위한 소자인 TVS 다이오드, 퓨즈, 바리스터 등은 커넥터에 최대한 가깝게 배치하여 배선을 짧고 굵게 하여 인덕턴스를 줄이고 리턴 패스를 짧게 하며, 다른 신호 또는 소자들과는 인입되는 ESD 및 서지 노이즈에 의한 간섭을 방지하기 위해 충분한 이격 거리를 두어야 한다.

　　같은 이유로 커넥터와 이들 과전압/과전류 보호 소자 사이에는 인덕턴스를 키울 수 있는 비아가 있어서는 안되며, 비아가 꼭 있어야 할 경우 인덕턴스를 줄일 수 있도록 비아 어레이로 배치하여 배선하도록 한다.

4.5. 비아의 사용 규칙

비아(Via)는 PCB 에 구멍을 뚫어 도금한 형태를 가지며, 기본적인 용도는 PCB 의 한쪽 레이어의 패턴을 다른 레이어의 패턴과 연결하기 위한 것이다.
이 비아의 구조와 사용 규칙에 대해서 알아보도록 한다.

4.5.1. 비아의 종류 및 구조

비아는 PCB 에 구멍을 뚫고 뚫은 구멍에 구리(Copper)를 도포하는 방식으로 만들어 지는데, 아래 그림을 보면 이해가 쉬울 것이다.

가. 비아의 종류 및 구조

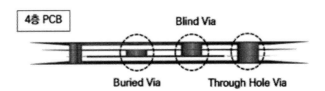

Figure VI-40 비아의 종류 및 구조

비아는 위의 그림과 같이 Buried Via, Blind Via, Through Hole Via 3 가지로 나뉠 수 있다. 이들은 모양에 따른 구분을 의미하는 것으로 기본 기능은 같다.

☞ Buried Via

묻혀져 있다 해서 Buried Via 라 하며, 내부 레이어들 간의 연결을 위한 비아로 외부에서는 보이지 않는다.

☞ Blind Via

Blind Via 는 Top 또는 Bottom 레이어에서 내부 레이어로 연결을 위한 것으로 반대편에서 보이지 않는다.

☞ Through Hole Via

 일반 PCB 에서 가장 많이 사용되는 비아로 Top 레이어에서 Bottom 레이어로 드릴로 구멍을 완전히 뚫어 만들어지며, Top/Bottom 레이어 간의 패턴들을 연결하기 위해 사용된다.

 즉, Through 의 의미처럼 관통시켜 만들어 지므로 앞/뒷면에서 구멍을 볼 수 있어 디버깅이 용이하다.

 이런 디버깅 측면 말고도 Buried Via 또는 Blind Via 를 사용할 경우 PCB 제조 공정에서 PCB 스택업을 만들어 놓고 구멍을 한 번에 뚫는 것이 아니라, 한 층씩 구멍을 뚫어 가며 제조하는 Build Up 공정을 사용하게 됨으로써 가격이 상승되지만, 스루홀 타입은 그런 면은 없다.

 따라서, 경험규칙으로 수백 MHz 이하의 시스템에서는 모든 비아를 스루홀 타입의 비아로 처리하는 것이 PCB 제조 가격을 낮출 수 있는 방법이 될 수 있다.

나. 비아의 모양

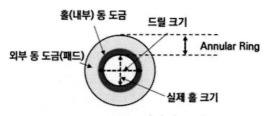

Figure VI-41 비아의 모양

 비아 공정의 드릴로 구멍을 뚫고, 동 도금을 하여 만들어지는 과정을 생각한다면 위의 그림 구조가 쉽게 이해가 될 것이다. 최종 비아의 크기는 외부 패드까지의 거리가 되며, 홀 크기는 드릴 홀 크기에서 내부 도금 두께를 뺀 크기가 된다. 실제 홀 크기와 패드의 크기차를 Annular Ring 이라 한다.

 보통 PCB 설계 시 비아의 내부 동 도금의 두께는 PCB 패턴의 두께와 동일시하여((예) 1oz) 두므로, 비아의 크기는 드릴의 크기와 패드의 크기만으로 정의될 수 있다.

 예를 들어, 비아의 크기에 대해 드릴 0.3mm / 패드 직경 0.6mm 와 같이 표현할 수 있다.

4.5.2. 비아의 크기 결정

비아의 크기는 아래와 같이 드릴의 최소/최대 크기와 허용 전류, 비아와 연결되는 패턴의 넓이 등의 항목들을 고려하여 결정하여야 한다.

가. 드릴(Drill) 크기로 본 비아의 크기

물리적 드릴 칼날을 이용하여 구멍을 뚫는 드릴 작업의 드릴 크기는 PCB 제조업체에 따라 다르겠지만 보통 0.25mm 정도가 최소가 되며, 그 이하가 될 경우 레이저 드릴을 사용해야 하기 때문에 추가 비용이 발생할 수 있다.

또한, 물리적 드릴 크기는 보통 0.05mm 단위로 있으므로, 0.25mm, 0.3mm, 0.35mm 와 같이 정해지며, 보통 6.3mm 가 최대가 된다.

패드의 크기는 배선 연결용은 패드를 포함한 비아의 전체 직경을 드릴 크기보다 0.15mm 이상 크게 하는데, 보통 50% 이상 크게 한다.

DIP 타입 부품 고정용 스루홀의 경우에는 부품 삽입의 용이성을 위하여 드릴 지름은 부품의 핀지름 + 0.2mm 정도를 하며, 패드 지름은 드릴 지름 +0.1mm ~ +0.5mm 정도를 잡는다. (IPC2222, IPC2221)

나. 허용 전류로 본 비아의 크기

드릴 크기의 구멍에 동 도금되어 있고, 동 도금의 면적은 외부 원(드릴 크기)의 면적에서 내부 원의 면적을 뺀 것으로 허용 전류를 계산할 수 있다.

당연히 드릴이 커질수록 원 둘레 길이가 커지고 이는 패턴의 넓이가 넓어진 것과 동일하므로 비아의 크기가 클수록 허용 전류는 증가한다.

이 비아의 허용 전류 또한 CAD 툴의 계산기 또는 인터넷에서 계산할 수 있는 무료 툴들이 많으므로 그를 이용하도록 한다.

아래는 4 층 이상의 다층 기판 PCB FR-4 에서 Through Hole Via 높이 1.6mm, 1 온즈(oz) 두께를 기준으로 $10\,^{\circ}C$ 의 온도 상승에 대한 전류를 계산한 예이다.

Via Drill Size	Via Size(Pad)	허용 전류	Resistance	Capacitance	Inductance	Impedance
0.2mm	0.4mm	1.5A	1.2mΩ	0.26pF	1.43nH	73 Ω
0.25mm	0.5mm	1.7A	1mΩ	0.38pF	1.35nH	58 Ω

0.3mm	0.55mm	2A	0.8mΩ	0.48pF	1.3nH	51 Ω
0.4mm	0.6mm	2.3A	0.7mΩ	0.58pF	1.2nH	45 Ω
0.5mm	0.8mm	2.5A	0.5mΩ	1.4pF	1.14nH	27 Ω
1mm	1.5mm	3.7A	0.27mΩ	11.8pF	0.9nH	8 Ω

비아의 크기에 따른 허용 전류가 위와 같이 계산되지만, 일반적으로 비아 하나 당 1A 를 최대로 가정하며, 더 많은 전류가 필요할 경우 전류에 맞게 비아를 병렬로 배치한 배열 형태로 사용한다.

임피던스 측면에서는 드릴의 크기가 클수록, 비아 패드의 크기가 클수록 임피던스는 낮아지게 된다.

다. 패턴 넓이와 비아 크기

서로 다른 레이어의 패턴들끼리 연결하는 비아의 기능을 생각한다면, 당연히 패턴의 넓이도 고려하여 비아의 크기를 결정해야 한다.

패턴의 넓이와 관련하여 경험규칙으로 4 층 이상의 다층 기판에서는 패턴 넓이의 1.0 ~ 1.2 배 정도의 드릴의 크기를 사용하며, 패드 직경은 1.5 ~ 2 배 정도를 사용한다.

예를 들어 다층 PCB 에서 0.2mm ~ 0.3mm 넓이의 신호선에 많이 사용되는 비아의 크기는 드릴 0.3mm/패드 0.55mm 또는 드릴 0.3mm/패드 0.6mm 이다.

반면, 다층 기판같이 내층 그라운드 층과의 커패시턴스 결합이 없는 2 층 기판에서는 임피던스를 줄이기 위하여 드릴의 크기를 패턴 넓이의 1.5 ~ 2.0 배(보통 1.6 배) 정도를 많이 사용한다.

4.5.3. 비아의 사용 규칙

 여기서는 비아의 간단한 사용 규칙들에 대해 살펴보고, 이후 장에서 비아의 사용에 대해 살펴볼 것이다.

> **비아의 임피던스와 영향**

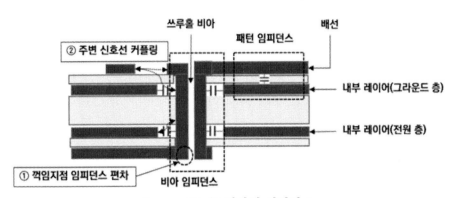

Figure VI-42 비아의 임피던스

 비아는 내부 레이어들과의 커플링 임피던스가 존재한다는 것을 알아야 한다. 또한 직각으로 꺾이는 패턴의 영향도 있어 임피던스 편차가 생겨 반사파가 생길 수도 있으므로, 특히 고속 시그널에 원치 않는 임피던스의 추가를 초래하기도 한다. 따라서, 중요한 고속의 신호선에는 비아를 사용하지 않도록 한다.

☞ 임피던스 편차로 인한 반사파

 비아는 앞의 전류표에서 본 것과 같이 인덕턴스, 커패시턴스, 저항 성분으로 구성되어 있으며, 이는 패턴의 임피던스와 편차가 생기게 되고 배선의 꺾임으로 인해서도 임피던스 편차가 발생할 수 있다. 또한, 비아를 추가하게 되면 보통 1nH ~ 2nH 의 인덕턴스가 증가하게 된다.

 신호 배선에서 이렇게 임피던스의 편차가 발생하면 반사파가 생기게 되고 이는 노이즈의 원인이 된다. 이런 임피던스 편차는 고주파에서 더욱 큰 영향을 미치기 때문에, 중요 신호 또는 고속의 신호선 중간에는 비아를 사용하지 않도록 하고, 같은 이유로 디커플링 커패시터와 V_{CC} 배선 중간에도 사용하지 않도록 한다.

☞ 주변 신호와의 커플링

위의 그림에서 보듯이 내부 층인 그라운드 전원 층과의 커패시턴스는 신호의 지연을 유발한다.

또한, 인근 신호선과의 커플링이 더 크게 나타나게 되어 간섭 노이즈의 영향이 커질 수 있기 때문에, 고속의 신호, 클럭 신호와 같은 중요한 신호선 자체에도 사용하면 안되지만, 이 신호들 주변에도 되도록 비아를 배치하지 않도록 한다.

☞ 그라운드 비아를 사용한 노이즈 차폐

비아의 커플링이 부정적인 측면만 있는 것은 아니다. 신호선의 주변 5mm 이하 거리에 배치하는 그라운드 비아는 신호선과 그라운드와의 커패시턴스 결합을 강하게 하여, 낮은 임피던스의 노이즈 경로를 제공, 즉 노이즈를 차폐하는 효과가 있다. 하지만, 신호의 지연에는 신경 써야 한다.

> ### 패드와의 최소 거리

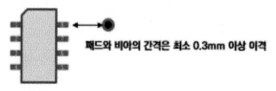

패드와 비아의 간격은 최소 0.3mm 이상 이격

Figure VI-43 패드와 비아의 최소 거리

IC 패드와 너무 가까운 비아의 배치는 SMT 작업에서 소자에 접착될 납이 비아 구멍을 타고 흘러 들어가, 정작 소자의 접착이 약하게 될 소지가 있다.

이런 이유로 최소 0.3mm 이상을 이격하도록 하며, 가능하다면 0.5mm 이상을 이격시킨다.

만약, 볼 패키지와 같은 경우 배선이 불가능할 정도로 너무 작다면 패드 상에 비아를 생성하여 다른 레이어에서 배선하는 방법도 있는데, 이때는 HPL(Hall Plugging Land) 타입 비아를 사용할 수 있다. HPL 타입의 비아는 드릴 외곽만 동 도금하는 것이 아니라 구멍을 모두 동으로 채워 소자를 표면 실장이 가능하게 한다.

하지만, HPL 타입의 비아는 한 번 이상의 도금 작업으로 제조 가격이 상승하므로 가능하다면 일반 타입의 비아로 위의 규칙대로 이격하여 배치하는 것이 좋다.

> ### 직렬 비아 배열의 배치

라우팅을 하다가 보면 아래와 같이 일렬로 비아를 배열하게 될 경우가 발생한다.

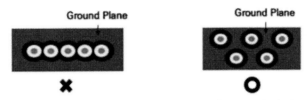

Figure VI-44 비아로 인한 그라운드의 큰 구멍 방지

위 왼쪽 그림과 같이 스루홀 비아를 일렬로 배치할 경우 다층 기판의 경우 내부 층 그라운드에 큰 구멍을 만들어 비아 간의 상호 간섭에 대한 그라운드의 보호 효과를 얻기 어려울 수도 있다. 또한, 그라운드의 임피던스를 의도치 않게 증가하게 만들 수 있다.

따라서, 위 오른쪽 그림과 같이 지그재그로 배치함으로써 서로 간의 간섭을 그라운드로 차폐하여 최소화하는 효과를 가지도록 한다.

방열(HeatSink)로 이용

Figure VI-45 비아를 이용한 방열 기능

비아는 서로 다른 레이어의 배선을 연결하는 것이 기본 기능이기도 하지만, 발열이 많이 나는 부품 밑면 또는 근처에 스루홀 비아 구멍을 뚫음으로써 열을 방출하는 통로를 만드는 데도 사용되는데, 이런 용도의 비아를 써멀 비아(Thermal Via)라 한다.

4.6. 전원 및 그라운드 배선의 규칙

전원 배선에서는 높은 전류가 흐르게 되므로 배선의 허용 전류가 중요하고, 노이즈의 그라운드 편에서 보았듯이 낮은 임피던스 즉, 낮은 저항, 낮은 인덕턴스, 높은 커패시턴스를 가져야 한다.

이 밖에 그라운드 루프의 방지, 전기안전 규격에 의한 연면거리/공간거리와 EMI 에 관련된 20H 룰에 신경 써야 한다.

> **다층 PCB 의 그라운드와 전원의 연결**

앞서 몇 번 언급했듯이, 4 층 이상의 다층 기판에서는 아래 그림과 같이 그라운드 핀과 전원 핀은 비아를 통해 내부 층에 연결함으로써 배선의 용이성 및 병렬 접지의 형태로 임피던스의 최소화를 구현할 수 있다.

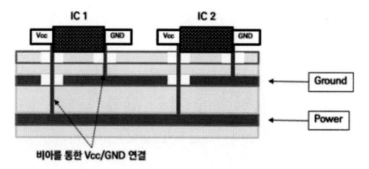

Figure VI-46 다층 PCB 에서의 전원 핀/그라운드 핀 처리

이런 이유로 4 층 이상의 전원/그라운드 Plane 을 가지는 PCB 에서의 전원 배선은 신호선들을 배선한 후에 할 수 있는 것이다.

2 층 이하의 PCB 에서는 이런 형태의 사용이 안되므로, 짧고 굵은 배선을 통한 안정적인 전원 공급을 위하여 전원선을 먼저 배선하고 신호선들을 배선하는 것이 일반적이다.

4.6.1. 전원 배선의 넓이와 임피던스 최소화

전원의 낮은 저항과 낮은 인덕턴스의 중요성에 대해서는 노이즈의 그라운드 편에서 살펴보았다.

> **전원 패턴의 넓이는 정격 전류의 2 ~ 3 배 이상의 마진을 가지도록 한다**

배선의 넓이 규칙에서 살펴보았듯이 특히 전원 라인은 더욱 충분한 마진을 가진 굵은 배선을 사용하도록 한다.

다층 PCB 의 경우라면, 스택업에서 봤듯이 내층 패턴의 두께가 더 얇으므로 이를 고려하여 외층 패턴 넓이보다 더 넓은 내층 패턴 넓이가 필요할 수도 있다.

배선 시 전원 패턴이 연결되는 IC 의 전원 핀 패드 넓이보다 더 굵은 배선이 필요하다면 패드에서 가까운 지점에서 배선의 넓이가 굵어질 수 있도록 배선한다.

> **전원 라인은 굵고 짧게 한다.**

전원 라인의 배선 저항과 인덕턴스로 인해 전압 강하 및 전력 손실, 링잉, EMI 방사가 발생될 수 있고, 전원선의 저항이 크다면 전원에 열 잡음(화이트 노이즈)이 커지게 되므로, 짧고 굵게 배선하여 저항 성분 및 인덕턴스를 최대한 낮게 해야 한다.

이런 이유로 2 층 기판에서는 전원 라인의 배선을 가장 먼저 하고, 4 층 이상의 다층 기판에서는 내부 전원 층을 두어 비아를 통하여 연결하므로 일반 배선 후에 하는 것이 일반적이다.

> **전원 라인은 그라운드와 가깝게 한다.**

전원 배선은 그라운드와 인접하게 배치하고 평행 배선하여 높은 커패시턴스 결합으로 노이즈 바이패스 경로의 낮은 임피던스 및 전원의 안정화 효과를 가지게 한다.

특히, PCB 레이어 규칙에서 보았듯이 4 층 이상의 기판에서는 전원 층과 그라운드 층을 인접층에 둠으로써 효과를 볼 수 있다. 2 층 기판에서는 그라운드 쿠퍼를 넓게 도포함으로써 효과를 볼 수 있다.

4.6.2. 그라운드 임피던스 최소화

노이즈의 그라운드 편에서 그라운드의 의미와 동작에 대해 살펴보았다. 여기서 다시 한번 의미를 상기하도록 한다.

모든 전류가 모여드는 그라운드의 배선에서 최우선은 낮은 저항, 낮은 인덕턴스, 높은 커패시턴스 구현으로 낮은 임피던스 경로 제공하기 위하여 넓고, 짧은 거리의 배선이다.

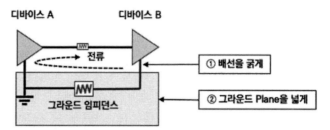

Figure VI-47 낮은 임피던스의 그라운드

가. 그라운드 Plane 은 되도록 넓게 한다.

시스템의 모든 전류 경로인 그라운드는 되도록 넓게 하여 낮은 임피던스를 유지해야 하는 이유에 대해서는 계속해서 살펴보았다.

그라운드를 넓게 하여 낮은 임피던스를 구현함으로써 얻어지는 대표적인 이점들은 아래와 같이 정리해 볼 수 있다.

- 낮은 저항과 낮은 인덕턴스로 최소의 전압 강하 및 전력 손실
- 배선들과 커패시턴스 결합에 의한 신호의 안정화/노이즈 바이패스 경로 확보
- 신호선에 대한 RF 노이즈로 인한 노이즈 영향 차폐
- 그라운드 루프의 최소화 배선 가능
- 짧은 전류 경로(Return Path)로 인한 EMI 향상
- 높은 전류 용량
- 열 방출 경로 확보

모든 전류가 모이는 곳이기 때문에 과전류로 인한 열 발생을 일으킬 수 있는데, 넓은 그라운드를 사용함으로써 열 발생 감소 및 열 방출의 경로도 확보할 수 있다.

나. 그라운드 푸어의 사용

 쿠퍼 푸어(Copper Pour)는 PCB 의 한 영역에 구리를 부어 판(Plane) 형태로 만드는 영역을 말하며, 그라운드 크기를 키우기 위해 사용할 때는 그라운드 푸어라 한다.
 4 층 이상의 다층 기판의 내부 레이어의 그라운드 판도 PCB 에디터의 이 기능을 사용하여 만들 수 있다.
 아래 그림과 같이 그라운드 푸어를 사용함으로써 넓은 면적의 그라운드를 구현 가능하다.

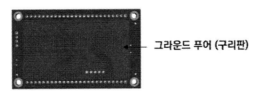

그라운드 푸어 (구리판)

Figure VI-48 쿠퍼 푸어를 이용한 넓은 그라운드 구현

 2 층 이하의 기판에서는 넓은 그라운드를 구현하기 위해서 외층의 그라운드 쿠퍼는 거의 필수 사항이다.
 하지만, 4 층 이상의 기판에서는 내층에 넓은 그라운드 Plane 을 두기 때문에 외층의 그라운드 쿠퍼의 필요성은 덜하기도 하고, 의도치 않은 그라운드 루프의 형성에 의한 EMI/EMC 성능 열화 가능성때문에 외층 그라운드 쿠퍼의 사용은 선택 사항이다.

그라운드 아일랜드(Island)의 제거

 CAD 의 그라운드 푸어 기능을 사용하여 넓은 면적 그라운드를 도포할 때, 아무 곳에도 연결되지 않고 따로 떨어진 쿠퍼 영역이 발생할 수 있다. 이를 그라운드 아일랜드(섬)라 한다.
 이 아일랜드를 그라운드 Plane 과 연결안하고 따로 떨어진 체로 그냥 둔다면, 방전 경로가 없이 노이즈 에너지를 담아 놓고 있을 수 있기 때문에 시스템의 동작 안정성에 문제를 줄 수 있고, 안테나가 되어 EMI/EMC 성능을 열화시킬 수 있다.

떨어져 있는(고립된) 그라운드 푸어   그라운드와 연결된 비아

Figure VI-49 따로 떨어진 쿠퍼는 그라운드로 연결

따라서, 위와 같이 비아를 통해 그라운드와 연결시켜 주도록 하며, 한 쪽을 오픈하여 두면 방사가 일어나므로 양쪽 또는 외곽면을 따라 비아를 이용해 그라운드로 연결시켜 주도록 한다.

Thermal Relief 연결

그라운드 푸어 작업을 할 때 패드와의 연결에 대한 Thermal Relief 옵션을 선택할 수 있다. 필수 사항은 아니지만, 알아 두도록 한다.

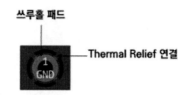

Figure VI-50 써멀 릴리프

쿠퍼 푸어와 패드를 연결할 때 구리로 패드 전체를 연결하게 되면 구리의 열 전도가 높기 때문에 납땜 등을 할 때 열이 구리를 통해서 빠져나가게 되고, 이로 인해 패드에 충분히 열 전달이 되지 않아 납땜이 어려울 수 있다. 이렇게 충분한 열로 납땜을 하지 않은 경우를 냉납이라 하며, 이런 경우 납의 저항 성분이 증가하거나 납땜이 떨어져 나가는 현상이 발생된다.

그렇기 때문에 써멀 릴리프는 위의 그림처럼 구리를 패드 전체로 도포하여 연결하지 않고 선으로 부분 연결하는 것을 말한다. 하지만, 많은 전류가 흐르는 곳에는 저항 성분과 인덕턴스 성분이 높아져 회로 성능에 영향을 줄 수 있으므로, 써멀 릴리프를 사용하지 않도록 한다.

다. 전류의 리턴 경로(Return Path)를 작게 배선한다.

EMI 편과 배선 규칙에서 본 것과 같이 전류 리턴 경로의 면적과 EMI 노이즈의 방사는 비례 관계에 있다.

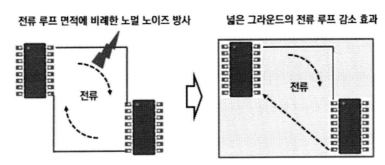

Figure VI-51 넓은 그라운드의 전류 루프 면적 감소 효과

따라서, 루프 면적을 작게 배선하고 전류 리턴 패스의 길이를 짧게 해야 하는데, 넓은 그라운드는 위의 그림과 같이 리턴 경로를 줄이는 효과를 가진다.

특히, 4 층 이상의 기판에서 내층에 그라운드 층을 둠으로써 전류의 리턴 경로의 길이를 줄이고 루프 면적을 작게 하는 더 큰 효과를 가질 수 있으므로 EMI 에 강할 수 있다.

2 층 기판에서는 그라운드 쿠퍼를 사용하여 넓게 사용함으로써 효과를 볼 수 있다.

라. 노이즈 간섭 방지를 위한 그라운드의 분리

노이즈 전류의 흐름을 고려함으로 커플링되어 인입될 수 있는 노이즈의 영향을 최소가 되도록 구성한다.

여기서는 주변 그라운드를 제거하여 커플링을 없애는 분리 방식과 고주파 임피던스를 높게 하여 주파수 선택적으로 그라운드를 분리하는 방식에 대해 알아본다.

> **아나로그/그라운드 그라운드의 분리**

노이즈의 간섭 방지를 위하여 부품 배치 편에서 아날로그 회로와 디지털 회로를 아래와 같이 구분하여 배치하는 방법에서 보았듯이, 디지털 회로의 고속의 스위칭 동작에서 발생되는 고주파 스위칭 노이즈가 공통 그라운드를 통해 전도되어 주변 회로에 영향을 주게 된다.

이런 간섭을 막기 위한 방법으로 아래 그림과 같이 아날로그 그라운드와 디지털 시스템의 그라운드를 분리하고, 이들 사이의 연결을 고주파에서 임피던스를 높게 하여 고주파 디지털 노이즈가 아날로그 그라운드로 들어오는 것을 막는 방법이다.

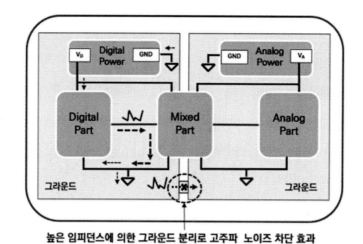

높은 임피던스에 의한 그라운드 분리로 고주파 노이즈 차단 효과

Figure VI-52 디지털 회로와 아날로그 회로의 그라운드 분리

이때 분리된 그라운드 판 간의 간격은 일반적으로 최소 0.3mm ~ 1mm 간격 이상 이격한다. 하지만, 수백 MHz 의 고주파 노이즈가 지속적으로 발생되는 회로에서는 1cm 의 이격거리까지도 요구되기 때문에 자신의 회로 특성에 맞게 충분히 이격시키도록 한다.

각 그라운드 판들의 연결은 비드 소자 또는 얇은 배선을 이용하여 고주파에서의 임피던스를 높이는 연결을 하기도 하고, 하나의 전원에서 전원을 공급받는 경우 주 전원 그라운드와 스타(Star) 방식의 일점 접지로 연결하기도 한다.

이런 그라운드 분리는 잘 설계할 경우 효과를 보지만, 잘못된 주파수 설계를 할 경우 특히 고주파 신호에서 그라운드 간의 전위차 및 높아진 인덕턴스로 인하여 그라운드 바운싱 현상이 발생될 수 있고, 이로 인해 EMI 방사가 일어날 수 있다.

이렇듯 잘못된 그라운드 분리 설계는 하나의 큰 그라운드 판을 사용하는 것보다 오히려 좋지 못한 성능을 유발하기도 하기 때문에, 결정하기 어려운 경우 통 판의 그라운드로 사용하는 것이 좋은 결정일 수 있다.

절연 소자의 그라운드 분리

노이즈의 인입 방지를 위한 절연 소자를 사용했다면 당연히 그라운드를 분리해야 한다.
아래 그림은 절연에 대표적으로 사용되는 옵토 커플러와 릴레이에 대한 그라운드의 분리에 대한 예이다.

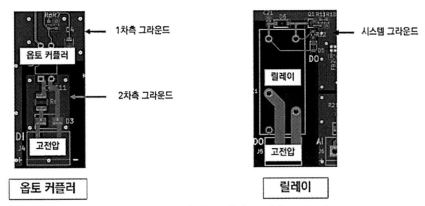

Figure VI-53 절연 소자의 그라운드 분리

 위의 그림과 같이 완전 절연을 위해서는 옵토 커플러의 1 차측 회로 그라운드와 시스템 그라운드를 충분한 이격을 가지고 분리해야 커플링을 통한 노이즈의 인입을 막을 수 있다. 또한, 고압의 장비를 제어하는 릴레이 역시 근처의 시스템 그라운드를 제거함으로써 커플링 되어 시스템으로 인입되는 노이즈가 없도록 하는 것이 중요하다.

그라운드 분리의 예

아래 그림의 릴레이 제어 회로 예를 보고 그라운드의 분리에 대해 생각해 보도록 하자.

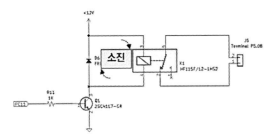

Figure VI-54 인덕턴스 부하의 역기전력 제거 Flywheel 다이오드

 위 그림은 인덕터 스위칭 제어에서 Flywheel 다이오드 사용으로 인덕터에서 발생되는 역기전력을 제거하기 위한 구성으로, 이상적으로는 스위치를 오픈했을 때 발생된 역기전력은 다른 곳으로 전류 경로가 만들어 지지 않으므로, 다이오드와 코일 사이에서만 역기전력 전류가 휠 모양으로 회전하며 소모되어야 한다.

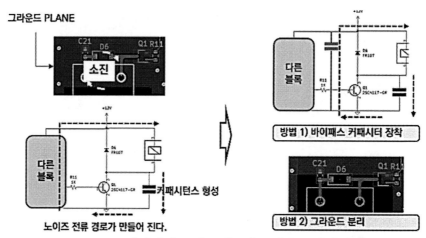

Figure VI-55 역기전력 노이즈 패스와 그라운드 분리 효과

 하지만, 실제 PCB에서는 위의 왼쪽 그림과 같이 그라운드 판을 배치한다면, 역기전력 루프와 커패시턴스가 생성될 수 있으며, 이를 통해 고주파 노이즈의 경로가 만들어져 다른 회로에 노이즈가 전도될 수 있다.

 이런 경우 오른쪽 그림과 같이 노이즈 경로에 바이패스 커패시터를 배치하거나, 근처의 그라운드 면을 잘라내어 분리하여 커플링을 작게 하면 다른 회로로 흐를 수 있는 노이즈를 차단하는데 도움이 된다.

 물론, Flywheel 다이오드와 코일의 배선 루프를 최대한 짧게 하여 역기전력 에너지에 의한 타회로로의 간섭없이 루프에서만 소비되도록 하는 것은 배선은 기본 사항이다.

 이처럼 모터나 벅 컨버터와 같이 인덕턴스 부하의 구동으로 큰 역기전력이 발생하고 이 노이즈가 그라운드를 통해 유기되어 노이즈의 영향을 심각히 받을 수 있는 경우에는 그라운드의 분리, 일점 접지, 바이패스 커패시터 사용 등의 방법이 도움이 된다.

 이렇게 자신의 회로를 분석하여 발생될 수 있는 노이즈 전류의 크기와 흐름을 고려하여 그라운드에 대한 설계를 하도록 한다.

4.6.3. EMI 를 위한 20H RULE

아래 그림과 같이 고속 PCB 에서 전원 층에 전류가 흐르면서 발생하는 자기장은 Plane 의 가장자리에서 결합하여 방사되어 EMI 노이즈 원이 될 수 있다.

Figure VI-56 에지에서의 EMI 방사

이를 방지하기 위한 20H RULE 은 아래 그림과 같이 전원 Plane 보다 그라운드 Plane 의 너비를 더 넓게 하여 전원 층에서 나오는 자기장을 그라운드 층으로 결합시켜 방사되는 노이즈를 줄이겠다는 의도의 규칙이다.

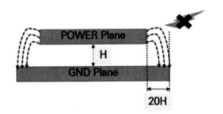

Figure VI-57 20H 규칙

이 규칙에 의하면, 20H 즉 그라운드 층과 전원 층의 높이 H 의 20 배 정도 전원 층이 안쪽으로 들어오면, 70%의 자속 경계(Flux Boundary)를 형성하여 방사되는 노이즈를 줄일 수 있다. 100 배를 사용한 100H 는 98% 자속 경계를 달성할 수 있다.

하지만, EMI 방사가 다음에 보게 될 스티칭 비아로 완화될 수 있으므로, 이 규칙은 필수 사항은 아니다.

> **20H 룰의 적용 예**

아래 그림은 JlcPCB 사의 스택업에서 20H 룰을 적용한 예의 그림이다.

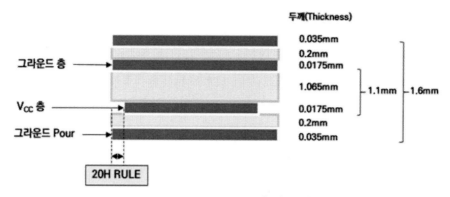

Figure VI-58 20H 룰의 적용 예

위의 그림과 같이 내부 그라운드 층과 Vcc 층 사이의 거리는 1mm 정도의 간격을 가지므로, 20H 룰을 적용하려면 Vcc 층이 20mm 안쪽으로 들어와야 하지만, 이 20mm 는 소형의 PCB 에서는 구현하기 어려울 수 있다.

이에 대해 20H 룰을 적용하기 위하여 위의 적용예에서는 Bottom 면에 그라운드 푸어로 작업함으로써 내부 Vcc 층과의 거리를 0.2mm 간격으로 만들고, 20 배인 4mm 를 안쪽으로 사용하였다.

4.7. 고전류/EMC/발열 등 취약 지역 보강

여기서 말하는 고전류/노이즈/발열 등의 취약 지역의 보강이란

- 높은 전류가 인입하여 전압 강하가 염려되는 곳에 저항 및 인덕턴스를 낮추기 위한 병렬 비아의 추가 작업
- EMI/EMC 에 취약한 지역의 그라운드 가드 또는 그라운드 쉴드를 이용한 그라운드 보강 작업
- Plane 가장자리의 EMI 방사를 막기 위한 Stitching Via 추가 작업
- 방열을 위한 써멀 비아 배열의 보강

등을 의미한다.

가. 대용량 전류 통로 보강

많은 양의 전류가 공급되는 전원부의 입/출력 부분에는 인덕턴스 및 저항의 영향을 더 많이 받게 되므로 낮은 임피던스는 필수이다.

이런 선로에 비아를 사용해서 연결해야 할 경우, 아래 그림과 같이 비아를 병렬로 여러 개 배치하여 연결하면, 허용 전류의 증가뿐 아니라, 인덕턴스 및 저항을 감소시킬 수 있다. 이를 비아 배열(Via Array) 이라 한다.

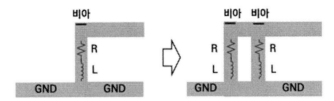

Figure VI-59 병렬 비아를 통한 인덕턴스/저항 감소

즉, 위의 그림과 같이 다층 기판의 Top/Bottom 레이어의 전원 또는 그라운드 배선과 전원 또는 그라운드 내부 층과 연결 시 비아를 하나만 가지고 연결하는 것보다 다수의 비아로 연결함으로써 인덕턴스 및 저항을 감소시킬 수 있다.

이 비아 배열의 서로 간 배치 간격은 5mm 가 넘지 않도록 하며, 이 비아 배열의 사용은 꼭 전원 또는 그라운드 Plane 으로의 연결이 아니더라도 서로 다른 층의 연결 방법에 적용할 수 있다. 상/하층의 그라운드 푸어끼리의 연결이 좋은 예이다.

Figure VI-60 비아와 쿠퍼로 그라운드 및 전원 강화

위 그림은 전원의 입력단에 비아 배열을 사용하여 전원과 내부 전원 층, 그라운드와 내부 그라운드 층과의 결합을 강화한 예이다.

또한, 위 그림의 Heatsink 로 표시된 곳과 같이 비아 배열은 소자에서 발생하는 열을 비아의 구멍을 통해 방열(Heatsink)하는 용도로 사용되기도 한다.

나. 그라운드 쉴드 보강

EMI/EMC 노이즈를 차폐할 목적으로 그라운드 푸어로 감싸거나 또는 그라운드 배선으로 감싸는 것을 그라운드 쉴드(Ground Shield)라 한다.

특히 회로 설계 과정에서 어쩔 수 없이 RF 노이즈에 취약한 구역은 최대한 그라운드를 통해 RF 전자기장 커플링 노이즈를 분산하여야 한다.

예를 들어, 클럭 회로는 커패시터 추가 등의 RF 노이즈 대응을 할 수 없으므로, 노이즈에 취약한 부분에 해당한다.

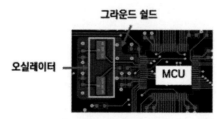

Figure VI-61 클럭 블록의 그라운드 쉴드

따라서, 위의 그림과 같이 그라운드로 감싸서 RF 노이즈의 커플링을 분산시키도록 한다. 하지만, 이로 인해 발생되는 부유용량으로 인해 신호의 지연을 유발할 수 있고, 클럭의 로드 커패시턴스의 변화로 인한 클럭 주파수의 변동 등이 발생할 수 있음은 고려해야 한다.

클럭 회로 설계의 예로는 이런 부분을 고려하여 회로 설계 시 로드 커패시터의 용량을 2pF 정도 낮게 결정한 후 튜닝을 하기도 한다.

다. 그라운드 푸어 간의 커플링 보강

만약, 외층 면에 그라운드 푸어(Pour)를 만들었다면 그라운드 면끼리의 낮은 임피던스를 위하여 강한 결합이 필요하다.

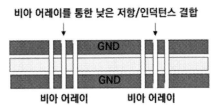

Figure VI-62 비아를 이용한 상하층 그라운드의 커플링 강화

이를 위하여 여러 개의 비아(Via)들을 병렬로 배치하여 커플링을 강화하는데, 비아 배열을 PCB 의 빈 공간에 여러 군데 추가 배치하도록 한다. 이는 비아를 병렬로 여러 개 배치하여 임피던스를 낮추는 역할을 한다.

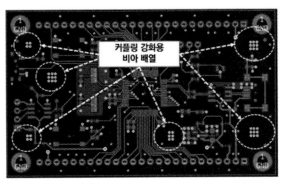

Figure VI-63 비아 어레이를 통한 Bottom 그라운드 푸어 커플링 강화

물론, 많이 만들수록 좋겠지만 비아의 개수가 많아지면 PCB 제조 시 추가 비용이 발생될 수도 있으니 적당히 추가하도록 한다.

라. Stitching Via 를 이용한 EMI 방사 보강

패턴의 에지, 특히 전류가 모이는 그라운드의 전하가 가장 많이 몰리는 가장자리(에지)에서는 일부 전자기장이 공간으로 방출되어 EMI 의 방사가 일어나기 쉽다.

이것을 완화하기 위한 방법으로 보드의 외곽에 Stitching Via 를 이용하는 방법이 있으며, Stitching Via 는 그라운드 비아를 일정한 간격으로 외곽에 배치한 것으로 바늘땀을 꿴 것같이 생겼다 하여 붙여진 이름이다.

스티칭 비아를 가장자리에 배치함으로써 페러데이 새장(Faraday's Cage 또는 Faraday Shield)의 효과를 낼 수 있는데, 페러데이 새장 이론에 의하면 신호 파장의 1/8 ~ 1/10 보다 작은 그물망 또는 도체로 막혀 있다면, EMI 방사를 방지할 뿐 아니라 외부의 전기장이 내부로 흘러 들어올 수 없다.

하지만, 너무 촘촘하게 배치할 경우 내부 시스템에서의 전류의 반사가 일어난다는 연구 결과도 있으므로 적절한 간격으로 배치하는 것도 중요하다.

앞서 전원 Plane 과 그라운드 Plane 의 EMI 감쇠 규칙인 20H 룰과 함께 사용된다면, EMI 에 긍정적인 효과를 낼 수 있는 방법이다.

Stitching Via 간 거리

이 Stitching Via 는 고속 신호선의 근처에 배치하여 RF 방사를 대비하는데도 사용되는데, 비아 간의 거리 간격은 전송선로 임계거리(Critical Length)에서 봤던 신호의 파장과의 관계와 동일하므로 그것을 참조하도록 한다.

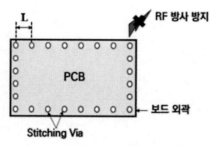

Figure VI-64 EMI 방사 감소를 위한 외곽 Stitching Via

☞ (아날로그 시스템) 간격 거리 L 결정의 일반 규칙

전송선로의 임계거리에서는 신호 파장의 1/4 을 기준으로 사용했지만, 스티칭 비아의 거리 L 은 보통 시스템 최고 주파수 파장의 1/10 이하가 되도록 사용한다.

빛의 속도 C 는 $3 \times 10^8 \text{m/s}$, FR-4 PCB 의 유전율(ε_r)을 4.5 로 두면 아래와 같다.

$$L(m) \leq \frac{1}{10} \times \frac{C}{\sqrt{\varepsilon_r}} \times \frac{1}{f_{max}} = \frac{1}{10} \times \frac{3 \times 10^8}{\sqrt{4.5}} \times \frac{1}{f_{max}}$$

☞ (디지털 시스템) 간격 거리 L 결정의 무릎 주파수(Knee Frequency) 규칙

디지털 시스템의 방사 노이즈의 대부분은 시스템 내의 펄스의 Rising/Falling 시 나오는 고주파와 관련이 있으므로, 펄스의 Rising Time 과 관련된 무릎 주파수로 접근하기로 한다. 가장 빠른 Rising Time 과 관련해서 다음과 같이 계산할 수 있으며, 시스템의 최고 주파수에 대해서는 아래와 같이 주기의 7% ~ 10%를 Rising Time 으로 근사하여 적용할 수 있다.

또한, 디지털 시스템의 펄스 신호는 무릎 주파수 이하의 주파수 성분도 있으므로, 파장의 1/20 정도로 조금 더 엄격한 기준을 사용하도록 한다.

$$L(m) \le \frac{1}{20} \times \frac{3 \times 10^8}{\sqrt{4.5}} \times \frac{1}{f_{Knee}} \approx \frac{1}{10} \times \frac{3 \times 10^8}{\sqrt{4.5}} \times \frac{1}{T_r} \approx \frac{1}{10} \times \frac{3 \times 10^8}{\sqrt{4.5}} \times \frac{0.07}{f_{max}}$$

72MHz 시스템의 최고 주파수를 기준으로 거리를 구해 보면 아래와 같이 1.3cm 이므로 0.5cm ~ 1cm 간격으로 배치하면 되겠다.

$$L(m) \le \frac{1}{10} \times \frac{3 \times 10^8}{\sqrt{4.5}} \times \frac{0.07}{72MHz} \approx 1.38cm$$

마. 발열 취약 지역 보강

부품 배치 편에서 발열이 나는 부품들을 충분히 분산 배치 했음에도 열이 많이 나는 고전력의 레귤레이터, MOSFET 등에는 방열판을 장착할 정도로 열이 많이 발생할 수 있다.

비아 편에서 보았던 히트싱크는 발열이 나는 IC 아래 써멀 비아 배열을 사용하여 방열을 했었다.

이와 비슷한 목적으로 열이 나는 부품들 근처에 비아 배열 구멍을 뚫음으로써 PCB 의 열을 방출할 수 있는 통로를 만들 수 있다.

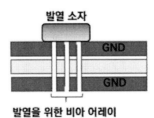

Figure VI-65 비아를 이용한 방열

보통 이런 목적의 비아 배열은 그라운드 비아를 사용함으로써, 앞서 살펴본 저항 및 인덕턴스를 낮추기 위한 결합 강화에도 도움이 된다.

VII. [참고]기능 및 신뢰성 검사

　이번 장에서는 시스템을 개발한 후 사용자에게 제품이 인계되었을 때 오동작없는 동작을 보장하기 위한 제품의 기능 및 신뢰성에 대해 검사하는 항목들을 살펴보도록 한다.

　이 시험들은 개발된 제품의 성능 및 안전에 대한 설계 오류 검출의 목적과 양산제품에 대한 기능 검증 검사의 목적을 가지는데, 이는 제품의 신뢰에 대한 사항이므로 개발과정보다 더 중요하게 여겨 지기도 한다.

　이런 검사 항목들은 제품의 특성 및 규정에 따라 필요에 의해 달라지기 때문에 정해진 것이 아니다. 이런 이유로 아래 소개하는 항목들은 참고 사항으로 보도록 한다.

양산 시 검사의 구분

　검사 항목들을 보기 전에 검사를 할 대상 및 검사 시료의 선정 방법에 따른 검사의 구분에 대해 알아보도록 한다.
　검사를 할 대상에 따라서는 구입된 원자재나 부품을 검사하는 수입 검사, 다음의 공정으로 진행해도 되는가를 판단하기 위한 각 공정의 결과물을 검사하는 공정 검사, 완제품을 검사하는 최종(제품) 검사가 있으며, 최종 검사가 완료된 완제품을 실제 고객으로 출하하기 전 마지막 검사인 출하 검사로 나뉠 수 있다.
　검사 시료의 선정에 따른 구분에는 모든 제품을 검사하는 전수 검사와 제품 중 일부분을 선택하여 검사하는 샘플링 검사 방법이 있다.
　특히, 샘플링 검사는 몇 개의 모집단으로 전체 제품의 양품/불량에 대해 추정 판정을 하게 되므로 검사 시료의 선택에 신중해야 하는데, 할 수 있다면 불량 한계로 정한 값의 근처에 있지만 양품 판정된 한계 시료를 선택하는 것이 불량 검출율을 높일 수 있다.
　또한, 검사 방법에 따른 구분에는 아래 신뢰성 검사에서 보게 될 검사 후 제품의 특성이 변동되는 파괴 검사와 제품의 특성을 유지하는 비파괴 검사가 있다.

기본 성능 검사

　가장 기본이 되는 시험으로 제품의 기본적인 기능을 만족하는지 확인하는 검사이며, 보통 제품의 개발 전 요구 명세에서 정해지는 기능 항목들에 대한 기능을 검사한다.

이를 위해 제품의 기능 항목들을 검사할 수 있는 방법과 순서를 잘 정의하는 것이 중요한데, 시스템에 대해 모르는 검사자도 시험할 수 있도록 자세한 시험 방법을 문서로 작성하여 순차적으로 시험할 수 있도록 한다.

보통 개발 단계에서는 샘플링 검사를 하지만, 양산 단계에서는 이 기본 성능에 대해 전수 검사를 수행하고 출하하여 소비자의 손에 들어가게 된다.

이런 기본적인 검사들로 설계 오류에서 발생될 수 있는 설계 불량, 제조 과정의 편차로 인해 발생될 수 있는 제조 불량을 검사할 수 있다.

예외 상황 검사

사용자 환경에서 일어날 수 있는 모든 예외 상황에 대한 시험/검사를 진행하는 것을 의미한다. 어찌 보면 기본 성능 검사에 포함시킬 수도 있는 항목들이겠지만, 제품 개발 이후에도 수정될 수 있는 항목들로, 유지보수 및 검증을 위하여 중요하기 때문에 별도로 살펴보도록 한다.

이 예외 상황을 처음에 아무리 잘 정의하더라도 시장 불량이 발생할 수 있다. 시장 불량이란 제품을 사용자가 사용 중 나오는 불량을 의미한다. 이렇게 시장 불량이 발생한 내용에 대해서는 업그레이드를 통해 양산된 제품에 오류가 발생하지 않도록 조치를 취해야 하며, 즉각 해당 검사 항목을 추가해서 다음 양산부터는 불량이 없도록 해야 하므로, 예외 상황 검사 항목들은 고정 항목이 아니라 지속적으로 추가/수정되어야 하는 검사 항목이다.

신뢰성(Reliability) 시험

신뢰성 시험(Reliability Test)이란 제품이 보증하는 내용, 즉 제품의 데이터시트(사용설명서)에 기입된 사용되는 환경과 외부 충격, 사용 기간에 대해 고장없이 정상 동작을 유지할 수 있도록 설계되었는가에 대한 신뢰성에 대한 시험으로, 제품의 생산공정, 보관, 사용환경에서 제품의 규격대로 정상 동작 되는 가의 확인을 목적으로 하며, 이는 곧 제품의 설계에서 오류가 없는지 확인하는 것을 의미한다.

앞의 기본 기능/예외 상황에 대한 검사 항목은 제품의 기능과 특성에 대해 의존적으로 제조업체에서 정해야 했던 것과 다르게 이 신뢰성 시험은 제품이 기본적으로 지켜져야 하는 시험들로 국제/국내 표준 규격이 있다.

각 분야에 따른 신뢰성 표준 규격이 다른데, 예를 들면 전기/전자 제품에 대해서는 전기/전자 표준을 담당하는 IEC, MIL 이 있으며, 반도체 IC 단품에 대한 대표적인 신뢰성 규격으로는 JEDEC 이 있다.

여기에서 볼 내용은 이 표준 규격 인증들과 관련되어 있으며, 고객들은 제조사에 품질보증을 위하여 해당하는 규격 인증 취득을 요구하기도 한다. 국내에서 제품을 판매하기 위해서 기본적으로 KC 인증을 취득해야 하는 것과 같다.

　자신의 시스템 분야에 해당하는 신뢰성 인증 항목을 미리 알고, 개발 단계부터 적합한 정격의 소자를 선택하여 설계하는 것이 중요하며, 이렇게 미리 대응 설계함으로써 시행착오 및 오류로 인한 개발 기간 지연 및 개발 비용 상승을 막을 수 있다.

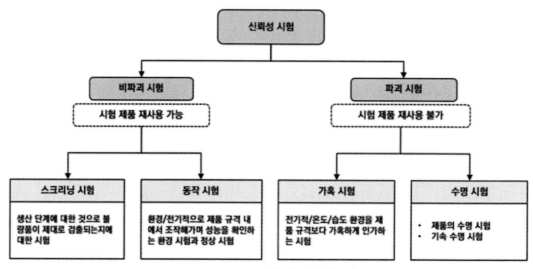

Figure VII-1 신뢰성 시험의 구분

　시험 방법으로는 크게 비파괴 시험과 파괴 시험으로 나뉠 수 있으며, 시험 종료 후에도 제품의 특성을 유지하여 제품을 다시 사용 가능한 가 불가능한 가로 구분된다.
　제품규격 내의 전기적/환경적 조건하에서 동작 시험하는 경우를 빼고는 모두 파괴 시험에 해당하여 시험된 제품은 다시 재사용이 불가하다.
　이런 이유로 신뢰성 검사를 위한 검사 시료는 다수의 보드를 준비해야 한다.

　파괴 시험은 가속 시험(Accelerated Test)을 통해서 시험되는데, 가속 시험은 제품규격 사용 환경보다 더 열악한 조건을 가함으로써 장시간 시험해야 하는 것을 좀 더 짧은 시간에 시험하기 위한 시험을 말한다.
　이 가속 시험은 목적에 따라 가속 가혹 시험 (Accelerated Stress Test, AST)과 가속 수명 시험(Accelerated Life Test, ALT)으로 구분될 수 있다.

　가속 가혹 시험은 제품의 정격 규격보다 더 가혹한 전기적 충격, 가혹한 온/습도, 가혹한 물리적 충격 등의 스트레스를 주어 시험하는 것으로, 제품 설계의 오류 검출을 목적으로 하는 시험이다. 이때 스트레스의 범위는 시험 후 제품 규격 내 환경으로 돌아오면 정상 동작하는 범위와 제품 자체가 파괴되는 한계 시험으로 나뉠 수 있다.

 가속 수명 시험은 제품의 사용 기간을 보증하기 위한 목적의 시험으로, 이 제품 수명을 실제 제품의 규격 환경에서 시험하면 시간이 오래 걸리기 때문에, 좀 더 가혹한 조건으로 시험하여 시험 시간을 줄여서 제품의 사용 기간을 보증하기 위한 시험이다.
 이 시험의 개념은 1 시간에 10 번 동작하는 것이 기기의 사용률과 수명에 대한 규격이라면, 1 시간에 1000 번 동작하도록 하여 수명 시험 시간을 단축하는 원리로 시험 방법 및 시간에 대한 가속 조건은 수학적 모델에 따른다. 수명 시험 또는 에이징(Aging) 시험이라고도 한다.

 신뢰성 시험의 항목들을 크게 나누면 아래와 같이 기구의 내구성 시험, EMI/EMC, 전기안 전 등 전기적 시험, 동작 시험, 가혹 환경 시험, 보관/방치 시험 등으로 나눌 수 있다.
 환경 시험과 전기적 시험 등급은 제품의 특성에 따라 다를 수 있으므로, 아래의 시험 항목과 예에 대해서는 참고만 하도록 한다.

시험 항목		검사	
내구성 시험	충격 시험	• 일정 힘의 물리적인 충격을 가해서 제품이 파손 없이 안정적인 상태를 유지하는 가에 대한 시험 이 밖에도 인장 시험, 굽힘 시험, 낙하 시험 등의 내구성 시험들이 있으며, 이 충격에서 제품의 오동작 및 파손이 있어서는 안된다.	
전기적 시험	EMI/EMC 시험	• 노이즈 편에서 보았듯이 ESD, 서지(EOS, Electrical Over Stress), EMI 등에 대한 국내/국제 시험 규격에 따라 인증기관에서 시험을 하며 규격 내 성능을 유지해야 한다. • 제품 판매를 위해 인증을 받아야 하는 기본 항목이다.	
	전기안전 시험	• 노이즈 편에서 보았듯이 감전 및 화재에 대해 안전한지 시험하는 것으로 연면거리, 공간거리, 누설 전류, 소비 전력, 절연저항, 내전압 등에 대한 시험을 하며 규격 내 성능을 유지해야 한다. • 제품이 전기안전에 해당된다면 인증을 받아야 하는 기본 항목이다.	
온도/습도 환경 시험	동작 시험	• 고온 동작 시험 (HTO, High Temperature Operating)	(예) 0 ˚C, 25 ˚C, 40 ˚C, 60 ˚C 온도에 도달 후 10 분뒤 기본 항목 시험에서 정상 성능을 내야 한다.
		• 저온 동작 시험 (LTO, Low Temperature Operating)	(예) −25 ˚C~40 ˚C 온도에 도달 후 10 분뒤 기본 항목 시험에서 정상 성능을 내야 한다.
	방치 시험	• 고온 방치 시험 (High Temperature Storage Life, HTSL). • 저온 방치 시험 (LTSL)	(예) 온도 85 ˚C, 습도 85% 바이어스를 인가하여 1000 시간 방치 후 정상 성능을 내야 한다. 8585 시험이라고도 한다.
	열 충격 시험 /온도 사이클	• 열 충격 시험 (Thermal Shock)	(예) −40 ˚C 와 85 ˚C 를 각각 30 분씩 96 사이클(48 시간) 반복 방치한 후 정상 성능을 내야 한다.

		• 고온/고습(항온 항습) 시험	(예) 온도 80˚C 와 습도 80%환경에서 120 시간 방치 후 정상 성능을 내야 한다. 8080 시험이라고도 한다.

　이 밖에도 무선 통신을 사용하는 제품의 경우 무선 인증을 받아야 하는데, 여기에는 RF, 블루투스, WIFI 등이 해당된다.

　위의 항목 중 환경 시험들에 대해 살펴보면, 환경 시험의 H 는 HIGH, L 은 LOW, T 는 Temperature(온도), H 는 Humidity(습도)로 약자를 사용한다.
　예를 들어, HTSL 은 High Temperature(고온)에서 방치하는 시험을 의미하는데, 이런 환경 시험들은 챔버라 불리는 온도/습도를 조절할 수 있는 장비를 사용하여 제품에 가하는 온도/습도를 조절하며 시험한다.
　동작 시험은 제품 정격규격 내 온도/습도/전기의 인가로 온/습도를 변동해 가며 정상 동작하는지에 대한 시험이다.
　보관/방치 시험은 제품을 장시간 고온/고습에서 보관해도 이상이 없는지에 대한 시험으로 제품 외관도 손상이 발생하면 안되며, 정격 환경으로 돌아왔을 때 정상 동작이 되어야 한다.
　온도 사이클 시험(Temperature Cycling)과 열 충격(Thermal Shock) 시험은 제품이 고온/저온에서 견딜 수 있는지, 큰 온도 변화에 영향을 받지 않는지를 확인하는 것으로 제품의 정상 기능뿐 아니라 제품 외관 손상도 발생하면 안된다.

[색 인]